한국어 통사구조론

개정판

한국어 통사구조론

양 정 석

한국문화사

개정판

한국어 통사구조론

1판1쇄 발행   2005년 8월 15일
1판2쇄 발행   2006년 6월 20일
2판1쇄 발행   2010년 8월 30일

지은이   양정석
발행인   김진수
발행처   한국문화사
등 록   제2-1276호(1991.11.9)
주 소   서울시 성동구 성수1가2동 656-1683 두앤캔B/D 502호
전 화   (02) 464-7708, 3409-4488
팩 스   (02) 499-0846
홈페이지 www.hankookmunhwasa.co.kr
이메일   hkm77@korea.com
가 격   22,000원

잘못된 책은 교환해드립니다.

ISBN 978-89-5726-794-3 93710

서문

   필자는 2002년의 저서 『시상성과 논항 연결』에서 통사구조와 의미구조의 대응에 관한 전반적인 구도를 그려본 바 있다. 그 이후의 계획은 통사구조를 형성하는, 그리고 의미구조를 형성하는 원리와 규칙의 체계를 수립하는 것이었다. 오늘의 이 연구는 그 하나로서, 한국어 통사구조에 대한 그 동안의 고찰을 어느 정도나마 완결성 있게 마무리지으려는 목적에서 이루어진 것이다.

   생성문법 이론이 한국어 자료의 분석에 적용된 것은 1960년대 말부터였다. 그 후로 생성언어학 내부에서 표준이론, 생성의미론, 지배결속이론, 최소주의 등 다양한 이론의 굴절이 있어왔으며, 이에 부응하여 한국어 문장에 대한 연구도 다양한 성과를 쌓아올리게 되었다. 그러나 한국어 문장 구조의 모든 국면을 전체적·통합적인 견지에서 고찰한 생성문법적 연구는 아직 찾아보기 어려운 것이 현실이 아닌가 한다. 전통문법적 연구에는 최현배의 『우리말본』과 같은 업적이 있고, 구조문법적 연구에는 허웅의 『20세기 우리말의 형태론』, 『20세기 우리말의 통어론』이 또한 그 위용을 자랑하고 있다. 물론, 분류론적 체계를 수립하려는 동기를 가진 전통문법과 구조문법의 연구와 달리, 인간의 마음에 관한 가설·연역적 체계를 세우려는 생성문법의 연구는 한 개별언어 차원에서 언어 자료를 총괄하는 일에 그리 관심을 갖지 않는다. 그러나 상대적으로 보면 특정 통사론적 현상에 대해서 표준적 설명 방안이 잘 확립되어있는 영어의 경우와는 달리, 한국어의 경우는 특정 현상들에 대한 표준적 해석이라고 할 만한 것을 찾기가 쉽지 않다. 이는 한국어의 문장 구조 전체를 돌아보는 여유와 한국어 자체의 메커니즘을 포착하려는 노력이 그만큼 부족했기 때문이라고 생각한다. 생성문법적 연구는 물론 전통문법과 구조문법의 연구에서도 튼튼한 논증이라고 할만한 것들을 찾아 생성문법 이론의 전체 기획 속에 접맥시키는 작업을 추구하는 것이 필요하다고 본다.

   인간의 언어가 형식체계의 관점에서 분석될 수 있다는 착안이야말로 초기로부터 지금까지 생성문법의 연구 방법을 특징짓는 점이었다. 이러한 형식체계로서의 언어에 대한 연구를 통하여 인간의 마음에 대한 이해라는 궁극의 목적을 추구하는 것이다. 한국어 문장들에 대한 통사론적 분석을 통하여, 한국어만으로도 이러한 인간 언어의 형식체계로서의 성격을 드러낼 수 있고, 그것은 또한 본격적인 전통문법적 연구를 시작할 때부터 국어학의 선각들이 추구하던 것과 크게 다르지 않다는 것을 드러낼 수 있으면 좋겠다는 것이 이 책을 쓰면서 필자가 가지고 있는 바람이다.

이 책에서 전개한 필자의 생각이 설득력을 가지는지는 실제 이론의 실행을 통해서만 알 수 있을 것이다. 논의의 전개 과정에서 드러나는 오류들이 생산적인 방향으로 수정이 될 수 있다면, 이는 이러한 연구를 수행하는 보람이 될 것이다. 읽는 분들의 질정을 바라마지 않는다.

2005년 8월

양 정 석

개정판을 내면서...

　이 개정판은 그 전반적인 체재에 있어서 초판과 크게 달라지지는 않았지만, 부분적으로는 상당한 변화가 있다. 특히 제5장의 마지막 부분인 '연결어미 절의 통사구조'는 전면적으로 뜯어고쳤다고 할 만큼 손질을 많이 가했다. 초판에서도 종전의 대등접속문이나 종속접속문으로 취급할 수 없는 접속문의 새로운 구조적 유형을 '명시어 구조'라는 이름으로 제시하기는 하였으나, 대등/종속의 구분에 대한 기존 연구의 관행과 조화를 이루려는 의식이 강했던 까닭에 분명한 주장을 세우는 데에는 충분치 못하였다. 지금에 이르러서는 한국어 연결어미 문장의 구조에 대해 한층 뚜렷한 관점을 갖게 되었다고 스스로 믿는 만큼, 이 믿음을 바탕으로 사실을 차근차근히 풀어내는 일에 힘썼다. 역시 제5장의 보조동사 구문에 관한 논의도 부분적으로 수정이 많이 된 곳이다.

　부록으로 보문소의 목록을 새로 붙였는데, 이는 한국어 복합문 구조의 유형화 가능성을 표시해주는 이들 요소를 전체적으로 조망하고, 음미하기 위해서 가능한 단위들을 망라해보는 일이 필요하다고 생각했기 때문이다.

2010년 8월
양 정 석

차 례

제1장 서론

1.1. 대응규칙의 문법과 한국어 통사구조론

한국어라는 언어체계를 정확하고 완벽하게 기술하는 방법은 어떤 것일까?[1] 국어문법에 대한 연구가 주시경(1910) 이래로 100년 정도 진행되어오는 동안, 전통문법, 기술·구조언어학, 생성문법의 관점에서 많은 문법서, 문법 이론들이 등장하였는데, 이들이 말하고자 한 것은 결국 이와 같이 물음에 대한 답변이었다. 이 연구도 이 물음에 대한 또 하나의 답변이다. 언어체계로서의 한국어를 기술하는 가장 간결한 방법을 제시하는 데에 이 연구의 궁극의 목적이 있다.

종래의 국어문법에 대한 접근 방법들을 소략하나마 전통문법과 구조문법과 생성문법으로 나누어볼 수 있다. 특히 생성문법 이론은 그 이론의 초창기부터 문법 이론들을 상대적으로 비교 평가하는 데에 비상한 관심을 쏟아왔다. 현 시점에서 우리가 여태까지의 국어문법 연구들 각각을 이론으로서 평가하기 위하여는 생성문법 이론에서 제시하는 일반적인 문법 평가 기준들을 고려하지 않을 수 없다. 그 비교 평가 기준들의 상위에 놓여있는 것이 문법 체계의 간결성이다. 어떤 이론이 간결하다는 것은 그 이론이 해당 현실의 본질을 담아내는 데에 적합하다는 것을 뜻한다.

---

1) '언어' 또는 '언어체계'라는 용어의 정의는 구조문법과 생성문법의 기본 관점에 따라 크게 차이날 수 있지만, 여기서는 이에 대하여 심각하게 고려하지 않기로 한다. 고전적 구조주의 언어학에서는 언어를 사회적 제도의 하나로 파악하여 '랑그'라고 부르고 있다 (Saussure 1916). 미국의 기술·구조언어학에서도 언어는 사회적인 실체로 생각된다(Block & Trager 1942). 이들은 언어를 외재적 언어로 파악하는 것이다. 생성언어학에서 말하는 언어는 '내재적 언어(I-language)'로서, 개인의 머릿속에 들어있는 어떤 것으로 파악된다 (Chomsky 1986a). 이 책에서는 생성언어학의 관점에 따라 언어를 머릿속의 언어, 즉 내재적 언어로 파악하며, 형식체계로서, 그 단위들의 체계와 단위들의 결합 관계를 제약하는 규칙들을 포함하는 체계로 보아 언어체계라고 부르기로 한다.

이 연구에서 우리는 전통·구조문법적 연구와 생성문법적 연구의 흐름으로 나누어 문법 이론들을 검토하려고 한다. 두 흐름에서 가장 완비된 것으로 생각되는 이론을 선택하여 이를 중심으로 한 비판적 검토, 같은 흐름의 다른 이론들과의 비교 평가를 실행하고, 그런 후에 이 연구 나름의 최종적 체계를 제시할 것이다. 이렇게 함으로써 이 연구는 국어문법 연구의 각 단계에서 얻어진 성과들을 수용하면서 그 발전적 전개에 기여하고자 한다.

이 연구에서 제시할 '최종적 체계'는 양정석(2002가)에서 전반적으로 제시한 문법 체계에 입각하여 부분적으로 조정이 가해진 체계이다. 이 체계는 기본적으로 촘스키(Chomsky 1955/1975)과 촘스키(Chomsky 1957)에서 제시된 초창기 생성문법의 정신과 그 이론 모형을 기반으로 하여 전개된 것이다.[2] 생성문법이 언어를 기술하는 방법은, 기호열(string: 연결체)로서의 문장을 생성할 수 있는 통사 범주 및 어휘들의 체계와, 이들을 가지고 문장을 형성하는 형성 규칙들의 체계를 상정하고, 이 체계를 실제 문장 자료를 통하여 검증하는 것이다. 통사 범주들과 어휘들에 통사 규칙이 적용되는 과정은 기계적인 과정이므로, 이 기계적인 과정이 현실의 언어를 적합하게 기술한 것인지를 여러 가지 척도에 따라 엄정하게 평가할 수 있다. 이 연구에서는 생성문법의 일반적 연구 방법에 기초를 두되 한국어의 통사 현상을 가장 적합하게 담아낼 수 있는 문법 체계를 지향하여, 그 중 통사 부문, 즉 통사구조 형성의 원리와 규칙들의 체계를 집중적으로 기술하고자 한다. 그리하여 한국어 문장 구조의 전반적인 모습을 그려보고자 하는 것이다.

통사 부문에 대한 구체적인 기술에 앞서 우리의 '최종적 체계'의 개략적인 모습을 알아보기로 한다. 이 체계를 '대응규칙의 문법'이라고 지칭하기로 하자. 이는 다음과 같은 하위 영역을 가지는 문법의 조직을 상정하는 것이다.

(1)

음운론적 구조

통사구조

의미구조

---

2) 후자는 그 제목이 '통사구조론(Syntactic Structures)'인데, 이 책의 제목 '한국어 통사구조론'은 기본적으로 이와 같은 정신 하에서의 한국어에 대한 '통사구조론'을 지향하여 이렇게 이름 붙여진 것이다. 세부적인 이론에서 완전히 동일함을 추구하는 것은 아니기 때문에 '기본적으로'를 강조해야 하겠다.

대응규칙 문법 체계는 개별 어휘항목의 통사·의미적 특성을 기초로 해서 부가어의 통사구조-의미구조 대응에 관한 규칙,[3] 의미구조의 형성 규칙과 의미구조에 대한 각종 제약, 통사구조 형성 규칙과 통사구조에 대한 각종 제약, 그리고 논항 연결 원리 등이 적용되어 이루어지는 체계라고 상정된다. 이 체계에서 어휘항목은 어휘개별적 차원의 대응규칙으로 해석된다. 가령 하나의 동사 어휘항목은 그 음운론적 표상과 함께, 그 통사 범주 표상으로서 '동사(V)'를 가지며, 그 어휘의미의 표상을 가진다. 이 세 가지 표상이 맺어지는 어휘개별적 대응규칙이 곧 어휘항목인 것이다. 동사 어휘의미의 표상에는 하나나 그 이상의 논항이 포함된다.

수많은 어휘항목들이 제각기 논항에 대한 의미적 제약을 가지는 것처럼, 부가어를 포함하는 구문 구조가 역시 그 논항에 대한 의미적 제약을 부여하는 '구문규칙'(또는 '부가어 대응규칙')으로 기술된다. 이러한 두 종류의 대응규칙들이 결합하여 한 문장의 통사구조와 의미구조를 만들어낸다. 통사구조와 의미구조는 각각의 형성 규칙들에 의해 그 적격성(well-formedness)을 점검 받게 된다.

'적격성'은 음운론적 구조, 통사구조, 의미구조의 세 가지 층위에서 지켜져야 한다. 각각의 층위에서 주어지는 조건을 만족했을 때 이 구조는 '허가'를 받았다고 한다. 문법에 주어진 허가 원리들을 충족시키지 못할 때 해당 구조는 부적격한 구조가 된다. 이러한 의미에서, 이 연구의 배경을 이루는 '대응규칙 문법'의 체계는 '허가 이론'의 특성을 가지고 있다. 위 그림 (1)에서 음운론적 구조를 제외하고, 통사구조와 의미구조가 서로 제약을 부여하는 관계를 다음 그림을 통해 이해할 수 있다.

(2)   통사 규칙들   의미구조 형성 규칙들

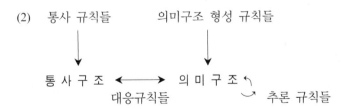

통사 구 조 ◄────► 의 미 구 조
대응규칙들   추론 규칙들

의미구조의 특정 요소가 통사구조의 특정 부분구조와 대응함을 규율하는 규

---

3) 이를 구문규칙 또는 부가어 대응규칙이라고 한다. 4.3절에서 한국어의 여러 가지 실제 구문규칙들을 제시할 것이다.

칙과 원리들을 문법의 주요 부문으로 상정하는 것이 이와 같은 '대응규칙의 문법' 체계의 특징이다. 각 문장 S가 가지는 통사구조와 의미구조는 따로따로 생성된다. 통사구조 형성을 위한, 의미구조 형성을 위한 나름의 적격성 조건이 존재한다. 또한 각각의 생성 도중에 서로에 대한 제약조건들이 부과되며, 이를 준수하여야 적격한 통사구조와 적격한 의미구조를 형성할 수 있다. 다시 말하면, 의미구조의 형성 과정에서 통사구조의 각 단계의 구성성분 구조를 참조할 수 있다는 것이다. 통사구조나 의미구조에 부적격한 요소가 하나라도 나타난다면 이 문장은 통사적으로, 또는 의미적으로 부적격한 문장이 된다. 이렇게, 모든 통사론적·의미론적 과정은 궁극적으로 적격한 통사구조, 의미구조를 얻어가는 것을 목표로 하여 진행되는 것이다.

이러한 문법의 운용 방법을 조금 더 구체적으로 소개해보기로 하자. '한국어'를 이루는 모든 문장 S는 하나의 통사구조와 하나의 의미구조와 하나의 음운론적 구조를 가진다. 이에 덧붙여, 구나, 머리성분인 어휘항목도 그러하다. 그러나 특별한 경우, 가령 특정 부류의 단어나 숙어 어휘항목의 경우, 어느 한 구조 표상을 갖지 않을 수도 있다.

문장 S를 통사구조 표상과 의미구조 표상, 음운론적 구조 표상의 순서쌍인 (SYN, SEM, PHON)과 같은 형식으로 나타낸다고 하자. 우리가 구체적인 문장을 발화하거나 이해할 때마다, 우리의 머릿속에는 이 세 가지 구조 표상이 형성된다고 가정한다. 즉 세 가지 구조 표상은 심리적으로 실재하는 표상이다.[4]

각 문장 S가 가지는 통사구조와 의미구조와 음운론적 구조는 따로따로 생성된다. 각각의 생성 과정에 대한 제약 조건들이 존재하며, 이를 준수해야 적격한 통사구조와 적격한 의미구조와 적격한 음운론적 구조를 형성할 수 있다. 의미구조, 또는 음운론적 구조의 형성 과정에서 통사구조의 각 단계의 구성성분 구조를 참조한다. 그 역도 참이다. 얻어진 통사구조 표상과 의미구조 표상의 결과적인 형식에 대한 제약 조건들이 또한 존재하며, 이를 준수해야 적격한 통사구조, 의미구조로 판정 받는다. 그리고, 의미구조의 특정 요소가 통사구조의 특정 구조와 대응함을 규율하는 규칙과 원리들이 존재하며, 통사구조는 이를 준수하여야 최종적으로 적격한 통사구조로 판정 받는다. 이 대응의 규칙, 원리는 의미구조로부터 통사구조로의 방향, 통사구조로부터 의미구조로의 방향 모두를 취

---

4) 이런 가정을 함에 있어서, 우리는 Jackendoff(1983, 1997, 2002)의 관점을 바탕으로 삼는다.

한다. 즉 양방향으로 서로 제약하는 관계이다.

그러므로, 두 가지 측면에서 '허가'의 절차가 이루어져야 한다. 하나는 통사구조의 허가이고, 다른 하나는 의미구조의 허가이다. 두 방면의 허가의 체계와 통사구조-의미구조의 대응에 있어서의 허가의 체계는 4.1절 "대응의 체계로서의 문법"에서 상세히 제시하게 된다.

1.2. 국어문법 연구 전통의 계승과 비판

1.2.1. 전통·구조문법적 연구와 생성문법적 연구

국어문법 연구의 역사를 전통문법적 연구와 기술·구조언어학적 연구와 생성문법적 연구의 세 흐름으로 가르는 것은 국어문법 연구에서 흔한 일이다. 이는 한국어 연구의 방법론적 성격의 차이를 갈래지어 이해하는 데에 있어서 유용한 구분법이다. 이 책에서는 전통문법적 연구와 기술·구조언어학적 연구를 하나로 묶어서 전통·구조문법적 연구라 지칭하기로 한다. 이들은 분류론적 연구 방법으로 특징지어진다. 이에 비해서 1960년대 말에 시작된 생성문법적 연구는 가설·연역적 방법을 추구하는 특징을 가진다.[5]

국어문법에 대한 본격적인 연구의 기점을 주시경(1910)에서부터 잡는 것은 국어문법 연구자들의 일반적인 견해인데, 이에 이의를 제기할 가능성이 없는 것은 아니지만, 그보다는 여기에 뚜렷한 근거가 있다고 보는 것이 더 옳다. 문법은 하나의 이론 체계라야 하고, 하나의 이론 체계는 그것이 기술 대상으로 하는 현상의 전 범위에 걸쳐 어떤 종류의 현상이든 포착 가능해야 한다고 요구할

---

5) 가령 미국의 언어학 연구에서 기술언어학적 연구는 철학적으로 행동주의적, 명목론(Nominalism)적 성격을 띰으로써 전통문법적 연구와 뚜렷이 구별되지만, 국어문법의 연구에서는 1950년대부터 나타난 기술언어학적 연구를 그 이전의 전통문법적 연구와 구별할 뚜렷한 근거를 들어 말하기 곤란하다. 생성문법의 방법론이 가설 연역적 성격을 가진다고 하였지만, 한국어에 대한 초기 생성문법적 연구의 실제를 검토해보면 이들에서도 분류론적 연구에 그치는 연구의 사례들을 찾아볼 수 있음이 사실일 것이다. 그러나 생성문법 이론의 틀에 따른 연구들은 언제나 생성문법의 궁극의 이론적 지향을 표방해왔고, 또 그러한 이론적 지향은 넓게 보아 가설 연역적 방법의 굴레를 벗어나기 어렵기 때문에, 생성문법적 연구를 표방하는 연구는 모두 전통·구조문법적 연구와 구별할 수 있다.

수 있다. 아직 분명한 형태로 정의하지는 않더라도 이를 '완전성(completeness) 요건'이라고 표현할 수 있겠는데, 이 완전성 요건을 기본적으로 충족시켜 주는 최초의 문법 체계를 주시경(1910)에서 찾아볼 수 있는 것이다.[6]

문법이 하나의 완비된 이론 체계이어야 한다는 점은 전통문법적 연구들과 기술·구조언어학적 연구들과 생성문법적 연구들 모두를 검토하는 으뜸가는 기준으로 제시할 수 있다. 전통문법적 연구와 기술·구조언어학적 연구는 문법단위들의 분류 체계를 기술하는 데에 연구의 궁극의 목적을 두었다. 문법단위들 중에서 전통·구조문법적 연구가 주요 관심 대상으로 삼은 것은 단어와 문법형태소였다. 이른바 '품사분류론'은 단어의 범주 구분에 관한 체계이며, 이와 함께 조사 및 용언 어미의 분류 체계가 전통문법적 연구에서 골몰하여 온 문제였다. 기술·구조언어학적 연구는 분류에 관한 객관적인 방법론을 추구하였다는 점에서 발전된 면모를 보이기는 하였으나 단어와 형태소 단위의 분류 체계를 세우는 목적을 가진 점에서는 전통문법적 연구와 본질적으로 다르다고 할 수 없다. 이들에 있어서 이론 체계는 곧 분류 체계이다. 분류 체계에 대해서 완전성 요구의 충족 여부를 확인하는 방법은, 주어진 체계의 한 항목으로 포함될 수 없는 언어 표현이 존재하는지 살피는 것이다. 물론 분류의 체계에 있어서 무엇보다 중요한 것은 분류의 기준을 엄격히 세워서 이를 일관성 있게 지켜가는 일이다.

생성문법 이론은 초창기부터 이론 자체의 요건에 대해서 큰 관심을 기울여왔다. 문법 이론들을 가능한 한 명시적으로 제시하여 이들을 비교·평가함으로써 가장 적합한 이론을 선택하는 것이다. 문법 이론들의 우열을 평가하는 기준으로서의 촘스키(Chomsky 1964, 1965b)의 세 가지 충족성 조건, 즉 관찰의 충족성과 기술의 충족성과 설명의 충족성은 널리 알려진 개념이다. 완전성의 요구는 그의 관찰의 충족성의 한 측면이다. 문법 이론이 해당 언어의 모든 문법적 문장을 생성할 수 있는 규칙의 체계를 제시해야 하며, 또한 해당 언어의 문장만을 생성하는 규칙의 체계를 제시해야 한다는 것이 관찰의 충족성이 뜻하는 바인

---

6) 최광옥(1908)의 『대한문전』과 유길준(1909)의 『대한문전』 등 몇몇 문법서가 있지만, 이들에는 단어들의 범주 체계가 크게 일관성을 잃고 있다. 이에 앞서 서양 선교사들에 의해 지어진 한국어 소개서, 한국어 문법서들이 상당수 간행되었다. 이들은 모두 영어, 독어, 불어의 전통문법의 품사 분류 체계를 기초로 해서 한국어 단어와 문장의 예를 들며 임시변통적으로 '번안'한 성격을 크게 벗어나지 못하고 있어, 완비된 이론 체계라고 할 만한 것은 찾을 수 없다. 서양인이 집필한 문법서와 주시경(1910) 이전의 한국인에 의한 문법서에 대한 소개는 김석득(1983), 고영근(1983)을 참고할 수 있다.

데, 전자의 측면이 완전성의 요구이다. 후자의 측면은 형식체계 이론들에서 '건전성(soundness)'이라 일컫는 것이다. 우리는 앞에서부터 암암리에 완전성이 이러한 건전성을 포함하는 개념인 것으로 가정하여 왔으므로, 결국 완전성의 요구는 관찰의 충족성과 상통하는 개념이라고 말할 수 있다. 생성문법 이론이 관찰의 충족성 외에 기술의 충족성과 설명의 충족성을 요구한다는 것은 생성문법이 이론적 엄밀성을 극도로 추구한다는 것을 의미한다. 이 연구에서는 전통·구조문법과 생성문법의 이론들을 검토함에 있어서 완전성의 요구를 일차적인 기준으로 고려하려고 한다.

1.2.2. 3대 문법 체계

전통문법적 연구의 흐름을 정리하는 국어학 사가들은 흔히 전통문법적 연구를 '분석적 체계'와 '준종합적 체계'와 '종합적 체계'의 세 가지로 나눈다.[7) 이러한 구분은 문법단위로서의 단어의 경계 설정에 대한 관점의 차이를 기준으로 한 것으로서, 문법단위에 대한 분류 체계의 건설을 궁극의 목적으로 하는 전통문법의 성격을 생각할 때 상당히 의의 있는 구분이라고 할 수 있다. 전통문법의 이론들뿐 아니라 구조문법 이론들, 나아가 생성문법 이론들을 이러한 분류의 안목에서 음미해보는 것도 시도해봄직하다.

전통문법에서 분석적 체계의 대표 연구는 주시경(1910)이며, 이를 따르는 다른 주요 연구로는 김두봉(1916, 1924)와 김윤경(1948)이 있다. 이들의 문법에서는 '-이/가, -을/를, -에, -으로/로; -은/는, -도, -만' 등의 조사는 물론 '-다, -자, -느냐' 등의 종결어미, '-고, -어서' 등의 연결어미가 독립된 단어의 자격을 가지는 것으로 인정된다. '춥-다, 믿-고'와 같은, 이른바 어간과 어미의 결합은 이들의 문법에서는 두 단어의 결합으로 간주되는 것이다.

최현배(1937)를 대표로 하고 이희승(1949, 1956), 정인승(1949, 1956) 등의 저명한 문법서를 한 묶음으로 포함하는 준종합적 체계는 이른바 체언에 결합되는

---

7) 이러한 용어는 김석득(1983)에서 사용한 것을 따라서 쓴다. 원래 최현배(1930, 1937)에서 주시경의 분석적 체계와 대립시켜 자신의 문법적 분석의 태도를 '종합적'이라고 지칭한 것이 처음이고, 김윤경(1963), 『새로 지은 국어학사』(을유문화사)에서 정렬모의 문법을 '종합적 체계'라고 지칭하여, 주시경의 분석적 체계, 최현배의 '절충적 체계'와 함께 3대 문법 체계를 일컬은 것이 이후의 논의에서 보편화된 것이다.

문법 요소인 조사는 그대로 단어로 인정하되, 이른바 용언에 결합되는 문법 요소, 즉 어미는 단어로 인정하지 않는다. 예를 들어서 '사람-이, 사람-에게, 사람-도'는 두 단어의 결합으로 간주되지만 '춥-다, 믿-고, 믿-어서'는 두 단어의 결합이 아니라 한 단어의 어간과 어미의 결합으로 간주되는 것이다.

종합적 체계의 대표는 정렬모(1946)로 알려져있다. 이 밖에 이숭녕(1956), 김민수(1960)도 이 계열에 드는 것으로 취급된다. 이들의 문법에서는 이른바 용언의 어간과 어미가 한 단어의 결합을 이루는 것으로 간주됨은 물론, 체언과 조사의 결합도 한 단어의 결합으로 간주되는 것이다. 예를 들어, '춥-다, 믿-고'가 각각 한 단어로 이해되는 것은 준종합적 체계에서와 같지만, '사람-이, 사람-에게, 사람-도'도 각각 하나의 단어 단위로 간주된다는 점은 이들의 체계만이 가지는 특징이 된다.

구조문법적 연구들도 이와 같은 기준에서 분류하는 일이 가능하다. 사실상, 구조문법 이론은 통사론에 있어서 그다지 새로운 접근 방법을 갖지 못했기 때문에 전통문법에서의 분류 체계에 대한 안목을 이들에게도 그대로 적용할 수 있다고 보는 것이 옳다. 허웅(1963, 1975, 1983, 1995, 1999), 안병희(1966, 1968), 김석득(1967), 고영근(1965), 이익섭(1968) 등에서 구조문법의 실례를 찾을 수 있지만, 이들은 준종합적 체계의 테두리에서, 또는 종합적 체계의 테두리에서 분류 체계를 다듬는 작업을 계속하였던 것이다.

생성문법적 연구에서 전통적인 3대 체계의 흔적을 밟아가서 추적하기는 쉽지 않으나, 국어문법의 전 범위에 걸친 기술을 시도하는 연구들에서는 역시 문법단위의 경계 설정과 관련한 관점의 차이가 다시금 중요한 문제로 떠오르게 된다. 한국어의 광범위한 예를 대상으로 한 생성문법적 분석을 제시한 바 있는 연구자들 중에서 서정수(1989)의 논의는 전통적인 3대 체계로의 분류법이 생성문법적 연구에서도 의의를 가짐을 보여준다. 서정수(1994)에서는 분석적 체계의 정신에 따라 현대 한국어에 대한 생성문법적 분석을 실행하여 완성된 문법 체계를 수립하였다. 그는 초기 생성문법 이론의 기반에서 한국어 문장들을 기술하고자 할 때에 분석적 체계가 가장 적합하다는 결론을 보이고 있다. 이에 비교되는 준종합적 관점이나 종합적 관점을 그간의 생성문법 연구 흐름에서 추적하는 것은 간단치 않은 일이 되지만, 구 구조 규칙의 기술에서 어말어미를 여전히 동사 범주의 일부로 취급하는 사례들은 종합적 연구 전통의 유풍을 느끼게 한다.

전통문법의 연구들뿐만 아니라 구조문법, 생성문법의 연구들에 대해서도 3대

체계의 요소들을 밝히는 일이 큰 의의를 가진다는 것을 이해할 수 있다. 이를 통해서, 국어문법 연구의 전통을 돌아보고 이를 재해석하는 일이 현재에 있어서도 국어문법의 여러 현상을 이해하는 데에 자양분을 제공하고 있음을 인식할 수 있다.

1.2.3. 국어문법 연구의 방법

어느 학문 분야나 그 학문의 방법론적 성격을 모범적으로 제시해주는 논저를 찾을 수 있는 법이다. 국어학, 특히 국어문법 분야에서 이러한 요건에 부합하는 초기의 논문 한 편을 찾는다면, 용언 내부의 한 요소 '으'의 성격을 결정하는 논증인 최현배(1935)가 가장 합당한 것이라고 판단된다. 짤막한 논문인 최현배(1935)는 최현배(1937)의 한 부분으로 포함되었다.[8]

전통문법적 연구에서 현대국어 문법 기술의 가장 탁월한 업적으로 최현배(1937)를 드는 데에 이의를 제기할 사람은 없을 것이다. 다른 여러 가지 측면에서 그 가치를 평가하는 일이 가능하겠지만, 전통·기술문법적 연구, 생성문법적 연구의 전반적 흐름과 관련하여 주목할 부분은 그 문법단위에 대한 관점이다. 그는 어휘적 요소와 문법적 요소의 경계를 가르는 문제에 있어서 그 이전의 연구자는 물론, 그 이후의 숱한 연구에서도 보기 드문 정확한 인식을 보여주었고, 한국어 연구의 방법론적 전범을 제시하였다.

'으'에 관한 논증을 담은 최현배(1935)는 최현배 문법의 성격을 압축해서 보여주며, 이를 바탕으로 해서 발전해온 국어학의 논증의 대표적 방법을 알려준다. 가령, '믿어서'와 같은 형태를 '믿-'과 '-어서'로 가르고, '믿으면'을 '믿-'과 '-으면'으로 가르는 관점은 한국어 문장의 구조에서 기초 통사 단위를 정립하는 문제와 관련하여 극히 중요성을 가지는 것이다. 이들 예를 '미더-서', '미드-면'으로 분석하는 관점이 가능하다. 전통문법적 연구의 하나인 박승빈(1931, 1935)이 실제로 그와 같은 관점의 실례이다. 최현배(1935)에서는 박승빈(1931)이나 그 외 유사한 관점의 가능성을 인식하고, 이 문제를 본격적으로 검토함으로써 국어문법 연구의 기초를 제공하는 데에 성공하였다. 이제 최현배(1935)의 논리의 전개 과정을 따라서 이 문제가 국어문법 체계 전반에 있어서 가지는 의의를

---

8) 최현배(1937/1971) 168-173쪽.

음미해 보기로 한다.9)

1.2.4. 사례 연구: 조음소10) '으'의 문제

'잡으니, 잡으면, 잡으시고' 등에서 보이는 '으'가 '가니, 가면, 가시고' 등에서
는 나타나지 않는다. 잘 살펴보면 '으'의 문제를 정확히 이해하는 것이 한국어
활용 체계에 대한 이해에 있어 아주 중요하다는 것을 알게 된다.11) 또, '으'의
언어학적인 지위가 어떤 것인가를 밝혀가는 과정은 언어학적 논증의 한 표본으
로서 더없이 흥미로운 예이기도 하다.

  (3) 가. 잡으니   가니
      나. 잡으면   가면
      다. 잡으시고   가시고

이와 같은 예에서 나타나는 '으'의 언어학적인 지위는 무엇인가? 맨 먼저 물
어야 할 것은 이것이 음운론적 요소냐, 또는 문법적 요소냐 하는 점이다. 어느
영역에 드는 요소인지를 명백히 해 놓고서야 그에 해당하는 적절한 범주 부여
를 할 수 있게 된다.

  1) 먼저, '으'가 문법적인 요소라고 가정해보자. 이는 곧 '으'를 하나의 형태소
로 인정한다는 뜻이 된다. 형태소는 의미를 가지는 최소의 음성 단위라고 정의
되는데, 여기서의 '의미'는 어휘적인 의미와 함께 문법적인 의미도 고려되는 것
이다. '으'가 문법적인 요소이고 하나의 형태소라고 하는 것은 이것이 어휘적인,
또는 문법적인 의미를 가지는 것으로 보는 것이다.

  '으'는 의미를 가지는가? 성급히 단정을 내리는 태도는 좋지 않은 것이지만,

---

9) 다음의 논증은 최현배(1935)에서의 전체적인 논증 순서와 논의의 핵심을 보이고 있지만,
  논증의 각 단계에서의 세부적인 사실들을 그대로 재현한 것은 아님을 밝혀둔다.
10) '고룸소리', '매개모음', '조성모음', '연결모음' 등의 이름으로도 불린다.
11) 이 연구는 엄밀한 의미에서의 '활용' 개념을 인정하지 않는다. 그런 점에서 주시경(1910),
  김윤경(1948)과 같은 입장이라고 할 수 있다. 그러나 이러한 체계에서도 동사와, 종래의
  '어미'에 해당하는 요소들인 굴절소, 보문소들이 결합할 때의 형태음운론적 조건을 살피
  는 일은 매우 중요한 의미를 가진다. 이 점에 관해서 특히 2.3.3절의 논의를 참고하기 바
  란다.

이 문제에 관한 한 누구도 긍정적인 대답을 하지는 못할 것이다.

만약 '으'가 어떤 의미를 가진다고 한다면, 단어 내부에서 '으'의 분포가 동사 어간을 기준으로 그 뒤쪽에 나타나는 것이므로, 굴절접미사의 하나로 볼 수밖에 없을 것이다. 그렇다면 '으'는 학교문법의 개념으로 선어말어미가 될 수밖에 없다. '잡으니'와 같은 예에서 '으'는 어간 '잡'과 어미 '니'의 사이에 분포하기 때문이다. 그러나 한국어 선어말어미들이 가지는 중요한 특징 중의 하나는 단어 내에서 일정한 순서를 가지며, 단어 내에서 한 번만 나타난다는 것이다.[12]

(4) 가. 잡으시겠습디다
　　나. *잡겠으십디다, *잡으십겠디다, *잡으십겠으신다

여기에서 나타나듯이, '-으시-', '-겠-', '-습-', '-디-'의 단어 내에서의 순서는 엄격한 바 있다.

그런데, '으'의 경우는 그 위치가 일정치 않다. '잡으시겠다'에서는 '-겠-' 앞에 나타나지만, '잡겠으니'에서는 '-겠-'의 뒤에 나타난다. 또, '잡으시겠으니'에서는 두 군데에나 나타나는 것이다. 이들은 '으'가 문법적 요소라는 가정에 반례가 되는 것이다.

(5) 가. 잡으시겠다
　　나. 잡겠으니
　　다. 잡으시겠으니

직관적으로 '으'의 의미를 인정하기 어렵다는 점과 함께, 이러한 분포상의 증거는 '으'를 독립된 형태소로 처리할 수 없게 한다.

2) '으'의 언어학적인 지위는 문법적인 단위, 즉 형태소라기보다는 음운론적인 단위라고 보는 것이 옳을 것이다. 문법의 영역에서보다 음운론의 영역에서 이를 더 잘 처리할 수 있다는 것을 보일 수 있다면 '으'가 음운론적인 존재라는 우리의 논점이 확증되는 것이다. '으'를 음운론적인 존재로 보는 경우에도 '잡으니'와 같은 동사가 어간과 어미로 되어있다고 보는 학교문법의 견지에서 다

---

12) '*'는 비문법적 문장을 표시하지만, 이처럼 문장 아닌 비문법적 표현을 표시하기도 한다.

음 두 가지 처리법이 가능하다.

첫째, '으'를 어간의 일부로 보는 처리법이다. 이에 따르면 '잡'과 '잡으'(또는 '자브')는 한 형태소의 서로 다른 변이형태(allomorph)들이 된다. '잡고, 잡더라' 등에서는 변이형태 '잡'이 나타나고, '잡으면, 잡으신다' 같은 데에서는 변이형 태 '잡으'가 나타나는 것이다. 이렇게 볼 경우에도 그 음운론적 처리를 생각해 보면 다시 두 가지 설명법이 가능함을 알 수 있다. ① 어간의 두 변이형태 중에 서 '잡으'(또는 '자브')가 기본형태(basic allomorph)13)가 되고 또 다른 변이형태 '잡'은 이 '잡으'로부터 '으'가 탈락된 형태라고 볼 가능성이다. ② 반대로, '잡' 을 기본형태로 보고 '잡으'는 '으' 모음이 삽입된 것으로 볼 가능성이 더 있다.

①로 보든, ②로 보든, 이러한 처리법에서는 그 음운론적 환경(조건)을 뒤에 이어지는 어미의 첫소리에 따라 잡아주어야만 한다. 따라서 '으'가 탈락되거나 삽입될 경우 어미들의 첫소리가 일정한 음운론적 조건을 형성하는가가 관건이 될 것이다. 그것이 가능하다는 것은 '잡'과 '잡으'가 한 형태소로서 서로 다른 변이형태로 실현되는 것이 음운론적인 조건에 의한다는 뜻이 되고, 결국 '으'가 어간의 일부라고 보는 것이 정당화되게 된다.

①의 가능성은 옳지 못하다는 것이 드러난다. '잡으니, 잡으면, 잡으시고' 등 에서 'ㄴ, ㅁ, ㅅ' 등 자음 앞에 나타나던 '으'가 '잡고, 잡더라' 등에서 역시 자 음 앞에서 탈락되므로 둘의 음운론적 환경에 있어 차이를 발견하기 어려운 것 은 물론이고, '잡소' 같은 예에서는 'ㅅ' 앞에서도 이른바 '으' 탈락의 현상이 나 타난다고 할 수 있겠기 때문이다. 더군다나 '잡아'와 같은 예에서는 모음 앞에 서도 '으'가 탈락되는바, 자음과 모음 모두를 음운론적 환경으로 가지는 규칙은 무의미한 것이다. 어떤 언어 규칙이 규칙으로서 의의를 가지려면 그 조건이 되 는 요소들의 집합이 '자연군(natural class)'을 이루어야 한다는 일반적인 요구 조 건이 있다. {ㄱ, ㄷ, ㅅ, ㅏ}와 같은 집합은 음성적으로 자연군을 이루지 못하므 로, 이 규칙은 음운론적 규칙으로 인정될 수 없다.

②의 가능성도 마찬가지 고려에 의하여 부정된다. '잡'이 '으' 삽입 규칙에 의 하여 '잡으'라는 변이형태로 나타난다고 설명하려면 역시 뒤에 이어지는 어미 의 첫소리가 정당한 음운론적 환경을 이루는 것이 바람직하다. 하지만 '잡고, 잡지, 잡아' 등의 '잡'이 '잡으니, 잡으면, 잡으시고' 등에서 '으'를 동반한 변이

---

13) 기본형태를 달리 '대표 변이형태'라고도 한다. 보통 '형태소의 원형', '형태소의 으뜸꼴' 이라고 말하는 것이 바로 이것이다.

형태 '잡으'로 나타나는 데에 타당한 음운론적 조건을 잡아주기는 어렵다. 반례로서 들 수 있는 것은 "참 결심도 굳으이."와 같은 예에서 보이는 '굳으이'와 같은 형태이다. '굳'이 '굳으'로 변이할 경우 '으'가 삽입된다고 할 수 있을 것이다. 이 경우 '으'는 모음인 '이' 앞에서도 삽입되는 것으로, 자음 'ㄴ, ㅁ, ㅅ'과 모음 '이'가 하나의 음운론적 환경을 이룬다고 해야 할 위험에 처하게 된다. 이 경우에도 집합 {ㄴ, ㅁ, ㅅ, ㅣ}이 음성적으로 자연군을 이루지 못하므로, 이 규칙은 음운론적 규칙으로 인정될 수 없다.

이상과 같이 고찰해 볼 때, '으'를 어간의 일부로 간주하는 일은 타당성을 결한 것임을 알 수 있다.

둘째, '으'를 어미의 일부로 보는 처리법이 있다. 만약, 이 처리법도 첫 번째 처리법과 마찬가지의 결함을 가지고 있다면 이 문제는 예외적인 것으로 남겨두거나, 아니면 어떤 아주 새로운 설명 방법을 모색해보는 것이 필요할 것이다.[14]

이도 역시 다시 두 가지로 나누어 살펴보기로 하자. 먼저, ① '잡으니, 죽으니, 품으니' 등에서 '으니'가 기본형태인데 '가니, 보니, 주니' 등에서 '으'가 탈락된 변이형태 '니'가 나타났다고 보는 방법이 가능하다. 또한, ② '가니, 보니, 주니' 등에서의 기본형태 '니'로부터 '으'가 삽입되어 '잡으니, 죽으니, 품으니'의 변이형태 '으니'로 나타났다고 볼 가능성도 있다.

①의 가능성은 엄격한 음운론적 규칙화가 가능한 것으로서, 그 타당성이 충분히 인정된다. '가니, 보니, 주니'에서 보는 것처럼, 어간의 끝소리는 모두 모음이다. 모음 뒤라는 환경은 음운론적인 환경으로서 훌륭하다. 다만, '줄다, 늘다' 등에서 어간이 자음 'ㄹ'로 끝나므로 다소 문젯거리가 된다. 그러나 일반음성학에서는 유음 'ㄹ' 소리가 변별적 자질 [+모음성]과 [+자음성]을 아울러 가진다고 하는 것이 보통이다. 물론 모음들은 [+모음성]을 가진다. 즉, 집합 {ㅏ, ㅓ, ㅗ, ㅜ, ㅡ, ㅣ, ㅔ, ㅐ, ㄹ}은 음성적 자연군인 것이다. 따라서 어간의 말음이 [+모음성]을 가지는 경우에 '으니'를 비롯해서 '으'를 가지는 어미들에서 '으'가 탈락된다고 규칙화할 수 있는 것이니, 이러한 처리는 거의 완벽한 것이라고 할만하

---

14) 결론적으로 둘째 처리법, 즉 어미의 일부로 보는 처리법이 성공적인 방안으로 밝혀지는 것이지만, 박승빈(1935)에서 시도한 것처럼 뒤의 어미들의 부류를 셋으로 나누고, 각 어미 부류의 성격에 따라 선행 어간의 형태가 변동한다고 설명할 가능성을 생각해볼 수 있다. 이미 최현배(1935)에서 정확히 지적한 바와 같이, 이런 어미들의 유형화는 아무런 문법적 의의를 갖지 못하는 유형화일 뿐이다.

다.15)

②의 가능성도 역시 음운론적으로 규칙화될 수 있다. 다만, 앞에서와는 달리 어미의 기본형태가 '니'와 같은 것이었다가 '으' 삽입 규칙에 의해서 '으니'와 같은 변이형태로 실현된다고 보는 것이다. 이러한 규칙의 조건은 '잡으니, 굳으니, 찍으니, 잃으니, 좋으니'처럼 어간의 말음이 'ㄹ'을 제외한 자음이라는 점이다. 이를 일반화하면 자음 중에서 [-모음성]의 자질을 가지는 소리들이 음운론적 환경을 이룬다. 이 역시 음운론적 규칙으로서 정당화된다.

이 두 가지 가능성 중에서 어느 것이 더 옳은 것인가를 결정적으로 말하기는 힘들다. 그러나 엄밀한 음운론적 고찰을 하여 보면 후자, 즉 ②의 가능성은 다소 문제성을 지니고 있다. 삽입에 의한 처리법은 왜 하필 '으'가 관련 어미들의 일부가 되어야 하는지 그 이유를 설명해야 하는 부담을 진다고 할 수 있다. 그러나 탈락에 의한 처리법에서는 이에 대한 설명의 부담을 지지 않는다. 더욱이, 삽입의 방법을 택할 경우, 어간 말음의 성질뿐만 아니라 '으'를 취하는 어미들의 종류 또한 규칙의 일부로서 언급되어야 한다는 점이 난점으로 지적될 수 있다. 즉, '으'가 삽입되는 조건은 어간 말음이 'ㄹ' 아닌 자음일 때이지만, 동시에, 이어지는 어미가 '면, 나, 니(까), ㄴ, ㄹ, 시' 나아가 조사의 '로'이어야 한다고 규정해야 한다는 것이다. '탈락'의 방법을 택할 때에는 이런 문제가 발생하지 않는다. '으면, 으나, 으니(까), 은, 을, 으시; 으로'가 어간이나 명사에 이어질 때 어간 말음의 [+모음성]을 확인하여 '으'가 탈락된다고 하면 그뿐이다.16)

---

15) '거의' 완벽하다고 한 것은, 극히 일부의 예외적인 현상이 존재하기 때문이다. "어서 가세."와 "예수 믿으세./손을 씻으세."(*믿세/*씻세)의 비교에서 알 수 있는 것처럼 '세/으세'의 변이는 [+/-모음성]을 조건으로 한 것이나, 또한 '먹세'와 같은 예도 존재하는 것이다. 이와 같은 예는 '으세'를 기본형으로 보아 조음소 '으' 탈락 규칙에 의해 '세'로 변이하는 것으로 설명할 수 있다. '먹세'와 같은 예는 예외로 처리할 수밖에 없다. 그 처리 방법은, 어휘부에 '먹세'가 복합적인 단위로 등재되고, 이에 따라 '먹으세'가 저지(blocking)된다고 하면 된다. '저지'의 개념은 Aronoff(1976)에서 비롯되는데, 지금과 같은 적용례는 Jackendoff(1997)에서 영어의 'took'가 'take+ed'와 같은 결합형을 저지한다고 설명한 데에서 따온 것이다. 다른 측면의 예외적 현상은 연결어미 '-되'이다. 이는 '믿되, 씻되, ...'처럼 '으'가 없는 '-되'를 기본 형태로 갖지만, '있으되/*있되, 없으되/*없되'와 같은 극히 일부의 어간 뒤, '믿었으되/*믿었되'와 같은 선어말어미 '-었-'의 뒤에서는 '-으되'로 실현되는 것이 자연스럽다. 이 경우도 어휘부에 '있으되, 없으되; -었으되'를 복합적인 단위로 등재하고 이에 따라 '있되, 없되, -었되'가 저지되는 것으로 설명할 수 있을 것이다.

16) '줄면'에서는 'ㄹ'이 탈락되지 않는 데에 반해 '주니까'에서는 'ㄹ'이 탈락된다. '니까' 외에 'ㅂ', '오', '시' 등의 형태소 앞에서 이 같은 현상이 나타난다. 이는 조음소 '으' 탈락 규칙이 적용된 후에 이들 특정 형태소 앞에서 'ㄹ'이 탈락되는 별도의 규칙이 다시 적용

　이러한 견지에서 '탈락'에 의한 ①의 처리법이 가장 바람직하다고 말할 수 있다.17)

　이상의 논증은 '으'가 그 스스로 의미를 갖지 않으며, '으니, 으면, 으나, 은; 으시' 등에서 어미의 일부로 취급되어야만 한다는 점을 명백히 해준다. 나아가서는 조사 '으로' 등에서도 동일한 현상이 나타남을 관찰할 수 있고, 이러한 규칙이 한국어를 말하는 화자들의 머리 속에, 비록 무의식적인 것이기는 하지만, 자동적인 메커니즘으로 존재하고 있음을 말해준다.

　언어학 논증은 이와 같이, 무의식적인 메커니즘으로서의 문법적 과정을 경험적 증거를 통해서, 논리적인 절차를 거쳐서 드러내는 과정이다. '으'의 정체를 밝혀가는 이상의 과정은 언어학적 논증의 전형이다. 이상에서 재현한 3단계의 논증 절차는 최현배(1935)에서 전개한 것과 본질적으로 같은 것이다. 어느 학문 분야든지 그 학문의 성격을 특징짓는 논증들이 있게 마련인데, 최현배(1935)에서 제시한 이와 같은 논증의 방법은 국어학의 연구 방법론의 한 전범을 수립하였다는 점에서 의미가 깊다. 뒤의 2.1.2절에서는 계사 '이'와 '이'를 가지는 문장의 구조에 대한 바른 처리를 위해서 '으'에 관한 이상의 논증이 언어학적 탐구의 모범이 됨을 볼 것이다. 또 2.3절에서는 한국어 형성소 단위의 확립을 위해서도 이상의 '으' 논증에서 얻어진 한국어 단위 구분의 사실이 논의의 준거가 됨을 확인할 것이다.

1.2.5. 국어문법 연구 전통의 계승과 비판

　앞에서 말한 바와 같이 전통문법적 연구는 문법단위들의 분류 체계를 기술하는 것이 그 목적이었다. 앞에서 구분한 분석적 체계, 종합·준종합 체계의 차이를 넘어서서 전통문법적 연구의 주요 흐름을 이룬 것은 체언과 용언에서 어휘적 요소와 문법적 요소를 가르는 데 있어서의 일정한 관점이다. 이 흐름은 주시

　되어 그리 된 것이다.
17) 현행 학교문법은 ②의 처리법, 즉 삽입에 의한 설명을 택하고 있다. 원래 최현배(1935)에서 이처럼 삽입에 의한 설명 방법을 전개하고 있다. 다만, 최현배(1935, 1937)에서 말한 '으'의 삽입의 환경은 [-모음성]이 아니라 어간 말미에 '받침을 가진' 경우라는 것이어서, "'ㄹ'을 제외한 받침을 가진 경우', 더 엄밀하게는 "'ㄹ'을 제외한 자음으로 끝나는 경우'로 수정해야 완전해진다.

경(1910)으로부터 최현배(1937)에 이어져서 형태소 단위의 인식에 관한 굳건한 기초를 형성하였고, 이후의 연구에 기본적 배경이 되었던 것이다. 이것은 한국어 연구가 지금까지 물려받고 있는 전통의 가치 있는 측면이다.

우리는 제2장에서 전통문법의 대표적 업적인 최현배(1937)의 통사구조와 관련한 견해들을 추출해내어 비판하게 된다. 그 대표적인 문제로 두 가지를 지적할 것인데, 그 하나는 단어 단위에 대한 그의 기본 관점, 즉 준종합적 체계 자체로부터 비롯되는 것이며, 다른 하나는 그의 철저한 표면구조 중심의 문법관이다. 전자는 '어미'들이 통사적 과정의 독립된 단위임을 이론적으로 포착하는 데에 방해가 되어왔고, 후자는 동일한 통사구조를 가지는 문장들을 서로 관련 없는 문장들로 분석하도록 함으로써 문법 기술의 간결성에 크게 반하는 결과를 가져왔다.

또, 제2장에서 그 일부로 포함하여 다루는 기존 구조문법 연구들은 형태소와 단어, 문장의 정의, 형태소 분석의 엄정한 기준, 분포적 특성의 차이를 드러내는 객관적 방법 등의 문제에서 많은 성과를 거두었다. 그러나 분포적 특성에만 골몰하는 연구 태도는 때로 서로 다른 구문들 사이에 존재하는 일반성을 포착하여 설명하는 데에 장애가 되기도 하였다.

제3장에서는 생성문법적 방법에 따른 한국어 통사구조 분석의 실례를 보인다. 생성문법의 방법론에 따라 한국어 통사론 연구가 한층 수준 높은 단계로 도약하였음은 누구나 인정할 수 있다. 그러나 생성문법의 수많은 연구들에서 발견되는 문제는 이전의 한국어 연구에서 쌓아올린 성과들이 충분히 고려되지 않고 있다는 점이다. 이 연구는 과거의 한국어 통사구조에 대한 연구에서 확립된 사실이라고 생각되는 사례들을 필자의 능력이 허락하는 한도에서 최대한 수집·정리해보려는 의도에서 수행되는 것이다.

1.3. 논의의 구성과 표기법상의 주의

이 연구에서 한국어 통사구조에 대한 전통·구조문법적 연구, 생성문법적 연구를 검토하면서, 우리는 늘 격 구조 및 단순문 구조에 관한 연구와 내포문 구조에 관한 연구와 접속문 구조에 관한 연구의 세 부분으로 나누어 이전의 논의를 정리하고, 또한 이 세 부분으로 나누어 한국어 문장 구조의 기술 체계를 수립하는 일을 수행할 것이다. 격 구조란 이른바 격조사들에 의해 나타나는 문장 내부 구조를 지칭하는 것이다. 1980년대 이후의 생성문법적 연구에서는 '의미역 관계'의 개념이 이 격 구조의 개념과 공통 영역을 형성하고 있다. 복합문의 두 하위 형식인 내포문 구조와 접속문 구조는 통사론의 나머지 주요 영역을 형성하고 있다.

(6) 가. 격 구조 및 단순문 구조
    나. 내포문 구조
    다. 접속문 구조

제4장과 제5장에서는 이 세 영역에서 한국어 문장 구조 생성의 모형이 제시되는데, 격 구조 및 단순문 구조에 대한 이론화는 제4장의 주요 주제가 되며, 내포문 구조와 접속문 구조에 대한 이론화는 제5장의 과제가 된다.

생성언어학의 기본적 표기법들을 준수하는 문제는 중요하다. 과거 국어문법 연구에서 흔히 눈에 띄는 문제가 표기법들과 관련한 것임을 지적하는 일은 어렵지 않다. 인간의 정신 현상의 하나인 언어를 대상으로 연구하는 것이 언어학이기 때문에 언어의 복잡미묘한 측면들을 형식적 기호로 나타내는 일은 다른 어떤 과학 분야에서보다도 더 중요한 바 있다. 특히 통사구조에 대해서는 생성문법적 연구에 와서야 진정한 명시적 형식화가 가능하게 되었다고 할 수 있다. 생성문법은 언어 화자의 머릿속에 들어있는 문장 생성의 규칙들을 명시적으로 제시하는 것을 목적으로 하며, 서로 다른 규칙 체계들 사이에 우열을 가리는 방법, 즉 '평가 절차'를 그 기본 방법으로 가지고 있기 때문이다. 그러므로 이 책에서는 전통문법적 연구나 구조문법적 연구를 비교·논의할 때에도 생성언어학에서 사용하는 표기법과 형식화의 약정을 따르려고 한다.

통사구조를 형식적으로 나타내는 방법으로 가장 보편화된 것은 나무그림 표기법과 대괄호 표기법이다. 나무그림 표기법과 대괄호 표기법은 완전히 동일한 구조 표기의 방법이다. 이들이 생성문법적 연구에서 사용되어온 것은 사실이지만, 우리는 이 책에서 전통문법적 연구나 구조문법적 연구를 논의할 때에도 이들 표기법을 활용할 것이다.

(7) 가. 아이가 물고기를 잡았다.

나.

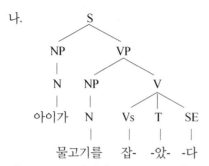

다. [s [NP [N 아이가]] [VP [NP [N 물고기를]] [V [Vs 잡-] [T -았-] [SE -다]]]

(7나)와 (7다)는 (7가) 문장에 대한 동일한 구조를 나타낸다. 생성문법 이론에서 이들은 단지 논의를 위해서 구조를 드러내는 효과 이상의 의미를 가진다. 이들 구조 표시 방법이 가지는 정확한 의미에 대해서는 3.1절에서 자세히 설명할 것 이나, 그 전에 이와 같은 표기법을 사용할 때에는 전통문법에서 사용되던 구문 도해와 같은 용도로 이해되어도 상관없다.

위와 같이 나타낸 통사구조에서 구성성분들의 상호 관계를 지칭하기 위하여 이 책에서 사용할 기초적인 용어로는 '관할(dominance)'과 '자매항(자매성분: sister)'이 있다. 관할은 위 교점(node)이 아래 교점과 맺는 관계이다.[18] (17나)에 서 'S'는 'NP'와 'VP'를 관할하며, 그 밑의 모든 교점을 관할한다. 'V'는 'Vs'와 'T', 'SE', 아울러 '집-', '-았-', '-다'를 관할한다. 특히, 'S'는 'NP'와 'VP'를 '직 접관할'한다고 한다. 한 교점에 직접관할되는 동렬의 교점들은 서로에게 자매 항이 된다.[19]

(7다)는 그 구조를 상당히 세부적으로 나타낸 것이지만, 가령 '잡$_i$-]$_{VP}$았-]$_{IP}$- 다]$_{CP}$'와 같이 적어야 할 것을 편의상 '잡$_i$-]$_{VP}$았다'처럼 약식으로 표시할 수도 있다. 이 경우 '잡았다'가 통사적으로 한 단어라거나, '잡-'과 '-았다'가 각각 하 나의 단어라는 뜻을 가지는 것이 아니고, 단지 편의상의 표기임을 분명히 지적 해두어야 하겠다.

---

18) 범주기호('S', 'V' 같은 것: 비종단기호non-terminal symbol라고도 부름)나 어휘기호('아이 가', '잡-' 같은 것: 나무그림의 제일 하단에 위치하기 때문에 종단기호terminal symbol라 고 부름)가 놓이는 위치를 선으로 표시된 경로(path) 상의 만나는 점이라고 생각하여 '교 점(node: 간혹 '절점', '마디'라고도 부름)'이라고 한다. '관할'의 개념을 더 정교한 이론적 전제에 따라 새롭게 정의하는 일도 있다(3.3절 참조).

19) 직접관할되는 교점을 그 직접관할하는 교점과의 상대적인 관점에서 '딸성분(daughter)'이 라고 지칭할 수 있다. 이 경우, 직접관할하는 교점은 '어미성분(mother)'이 된다.

(7나)와 같은 나무그림 표기법, (7다)와 같은 대괄호 표기법보다 더욱 기초적인 표기법으로 집합 표기법이 있다. 촘스키(Chomsky 1955/1975) 이래로 생성문법 이론의 발전을 이끈 이들이 표기상의 기초로 간주해온 것은 다름 아닌 집합 표기법이라고 할 수 있다. '재구조화' 개념 등의 이해를 위해서는 이러한 표기법에 대한 이해가 필수적인 면이 있다. 3.1절에서는 이 집합 표기법을 간단히 소개할 것이며, 3.4절에서는 재구조화 논의에 이 표기법을 활용할 것이다. 그러나 나무그림 표기법과 대괄호 표기법이 여전히 편의성이 있으므로, 이 책에서는 특별한 경우 외에는 나무그림/대괄호 표기법을 이용하여 논의를 전개해갈 것이다.

통사구조 표상을 위한 표기법 말고도, 음운론을 포함한 여러 측면의 언어 사실을 나타내기 위한 표기상의 약속이 충분히 고려되어야 한다. 촘스키(Chomsky 1957)에 따라, 단위들 간의 경계를 나타내는 표시로 다음 세 가지를 사용한다. '#'는 어절 경계를 나타낸다.[20] '+'는 종단기호와 비종단기호를 막론하고 구 구조 층위를 이루는 단위들 사이의 경계를 표시한다. '--'는 변형 규칙의 구조 기술 부분에서 단위들의 경계를 나타내기 위하여 사용한다.

문법 용어는 본 연구 고유의 용어와, 각 부분의 논의를 위한, 해당 논저에서 사용된 용어를 혼용한다. 친숙한 용어의 필요성이 인정되는 곳에서는 주로 현행 학교문법의 용어를 사용할 것이다.[21] 그러나 특정 논저를 들어 논의하는 중에 해당 논저에서 고유하게 사용하는 용어라는 점을 의도적으로 부각시키고자 할 경우, 작은따옴표(' ')를 둘러싸서 나타낼 것이다. 가령 최현배(1937)의 용어를 지칭하기 위하여 '씨끝(語尾)', 어미('씨끝')와 같은 표시 방법을 병용하는 것이다.

---

20) Chomsky(1957: 39)에서는 이것이 단어 층위의 선형결합(concatenation) 연산자라고 말하고 있다. 단어 층위란 Chomsky(1955)와 Chomsky(1957)의 문법 기술이 언어의 문장들에 대해서 음운 층위, 형태음운 층위, 형태소 층위, 단어 층위, 구 구조 층위, 변형 층위로 나누어지는 각 층위별 기술을 포함한다는 의미에서의 기술의 한 부문을 이루는 것이다. 이 책에서는 이와 같은 엄밀한 의미의 층위 구분을 받아들이지 않고, 음운론적 단위로서의 어절 단위를 가르는 경계 표시로 '#'를 받아들인다. 구 구조 층위의 단위 경계로 '+'를 사용하며, 변형 규칙의 구조 기술('변형 층위')에서 필요한 단위 경계의 표시로는 '--'를 사용한다. 변형 규칙에 관한 논의에서 '#'가 촘스키 방식의 부가를 나타내는 경우도 간혹 있다.

21) '현행 학교문법'이란 문교부(1985), 교육부(2002) 등의 체계와 서술을 의미한다. 이 두 문법서의 서술이 차이가 나는 경우도 있는데, 그와 같은 경우는 전자를 위주로 할 것이다.

제2장 문법단위의 정립을 위한 논의

이 장에서는 한국어 통사구조론의 정립을 위한 배경적 논의로서, 분류론적 방법에 따른 국어문법 체계 기술의 실례를 비판적으로 검토하고자 한다. 전통문법적 연구와 구조문법적 연구는 문법단위들에 대한 분류의 체계를 세우는 일에 몰두하였다. 특히 이들의 연구에 있어서 국어문법의 핵심 부분은 굴절 형태소들의 분류 체계이다. 이렇게 된 요인이 무엇이며, 그 구체적인 모습이 어떠한지를 자세히 살펴보기로 한다. 다음 장에서는 생성언어학의 가설·연역적 방법에 따른 국어문법의 체계들을 검토할 것이다. 생성언어학은 문장 단위를 위주로 분석하는, 통사론 중심의 연구 방법론으로 발전하여왔는데, 이러한 생성언어학의 연구에서도 한국어 문장 구조의 분석에서 어미와 조사가 차지하는 중요성은 막중한 바 있다. 그러므로 한국어의 생성언어학적 분석의 전단계로서 어미나 조사를 중심으로 하는 문법단위들의 분류 체계를 세우는 일을 이 장에서 추구할 것이다.

2.1. 전통·구조문법적 연구의 흐름

2.1.1. 문법단위와 문법범주와 문법기능

문법 체계의 수립은 문법단위(grammatical unit)와 문법범주(grammatical category)와 문법기능(grammatical funtion: 문법적 관계)의 개념에 대한 굳건한 이해를 바탕으로 해야만 한다.

문법단위는 단어와 형태소, 구, 절, 문장 등으로 이루어진다.

단어(word: 낱말)의 경계를 어떤 기준에서 가르느냐 하는 문제는 전통문법적 논의의 초기부터 논란이 되어온 문제이다. '3대 체계'가 이와 관련한 견해 차이에 따라 나누어지는 것이다. 다음 2.1.3절에서는 이를 중심으로 해서 전통문법적 연구들을 검토한다.

형태소(morpheme) 단위를 확정하는 문제 또한 간단치 않다. 구조문법적 연구는 형태소 분석의 문제에 골몰해왔다고 해도 과언이 아닌 것이다. 이 점에 대해서는 2.2절에서 자세히 논의할 것이다.

구(phrase: 이은말)와 절(clause: 마디)을 문법단위로 인정하더라도, 그 성격을 명백히 하기 위해서는 특정의 확립된 이론 체계를 배경으로 가져야 한다.[22] 전통·구조문법의 범위에서 논의를 하기 위해서는 '절'이란 용어가 문장 안에 내포문(안긴문장)이나, 접속문(이어진문장)에서 접속항(conjunct)이 되는, 문장 속의 문장을 편의상 일컫는 것으로, 주술관계를 갖춘 문장의 특수한 실현일 뿐이라는 점만을 상기하면 충분하다. 구는 주술관계를 갖추지 못한 두 단어 이상의 단위를 가리킨다. 그러나 다음 장에서 소개하는 생성문법의 이론틀에서는 구 또는 절의 내부 구조를 일정한 원리에 따라 정밀하게 분석하는 일이 이론적 추구의 핵심 영역이 된다.[23]

문법단위로서의 문장(sentence: 월)은 생성문법적 연구의 기본적인 분석 대상이 되어왔다. 촘스키(Chomsky 1957: 13)가 언어를 무한수의 문장들의 집합으로 정의한 데에서 알 수 있는 것처럼, 생성문법 이론은 문장의 생성과 해석에 관한 이론 모형을 수립하는 것을 궁극의 목적으로 설정하고 있다. 전통문법적 연구에서 단어를, 구조문법적 연구에서 형태소를 주요 고찰 대상으로 삼았던 것을 고려할 때, 생성문법적 연구의 이들과의 차이를 그 주요 분석 대상의 면에서도 이해할 수 있는 것이다.

문법범주는 일단의 부류에 속하는 문법단위들이 공통으로 가지는 문법적인 의미, 또는 기능이다. 단어 단위의 문법범주로서 품사를 들 수 있고, 형태소 단위의 문법범주로서 전형적인 것이 한국어의 경우 높임법, 시제 또는 시상, 서법(또는 '양상') 등이다. 보통 좁은 의미의 문법범주는 후자만을 가리키는데, 이를 특히 굴절 범주(굴곡의 범주)라고 부른다.

문법범주는 개념적으로 형태론적 범주와 통사 범주의 둘로 나눌 수 있다. 주

---

22) '이은말'과 '마디'와 '월'은 각각 '구'와 '절'과 '문장'에 상응하는 최현배(1937)의 용어이다.
23) 1980년대 후반의 핵계층 이론(X-bar theory)에서는 문장이 굴절소 또는 보문소를 머리성분으로 가지는 구로 파악되기에 이른다. 이에 대해서는 3.3절을 참고하기 바람.

의할 점은, 생성문법적 연구에서 자주 사용하는 '통사 범주'라는 용어는 말 그대로 범주로서의 개념뿐만 아니라 단위 개념까지를 포괄하는 경향이 있다는 것이다. 즉, 'N'이나 'NP'처럼, 단어 단위, 구 단위의 단위 개념과 그것이 가지는 범주적 특성을 나타내기도 한다. 이렇게 범주와 단위를 혼용하는 경향은 생성문법적 연구의 한 특징이라고 생각할 수도 있다.

그러나 생성문법 연구의 초기로부터 문법기능, 즉 문법적 관계의 개념은 이들과 엄격히 구분되어왔다. 촘스키(Chomsky 1965b)에서는 주어, 목적어 등의 문법적 관계가 기초적 개념이 아니고, 통사 범주들의 계층구조를 바탕으로 해서 해석되는 2차적 개념이라는 점을 강조하고 있다. 주어는 S에 의해 직접 관할(immediately dominate)되는 NP, 목적어는 VP에 직접 관할되는 NP인 것이다. 또 촘스키(Chomsky 1986b)의 핵계층 이론(X-bar theory)에서는 주어, 목적어, 부사어, 관형어 등의 문법기능은 명시어, 보충어, 부가어 등의 더욱 환원된 개념으로 재해석된다. X' 내부에 X와 자매항을 이루는 구 YP는 보충어(complement)이며, X" 내부에 X'와 자매항이 되는 구 ZP는 명시어(지정어: specifier)라고 정의되는데, 이 경우에도 보충어, 명시어 등의 문법적 관계(문법기능)는 해석된, 2차적 개념인 것이다.[24] 이렇게 문법적 관계를 2차적 개념으로 간주하는 태도는 생성문법의 주류로 이어져왔다.[25]

한국어에 대한 전통·구조문법적 연구에서 하위 연구 영역들의 상대적 위치는 대략 다음 도표와 같이 파악되어왔다. 이는 기술·구조언어학적 연구에서 널리 받아들여져온 하위 영역 구분법을 따른 것으로, 아주 잠정적인 개념 설정이나, 앞으로의 논의를 위한 편의성이 있다.[26]

(1) 구조·기술언어학의 하위 영역:

```
공시언어학 ┬ 음운론
           │         ┌ 형태론 ┬ 조어론 ┬ 파생론
           └ 문법론 ┤         │         └ 합성론
                     │         └ 굴절론[27]
                     └ 통사론
```

---

24) 핵계층 이론(X-bar theory)에 대한 자세한 설명은 3.3절 및 4.1절을 참고하기 바람.
25) 문법기능을 통사론의 기초 개념으로 삼는 생성문법의 이론들도 있다. 어휘함수문법 (LFG: Lexical Functional Grammar)이라 알려진 Bresnan(1982)이 그 대표적인 예이다.
26) 이런 하위 영역 구분법의 대표적인 전거는 Bloomfield(1933), 『Language』로 알려져있다.
27) 여기에 더하여, 체언에 조사가 첨가되어 문법적 의미의 변화가 이루어지는 국면을 굴절 (굴곡)과 유사한 것으로 생각하여 '준굴곡(준굴절)'이라고 지칭하기도 한다. 허웅(1975)

기술·구조언어학의 관점에서 음운론과 문법론은 공시언어학의 하위 체계를 이루는 두 영역이다. 문법론은 음운론을 제외한 공시적 기술의 체계라는, 좁은 의미로서 파악되는 것이다.[28] 문법론의 하위 영역으로 형태론과 통사론이 있다. 형태론은 다시 조어론(단어형성론)과 굴절론으로 나뉜다. 조어론은 형태소들이 결합하여 파생어나 합성어를 만드는 방식인 '파생'과 '합성'으로 다시 갈라진다.

전통문법과 구조문법의 연구는 기본적으로 분류론적 연구이기 때문에 위와 같은 분류의 체계가 결정적으로 중요한 의미를 가진다. 필자 자신의 문법 체계를 제시하기에 앞서, 이 절(2.1절)에서는 전통문법과 구조문법에서 문법단위와 문법범주의 체계를 어떻게 설정하였는가를 자세히 살펴보려고 한다. 이들에 대한 검토와 비판을 통해 보다 굳건한 근거를 가진 문법단위와 문법범주의 체계를 이끌어내는 일이 가능해질 것이다.

다음 소절에서는 '이다'의 범주적 성격에 대한 판단 과정을 보이기로 한다. 이는 뒤에서 논의하는 전통문법의 여러 연구들을 비교하는 주요 근거가 된다는 점에서 큰 의의가 있다.

2.1.2. 사례 연구: 계사 '이-'의 문제

이 책의 서두(1.2.4절)에서는 조음소 '으'와 관련한 현상에 대해 바르게 접근함으로써 현상의 이해와 방법론의 획득이라는 두 가지 측면에서 소득을 얻게 된다고 말한 바 있다. 이 두 가지 측면의 파급 효과를 음미해볼 수 있는 다른 현상으로 계사 '이-'의 문제를 살펴보기로 한다.[29] 이는 특히 문법단위로서의 형태소 단위의 확정과, 그 문법범주의 결정을 얻어가는 과정을 보여준다는 점에서, 국어문법의 수많은 유사한 문제들에 접근해가는 방법론적 틀을 제공하는 의의를 가질 수 있다.

참조.

28) 전통문법적 연구에서도 대체로 이와 같은 하위 영역의 체계를 상정하고 있었던 듯하나, 문법서를 서술할 때는 '문법'의 범위에 음운론적 사실들까지도 포함시키고 있는 것이 현실이었다. 정렬모(1946)에서는 예외적으로 문법서의 서술에서 음운론적 사실을 제외하고 있다. 그러나 전통문법이나 구조문법에서와는 달리, 생성언어학에서는 문법(론)을 음운론 및 의미론을 포함하는 통합적인 체계로 본다.

29) '계사'란 용어는 국어문법 논의에서 그 범주적 성격이 확정되지 않은 상태에서 '이-'를 가리키기 위하여 사용하는 용어이다.

'으'가 문법적 존재가 아닌 음운론적 존재라는 사실은 이해하기 어려운 것이 아니다. 학교문법에서 서술격조사라고 부르는 '이다'의 '이-'에 대해서도 이와 똑같은 처리를 할 가능성을 고려해볼 수 있다.30) 결론부터 말한다면, '이-'는 '으'와 같은 음운론적 요소로 취급할 수 없고, 의미를 가진 요소로서, 그 문법범주는 동사(V: 용언 어간)로 규정되어야 한다.

'으'에 대한 앞서의 논증의 단계를 다시금 밟아가보기로 한다. 그러나 여기에서의 결론은 '이-'가 단순한 음운론적 요소가 아닌, 문법적 요소, 즉 형태소라는 것으로서, 앞의 '으'에 관한 논증과는 반대의 결과가 된다.

1) '이-'는 문법단위 아닌 음운론적 요소인가? 과거 전통문법가들의 처리법 중에 실지로 이와 같이 생각한 예가 있다. 주시경, 이숭녕, 이희승 등이 그 장본인이다. 주시경은 1910년의 『국어문법』에서 '이다'를 끗씨(終結詞), '이고'를 잇씨(接續詞)로 처리하는 등, 이른바 '분석적 체계' 하에서 이를 처리하였다. 이에 따르면 '이-'는 독립된 의미를 지니지 못하고 그저 '-다'나 '-고'에 들러붙어 있는 것으로 파악되었던 것이다. 이런 점에서 '이-'의 지위는 앞에서 말한 '으'와 다를 바 없다. 이숭녕은 1956년의 『고등국어문법』의 '종합적 체계' 내에서, '이다'를 체언의 격 활용(곡용)의 하나로서 서술격 어미로 실현된 것이라고 하였는데, 이 경우에도 '이-'는 독립된 문법적 요소가 되지 못하고 '으'와 마찬가지의 지위를 가지는 것으로 파악된 것이다. 이희승의 『초급국어문법(1949)』는 기본적으로 『우리말본』과 같은 '준종합적 체계'이지만, '이다'의 경우만큼은 특별하게 체언의 서술격 활용으로서 처리하고 있다. '이-'는 역시 조음소 정도의 지위를 가지는 것으로 파악된다.

이런 관점의 문제점은 곧바로 드러난다. 우선, '이-'는 '으'와는 달리 선행하는 체언의 말음이 모음인 경우라도 언제나 나타날 수 있다.

(2) 가. 사자다
    나. 사자이다
(3) 가. 배지만
    나. 배이지만

더욱이 다음과 같은 경우는 반드시 실현되어야 한다.31)

---

30) 학교문법이란 문교부(1985), 교육부(2002) 등의 체계를 널리 지칭하는 것이다.

(4) 가. 학자임/*학잠, 학자인/*학잔, 학자일/*학잘

　　나. 학자였다/*학자었다

　　다. 학자이어서/학자여서/*학자어서, 학자이나/*학자나('역접'의 뜻으로)

　　라. 바보이기도/*바보기도

따라서 (2가), (3가)의 경우는 원래 있던 '이-'가 '생략'된 것으로 보아야 한다.

　2) 그러므로 '이-'는 조음소일 수 없다. 이는 곧 '이-'가 문법적 존재로서 독립된 형태소라는 뜻이 된다. 이런 전제에서 이것의 문법적인 지위에 대한 탐구는 그 범주적 성격을 규명하는 일로 이어지게 된다. 이 점에 있어서 크게 세 가지 방향의 해결책이 있어왔다. 첫째는 '이-'를 접사로 파악하는 것이요(이길록 1969), 둘째는 현행 학교문법에서처럼 '이-'를 조사의 어간으로 보는 것이다. 셋째 방향은 최현배(1930, 1937), 박승빈(1935), 정렬모(1946) 등에서처럼 용언의 어간으로 보는 것이다. 다음에 이어지는 논의의 논점은 '이-'가 용언의 어간이라는 것이다.

　①'이-'를 접사로 보는 견해는 이길록(1969)에서 발견할 수 있다. 이길록 (1969)에서는 '이-'를 '체언서술태 접요사'로 보아야 한다고 주장하고, 이것이 '파생접사'는 아니며, '체언에 용언적인 기능을 매개시키는 문법소'라고 하였다. '이-'의 통사적 지위에 대한 견해는 분명히 드러나 있지 않다.[32] 그러나 전통적인 개념 체계 하에서는 접사인 '이-'가 구를 자매항으로 가진다는 것은 있을 수 없다. 그러므로 '이-'가 그 앞의 구를 취하는 '통사적 파생접사'라는 설명 방법

---

31) 다음과 같은 예를 증거로 하여 '이-'가 단순한 음운론적 요소일 수 없음을 증명한 최초의 연구는 최현배(1937)이며, 정인승(1959)에서도 이러한 증거들이 명시적으로 제시되었다.

32) 이길록(1969)의 의도는 '이-'가 체언을 용언으로 바꾸는 굴절접미사라고 간주하는 것인 듯하다. 그러나 단어의 어휘적 성격을 명사에서 동사로 바꾸는 것은 본질적으로 파생접사의 특성인 것이다. 그는 '-음', '-기'가 용언을 체언으로 바꾸는 것과 반대의 작용이 한국어에 굴절적 기능으로 존재하는 것으로 보고 싶었던 듯하지만, '-음', '-기'는 용언의 굴절접미사의 하나로서 한국어 활용어미의 일반적 성격을 보이는 일례이고, 언어-보편적으로도 자연스러운 현상임에 반하여, 체언의 용언화는 한국어에만 특유한 문법적 작용을 설정하는 무리를 초래한다는 점에서 결국 임시방편적 처리라 비판받을 수밖에 없다. 임시방편적 처리는 문법 이론이 언어 현상의 일반성(generality)을 포착해야 한다는 의미에서의 '기술의 충족성(discriptive adequacy)'을 만족시키지 못하는 문제를 필연적으로 가진다('기술의 충족성'의 개념에 대해서는 3.1.3절을 참조할 것). 북한의 문법 교과서인 『조선문화어문법』(평양: 과학 백과사전 출판사, 1974)에도 '체언의 용언형토'라 하여 '이-'를 굴절접미사적인 요소로 취급하는 예를 보여준다. 이에 대해서도 같은 비판을 가할 수 있다.

이 나타나게 되었다. 이러한 방향의 연구에는 고창수(1985, 1992), 시정곤(1993, 1994, 1995), 안명철(1995)을 포함시킬 수 있다. 전통적인 개념으로는 '접사'는 단어 내부의 요소이며, 구를 취하는 접사란 있을 수 없다. 그러므로 이러한 주장은 접사와 관련한 개념 체계를 전면적으로 바꾸는 바탕에서 가능한 것이다. 그러나, '이-'의 음운론적 의존성과 관련한 사실을 설명하는 데 있어서 '통사적 접사'라는 새로운 개념을 도입함으로써 얻을 수 있는 이득은 거의 없다고 판단된다. '이-'가 음운론적으로 의존적 성격을 가지는 것은 사실이나 이는 접사로서의 성격이라기보다는 의존사(접어: clitic)로서의 성격일 뿐이다.33)

②'이'를 조사의 어간으로 보는 현행 학교문법의 처리는 정인승의 "표준중등말본(1949)"에 연원을 두고 있다. 이 처리법의 큰 문제는, 딴 조사들과는 달리 '이다'만이 활용을 하는 것으로 보아야 한다는 점에 있다. 이는 일반성이 결여된 것이다. 조사가 가지는 고유한 성질은 무엇인가? 종래의 조사라는 개념에는 격조사, 보조사, 접속조사, 또는 감탄조사라는 다양한 성질의 요소들이 포함되어 있다. 여기에 덧붙여 '서술격조사'는 용언처럼 어미활용을 하는 요소로 인정되고 있는 것이다. 형태론적인 측면에서 '이다'를 용언의 하나로 보아야 준종합적 체계에서의 균형이 유지된다.34)

일반성의 결여라는 견지에서 또 한 가지 문제점을 지적할 수 있다. 한국어 문장 구조에서 서술어는 동사나 형용사, 즉 용언에 의해서 구성된다고 보는 것이 가장 자연스럽다. "그는 학생이다"의 경우, 그 자체가 용언이 아닌 '학생이다'를 서술어라고 설명해야 하는 것이 현행 학교문법의 처리법이다. "그는 똑똑한 학생이다."에서는 '똑똑한 학생이다'가 서술어이며, '학생이다'만으로는 서술어라고 할 수 없다. 왜냐하면 관형어인 '똑똑한'이 서술어를 수식한다고 할 수 없기 때문이다. 또, "그는 매우 똑똑한 학생이다"에서는 '매우 똑똑한 학생이다'가 서술어이고, "그는 심성이 매우 착한 학생이다."에서는 '심성이 매우 착한 학생이다'가 서술어일 뿐, 그 외 다른 부분은 서술어일 수 없다. 용언이나 용언들의 결합에 의해서 생긴 구가 서술어가 된다고 하는 것보다는 분명 일반성이 결여된 설명법이다.35)

---

33) '통사적 접사'설에 대한 이러한 방향의 비판으로 양정석(1996나, 2001)을 참고할 수 있다. 'clitic'은 단어이면서 음운론적으로 의존적인 단위를 가리키는 용어이다. '이다'가 이러한 'clitic'으로서의 성격을 가진다는 점은 김석득(1967)에서 지적된 바 있다.

34) 최기용(1993), 우순조(2001)에서는 '이-'를 주격조사로 간주하는 분석 방법을 제시하였다. 이에 대한 비판으로 양정석(2003)을 참고할 수 있다.

(5) 가. 그는 학생이다.
    나. 그는 똑똑한 학생이다.
    다. 그는 심성이 매우 착한 학생이다.

더욱이, '매우 착한 학생이다'에서 '매우'는 '착한'을 수식하고, '매우 착한'은 '학생'을 수식한다. 직접구성성분(IC: Immediate Constituent) 분석에 의하면 '매우 착한 학생'과 '이다'(또는 '이-')가 직접구성성분이 된다고 할 수밖에 없다. 또, "그는 학생이다"는 부정문 "그는 학생이 아니다"와 대응된다. '이다'와 '아니다'는 활용의 방식에서도 같다.[36] 그러므로 '이다'의 문장 구조 내적 지위를 '아니다'와 동일한 것으로 취급하는 것이 타당하다.

③이상과 같은 증거가 있음에도 불구하고 많은 문법가들, 더군다나 현행 학교문법은 '이다'를 동사(용언)의 하나로 간주하지 않는다. 그 큰 이유는 '이다'의 음운론적인 의존성과, 선행 체언에 격조사가 붙지 않는다는 점이다. 이와 관련해서는 다음과 같은 예가 좋은 참고가 되리라 본다.

(6) 가. 그는 참 바보 같다. (cf. ?그는 참 바보와 같다.)
    나. 비가 올 것 같다.
    다. 그는 한국의 국회의원 답다.[37]

이들 예에서 '같다', '답다'와 그 직전 명사의 사이에는 음운론적인 쉼(휴지: pause)이 놓이지 않으며, 격조사가 놓일 수 없다. 특히 (6다)의 '답-'을 최현배

---

35) 현행 학교문법에서 보조동사를 포함한 문장이나 서술절을 포함한 문장이 또한 같은 맥락에서 문제를 제기한다고 볼 수 있다. 뒤의 5.3절에서는 한국어의 보조동사 구문이 본동사와 보조동사를 각각 서술어로 가지는 복합문 구조임을 증명하며, 제4장에서는 이른바 '서술절설'을 부정하는 입장에서, 한국어의 모든 '이중주어문'들이 단순문 구조를 가지는 것으로 해석한다. 그러므로 보조동사 구문과 이중주어문에 기대어 '이다' 문장에 특별한 서술어의 존재를 정당화하려는 시도는 성공할 수 없다.
  주의할 점은, 여기에서 '서술어'라고 하는 것은 전통문법에서의 용어로서 단어 단위를 지칭하는 것이지만, 제4장에서 도입하는 서술화 이론의 기본 개념인 서술어('통사적 서술어')와 그에 따르는 '이차 서술어'는 구 단위를 지칭한다는 것이다.

36) 뒤의 2.1.3절에서 제시하는 최현배(1937)의 어미분류 체계에 의하면 '이다'와 '아니다'는 그 결합되는 어미들의 종류, 어미 결합 시의 형태음운론적 변이에 있어서 완전히 일치하며, 다른 동사 및 형용사와 구별된다. 이는 '이다'와 '아니다'가 용언 내부의 하위 범주를 구성하고 있음을 보이는 강력한 증거이다.

37) 현행 학교문법의 규정에 따르면 '답'은 파생접미사이므로 '국회의원답다'처럼 붙여 써야 하나, 곧 설명하는 것처럼 이는 학교문법의 잘못된 서술 중의 한 예일 뿐이다.

(1937) 이래로 현행 학교문법에 이르기까지 '파생접미사'로 규정해왔지만, 그것은 '국회의원답다'가 파생어로서 '한국의'라는 관형어의 수식을 받는다는 모순적 설명을 초래한다. 그러므로 '답다'는 '같다'와 마찬가지로 구 단위를 그 자매항으로 가지는 용언으로 간주해야 한다. 이러한 용언들의 존재는 또 다시 '이다'의 용언(동사)으로서의 성질을 증명하는 것이다.

음운론적인 의존성 및 선행 체언에 격을 나타내는 격조사가 붙지 않는다는 특징은, 가령 교사의 입장에서, 현행 학교문법의 설명법을 학생들에게 납득시키기 위한 문법 교육의 목적에서는 편리한 점이 있다고 할 수 있다. 그러나 이는 언어학적 기술은 아닌 것이다. 또, 문법 교육도 그처럼 임시방편적 합리화에 지나지 않는 것을 교육의 내용으로 삼아서는 곤란할 것이다.

이 밖에, '이-'가 생략 가능하다는 사실도 '이-'가 용언 어간(동사)이라는 우리의 주장에 대한 반대 논거의 한 가지로 들 수 있겠다. 생략되는 요소가 어떻게 주어나 보어를 선택제약할 것인가 하는 의문이 들 수 있기 때문이다.

그러나, "철수는 영희가 제일 먼저 도착했단다."와 같은 예에서 그 줄어들기 전의 문장 형태를 가정하지 않고서는 문법적인 설명을 제대로 해 주기 곤란하다. 즉, "철수는 영희가 제일 먼저 도착했다[고] [하]ㄴ다."에서 동사 '하-'의 존재를 확인할 수 있다. 여기서 '하다'를 용언의 하나로 보지 않을 수 없는 것이라면, 이는 용언 어간이 생략될 수 있음을 보이는 좋은 증거가 된다.[38]

'이다'의 '이-'나 '하다'의 '하-'가 과연 주어나 목적어, 보어 등의 논항을 선택제약할 수 있느냐가 문제로 제기될 수는 있다. 그러한 의미적인 역할에 있어서 '이-' 및 '하-'가 다른 용언들에 비해서 매우 미약하다는 것을 부정할 수는 없다. 이들 용언의 의미는 어휘적인 의미를 가지는 수많은 용언들과 비교해 볼 때 상당히 주변적인 위치에 있는 것이라 생각된다.[39] 하지만 이들 말고 다른 용언들 중에서도 본래의 뚜렷한 어휘적 의미가 약화되거나 거의 찾아보기 힘든 경우는 흔하다. 그리고 '이-' 및 '하-'가 어떠한 어휘적 의미를 가진다고 하는 것이 한국어 화자의 직관으로 볼 때에도 자연스러운 판단이라고 할 수 있다.[40] 무엇보다도, '이다'의

---

38) '-고 하-'의 생략에 관해서는 뒤의 3.2절에서 상세하게 다루어진다.

39) 어휘적인 의미와 비어휘적인 의미를 구분지을 경우, 이 두 동사가 어휘적 의미의 중심으로부터 멀어진 '주변적' 의미를 가진다는 뜻이다. 김영희(19984가)에서는 동사 어휘의미들의 계층 구조를 상정할 경우 이들 동사가 오히려 상위 의미, 포괄적 의미를 가지는 것이라고 설명하고, 특히 '하-'를 포괄 동사라고 지칭한 바 있다. 이들 동사의 의미에 대한 이와 같은 해석이 언어 사실을 정확히 포착한 것이라고 본다.

문장 구조상의 위치에 관한 위에서의 논의는 '이-'의 통사 범주를 동사(V)로 처리하는 것이 구 구조의 이론을 간결하게 하는 것임을 보이는 것이다.

이상에서와 같이 그 형태론적인 행태나 통사론적인 행태, 의미적 특징을 엄밀히 살펴 볼 때, '이-'를 용언 어간(동사)으로 처리하는 것이 가장 합리적인 설명법이라고 결론 내릴 수 있다.

기원적으로 '이'를 가지는 조사들

'이-'가 각종 어미와 결합할 때의 특이한 양상들을 정확히 이해하는 일은 한국어 통사구조론의 전개를 위하여 매우 중요하다. 기원적으로 '이-'를 가지는 형태들 중에는 위에서와는 달리 '이-'가 형태소로서의 자격을 갖지 못하는 예들이 상당수 존재한다. 이들은 모두 조사를 이룬다. 그 목록을 불완전하게나마 제시해보면 다음과 같다.

(7) 이랑, 이며, 이고, 이나, 이든지, 이라도, 이나마, 이야, 이야말로, . . .

형태소의 자격을 가지는 '이'는 수의적으로 생략이 가능하다는 점을 그 특징으로 가진다. 그런데 일단의 어미들에서는 선행 명사의 말음이 모음이라도 '이'가 반드시 생략되어야 하는 경우가 있다.⁴¹⁾ 이 특징을, 위와 같은 형태소의 자격을 갖지 못하는 '이'의 예를 구별해내는 방법으로 활용할 수 있다.

(8) 가. 그는 사자다/사자이다.
　　나. 그는 동물원에서 사자랑/*사자이랑 코끼리랑 함께 생활하는 사람이다.
(9) 가. 초원의 왕은 사자며/사자이며, 산중의 왕은 호랑이다. (문장 접속의 '-이며')
　　나. 동물원에는 사자며/*사자이며 코끼리며, 많은 동물이 있다. (열거의 '-이며')

(8나)와 같은 특징에 따라 '이랑'의 '이'는 조음소와 다름없는 단순한 음운론적 요소로 판정할 수 있다. (9나)의 특징에 따라 열거의 '이며'는 '이다'의 연결형인

---

40) '이다'의 '이-'가 어휘적 의미를 가진다는 주장에 대해서는 양정석(1986) 및 양정석(2001)을 참고할 수 있다.
41) 이승재(1994)에서는 '이'의 생략 가능성과 생략을 거부하는 성질을 나누어서 한국어 어미들을 관찰하였다. 그러나 이러한 음운론적 성질이 '이'의 형태소로서의 자격 여부를 결정하는 절대적인 기준이 된다고 보는 데에는 회의적인 것 같다.

'이며'와는 구별되는, 새로운 형태소로 독립된 것임을 알 수 있다.[42]

2.1.3. 전통문법 이론 비판: 3대 체계와 『우리말본』

우리가 이 책에서 고려할 문법 이론의 한 부류는 전통문법이다. 한국어 전통문법의 3대 체계로 주시경(1910)을 대표로 하는 분석적 체계와 최현배(1937)을 대표로 하는 준종합적 체계, 정렬모(1946)을 대표로 하는 종합적 체계가 있다. 분석적 체계는 어휘적 요소와 문법적 요소를 모두 단어 단위로 인정하는 체계이다. 종합적 체계는 어휘적 요소와 문법적 요소의 결합체만을 단어로 인정하고, 문법적 요소는 단어로 인정하지 않는 체계이다. 준종합적 체계는 '조사'의 경우에는 문법적 요소도 단어로 인정하지만, 문법적 요소의 다른 부류인 '어미'는 단어로 인정하지 않는 특징을 가진다.

이 절 2.1.3의 논점을 먼저 다음과 같이 요약할 수 있다.

(10) 완전성을 가지는 체계를 구성할 수 있느냐 여부를 기준으로 삼을 때, 종합적 체계는 근본적인 결점을 가진다. 준종합적 체계와 분석적 체계 공히 단어들의 분류 체계를 구성하는 기준에서는 완전성 요건을 충족하는 바가 있으나, 분석적 체계가 간결한 체계의 구성을 목표로 한다는 견지에서 더 타당하다.

전통문법, 구조문법, 생성문법을 가리지 않고, 문법을 평가하는 기준으로서 완전성을 고려하지 않으면 안 된다. 문법 이론은 해당 현상을 모두 해석할 수 있는 기술의 체계를 제공해야 한다. 이 책에서 실존한 문법 이론을 평가하기 위해서 일차적 기준으로 삼는 것이 바로 이 점이다. 한국인의 저술이든, 외국인의 저술이든, 또는 그 서술이 한국어로 되어 있든, 영어 또는 다른 언어로 되어 있든, 완비된 문법 체계로 해석될 수 있느냐 하는 점이 기준이 되어야 한다는 것이다. 구체적으로는 조사, 어미의 처리와 '이다' 문장에 대한 인식이 유용한 판단 기준이 된다고 본다. 특히 '이다' 문장에 대한 바른 인식의 결여는 분석적 체계, 종합적 체계, 준종합적 체계를 가리지 않고 각 유형에서 두루 발견되므로, 이를 통하여 전통문법적 연구들의 비교 평가를 실행해볼 수도 있다.

---

42) 형태소 분석은 공시태에 대한 기술을 대원리로 가지는 것이기 때문에, '이며'가 기원적으로는 '이-'와 '-며'의 결합형임에도 불구하고, 이를 한 형태소로 분석해야 한다.

『우리말본』의 단어 분류

준종합적 체계의 대표격인 최현배의 문법을 살펴보기로 하자. 최현배 문법, 즉『우리말본』의 체계를 전반적으로 살펴가면서 그 의의와 문제점을 지적해보기로 한다. 주어진 전통문법 체계들 중에서는『우리말본』이 가장 포괄적인 기술을 보여주고 있으므로, 이 문법 체계가 가지는 이론 체계로서의 문제점을 비판하는 가운데 전통문법의 관점의 한도에서나마 가장 이상적인 문법 체계의 윤곽이 떠오르리라고 기대할 수 있다.

전통문법의 분류론은 단어 단위의 확정과 그 분류가 주요 관심사였다. 따라서 전통문법의 대표적 연구로서『우리말본』의 체계를 검토할 때에 맨 먼저 살펴보아야 할 부분은 이러한 단어들의 분류의 체계, 즉 품사분류론이다. 다시 말하면 단어 단위들이 가지는 통사 범주를 분석한 체계인 것이다. 잘 알려져있듯이『우리말본』은 단어를 10개의 통사 범주로 분류한 '10품사' 체계이다.

『우리말본』은 품사 분류를 이론적 원칙에 입각하여 체계화한 최초의 업적이다.43) 씨갈(품사분류론)의 첫 부분에서 "구실(기능, 직능)을 주장(主)으로 삼고 꼴(形式)과 뜻(意義)을 딸림(從)으로 삼아" 품사 분류에 임한다고 그 이론적 입장을 밝혔다. 이에 따라 다음과 같은 품사 분류의 체계가 나타난다.

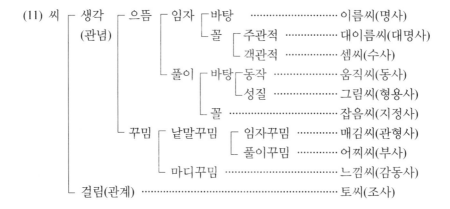

토씨를 구별한 것, 풀이씨(용언)와 꾸밈씨를 구별한 것 등은 기능을 일차적인

---

43) 남기심(1980)에서는 국어문법 연구사에서의『우리말본』의 특징을 최초의 이론문법, 종합적 분석 원칙, 규범적 문법관으로 평가하였다. 본 연구에서도 전반적으로 이러한 평가를 따르나, 문장 구조 분석에 관한『우리말본』의 관점에 주목하여 '형태 중심의 문법관'과, '표면구조 중심의 문법관'의 특징을 덧붙이려고 한다.

기준으로 큰 분류를 실행하였음을 보여준다. 풀이씨의 하위 범주로 움직씨와 그림씨와 잡음씨를 구분한 것은 형태(형식)를 기준으로 한 것이다. 이름씨, 대이름씨, 셈씨의 구분은 의미를 기준으로 한 구분이다. 여기에서 잡음씨를 독립된 품사로 설정한 것은 그의 품사 분류의 특징이자, 그의 문법 분석의 체계적이고 철저한 성격을 잘 드러내준다. '이다'는 기능상 서술어의 특징을, 형태상 용언의 특징을 분명히 보이기 때문이다. 그러나 체언의 하위구분인 대명사, 명사, 수사를 각각 품사로 설정한 것은 의미를 기준으로 한 것인데, 기능과 형태의 차이를 보이지 않는 것을 의미의 기준만으로 구분하는 것은 전통문법적 연구의 단점-규범적·비기술적 성격-을 답습한 것이라고 비판할만하다.

(12) 단어의 분류: 품사 분류와 하위 품사 분류

품사명칭	분류 차원	첫째 하위구분	둘째 하위구분	셋째 하위구분
이름씨 (명사)	의미상	보통명사('두루이름씨'): 사람, 집, 밤, 동, 서, 뜻, 일		
		고유명사('홀로이름씨'): 단군, 세종 대왕, 이 순신, 조선, 평양, 논어		
	형식상	완전명사('옹근이름씨')		
		불완전명사 ('안옹근 이름씨')	보통불완전명사: 것, 바, 줄, 터, 따름, 나름, 뿐, 때문	
			부사성불완전명사: 양, 척, 대로, 채, 등	
			수단위불완전명사: 자, 치, 섬, 냥, 사람, 채, 자루	
대이름씨 (대명사)	사람/사물	인대명사('사람대이름씨'): 나, 너, 당신, 우리, 우리들, 우리네, 그이들, 그이네		
		물대명사('몬대이름씨'): 이것, 그것, 저것, 무엇, 어느것, 여기, 저기, 이리, 저리		
	칭격	제일칭격대명사('첫째가리킴대이름씨'): 나, 저, 우리, 우리들, 우리네		
		제이칭격대명사('둘째가리킴대이름씨'): 너, 자네, 그대, 당신		
		제삼칭격대명사('셋째가리킴대이름씨')	정삼인칭(定三人稱: '잡힌셋째가리킴의 사람대이름씨')	근칭('가까움'): 당신, 이분, 이이, 이, 이애
				중칭('떨어짐'): 당신, 그분, 그이, 그, 그애
				원칭('멀음'): 당신, 저분, 저이, 저, 저애
			부정제삼인칭('안잡힌셋째가리킴의 사람대이름씨') : 누구, 아무, 어떤이, 어느분, 어떤분	
		공통칭격대명사('두루가리킴대이름씨')	인대명사('사람대이름씨'): 저, 남, 자기, 다른이, 당신 물대명사('몬대이름씨': 각각 정(定)/부정, 불명/미지의 구별이 있음) 사물('일몬'): 이것, 그것, 저것, 무엇, 어느것, 아무것, 어떤것 처소('곳'): 여기, 거기, 저기, 어데, 아무데, 어떤데 방향('쪽'): 이리, 그리, 저리, 어느쪽, 아무쪽, 어떤쪽	

셈씨 (수사)	의 미 상	원수사 ('으뜸셈씨')	정수(定數: '잡힌 셈'): 하나, 일, 이, 삼십
			부정수(不定數: '안잡힌셈'): 한둘, 두셋, 너더댓, 여럿, 모두, 다수, 소수
		서수사 ('차례셈씨')	정수('잡힌셈'): 첫째, 마흔째, 백째, 제1, 제2, 제100
			부정수('안잡힌셈'): 한두째, 두세째, 여남은째, 여러째, 몇째
움직씨 (동사)	자타 구분	자동사('제움직씨')	
		타동사('남움직씨')	
	주 / 보조	주동사('으뜸움직씨')	
		보조동사 ('도움 움직씨')	부정보조동사('지움도움움직씨'): 아니하다, 못하다, 말다
			사동보조동사('하임도움움직씨'): 하다, 만들다
			피동보조동사('입음도움움직씨'): 지다, 되다
			진행보조동사('나아감도움움직씨'): 오다, 가다
			종결보조동사('끝남도움움직씨'): 나다, 내다, 버리다, 말다
			봉사보조동사('섬김도움움직씨'): 주다, 드리다, 바치다
			시행보조동사('해보기도움움직씨'): 보다
			강세보조동사('힘줌도움움직씨'): 쌓다, 대다
			당위보조동사('마땅함도움움직씨'): 하다
			시인적대용보조동사('그리여김도움움직씨'): 하다
			가식보조동사('거짓부리도움움직씨'):체하다, 척하다, 양하다
			과기보조동사('지나간기회도움움직씨'): 뻔하다
			보유보조동사('지님도움움직씨'): 놓다, 두다, 가지고, 닥아
그림씨 (형용사)	의 미 상	성상형용사('속겉그림씨'): 검다, 달다, 시끄럽다, 지리다, 비리다, 미끄럽다, 새롭다	
		존재형용사('있음그림씨'): 있다, 계시다, 없다	
		비교형용사('견줌그림씨'): 다르다, 같다, 낫다, 못하다	
		수량형용사('셈그림씨'): 적다, 수적다, 많다, 수많다, 작다, 크다, 많다	
		지시형용사('가리킴그림씨'): 이러하다, 저러하다, 어떠하다	
	주 / 보조	주형용사('으뜸그림씨')	
		보조형용사 ('도움 그림씨')	희망보조형용사('바람도움그림씨'): 싶다, 지다
			부정보조형용사('지움도움그림씨'): 아니하다, 못하다
			추측보조형용사('미룸도움그림씨'): 듯하다, 듯싶다, 법하다, 보다, 싶다
			시인보조형용사('그리여김도움그림씨'): 하다
			가치보조형용사('값어치도움그림씨'): 만하다, 직하다
			상태보조형용사('모양도움그림씨'): 있다(상태), 있다(진행)
잡음씨 (지정사)	긍정지정사('여김잡음씨'): 이다		
	부정지정사('안여김잡음씨'): 아니다		

매김씨 (관형사)	의 미 상	성상관형사('그림매김씨'): 새, 헌, 외(외 딸, 외 아들, 외 기러기)			
		수량관형사('셈매김씨'): 한, 두, 두서너, 일이, 이삼, 두어, 여러, 모든, 온, 반, 숱한			
		지시관형사('가리킴매김씨'): 이, 그, 저, 요, 고, 조, 다른, 아무, 어느, 웬, 모, 당, 귀			
어찌씨 (부사)	의 미 상	시간부사('때어찌씨'): 일찍, 이미, 이제, 인제, 내일, 늘, 먼저, 같이, 나중, 가끔			
		처소부사('곳어찌씨'): 여기, 저기, 곳곳이, 이리, 저리, 멀리, 가까이			
		상태부사('모양어찌씨'): 잘, 못, 각중에, 삼가, 가만히			
		정도부사('정도어찌씨'): 매우, 훨씬, 대단히, 전혀, 조금, 좀, 약간, 거의			
		진술부사('말재어찌씨'): 꼭, 결코, 과연, 단연코, 마치, 천연, 똑, 조금도, 왜, 아마			
		접속부사('이음어찌씨'): 및, 또는, 곧, 그러나, 그러니, 그뿐아니라, 그러하니까			
느낌씨 (감동사)		감정적감동사('감정적느낌씨'): 허, 허허, 원, 애고, 아차, 얼씨구나, 용용			
		의지적감동사('의지적느낌씨'): 에라, 앗아라, 쉬, 자, 응, 그래, 이놈, 여보			
토씨 (조사)	기 능 상	격조사 ('자리토씨')	주격조사('임자자리토'): 이/가, 은/는, 께서, 께옵서, 에서		
			관형격조사('매김자리토'): 의		
			부사격조사 ('어찌자리토')	처소격 ('곳자리')	낙착점('닿는데'): 에, 에게, 한테, 더러, 께
					움직임이되는데: 에서, 서, 에게서, 한테서
					출발점('떠난데'): 에서, 서, 에게서, 한테서
					방향('안한쪽'): 로/으로, 에게로, 한테로, 께로
					한계선('금줄'): 안에, 안으로, 가운데, 중에, 속에, 밖에, 우에, 아래에, 넘어, 앞에, 뒤에
				기구격('연장자리'): 로/으로, 로써/으로써	
				자격격('감목자리'): 로/으로, 로서/으로서, 치고, 치고서(술치고서 이렇게 나쁜 것은..)	
				비교격 ('견줌 자리')	모양: 와/과, 하고(두루異同通用), 처럼, 대로, 같이(같음同樣)
					정도: 만큼(만치), 만(비등함比等), 보다, 에서(差等), 시피("특별한, 견줌 토의 하나")
				변성격('바꾸힘자리'): 이/가, 로/으로	
				여동격('함께자리'): 와/과, 하고	
				인용격('따옴자리'): 라고, 라, 이라고, 이라, 고	
			목적격조사('부림자리토'): 을/를/ㄹ		
			호격조사('부름자리토'): 아/야, 이여/여, 이시여/시여		
			보격조사('기움자리토'): 이/가		

			상이('다름'): 은/는
토씨 (조사)	기 능 상	보조사 ('도움토씨')	상이('다름'): 은/는
			동일('한가지'): 도
			단독('홀로'): 만, 뿐
			일양('한결'): 마다, 씩
			시작('비롯함'): 부터
			도급('미침'): 까지
			특별('특별함'): 이야/야, 이야말로/야말로
			역동('마찬가지'): 인들/ㄴ들, 이라도/라도
			선택('가림'): 이나/나, 이든지/든지
			개산('어림'): 이나/나
			첨가('더함'): 조차
			종결('끝남'): 마저
			불만('덜참'): 이나마
			고사(姑捨: '그만두기'): 커녕
			혼동('섞음'): 서껀 "그 사람서껀 왔다."
		접속조사 ('이음씨')	단어접속조사: 와/과, 이고/고, 이며/며, 이랑/랑, 하고, 하며, 에 ('낱말이음토씨')
			문접속조사('월이음토씨'): 마는, 시피
		감동조사('느낌토씨'): 도, 이나/나, 그려, 요, 말이야	

품사 분류와 관련하여 한 가지 문제를 지적하자면, 명사와 관형사가(13), 대명사와 관형사(14), 수사와 관형사가(15) 통용되는 예가 있다는 것이다.

(13) 가. 그의 실력은 가히 <u>세계적</u>이다.
　　나. 그는 <u>세계적</u> 인물로 성장할 것이다.
(14) 가. <u>이</u>를 누구도 부정하지 않는다.
　　나. <u>이</u> 사실을 누구도 부정하지 않는다.
(15) 가. 학생 <u>다섯</u>이 교무실로 들어왔다.
　　나. 3학년의 <u>다섯</u> 학생이 교무실로 들어왔다.

이처럼 그 구조적 위치의 차이에 따라 서로 다른 범주적 지위를 인정함으로써 접미사 '-적'을 가지는 모든 명사, '이', '그', '저' 등의 주요 대명사, 방대한 수효를 가지고 있는 수사 모두가 각각 둘씩의 동음이의어로 기술되어야 하는 불합리를 초래하게 된다. 물론 이는 '준종합적 체계' 자체의 문제는 아니다. 뒤에 허웅(1975: 266)의 준종합적 체계에서는 (14), (15)의 밑줄 친 예들을 '대명사', '수사'의 범주로만 규정하고 있는 것이다.[44]

『우리말본』의 어미 분류

다음으로, 『우리말본』의 굴절접미사 형태소에 상당하는 단위들, 즉 보조어간의 분류 체계와 어미들의 분류 체계는 최현배 문법의 '종합적 분석 원칙'의 특징을 보여주는 핵심 부분이 된다.[45] 용언('풀이씨')의 '어미활용'의 완전한 체계는 국어문법 연구의 역사상 그가 처음으로 수립한 것이다. 용언은 어간('줄기')과 보조어간('도움줄기') 부분과 어미('씨끝')로 나누어졌으며,[46]

```
(16)    깨-ㅣ-뜨리-시-었-읍-ㅣ-니다
        씨몸 | 도움줄기      | 씨끝
```

다음과 같은 어미활용의 틀(paradigm)이 제시되었다(3분법의 어미 분류).

(17) 가. 종지법: 서술형, 의문형, 명령형, 청유형
     나. 접속법: 구속형, 방임형, 나열형, 설명형, 비교형, 선택형, 연발형, 중단형, 첨
               가형, 익심형, 의도형, 목적형, 도급형, 반복형, 강세형
     다. 자격법: 명사형, 관형사형, 부사형

이 분류와 관련하여 몇 가지를 지적해야 한다. 종지법의 경우, 서술·의문·명령·청유의 네 가지 하위 활용형 각각에 아주높임, 예사높임, 아주낮춤, 예사낮춤, 그리고 등외의 반말이라는 다섯 가지의 하위 구분이 주어졌다. 『우리말

---

44) 주시경(1910)에서는 명사, 대명사, 수사를 한 범주 '임'으로 통합하였으며, 주시경(1914: 59)에서 예시한 품사 분류표에는 이에서 더 나아가 부사인 '억', 관형사인 '언', 감탄사인 '놀'을 한 범주 '임'으로 통합하고 있음을 본다. 이러한 분류 방식은 뒤에 여러 문법가에 의해서 받아들여지고 있다. 이 책 제4장의 통사 범주 분류 체계에서도 일차적 범주 구분으로서의 명사, 대명사, 수사의 구분은 없애고, 이를 모두 한 범주인 '명사'로 묶을 것이다. 또, 관형사까지도 명사의 한 하위범주로 포함한다. 그러나 부사는 여전히 독립된 통사 범주로서의 자격을 인정할 것이다.
45) 여기서 '종합적 분석 원칙'은 남기심(1984)에서 지적된 것을 따르는 것이다. 원래 최현배 (1937)에서 자신의 문법 체계의 특징을 '종합적'이라고 말한 바 있다.
46) '씨몸'은 뒤의 도움줄기(보조어간)와 앞의 접두사('앞가지')를 제외한 부분을 가리키는 『우리말본』의 용어이다.

본』에는 동사와 형용사와 지정사의 세 품사에 따라 각각 하위분류의 체계가 서술되고 있다. 명령형과 청유형은 동사에만 있는 활용형이다. 세 품사에 따라 차이를 보이는 것은 접속법과 자격법도 마찬가지이다. 접속법의 경우, 형용사에는 목적형이 없고, 동사·지정사에 없는 강세형이 더 있다. 자격법의 경우도 품사에 따라 크게 다름이 있는데, 관형사형의 하위분류된 어미의 형태가 동사의 경우 현재형이 '-는', 과거형이 '-은'인데 비해서, 형용사와 지정사에는 현재형이 '-은'이고, 과거형은 아예 없다.

『우리말본』의 어미 단위들의 분류론적 체계는 다음과 같다. 최현배(1937)에서는 동사와 형용사와 잡음씨의 장에서 따로 체계화했던 것이나, 여기에서는 이들을 하나로 통합하고, 품사별로 차이를 보이는 경우에만 '동사에만', '형용사에만', '잡음씨에만' 등으로 표시하였다. '/'는 변이형태의 구분을 보이는 표시이며, 어미 형태에 붙인 '1', '2' 등의 표시는 동음이의 형태를 나타낸다. '%' 표시는 간단한 주석을 덧붙이기 위한 것이다.

(18) 최현배(1937)의 어미 분류 체계

종지법	서술형 ('베풂꼴')	다, 니라/으니라, 라1('더라, 리라'의 '라')/러라(잡음씨에만), 마/으마, 느니라, 나니라, 노라, 구나/고나, 도다/로다(잡음씨에만)/로라(잡음씨에만), 로구나(잡음씨에만), 거든1, 네, 데, 오/으오/소, 지요, 아요/어요1, 구려, 니다('읍니다'의 '니다'), 이다('-오이다', '-더이다'의 '-이다'), 아/어1, 지1(이 꽃 참 예쁘지), 음세(동사에만: '장차 하겠음'), 느이다(동사에만), 나이다(동사에만), 노이다(동사에만), 아라/어라(형용사에만: 경치도 좋음도 좋아라/애그 가엾어라!), 매라/으매라(형용사에만), 이/으이(형용사에만: 그것 참 좋으이/이것 좀 크이), 라2('이다'의 활용), 더니라/러니라(잡음씨에만), ㄹ세(잡음씨에만), 올시다(잡음씨에만), 로소이다(잡음씨에만), 니이다(잡음씨에만)
	의문형 ('물음꼴')	나1, (더)냐, 느냐/냐/으냐, 느뇨/뇨/으뇨, 느니(재 너머 사래긴 밭을 언제 갈려 하느니?), 니/으니(너도 가니?), 랴/으랴(누운들 잠이 오며, 기다린들 임이 오랴?), ㄹ소냐/을소냐, 는가/ㄴ가/은가, ㄹ가/을가, (던)가(그 사람이 그런 소리를 하던가?)/(런)가(잡음씨에만), (는, 을, ㄴ/은, 던)고, ㄹ손가/을손가; 오/으오/소, 아요/어요2, 지요, 리오/으리오, ㅂ니가/읍니가, 오니가(잡음씨에만), 느이가/늬가, 나이가, (오)이가(형용사에만), 아/어2, 지2
	명령형 ('시킴꼴')	라/으라(부지런히 일하라), 아라/어라/너라/거라/여라, 려무나/으려무나/렴/으렴, 게, 구려, 오/으오/소,[47] 아요/어요3, 소서/으소서, 아/어3 %동사에만 결합 가능
	청유형 ('꾀임꼴')	자1, 세, ㅂ시다(ㅂ세다)/읍시다(읍세다), 십시다(십세다)/으십시다(으십세다), 아/어4 %동사에만 결합 가능

47) 『우리말본』에서는 '그것도 못 하면 죽소.'와 같은 예를 들면서 '-소'가 명령형으로도 쓰

자격-법	명사형 ('이름꼴')		제1명사형('첫째 이름꼴'): ㅁ/음 ('가리킴이름꼴(指示명사형)'이라고도 함)
			제2명사형('두째 이름꼴'): 기 ('나아감이름꼴(進行性 명사형)'이라고도 함)
	관형사형 ('매김꼴')	동사	현재관형사형('이적의 매김꼴'): ㄹ/을1(봄이 올 적에는, 꽃이 피는 법이오, 우리는 해돋을 적에 왔습니다)
			현재계속관형사형('이적 나아감의 매김꼴'): 는
			미래관형사형('올적의 매김꼴'): ㄹ/을2(제 생명을 아끼는 사람은 잃어 버릴 터이오. . ., 막을 수가 없었소)
			과거관형사형('지난적의 매김꼴'): ㄴ/은1
		형용사	현재관형사형('이적의 매김꼴'): ㄹ/을1(사람은 젊을 적에 부지런히 일하여야 한다, 강물이 적을 적에는 조개를 줏소) ㄴ/은2(푸른 것은 버들이요, 누른 것은 꾀꼬리라. 철령 높은 고개 쉬어 넘는 저 구름아)
			미래관형사형('올적의 매김꼴'): ㄹ/을2(그 신이 나에게 적을 것 같네) %현재계속관형사형과 과거관형사형은 없음
		잡음씨	현재관형사형('이적의 매김꼴'): ㄹ1(사람은 소년 일 적부터 공부를 부지런히 하여야 한다) ㄴ2(자네 인 줄 몰랐네, 옥저의 옛 땅인 함경남북도)
			미래관형사형('올적의 매김꼴'): ㄹ2(이 근처가 서울의 중심일 날이 온다오, 흥, 돈이 제일 일 터 이지)
	부사형 ('어찌꼴')		제1부사형('첫째어찌꼴'): 아/어5 합동적용법(기어 가다, 들어 가다)과 완성적용법(먹어 보다)의 두 가지가 있음. %합동적 용법 중에서 '나가다, 들어가다, 넘어가다' 따위는 한 단어로서 합성어라고 함. %잡음씨의 예: 이것은 실로 인류의 가장 명예스러운 싸움 이어 왔으며 가장 고상한 이상 이어 왔다.
			제2부사형('두째어찌꼴': 동사와 형용사에만): 동사의 경우: 게1--장연(將然)부사형('될모양어찌꼴')이라고도 함. 형용사의 경우('모양꼴'): 게2, 이(형용사에만 있는 어미: '있이, 없이, 같이, 듯이' 등에만 쓰임)[48]
			제3부사형('세째어찌꼴': 동사와 형용사에만) 지3--부정부사형('지움어찌꼴')이라고도 함.
			제4부사형('네째어찌꼴'--동사에만): 고1--소원(所願)의 뜻(돌아가고 싶다, 보고 지고), '나아감'의 뜻(심고 있다, 놀고 있다) %형용사와 지정사에는 제4부사형이 없다(*깨끗하고 싶다, *나는 선생님이고 싶다)

인다고 기술하고 있으나, 이는 일부 방언의 용법일 뿐이고, 현대국어의 서울말에서는 명령형으로 쓰이지 않는다.

접속법	구속형 ('매는꼴')	가정구속형('거짓잡기 매는꼴'): 면/으면, ㄹ것같으면/을것같으면, ㄹ진대 /을진대(댄), 거든2/어든(잡음씨에만), (더)ㄴ들/(러)ㄴ들(잡음씨에만) 사실구속형('참일 매는꼴'): 니/으니, 니까/으니까, ㄴ즉/은즉, 아/어6, 아 서/어서, 나니, 매/으매, 므로/으므로, ㄴ지라/는지라, 을지라(동사에만), 거늘/어늘(잡음씨에만), 기에, 길래, 기로, 거든3/어든('거든/어든' 모두 형용사에는 안 쓰임: 형용사의 예 "나는 이것이 좋거든."은 잘못 분석 된 것), 거니/어니(잡음씨에만), 건대, 관대/완대, 라(잡음씨에만) 필요구속형('꼭소용 매는꼴'): 어야/아야, 어야만/아야만, 라야(잡음씨에 만), 라야만(잡음씨에만)
	방임형 ('놓는꼴')	가정방임형('거짓잡기 놓는꼴'): 더라도, ㄹ지라도/을지라도, ㄴ들/은들, 라도(잡음씨에만), 양보방임형('접어주기 놓는꼴'): ㄹ망정/을망정, ㄹ지언정/을지언정, 사실방임형('참일 놓는꼴'): 지마는(지만), 건마는/건만·언마는/언만(잡음씨 에만), 거니와, 아도, 나/으나, 나마/으나마, 거늘(잡음씨에만)/어늘(잡음씨 에만), 거니와(잡음씨에만)/어니와(잡음씨에만), 되/으되(형용사에만) 추정방임형('미뤄잡기 놓는꼴'): 려니와/으려니와, 으련마는/련마는/으련 만/련만
	나열형 ('벌림꼴')	시간적나열형('때 벌림꼴'--동사에만): 동시나열형('한때 벌림꼴'): 면서/으면서, 며/으며1 순차나열형('차례벌림'): 고2(고서: 끝남完了, 수方法), 아/어7(아서: 가 짐持續, 수方法) 공간적나열형('얼안 벌림꼴'): 며/으며2, 고3, 거니(동사에만), 시고/을시 고(형용사에만), 요(잡음씨에만)
	설명형 ('풀이꼴')	는데/ㄴ데/은데, (더)ㄴ바, 되/으되, 니/으니, 노니, 나니, 는바(동사에만), 을새(동사에만), (더)니/(러)니(잡음씨에만), 거든(형용사와 잡음씨에만: 옛날에 한 사람이 있거든: 그 아버지는 그가 어려서 죽고, 그 어머니 한 분만 모시고 지냈다./그 사람이 아들이 둘 이거든, 하나는 갯가로 장가 들이고, 하나는 산골로 장가 들이었다/저 역시 딸 이거든 딸 이라고 죽 이다니?)
	비교형 ('견줌꼴')	거든3/어든(잡음씨에만), 거온
	선택형 ('가림꼴')	거나, 든지, 나2/으나(동사와 형용사에만)
	연발형 ('잇달음꼴')	자2
	중단형 ('그침꼴')	다가/다('다'는 "'다가'의 '준 것'"이라고 함)
	첨가형 ('더보탬꼴')	ㄹ뿐더러/을뿐더러

접속법	익심형 ('더해감꼴')	ㄹ수록/을수록
	의도형 ('뜻함꼴')	려/으려, 고자(고저), 자3('고자'의 준 것) %동사와 형용사에만 결합 가능 %의도형은 형용사에도 있으나 "잘 쓰이지 아니함"이라고 함.
	목적형 ('목적꼴')	러/으러 %동사에만 결합 가능
	도급형 ('미침꼴')	도록 %동사("날이 새도록 이야기를 나누었다.")와 형용사("옷이 보얗도록 잘 빨아라.")에만 결합 가능
	반복형 ('되풀이꼴')	락/으락(동사(닿을락 말락 한다)와 형용사(얼굴이 붉으락 희락 부끄러워 한다)에만)
	강세형 ('힘줌꼴')	나3/으나(형용사에만: 기나 긴 가을 밤), 디(형용사에만: 뜨겁디 뜨겁다), 고4(형용사에만: 멀고 멀다)

　도움줄기(보조어간: 동사 10가지, 형용사/잡음씨 5가지)를 도입한 것도 그의 '종합적' 분석 원칙에서 파생되는 특징이라고 할 수 있다. 그러나 굴절과 파생의 차이를 분명히 하지 못한 것이 문제점으로 지적된다. 즉, 힘줌 도움줄기 '-뜨리-'와 하임 도움줄기 '-이-, -히-, -리-, -기-, -우-, -구-, -후-', 입음 도움줄기 '-이-, -히-, -리-, -기-'는 다른 도움줄기인 '-으시-'나 '-었-', '-겠-', '-더-', '-습-'과는 생산성에서 큰 차이를 보인다. 개념상으로 보조어간은 힘줌과 하임과 입음의 도움줄기에 한정되는 것이 옳다. 구조문법적 연구인 허웅(1975),『우리옛말본: 형태론』등에서 이러한 방향으로 수정되게 되었다.[49]

　굴절과 파생의 경계를 가르는 문제는 뒤에서 논의하는 피·사동 접미사들 및 부사화 접미사 '-이'의 문제와 함께, 형태론과 통사론의 구분과 관련하여 중요한 의의를 가진다.[50]

---

48) '많이, 천천히, 심히, 반듯이, 따뜻이'는 형용사의 부사형이 아닌 부사 파생어로 취급됨에 주의할 필요가 있다.

49) 그러나 '-으시-, -었-, -겠-' 등의 어미들이 통사구조에서 어느 위치를 차지하느냐와 관련해서는 여러 가지 상이한 견해가 있을 수 있다. 그 하나로서, '-으시-'가 그 앞의 VP 또는 S를 보충어로 취하여 '-으시-'를 머리성분(head: 핵어)로 하는 구를 구성하며, 이어지는 어미가 다시 이 구를 보충어로 취한다고 설명할 가능성이 있다. 이러한 견해 하에서는 보조어간이 어미보다는 어간에 더 밀접한 관계를 가진다고 보는 최현배(1937)의 시각이 정당화될 여지가 있다. 물론, 이 경우에도 강세의 '-뜨리-'와 피·사동의 '-이-, -히-, -리-, -기-'는 파생접미사로 구별되어야 한다.

50) 2.3.2절 참조. 최현배(1937)에서도 두 종류의 보조어간의 차이가 인식되었다. 강세의 '-뜨

보조용언('도움풀이씨')을 창안한 것도 '종합적' 분석관과 그에 따른 어미활용 체계의 수립으로부터 귀결되는 것이다. 그의 관점에 따르면 보조용언은 형태론적으로 단일한 단어이다. 어간과 어미의 요소로 구성되기 때문이다. 이 보조용언의 체계는 보조동사 13종, 보조형용사 6종으로 하위구분된다(단어의 분류 체계인 (12)의 표를 참조할 것).

(20) 보조동사('도움움직씨'): 부정, 사동, 피동, 진행, 종결, 봉사, 시행, 강조, 당위, 시인적 대용, 가식, 과기(지나간 기회), 보유
(21) 보조형용사('도움그림씨'): 희망, 부정, 추측, 시인, 가치, 상태(모양)

이상의 '종합적' 견해를 접할 때 느낄 수 있는 의문점으로 다음과 같은 점들을 열거해볼 수 있겠다. 우선, (22)에서는 본용언(으뜸풀이씨)의 접속법(이음법), 명사형 자격법, 부사형 자격법 뒤에 보조용언 '하다'가 이어지는 구성으로 보지만, 역시 '하다'를 가지는 (23)의 세 예문에서는 본용언의 접속법 뒤에 본용언이 이어지는 구성으로 본다. 심지어 (24)에서는 본용언의 관형사형 다음에 보조용언이 이어지는 구성으로 본다.

(22) 가. 비가 와야 한다. (당위)
    나. 비가 오기는 한다. (시인적 대용)
    다. 그 사람이/을 오게 한다. (사동)
(23) 가. 서울로 가고자 한다.
    나. 내가 가거나, 네가 가거나 하자.
    다. 배가 오락 가락 한다.
(24) 가. 그가 가는 듯하다.
    나. 그가 이번에는 올 법하다.
    다. 그가 갈 뻔했다.

단어나 형태소가 가지는 형식을 기준으로 하여 분류에 임하는 것이 최현배(1937)의 큰 특징이라고 할 수 있다. 이런 견지에서 생각할 때, 보조용언과 일반용언을 구별하는 형식적 기준을 분명히 말하기 힘들다는 문제가 생긴다.

『우리말본』의 준종합적 체계가 그 전의 분석적 체계와 가장 뚜렷이 구별되는

_____

리-'와 사동의 '-이-', '-히-', '-리-', '-기-'를 가지는 단어는 사전의 표제어로 등재해야 한다고 함으로써 '-으시-', '-었-', '-겠-'을 가지는 단어들과 구별하였다.

점은, 조사는 이전처럼 단어로 인정하되 어미는 독립된 단어 자격을 인정하지 않게 되었다는 것이다. 조사는 격조사('자리토씨'), 접속조사('이음토씨'), 보조사('도움토씨'), 감동조사('느낌토씨')의 4가지로 하위구분이 된다. 어미는 위에 보인 것처럼 종지법('마침법'), 자격법('감목법'), 접속법('이음법')의 3가지로 하위구분 된다. 이 두 가지 부류의 토를 갈라 보는 근거는 전통문법적 연구에서 오랫동안 거론되어왔다. 다음에 중요도가 높은 몇 가지를 들어보기로 한다.

(25) 가. 조사는 그에 선행하는 요소가 자립성을 갖지만, 어미는 그 선행 요소가 의존성을 가진다.
　　 나. 조사는 여러 품사에 걸쳐서 결합 가능하지만, 어미는 동사/형용사/잡음씨에만 결합이 가능하다.
　　 다. 용언의 경우에는 어간과 어미의 경계를 나누어 그 결합상의 체계를 일관되게 유지할 수 있지만, 체언과 조사의 결합의 경우에는 그 경계를 일관되게 나누기가 곤란하다.

조사에 선행하는 요소가 자립성을 가진다는 증거는 독립된 발화의 조각으로 사용될 수 있다는 점이다.

(26) 가. 나는 가방을 샀다.
　　 나. 너는 무엇을 샀니? 가방.

(25나)에서 어미가 동사와 형용사와 잡음씨에만 결합 가능하다는 진술은 이들을 한 범주로 통합함으로써 동사 또는 용언의 특징으로 대체할 수 있는 것이다. 다음으로, (25다)가 뜻하는 바를 알기 위해서는, 보조사와 '-이', '-를'이 '아이는/도/를', '빨리도/빨리를', '잡아서는/가', '빠르게는/도', '좋았습니다그려' 등에서처럼 명사에, 부사에, 동사/형용사의 활용형에 결합될 수 있음을 관찰해야 한다. 이 때 앞의 요소와 뒤의 요소를 각각 어간과 어미라고 규정할 수 없다는 것이다.

이러한 근거들은 대부분 지금의 상황에서도 여전히 의의를 가지는 것들이라고 평가할만하다. 우리는 이 책에서 조사뿐 아니라 어미까지도 독립된 통사 단위로 인정하는 체계를 전개하고자 하지만, (25)에 제시된 두 부류의 요소들의 차이는 『우리말본』과는 다른 방향에서 접근하는 우리의 체계에서도 어떠한 방

식으로든 포착해주어야 한다.[51]

「우리말본」의 문장 분류와 구, 절의 분류

『우리말본』의 문장 분류 체계는, 서법상의 구분으로 서술문, 의문문, 명령문, 청유문의 네 가지 종류로 나뉘며,[52] 그 내부 구조('짜힘')의 차이를 기준으로는 일단 '홑월'과 '겹월'이 갈라지고, '겹월'은 다시 '가진월', '벌린월', '이은월'로 삼분되는 하위 체계로 정리된다.

서법상의 성질('바탈')을 기준으로 분류하면 문장은 다음과 같이 네 가지로 나누어진다. 이는 어미의 하위 분류에서 종지법 어미를 서술형('베풂꼴')과 의문형('물음꼴')과 명령형('시킴꼴')과 청유형('꾀임꼴')의 네 가지로 나눈 것과 정확하게 대응되는 것이다. 여기에서 드러나는 최현배(1937)의 문장 구조 분석의 특징을 '형태 중심의 문법관'이라 지칭할 수 있다.

(27) 서법상의 문장 분류

- 서술문('베풂월') ─ 서술형('베풂꼴')
- 의문문('물음월') ─ 의문형('물음꼴')
- 명령문('시킴월') ─ 명령형('시킴꼴')
- 청유문('꾀임월') ─ 청유형('꾀임꼴')

내부 구조의 차이에 따른 문장의 하위 분류는 다음과 같다.

---

51) 뒤의 4.1절에서 드러날 조사와 어미의 차이점에 대한 이 연구의 설명 방안은, 어미의 경우는 통사 부문에서의 동사의 머리성분 이동(핵 이동: head movement)을 유발하지만, 조사의 경우는 선행하는 명사의 머리성분 이동을 유발하지 않는다고 처리하는 것이다.

52) '서법'이라는 용어는 종래 국어문법 연구에서 문법범주로서의 'mood' 또는 'modality'를 가리키는 개념으로 사용되어왔다. 문장이 표현하는 명제 내용에 대해서 화자가 가지는 태도를 나타내는 범주란 뜻으로 널리 이 용어를 쓴다. 한국어에서 종결어미의 하위 구분이 나타내는 '청자에 대한 요구의 있고 없음'의 태도는 넓은 의미로 이 서법의 하위 범주라고 생각되고 있다. 필자는 이를 포함하는 상위 개념으로 '양상'이라는 용어를 쓴다. 일부에서 '양태'라는 용어를 쓰기도 하지만 흔히 부사의 의미적 하위 부류를 '양태 부사'라고 지칭할 때의 '양태'는 양상의 뜻과는 거리가 멀기 때문에 적절한 용어라고 볼 수 없다. 또 형식의미론과 논리학에서 'modal logic'이 '양상 논리'로 번역되어 사용되어왔다. 같은 개념을 언어학과 논리학에서 다른 용어로 쓸 필요는 없다.

(28) 내부 구조의 차이에 따른 문장의 분류
```
┌ 단순문(單文: '홑월')
└ 복합문(複文: '겹월') ┌ 포유문('가진월')
                      ├ 병렬문('벌린월')
                      └ 연합문('이은월')
```

　복합문('겹월')의 형성 방식은 한국어 문장을 무한수로 만들어내는 가장 본질적 요인이 된다. 최현배(1937)에 의하면 한국어에서 복합문을 형성하는 방식은 '포유'와 '병렬'과 '연합'의 세 가지 방식으로 파악되는 것이라고 할 수 있다.

　통사적 구성을 이루는 문법단위인 '마디(절)'와 '이은말(구)'의 분류가 또한 『우리말본』의 문장 분류 체계의 실상을 이해하기 위해서 주의 깊게 검토되어야 한다. 먼저, 그의 절에 대한 분류는 다음과 같다. 이 네 가지 종류의 절이 (28)에 제시된 포유문('가진월')들에서 그 내포절(안긴문장)을 구성하는 것이므로, (29)의 네 가지 종류의 예문들은 포유문의 네 가지 종류이기도 하다.

(29) 절('마디')의 분류
　　가. 임자마디(명사절): <u>내가 무궁화를 좋아함</u>은 그 꽃이 무궁무진으로 피는 때문
　　　　　　　　　　　　이다/<u>그 맛이 달기</u>가 꿀보다 더하다.
　　나. 풀이마디(용언절): 오늘 밤은 <u>달이 밝다</u>/한강은 <u>물이 맑다</u>/토끼는 <u>앞발이 짧</u>
　　　　　　　　　　　　<u>다</u>/소귀(牛耳洞)는 <u>벚꽃이 많다</u>/모란꽃은 <u>향기가 없다</u>.
　　다. 매김마디(관형사절): 기러기는, <u>꽃이 피는</u> 봄을 버리고 돌아가누나!
　　라. 어찌마디(부사절): 그 사람이, <u>낯이 뜨뜻하게</u>, 그런 소리를 잘 해요/한바다가,
　　　　　　　　　　　　<u>우리의 눈힘이 모자라게</u> 넓어 있다/나무잎이, <u>소리도 없</u>
　　　　　　　　　　　　<u>이</u>, 하나 둘씩 떨어진다/그 사람이, <u>아무도 못 말리게</u> 야단
　　　　　　　　　　　　법석을 하오.

이와 같이 4가지의 절 범주를 나누고 있다. 여기에 덧붙여 대립절('맞선마디')이 하위범주로 덧붙여 서술되고 있다. 그러나 대립절이란 그의 체계에서 연합문이나 병렬문의 선행절과 후행절 각각을 지칭하는 것으로, 이는 위 네 가지 절과 한 기준에서 비교될 수 없는 것이다. 다음 각 문장의 선행절과 후행절이 그의 '맞선마디'이다.

(30) 가. 꽃은 울고, 새는 노래한다.

　　나. 구름은 산을 두르며, 안개는 골을 잠갔다.

　　다. 서리가 내리면, 나뭇잎이 빨갛게 물든다.

　　라. 언니는 부지런하지마는, 아우는 게으르다.

　　마. 건설은 어려우되, 파괴는 쉬우니라.

　　바. 그 애가 내 동생인데, 나이가 두 살이다.

　　사. 아까는 비가 오다가, 인제는 눈이 온다.

　　(29)의 절의 분류에서 '형태 중심의 문법관'이 드러난다. 용언절(풀이마디)을 제외하면, 명사절(임자마디)은 명사형(임자꼴) 어미, 관형절(매김마디)은 관형사형(매김꼴) 어미, 부사절(어찌마디)은 부사형(어찌꼴) 어미를 각 절의 표지로 가지는 것으로 보고 있음을 알 수 있다.[53]

　　다음으로, 구 단위의 분류를 살펴보기로 하자. 『우리말본』의 '이은말'은 한자어로는 '連語'를 병기하였으나 실제로는 '구(句: phrase)'를 가리키는 용어이다. '마디'는 절(節: clause)을, '월'은 문장(文章: sentence)을 가리킨다.

　　(31) 구('이은말')의 분류

　　　가. 임자이은말(명사구): 자유를 사랑함은 사람의 본질이다/하로 두 번씩 먹기도 어렵다오/좋은 것은 가지고, 나쁜 것은 버리라/저기 보히는 허연 것이 무엇이오?/따뜻한 봄철이 돌아왔도다.

　　　나. 풀이이은말(용언구): 그가 그 일을 잊어 버렸다/너도 우리말을 연구해 보아라/나는 청탁을 가리지 아니한다/그도 가고 싶어 한다/그 꽃이 별로 아름답지 아니하다/비가 올 듯합니다.

　　　다. 매김이은말(관형구): 부지런히 일하는 사람은 많이 거둔다/백두산에 오르는 사람이 해마다 늘어 가오/꾀꼬리는 재미나게 재재거리는 새이다/그의 어머니인 사람은 나의 숙모이다/주색을 좋아하는 자는 망하느니라/열심으로 차림을 하는 이는 이김을 얻으리라.

　　　라. 어찌이은말(부사구): 나는 금강산에 가 보고서 천하의 기(奇)를 알았다/그 여자의 마음은 철석(鐵石)보다 더 단단하였다/그는 제 생각을 고집하여 굴하지 아니한다/한강은 금강산에서 황해로 흘러가오/사람은 편할 적에 어려울 적의 일을 생각하여야 한다.

---

53) 서술절(또는 용언절)을 절 범주의 하나로 설정하는 것이 부당하다는 점을 논한 남기심(1986)에서는 이 점을 한 가지 증거로 제시하고 있다.

위 (29)에서 예시된 절 범주의 하위분류, 그리고 바로 위의 (31)에 예시된 구 범주의 하위분류가 가지는 문제점에 대해서는 종래 많은 논의가 있어왔다. 전통 문법의 관점에 바탕을 두고 살펴보더라도 이들은 많은 문제성을 내포하고 있다. 단적으로 말하면, 이러한 문제점의 궁극의 근원은 '표면구조 중심의 문법관'이다.

(31)에서 '자유를 사랑함', '부지런히 일하는', '금강산에 가 보고서'는 최현배 (1937)에 의하면 절이 아닌 구이다. (29)의 예들과 비교해보면, 이들은 공통적으로 주어를 갖지 않은 형식임을 알 수 있다. 그러나 이러한 표면구조 형식에만 입각한 구조 분석은 가령, (31가)와 다음 (32)의 해당 부분의 구조적 공통성을 전혀 포착 할 수 없다는 점에서, 일반성에 반하는 분석이라고 평가하지 않을 수 없다.

(32) <u>우리가 자유를 사랑함</u>은 우리의 선천적인 성정으로부터 말미암는 것이다.

구('이은말')의 하나로 부사구의 예를 보면, '철석보다'처럼 조사 '보다'에 이 끌리는 단위를 구로서 부사적 범주 기능을 가지는 것으로 파악하였음을 알 수 있다. 전통문법이 분류론을 그 방법론적 원리로 가지고 있었다는 점은 나무랄 일이 아니다. 문제는 그 분류에 철저성이 결여되었다는 점에 있다. 『우리말본』 에서 '-보다'는 부사격조사 중 '비교격조사'로 분류되었다. 그렇다면 '철석보다' 와 같은 예는 '조사구' 정도의 구 범주 부여가 적당했을 것이다. 이 점을 철저히 고려하지 않음에 따라, 구 단위인 '금강산에서 황해로', '편할 적에'도 부사구요, 절 단위인 '금강산에 가 보고서', '제 생각을 고집하여'도 부사구로 처리하게 되 었다.[54]

이와 같은 처리의 문제성을 단적으로 보여주는 중요한 사례가 있다. 다음과 같 이 진정한 부사구로 처리해야 할 예들의 올바른 처리를 가로막아왔다는 점이다.

(33) 나뭇잎이 소리도 없이 떨어진다.
(34) 가. 아이들이 엄마와 함께 교문을 들어선다.
　　 나. 그가 동생과 같이 1학년이다.
　　 다. 동생은 형과 달리 사교성이 좋다.

---

54) 여기에 지적한 예들을 구 단위로 파악한 데에는 그의 표면구조 중심의 문법관이 크게 작 용한 것이다. 이 점은 다음 절에서 다시 논의한다. '금강산에서 황해로'와 같은 예는, 뒤 의 4.3절에서 '-와' 접속명사구 논의의 결과에 따라, '-에서'를 머리성분으로 하고 '금강 산'을 보충어, '황해로'를 명시어로 가지는 핵계층 이론적 구 구조로 분석될 것이다.

(33)은 최현배(1971: 829)의 예인데, '없이'는 부사로서 부사구를 이룬다고 보아야 온당하다.[55] (34)도 모두 같은 맥락에서 처리해야 할 예이다. 필자는 이들 예에 대한 올바른 판단을 가로막는 데에 위에서 말한 부사구의 처리가 결정적인 작용을 했다고 생각한다. 이는 전통문법의 분류론적 관점만을 철저히 견지하더라도 충분히 바로 파악할 수 있었던 점이라고 본다.

『우리말본』의 문장성분의 개념: 문법 기능과 격의 대응

『우리말본』에서는 '문장의 소재('월의 밑감')'인 문법단위의 개념과 대립되는 문법기능으로서의 문장성분('월의 짠조각', '문의 造成部分', '成分')의 개념을 구별하려는 투철한 의식을 가지고 있었다. 이런 점은 그의 형태 중심의 문법관과 밀접한 관련을 가진다.

『우리말본』의 형태 중심 문법관과 비교할만한 것은 정렬모(1946)의 의미 중심의 문법관이다. 정렬모(1946)에는 품사에 해당하는 개념으로 '감말'이 등장하는데, 이 감말은 단어 단위뿐 아니라 구 단위, 심지어는 절 단위를 가리키기도 한다. 감말 개념의 문제는 이것이 단위 개념과 범주 개념을 구분하지 않은 혼돈된 개념이라는 데에 있다. 이는 문법적 분류에 관념의 체계를 앞세운 결과라고 생각된다. 기능 중심의 문법관으로 특성화할 만한 주시경(1910)의 예도 있다. 그는 조사 '-와/과'와 연결어미 '-고'를 한 범주인 '잇'(접속사)으로 분류하였는데, 이를 통하여 주시경 문법의 기능 중심 문법관을 확인할 수 있다. 또, 근래의 저술인 서정수(1994)에서도 '접속 기능소'의 범주에 의존 형식으로서의 '-와/과', '-고'는 물론 '및', '그리고' 들을 포함하고 있다. 이들이 중시하는 것은, 문법적 단위가 다른 단위와 맺는 관계 기능이라는 의미에서의, '기능'이라는 것을 알 수 있다.

이에 비하면, 『우리말본』에서는 문법단위들을 분류하여 문법범주의 체계를 세우거나, 심지어 문법기능의 차이에 따른 분류를 실행할 경우에도, 형태의 차이에 의해 뒷받침될 수 있는지를 주요한 기준으로 고려하였다. 형태 변화의 특성을 가지는 부류를 용언으로 분류하거나, 형태 변화의 차이를 기준으로 동사와 형용사와 지정사를 나눈 것, '-와/과'가 '-고'와 그 의미나 관계 기능은 유사한 점이 있지만 명사에 결합되느냐, 의존 형식인 용언 어간에 결합되느냐에 주

---

55) 양정석(1995/1997) 참조. 이에 대해서 2.3.2절에서 더 논의함.

목하여 서로 다른 범주로 분리한 것은 그 형태 중심 문법관의 단적인 특징을 보이는 것이다.

최현배(1937)에서 문장성분의 종류로는 임자말(주어), 풀이말(서술어), 부림말(목적어), 기움말(보어), 매김말(관형어), 어찌말(부사어), 홀로말(독립어)의 7가지가 있다. 이들 문장성분의 종류는 서술어의 경우를 제외하면 격의 종류와 같은 것이다. 이희승(1949), 정인승(1949, 1956), 이숭녕(1956)에서 설정한 '서술격'이라는 것은 인정할 수 없는 것이기 때문이다. 이것이 이 문제에 관한 바른 인식을 보인 것이라는 점은 앞서의 계사 '이-'에 관한 논증을 통하여 분명해졌다.

그의 문장성분에 대한 분류가 가지는 중요한 의미는 격에 관한 그의 관점과 관련하여 나타난다. 그는 격이 특정 문장성분으로서의 자격이라고 생각하였다. 격조사 형태는 이 자격을 드러내는 표지라고 생각하였다. '-이/가'는 문장성분 주어의 자격을 드러내는 표지이며 '-을/를'은 문장성분 목적어의 자격을 드러내는 표지인 것이다. 앞에서 소개한 부사격조사의 하위 분류 체계에는 '-에, -에서, -으로, -와' 등 많은 조사들이 포함되는데, 이들은 문장성분 부사어의 자격을 드러내는 표지들인 것이다. 문장성분의 자격으로써 격을 정의하는 이러한 방식은 국어문법 연구에서 격에 관한 뚜렷한 한 관점을 보여주는 것이다.[56] 그런데, 한국어는 문법적 기능이 언제나 형태에 의해 뒷받침되어서, 그 형태들의 뚜렷한 분류 체계가 수립될 수 있다고 생각한 것이다. 그러므로 분류 체계의 한 위치를 차지하는 형태는 해당 문법적 기능을 고유하게 나타내는 표지가 되는 것이다.

여기에서 한 가지 주의할 점은, 『우리말본』에서 '-이/가'가 언제나 주격조사로만 인정되는 것은 아니라는 것이다. 보격으로도, 심지어 부사격으로도 인정되는 '-이/가'의 예가 있다. 즉, (35가)의 '학생이'는 보어이며, 이 때의 '-이'는 보격조사이다. (36)에서 '얼음이'는 부사어이며, 이 때의 '-이'는 부사격조사의 하위 범주인 변성격조사이다.

(35) 가. 그는 학생이 아니다.
     나. 그는 학생이다.

---

56) 남기심(1987)에서는 전통문법적 연구의 격에 관한 관점을 크게 세 가지로 나누어 정리하고 있다. 최현배(1937)의 관점과 함께, 성분들 사이의 의미론적 차이를 드러내는 것으로 격을 파악하는 이희승(1949)의 의미론적인 격의 정의와, 서술어와의 관계 개념으로 격을 파악하는 허웅(1983)의 격의 정의를 세 가지의 뚜렷한 견해로 가르고 있다.

(36) 물이 얼음이 되었다.

이러한 처리도 결국은 문장성분의 개념과 격의 개념을 일치시키고자 하는 노력의 결과라고 할 수 있다.

『우리말본』에서는 수량어에 '-이/가'가 부착되는 경우 일률적으로 주어로 간주한다. 다음 예에서 '두 명이'는 주어이고, 이 때의 '-이'는 주격조사이다.

(37) 학생이 두 명이 왔다.

특이한 것은, 같은 문장에서 수량어에 '-이'가 부착되지 않을 때는 주어로 인정되지 않고 부사어로 처리된다는 점이다.

(38) 학생이 두 명 왔다.

(37)과 (38)은 단지 조사의 유무에서만 차이가 있을 뿐이다. 이들의 차이가 문장구조의 차이라고 인정하기는 어렵다.57) 이는 문장성분과 격의 일치라는 원칙을 유지하기 위한 노력의 결과라고 생각할 수 있다. 여기에서도 그의 형태 중심의 문법관이 드러나는 것이다. 즉, 주격조사 형태 '-이'에 의해 표시되었으므로 (37)의 '두 명이'는 주어이며, 그와 같은 표시를 갖지 않은 (38)의 '두 명'은 주어가 아닌 것이다.

문장성분은 전형적인 '기능적' 개념이다. 그러나 『우리말본』에서는 이 문장성분들도 형태에 의하여 뒷받침되지 않으면 안 된다. 이 개념을 포착하는 데에서도 『우리말본』은 형태 중심의 문법관을 드러내고 있는 것이다.

최현배(1937) 비판

앞에서 따로 논의한 바 있는, 조음소에 대한 『우리말본』의 처리도 여기서 다시 음미해볼만한 주제가 될 것이다. 그는 조음소 '으'가 어미의 일부임을 분명히 인식하여 처리하였다. 이로 인하여 국어문법에서 어미활용 체계의 기초가

---

57) 이 점은 이익섭(1973)에서도 지적한 바 있다. (37)의 '두 명이'나 (38)의 '두 명'이 모두 부사어 정도의 문법기능을 가지며, '-이'는 주격조사가 아닌 보조사로서의 자격을 가진다는 것이 필자의 판단이다.

튼튼해졌으며, 국어문법 내의 다른 현상에 대한 판단을 위해서도 유용한 근거를 제공하는 결과가 되었다. 그는 '으'를 가지는 어미들을 '가름씨끝(分揀語尾)'이라고 했는데, 어미들이 '가름'과 '안가름'으로 나누어진다는 발견은 한국어 어미활용 체계의 전반에 걸쳐서 중요한 의의를 가지는 것이다.[58) 또, '으'의 지위에 대한 확고한 인식으로부터 '이다'의 '이'는 '으'와 달리 조음소가 아니라는 분명한 인식에 도달할 수 있었다. 잡음씨를 창안한 것도 이 점과 맥락이 이어지는 것이다.

『우리말본』이 가지는 부정적 측면을 몇 가지 생각해보기로 한다. 먼저, 그의 '종합적 분석 원칙'으로부터 비롯되는 문제점은 근본적인 성격을 가지는 것이다. 종합적 분석 원칙의 핵심은 어미를 단어 내부의 요소로만 간주하는 것이다. 그러나 한국어에서 어미가 가지는 통사구조상의 위치를 깊이 고찰해볼 때 그와 같이 보기는 어려운 점이 있다.

예를 들어, '철수가 물고기를 잡았다'와 같은 문장의 구조를 최현배(1937)의 관점에 따라 분석해보면 (39)와 같이 나타낼 수 있다. 여기서 보조어간 '-았-'과 어미 '-다'는 하나의 단어 단위인 '잡았다'의 내부 요소로 간주된다. 그러나 분석 가능성을 더 따져보면 (40)의 세 가지 구조가 생각될 수 있다.

(39) [s [NP 철수가] [VP [NP 물고기를] [V 잡았다]]]
(40) 가. [s [철수가] [VP [VP 물고기를 잡-] [-았-]] [-다]]
　　 나. [s [s [철수가] [물고기를 잡-]] [x [-았-] [-다]]]
　　 다. [s [s [철수가] [물고기를 잡-]] [-았-] [-다]]

보조어간 '-았-'과 어미 '-다'에 집중해서 살펴보자. (40가)는 주어 명사항과 동사구와 '-다'가 자매항이 되어 문장을 구성하는 것으로 되어있다. '-았-'은 동사구와 자매항이 되어 다시 동사구를 이룬다. (40나)는 주어 명사항과 동사구가 일단 문장 단위를 이룬 다음 보조어간과 어미의 결합인 '-았-다'와 자매항을 이루는 것으로 되어있다. (40다)는 (40나)에서보다 '-았-'의 지위가 독립적인 것으로 그려져있다.

(39)의 구조는 최현배(1937)의 문장구조관의 핵심을 가깝게 나타내준다. 이에 따르면 '잡았다'는 단어이며 그 범주는 동사이다. '-았-'과 '-다'는 동사 내부의

---

58) 뒤에서 이를 통사적 단위들 간의 경계를 가르는 근거로 사용할 것이다.

요소이므로, 문장의 다른 요소와 어떤 관계를 맺으려면 반드시 V 범주를 통해야 한다. 그러나 현재 대부분의 국어문법 연구자들의 견해는 '-었-'과 '-다'가 단어 내부의 요소이기보다는 문장 전체에 영향을 미치는 요소라는 것이다. 최현배(1937)에서도 종지법 어미는 서술문, 의문문, 명령문, 청유문을 구별하는 근거로 사용되고 있다. 또한 명사형어미는 명사절을, 관형형어미는 관형절을 나누는 근거가 된다. 이렇게 절의 문장 내에서의 문법적 특성을 구별·표시하는 기능은 한국어 어미들이 가지는 본질적 특질이라고 간주되어야 한다. 문제는, 보조어간과 어미가 단어 내부의 요소로 그려지는 (39)의 구조에서는 이들이 문장 구조에 참여하는 특성을 있는 그대로 포착할 수 없다는 것이다.

이 밖에도, 『우리말본』이 한국어 통사구조에 관한 고찰을 하면서 드러내놓은 주요 견해와 문제점들을 더 지적하면 다음과 같다. '부사절' 및 '부사형어미'의 설정과 관련한 문제가 주목된다.

1) 어미 '-어'와 '-고'는 '합동적 용법(주용언 앞)'과 '완성적 용법(보조용언 앞)'의 어찌꼴로 쓰이기도 하고 일반 접속어미('이음씨끝')로도 쓰인다. 『우리말본』에는 언급되어 있지 않지만 '-게', '-지'도 접속어미로서의 쓰임이 있다.

(41) 가. 학용품 사게 돈을 좀 주세요.
　　　나. 네가 가지 왜 동생을 시키느냐?

이들 어미에 대한 처리는 이들을 가지는 문장의 구조에 대한 처리와 직결된다는 점에서, 최현배(1937)의 체계의 큰 문제점으로 지적되어야 한다. 이를 다음 세 가지 문제로 나눌 수 있다. 첫째, 문법 형태소의 형식을 기준으로 단어 범주를 분류하거나 문장 구조를 분석하는 것이 최현배 문법의 기본 방침 중 하나라고 할 수 있는데, 이에 따르면 부사형어미를 가지는 문장은 부사절 내포문일 것이 기대된다. 그러나 부사형어미 중 '-어, -고'는 동사 연속의 구성을 이루기도 하고,[59] 보조동사 구문으로서의 단순문 구성을 이루기도 한다(『우리말본』에서 보조동사 구문은 '주용언'과 '보조용언'의 결합(동사구)을 서술어로 가지는 단

---

59) 『우리말본』에서 "나는 걸어 왔소."의 '-어'(최현배 1971: 283쪽), "대장이 말을 타고 간다."의 '-고'(최현배 1971: 328쪽)는 부사형어미로 규정하고 있다. 『우리말본』에서는 '걸어 왔소', '타고 간다'를 포함한 예들을 '한 낱의 겹씨(複合詞)로 봄이 좋을 것'이라고 지적하면서도, 특히 이들 예에 대해서는 '나가다, 들어가다, 넘어가다' 등과는 달리 '두 씨가 잠간 합하여서 한 씨 노릇을 하는 것'으로 설명하고 있다.

순문으로 간주된다). 둘째, '대장이 말을 타고 간다'와 같은 예의 동사 연속 구
성 '타고 간다'를 합성어 정도로 간주하는 최현배(1937)의 견해가 다시 문제가
된다. 이 때의 '-고'는 부사형어미라고 한다. 그러나 이는 접속문의 선행절을 이
끄는 요소로, 또는 부가어 절을 이끄는 요소로 분석할 수도 있다. 셋째, '아이가
그 음식을 먹어 본다'의 경우, 최현배(1937)의 처리는 '완성적 용법'의 동사 연
속 구 구성으로 보는 것인데, 이러한 보조동사 구문은 보문을 안은 내포문으로
간주하는 것이 사실을 더 정확히 보는 것이라 판단한다.[60] 보조동사 구문에 관
한 본 연구의 견해는 5.3절에서 제시할 것이다.

  2) 형용사의 부사형어미 '-이'에 대한 처리도 문제를 제기하는 예이다. 형용사
와 결합하여 부사를 만드는 접미사 '-이'는, 그 생산성을 관찰할 때, 파생접미사
로 분류된다. 한국어 형용사의 약 절반만이 '-이'를 취하여 부사의 기능을 가질
수 있다.[61] 이것이 비교적 많은 수이기는 하지만, 결정적인 문제는 결합 가능한
형용사들을 하위범주로 구분할 만한 뚜렷한 기준을 제시하기 어렵다는 점이다.
『우리말본』에서도 '많이, 천천히, 심히, 반듯이, 따뜻이'는 부사형 아닌 부사로
간주된다. 그러니까 '-이'는 통사적으로 주술관계를 나타내는 "낙엽이 소리도
없이 떨어진다."와 같은 예에서만 부사형어미의 역할을 한다는 뜻이 된다. 그러
나 극히 소수의 형용사에만 결합하는 접미사를 어미로 받아들일 수는 없다. 더
군다나, 통사적으로도 '-이'가 어미로서 '부사형어미'로 알려져 온 '-게'와는 다
른 특징을 드러낸다는 점이 주목되어야 한다. '-게'는 그 앞에 완전한 절의 구조
를 취하지만 '-이'는 그렇지 않다.[62]

  앞의 논의 중에 말하였지만, 『우리말본』의 통사론적 처리에서 가장 근본적인
문제점으로 지적해야 할 것은 표면구조 중심의 문장 분석의 관점이다.[63] 그 내
포절의 주어가 생략되었거나, 공범주를 가짐이 분명한 다음과 같은 문장들을
단순문으로 처리하는 것이 최현배 문법이다. 이는 구조 분석이 주어진 표면적
형식만을 바탕으로 이루어져야 한다는 견해를 그가 가지고 있기 때문이다.

  (42) 가. 법규를 준수함이 요구된다.

---

60) 여기에서의 '보문'은 현행 학교문법의 체계에 따르면 필수적 부사어로서의 부사절에 해
당한다.
61) 이러한 수치에 대해서는 양정석(1997다)를 참조하기 바람.
62) 이에 대해서 2.3.2절에서 자세히 논의한다.
63) 앞의 (29)와 (31)의 절, 구의 하위 구분을 소개하면서 이 문제점을 지적한 바 있다.

　　나. 넓은 들이 눈 앞에 펼쳐졌다.

　『우리말본』에서 표면구조 중심의 분석 태도가 가장 두드러지게 드러나는 곳은 월갈의 '이은말'과 '마디'의 분류와 예시를 하고 있는 부분이다. 그러나 월갈의 '월 조각의 줄임(문장성분 생략)'을 예시하는 부분에서는 주어, 서술어, 목적어, 부사어 등이 생략될 수 있다고 설명하고 있어 앞 부분과 상충되는 서술을 보여준다.[64] 또, (43가)와 같은 예에서 준말인 '싫단다'는 구조 분석에서 그 복원된 형식을 이용할 수밖에 없다. 이것이 이 같은 문장의 분석에 대한 최현배(1937)의 견해이다.

　(43) 가. 철수는 너를 싫단다.
　　　　나. 철수는 너를 싫다고 한다.

　그러므로 최현배(1937)에서 구성성분의 생략을 아예 인정하지 않은 것은 아니다. 하지만 그의 구('이은말') 개념, 절('마디') 개념은 문장의 표면적인 형식에 입각해서 적용된 것이고, 이에 따라 문장의 구조에 대한 규정들이 이루어지게 되었다. 중요한 것은 문장 구조에 관한 관점이기 때문에, 표면구조 중심의 분석 태도는 최현배 문법의 한 특징으로 규정되어야 한다. 그리고 이 점은 그의 문법이 가지는 근본적인 문제점으로 지적되어 마땅하다. 주어가 생략되기 전과 후의 문장은 그 통사구조가 같은 것인데도 불구하고 그 구조적 동일성을 포착하지 못하기 때문이다.

　마지막으로, 최현배 문법의 한 특징인 문법에 대한 규범적 관점은 전통문법 일반이 가지는 부정적 측면이다. 전통문법적 연구의 하나로서『우리말본』도 이와 같은 '규범적 문법관'의 특징을 보이고 있는 것이다. 특히 시제와 인칭대명사의 분류에 있어서 그 성격이 드러난다. 구체적으로 최현배(1937)의 시제 체계는 직접시제 12가지와 회상시제 12가지로 모두 24개의 하위범주를 가지는 것으로 기술된다. 다음은 직접시제 12가지를 표로 제시한 것이다. 회상시제는 보조어간 '-더-'를 가지는 경우이다.

---

64) 최현배(1971: 797-800) 참조.

(44) 가. 직접시제('바로때매김')

	으뜸때	나아감때	끝남때	나아가기끝남때
이적	-다	-고 있다/-는다	-았다	-고 있었다
지난적	-았다	-고 있었다	-았었다	-고 있었었다
올적	-겠다	-고 있겠다	-았겠다	'-고 있었겠다

나. 회상시제('도로생각때매김')

	으뜸때	나아감때	끝남때	나아가기끝남때
이적	-더라	-고 있더라	-았더라	-고 있었더라
지난적	-았더라	-고 있었더라	-았었더라	-고 있었었더라
올적	-겠더라	-고 있겠더라	-았겠더라	-고 있었겠더라

이 시제 체계가 가지는 두드러지는 문제점은, 형태론적 구성과 통사적 구성을 구별하지 않았다는 것이다. 이들은 하나의 계열체(paradigm)를 이루지 않는다. 시제('때매김법')와 피동법('입음법')에 대한 처리는 최현배 자신이 '정연치 못한 것'이라 한 바 있다(최현배 1971: 464). 이는 경험적 사실에서 근거를 찾기보다 시제 의미가 존재한다는 관념적 믿음에 따라 문법을 서술하였다고 하는 뜻에서, 전통문법의 비과학적 성격을 드러내는 것이 된다.

이상에서 지적한 문제점들을 앞에 놓고 볼 때, 특히 종합적 분석 원칙으로부터 말미암는 문제점들을 『우리말본』과는 다른 체계인 분석적 체계에서는 올바르게 설명할 수 있는지 따져볼만하다. 미리 결론을 말하면, 위에서 지적한 문제점은 전통문법의 일반적 관점을 유지하더라도 분석적 체계에서 해결이 가능하다.

종합적 체계와 분석적 체계

이 책의 서두에서 소개하였듯이, 종합적 체계는 정렬모(1946), 이숭녕(1956)을, 분석적 체계는 주시경(1910), 김두봉(1916, 1924), 김윤경(1948)을 대표적인 문법가로 포함하고 있다는 것이 종래의 통설이다.

먼저 분명히 말할 수 있는 것은, 위에서 든 종합적 체계의 문법들 중에서 이숭녕(1956)은 완전성의 기준에서, 하나의 이론으로 유지될 수 없다는 것이다. 전통문법의 문법 체계들에 대한 평가를 위해서 '으'에 대한 최현배(1935)의 논증, '이다'에 관한 최현배(1937)의 처리는 대단히 가치 있는 판단 기준이 되어준다.

이숭녕(1956)에서는 모든 '이다'의 '이-'를 '으'와 다름 없는 조음소적 요소로 간주하고 있다. 이는 오류이다. 다음은 두 요소의 분포가 완전히 다름을 보여준다.

(45) 가. 선생님이시었다/선생님이었다

　　　나. 잡으시었다/*잡으었다

이 예들의 대비가 보여주는 바는, '이'가 독립적인 요소임에 비해 '으'는 '시'에
딸려있는 요소라는 것이다.

　　김석득(1983) 등에서는 정렬모(1946)를 이숭녕(1956)과 함께 종합적 체계의 대
표격으로 취급하고 있지만,[65] 정렬모(1946)는 사실상 이숭녕(1956)과 같은 반열
에 놓고 논의하기 어렵다. 우선 '이다'를 용언의 하나로 처리하였는데,[66] 이는 그
의 분석 수준이 뛰어남을 말해주는 것이다. 최현배(1937)를 제외하고는 당시의
유수한 문법가들이 이에 대해서 혼돈된 인식을 보여주고 있었기 때문이다. 그는
인구어에서 보는 바와 같은 어미활용의 방식이 한국어에 그대로 적용되는 것에
대해서 근본적인 회의를 가지고 있었다(42쪽 참조). '체언+조사'의 결합을 한 단
어로 취급한다는 점에서 그의 단어에 대한 관점이 '종합적'이라는 평가를 받지
만, 이는 명사, 동사, 관형사, 부사, 감동사의 5품사 체계를 비롯한 품사 분류의
서술을 근거로 그렇게 판단하는 것이다. 그의 의중은 오히려 분석적 체계라고 하
는 주시경의 문법과 가까운 것을 지향하는 것이라고 생각할 수도 있다.

　　분석적 체계는 이른바 어간 부분과 어미 부분이 각각 단어를 이룬다고 보는
체계이다. 주시경(1910)의 단어 분류 체계는 다음과 같은 것이다.

　　(46) 주시경(1910)의 단어 분류

품사	1차하위분류	2차하위분류	3차하위분류		
임	제임	두로	몬: 사람, 개, 번개		
			일: 뜻, 아츰, 사랑		
		홀로: 삼개(땅이름), 돌메(사람이름)			
	대임	사람	가르침: 나, 너, 우리		
			언잇: 이('큰이'에서)		
			모름: 누구, 아모		
			헴(셈)	으뜸: 한아, 둘, 셋	
				어림: 더러, 좀, 다	
				모름: 얼마	

---

65) 정렬모(1946)의 문법 체계는 이전에 부분적으로 발표된 바 있어 김윤경(1938)에서 '종합
　　적 체계'를 대표하는 것으로 평가되기 시작했고, 뒤에도 이러한 평가가 계속되었다.

66) 정렬모(1946)의 용어로는 '지정 동사' 또는 '형식 동사'이다.

임	대임	몬	언잇: 것		
			모름: 무엇		
			셈	으뜸: 한아, 둘, 셋	
				어림: 더러, 좀, 다	
				모름: 얼마	
		곳: 여기, 저기			
		일	언잇: 것, 바, 줄		
			셈	으뜸: 한아, 둘, 셋	
				어림: 더러, 좀, 다	
				모름: 얼마, 무엇	
엇	물품(物品): 좋, 무르, 단단하, 부드럽				
	물모(物貌): 크, 적, 히, 길				
	행품(行品): 착하, 어질, 슬기롭, 어리석				
	행모(行貌): 재, 게르, 답답하, 굼굼하				
	때: 이르, 늦, 오라, 길				
	헴	어림: 많, 적, 흔하			
		모름: 엇더하			
	견줌: 이러하, 저러하, 그러하				
움	'움뜻'을 기준	제움: 자, 날, 잡히			
		남움: 잡, 따리, 먹, 먹이			
	'움힘'을 기준으로	바로움: 따리, 자, 잡, 날			
		입음움: 잡히			
언	가르침: 이, 저, 그				
	물품: 좋은, 귀한, 무른, 무겁은, 부드럽은, 연한, 질겁은				
	물모: 큰, 힌, 적은, 정한				
	행품: 착한, 순한, 강한, 좋은				
	행모: 잰, 게른, 깃븐, 굼굼한, 반갑은, 답답한, 섭섭한				
	때: 이른, 늦은, 오란				
	헴: 한, 두, 세, 네, 일곱, 많은, 적은, 흔한				
	견줌: 이러한, 저러한, 그러한				
	모름: 엇더한				
	움('움언'): 간, 먹은, 가는, 먹는, 갈, 먹을, 가던, 먹던, 씰엇던, 가앗던				
	임('임언'): 돌집, 나의칼("우에 임기에 의를 더하는 것은 언기가 되게 하는것이라")				
억	엇덤: 잘, 천천히, 빠르게, 가마이, 모질게, 착하게, 순하게, 옳게, 길게, 크게, 적게, 굵게, 뛰어, 날아, 돌아, 씹어				

억	자리: 이리, 저리, 그리, 길로, 들에, 들로, 들에서, 들에는, 들에도, 들에야, 들에만, 들에든지, 들엔들, 들에라도, 들이라도, 들에나, 곳곳이	
	때: 곳, 늘, 잇다금, 일즉이, 벌서, 빠르게, 오래, 늦게, 길이, 이제, 악가, 아츰에, 밤에, 어적게, 때때로, 날날이, 달달이, 이내	
	헴이나 길("남이의 **數量**이나 **度數**를 말하는것"): 다, 거진, 겨우, 매우, 좀, 흔이, 넉넉이, 가득이, 많이, 크게, 적게, 넘어, 첫재, 온젼이, 둘에, 둘에서, 둘에는, 들에야, 둘에도, 둘엔들, 둘에나, 둘에만	
	막이("막은 **拒絶**의 뜻이라 그 남이를 막는것이니 곳 그 남이를 허락하지 안이하는 것이요 또 그 남이가 그러하지 안이하다 하는것이라"): 안이, 못, 다만, 그러하나, 마는, 특별이	
	그럼: 참, 글세, 과연	
	아마: 아마, 글세, 혹, 가령	
	모름: 왜, 엇더하게	
	견줌: 이러하게, 저러하게, 기러하게, 이같이, 이만하게, 이처럼	
	몬("임기에 겻기가 더하여 억기로 쓰이는것"): 나무에, 돌에, 소에, 소에게, 붓에서, 붓에는, 붓에야, 붓에만, 붓에든지, 붓엔들, 붓으로, 붓만, 나와	
	일("임기에 겻기가 더하여 억기로 쓰이는것"): 뜻에, 일에, 큼에, 말에, 아츰에, 적음에, 엇더함에, 일에서, 일에는, 일에야, 일에만, 일에든지, 일엔들, 일로, 일마다, 일과	
놀: 아, 하, 참		
겻	만이 ('만이'를 '임이만'과 '씀이만'의 둘로 가를 수 있음)	임홋만: 가(새가 날더라), 이(이것이 붓이요)
		씀홋만: 를(저 사람이 조히를 접으오), 을(사람이 말을 타오)
		덩이임만: 에서(우리나라에서 이기엇다)
		한가지만: 도(나도 가오/별도 날더라/아기가 밥도 먹으오)
		다름만: 는(나는 가오/아기가 젓은 먹으오/풀은 푸르오)
		다름한만: ㄴ들(쟝슌들 메야 뽑겟나냐), 이라도(스승이라도 모르오)
		안가림만: 든지(소든지 말이든지 다 풀을 먹는다/개는 밥이든지 고기든지 다 먹소), 이나(소나 말이나 다 풀을 먹는다/개는 밥이나 고기나 다 먹소)
		낫됨만: 이나(내나 가겟다/나는 밤이나 먹겟다)
		특별함만: 이야(그 사람이야 알지/아모 칼이라도 조히야 베지)
		홀로만: 만(나만 가오/나는 밥만 먹으오)
		부름만: 아/야(돌아 글을 읽어라/쇠내야 나의 말을 들어라), 이여(사랑하시는 어버이여 오래 살으소서/밝으신 하날이여 굽어살피소서)
		낫한만: 마다(사람마다 숨을 쉬오)

겻	금이나 자리 ('금이'를 '몬금'과 '일금'의 둘로 가를 수 있음)	자리금: 에(나물이 들에 잇다), 로(내가 들로 가오), 에서(샘이 땅에서 나오), 까지(내가 서울까지 가겟다), 쯤(그 사람이 지금 돌다리쯤 가겟다)
		몬금: 에(먹이 벼루에 잇다), 에서(향긔가 꼿에서 나오)
		때금: 에(이슬이 아츰에 오오/꼿이아 츰에 새롭다), 로/까지(리치는 예로 지금까지 한가지요), 쯤(그 사람이 저녁때쯤 오겟다), 에서/까지(내가 아츰에서 저녁까지 글을 읽으오)
		헴금: 한아에 둘을 더하오/내가 모시 한끗으로 두루막이를 만들엇다/열에서 셋을 덜어라/너는 둘로 여섯을 난호아라
		부림금: 로(내가 광이로 밧을 파오)
		움몬금: 에게서(우리의 몸이 어버이에게서 나앗다), 에게(네가 소의 것을 아기에게 주어라), 다려(네가 그 사람다려 오라고 말하여라), 에게(잘 배호고 못 배홈이 스승에게 잇소)
		일금: 에서(큰 일이 큰 뜻에서 나오), 에(일의 일움이 뜻에 잇소)
		낫한금: 마다(봄에는 꼿이 곳마다 피오/꼿이 봄마다 피오)
		까닭금: 에(봄이 된 까닭에 꼿이 피오), 으로(봄이 됨으로 꼿이 피오/봄된고로 꼿이 피오)
		함게금: 와(내가 너와 가겟다)
		다름한금: 엔들(그러하게 큰고기야 가람엔 들잇겟나뇨)
잇	덩이: 벼루와 먹이 잇소/붓과 먹이 잇소/입고 먹기만 바라지 말아라/ 그 말은 히고 크오/네 말의 히고 큼이 내말과 비슷하다	
	잇어함	한일: 어(고기를 썰어먹소 "썰어먹을 한덩이의 남이로 풀기도 하고 썰어를 금이 곳 억기로 풀기도 할것이라")("아 어 아서 어서 가 엇기 알에 잇어질때에는 금이 곳 억기로 풀것이라")
		다른일: 고(글을 읽고 밥을 먹겟다)
	그침: 다가(글을 읽다가 자오)	
	함게: 면서(그 사람이 가면서 노래하오)	
	풀이: 'ㄴ데, 는데, 인데, 은데, 니, 으니, 이니'(한 새가 저나무에 잇는데 빗은 누르고 노래는 아름답다/해가 돋으니 사람이 일어나고 새가 잭잭하오) ("그러한데와 같은 말은 한말을 다 맞히고 다시 잇는 것이라 이러한 것도 풀이니 금이 곳 억기몸으로 풀기도 할지니라")	
	까닭: '니, 으니, 매, 으매, 아, 어, 아서, 어서'(봄이되니꼿이피오/바람이불매 배가가오) ("그때문에 그까닭에 그까닭으로 그러하여 그러하여서 그러함으로 그러한고로와 같은 말은 한 말을 다 맞히고 다시 잇는것이니 이러한것들도 까닭 잇기라 그러하나 금이 곳 억기몸으로 풀기도 할것이라")	
	뒤집힘: '나, 이나, 으나, 되, 아도, 어도, 라도, 이라도, 거늘, 어늘, 이어늘, 고도' (그 글을 배호나 그 뜻은 모르오) ("마는 그러하나 그러하되 그러할지라도와 같은 말들은 한 말을 다 맞히고 다시 다른 말을 잇는것이니 이러한 것들도 뒤집힘이라 그러하나 금이 곳 억기몸으로 풀기도 할것이라")	

잇	뜻밖:	'ㄴ데, 는데, 인데, 은데'(저 사람이 옳은데 웨 나물하오/그 사람이 글을 배호는데 웨 부르오/날이 찬데 그 사람이 솜옷을 입지 안이 하엿더라/날이 맑은데 비가 오나/이것이 나문데 불이 안타오/이것이 깊은 물인데 큰 고기를 못 보겟다)
	거짓:	'면, 으면, 이면, 거든, 어든, 이거든, 이어든'(비가 오면 풀이 잘 자라오/그것이 나무면 불에 타겟다/그것이 얼음이면 녹겟다)
	홀로:	아야/어야(보아야 알겟다)
	하랴함:	러(글을 배호러 가오)
끗	이름:	다, ㄴ다, 는다, 앗다, 엇다, 겟다, 리라, 으리라, 앗으리라, 엇으리라, 앗겟다, 엇겟다, 요, 이요, 오, 으오, 소, 앗소, 엇소, 겟소, 앗겟소, 엇겟소, 요이다, 오이다, 옵나이다, 옵나이다, 이웁나이다, 으웁나이다, 습나이다, 더라, 이더라, 더이다, 이더이다, 웁더이다, 옵더이다, 웁더이다, 으웁더이다, 습더이다, 시웁더이다, 앗웁더이다, 시더라, 지, 이지, 지요, 이지요, 옵지요, 웁지요, 십지요
	물음:	냐, 으냐, 이냐, 뇨, 이뇨, 으뇨, 나냐, 앗나냐, 엇겟나냐, 나뇨, 랴, 으랴, ㄴ가, 인가, 은가, 야, 이야, 지, 지요, 이지요, 이요, 오, 으오, 소, 앗소, 엇소, 겟소, 앗겟소, 엇겟소, 시오, 으시오, 요이가, 오이가, 옵나이가, 옵나이가, 이웁나이가, 웁나이가, 으웁나이가, 습나이가, 더이가, 이더이가, 웁더이가, 옵더이가, 웁더이가, 습더이가, 으웁더이가, 시웁더이가, 앗웁더이가, 앗습더이가, 더냐, 이더냐, 더뇨, 시더뇨, 이더뇨, 시더냐, 시더뇨, 웁지요, 습지요
	시김:	아라, 어라, 으오, 시오, 옵소서, 소서, 으소셔, 웁소서, 시웁소서, 오시웁소서, 시웁시오, 십시오, 으시오
	홀로:	다, 이다, ㄴ다, 는다, 앗다, 엇다, 리다, 겟다, 으리라, 앗겟다, 엇겟다, 앗으리라, 엇으리라, 로다, 이로다, 으리로다, 고나, 이고나, 는고나, 앗고나, 엇고나, 겟고나, 리로고나, 이로고나, 도다, 이도다, 는도다, 앗도다, 엇도다, 겟도다, 지, 이지, 앗지, 엇지, 겟지, 앗겟지, 냐, 야, 나냐, ㄴ가, 인가, 뇨, 이뇨, 으뇨, 랴, 으랴

주시경 문법의 큰 특징은 어미활용의 개념을 가지고 있지 않다는 것이다. 이는 굴절과 파생의 구분 또는 기능 범주와 어휘 범주의 구분이 이 문법 체계에서 뚜렷한 중요성을 갖지 못한다는 말과 같다. 이것은 최현배(1937)와 같은 관점에서는 주시경 문법이 가지는 벗어날 수 없는 문제점으로 인식되기도 하였다.

부사에 상응하는 '억'의 예를 살펴보면 그 문제성을 쉽게 이해할 수 있다. '잘', '천천히'와 같이 지금도 부사로 인정하는 예와 아울러, '빠르게', '엇더하게'와 같은 형용사의 부사형, 나아가 '나무에', '돌에'와 같은 명사와 부사격조사의 결합형까지도 모두 '억'이라는 단어 단위의 범주로 묶고 있는 것이다. 이와 같은 처리에 대해서 '-으시-'와 같은 선어말어미가 개재되는 현상을 떠올려 그 문제점을 지적할 수 있을 것이다. 주시경은 다음과 같이 말하고 있다.

"억기에 序分表가 잇으니 보시게 들이어라 하는 말에 보시게가 억기요 그 시는 높이는 表로 둠이니 이 시와 같은것들이라" (주시경 1910: 92)

즉, '서분표'와 같은 문법적 표지가 개재되더라도 '보시게'는 '보'와 다른 새로운 단어로 인정된다는 것이다. 어미활용과 같은 개념을 도입하지는 않더라도, '보시게'와 같은 예를 '보-'와 '-으시-'와 '-게'로, 또는 '보-'와 '-으시게'로 나누는 일은 반드시 필요한 것이다. '-으시-' 또는 '-으시게'는 생산성을 갖기 때문이다. 이들은 이들 앞에 결합할 수 있는 일단의 어휘적 요소들, 즉 '보-, 뛰-, 가-, 착하-, 차-, 하얗-, . . .' 등과 통합 관계를 이루는데, 그 결합 가능성에 있어서 생산적이라는 것은 그 결합이 통사적 성격을 가짐을 말해주는 것이다.

'엇더한, 나의'와 같은 '언'기, '엇더함, 엇더하기'와 같은 '임'기의 예들도 마찬가지의 문제점을 보인다.[67] 이들은 '기몸바꿈'이라 하여 새로운 단어를 만드는 조어론적 과정으로 간주하였으나, 이는 일관된 처리라 하기 어렵다.

'억'과 '언'과 '임'의 처리에 관한 이상의 문제는 주시경 문법의 체계 안에서 수정하는 것이 가능하다. 주시경 문법의 체계 안에서도 '-은/ㄴ, -의, -게, -음/ㅁ, -기'를 토로 간주하는 것이 가능하기 때문이다. 실지로『말의소리(1914)』에서는, 그 전에 '언'의 예였던 '엇더한'은 '엇'인 '엇더하'와 '겻'인 '-은/ㄴ'으로, '억'의 예였던 '엇더하게'는 '엇'인 '엇더하'와 '겻'인 '-게'로 더 분석하여 처리하고 있다. '-의'도 더 분석하였음을 알 수 있다. '겻'의 보기 중 '-의'를 확인할 수 있는 것이다. 그러나 '-음/ㅁ, -기'는 끝끝내 독립된 단어로 분석하지 않은 것으로 보여진다. 이 점이야말로 주시경(1910, 1914)에서 끝내 해결을 보지 못한 자체 모순의 예이다.[68]

다음과 같은 예에서 '-음'의 문법적 지위를 바르게 정해주는 일은 주시경의 문법 체계에서 어려운 문제이다.

(47) 잡으시겠음을

---

67) 주시경(1910)에서 '기'란 단어 또는 품사를 나타내는 용어이다. 이후에 출간된 책에는 '씨'로 바뀌었고, 그 제자들에 의해서 이 '씨'가 널리 사용되고 있다.

68) 이러한 문제점은 김윤경(1948)에서도 여전히 유지되고 있다. '-음', '-기'의 처리 문제는 최현배(1937)의 준종합적 체계로의 혁신에 필연성을 부여한 주요 동기 중의 하나라고 평가할 만하다. 분석적 체계에서 이들 문제를 바로 해결하지 못한 만큼, 최현배(1937)에서 문법 분석의 새로운 관점을 제시한 것은 국어문법 연구사의 발전적 측면으로서 정당화된다.

'겻'으로도, '끗'으로도, '잇'으로도 보기 어렵다. 아마 파생접미사 정도로 간주한 것이 아닌가 한다. 그러나 다음 예는 '-음'이 새 단어를 만드는 조어론상의 단위일 수가 없음을 극명하게 보여준다. '-음'을 조어론상의 단위로 간주할 경우, 다음 예에서 앞의 '-었-'과 뒤의 '-었-'의 동일성을 부정해야 한다. 왜냐하면, 조어론적 요소인 '-음'에 앞서는 '-었-'은 역시 조어론적인 요소일 수밖에 없기 때문이다. 그러나 주시경(1910)에서도 뒤의 '-었-'은 시제상의 과거를 표현하는 기능을 가진다고 보고 있다.

(48) 미루어 짐작하시었음이었다

이는 주시경 문법의 모순성을 드러내는 단적인 예이다. '-었-'은 어느 경우에나 파생의 개념에 대립되는 의미에서의 굴절의 기능을 가지는 요소로 파악되어야 한다.

또한 문장 구성에서 '-음', '-기'는 다음과 같이 절 단위를 그 결합의 대상으로 하고 있다고 보아야 한다. 이는 '-음', '-기'가 단순한 단어 단위 내부의 요소가 아니라 문장 구성에 관계하는 통사적 기능 범주로 파악되어야 함을 말해준다.

(49) [그대가 있]음은 우리의 힘이오.

'-와/과'는 체언 다음에, '-고, -며' 등은 용언 다음에 나타난다. 이러한 차이점에도 불구하고 주시경(1910)의 체계에서는 이들이 모두 '잇'으로 묶여진다. 이 역시 문제가 된다. 최현배 문법에서는 이들이 서로 다른 범주에 속하게 된다. 뒤의 4.3절에서는 '-와/과'가 후치사로서, 보문소로 규정되는 '-고, -며' 등과 다른 범주에 속함을 밝히게 된다. 이에 따르면, 이 문제에 관한 한 최현배(1937)의 처리가 한국어의 실제 사실을 더 정확하게 포착한 것이다.

주시경 문법에서는 형태론과 통사론의 경계가 뚜렷하지 않다. 품사 분류('기난갈')를 설명하다가 중간에 문장구성론('짬듬갈')이 삽입되고, 다시 품사 분류론('기갈래의 난틀')이 나온다. 이는 그 후의 형태론 중심의 문법에 비하여 주시경 문법의 통사론 중심의 특성을 드러낸 것이라 할 수 있다. 어떤 요소가 문장('드')을 이루는 데에 어떻게 기여하느냐가 주시경의 가장 중요한 고려 사항이었던 듯하다. 이는 현대 언어학의 기본 관점으로 되어있다. 또한 짬듬갈에는 실

제로 심층구조의 개념과 상통하는 '속뜻'의 개념이나, 변형의 의식이 나타나기
도 한다.

(50) 저 사람이 노래하면서 가오
     ⟸ 저 사람이 노래하면서 (저)(사람)(이) 가오

여기서 괄호 안의 말이 '속뜻'으로 숨어 있다고 하였다. 그러므로 '속뜻'은 '심
층구조에 주어져있으나 표면적으로는 생략된 성분'이 된다.

그러나 현대 언어학, 특히 생성언어학이 문장을 중심 단위로 간주한다고 하
는 데에는 이 문장 단위(S)를 생성의 단위로 간주한다는 뜻이 들어있다. 즉, 주
어와 서술어로 분할되는, 또는 또 다른 문장들의 복합으로 구성되는 시초의 단
위로서 간주한다는 중요한 뜻이 들어있다. 언어는 문장들의 무한집합이다. 이러
한 무한집합을 생성하는 유한수의 규칙들을 기술하여 보임으로써 언어를 말하
고 이해하는 인간의 마음의 본질적 부분을 해명한다는 명시적인 목표를 현대
언어학은 가지고 있는 것이다. 주시경(1910), 또는 주시경(1914)에 이와 같은 목
표가 의도되고 있었는지는 불확실하다.

'이다'의 처리는 주시경(1910)에서 결정적으로 오류를 범하고 있는 또 하나의
예라고 할 수 있다. '이다, 이냐, . . .'는 한 단어로서 끗씨이나, '이며, 이니, . . .'
는 한 단어로서 잇씨가 된다. 그러나 '학생임'은 이 전체가 한 단어로서 임씨가
된다. 이는 이들에서 나타나는 '이-' 요소를 조음소 정도로 보았기 때문이다. 이
것이 잘못임은 앞의 2.1.2절에서 알아보았다.

서정수(1994)의 분석적 체계

분석적 체계의 전통은 1930년대 말에 『우리말본』이 등장한 후로는 그 명맥이
거의 끊어지다시피 되었다. 그러다가 1970년대의 생성문법적 연구의 과정에서
다시 그 의의를 평가받게 되었고, 근래에 이르러 서정수(1989, 1994)와 같이 분
석적 체계를 표방하는 연구가 나타나게 되었다. 서정수(1994)는 생성문법 이론
의 방법론을 받아들임으로써 한국어 문장의 구조를 한층 체계적인 방법으로 기
술하게 되었다.

서정수(1994)의 문법 체계의 전반적인 모습과, 분석적 체계를 선호하는 근거
는 서정수(1989)에서 집중적으로 논의되고 있다. 분석적 체계와 준종합적 체계

의 결정적인 차이는 용언의 분석에서 나타난다. 서정수(1989)에서는 용언 어간
과 어미를 각각 단어로 분석하는 분석적 체계가 타당한 이유를 8가지 항목으로
제시하고 있다.

(51) 가. 용언의 어간과 어미들을 분리하여 다룸으로써 의미부인 어간과 문법 요소가
뚜렷이 구분되어 문장의 의미 파악이 쉬워진다.
나. 각 용언별로 따로 다루지 않아도 되므로, 문법 기술을 간소화할 수 있다.
다. 분석 체계는 굴절어와 다른, 첨가어로서의 한국어의 특성에 가장 알맞다.
라. 분석 체계는 언어의 발달 추세와 부합된다는 점에서도 그 타당성이 인정된
다.
마. 현대 언어학에서는 문장 구조의 가장 기본적인 구성 단위를 찾아서 기저적
인 설명을 하는데, 이러한 추세와도 분석 체계가 부합된다.
바. '끗씨'가 나타내는 문법적 기능은 문장 전체에 걸치므로, 분석 체계에 따라
문장 구조를 기술하는 것이 문장 생성 규칙이 간편해지고 일반성이 있는 설
명을 할 수 있다.
사. 선어말어미와의 관계를 기술하는 데에도 분석 체계가 더 타당하다.
아. 복잡한 어미변화표를 제시하는 등, 용언에 부과하는 과중한 부담량을 줄일
수 있다.

이러한 고려에 따라, 그가 제시하는 통사 범주들의 하위 분류 체계는 다음과
같다.[69]

(52) 가. 체언: 명사(서울, 나무, 넋), 대명사(나, 너, 당신), 수사(하나, 둘, 세)
나. 용언: 동사(가-, 먹-), 존재사(있-, 없-), 형용사(좋-, 길-), 지정사(이-)
다. 수식어: 관형사(이, 그, 새, 헌), 부사(잘, 빨리, 매우)
라. 독립어: 감탄사(아이구, 참), 간투사(예, 아니오)
마. 기능 표지: 주어 표지(-이/가), 목적어 표지(-를/을)
바. 기능 변환소: 관형화소(-의, -는), 명사화소(-음, -기), 후치사(-에, -에서, -로),
피동 형태(-이-, -히-, -기-, -리-), 사동 형태(-이-, -히-, -기-, -리-,
-우-, -추-)
사. 의미 한정소: 한정사(-는, -도, -만)
아. 접속 기능소: 구접속형(또는, 및, -와, -하고) 절접속형(-고, -어서, -도록)
자. 서술 보조소: 시제/상(-었-, -었었-), 서법 형태(-겠-, -더-, -는다, -습니다)

69) 서정수(1994: 107) 참조.

(51)에서 8가지로 제시한 근거들은 대부분 문법 교육과 문법서 서술에서의 효용성이라는 관점에서 주어진 것이다. 특히 (51가-나)가 그러하다. 사실상, 최현배(1937)에서 준종합적 체계로의 혁신을 꾀한 데에는 문법 교육의 목적이 가장 중요한 것이었다. 그러므로 이와 같은 근거들은 문법 이론으로서의 준종합적 체계를 부정하는 근거로는 미약한 것이다. (51다, 라)는 언어유형론적, 역사언어학적 고려에 따른 논거라고 할 수 있는데, 이와 관련해서도 분석적 체계의 우위를 말해주는 결정적 근거는 찾아보기 어렵다.

아직 충분히 명시적인 서술이라고 볼 수는 없지만, (51마-아)가 가장 주목할 만한 항목들이라고 할 수 있다. 이 네 항목의 핵심은, 한국어 문장 구조에서의 선어말어미나 어말어미의 지위를 기술하는 데에 있어 분석적 체계가 우월하다는 점이다.

먼저, (51아)는 한국어의 어미가 인구어의 어미와 동일시될 수 없다는 분석적 체계의 기본 정신을 표현한 것이다. 가령 영어에서 동사 'walk'가 가지는 활용형은 'walk, walks, walked, walking'의 4개 정도이다. 이런 방식으로 한국어 동사의 활용형을 제시하면 몇 개나 될까? 사실상 한 동사의 완전한 활용형을 망라하여 제시해 보인 문법서는 이제까지 없었다고 해도 과언이 아니다. 모든 활용형을 망라한 것을 서양의 전통문법에서 '어미변화표(paradigm)'라고 불러왔다. 준종합적 체계는 완전히 망라하기조차 힘든 어미변화표의 개념을 가지고 운용되고 있는 것이다.

다음으로 (51마-사)에 주목해보자. 통사적 기능을 가지는 가장 작은 요소를 분석해내어 그것을 기본 단위를 삼는 것이 결과적으로 규칙의 체계를 간결하게 하는 데에 유리하다는 점은 현대 언어학, 특히 통사론 연구의 발전 과정이 보여주는 것이다. 특히 어미 형태소들은 작은 요소나 문장 전체를 범위로 하여 작용하는 특성을 보여준다. 그러나 준종합적 체계에서, 같은 전제를 가지고 간결한 이론을 수립하는 것이 불가능한지는 경험적으로 검토해보아만 할 문제인 것이다. 결국, 상이한 관점에서 문법 이론을 수립한 다음 둘을 비교하여 우열을 가리는 것이 문제에 접근하는 온당한 방법이 될 것이다. 통사론적인 분석에 있어서의 우열을 판가름하는 기준은 역시 간결한 구조 분석의 이론이 얻어질 수 있느냐에 있다고 하겠다.

준종합적 체계에 따라 구 구조 규칙을 기술한다고 생각해보자. 초기 생성문법적 연구에서 널리 받아들여지던 관점에 따라 간단한 문장의 구조를 보이면

다음과 같다.[70]

    (53) [s [NP 그가] [VP [NP 한국에] [V [Vs 오-] [T -았-] [SE -다]]]]

V와 Vs의 차이는 무엇인가? Vs가 독립된 통사 범주라면 V는 구 범주라야 할
것이다. 그러나 V로 표시된 '오-았-다'는 구가 아니다. 위 구조에서는 '한국에
오-았-다'가 구로서 VP라고 표시되었다. 음운론적으로 한 단위로 묶이지만, '오-
았-다'의 세 형태소는 각각 독립된 통사적 기능을 가지는 것으로 보아야 이러한
구조상의 모순성이 해소된다. 동사 어간 '오-'는 앞의 구 '한국에'와 동렬의 자
매항이 되어, 이를 지배하는 것이다.[71] 이 통사적 관계를 정확히 나타내기 위해
서는 (53)은 적합하지 않다.

    이에 비해 분석적 체계를 표방하는 서정수(1994)에서 제시하는 다음 구조는
위 구조가 가지는 모순성을 해소해줄 수 있다. 이처럼 문장 구조 분석에서 분석
적 체계가 유리하다는 점은 분석적 체계를 택하는 타당한 근거가 된다.[72]

    (54) [s [NP 그가] [VP [NP 한국에] [V 오-]] [Aux [T -았-] [SE -다]]]

    그러나 (54)는 아직 완전한 해결과는 거리가 있다. 문제를 단적으로 질문하면
다음과 같다. 서술보조소인 'Aux'는 구인가? 두 개의 통사 단위가 결합한 단위이
기는 하지만 구라고 볼 수는 없다. 또, '-았-'과 '-다'의 결합이 독립된 통사적 단
위를 이룬다고 인정하기도 어렵다. 뒤에서는 핵계층 이론(X-bar theory)을 확충하
는 차원에서, '-았-'과 '-다'가 각각 독립된 통사 범주로서 앞의 구 단위를 취하
여 구를 이루는 요소들이라고 규정하게 된다.[73]

    또 다른 문제를 지적하기로 한다. 서정수(1989, 1994)의 기본 범주 체계는

---

70) 이러한 구조는 생성문법 이론에 따른 언어 연구 방법을 소개하는 입문서인 남기심 외
    (1977)의 제3장 "통사구조" 부분에서 제시하고 있는 구조이다. 한국어 통사구조에 관한
    논의에서 널리 인용되고 있고, 대체로 '준종합적 체계'의 관점에서 문장을 분석하고 있
    다는 점에서 우리의 논의와 관련하여 언급하기에 편리한 점이 많다.
71) '지배'의 개념은 3.3절에서 소개할 것이다. 여기서는 다만 '한국에'가 동사 어간 '오-'의
    특성에 따라 통사적 의존 관계를 맺는다는 뜻으로 '지배'라는 용어를 쓴다.
72) 문장 S를 이렇게 주어 명사구와 동사구와 어미 요소의 세 부분으로 나누는 분석법은 국
    응도(1968), 양동휘(1975), 이익섭·임홍빈(1983) 등에서 이어져왔다.
73) 3.4절의 재구조화에 관한 논의와 함께, 한국어 문장 구조 전반에 관한 논의인 4.3절을 참
    고하기 바람.

(52)에 보인 바와 같다. 여기에서 가장 문제성을 보이는 부분은 (52바)와 (52아)이다.

첫째로, 관형격조사는 관형화소, 부사격조사는 부사화소로 규정하고 있지만, 이들 요소를 포함하는 통사구조에는 이들이 명사구나 동사구에 단순히 부가되는 것으로 기술하고 있다. 이들은 단어 단위 아닌 구 단위의 기능 전환을 담당하는 요소라는 점에서, 구의 머리성분(핵, 핵심어: head)으로 취급되어야 한다 (4.1.3절 참조).

둘째로, 피동 형태와 사동 형태를 기능 변환소의 일부로 처리하고 있다. 그러나 이들은 단어 파생의 기능만을 가지는 단위로서, 파생접미사에 지나지 않는 것이다. (52)에 제시된 것은 통사 범주의 분류 체계이다. 피동과 사동의 접미사들이 통사적 기능을 가진다는 생각은 생성문법적 연구의 초기에 널리 받아들여지고 있었던 것이기는 하나, 한국어에서 이들 요소가 가지는 기능을 전반적으로 검사해보면, 이러한 생각이 오류임이 드러난다(2.3.2절 및 양정석 1995: 제3장 참조).

셋째로, 접속 기능을 가지는 요소들을 형태소 단위와 단어 단위의 차이를 고려하지 않고 같은 범주로 묶은 것은 문제라 아니할 수 없다. 어미인 '-고, -어서'도 접속 기능소이며, 조사인 '-와, -하고'도 접속 기능소이다. 심지어 '및, 또는, 그리고'도 모두 접속 기능소인 것이다. 이렇게 서로 다른 수준의 단위들을 하나로 묶는 이유에 대해서는 '동일한 기능의 형태들을 한데 모아서 한 범주를 설정해야 기능 위주의 일관성 있는 범주 구분이 이루어진다'라고 말한다(124쪽). 그러나 이들은 문장 구조상 뚜렷이 다른 위치에 놓이는 것이다.

한국어 문장 안에서 접속 기능을 가지는 것은 명사구 접속에서는 조사이고, 절과 절의 접속에서는 연결어미이다. 다음과 같은 예가 이 점을 단적으로 보여준다.

(55) 가. 철수가 왔고, 그리고 순희가 왔다.
　　　나. 철수 그리고 순희가 왔다.
　　　다. 철수 및 순희가 왔다.

(55가)에서 '그리고'는 수의적 성분이어서, 이것이 생략되어도 문장의 구조에는 변함이 없다. 그러나 '-고'가 없으면 그 구조가 파괴된다. (55나)에서는 마치 '그

리고'가 두 명사구를 접속하는 기능을 가지는 것 같지만, 이 문장은 '철수가 왔
고'와 '그리고 순희가 왔다'의 결합에서 앞의 '왔고'가 생략된, 또는 공범주로
실현된 것일 뿐이다.[74] 이 경우에도 '그리고'는 구조적으로 접속의 기능을 가진
다고 말하기가 어렵다. (55다)에서도 '및'이 접속의 구조를 만드는 요소라고 보
는 관점은 문제가 있다. 명사구 접속의 구조를 형성하는 기능은 생략된 접속조
사 '-와/과'가 맡는 것이며 '및'은 의미적으로 그것을 강조해줄 뿐이다.[75]

서정수(1994)에서 고려하는 '그리고'의 접속 기능에는 다음 같은 예도 포함된
다. 이는 그의 접속 기능의 개념에 문제가 있음을 드러내는 것이다.

(56) 가을 하늘은 끝없이 푸르다. 그리고 티끌 하나 없이 맑기만 하다. (1034쪽)

(56)은 한 문장이 아니라, 두 개의 문장이 '그리고'에 의해서 연결되고 있는 것
이다. 분류 개념으로서의 통사 범주를 설정하는 것은, 그 통사 범주의 특성을
활용하여 더 큰 통사적 구성, 궁극적으로 '문장'을 형성하는 규칙이나 원리의
체계를 효과적으로 만들기 위해서이다. (56)에서 '그리고'의 접속 기능에 의해
형성되는 구성은 통사 단위로서의 문장이 아닌, '담화' 정도의 단위라고 하겠다.
그러므로 이 경우의 '접속 기능'은 엄밀한 의미의 통사적 기능이 아니다.

(52아)에 접속 기능소로 분류된 요소들 중에서 연결어미만이 진정으로 통사
적인 문장 접속의 기능을 가지는 요소이다. 이 점에 국한한다면, '그리고, 및'은
접속부사, '-와'는 접속조사로 처리한 최현배(1937)의 처리가 그 정확성을 인정
받을 수 있는 것이다. 그러나 연결어미는 진정으로 한국어 문장의 접속 기능을
맡는 요소들이므로, 이들 요소를 단어의 일부분으로만 취급한 최현배(1937)의
체계는 받아들이기 어렵다.

사실, 연결어미를 한 단위의 단어로 설정한 것이야말로 우리가 주시경(1910)
및 분석적 체계를 선호하는 핵심적인 이유 중 하나이다. 뒤의 5.4절에서 더 자
세한 논의를 전개하기로 하겠지만, 한국어의 연결어미는 절을 이끌어, 해당 절
이 통사구조상의 특정 위치에서 생성되도록 해주는 주요 요인이 된다. 절의 통

---

74) (55나)는 중의적 문장으로서, '철수 그리고 순희가'를 주어로 가지는 단순문으로 해석될
수도 있다. 이렇게 해석될 경우에도, '그리고'가 접속 기능을 가진다기보다는 외현적으로
실현되지 않은 조사 'e'가 명사구 접속의 구조를 형성한다고 본다. 이에 대해서는 뒤의
4.3절에서 조금 더 자세히 논의할 것이다.
75) (55가, 나, 다) 문장들의 구조에 관하여 4.3절을 참고하기 바람.

사적 성격을 결정하는 역할을 연결어미가 가진다고 할 때, 이러한 요소는 통사
구조상의 머리성분의 자격을 가지는 것이고, 이는 기본적으로 단어가 가지는
자격인 것이다. 또한, 문법단위로서의 연결어미의 외연은 고정되어있지 않은 것
으로 보인다.

(57) 가. -었더니, -었더라도, -었더라면, -는다고, -느냐고, -으라고, -자고
    나. -기에, -느니보다, -기보다
    다. -지마는, -지요마는, -는다마는, -습니다마는; -어서는, -어서만, -어서도, . . .

자세한 내용에 관해서는 뒤의 2.3절과 3.4절의 논의를 기다려야 하겠지만, (57)
의 목록은 현대국어에서 독립된 통사적 기초 단위로 설정되는 것들이 합쳐져서
새로운 한 단위의 연결어미로서의 기능을 가지는 예들을 보여준다. 어미와 어미
가 결합하여 새 연결어미의 기능을 나타낼 수 있으며(57가), 어미에 격조사가 결
합하여 같은 기능을 나타낼 수도 있다(57나). 더욱이, 연결어미에는 여러 종류의
보조사들이 결합할 수 있는데, 보조사들이 결합한 '연결어미+보조사'의 형식은
사실상 새로운 통사적 단위로 기능하는 것을 관찰할 수 있는 것이다(57다). 전통
문법 혹은 구조문법의 견지에서의 어미, 굴절접미사의 개념은 그 외연의 고정성
을 본질적인 요건의 하나로 가지고 있었다. 어미활용이라는 개념적 틀로는 연결
어미들이 가지는 위와 같은 성질을 담아내기가 어렵다.

(52아)에서 드러나는 서정수(1994)의 통사 범주 분류의 체계는 주시경(1910)
의 정신에 따른 것이다. 이 책에서 우리는 연결어미들이 독립적으로 접속 기능
을 가지는 사실을 포착할 수 있다는 점을 취하는 것이다. 그러나 주시경(1910)
뿐만 아니라 서정수(1994)에서도 연결어미들의 통사구조상의 지위를 정확하고
완전하게 기술하는 일은 성공하지 못하였다고 비판해야 한다.

문법단위의 설정과 관련한 문제점들은 뒤의 2.3절에서 더욱 심층적으로 살펴
볼 것이다.

2.1.4. 구조문법의 실례: 허웅(1995)

허웅(1975)에서 중세국어의 형태론에 대한 공시적 기술을 완성한 후로, 이를
골격으로 하여 허웅(1995)에서 현대국어의 형태론을 체계화하였고, 허웅(1999)

에서는 구조문법적 견지에서의 현대국어의 문장 구조에 대한 분류론적 기술을 실행하였다. 뒤의 두 저작은 최현배(1937)의 부분적 문제점들을 보완하는 것을 의도한 것이라고 그 성격을 특징지을 수 있다. 구조언어학의 철저한 단위 분석 방법을 적용한 것은 이들 연구의 큰 미덕이다. 경우에 따라서는 생성문법의 심층구조 및 변형의 개념을 받아들이기도 하였으나, 이들 연구는 어디까지나 분류론적 연구로 특징지어짐을 강조하지 않을 수 없다.

허웅(1995)의 어미 분류 체계

여기에서는 허웅(1995)에 제시된 어미들의 분류론적 체계를 요약·제시하기로 한다. 이는 최현배(1937)의 체계를 따르는 준종합적 입장이어서, 품사 분류나 그 외의 문법범주의 하위 분류, 그리고 그 용어에서도 최현배 문법을 거의 그대로 따르고 있다. 그러나 어미활용 체계의 서술은 각 품사 즉 움직씨, 그림씨, 잡음씨로 나누어 중복적으로 서술하지 않고 하나로 모으면서 개별적인 차이에 주목하는 방식을 취함으로써, 한층 정연한 서술이 가능하게 되었다. 이 체계의 어미 분류를 제시하는 것은, 이것이 구조문법적 연구의 성격을 전체적으로 조망할만한 사례라고 판단하기 때문이며, 특히 제5장에서 어말어미를 중심으로 한국어 복합문 구조를 기술할 때 구체적인 어미들 및 이들에 대한 기존 분류 체계를 참조하는 일이 도움이 되리라 믿기 때문이다.

(58) 허웅(1995)의 어미 체계

의 향 법 196 개	서술법 (베풂법)	낮춤	일러듣김: -다/라/는다/ㄴ다, -으니라/느니라(나니라), -으니/느니(나니), -네, -어/아, -지, -으이, -을지라, 을지니라, 을지어다, 을지로다, -단다/란다/는단다/ㄴ단다, -다네/라네/는다네/ㄴ다네, 노라네, -으니까, 다니까(깐, 까는)/라니까(깐, 까는)/는다니까/ㄴ다니까, -다나/라나/는다나/ㄴ다나, 으라나, -다고/라고/는다고/ㄴ다고, -다마다, -고말고, -단 말이야/란 말이야/는단 말이야/ㄴ단 말이야, -어야지/라야지
			약속: -으마, -을께, -음세
			뜻(의욕, 의도, 바람): -과저, -을래, -을란다/을랜다, -을꺼나, -을라고/을려고/을랴고

			헤아림(추측): -을라, -을러라/을레라, -을레, -을세라, -으렷다, -거니, -으려니
			느낌: -구나/로구나/군/로군/는구나/는군, -구려/로구려/는구려, -구료/로구료/는구료("앞의 '구려'와 임의변동형으로 볼 수 있다."), -구먼/구만/로구먼/로구만/는구먼, -도다/로다/(는도다), -어라/아라, -노라/로라, -다니/라니/는다니/ㄴ다니, -는데/은데, -는지/은지, -는지고/은지고, -는걸/은걸/을걸, -을세/로세, -거든, -으니/을데라니, -을씨고, -을손, -을사, -을진저, -데나, -누나, -누마, -로고, -으매라, -드만, -을데라구
		예사높임	일러듣김-아룀: -소(수)/으오/오, -다오/라오/는다오/ㄴ다오, -습닌다/읍닌다/습넨다/습닌다/읍닌다/ㅂ닌다, -습딘다/읍딘다/ㅂ딘다, -단 말이오/란 말이오/는단 말이오/ㄴ단 말이오, -네요, -어요/아요, -지요, -으이요(-데요=더+으이+요), -으니까요/으니깐요, -다니까요/라니까요/는다니까요/ㄴ다니까요, -다나요/라나요/는다나요/ㄴ다나요, -다고요/라고요/는다고요/ㄴ다고요, -다마다요, -고말고요, -아야지요/어야지요/라야지요
			약속: -을께요
			뜻(의욕, 의도, 바람): -을래요
			느낌: -군요/로군요/는군요, -는구면요/구면요/로구면요, -다니요/라니요/는다니요/ㄴ다니요, -는데요/은데요, -는걸요/은걸요, -을걸요, -거든요
		아주높임	-습니다/읍니다/ㅂ니다, -사옵니다/으옵니다/옵니다, -답니다/랍니다/는답니다/ㄴ답니다, -습네다/ㅂ네다/올습네다, -으이다, -나이다, -노이다/느이다/으니이다/어이다, -소이다/도소이다/을소이다(<으리로소이다), -올시다
의향법 196개	물음법	낮춤 (안높임)	-으냐/느냐/으뇨/느뇨, -은가/는가/은고/는고, -을까/을꼬, -은지/는지, -을지, -을런지/을는지, -을소냐/을손가, -은감/는감, -나/노/누, -니/으니/느니, -으랴, -어/아, -지, -으이(뉘 있으리?(으리+으이), 크데?(더+으이), 크디?(디<데)), -을래, -고/고서, -은데(도)/는데(도), -으려고, -을라고(구), -게, -다/라/는다/ㄴ다, -담/람/는담/ㄴ담, -어야지/라야지 복합형태: -다고/라고/는다고/ㄴ다고, -다며/라며/는다며/ㄴ다며/다면서/라면서/는다면서/ㄴ다면서, -다니/라니/는다니/ㄴ다니, -다지/라지/는다지/ㄴ다지, -으냐고/느냐고, -으냐니까/느냐니까, -으라며/으라면서, -으라고, -으람, -자며/자면서, -기는, -음

			에랴, -거나, -으려나/을래나/을라나/으려남, -은거야/는거야
		예사높임	-소(수)/으오/오, -을깝쇼, -은가요/는가요, -을까요, -은지요/는지요, -을지요, -을런지요/을는지요, -나요, -어요/아요, -지요/죠, -으이요, -을래요, -고요/고서요, -은데(도)요/는데(도)요, -으려고요, -을라고요, -게요, -어야지요/라야지요, -다고요/라고요/는다고요/ㄴ다고요, -다며요/라며요/는다며요/ㄴ다며요/다면서요/라면서요/는다면서요/ㄴ다면서요, -다니요/라니요/는다니요/ㄴ다니요, -다지요/라지요/는다지요/ㄴ다지요, -으냐고요/느냐고요, -으냐니까요/느냐니까요, -으라면서요, -으라고요, -자면서요, -기는요
		아주높임	-습니까/읍니까/ㅂ니까, -사옵니까/으옵니까/옵니까, -습네까/읍네까/ㅂ네까, -으이까, -나이까, -소이까/로소이까, -느이까/늬까, -니이까
	시킴법	낮춤 (안높임)	-어라/아라/여라/거라/너라, -으라, -으라고(구), -으라니/으라니까(ㄴ), -으렴/으려무나/으려마, -게/게나, -구려/구료, -으렷다, -어/아, -지
		예사높임	-으오/소, -으라고요, -어요/아요, -지요
		아주높임	-(으십시)오, -으소서, -읍소사/으십사/읍시사
	함께법 (꾀임법, 권유법)	낮춤	-자, -자고, -자꾸나, -자니까/자니깐, -세/세나, -음세, -어/아, -지
		예사높임	-으오, -자고요, -자니까요/자니깐요, -어요/아요, -지요
		아주높임	-읍시다, -읍세다, -으십시다, -으십세다, -사이다
두자 격법	이름법		-기, -ㅁ/음
	매김법		-는, -은, -을, -을는
	어찌법		-듯, -듯이, -게/게시리/게끔, -도록/도록끔, -을수록/을수록에
접 속 법	마디 만들기 (108개)	마땅함법	'사실': -으니, -으니까, -으니까는/으니깐, -으므로, -으매, -어서/아서/라서, -어/아, -은즉(슨), -관데, -을새, -기(에/로)/길래, -는지라/은지라, -다고/라고/는다고/ㄴ다고, -으니만큼/은만큼/느니만큼/는만큼, -거늘, -으면, -다면/라면/는다면/ㄴ다면, -자면, -노라면, -느라면, -을라치면, -으량이면, -거드면(은), -을것같으면, -거든/건/거들랑/걸랑, -을진대, -단들/란들 '반드시': -어야/아야/라야, -어야지/아야지/라야지 '견줌': -거든, -거온, -으려든, -느니, -으나 '뜻함': -고자, -으려고/을려고/으랴고/으려, -자(고), -노라고, -느라고, -으러
		뒤집음법	'현실': -지마는/지만, -건마는/언마는, -는데도/은데도, -으나, -으

			나마, -으니까(는/ㄴ), -기로(니), -기로서(니)/기로소니, -기로선들, -로(서)니, -을지나, -지, -거늘 '현실-가상에 두루 쓰이는 것': -어도/아도/라도, -을망정, -을지언정, -을지라도, -더라도, -은들, -어야/아야, -었자/았자 '특수한 어미': -다, -어, -으나따나/으나다나
		풀이법	-는데/은데, -는바/은바, -는지/은지, -을지/을런지/을는지, -으되/로되, -을새, -기를/길, -(더)니(만/마는), -을러니, -나니, -노니, -노라니/노라니까, -느라니, -으려니(까), -자니(까), -거니와/어니와, -으려니와, -건대(는), -거니/어니, -을세라, -(이)라, -거든, -을작시면
		가림법	-든지...(든지), -든가...(든가), -든...(든), -거나...(거나), -건...(건), -으나...으나
		벌임법	'앞-뒷마디에서 겹침': -고/오, -고서, -어/아, -어서/아서, -으며, -으면서, -을뿐더러, -기는커녕/긴커녕, -기는새로에/기는새려, -자(마자), -다(가) '앞마디에서 되풀이': -으며...으며(으명...으명), -고...고, -으랴...으랴, -다(가)...다(가), -으니...으니/느니...느니, -거니...거니

이은말
만들기
(25개)
			'씨끝에 뜻 없음': -어/아 -(매인풀이씨), -지 -(매인풀이씨)
			                    -든/들 -(매인풀이씨), -고 -(매인풀이씨)
			'씨끝에 뜻 있음': -어야 -(하다), -으려(고) -(하다), -고자 -(하다),
			                    -고/곤 -(하다), -음직 -(하다), -고 -(들다),
			                    -으러 -(들다), -으려(고) -(들다)
			'힘줌': -고, -디, -으나
			'되풀이': -으니...으니/느니...느니, -거니...거니, -다가...다가, -거나...거나, -든지...든지, -든가...든가, -든...든, -고...고, -으랴...으랴, -으락...으락

2.2. 문법단위로서의 형태소 개념의 문제

형태소는 역사가 오래된 개념이고, 따라서 국어문법 연구자들에게는 상당히 안정된 개념적 위상을 가진 것으로 받아들여지기도 하지만, 역사가 오랜 개념이 가지는 모호함을 이 개념도 역시 지니고 있다.[76] 형태소 개념이 한국어 연구

---

76) 일반적으로 형태소(morpheme)의 개념은 Bloomfield(1933)에서 창안된 것으로 알려져있다.

에 본격적으로 도입된 것은 1950년대 말이나 1960년대 초라고 할 수 있다. 한국
어에 적용된 것만으로 국한하더라도 근 50년의 역사는 결코 짧지 않은 역사인
데, 한국어 연구에서 형태소 분석의 실제를 살펴보면 형태소 단위의 설정에 있
어 매우 상이한 관점들이 처음부터 지금까지 이어지고 있음을 알 수 있다. 특히
문법 형태소의 분석에 있어서 이러한 관점의 차이는 뚜렷한 바 있다.

이 관점의 차이를 두 가지로 나눌 수 있다. '극한 분석'의 관점이 그 하나이
고, 이와 대립되는 '큰 덩이 분석'의 관점이 다른 하나이다. 이 양대 관점의 차
이를 잘 보여주는 예는 '잡는', '잡는다', '잡는데'와 같은 형식의 분석과 관련한
고영근(1964, 2004)과 남기심(1972, 1982)의 접근이다. 이 두 접근을 비교하면서
두 관점의 우열을 평가해보려고 한다. 논의를 선명히 하기 위하여 미리 밝혀둔
다면, 필자의 판단은 후자의 관점이 궁극적으로 옳다는 것이다.

이익섭(1968)에서는 구조문법적 견지에서 합성명사 내부의 요소들을 직접구
성성분들로 분석해 가는 작업을 수행하기 위하여 다음의 세 가지 기준을 제시
한 바 있다. 이는 국어문법의 연구 전통에서 문법단위의 설정을 위한 논의의 주
목할만한 사례이고, 본 논의와 관련해서도 좋은 지침으로 삼을만하다.

   (1) 가. 의미와의 관련성
       나. 보다 작은 단위에 의한 대치 가능성
       다. 언어 전 구조에 의한 지원도

이들은 직접구성성분 분석의 용도로 주어진 기준이므로, 형태소 분석의 기준
으로 활용하기 위해서 다음과 같이 조정하기로 한다.[77)]

   (2) 가. 의미의 단일성
       나. 다른 형태소에 의한 대치 가능성
       다. 구조적 지원도

---

77) (1)은 Nida(1949: 91)의 직접구성성분 분석의 기준들을 손질한 것이다. 물론 Nida(1949:
6-61)에서 형태소 식별의 원리를 5가지로 나누어 논의하고 있기는 하다. 특히 그 한 원리
인 변이형태들의 상보적 분포의 요건 같은 것은 형태소 분석의 대원리에 속하는 것이라
고 할 만하다. 그러나 형태소 분석에서 궁극적으로 중요한 문제는 어떤 형태를 문법적
구성성분의 하나로 구별해내느냐 여부의 문제이기 때문에 이와 같이 구성성분 분석의
기준을 형태소 분석의 기준으로 재조정하는 것이 가능해진다.

형태소는 단일한 의미를 가져야 하며(2가), 다른 형태소에 의해 대치될 수 있어야 한다(2나). 또한 문제의 형태소 분석이 그 언어에서 문법적 구조로 확립된 것에 의해 지지되어야 한다(2다). 특히 구조적 지원도의 기준이 형태소 분석의 우열을 가릴 수 있는 기준이 되기 위해서는 언어학 이론의 기본적 요건인 '문법 기술의 간결성'이라는 맥락에서 이해되어야 한다.

이 세 가지 기준은 형태소 분석과 관련한 논의의 핵심을 잘 표현하고 있다. 세 가지 기준 중 (2가)의 '의미의 단일성'이란 기준은 이론적인 입장에 따라서는 형태소 식별의 기준에서 제외되기도 한다. 가령 아로노프(Aronoff 1976)에서는 'cranberry'와 같은 영어 단어의 'cran'과 같은 형태소의 존재를 근거로, '의미를 가지는 단위'로서의 형태소의 규정을 부정하기도 하였다. 국어문법 연구에서도, 고영근(1989)에서는 이러한 관점을 원용하면서, 중세국어의 삽입모음 '-오/우-'가 명사형어미 '-ㅁ' 앞에 실현될 경우 아무런 의미를 갖지 않음에도 불구하고 다른 삽입모음(인칭법 어미, 대상법 어미)과의 음운론적 현현 방식의 공통성으로 인하여 형태소 자격을 가진다고 주장하였다. 필자는 'cran'이 어근으로서 명사의 자격을 가진다고 본다. 'cran'이 독립적으로 의미를 가지고 쓰이는 경우는 발견되지 않지만 'berry'를 가지는 다른 말들과의 대립에 의해서 전체 단어 의미의 변별 효과를 가지는 것이고, 이는 다른 유형의 합성어에서도 찾아볼 수 있는 것이다. 그러나, 중세국어 명사형의 '-오/우-'는 독립된 형태소의 자격을 갖지 않으며, '-ㅁ'과 결합한 형식 '-옴/움'이 한 형태소를 이룬다고 본다.

그러면, 'cran'을 형태소로 분리해야 하는 궁극적인 이유는 무엇인가? 그것은, 'cranberry, blueberry, raspberry' 등의 서로 다른 의미를 가지는 합성명사들이 존재하므로, 이들을 포함하는 합성어들의 (계열 관계에 있어서의) 부분 체계를 기술하기 위해서이다. 여기에서도 작으나마 '체계의 기술'이라는 목적을 부각시킬 수 있다. 중세국어 '-오/우-'의 형태소 분석 여부에 관한 문제를 해결하기 위해서는 '체계의 기술'이라는 목적이 더욱 중요해진다. 이들은 어미 형태와 관련되기 때문이다. 어미 형태의 분석에서는 문법범주로서의 아무런 기능을 부여할 수 없는 요소에 형태소의 자격을 부여하는 것은 무의미한 일이다. 구조적 지원도의 기준에 입각해서, 중세국어 명사형어미의 '오/우'는 독립된 형태소로 분석하지 않는다.

(2나)의 대치 가능성의 기준과 (2다)의 구조적 지원도는 국어문법 연구에서 형태소 분석의 두 가지 기본 원칙이 되어왔다. 이러한 기준들을 적용하는 실례

로서 대표적인 예가 '잡는', '잡는다'와 같은 예의 '-는-' 또는 '-느-'의 분석 여부
의 문제이다.[78] 시제(tense) 또는 시상(aspect) 또는 양상(modality)의 문법범주와
관련하여 다양한 견해들이 이 문제를 중심으로 해서 생겨났고, 이러한 상이한
견해는 해당 문장들의 통사구조 설정에도 반영되게 되어있으므로, 이 문제는
국어문법 연구의 주요 쟁점 중 하나라 해도 과언이 아니다.

'큰 덩이 분석'의 탁월한 논증을 남기심(1982)에서 볼 수 있다. 다만, 이 논문
은 '잡는다', '잡는구나', '잡는', '잡는데' 등에서 '는'을 하나의 형태소로 분석하
는 견해를 상정하고, 이에 대해 집중적으로 논박하는 형식을 취하고 있다. 이후
의 여러 논의들에서는 '잡는', '잡는데'의 '느'를 분석하는 데에 관심을 가지고
있고, 또한 '잡는다', '잡는구나'에서는 '는'이 '느'의 변이형태인 것으로 처리하
는 방향으로 나아가고 있으므로 이러한 방향의 논의가 가지는 문제점을 짚어보
는 것이 별도로 필요할 것이다.

'-는-'의 분석 여부

먼저, '는'의 분석 가능성에 대한 남기심(1982)의 부정 논증을 간략하게 소개
하기로 한다. 이는 형태소 분석에 있어서의 공시적 기술의 원리와, 형태소 분석
의 작업이 항상 염두에 두어야 할 형태소 실현 규칙의 기술이라는 책무의 중요
성을 강조하기 위해서 필요하다.

'는'이 현재나 현재 진행, 또는 현실법의 문법적 의미를 가지는 형태소라고
가정해보자. 그러면 이 '는'은 그 변이형태가 실현되는 방식의 차이를 기준으로
해서 다음 네 가지의 유형으로 나눌 수 있다.

(3) 가. '먹는다'의 '는': A형

　　나. '먹는구나, 먹는구려'의 '는': B형

　　다. '먹는 사람'의 '는': C형

　　라. '먹는데, 먹는가, 먹는야,[79] 먹는지'의 '는': D형

---

78) 가령 '잡는'에서 '느'를 분석하느냐, '는'을 분석하느냐는 같은 입장이 아니다. 또 '잡는'
　　의 '느'를 '잡는다'의 '는'과 동일시하느냐, 그러지 않느냐는 같은 입장이 아니다. 이러한
　　다양한 견해들은 논의를 전개하면서 구별하기로 한다.

79) '먹느냐'와 같은 형태를 '먹-는-야'로 분석하는 것을 가정한 것이다. 초기 생성문법적 연
　　구에서 실지로 이와 같이 분석한 예가 없지 않았다.

가령 A형의 '는'은 동사 어간이 보통 자음일 때 '먹-는-다'로, 동사 어간이 모음 또는 'ㄹ'로 끝날 때에는 '가-ㄴ-다'로, 형용사 어간 다음에는 '좋-φ-다'로 나타나므로, '는'과 'ㄴ', 'φ'을 그 변이형태로 가진다고 할 수 있다. 그리고 '-었-'이나 '-겠-' 다음에는 동사, 형용사의 구별과 상관 없이 '먹-었-다'/'적-었-다', '먹-겠-다'/'적-겠-다'처럼 '는'이 나타나지 않는다. 이는 '-었-', '-겠-'의 의미가 '는'의 가정된 의미 '현재/현재 진행/현실법'과 모순되기 때문에 문법적으로 의의 있는 비실현의 경우가 발생하는 것이라고 설명할 수 있다. 이를 포함해서 B형, C형, D형의 '는'이 실현되는 가능한 경우를 망라하여 제시하면 다음 표와 같다.[80]

(4) 이른바 '현재/현재 진행'의 형태소 '는'의 실현 양상

	동사 뒤		형용사 뒤		'-었-'/'-겠-' 뒤
	모음/ㄹ 뒤	자음 뒤	모음/ㄹ 뒤	자음 뒤	
A형	-ㄴ-	-는-	φ		·
B형	-는-		φ		·
C형	-는-		-ㄴ-	-은-	·
D형	-는-		-ㄴ-	-은-	-는-

표에 나타나지는 않았지만 'φ'의 실현 조건이 더 있다. '-어', '-지', '-소/으오/오' 등의 종결어미와, 상당수의 연결어미들 앞에서 '는'이 영-변이형태로 나타난다고 해야 한다. 이는 선행 요소의 성격과는 상관없는 것이다.

(5) 가. 먹-φ-어, 먹-φ-지, 먹-φ-소/으오, ...
     나. 먹-φ-고, 먹-φ-으면, ...

이제, 이 모든 경우를 하나의 '현재/현재 진행' 형태소의 실현으로 설명하려는 입장에는 이러한 형태소 변이의 양상을 형태소 실현 규칙으로 포착해야 하는 책무가 부과된다. '는'은 통사구조에서는 하나의 문법단위로 상정되었지만,

---

80) (4)의 표는 남기심(1982)의 것을 부분적으로 조금 손질하여 제시한 것이다. 'φ'는 '는'의 문법적 의미를 '현재/현재 진행'이라고 가정할 때 형용사 어간 다음에 형태가 나타나지 않더라도 영-변이형태를 상정하는 것이다. '·'로 표시한 것은 '-었-'이나 '-겠-' 뒤에서 이들의 문법적 의미와 모순되어 '는'이 비실현되는 것으로 인정한 것이다.

통사구조의 한 범주는 형태음운론적/음운론적 규칙의 적용을 거쳐, 또는 모종의 대응규칙에 따라 음성 표상, 또는 음운론적 구조로 사상되어야 하기 때문이다. 이는 생성문법적 연구는 물론, 구조문법적 연구에서도 이에 상응하는 기술 절차를 가지는 것으로, 현대 언어학적 분석의 기본으로 생각되는 것이다. (4)와 (5)의 실현의 경우들을 바탕으로 해서, 그 실현 규칙을 가능한 한 명시적으로 나타내보기로 한다.

(6) 가. {는} → /는/ / [-모음성]]$_{Vst}$__{다, 구나, 구려, 도다, . . .}   (Vst: 동사 어간)

나. {는} → /는/ /]$_{Vst}$__{데, 가, 야, 지, . . .}

다. {는} → /는/ / {었, 겠}__{데, 가, 야, 지, . . .}

라. {는} → /는/ /]$_{Vst}$__#

마. {는} → /ㄴ/ / [+모음성]]$_{Vst}$__{다}

바. {는} → /ㄴ/ / [+모음성]]$_{Ast}$__{데, 가, 야, 지, . . .}   (Ast: 형용사 어간)

사. {는} → /ㄴ/ / [+모음성]]$_{Ast}$__#

아. {는} → /은/ / [-모음성]]$_{Ast}$__{데, 가, 야, 지, . . .}

자. {는} → /은/ / [-모음성]]$_{Ast}$__#

차. {는} → /φ/ /]$_{Ast}$__{다, 구나, 구려, 도다, . . .}

카. {는} → /φ/ / __{어, 지, 소, 고, 으면, . . .}

모두 11가지 실현 규칙을 설정하였다. 이들 중 일부는 모아서 더 적은 수의 규칙으로 기술할 가능성이 없는 것은 아니다. 그러나 그보다는 각각의 규칙들이 과연 규칙으로서의 의의를 가지는지가 더 문제가 된다. (6가, 나, 다, 마, 바, 아, 차, 카)는 규칙의 조건으로 개개의 어미들을 하나하나 지적해야 한다. 다시 말하면, 이는 규칙의 조건이라기보다는 어휘개별적인 조건인 것이다. 우리는 이 책의 서론의 일부(1.2.4절)로 조음소 '으'의 처리에 관한 언어학적 논증의 시범을 보이면서, 규칙의 조건이 '자연군(natural class)'을 이루어야 한다는 점을 지적한 바 있다. 물론 '으'의 탈락의 조건은 음운론적인 것이고, 지금 문제되는 형태소 실현의 규칙은 형태론적 단위에 관계되는 것으로서, 이 둘은 동일한 영역의 현상이 아니다. 그러나 (6)의 규칙들에서 형태론적 영역에서 의의 있는 자연군으로 인정되지 않는 것이 규칙의 조건으로 주어졌다면 이들 규칙의 존재는 의심스러운 것일 수밖에 없다.

결국, '는'을 현재 또는 현재 진행, 현실법을 의미하는 하나의 형태소로 가정함으로써 문법적으로 의의 있는 형태소 실현 규칙의 기술이 불가능하게 되는 결과를 초래한 것이다. 따라서 '는'은 하나의 형태소로 설정할 수 없다.

'-느-'의 분석 여부

'-는-'의 분석 여부에 대한 앞에서의 검토 결과를 토대로, 여기에서는 '-느-'의 분석 여부를 여러 앞선 연구들을 고려하면서 검토해보기로 한다.

'잡는', '잡는다'와 같은 형식에서 '-느-'를 분석하느냐 여부를 기준으로 형태소 분석의 상반된 두 견해를 나누어보면, 고영근(1965, 2004), 임홍빈(1984), 김차균(1991, 1999), 한동완(1984, 1996), 김동식(1988) 등의 '극한 분석'의 입장과, 남기심(1972, 1982), 서정수(1976, 1994) 등의 '큰 덩이 분석'의 입장을 구별할 수 있다.[81] 전자의 입장에서는 '잡는', '잡는다'는 각각 '잡-느-ㄴ', '잡-는-다'로 분석된다. 후자의 입장에서는 이들은 '잡-는', '잡-는다'로 분석된다.

다음에서, '느'의 분석 여부에 관한 선행 연구의 평가 작업은 다음의 두 측면의 요점으로 결론지어진다.

(7) 가. 문법범주의 체계를 설정하는 데에 있어서 시제, 양상, 시상의 형태소로서의 '느'는 설정될 수 없다.
　　나. '느'를 형태소로 분석해서는 간결한 변이형태 실현 규칙의 체계를 세울 수 없다.

한국어 어미들의 체계를 세우는 데에는 이들 어미가 한국어 문장의 통사구조에서 어떤 위치를 차지하는지에 대한 고려가 필요하다. '-느-'를 독립된 형태소로 분석하는 것은 이로 말미암아 '-습니다, -네, -노라'의 '-느-', 또는 '-어', '-지' 등의 어미에 앞서는, 그리고 상태성 동사(형용사)에 후속하는 무형의 변이형태 'ɸ'의 통사구조상의 지위와 관련한 문제를 가외로 불러일으킨다는 점에서 이론상의 낭비를 감수하는 것이다. 그러나 '느'를 분석하는 여러 연구들에서는 이

---

81) 양정석(2002가)에서는 주로 '-었-' 형태소의 시제 인정 여부를 중심으로 '시제(tense) 가설'과 '시상(aspect) 가설'과 '혼합 가설'의 세 가지 입장을 구분한 바 있다. 이들 각각은 '-느-'의 분석 여부에 따라 두 가지 견해로 더 갈라진다. 먼저 시상 가설은 '-느-'가 분석될 수 없다는 점을 기본적인 인식으로 하여 출발하였으나(남기심 1972), 이와는 달리 '-느-'를 분석하는 손호민(1975)의 견해가 있다. 시제 가설과 혼합 가설은 '-느-'(또는 '-는-')를 분석하는 입장으로부터 출발한 것이므로 이러한 견해가 주류를 이룬다. 그러나 혼합 가설에서는 -느-를 분석하지 않는 서정수(1976, 1994)의 견해가 나타난다.

점이 그리 심각하게 받아들여지지 않았던 것 같다.[82]

'-느-'는 통시적으로 중세국어의 '-ᄂ-'에 그 기원을 두고 있다. '-느-'를 형태소로 분석하는 학자들은 이러한 역사적 근거를 중시하지만, 형태소 분석은 공시태로서의 한 언어체계를 대상으로 분석하는 것이 원칙이다. 역사적으로 동일한 기원을 가지는 형태들이 서로 다른 형태소를 형성하는 것은 흔한 일이고, 체계적인 차이가 나타나는 모습을, 이론적으로 '통시적 재구조화'와 같은 절차를 상정하여 설명하는 것도 가능한 일이다. 현대 한국어의 문장 구조에서 이 '-느-'를 어디에 위치시키느냐 하는 것은 시제 여부를 둘러싼 논의에서 핵심적인 문제가 된다. 역사적인 기원을 근거로 해서 한 형태소를 독립시키는 일, 더군다나 이러한 인식을 통사구조 설정의 논거로 사용하는 일은 배제되어야 한다. 이 문제에 있어서 우리는 '-느-'가 독립된 형태소로 분석될 수 없다는 남기심(1972, 1982), 서정수(1976, 1994: 219)의 논증을 타당한 것으로 받아들인다.

'-느-'를 분석하는 입장을 보여주는 대표적인 견해로서 고영근(1965), 임홍빈(1984), 한동완(1996), 김동식(1988)을 고려해 보기로 한다.

고영근(1965)에서는 다음 어미들에서 '-느-'가 분석되고, 이들 경우의 '-느-'는 '직설법'이라는 문법범주를 표현한다고 한다.

(8) 합니다, 합니까, 하느냐, 하는가, 하네, 하나이다, 하나이까, 하나

먼저, '-어/아', '-소/으오', '-지'와 같은 어미의 앞에서 '-느-'가 실현되지 않는다는 사실을 주목할 필요가 있다. 다음과 같은 문장에서 '직설법'이 가질 수 있는 의미적 효과를 부정할 수 없음에도 불구하고 '-느-'가 실현되지 않는 것은 문제라 하지 않을 수 없다. (8)에서 '-느-'의 변이형태는 '-느-, -니-, -나-, -네-, -ㄴ-'의 5개이고 이들은 모두 형태론적 변이형태이다. 다음과 같은 경우에 무형의 변이형태까지 인정한다면 그 수는 더 늘어난다. '-느-'를 분석함으로써 이렇게 간

---

82) 가령, '-었습니다'는 '-었-'과 '-습-'과 '-니-'(또는 '-느+이-')와 '-다'로 분석되는데, '-었-'과 '-니-'는 '-습-'을 사이에 두고 있다. 만일 이 두 어미가 시제를 표시하는 통사 범주라면 시제소구가 '-습-'의 보충어가 되며, 이 시제소구와 '-습-'의 결합은 다시 시제소 '-니-'의 보충어가 된다는 뜻이 된다. 이는 한동완(1984, 1996)처럼 '-었-'과 '-느-'를 시제 범주로만 규정하는 입장이나, 임홍빈(1984), 임홍빈·장소원(1995)처럼 '-느-'가 '실현성'이라는 인식의 양상과 현재 시제의 혼합 범주를 나타내는 요소라고 보는 입장에서 심각한 문제가 된다.

결성에 반하는 처리를 하게 된다.

(9) 가. 그 사람은 참 잘 뛰어.
　　　나. 그이는 당신을 의심하오.
　　　다. 그 사람은 하모니카를 잘 불지.

다음과 같은 예문들이 직설법을 가진다는 것은 고영근(1965)에서도 부정하지 않는다. 따라서 다음 예에서는 '-었-', '-겠-' 뒤의 '-느-'가 생략되거나 'φ'로 실현된다고 설명해야 한다.

(10) 가. 철수가 전주에 갔다.
　　　나. 철수는 모레 오겠다.

그러나 '-었-', '-겠-'의 뒤에서 '-느-'가 언제나 생략되는 것은 아니다. 다음과 같은 의문문에서는 '-었-', '-겠-'과 '-느-'가 이어질 수 있다.

(11) 가. 철수가 전주에 갔느냐?
　　　나. 철수는 모레 오겠느냐?

고영근(1965)에서는 '-느-'는 '-더-'로 표현되는 '간접서법'과 대립되고, '직접서법' 안에서도 '추측'의 '-리-'와 대립되는 형태소로 규정된다. (11나)의 '-겠-'은 '추측'의 서법을 나타냄에도 '-느-'와 결합 가능한 점은 이 체계의 문제로 지적되어야 한다.

앞의 (6)에서는 '는'을 현재/현재 진행의 형태소로 가정했을 때의 규칙들을 11 가지로 제시함으로써 그 모순성을 드러내었다. 고영근(1965, 2004)에서 드러나는 분석의 입장을 가정하여 '-느-'의 실현 규칙을 형식화해보기로 한다. 표기의 엄밀성에 있어서는 충분치 못하지만, 그 나타내는 바는 분명하므로 본 논의의 목적을 위해서는 적합하다고 본다.

(12) 가. {느} → /느/ /]Vst__{ㄴ데, ㄴ가, 냐, ㄴ지, . . .}　　(Vst: 동사 어간)
　　　나. {느} → /느/ /]Vst__{ㄴ} (관형사형어미)
　　　다. {느} → /느/ / {었, 겠}__{ㄴ데, ㄴ가, 냐, ㄴ지, . . .}

라. {느} → /니/ / {습}__{다, 까}

마. {느} → /네/ / __{에}

바. {느} → /나/ / __{이}

사. {느} → /나/ / __{아}

아. {느} → /φ/ /]Ast__

자. {느} → /φ/ / __{어, 지, 소, 고, 으며, 으면, . . .}

차. {느} → /φ/ / {는}__ ('는'은 현재시제; 그 변이형태 /φ/까지 포함한 형식)

이 10개의 규칙들은 그 수에 있어서 (6)에서 제시한 11개의 규칙과 크게 다를 바 없고, 그 규칙으로서의 일반성에 있어서도 나아진 점이 없다. 현대 구조언어학이 공시적 분석을 대원칙으로 내세우는 것은 언어를 체계로 기술하는 데에 그와 같은 원칙이 필수적이기 때문이다. 이 원칙의 의미를 이해하지 못할 때, 결과는 임시방편적, 주먹구구식 분석으로 나타나게 됨을 (12)는 분명하게 보여 준다.

고영근(1965)에서 직설법이라고 지칭하는 것은 기본적으로 '-더-'가 가지는 문법적 의미와 대립되는 어떤 것이다. '-더-'는 명제 내용에 대한 화자의 심리적 태도를 나타내는 범주라는 의미에서 양상(modality)의 범주로 규정될 만한 성질을 가지고 있다.[83] 그렇다면 이 '-더-'와 대립되는 '-느-'의 의미는 역시 양상적 의미라고 하는 것이 타당한 설명일 것이다. '-느-'가 양상적 의미로서의 '실현성'을 가진다는 임홍빈(1984)의 견해도 이 점을 중시한 것이 아닌가 한다.

임홍빈·장소원(1995: 409)에서는 다음과 같은 예에서 형태소 '-느-'가 확인된다고 하였다. 이들은 그 기능이 약화된 것이거나 역사적 흔적으로 남은 것이라고 한다.

(13) 가. 나는 그것을 압니다/알았습니다/알겠습니다.

　　 나. 나는 이런 일에는 익숙합니다/익숙했습니다/*익숙하겠습니다.

　　 다. 꽃이 참 예쁘네/예뻤네/예쁘겠네.

　　 라. 동생이 벌써 학교에 다니네/다녔네/다니겠네.

(14) 가. 밥을 먹었는데도, 배가 부르지 않다.

___

83) 여기서 '양상'은 넓은 의미로, 명제 내용에 대한 화자의 심리적 태도를 나타내는 굴절 범주로서의 개념(이는 흔히 '서법' 또는 '법'으로 지칭된다)은 물론, 굴절 범주가 아니라도 의미 범주로 이와 같은 내용을 나타내는 경우를 포괄하는 용어로 사용한다.

나. 사람이 많았는데, 운동장은 금방 텅 비어 버렸다.

다. 비가 오겠는데, 빨래를 걷어 들여야겠다.

'-느-'를 분석하는 입장의 실상을 위의 예가 잘 보여주고 있다. (13가, 나)의 '알았습니다, 익숙했습니다'와 같은 예에서는 이른바 과거 시제[84] '-었-'이 '과정성 또는 실현성'의 '-느-'(여기서는 '느+이'로 나타남)와 한 단어 안에 공존하고 있다. 같은 설명에 의하면, 가령 '익숙했다'와 같은 예에서 '-었-'과 '-느-'의 공존은 의미상의 충돌을 이유로 하여 배제되는 것이다. 동일한 문제를 (13다, 라)의 '예뻤네, 다녔네', (14가, 나)의 '먹었는데도, 많았는데'와 관련해서도 지적할 수 있다.[85] 앞에서 고영근(1965)의 설명과 관련하여 지적한 의문형 '갔느냐'도 여전히 의미상의 충돌로 배제되어야 할 문제의 예이며, '오겠느냐'도 '-느-'의 '실현성'이 양상('추정')의 '-겠-'과 공존하는 사실을 설명해 주기 어렵다는 점에서 문제가 된다. 양상으로서의 '실현성'은 그대로 실현성이지, 이것이 추정의 명제를 실현시킨다는 것은 납득하기 어렵기 때문이다.

이제, 임홍빈(1984) 및 임홍빈·장소원(1995)에서 드러나는 분석의 입장을 가정하여 '-느-'의 실현 규칙을 형식화해보면 다음과 같다.

(15) 가. {느} → /는/ / [-모음성]]$_{Vst}$__{다}   (Vst: 동사 어간)

나. {느} → /는/ /]$_{Vst}$__{구나, 구려, 도다, . . .}

다. {느} → /느/ /]$_{Vst}$__{ㄴ데, ㄴ가, 냐, ㄴ지, . . .}

라. {느} → /느/ /]$_{Vst}$__{ㄴ} (관형사형어미)

마. {느} → /느/ / {었, 겠}__{ㄴ데, ㄴ가, 냐, ㄴ지, . . .}

바. {느} → /느/ / {습}__{이}

사. {는} → /ㄴ/ / [+모음성]]$_{Vst}$__{다}

아. {느} → /φ/ /]$_{Ast}$__

자. {느} → /φ/ / __{어, 지, 소, 고, 으면, . . .}

차. {느} → /네/ / __{에}

카. {느} → /나/ / __{이}

---

84) '전체성'에 대한 확인이라는 양상 의미도 아울러 가진다고 한다.

85) 또한 '알겠습니다, 예쁘겠네, 다니겠네'나 '오겠는데'는 '과정성 또는 실현성'의 '-느-'가 '미래 또는 추측'의 '-겠-'과 의미의 충돌을 일으킨다는 점을 임홍빈·장소원(1994: 409)에서도 인정하고 있고, 이 경우의 '-느-'는 '약화된'/'소극적인 기능의' '-느-', 또는 '역사적 흔적으로 남은 것'이라고 해명하고 있다. 이는 오히려 공시적인 입장에서 '-느-'가 분리될 수 없음을 말하는 것이다.

타. {느} → /나/ / __{아}

(15차, 카, 타)에서 제시한 규칙은 임홍빈(1984)나 임홍빈·장소원(1995)에서 구체적인 언급이 없으므로 고영근(1965)의 예에 준하여 설정해놓았다. 그러나 이들을 제외하더라도 설정된 규칙의 수는 문제가 될 만큼 많다. 결국 앞의 (6)이나, (12)의 경우와 같은 난점을 안고 있음을 알 수 있다.

임홍빈(1984), 임홍빈·장소원(1995)은 변이형태의 실현에 관하여 역사적 사실을 통한 설명을 시도하고 있다. '-어/아', '-소/으오'에서의 '-느-'의 비실현 사실(앞의 예문 (9))이 그 한 예가 된다. '-어/아'는 부사형으로부터 발전한 것이며, '-소/으오'는 중세국어의 {습}으로부터 발전한 것이기 때문에, 역사적 이유로 이 앞에 '-느-'가 실현되지 않는다는 것이다. 그러나 역사적 사실이 현재 사실의 원인을 설명해 줄 수는 있어도, 현재의 체계 자체를 구성하는 것은 아니라는 점에서, 이러한 예들은 '-느-'에 통사구조상의 독립된 지위를 부여하는 데에 여전히 문제를 제기한다.[86]

'-느-'가 '-더-'와 대립된다고 보는 점에서 이들과 비슷한 근거에서 출발하였지만 '-느-'가 양상의 의미를 가지는 것이 아니라 현재 시제의 표현이라고 하는 견해가 한동완(1984, 1996)에서 제시되었는데, 여기서는 오히려 '-더-'가 '인식시의 과거'라는, 시제를 나타내는 형태소라고 주장함으로써 '-느-'의 분포에 대한 관찰에서 발견되는 문제들을 해결하려고 하였다.[87]

한동완(1984, 1996)은 한국어의 시간 표현 어미들이 문법범주로서의 시제를 나타낸다는 '시제 가설'을 매우 적극적으로 옹호하고 있는 연구이다. 여기서 '-느-'는 '상황시의 동시성' 또는 '인식시의 동시성'을 나타내는 형태소라고 규정되고 있다. 이는 이 형태소의 문법범주로서 시제 이외의 것을 인정하지 않는다는 뜻으로 해석된다. 다만, 파생적 의미로서 양상적 의미나 시상적 의미가 나타

---

86) 실지로 임홍빈·장소원(1995)에서는 선어말어미 '-으시-, -었-, -겠-, -습-, -더-, -이-' 등이 각각 독자적인 통사적 머리성분이 되는 통사구조를 제시하고 있다. 이러한 통사구조 분석을 받아들인다 하더라도, 이러한 각각의 통사 범주들이 그 음운론적 표상으로 실현, 또는 대응되기 위해서 (15)와 같은 형식의 실현 규칙을 필요로 하게 되는데, 이는 역사적인 설명과는 무관하게 여전히 문제로 남는 것이다.

87) 김동식(1988)에서도 '-느-'를 분석하여 양상적 의미 '단언'을 그 의미 중의 하나로 부여하였다. 그러나 이 '단언'의 양상적 의미는 '-겠-'이 가지는 '추론'의 의미에 대립되는 것으로 파악하고 있다. '-느-'는 또 '과거 인식'을 나타내는 '-더-'와 대립되어 '현재 인식'의 의미를 가진다고 하는데, 이는 양상적 의미보다는 시제 의미로 파악하는 듯하다.

날 수는 있다고 보고 있다.

그러나 여기에서도 역사적인 변천 과정에 대한 설명에 치중하여, 과거 시제 '-었-'과 현재 시제 '-느-'가 공존하는 결합상의 모순성에 대해서는 완전한 설명을 제시하지 않고 있다. 가령 '먹었느니라'와 같은 예는 '먹-었-느-ㄴ-이-라'로 분석되는데, 여기서 '-었-'은 어느 단계에서 전단계의 '-어 잇-'('결과 상태'라고 함)과는 다른 의미, 즉 '과거'로 발전하였다고 한다. 그런데 '-느-'는 '-어 잇-'의 '잇-'이 '-니라'와 연결될 때 '-ᄂ-'를 동반해왔다는 "전단계의 관용적인 인습에 끌려"[88] 의미가 바뀐 '-었-'의 다음 위치에 유지되는 것이라고 한다.

이러한 역사적 설명이 옳은 것이라 해도, 그것은 문제의 일부에 대해서만 효력을 가질 뿐이다. '예뻤습니다'와 같은 예는 위와 같은 설명을 허용하지 않는다. 한동완(1996)에서도, 이 예의 '-었-'과 '-니-'가 '과거'와 '현재'의 의미로 서로 충돌하면서도 적격한 구조로 나타날 수 있는 것에 대해서는 다만 '약화된 '-느-''가 나타난 것이라고 지적하고 있을 뿐이다. 위의 '먹었느니라'의 '-느-'도 약화된 '-느-'라는 점에서는 같다고 한다. 그는 이러한 약화된 '-느-'의 경우 '인식시의 동시성'이란 의미만이 남아있다고 보고 있다. 인식이란 개념은 양상적 개념과 연관을 맺고 있는 것이라 하겠는데, 그의 '시제 가설'은 '-었-'과 '-느-'가 양상이나 시상이 아닌 시제 의미를 가진다는 전제로부터 출발했던 것이다.

한동완(1996)의 '시제 가설'에서는 '예쁘다/*예쁜다'의 대비에서 보는 것과 같은, 상태성 동사와 '-느-'의 공존 제약 현상을 설명하는 일도 만만치 않은 일이 된다. '-느-'가 기본적으로 현재 시제의 의미를 가진다면 '*예쁜다'는 그 어떠한 역사적 근거에도 불구하고 가능한 형식이거나, 그 쓰임새를 넓혀가는 경향성을 보여줄 것이 기대된다. 그러나 한국어의 현실은 상태성(형용사)과 사건성(동사)으로 뚜렷이 구분되는, 동사의 하위범주에 따른 상보성만을 보여주는 것이다.[89] 상태성 동사에서의 '-느-'의 비실현은 무표적인 의미 '현재'를 무표적인 형식으로 실현시키려는 언어의 경향에 따른 것이라고 하는 것이 그의 설명이지만, 이러한 경향이 사건성 동사에는 나타나지 않고 유독 상태성 동사에만 나타날 까닭은 없는 것이다. 이것이 동사의 사건성과 상태성을 구분하기 위해서 발생하

---

88) 이승욱(1973)의 설명을 원용하고 있다.

89) '밝는다'와 같은 예가 이러한 경향성의 사례로 해석될 수는 없다. 양정석(1995: 46)은 이와 같은 예들에서 두 의미가 뚜렷이 구분되므로 동음이의어적 처리를 받는 것이 합당하다고 판단했다.

였다면 이 때의 '-느-'의 유무는 이미 시제 표현의 기능을 벗어나는 것이다. 한편, '예쁩니다'와 같은 예의 '-니-'는 '-느-'의 실현이라고 간주하므로, 상태성에도 '-느-'가 나타남을 인정하고 있다. 이는 역사적 요인에 의한 것이라고 한다. 하지만, 이 경우야말로 역사적 요인에 의한 공시적 체계의 재구성이 이루어짐을 보이는 것이라 생각된다.

김동식(1988)에서도 '-느-'를 독립된 형태소로 분석하면서, '-느-'가 가지는 의미를 규정하려고 노력하였다. 그의 논의는 공시적 체계를 분석한다는 목표를 분명히 하고 있어 그 논증의 적부를 가릴 공통의 토대를 제공하고 있다. 이 점은 형태소 분석에 수시로 역사적 근거를 도입하는 앞서의 다른 논의들과 구별되는, 진전된 면이라 생각된다.

그는 기원적으로 중세국어의 '-ᄂᆞ-'에 소급되는 것들을 6가지로 나누어서 검토하고 있다. 그의 분석에 따르면 '-느-'는 다음 5개의 분포 조건을 가진다고 한다. 이들을 그가 지칭하는 대로 각각 '느1', '느2', '느3', '느4', '느5'라고 부르기로 한다. '-느라고' 등에서 나타나는 '-느-'를 '느6'으로 구별하여 검토한 결과, 이는 독립된 형태소로 인정될 수 없는 것이라고 결론지었다.

(16) 가. 느1: '-는다'의 '-는-'
　　　나. 느2: '-는구나'의 '-는-'
　　　다. 느3: '-습니다'의 '-니-'
　　　라. 느4: '-는데'의 '-느-'
　　　마. 느5: 관형사형어미 '-는'의 '-느-'

(16다)의 '-니-'와 같은 것은 '-느-'와 '-이-'로 더 분석할 가능성을 생각할 수 있지만, "'-이-'에 관한 한 현대 한국어의 체계에서 형태소라 인정할 만한 것이 아무것도 없기 때문에" '-니-'를 '-느-'의 변이형태로 보아야 한다고 판정하고 있다.

(16)과 같은 변이형태의 분포를 바탕으로 해서 그가 이끌어내고 있는 형태소 '-느-'의 의미 규정은 상당히 복잡한 바 있다. '-느-'는 '-더-'와 대립한다는 것이 그의 기본 인식이지만, '-느-'가 '-었-', '-겠-', 'φ' 등과 또한 계열적으로 대립되어 이들의 의미와 대립되는 의미를 가지기도 한다고 주장하고 있다. '-느-'는 이들과 계열적으로 대립되며, 아울러 통합적 대립 관계를 맺고 있다고 한다. '느1, 느2, 느5'의 경우 동사와 형용사를 구별하는 기능을 가지는데, 이는 '-느-'에 '변

화'의 의미가 있기 때문이라고 한다. 여기서 '-느-'는 'φ'와 대립된다고 말하고 있다.

'-느-'가 '-었-'과도, '-겠-'과도, '-더-'와도 대립한다고 보는 것은 김동식(1988)의 특이한 관찰이다. '-었-'과 대립되어 '미완료', '-겠-'과 대립되어 '단언', '-더-'와 대립되어 '현재 인식'의 의미를 가진다고 하는 의미 규정이 이로부터 귀결된다. '느3'은 동사와 형용사를 구별하는 기능을 갖지 못하고 오로지 '-더-'와 대립되는 기능만을 가지며, 이는 '-었-', '-겠-'과 공존할 수도 있으므로 이들의 의미와 대립하는 기능도 갖지 못한다고 한다. '느4'가 동사, 형용사를 구별하는 기능을 가질 수는 있는데, 역시 '-었-', '-겠-'과 대립하는 기능은 갖지 못한다고 한다.

김동식(1988)에서는 '-느-'가 '-더-'와 계열적으로 대립되는 것을 그 기본 기능이라고 간주하면서도, 이것이 또한 '-었-', '-겠-', 나아가서 'φ'과도 계열적으로 대립되는 것으로 본다. 이에 따라, 특히 'φ'은, 단순히 다른 형태소들과의 차이를 검토하기 위해 잠정적으로 표시된 것이 아닌, 독립된 형태소로서 간주되고 있다.[90] 그는 '-었-'이 '사태시상', '-겠-'이 '판단양상', '-더-'가 '인식시점'이라는 문법범주를 나타낸다고 한다. '사태시상'은 '미완료'와 '완료'의 대립을 나타내는 문법범주라고 말하고 있으므로, 이 연구의 '시상', 즉 '관점 시상'과 가까운 것이고,[91] 이 점은 필자에게도 공감되는 부분이다. 그런데 이들 형태소와 대립되는 관계 하에서 '-느-'가 이들 형태소의 의미와 대립되는 의미를 가진다고 하는 것이 그의 착안점이다. 이러한 대립이 'φ'와의 관계에서도 존재한다고 상정하여, 결국 'φ'가 '-느-'와 구별되는 의미를 가진다는 결론을 도출한 것이다.

또, '-느-'의 서로 다른 의미는 다의 형태소로서의 '-느-'가 통합된 앞뒤의 형태소들, 즉 동사/형용사와 '-었-', '-겠-', '-더-'와 공존 또는 대립 관계를 가지면서 이들 형태소의 의미와 상호작용함으로써 가지게 되는, 전이 의미라고 보고 있다.

여기서 두 방향의 문제를 지적할 수 있다. 첫째, '-느-'가 '현재 인식'이라는 의미를 가진다고 한다면, 다음 (17)과 같은 상태성 동사 문장에서의 'φ'은 이 의미를 갖지 않는다는 뜻이 된다. 그러나 (17)은 '현재'를 표현하고, 또한 현재에

---

90) 이 때의 '-느-'와 'φ'의 대립은 '변화'와 '상태'를 구분해 주는 문법범주라고 한다.

91) Smith(1991)에서 말하는 관점 시상과 상황 시상을 준별해야 한다는 것이 필자의 기본 관점이다. 김동식(1988)에서 이 둘을 나누어 보는지는 확실치 않다.

인식되고 있음을 표현할 수 있다. 즉, '-느-' 형식이 실현되지 않는 경우에도 이 형식이 가진다고 주장된 의미를 확인할 수 있다는 것은, 이 의미 규정이 정확하지 않음을 말해주는 것이다. 또, (18)의 예는 (17)과 같은 상태성 동사의 예가 아닌데도 불구하고 '-느-'가 실현되지 못한다. 상태성 동사의 경우에는 '변화'의 의미를 가지는 '-느-'가 의미상 어울리지 않기 때문에 배제된다고 설명하고 있으나, 이 예문들에서는 그와 같은 설명 가능성도 막히는 것이다.[92]

(17) 날씨가 좋다.
(18) 가. 비가 와요.
　　　나. 그 사람은 공부를 잘 하지.

둘째, 그의 설명은 다의적 의미 전이 현상을 바라보는 관점에 있어서 문제성을 드러내고 있다. 다의 현상이 존재하는 경우, 한 어휘 단위의 전이 의미는 통합상의 언어적 문맥이나 화용적 맥락을 실현 조건으로 해서 나타나는 것이 일반적이다. 그러므로 의미 전이 현상은 이러한 조건에 따라 적용되는 '의미 전이 규칙'과 같은 형식으로 기술될 수 있는 것이어야 한다. 그러나 김동식(1988)에서 말하는 전이 의미의 실현 조건은 오히려 어떤 형태소가 존재하지 않을 때, 이 형태소의 비실현에 따라 이 형태소와 대립되는 의미가 나타난다고 하는 것으로서, 이는 일반적 다의 현상에 대한 관점에서 벗어나는 것이고, 규칙화가 불가능한 것이다.

이러한 문제들은 결국 '-느-'가 한 단위의 형태소라는 가정으로부터 나오는 것이다. 그는 이 가정으로부터 출발하여 '-느-'의 여러 가지 분포 환경을 통해서 그 의미를 발견하려고 추구한 것이지만, 이상의 사실들은 오히려 '-느-'에 고유한 형태소로서의 의미를 부여하고자 하는 시도가 성공할 수 없다는 것을 보여준다.

'-느-'의 변이형태 실현에 관한 김동식(1988)의 설명에 대해서도, 위에서와 같이 형태소 실현 규칙을 형식화하여 음미해보기로 하자.

(19) 가. {느} → /는/ / [-모음성]]$_{Vst}$__{다}　　(Vst: 동사 어간)
　　　나. {느} → /는/ /]$_{Vst}$__{구나, 구려, 도다, ...}

---

[92] 이 때의 '-느-'의 비실현의 이유를 역사적인 데서 들 수는 있지만, 현대 한국어의 공시태에 대해서 기술하고자 하는 것이 애초의 전제였으므로, (18)은 문제임에 틀림없다.

다. {느} → /느/ /]Vst＿{ㄴ데, ㄴ가, 냐, ㄴ지, . . .}
라. {느} → /느/ /]Vst＿{ㄴ} (관형사형어미)
마. {느} → /니/ / {습}＿{다, 까}

그는 '-느-'의 변이형태로서의 'φ'는 설정하지 않으나, 오히려 '-느-'와 대립되는 형태소로서의 'φ'는 설정한다. 이에 따라 (19)는 앞선 다른 연구에서보다 적은 수의 규칙으로 설정할 수 있게 되었다. 하지만 이러한 무형의 형태소의 설정이 새로운 문제를 불러들인다는 것은 앞에서 살펴보았다. 더군다나, (19) 규칙들이 가지는 문제점도 여전히 심각한 것이다. 이들은 모두 그 규칙의 조건으로 특정의 어미 또는 어미들의 집합을 나열하고 있기 때문이다. 이와 같은 어휘개별적 현상은 규칙으로 인정하기 어렵다.

김동식(1988)에서도 잘 드러나는 바와 같이, '-느-'를 분석하는 입장에서 '-느-'의 공시적인 분포와 관련해서 가장 중요한 근거로 삼는 것은 '-더-'와의 계열적 대립이다. 고영근(1965)에서는 '직설법'이, 임홍빈(1984), 임홍빈·장소원(1995)에서는 '인식의 양상'이, 한동완(1984, 1996)에서는 '인식시', '인식 시제'란 개념이 이러한 대립과 관련해서 중요성을 부여 받고 있다. 특히 한동완(1984, 1996)에서는 '-느-'와 '-더-'의 대립이 시제상의 대립이라는 전제에서 출발함으로써, '-더-'가 가지는 양상 의미를 '인식시의 선시성'이라는 시제 개념으로 재해석하고자 하였다. '-더-'에서 도출된 '인식시'의 개념은 다시 '-느-'에 적용되어, '-느-'가 '인식시의 동시성'이라는 개념 규정을 받기에 이른다.

그러나 현대 한국어에서 '-느-'가 '-더-'와 대립하는 것처럼 보이는 예들은 전단계의 언어 사실이 잔재로서 남아 있는 것에 지나지 않는다. '인식시'라는 개념은 '-느-'와 '-더-'의 대립을 기정사실화하여 여기서 시제 내지 양상적 개념을 이끌어낸 것이라 생각되지만, 이와 같은 개념을 '-느-'에까지 확대하는 것은 현대 한국어의 현실과는 거리가 있다. '-느-'와 '-더-'가 대립되는 예가 상당수 존재하기는 하지만, 이것도 체계적인 사실이라고 할 만한 것은 못 된다. 위 (18)은 의미상 '-느-'가 실현될 수 있음에도 실현되지 않는 예로 든 것이나, 이들에는 '-더-'도 나타날 수 없다. 또, 상태성 동사에는 '-느-'가 제약되는 반면, '-더-'는 이러한 제약을 갖지 않는다. (20)이 이 점을 보여준다. 더욱이, (21)처럼 '-었-', '-겠-'의 뒤에서 '-느-'가 제약되는 경우에도 '-더-'가 나타나는 예가 있다. 이 경우는 '-었-', '-겠-'과의 의미적 제약으로 설명하기도 힘들다. (22)에서는 이러한 결합

이 가능하기 때문이다.93)

(20) 가. 날씨가 좋더라.
　　　나. 나는 그 사람이 싫더라.
(21) 가. 외삼촌이 왔더라/*왔는다.
　　　나. 외삼촌이 제일 먼저 오겠더라/*오겠는다.
(22) 가. 외삼촌이 왔던데/왔는데, . . .
　　　나. 외삼촌이 제일 먼저 오겠던데/오겠는데, . . .

　이상과 같은 판단에서 '-느-'의 형태소로서의 자격을 받아들이지 않는다. 이는 이어지는 어미와 결합하여 한 형태소 단위를 이루는 것으로 본다.
　우리의 입장은 '-느-'는 물론 '-는-'도 분석하지 않는다는 것이다. 그러므로 관련 어미들의 형태소 실현에 관한 기술은 다음과 같은 규칙들을 포함하게 된다.

(23) 가. {는다} → /는다/ / [-모음성]]Vst__　　(Vst: 동사 어간)
　　　나. {는다} → /ㄴ다/ / [+모음성]]Vst__
　　　다. {는다} → /다/ /]Ast__　　　　　　(Ast: 형용사 어간)
　　　라. {는다} → /라/ /]COPst__　　　　　(COPst: 지정사 어간)
　　　마. {는다} → /니다/ / {습}__
　　　바. {는다} → /라/ / {더, 리}__
(24) 가. {는데} → /는데/ /]Vst__
　　　나. {는데} → /은데/ / [-모음성]]Ast__
　　　다. {는데} → /ㄴ데/ / [+모음성]]Ast__
(25) 가. {는구나} → /는구나/ /]Vst__
　　　나. {는구나} → /구나/ /]Ast__
(26) 가. {는} → /는/ /]Vst__
　　　나. {는} → /은/ / [-모음성]]Ast__
　　　다. {는} → /ㄴ/ / [+모음성]]Ast__

　'-느-'를 분석하는 입장에서 가장 적은 수의 실현 규칙을 요하는 김동식(1988)의 (19)와 비교하더라도 이와 같은 규칙의 설정이 훨씬 간결하다는 점을 이해해야 한다. 뒤의 2.3절의 논의에서 다루겠지만, (23마, 바)의 '-습니다', '-더라', '-리라'는 통사구조에서 하나의 단위('형성소')로 도입하는 것이 가능하다. 그렇게

─────────────
93) 김동식(1988)의 '느4'에 속하는 어미들이 다 그러하다.

되면 '-는다'의 실현 규칙은 4개로 더 줄어들게 된다. 규칙의 수효와는 별도로, (23)-(26)에 주어진 규칙의 조건들은 '-느-'를 분석하는 앞의 관점에서 제시한 규칙들에서와는 달리 일반성을 가진다는 점에서 근본적인 차이가 있다. 즉, 한국어 어미들의 변이형태로의 실현은 선행 요소의 동사/형용사 여부와 함께, 선행 요소 말음의 모음성/비모음성 여부라는 음운론적 성질이 일반적 조건으로 작용한다.[94]

　이제까지의 논의는 '느'를 형태소로 분석하는 입장이, 그 범주를 무엇으로 규정하든, 간결성의 요구 조건에 어긋나는 처리를 할 수밖에 없음을 증명하는 것이다.

2.3. 한국어 통사구조론을 위한 형성소 단위의 정립

2.3.1. 기초 통사 단위로서의 형성소

　전통문법적 연구나 구조문법적 연구는 '단어'를 그 분석의 주요 대상으로 삼고 있었지만, 그 분석의 실제에 있어서 이 단위의 경계를 명백히 할 수 없는 예들을 쉽게 찾을 수 있다. 사람 이름인 '김철수'는 한 단어인가, 두 단어인가? '김철수 씨'는 한 단어인가, 두 단어인가? '삼만오천', '경기여자고등학교'는 한 단어인가, 두 단어 이상의 결합인가? 또는, '없어지다'의 '지다'가 '없다'와 같이 한 단어라면, 두 단어가 결합하여 이루어진 '없어지다'는 두 단어일 텐데, 과연 그렇게 보아야 하는가?

　바로 앞의 절에서 고찰한 '형태소'도 이와 동일한 유형의 문제를 제기한다. '먹히다', '먹이다'에서의 '-히-', '-이-'는 통사적 단위인가? 앞 절에서는 '는' 또는 '느' 분석의 사례를 가지고 형태소 분석에 있어서의 본 연구의 입장을 정리하였다. 이 절에서는 단어의 개념은 물론, 형태소의 개념도 통사구조의 기초 단위 개념으로서 부적합하며, 통사구조의 기초 단위로서 형성소(formative)라는 개념이 새롭게 정립되어야 한다는 점을 논하려고 한다.

　이 절에서 전개할 부분적인 논점들을 다음과 같이 정리해보기로 한다.

---

94) 후자의 음운론적 성질은 뒤의 2.3.3절에서 한국어 어미 단위들을 조직하는 기준으로 활용될 것이다.

(1) 가. 종래의 '단어'는 모호한 개념이므로 기초 통사 단위로 사용될 수 없다.
　　나. 등재소는 일정한 크기의 단위를 나타내는 개념이 아니므로 역시 통사 단위 개념으로 사용될 수 없다.
　　다. 디시울로·윌리엄스의 '통사적 원자'의 개념은 구 단위를 머리성분 단위로 독특하게 해석한 실례를 가지므로 말 그대로 '원자'적 단위 개념으로 쓸 수 없다.
　　라. 결국, 기초 통사 단위의 개념으로는 '형성소'를 사용하고, 순수 통사구조의 기초 문법기능을 가리키는 개념으로는 '머리성분('핵어' 또는 '핵')'을 사용할 수 있다. 둘 이상의 형성소가 결합하여 복합 머리성분을 구성하는 일은 충분히 가능하나, 복합 형성소라는 개념은 성립할 수 없다.

디시울로·윌리엄스(Di Sciullo & Williams 1987)에서는 전통적으로 '단어(word)'라 불리어지던 단위들을 형태론적 형성 규칙에 의해 만들어지는 형식으로서의 형태론적 대상(morphological object), 통사구조에서 가장 낮은 수준의 통사 범주, 즉 X^0로 표시되는 단위로서의 통사적 원자(syntactic atom), 어휘부에 기재되는 단위로서의 등재소(listeme)의 셋으로 나누어 검토하였다.

'음운론적 단어(phonological word)'도 간단히나마 고려되고 있으므로, 정작은 넷이라고 해야 한다. 그러나 영어의 음운론적 단어의 예로 'I'll'과 같은 것들은 어떠한 형태론적 형성 규칙에 의해서도 만들어지지 않으므로 형태론적 대상으로서의 단어가 아니며, 이 단위에 어떠한 단일한 X^0 수준의 통사 범주를 부여할 수 없으므로 통사적 원자도 아니므로, 이를 전혀 단어로 인정할 수 없다고 하였다.

등재소도 단어 또는 일정한 통사적 단위로 인정할 수 없다고 그들은 논하고 있다. 일반적으로 '숙어'로 지칭되는 표현들은 단어 이상의 구 단위로 이루어져 있는데, 이들은 어휘부에 기재되는 등재소이다. 이처럼, 형태론적 형성 규칙에 의해 만들어진 것이라고 할 수 없는 요소들이 어휘부에 독립적으로 등재되어야 하는 경우도 존재한다.

그러므로 형태론적 대상과 통사적 원자의 개념이 남게 된다. 형태론적 대상은 통사론과 다른, 형태론 고유의 형성 규칙에 의해 만들어지는 단위이다. 통사적 원자는 통사구조를 형성하는 데에 기본 단위가 되는 것이다. 통사론에서 X^0 위치에 삽입될 수 있는 것은 무엇이든 통사적 원자라고 한다. 특이한 점은, 통사론에도 형성 규칙이 있고 형태론에도 형태론 고유의 단어 형성 규칙이 있으며, 둘은 서로 무관하게 작동한다고 이들은 주장한다는 것이다.

여기에서 문제가 발생한다. 통사적 원자로서의 단어들 중에는 형태론적 형성 규칙에 의해 전혀 단어로 인정받을 수 없는 것이 존재한다는 것이다.

첫째, 차 앞유리를 닦는 와이퍼를 불어로 'essui-glace'라고 하는데, 이는 불어 의 일반적 단어 형성 규칙으로는 만들 수 없는 것이라고 한다. 이는 '재분석 (reanalysis)'에 의해 그저 단어로 규정될 뿐이라는 것이다.

(2)

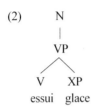

이런 단어가 만들어지기 위해서는 개별언어에 따른 유표 규칙들, 가령 'N → VP'와 같은 것이 주어져야 한다. 그러나 이것은 불어의 보통의 단어 형성 규칙 은 아닌 것이다. 이 구조가 특이한 것은 X^0 범주인 N 밑에 구 범주 VP를 위치 시켰다는 점이다.

둘째, 위보다 더 파격적인 현상으로 '이중분석(coanalysis)'이 있다. 영어의 예 는 'the man's hat'과 같은 것이다. 여기에서 'the man's' 부분은 다음과 같이 이 중분석이 된다. 이 중 아래의 분석으로 'man's'가 N을 이룬다. 이것도 일반적 단 어 형성 규칙에 의해 만들어지지 않는 통사적 원자의 예인 것이다. 이에 대해 디시울로 · 윌리엄스는, 영어에 's가 삽입되는 통사적 과정이 있어 이에 의해 이 것이 도입된다고 설명한다.

(3)

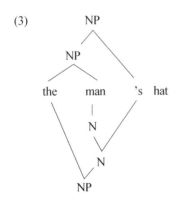

　이중분석의 다른 예로, 불어의 'Jean a fait rire Pierre(장이 피에르를 웃게 하였다).'와 같이 'fait rire'가 한 단어 범주 V로 분석되고, 동시에 'rire'가 VP로서 ('Pierre'는 이 VP 뒤에 위치하여 주어의 역할을 한다), 사역동사 'faire'의 보충어인 구성으로 분석되는 예를 들고 있다. 한 기호열을 두 가지의 동시적인 통사구조로 분석하는 이러한 관점은 뒤의 3.4절에서 재구조화와 관련하여 소개하는 여러 연구들과 상호작용한 결과인 것이다. 이 경우 'faire rire'는 일반 단어 형성 규칙에 의해 만들어지지 않는 통사적 원자이다. 디시울로·윌리엄스는 이것이 단어 V로 분석되는 것에 대해, 'faire'와 'rire'가 각각 독립적으로 상·하위 구에 도입된 후 둘이 인접하게 되는 경우에 두 동사가 합성어 형성 규칙에 따라 임시적으로 합성어로 해석되어 V를 부여받게 되는 것으로 설명하고 있다.

　이상은 '단어'라고 알려진 단위가 형태론적으로도, 통사적으로도 의의 있는 문법단위가 될 수 없다는 점을 보여준다. 그러므로 통사론적 논의에서 일관되게 사용할 수 있는 개념을 고려해보면 형태론적 대상과 통사적 원자란 개념이 후보가 될 수 있다. 그러나 방금 살펴본 바에 의하면 형태론적 형성 규칙에 만들어지지 않으면서도 통사구조의 기본 단위, 즉 머리성분이 되는 예가 범언어적으로 광범위하게 존재함을 알 수 있는 것이다.

　한국어에도 이와 유사한 예들을 다양한 유형에 걸쳐서 찾아볼 수 있다. 이 책에서는 그와 같은 예들을 '재구조화'의 개념 아래 포함하고자 한다. 3.4절에서는 이러한 취지에서 재구조화의 개념을 정의하고, 한국어에서의 재구조화의 실례를 정리하는 작업을 수행하려고 한다. 재구조화는 보편적 통사적 절차로서 상정된다. 그러나 이 절차가 작동하기 위해서는 어휘부에 그 근거를 가져야 한다고 본다. 가령, 이 절 서두에서 들었던 '김철수', '김철수 씨', '삼만오천', '경기여자고등학교', '없어지-' 등은 어휘부에서 단어 범주로 지정되어야 한다. 이렇게 둘 이상의 기초 통사 요소들이 어휘개별적인 형태로, 또는 준생산적 규칙의 형태로 어휘부에 등재되어 단어 수준의 통사 범주로 지정되는 것이다. 이러한 어휘부의 단위들을 근거로 통사 부문에서 재구조화 절차가 이루어진다. '김철수'는 '김'도, '철수'도 독립된 명사 범주를 갖지만, 이 둘이 결합한 '김철수'도 역시 명사 범주를 가지는 것이다. 이와 같은 설명은 '없어지다'에 대해서도 같이 할 수 있다.

　3.4절에서 한국어에서 통사적 재구조화 절차의 근거로서 설정된 '어휘부 대응규칙'에는 일반 형태론적 차원의 단어 단위라고는 보기 힘든 것들이 많이 포

함되어 있다. 그런 점에서 어휘부 대응규칙은 '숙어'로 알려진 다른 많은 등재소들과 가까운 점이 있다. 그러나 그 차이는, 어휘부 대응규칙이 단어 수준의 통사 범주를 지정받고 있다는 것이다.

어휘부 대응규칙은 둘 이상의 기초 단위로 이루어져있다. 이 기초 단위들을 통사론적 단위 중 최소의 단위로 규정할 수 있다. 이는 초기 생성문법 이론으로부터 통사적 과정의 기초 단위로서 지칭된 '형성소'와 동일한 것이라고 할 수 있다.

형성소는 단어 개념은 물론이고, 형태소 개념과 비교해서도 통사론의 기초 단위 개념으로 적합한 성격을 가지고 있다. 우선 형태소 개념은 통사구조상의 기본 단위가 될 수 없는 파생접미사를 그 외연에 포함하고 있기 때문에 불리한 점이 많다. 그러나 형성소는 통사적 원자가 될 수 있는 것으로만 정의된다.

또, 형성소는 형태소들의 복합으로 구성된 단위를 포함한다. 즉, 파생어는 물론이고, 우리의 입장에서는 합성어도 형성소 개념에 포함된다.[95]

이는 우리가 보통의 방식의 단어 형성 규칙들을 인정하지 않는다는 것을 뜻한다. 우리가 상정하는 어휘부에는 합성법과 파생법이 형성 규칙으로 들어있지 않다. 어휘부에는 합성어와 파생어가 완전히 기술된 채로 들어있기 때문이다. 많은 단어들 사이에 형태론적, 의미적 공통성이 존재한다면 이는 어휘잉여규칙에 의해 포착된다.[96] 이 책에서 새로 도입하는 것은 어휘부 대응규칙인데, 이는 통사 부문에서의 재구조화 원리가 작동되기 위한 요인으로 활용된다.[97]

'단어' 개념은 현재 주어져있는 바로는 일관성 있는 엄밀한 용어로 확립되기 어렵다. 또한, 형태소의 개념은 파생접미사나 불규칙적인 어근들을 포함하므로 통사론의 단위로는 사용하기 어렵다. 이에 본 연구에서는 생성문법 초기부터 사용되어온 '형성소'의 개념을 재정립하는 일이 필요하다고 본다. 형성소라는 개념이 통사구조를 이루는 가장 작은 단위로서 정립될 수 있다면 전통적으로 사용되던 '단어'의 개념을 정립된 형성소의 개념과 동일시하는 것은 개념상의

---

95) 여기에서 말하는 합성어는 이른바 '비통사적 합성어'를 가리킨다. 통사적 합성어는 어휘부 대응규칙의 형식으로 일정한 통사 범주를 부여받으며, 통사 부문에서 재구조화 원리의 적용으로 머리성분(head)으로서의 기능을 허가받게 된다.

96) 이는 Jackendoff(1975) 방식의 어휘잉여규칙이다.

97) 어휘부 대응규칙의 구체적인 형식은 3.4절에서부터 제시된다. 둘 이상의 형성소가 한 어휘의미적 단위를 이루는 것을 어휘부에서 허가해주는 규칙의 형식이다. 어휘부 대응규칙은 단어 범주라는 표시가 주어지지만, 부분 구성성분들이 어떤 계층구조를 갖지는 않는다.

잉여성을 줄인다는 측면에서 가능한 일이라고 생각한다.

앞에서 소개한 디시울로·윌리엄스의 이론에서 우리가 동의하지 않는 것은, 첫째로, 이들이 굴절접미사를 통사 단위로 인정하지 않고, 이것이 파생접미사처럼 단어 형성 규칙을 통해 한 단어의 일부가 된다고 설명하는 점이다. 그 주요한 근거는 굴절과 파생을 확실하게 구분할 수 있는 기준이 존재하지 않는다는 것이다. 따라서 굴절접미사들이 형태론적 대상인 단어의 일부로서의 지위만을 가진다고 이들은 주장한다. 그러나 종래의 많은 회의론들에도 불구하고, 필자는 둘이 생산성 유무에 의하여 구분될 수 있다고 본다. 둘째로, 이들의 '이중분석'이라는 설명 방식도 받아들이지 않는다. 이들은 표준적 구절표지 이론과는 다른 '병렬 구조'를 가정하여 이중분석의 현상을 설명하는 것이다. 그러나 뒤에서 전개할 우리의 재구조화 설명법은 그와 같은 비표준적 구절표지 이론을 가정하지 않고도 재구조화와 관련된 현상을 효과적으로 포착할 수 있다(3.4절 참조).

생성문법의 전통에서는 촘스키(Chomsky 1965b)로부터 형성소(formative)를 통사론의 기본 단위로 사용하여왔다. 필자는 한국어의 통사구조에 관한 완전한 이론을 세우기 위한 기초 단위 개념으로 '형성소'의 개념을 활용하는 것이 바람직하다고 본다.

국어문법 연구에서 종래의 단어와는 다른 기초 통사 단위를 정립하고자 하는 노력이 종종 있었는데, 그 한 예로 들 수 있는 것은 서정수(1994)이다. 서정수(1994)에서 사용하는 용어는 '구성소(또는 '문장구성소')'이다. 2.1.3절에서 잠깐 언급하였지만, 서정수(1994)는 초기 생성문법 이론의 바탕에서 주시경(1910)의 분석적 체계의 전통을 이어가려는 의도를 가지고 있다. 그러나 그의 구성소 중에는 형성소로 받아들일 수 없는 예들이 포함되어있다. 단적인 예는 피·사동 접미사이다. 이를 형성소로 받아들일 수 없다는 데에 대해서는 다음 절에서 논하게 된다.

고영근(1993)에서는 좀더 적극적으로 국어문법의 기초 단위 개념들을 정립하고자 시도하였다. 그는 '구성소'와 '형성소'의 개념을 분리할 것을 제안하고 있다. 그런데, 특이한 것은, 이 두 개념이 단어구성소와 단어형성소, 문장구성소와 문장형성소의 두 가지 차원에서 따로따로 적용되고 있다는 것이다. '단어' 차원과 '문장' 차원의 구별은 어휘적 차원과 문법적 차원의 구별을 의도한 것으로 보인다. 말하자면 조어론 차원에서 단어구성소와 단어형성소가 있고, 굴절론 차원에서 문장구성소와 문장형성소가 있는 셈이다. 그 자신이 든 예 (4)를 가지고,

그의 분석에 따라 이들 용어가 뜻하는 바를 보이면 다음과 같다.[98]

　(4) 가. 덮개를 시렁에 얹는다.
　　　나. 덮개를 시렁에 얹었다.
　　　다. 덮개를 시렁에 얹었습니다.
　(5) 가. (4가)의 '구성소' 분석: 덮-, -개, -를, 시렁, -에, 얹-, -는-, -다(8개)
　　　나. (4가)의 '형성소' 분석: 덮-, -개, -를, 시렁, -에, 얹-, -는다(7개)
　(6) 가. (4나)의 '구성소' 분석: 덮-, -개, -를, 시렁, -에, 얹-, -었-, -다(8개)
　　　나. (4나)의 '형성소' 분석: 덮-, -개, -를, 시렁, -에, 얹-, -었-, -다(8개)
　(7) 가. (4다)의 '구성소' 분석: 덮-, -개, -를, 시렁, -에, 얹-, -었-, -습-, -니-, -다(10개)
　　　나. (4다)의 '형성소' 분석: 덮-, -개, -를, 시렁, -에, 얹-, -었-, -습니다(8개)

　고영근(1993)에서는 조사와 어미를 이루는 요소들을 문장형성소 또는 문장구성소라고 지칭한다. 명사를 비롯한 어휘적 단어를 이루는 요소들은 단어형성소나 단어구성소이다. 문제는, 다음 (8)과 같은 용어법에서는, (4)에서의 '덮개'는 '문장형성소'가 아니라는 것이다. 우리가 받아들이는, 생성문법의 일반적인 용어법에 의하면 이 경우 '덮개'는 하나의 형성소이다. 기호열(string: 연결체)을 이루는 하나하나의 단위로서의 형성소 개념이 통사 분석에서는 필요한데, 이 경우 '덮개'는 '-는다'와 동렬의 형성소라야 한다. 이에 반하여, '-개'는 독립적인 통사 단위가 될 수 없으므로 형성소가 아니다. '덮-'은 다른 문맥에서는 형성소로 쓰일 수 있다.

　(8) 어소　┌ 구성소　┌ 단어구성소
　　　　　│　　　　└ 문장구성소
　　　　　└ 형성소　┌ 단어형성소
　　　　　　　　　　└ 문장형성소

　또한, 위 (5)-(7)을 통해서만 판단하면, 그의 구성소는 물론, 형성소도 종래의 형태소로 지칭되던 개념을 크게 벗어나지 않는다. 다른 점이 있다면, 앞의 형태소 분석과 관련한 논의에서 관심의 초점이었던 '-는다'와 '-습니다'가 그의 '형성소' 단위로 새로 포함된 것뿐이다. '-는다'가 엄격한 공시적 분석에서 한 형태소로 처리되어야 한다는 점은 앞 절에서 말한 바 있다. 이런 견지에서, '형성소'

<hr>

98) 고영근(1993: 42) 참조.

의 개념이 유용성을 가지는 경우는 '-습니다'에 국한된다고 할 수 있다.

　　그러나 고영근(1993: 41)에서는 "'형태소'란 말은 이제 더 쓰기가 어렵다는 것을 알 수 있다. 그것은 형성의 개념과 구성의 개념을 아무 분별없이 섞어 썼기 때문이다."라고 말하고 있다. 이를 통해 판단하면 형성소라는 개념과 함께 형태소의 개념을 여전히 유지하는 것은 아님을 알 수 있다. 그런데도 그의 용어 체계에서는 '-습니다'는 문장형성소로서 (8)에 따른 '어소'이며, 그 부분인 '-습-'과 '-니-'와 '-다'도 각각 문장구성소로서, (8)에 따른 '어소'인 것이다. 이는 전체를 가리키는 용어와 부분을 가리키는 용어를 하나로 쓰는 개념 사용의 오류를 범하고 있는 것이다. '어소'가 문법단위의 개념으로 쓰일 수 있으려면 어디서나 하나의 단위를 지칭하는 개념으로 쓰여야 한다.

　　앞의 2.1.3절에서 제시한 다음 (9)의 예는 둘 이상의 형성소가 한 통사 범주를 이루는 단적인 예를 보여준다.[99]

(9) 가. -었더라도, -었더라면, -었더니, -는다고, -느냐고, -으라고, -자고
　　나. -기에, -느니보다, -기보다
　　다. -지마는, -지요마는, -는다마는, -습니다마는; -어서는, -어서만, -어서도, . . .
(9)' 가. -었+더라+도, -었+더라+면, -었+더니, -는다+고, -느냐+고, -으라+고, -자+고

---

99) '-었더라도'는 a.와 b.의 '-었던들, -었더라면'과는 구별되어야 한다. '-었더라도'는 '-었-'은 물론, '-더라도'도 독립된 통사적 기능을 가지므로 둘 이상의 형성소의 복합으로 간주된다. 그러나 '-던들, -더라면'은 현대 한국어에서 독립된 연결어미의 용법을 갖지 않는다. 더욱이, '-었던들'은 '-던들'이 독립된 통사적 기능을 갖지 않으며, 심지어 그 구성성분 '-던들'도 다시 그 구성성분인 '-더-'가 독립된 통사적 기능을 갖지 않으므로, '-었던들' 전체가 하나의 형성소로 간주되어야 한다. '-었더라면'은 복합 구성으로 독립된 통사 기능을 갖지만, '-었+더라+면'으로 분석되는 구성성분 각각이 독립된 통사적 기능을 가지므로 어휘부 대응규칙에 따라 구성된 형식으로 간주되어야 한다.
　a. 가. 네가 갔더라도 일의 결과는 달라지지 않았을 것이다.
　　나. 네가 가더라도 일의 결과는 달라지지 않을 것이다/*않았을 것이다.
　b. 가. 네가 갔던들 그런 결과가 나왔겠느냐?
　　나. *네가 가던들 그런 결과가 나왔겠느냐?
　c. 가. 네가 갔더라면/*가더라면 일의 결과가 달라졌을 것이다.
　　나. *네가 가더라면 일의 결과가 달라졌을 것이다.
아울러, (a나)의 예는 '-더라도'가 독립된 연결어미로서의 기능을 가지더라도 그 문법적 제약이 '-었더라도'와는 다르다는 점을 보여준다. 이 특성이야말로 우리가 특정 형성소들의 결합을 어휘부 대응규칙으로 기술하는 이유이기도 하다. 이에 해당하는 전통적인 개념은 '숙어(idiom)'이다. 둘 이상의 형성소의 결합을 숙어로 기술하는 일은 어떤 이론에서건 불가피하다는 것이 필자의 판단이다.

　　　나. -기+에, -느니+보다, -기+보다

　　　다. -지+마는, -지+요+마는, -는다+마는, -습니다+마는; -어서+는, -어서+만,
　　　　　-어서+도, . . .

　특히, 연결어미들에는 여러 종류의 보조사들이 결합할 수 있는데, 보조사가
결합한 '연결어미+보조사'의 형식은 결합하기 전의 연결어미의 기능과는 다른
특징을 보인다. 더욱이, (11)에서는 종결어미에 보조사가 결합한 경우, 그 범주
적 성격이 연결어미로 바뀌는 사실을 보여준다.

　(10) 가. 그 사람이 그 곳에 가서 딴 소리를 했다.
　　　　나. 그 사람이 그 곳에 가서는/만/도/까지 딴 소리를 했다.
　(11) 가. 저는 그분을 믿습니다.
　　　　나. 저는 그분을 믿습니다마는, 이번의 그분의 행동은 이해하기 어렵습니다.

　(10)의 '-어서는', '-어서만', '-어서도', '-어서까지'는 각각 두 형성소의 결합이
직접적인 통사적 결합(머리성분과 머리성분의 결합)에 의해서 새로운 독립된
통사적 단위로 구성된 것이다. (11)에서는 '-습니다마는'이 두 통사 단위의 결합
이 새로이 독립된 연결어미로서의 기능을 갖게 되었다는 것 말고는 더 이상 다
른 설명 방법을 허용하지 않는다. 이와 같이 종결어미에 보조사 '-마는'을 결합
하여 연결어미적 기능을 갖게 되는 방식은 상당히 생산성을 가지는 것으로 보
인다.

　(12) 가. 나는 자네를 믿네.
　　　　나. 나는 자네를 믿네마는, 다른 사람들은 그렇게 생각하지 않는 것 같네.
　(13) 가. 나는 자네를 믿지.
　　　　나. 나는 자네를 믿지마는, 다른 사람들은 그렇게 생각하지 않아.
　(14) 가. 저는 그분을 믿지요.
　　　　나. 저는 그분을 믿지요마는, 다른 사람들은 그렇게 생각하지 않는 것 같아요.
　(15) 가. 그 사람이 설마 그런 말을 했을까?
　　　　나. 그 사람이 설마 그런 말을 했을까마는, 남들의 반응도 참고는 해야 할 거야.

　형성소의 개념을 이제까지 도입한 다른 개념들과의 관련 속에서 재정리해보
기로 하자.
　형성소는 우선 단위 개념으로서, 문법기능의 개념인 통사적 머리성분(통사핵)

과는 준별되어야 한다. 형성소는 통사적 변형 과정에 의한 문법단위의 복합을 인정할 때의 복합적 머리성분(복합핵)까지를 포함하는 개념은 아니다. 머리성분 이동(핵 이동) 후의 머리성분 부가(핵 부가)에 의해서 통사적으로 복합적 머리성분이 형성되는 것을 인정한다면, 형성소는 통사적 머리성분을 이루는 단위에서 단순 형식만을 지칭하는 개념이라고 하겠다. 또한, 우리는 위에서 통사적 변형에 의하지 않은 통사적 합성어의 존재를 살펴보았다. (9)의 예들이 그 중요한 사례들이다. 이들과 함께, 어느 언어에나 상당수로 존재하는 숙어적 형식들은 '어휘부 대응규칙'과 같은 개념을 필요로 한다.

등재소와의 관련 속에서 형성소의 개념을 정리해보자. 형성소는 물론 어휘부의 등재소가 되지만, 어휘부에서 '어휘부 대응규칙'에 의해 결합되는 둘 이상의 형성소들의 연결도 이 등재소의 개념에 포함된다. 어휘부 대응규칙은 등재소가 된다. 이 외에도 통사적 머리성분 단위를 벗어나는 구나 문장 단위의 형식이 통째로 등재소가 될 수도 있다. 속담이나 특별한 인용구절 등이 이 예가 될 것이다. 결국 '등재소'는 전혀 단어와 동일시될 수 없는 개념이다.

등재소는 통사적 과정과는 무관하게 어휘부에 미리 저장되어있는 단위를 의미한다. 이 등재소에는 통사적으로 머리성분이 아닌 단위까지 포함된다. 이 때문에 디시울로·윌리엄스는 이 단위가 전혀 언어학적인 의의가 없다고 본다. 그러나 뒤의 3.4절에서는 통사적 재구조화 절차가 등재소의 일종인 어휘부 대응규칙을 근거로 해서 작동된다고 설명한다. 둘 이상의 형성소들의 계층구조를 갖지 않은 결합인 등재소가 이처럼 특정의 통사적 절차를 유발하는 효과를 갖기도 한다.

이상의 논의와 뒤의 4.1절에서 본격적으로 제시하게 될 '대응규칙의 문법'의 전체 체계의 안목을 가지고 고려해보면, 종래의 단어란 개념은 통사구조의 최소의 단위, 즉 형성소 개념으로 쓰고, 음운론적으로 최소자립형식을 가리키는 단어 개념은 '어절'이라는 용어를 취하여 쓰는 것이 한 가지 대안이 될 수 있다. 이 밖에 어휘부 구성의 측면에서 등재소를 개념적으로 분리할 수는 있으나, 등재소는 근본적으로 단어 단위와는 무관한, 어휘부에 저장된 언어 형식의 한 항목을 뜻하는 것으로 유지할 수 있다.

'통사적 원자'의 개념은 형태론적 형성 규칙과 통사적 형성 규칙을 모두 인정하는 관점에서 보통의 파생어, 합성어, 그리고 그 외의 단위가 통사적 연산의 기본 단위로 쓰임을 설명하기 위한 용도를 가진다. 파생법이나 합성법을 형태론적 형성 규칙으로 인정하지 않는 우리의 입장에서는 통사적 원자의 개념이 꼭 필요하지는 않다. 기초 통사 단위 개념은 형성소로 충분하다. 물론 3.4절에서 논의하게 될 재구조화에 의해서 복합적인 '통사적 원자'가 성립될 수는 있으나, 그 경우는 둘 이상의 형성소가 통사적 머리성분으로 참여하는 것뿐이며, 이들이 한 단위로서 통사적 과정의 원자 역할을 하는 것은 아닌 것이다. 재구조화의 근거로서의 등재소들 중에는 실제 통사적 과정에서 연속된 단위를 이루지 않는 경우도 있는데, 이들을 지적하여 통사적 원자라고 하는 것은 그다지 이익 되는 바가 없다. 이 경우를 위해서는 '복합적 머리성분'이라는 용어를 쓸 수 있을 것이다.

결국, 통사적 최소 단위 개념으로 '형성소'의 개념이 필요하다. 아울러 통사적 최소 문법기능의 개념으로는 '머리성분'의 개념만이 유지된다.

2.3.2. 사례 연구: 피·사동 접미사와 부사화 접미사

이 절에서는 굴절접미사와 파생접미사의 구분을 명확히 하는 문제를 논의하고자 한다. 굴절과 파생의 구분이 중요한 이유는 이것이 형성소, 즉 통사구조의 최소 단위를 확정하는 문제와 관계되기 때문이다. 한국어에서 굴절접미사는 형성소가 된다. 그러나 파생접미사는 그 스스로는 형성소가 되지 못하는 단위이다. 다음에서 형성소로 규정할 수 없는 두 가지 경우를 논의하려고 한다. 그것은 피·사동 접미사의 경우와 부사화 접미사의 경우이다.

피·사동 접미사

접미사는 파생접미사와 굴절접미사로 구분된다. '-이-, -히-, -리-, -기-' 등의 피·사동 접미사는 최현배(1937)에서 '-으시-', '-었-', '-겠-' 등과 한 가지로 보조어간에 포함되었지만, 지금에 와서는 누구나 굴절접미사 아닌 파생접미사로 처리하고 있다. 보조어간 중 피·사동의 접미사와 뒤에 이어지는 다른 보조어간들의 문법적 지위가 다르다는 점을 구별하여 다룬 것은 구조문법적 연구들에 이르러서였다. 피동 및 사동을 엄밀한 의미의 문법범주, 즉 굴절 범주로 인정하지 않는 근거는 무엇인가?

파생접미사와 굴절접미사를 구별하는 기준으로는, 1) 어간에의 결합이 광범위하냐, 즉 생산성 여부, 2) 새 단어를 파생시키느냐 여부, 3) 어휘적 의미를 바꾸느냐, 아니면 문법적 의미를 바꾸느냐 하는 것 등을 들 수 있다. 가장 중요한 기준은 생산성이다. 어떤 범주(명사, 동사, . . .)나 하위범주(자동사, 타동사, . . .)가 주어질 때 이에 속하는 요소들이 다 결합 가능하다면, 그 접미사는 완전히 생산적이라고 한다. 굴절접미사들은 이론적으로 완전히 생산적이라고 할 수 있지만, 파생접미사들은 부분적인 생산성밖에는 갖지를 못한다. 피·사동 접미사들에 대해서 이런 기준을 들이댈 수 있을 것이다. 필자가 실제로 조사해 본 바에 의하면, 한국어 동사들 중에서 사동사가 가능한 것은 모두 282개, 피동사가 가능한 것은 모두 192개였다.[100] 쉽게 확인해 볼 수 있는 방법은 사동사를 만들 수 없는 동사나 형용사가 있나 따져보는 것이다.

(11) *믿이다, *뛰이다, *달리이다, *때리이다, *다치이다, *젊이다, . . .

이들은 물론, 방대한 수효의 '하다' 계통 동사/형용사들이 '-이-, -히-, -리-, -기-' 접미사에 의한 사동형이 불가능하다는 점을 사동 접미사의 제약된 생산성에 대한 증거로 사용할 수 있다. 피동사의 경우도 마찬가지이다. 피동사는 그 성격상 피동 접미사가 부착될 용언 어간이 타동사일 것을 요구한다. 하지만 타동사 중에서 일단 '하다' 계통의 동사는 '-이-, -히-, -리-, -기-'가 붙을 수 없으며, 사동의 경우처럼 '버리다, (손님을) 맞다, 때리다, . . .' 등의 예를 얼른 찾을 수 있다. 따라서, 엄밀한 의미에서 피·사동 접미사를 굴절접미사로 인정할 수는 없게 된다.

피동 또는 사동을 문법범주의 하나로서 설정해주려는 노력이 예로부터 지금에 이르기까지 끊임없이 이루어지고 있다. 그럴 경우 문법범주라는 개념을 완화하거나, 접미사에 의한 피·사동 말고 보조동사에 의한 피·사동을 함께 고려하는 일이 보통이다. 우리는 한국어의 피·사동 접미사를 동사 내부의 요소로 처리한다. 파생과 굴절의 구분 기준은 생산성에 있어서의 제약 여부이다. 생성문법 이론의 견지에서도 파생과 굴절의 기준인 생산성은 이 문제에 대한 이론적 결정의 우열을 판가름하는 기준으로서 유효하다고 본다.[101]

피·사동을 위에서처럼 어휘적으로 처리하지 않고 통사적 변형을 이용하여 규칙화하는 방법이 불가능하지는 않을 것이다. 그러나 이를 위해서는 여러 가

---

100) 이에 대해서 양정석(1992: 제3장, 1995/1997: 제4장)을 참고하기 바람.
101) 양정석(1995/1997: 제4장)에서의 결론이 이와 같은 것이다.

지 원치 않는 임시방편적 처리를 감내해야 한다. 이 목적을 위해서는 이 규칙의
설정 가능성을 보이는 일 외에, 광범위한 언어에서 피·사동 규칙이 나타남을
보임으로써 이것이 보편적인 성격을 띤다는 점을 증명하든가, 어린아이들의 언
어습득 과정을 설명하는 데에 이 규칙이 꼭 필요하다는 점을 증명하는 일이 더
필요할 것이다. 언어학적 논쟁이 일어나는 현상들에서 항상 그러하듯이, 아직은
이 가능성을 절대적으로 배제할 수는 없다.

부사화 접미사 '-이'

피사동 접미사는 파생과 굴절의 구분이 문제시되어온 대표적인 예라고 할 수
있다. 이러한 예는 이 밖에도 부사화 접미사 '-이'의 경우가 있다.

'-이'는, 그 생산성을 기준으로 검사함으로써, 굴절접미사 아닌 파생접미사임
을 분명히 알 수 있다. 형용사의 약 53%만이 '-이'와 결합 가능하다.[102] 이러한
생산성 검증을 토대로 '-이'가 파생접미사임이 분명해졌다.

'-이'에 대한 이전의 처리로는, 최현배(1937) 이래로 남기심·고영근(1985) 및
학교문법 교과서인 문교부(1985), 교육부(2002) 등에서 다음과 같은 예의 '-이'
가 부사절을 이끈다고 설명하여왔다.[103]

    (12) 가. 나뭇잎이 소리도 없이 떨어진다.
        나. 동생은 형과 달리 사교성이 좋다.

양정석(1995/1997)에서는 이들 예에서 '소리도 없이', '형과 달리'가 부사 '없
이', '달리'를 머리성분으로 가지는 부사구임을 주장한 바 있다. 이렇게 보면 '-

---

102) 양정석(1997다)에서는 한국어의 최상위 빈도의 동사 형태 3000개를 기초로, 동음이의어
    의 가능성을 고려하여 얻은 4370개의 동사를 대상으로 해서 '-이'에 결합 가능한 상태성
    동사들의 범위를 한정하였다.
103) 문교부(1985)에서는 '-이'를 '부사화 파생접미사'로 규정하면서 이를 가지는 a. 문장, '연
    결어미'인 '-게'를 가지는 b. 문장을 아울러 부사절 내포문으로 처리한다(밑줄 친 부분이
    부사절이다). 교육부(2002)에서는 역시 '-이'를 '부사화 파생접미사'로 규정하면서 이를
    가지는 a. 문장과 함께 '부사형어미'인 '-게, -도록, -어서'의 문장 b.-d.를 부사절 내포문으
    로 처리한다.
    a. 나뭇잎이 소리도 없이 떨어진다.
    b. 꽃이 아름답게 피었다.
    c. 그는 손이 발이 되도록 빌었다.
    d. 우리는 날이 추워서 집 안으로 들어왔다.

이'가 생산성 검증에 의해 파생접미사로 판명된 위 결과와 아무런 모순을 일으키지 않는다. 또, '소리도'와 '형과'는 각각 '없이'와 '달리'가 취하는 보충어로 해석되는데, 이는 상태성 동사인 '없-', '다르-'가 보충어를 취하는 다음 사실과 평행된다는 점에서 더욱 일반성을 확보하는 설명이 된다. (12)에서 '소리도 없이', '형과 달리'는 한 단위의 부사구로서 로드스타인(Rothstein 1983, 2001)에서 말하는 서술화 원리의 요건을 충족하는 '이차 서술어'가 된다.104)

(13) 가. 나뭇잎이 소리가 없다.
　　　나. 동생이 형과 다르다.

최근 이익섭(2003: 164-166)에서는 종래 '종속접속문'으로 다루어지던 한국어의 문장 유형을 부사절 내포문으로 바라보아야 한다는 논의를 전개하였다. 이는 남기심(1985) 등에서 여러 가지 통사론적 증거를 들어 논증한 바를 따른 것이다.105) 이 점은 이 문제에 관한 근래의 한국어 통사론 연구가 일반적 합의점을 찾아가고 있음을 보이는 것이라고 생각할 수 있다. 그러나 이 같은 논의의 말미에 '-이'를 여전히 부사형어미의 목록으로 유지하고 있어 문제를 남기고 있다. 이는 그 나름의 이유를 가지고 있는데, 이들은 하나하나 음미할 만한 가치가 있다.

그는 크게 세 가지 이유를 들고 있다. 첫째, '-음'이 파생접사로서의 쓰임과 활용어미로서의 쓰임을 가지는데, '-이'도 이와 같은 두 쓰임을 가지는 것으로 보인다는 점이다. 둘째, '과연 국문과 학생답다'의 '-답-'과 '정답다'의 '-답-'이 생산성에서 차이를 가지는데, '-이'의 두 가지 쓰임도 이와 평행하는 것으로 보인다는 것이다. 셋째, '-이'가 꽤 자유롭게 부사절을 이끄는 것으로 보인다고 한다.

첫째와 둘째의 근거는 그 사실의 측면에서 볼 때 타당한 근거라고 볼 수 없는 것이다. '-음'의 활용어미로서의 쓰임은 완전한 생산성의 특성을 가지는 것이지만, 이에 대응되는 것으로 주장된 '-이'의 생산성은, 말하자면, 53% 정도의 생산성밖에는 갖지 못하는 결핍된 것이다. '-답-'과의 비교도 꼭 적절하다고 할 수

---

104) 이차 서술어의 개념과 이차 서술어 구문에 대한 논의는 뒤의 4.1.4절에서 전개할 것이다.
105) 남기심(1985, 2001), 유현경(1986), 김영희(1991), 장석진(1995, 1996), 안명철(2001), 이익섭·채완(1999), 이익섭(2000)들을 이와 같은 처리의 예로 들고 있다.

없다. '국문과 학생답다'의 '-답-'은 완전한 명사구를 취하는 것으로, 완전한 생산성을 가지는 것이다.[106] 이에 대응되는, 완전한 생산성을 가지는 '-이'의 용법은 애초에 존재하지 않는 것이다.[107]

셋째 근거는 좀더 세심히 음미해볼만하다. 그는 다음과 같은 예들을 제시했다.

> (14) 가. 군사들이 비호보다 빨리 뛰어다녔다.
>   나. 연이 남산만큼이나 높이 올라갔다.
>   다. 그분들은 친가족보다도 극진히 나를 돌보아 주었다.
>   라. 금년은 어느 해보다도 풍족히 눈이 왔다.
>   마. 황금을 돌과 같이 보아라.

먼저, 이들과 같은 예를 고려하더라도, '-이'는 어디까지나 53%의 제한된 생산성을 가지는 것뿐임을 주의하여야 한다. 물론 그의 취지는 '비호보다 빨리'가 '군사들이 비호보다 빠르다'와 같은 절 구조를 가지는 것으로 분석되어야 한다는 것으로 해석된다. (14나-마)가 모두 이와 같은 예라고 할 수 있다. 그러나 이들 모두 비교를 나타내는 후치사(부사격조사) '-보다'가 후치사구를 이루어 '빨리', '높이', '극진히', '풍족히' 등의 부사구에 부가 수식되는 구조를 이루는 것뿐이다. 또 후치사 '-과'가 역시 후치사구를 이루어, 이 후치사구가 부사 '같이'의 보충어로 쓰이는 것뿐이다.

이익섭(2003)은 비교의 부사격조사를 가지는 (14)의 예들에 대해 복합문 구조로의 분석을 염두에 두고 있는 것으로 보인다. 이는 초기 생성문법적 연구로부터 옹호되어온 설명 방식이라고 할 수 있다.[108] 그러나 한국어의 모든 '-보다'

---

106) 이 예는 마치 계사 '이-'를 가지는 '국문과 학생이다'와 같은 것이다. 계사 '이-'가 완전한 생산성을 가짐을 부정할 수는 없다. 그러나 이른바 '부사절'의 '-이'를 이와 같은 지위로 규정할 수는 없는 것이다.

107) 이익섭(2003: 166)에서는 '듯이'도 (아마 '듯하-이'로 분석하여) 부사절을 이루는 활용어미 '-이'의 예로 들고 있으며, 연결어미 '-다시피'도 싶-이와 같은 분석을 포함하여 부사형어미 '-이'를 가지는 예로 보고 있다. 전자는 '*낙엽이 비가 오는 듯하이 떨어진다'와 같은 예가 전혀 불가능한 것을 근거로 배제할 수 있다. 후자는 '알다시피/*안다시피/*알았다시피/*알겠다시피'와 같은 예를 비교해보면 한 단위의 연결어미로의 분석이 타당하고, 여기에서 '-이'를 활용어미로 분석하는 일은 불가능함을 알 수 있다. 아마도 이익섭(2003)은 초기 생성문법의 변형론적 처리를 가정하고 있는 듯 하지만, 이들을 변형으로 처리하는 것은 그에 따르는 임시방편적 처리들을 필연적으로 불러들이게 됨을 심각하게 고려하지 않은 것이다.

문장에 대해 복합문 구조 분석을 유지하는 일은 가능하지 않다. 필자의 견해는 '-보다'가 명사구를 취하여 부사적인 성격을 띠는 구를 만드는 요소일 뿐이라고 보는 것이다.[109] '-보다' 구는 후치사구로 분류된다. 그러나 생성문법 방법에 따르는 기술의 기제들을 동원하지 않더라도 (14)를 근거로 한 이익섭(2003)의 주장은 부정될 수 있다. 한 가지 근거는 다음과 같은 것이다.

(15) 그분들은 자기 가족보다 (더) 정성껏/지성으로/적극적으로 어머니를 간호했다.

이 예에서 한 개의 부사인 '정성껏', 명사와 부사격조사의 결합인 '지성으로', '적극적으로'는 (14)의 '-이' 결합형과 그 구조적 지위에 있어서 다를 바 없다. 만약 이들의 경우까지도 복합문 구조로 분석하려 한다면, 그것은 이익섭(2003)의 논의가 기반으로 하고 있는 활용어미와 파생접미사의 개념적 구분을 부정하는 결과를 초래하게 된다.

결론적으로, '-이'는 독립된 형성소를 이루지 못하는, 파생접미사일 뿐이다. (12), (14)의 부사구들이 통사구조에서 가지는 지위에 대해서는 뒤의 4.1.4절의 논의에서 다시 주목하게 된다.

2.3.3. 굴절소와 보문소의 구분 근거

이 절에서는 어미결합체를 굴절소 부분과 보문소 부분의 둘로 구분해야 함을 보이는 논거를 두 가지 측면에서 들어보기로 한다.[110] 첫째는 형태음운론적 근거로, 선행 요소의 [+/-모음성]의 환경은 이른바 동사의 활용형을 동사와 굴절소와 보문소로 3분하는 근거가 된다는 것이다. 이에 따라, '-으시-', '-었-', '-겠-'은

---

108) Chomsky(1965b)나 Chomsky(1977)에서 접근 방법을 달리하여 영어의 비교 구문을 복합문 구조로 분석하였고, 이것이 한국어 통사구조 논의에도 영향을 미쳐왔다. 한국어의 비교 구문에 대한 복합문 구조 분석의 대표적인 예로 김정대(1993)를 참고할 수 있다.

109) 바로 최현배(1937)의 관점이 이와 같은 것이다.

110) 여기에서 '굴절소', '보문소'는 통사 범주 분류상의 한 범주를 지칭하기 위한 명칭일 뿐이다. '굴절소'는 언어유형론적인 논의에서의 '굴절 언어'와의 개념적 연관을 전제하지 않는다. 파생접사와 대립되는 굴절접사의 개념과는 연관을 가진다고 본다. 그러나 굴절접사가 가지는 단어 내부의 요소라는 전제를 굴절소는 갖지 않는다. 마찬가지로, '보문소'도 통사 범주 명칭으로 종래 써오던 용어를 이어서 쓰는 것뿐이지, 보충어로서의 문법기능을 가지는 '보문'을 전제하는 개념이 아님을 밝혀둔다.

독립된 형성소가 되며, '-으시었겠-'처럼 선어말어미들이 결합된 형식은 통사적 머리성분(통사핵)의 위치에 서는 복합 굴절소(I)로 분석된다. 또 '-는다', '-습니다' 등은 독립된 형성소가 되며, '-습니다마는'은 통사적 머리성분인 하나의 복합 보문소로 분석된다.

둘째는 통사·의미론적 근거로, '-더라' 문장에서 주어의 동일지시성과 관련한 행태는 어미결합체에서 굴절소와 보문소의 구분을 요구한다는 것이다.

형태음운론적 근거

앞 1.2.4절의 '사례 연구'을 통하여 '-으면'과 같은 어미들에 나타나는 조음소 '으'의 정체를 밝혀가는 과정이 언어학적 논증의 전범을 보임을 알았다. '으'의 문제는 언어학적 논증의 방법을 제시한다는 점에 있어서 중요한 의의를 가질 뿐 아니라, 국어의 문법적 사실들이 실제 어떻게 조직되어 있는가를 알려주는 시금석으로서 또한 중요성을 가진다. 특히, 두 번째 측면은 '으'가 탈락되는 환경이 선행 요소가 [+모음성]일 때라는 점과 관계된다. 이는 한국어 문법단위들의 배열에 있어 한 원리가 존재한다는 점에서 중요한 의의를 가진다.

[+모음성]이라는 선행 요소의 환경을 조건으로 가지는 어미들은 '으'를 가지는 어미들 말고도 '-ㅂ-'('습'의 변이형태)을 가지는 어미들, '-오'('-소/으오'의 변이형태)를 가지는 어미들, 그리고 '-ㄴ-' 또는 '-는-'를 가지는 어미들이 있다.[111]

첫째, 선어말어미 '-습-'과 '-ㅂ-'의 변이 현상을 주의 깊게 살펴보자. [+/-모음성]이 두 변이형태의 분포를 결정하는 요인이다.

(16) '-습-'과 '-ㅂ-'의 변이

[+모음성] 뒤	동 사	가ㅂ니다/줄ㅂ니다(→ 줍니다)
	형용사	깨끗하ㅂ니다/길ㅂ니다(→ 깁니다)
[-모음성] 뒤	동 사	믿습니다
	형용사	굳습니다/좋습니다

둘째, 예사 높임(하오체)의 종결어미는 '-소'와 '-으오'와 '-오'로 변이된다. 여기에도 [+/-모음성]이 결정적인 구분 요인이 된다.

---

111) 종결형의 'ㄴ'과 '는'이 독립된 형태소의 자격을 갖지 못함은 앞의 2.2절의 논의를 통하여 밝혔다.

(17) '-소'/'-으오'와 '-오'의 변이

[+모음성] 뒤	동 사	가오/줄오(→ 주오)	
	형용사	깨끗하오/길오(→ 기오)	
[-모음성] 뒤	동 사	믿으오/믿소	
	형용사	굳으오/굳소; ?좋으오/좋소	

이들의 분포를 요약하면, 동사나 형용사를 막론하고 어간 말음이 자음이면 '-소'와 '-으오'가 모두 나타날 수 있다. 이 경우 둘은 수의적 변이형태를 이룬다. 그러나 어간 말음이 모음과 'ㄹ', 즉 [+모음성]의 환경이면 '-오'만이 나타날 수 있는 것이다.

선어말어미 '-었-'이나 '-겠-'이 개입될 때는 다소 문제의 소지가 있다. 이들은 말음이 자음임에도 불구하고 그 뒤에 '-으오'가 실현되지 않기 때문이다.

(18) 가. 잡았소/*잡았으오
　　　나. 잡겠소/*잡겠으오

표기상 '잡았오', '잡겠오'와 같은 형식이 널리 쓰이는 것을 관찰할 수 있으나, 위와 같은 '-소/으오'의 수의적 변이의 사실을 고려하면 그 기본형은 '잡았소', '잡겠소'의 '-소'임을 알 수 있다. 결국 (18)에서 '-으오'가 불가능한 것은 수의적 현상으로 보는 것이 합당하다.[112]

셋째, 이른바 현재시제 선어말어미 '는'과 'ㄴ'의 변이 현상이 있다. 다음의 표가 보여주는 바는, 이 어미가 '으'를 가지는 어미들, 방금 위의 두 가지 어미들과 동일한 분포 환경을 가지고 변이된다는 사실이다.

(19) '-는다'와 '-ㄴ다', '-다'의 변이

[+모음성] 뒤	동 사	간다/줄ㄴ다(→ 준다)	
	형용사	깨끗하다/길다	
[-모음성] 뒤	동 사	믿는다	
	형용사	굳다/좋다	

---

112) 박승빈(1935), 『조선어학』에서는 이들을 '자바쓰오', '잡개쓰오'와 같이 표기하면서 이들 예가 과거형 '쓰'와 미래형 '개쓰'를 포함한 것이라고 분석하고 있다. 이들 형태는 현재의 표기법에 의하면 '잡았으오', '잡겠으오'로 표시된다. 이들 형태가 비문법적인 것이라는 전제 하에서 우리의 논의는 진행된다.

앞의 2.2절에서는 '는'과 'ㄴ'이 '현재 시제' 등의 문법범주를 가지는 형태소가 아니며, '-는다'와 '-ㄴ다'로 더 분석되지 않는 형태소의 일부일 뿐이라는 남기심(1972, 1982)에서의 결론을 재확인하였다. '-는다'는 '-ㄴ다', '-니다', '-다', '-라'라는 변이형태들의 목록을 가진다. '는'을 포함하는 다른 어미인 '-는구나'류, '-는데'류와는 달리 '-는다'와 '-ㄴ다'가 [+모음성]에 의해 분간된다는 점은 주목할 만하다. 이는 '-는구나', '-는다'가 '-는데'와 서로 연관되지 않는 단일한 형태소임을 말해주는 증거이다.

넷째, '믿읍시다'/'갑시다'의 '-읍시다'/'-ㅂ시다'는 [+/-모음성]이 두 변이형의 실현의 조건이 되는 또 하나의 특이한 예이다.

(20) '-읍시다'과 '-ㅂ시다'의 변이

[+모음성] 뒤	동 사	갑시다/밀ㅂ시다(→ 밉시다)
	형용사	*
[-모음성] 뒤	동 사	믿읍시다/*믿습시다
	형용사	*

'믿읍시다'/'갑시다'의 '-읍시다'는 항상 '-읍시다'/'-ㅂ시다'로 실현되어야 하지, '-습시다'로 실현되어서는 안 된다(한길 1991: 234).

(21) *믿습시다, *잡습시다

기원적으로는 이 때의 '읍'도 다른 어미에서 수의적 형태로 나타나는 '습/읍'의 하나임이 분명하다. 이 때의 '읍' 형태는 '으'계 어미들과의 유추에 의하여 그 일원으로 변화해 가는 과정에 있다고 보는 것이 타당하다.

그러므로 이 현상도 한국어 굴절접미사 체계에 있어서 [+/-모음성]의 조건이 중요한 의의를 가짐을 예증하는 또 하나의 근거가 된다.

이처럼 [+모음성]은 한국어 어미 형태소들의 분포를 결정해주는 중요한 환경적 요건이 된다. 필자는 그 중요성이 통사적인 데에 있다고 판단한다. [+모음성] 여부에 의해 어미결합체가 두 부분으로 갈라질 수 있다는 것은 통사적인 구성성분의 구분을 반영하는 것이라고 해석하고자 한다. 즉, 어미결합체는 굴절소 부분과 보문소 부분으로 나누어진다.

'으' 탈락 규칙과 동일한 적용 환경을 가지는 어미들이 더 있다는 점은 우선

'으' 탈락 규칙의 음운론적 규칙으로서의 타당성을 높여주는 것이다. 이는 한국 어에서 [+모음성]이 음성적 자연군(natural class)을 이룸을 뜻하기 때문이다. 나 아가, '으'를 가지는 어미들의 변이와 다른 어미들의 변이가 일정한 형태론적 체계의 요인에 따라 이루어진다. 어미들이 배열되는 데 있어서의 통합 관계와 계열 관계에 주의해서 관찰해볼 때, [+모음성]이라는 선행 요소의 환경의 의의 는 이 선행 요소와 뒤의 요소의 통사 범주를 구분하는 데에 있다고 결론지을 수 있다.

최현배(1937/1971)에서는 한국어의 어미들이 분간어미와 비분간어미로 나누 어짐을 보인 적이 있다. 그곳에서의 분간어미는 그 앞에 조음소 '으'가 삽입될 수 있는 어미로만 제시되어있다. 우리의 이제까지의 관찰은 '분간어미'의 개념 이 국어문법에서 진정으로 의의 있는 개념임을 말해준다. 이러한 판단은 분간 어미의 개념을 '-습/ㅂ-', '-소/으오/오', '-는다/ㄴ다'에 확장할 수 있게 해준다.

분간어미 개념을 기초로 해서 한국어 어미들의 통합 관계(syntagmatic relation) 를 관찰해보면, 어미결합체에서 굴절소와 보문소가 구분되는 것과 관련한 세 가지 특징을 찾아낼 수 있다.

첫째, 동사 어간과 어미들의 결합 구성에서 '으'가 나타날 수 있는 횟수는 많 아야 둘뿐이다.

(22) 잡으시었으면, 잡으시겠으면; 잡으셨으니까, 잡으셨겠으니까, . . .

둘째, [-모음성]을 선행 환경으로 가지는 '-으시었-, -으시겠-, -으시었겠-' 등과 '-으면, -으니까, -습니다, -소, -다' 등은 각각 계열체(paradigm)를 이룬다.

(23) 잡-으시었   -으면
     잡-으시겠   -으면
     잡-으시었겠-으면
     잡-으시었   -으니까
     잡-으시겠   -으니까
     잡-으시었겠-으니까
     잡-으시었   -습니다
     잡-으시겠   -습니다
     잡-으시었겠-습니다

잡-으시었　-소
잡-으시겠　-소
잡-으시었겠-소
잡-으시었　-다[113]
잡-으시겠　-다
잡-으시었겠-다

위의 사실은 '-으셨-(-으시었-)'과 '-으면', '-으시겠-'과 '-으면', 또는 '-으셨-'과 '-으니까', '-으셨겠-'과 '-으니까'가 서로 구분되는 통사적 단위를 이룸을 보이는 증거라고 판단된다.

[+/-모음성]이라는 환경 조건이 과연 위에 말한 중요성을 가지는지 고찰하기 위해서, 다른 음운론적 변동의 사실이 나타나는가를 관찰해볼 필요가 있다. 그 후보는 '모음조화'이다. '모음조화'에 따라 '-았-'과 '-었-'이 변이하는데, 이것도 음운론적 조건에 따른 것이라 한다면 '-으시-'와 함께 '-었-' 또는 '-었겠-'도 독립된 통사 범주로 구분될 수 있지 않겠느냐 하는 의문을 품을 수 있다.

(24) 잡-았-으면
　　먹-었-으면
　　잡-으시-었-으면
　　잡-　　-았-으면

모음조화가 문법단위의 변이에 관여하는 또 다른 조건으로 작용하는지에 대해서는 더 깊이 있는 고찰이 필요할 것이다. 그러나 현대국어에서 모음조화의 음운론적 규칙으로서의 성격은 사라졌다는 것이 일반적인 인식이다. 더욱이, 모음조화에 따른 '-었-', '-았-'의 변이가 나타난다 하더라도, 위 예에서는 모음조화의 존재 여부가 '-으시-'와 '-았-'의 경계 구분과 아무런 상관관계를 보이지 않는 것이다. '-었-'이 기본형이고, 아주 특별한 조건에서만 '-았-'이 실현되는 것이 이와 같은 변이의 실상이다. 이상의 관찰을 통하여, '-으시-'를 포함하는 선어말어미들의 연결이 한국어 형태구조에서 한 단위로 배열된다고 판단할 수 있다.

셋째, 이른바 선어말어미들 중에는 뒤의 어미와 자유로이 결합하는 것이 있고, 그렇지 않은 것이 있다. '-습니다'나 '-습디다' 등의 어미는 남기심·고영근

---

113) 이는 '-는다'가 '-겠-', '-았/었-' 다음이라는 형태론적 조건에서 '-다'로 변이된 것이다.

(1985)에서 '교착적 선어말어미'라고 지칭하는 '-습-', '-니-', '-더-' 등을 포함한다. 교착적 선어말어미는 '-으시-', '-었-', '-겠-' 등의 '분리적 선어말어미'와는 달리, 뒤에 이어지는 요소와의 결합에 생산성을 갖지 않는다. 이러한 교착적 선어말어미의 존재는, 이들이 독립된 통사 단위가 되지 못하고, 뒤의 요소와 결합함으로써만 독립된 통사 단위를 이룬다는 것을 보이는 증거인 것이다.

어미결합체는 '-으시-', '-었-', '-겠-'을 포함하는 부분과 '-습-', '-더-' 등을 포함하는 그 이후의 부분으로 구분된다. 이러한 구분의 근거는 궁극적으로 선행 요소 말음의 [+모음성] 여부에 따른 형태소들의 배합 구조인 것이다.

통사 · 의미론적 근거

한국어 통사구조 연구에서 보문소가 독립된 통사 단위임을 명시적으로 주장한 연구는 서정목(1984)가 처음이다.[114] 그는 '-으시-', '-었-', '-겠-'이 한 절에서 각각 머리성분이 되어 독자적인 구 범주를 투사한다고 보아(서정목 1993), 본 연구의 체계와는 다른 기능 범주들의 체계를 상정하고 있지만, 앞에서 논한 형태 음운론적 근거와 함께 그가 제시한 근거를 보문소 범주의 구별을 위한 통사 · 의미론적 근거의 하나로 받아들일 수 있을 것이다. 현대 경상방언에서 의문사 '누'의 존재에 따라 어말어미 '-노'/'-나'를 선택하는 통사적 원리가 존재하는데, 이는 이 어말어미들이 독자적인 통사 단위가 된다고 보지 않고는 설명할 수 없다는 것이 그 취지이다.

  (25) 가. 니는 순이가 눌로 좋아한다꼬 믿었노?
       나. 니는 순이가 눌로 좋아하는{고, 지, ?가} 모루나?
  (26) 영이가 소설책을 읽었는{*고, 지, 가} 물어봤나?

이러한 현상은 중세국어와 근대국어에도 나타난다고 한다. 그러나 이러한 통사적 제약은 통시적 변화에 따라 현대국어에는 나타나지 않게 된다. 균질적 체계로서의 현대국어 공시태를 기술한다는 목표를 분명히 해온 우리로서는 보문소를 통사 단위로 구별하기 위한 직접적인 증거로서 현대국어에서의 증거를 필요로 한다.

필자는 '-더라'와 관련된 통사 · 의미론적 사실이 어미결합체의 굴절소 부분

---

114) 그는 어말어미를 '문말어미'로, 보문소를 '보문자'로 지칭한다.

과 보문소 부분을 구분하는 근거가 된다고 본다.

남기심(1972)에서는 '-더라'가 쓰인 문장들이 다음과 같은 통사적 제약을 가진다는 사실을 관찰하고 있다.[115]

(27) 가.*나는 가더라.
　　 나.*내가 밥을 먹더라.
　　 다.*내가 영리하더라.
(28) 가. 그가 가더라.
　　 나. 그가 밥을 먹더라.
　　 다. 그가 영리하더라.

이러한 현상은 복합문에서도 나타난다.

(29)*그는 자기가 서울에 가더라고 했다.
(30) 그는 내가 서울에 가더라고 과장에게 보고했다.

그리하여 '-더-'가 쓰일 수 없는 조건을 다음과 같이 일반화하고 있다.

(31) 직속 상위문인 인용문이나 이행문의 주어와 내포 문장의 주어가 동일인이면 '-더-'가 쓰일 수 없다. 단, 내포 문장의 술어가 느낌형용사이면 내포된 문장의 주어와 그 상위문의 주어가 동일인이 아닌 경우에만 '-더-'가 쓰이지 않는다.
(남기심 1972/1981: 31)

(31)에서 사용된 '이행문'의 개념은, 모든 문장들의 기저에 설정되는, '나'를 주어로 하고, '너'가 의사 전달의 상대가 되며, 약속이나 선언 등 사회적 행위로서의 언어행위를 나타내는 동사(이행동사)를 포함하는 문장을 가리키는 것이다. 이행문의 개념을 도입하면 '-더-'를 가진 단순문도 상위절('상위문')을 가진 구조가 되어 (31)과 같은 통사적 제약을 일반화할 수 있게 된다.

---

115) 다음 (27)-(30)의 예문은 모두 남기심(1972)의 예문이다. 남기심(1972)에서는 '-더-'를 독립된 문법단위(형태소)로 설정하여 논의를 전개하고 있다. 본 연구의 관점에서는 '-더라'를 비롯한 다음 a.의 어미들이 (31)과 같은 일반화에 의해 기술된다고 할 수 있다.
　a. -습디다, -습디까, -데, -더라, -더니, -더냐, -던가, -던고, -던지, -더구나, -더구려, -더구먼, -던데, -더라니까, -던걸

초기 생성문법적 연구의 틀에서는 이상의 현상을 통사론적 현상으로 기술하려는 노력이 활발하였는데, 생성문법적 연구의 뒷시기로 들어서면서 이에 대한 관심이 멀어진 경향이 있다. 그 대신 이상의 제약을 담화·화용론적으로 설명하고 넘기는 경우가 흔하게 되었다. 그러나 담화·화용론적 설명을 위해서도 (27)-(30)의 문법성의 차이를 설명하는 문법 규칙이나 원리가 무엇인지를 명시적으로 제시하는 일은 필요한 것이다. (27)-(30)에서 관찰되는 제약이 특정 담화·화용적 맥락에서 해소되는 경우를 찾을 수 있으나, 그렇다고 특정 담화·화용론적 기제의 존재가 위 문장들의 문법성 차이의 판정 기준으로서의 문법적 장치의 존재를 부정하는 것은 아닌 것이다.

양정석(1995/1997: 263-276)에서는 위와 같은 현상에 존재하는 통사·의미적 제약에 대한 규칙화를 시도하였다. 이 규칙의 주요 내용은 다음과 같다.

(32) 가. '-다'와 '-더라'는 한 통사 단위로서 문장을 그 영향 범위로 가지며, 의미적으로는 '이행문'에서와 같은 1인칭 주어 논항을 당연값(default value)으로 가진다.

　　나. '-더라'에 선행하는 절(또는 문장)의 주어는 상위절의 지배적인 논항(또는 주어 논항)과 동일지시되어서는 안 된다.

이 외에도, '-더라' 앞에 '좋다, 싫다' 등의 느낌형용사가 나타날 때에는 이들 느낌형용사들의 동일지시에 관한 규칙이 따로 주어져 있어 이를 따르게 된다.[116]

(27)-(30)에서 나타나는 제약의 사실을 통사적 사실로 받아들이는 입장은 논리적으로 정당한 것이다. 이렇게 볼 때, '-다'와 함께 '-더라'를 독립된 통사 단위로 취급하는 일은 필수적인 일이다.

'-더라'가 그에 선행하는 선어말어미 '-었-', '-겠-'과 구별되어야 할 필요성도 이 같은 맥락에서 드러난다. 위에서 부적격한 예로 들었던 예문들은 '-었-'이나 '-겠-'이 개재되면 다시 적격성을 회복한다.

(27) 가.*나는 가더라.
　　 나.*내가 밥을 먹더라.

---

116) 양정석(1995/1997: 272)에는 느낌형용사가 서술어로 사용될 때 그 상위 논항을 참조하여 그것과의 동일지시를 요구하는 기제가 존재한다고 보고, 이를 구문규칙의 형식으로 기술하였다. 이 규칙의 명칭은 '느낌동사 구문의 대응규칙'이다.

　　다.*내가 영리하더라.
(29) *그는 자기가 서울에 가더라고 했다.
(27)' 가. (대표 선수로) 내가 가겠더라.
　　나. 내가 밥을 먹겠더라./내가 밥을 많이 먹었더라.
　　다. 내가 영리했더라.
(29)' 그는 자기가 (대표 선수로) 서울에 가겠더라고 했다.

　　이러한 사실에서 관찰되는 제약의 성격이 통사적인 것인지, 담화·화용론적인 것인지를 정확히 판단하기가 어려운 예들이 제시될 수는 있다. 그러나 어휘의미론의 규칙이나 담화·화용론의 규칙을 명시적으로 기술하기 위해서도 위현상들이 가지는 통사적 성격을 받아들이지 않으면 안 된다. 이렇게 볼 때 (27)', (29)'에서 선어말어미 '-었-', '-겠-'의 존재에 따라 문법성의 차이가 발생하는 위사실은, 앞의 형태음운론적 근거와 함께, 굴절소와 보문소를 구분하는 근거가된다.

2.3.4. 형성소로서의 굴절소와 보문소의 목록

굴절소들의 목록

　　앞 절의 논의의 취지에 따라 굴절소 부분에 참여하는 단일 요소와 복합 요소들을 모두 모아보면 다음과 같은 목록이 형성된다. 즉, 한국어의 굴절소의 목록은 다음과 같다.[117) (33가)는 형성소 단위의 굴절소들이다.

(33) 가. -으시-, -었-, -었었-, -겠-, φ
　　나. -으시었-, -으시었었-, -으시겠-, -었겠-, -었었겠-, -으시었겠-, -으시었었겠-

　　이들이 나타내는 문법범주인 높임법, 시상, 양상은 통사구조에서 통사적 자질로 표시된다. 뒤의 4.1절에서 본격적으로 도입할 이 연구의 '대응규칙의 문법'의체계에 의하면 통사구조의 범주는 의미구조의 일정 부분과 대응의 관계에 놓이며, 그 대응 관계는 동지표로 표시된다. 간단한 예를 제시해보면 다음과 같다.

---

117) 뒤의 논의(3.4절, 5.1.2절)에 따르면 재구조화에 의해 형성된 복합 형태 '-는 것이-', '-은 것이-'(= '-었는 것이-'), '-을 것이-'(= '-겠는 것이-'), '-던 것이-'. '-었던 것이-'와, (33가)와의 결합형들이 추가된다.

(34) 가. [I$_i$, +주체높임]은 [HON, [   ]]$_i$에 대응된다.

　　나. [I$_i$, +완료]은 [PERFECT, [   ]]$_i$에 대응된다.

보문소들의 목록

여기에서는 이른바 '어말어미'들 중에서 형성소 단위로 인정되는 것들을 가능한 한 망라하여 제시해보기로 한다. 아울러 복합 보문소들도 참고를 위하여 일부 제시할 것이다. 이하에서 열거하는 예들이 한국어의 형성소 단위를 완전히 망라한 것으로 볼 수는 없다. 다만 본 연구에서 가지고 있는 형성소의 구체적인 개념과 그 범위를 예시하고자 하는 의의가 있는 것이다.

이하에서 제시할 어말어미들의 목록에는 종래와는 크게 달리 처리된 것이 있다. {습}과 {더}는 종래대로 형태소로서의 자격을 인정하기는 하지만, 단일한 어미, 또는 어휘부의 한 단위인 어휘항목으로서의 자격은 인정하지 않는다. 이들은 그저 '-습니다'나 '-더라' 따위의 어휘항목을 이루는 형태소로서의 자격만을 가지는 것으로 본다. 이 때의 형태소는 통사적 단위가 아니다. 기저구조나 표면의 구조 어디에도 이 형태소가 단독의 구성성분을 이루지 않는다고 보는 것이다.

(35) '습'계 보문소 형성소들:[118]

　　가. -습니다/읍니다/ㅂ니다, -습니까/읍니까/ㅂ니까, -습디다/읍디다/ㅂ디다, -습디까/읍디까/ㅂ디까, -습지요(습죠)/읍지요/ㅂ지요

　　나. -소/으오/오

　　다. -읍시다/ㅂ시다

'갑디까'에서 확인되는 '-ㅂ디까' 어미의 변이형으로 '-읍디까'가 더 자연스럽게 받아들여지는 듯하다. '-습디다/읍디다'의 변이에서도 '-읍디다'가 더 자연스러운 듯하다. 이는 '-읍디까', '-읍디다'가 형성소로서 한 단위로 행동함을 보이는 증거로 간주될 수 있다.

(36) 가. 그 아이가 연필을 집읍디까?/?집습디까?

　　나. 그 아이가 연필을 집읍디다/?집습디다.

---

118) 이후의 목록에는 현대국어의 음성언어의 요소들만 제시하고, '사옵니까, 사옵니다' 등의 문어적 요소는 포함하지 않는다.

이들에서 '-습-', '-읍-' 형태는 중세국어 '-습-'의 역사적 변화의 결과로 나타난 것인데, 이들 예에서는 그 동일 형태소로서의 공통성에 대한 인식이 약화되고 있는 것이라고 말할 수 있다. '-읍디까'와 '-읍디다'는 현대국어에서 '으'계로 편입되는 과정에 있다고 판단된다. '으'계가 '유추'의 관점에서 큰 흡인력을 발휘하고 있다고 하겠다. 이러한 유추의 과정이 아직 완전히 굳어진 것은 아니나, 이러한 현상은 '분간어미'의 개념이 국어문법에서 중요한 역할을 담당한다는 것을 보여주는 한 증거로 해석된다. 그 역사적인 기원이 어떠한 것이었든지, 현대 한국어 화자들의 문법에는 '-읍디까'와 '-읍디다'가 각각 독립적인 문법적 단위, 즉 형성소로 등록되어 있다고 보는 것이 타당하다.

'더'를 가지는 보문소들은 다음과 같다. 이들 역시 단일 요소나 복합 요소로 실제 발화에서 쓰이는 것들만 제시한 것이다.[119]

(37) '더'를 가지는 보문소 형성소들:
    가. -더구려, -더구먼(더구면), -더니, -더라, -더냐, -더구나, -더군, -더면, -던, -던가, -던걸, -던고, -던데, -던지, -데, -디, -더나
    나. -든가, -든지, -든
    다. -었던들

'-었더라면'도 한 통사 단위로 머리성분의 기능을 갖지만 각각 형성소가 될 수 있는 '-었-', '-더라', '-면'의 결합이므로 이를 하나의 형성소라고 하지는 않는다. 반대로 '디다', '디까'는 통사구조에서 독립된 단위로 나타날 수 없으므로 형성소의 자격을 갖지 못한다. 아주 독특한 예는 (37다)의 '-었던들'이다. 이는 그 구성성분인 '던들'이 현대 한국어에서 독립된 통사적 기능을 갖지 않으므로 형성소가 아니며, 따라서 전체 구성 '-었던들'이 단일한 형성소로 간주된다.

다음도 모두 '-더-'를 그 일부로 가지는 보문소들이다. 이들은 3.4절에서 도입하는 '재구조화 원리'에 의해서 새로운 복합 보문소를 이루는 예이다. 이들은 어휘부의 '어휘부 대응규칙'이라는 형식을 통해 그 통사구조와 의미구조의 대응이 규정되고, 이를 바탕으로 통사 부문의 재구조화 원리의 적용을 받아 복합 보문소로 허가되는 것이다.

---

119) (37나)의 예들은 어원상 '-더-'와 관련을 맺는 것이나, 맞춤법에 의해 구별되는 것이므로 함께 예시하였다. 서울 방언에서는 (37가) 예들의 '더'도 보통 '드'로 발음된다.

(38) -더군요, -더냐고, -더니만, -더라고, -더라도, -데요, -었더라면, -었더라도

이에 비하면 다음은 두 굴절소가 음운론적으로만 한 단위인 것처럼 나타나는 '준말'의 특별한 예들이다. 이들 준말은 전혀 한 단위의 형성소가 아니며, 둘 이상의 통사적 단위가 결합한 것이다. 이는 영어의 예 'I'll'이 전혀 통사적 원자나 형태론적 대상이 아니었던 것과 같다. 가령 '-는답디까'는 '-는다-φ-습디까'처럼 3개의 형성소의 결합형이다.

(39) -는답디까, -는답디다, -는다더니만, -는다더라, -는다던, -는다던가, -는답디까, -는답디다, -는다는/ㄴ다는/다는/라는/는단/ㄴ단/단/란, -는다지, -는다지만, -는대야, -는대서, -더란, -더란다, -더랍니까; -으려더니

그 변이형의 실현에 있어서 음운론적인 규칙성에 지배되는 보문소 형성소의 대표적 부류는 조음소 '으'를 가지는 보문소들이다.[120]

(40) '으'를 가지는 보문소 형성소들:
-으니, -으니까, -으며, -으면, -으면서, -으나,[121] -을수록, -을뿐더러, -을지언정, -을지라도, -으러, -으려(고), -음, -으라, -으세, -읍시다, -읍시오, -으리, -으리라, -으리다, -으리까, -으리니, -으이, -으마, -을게, -음세, -을래, -을꺼나, -을라, -을러라, -을레, -을세라, -으려니, -을까, -을지, -을는지, -은즉, -을진대, -을망정, -은들,[122] -으나따나, -음직, -으랴

(41) '으'를 가지는 복합 보문소들:
-을것같으면, -으십시오(으십쇼), -으십시다, -으십시오, -으세요(으ㅅ+에요), -으

---

120) 관형사형어미 '-은/ㄴ', '-을/ㄹ'은 각각 '-었-는', '-겠-는'의 형태음운론적 실현으로 보아 이들 목록에서 제외한다. 뒤 5.1.2절을 참고하기 바람. 또한, 종래 선어말어미로 분석되어온 '-으리'는 현대 한국어에서 독립된 통사기능을 갖지 않는다고 판단하여, (40)에서와 같이, 더 분석되지 않는 형성소들의 일부로 처리하였다.

121) 여기의 연결어미 '-으나'는 하게체 의문형어미 '-나'("자네 혼자 오나?")와 추측/자문의 '-나'("눈이 왔나?")는 물론, 보조사 '-이나'("떡이나/과자나 먹어야겠다.")와 구별되어야 한다.

122) '-은들'은 동사나 형용사를 가리지 않고 '-은들' 형태로만 실현되는 특징이 있다.
    a. 내가 죽은들/*죽는들 상황이 바뀌겠는가?
    b. 내가 간들/*가는들 상황이 바뀌겠는가?
    c. 바닥이 굳은들/*굳는들 그게 오래 갈까?
    d. 날씨가 아무리 추운들/*춥는들 아이들이 노는 것을 싫다고 할까?

라고, -으마고

　기원적으로 '는'을 가지는 형성소의 예는 다음과 같다. 이들은 그 변이형들을
아울러 제시하고자 한다.

(42) '는'을 가지는 보문소 형성소들:
　　가. -는다/ㄴ다/다/라, -는답시고/ㄴ답시고/답시고/랍시고, -는담/ㄴ담/담/람
　　나. -는구나/구나, -는군/군, -는구려/구려, -는구면/구면/는구면/구면
　　다. -는가/은가/ㄴ가, -는고/은고/ㄴ고, -는감/은감/ㄴ감, 는즉/은즉/ㄴ즉, -는걸/은걸
　　　　/ㄴ걸, -는지라/은지라/ㄴ지라, -느냐/으냐/냐,123) -느니라/으니라/니라
　　라. -느라/-느라고, -느라니/노라니, -노라면
　　마. -는/은/ㄴ
(43) '는'을 가지는 복합 보문소:
　　-는다니/ㄴ다니/다니/라니, -는다며/ㄴ다며/다며/라며, -는다나/ㄴ다나/다나/라나, -
　　는단다/ㄴ단다/단다/란다, -는답니다/ㄴ답니다/답니다/랍니다, -는다만/ㄴ다만/다
　　만, -는다고/ㄴ다고/다고/라고, -는다며/라며, -는데/은데/ㄴ데, -는대도/ㄴ대도/대
　　도/래도, -는군요/군요, -는바/은바/ㄴ바, -는지/은지/ㄴ지, -느니보다/으니보다

'어/아'를 가지는 보문소는 그 수가 얼마 되지 않는다.

(44) '어/아'를 가지는 보문소들:
　　가. -어/아/라, -어라/아라/거라/너라
　　나. -어서/아서/러서, -어야/아야/러야, -어도/아도/러도

'거'를 가지는 보문소도 그 수가 얼마 되지 않는다.

(45) '거'를 가지는 보문소 형성소들:
　　-거든, -거나, -거니, -거늘, -건대, -건마는

---

123) 여기의 '-느냐'와는 별도의 '-냐' 형성소 단위가 존재한다는 점에 주의해야 한다. '-느냐'
　　는 '느냐/으냐/냐'의 세 가지 변이형을 가지는 데에 반해서, '-냐'는 동사/형용사, 어간말
　　의 모음성 여부에 관계 없이 항상 '-냐'로만 실현된다. a.의 '-느냐'는 다분히 문어체의
　　느낌을 주는 어미이며, b.의 '-냐'는 서울을 중심으로 한 지역에서 일상 회화에 사용되
　　는 구어체의 어미로서, 둘은 서로 다른 독립된 어미로 간주되어야 한다.
　　ａ. 믿느냐?/가느냐?/(물이)주느냐?/굳으냐?/차냐?/기냐?
　　ｂ. 믿냐?/가냐?/(물이)주냐?/굳냐?/차냐?/기냐?

이 밖의 보문소들을 열거해보면 다음과 같다.

(46) 기타 보문소 형성소들:
    -자(종결어미), -자(연결어미), -고, -고자, -지, -기(명사형), -되, -다가, -네,
    -니(의문형종결어미), -냐(의문형종결어미), -게(하게체명령형), -게(연결어미),
    -도록, -다시피
(47) 기타 복합 보문소:
    -지마는, -지요, -지요마는, …

이상에서 한국어의 기능 범주를 이루는 형성소 단위와 그 복합 단위에 대한 이 연구의 견해를 구체적인 예를 통하여 보였다. 이른바 어미 중에는 단일 형성소인 경우도 있지만, 형성소들이 복합된 형식도 있다는 점을 주의해야 한다. 더욱이, '-는단다'와 같은 예는 재구조화에 의해서 하나의 어미 단위로 쓰이는 복합 보문소의 용법도 있고, 아예 영-형태까지 포함한 둘 이상의 단위가 통사적으로 결합되는 용법도 있다.

이상의 논의에 따라 얻어지는 한국어 보문소의 목록은 이 책 말미에 부록으로 제시할 것이다.

2.4. 마무리

이 장에서는 한국어 통사구조론을 위하여 구조언어학에서 논의되어온 '형태소', '단어'와는 다른 '형성소' 단위가 정립되어야 함을 알아보았다. '단어'란 용어가 필요하다면 형성소를 단어와 동일시하는 것이 가장 바람직한 대안이라고 보았다. 이러한 형성소의 개념은 디시울로·윌리엄스(Di Sciullo & Williams 1987)에서 논의한 형태론적 대상, 통사적 원자, 등재소, 그리고 음운론적 단어의 개념과의 비교를 통하여 정립되었다.

통사론의 최소 단위로서의 '형성소'와, 통사적 원자, 최소자립형식으로서의 음운론적 단어, 어휘부에 등재되는 단위로서의 '등재소'의 네 가지 단위를 구별해야 한다. 이 중 등재소는 통사론적으로 일정한 단위로서의 자격을 갖지 않는다. 통사 부문에서 일정한 기능을 가지는 것은 형성소와 통사적 원자이다. 통사

적 원자는 최소의 단위나, 복합 단위나, 머리성분 위치에 서는 것을 가리키는 개념이므로 기초 단위 개념으로 사용하기에는 적합지 않은 점이 있다. 활용의 개념을 근본에서부터 문제 삼아야 한다고 할 때, 형태론적 대상은 그 위치가 매우 불안한 바 있다. 그러므로 통사론의 기초 단위 개념으로 가장 분명한 위상을 가지는 것은 형성소라고 보았다.

단위 개념으로서의 통사적 원자와 구별해야 할 개념으로 문법기능의 개념인 '통사적 머리성분(통사핵)'이 있다. 머리성분은 핵계층 이론에서 X^0 위치를 가리키는 개념이다. 통사적 원자로 확립된 단위들이 둘 이상 결합하여 또 다시 X^0 수준의 범주, 즉 통사적 머리성분이 되는 수도 있다. 이것은 재구조화라는 통사적 절차에 따라 그리 된다고 보았다. 그러므로 재구조화에 의해 새 단위가 이루어지는 경우 이외에는 통사적 머리성분은 형성소로만 이루어진다고 기대할 수 있다. 그러나 여기에도 예외적 존재가 있다. 뒤의 4.1절에서는 통사적 이동 변형인 머리성분 이동의 결과로 얻어지는 X^0 수준의 구성이 구문규칙에 의해 형성됨을 논의하게 된다.[124]

형성소는 촘스키(Chomsky 1965b)에서 잠정적인 개념으로 사용되기 시작되었으나, 이상의 고찰에 따른 개념으로 정립될 때 통사론에서 유용한 개념으로 활용될 수 있다고 본다. 우리는 통사적 과정에서의 합성어의 생성을 인정하지 않으므로, 형성소는 합성어를 포함하고, 파생어도 포함하며, 물론 단순어를 포함한다. 형성소는 통사적 머리성분이 되는 단위 중에서 단순 형식만을 지칭하는 개념이라고 하겠다.

등재소는 통사적 과정과는 무관하게 어휘부에 미리 저장되어 있는 온갖 유형의 단위를 의미한다. 통사적으로 머리성분(통사핵)이 아닌 단위까지를 포함한다. 통사적 머리성분 수준을 벗어나는 구나 문장 단위의 형식이 통째로 등재소가 될 수도 있다. 속담이나 특별한 인용구절 등이 이 예가 될 것이다. 결국 '등재소'는 전혀 단어와 동일시될 수 없는 개념이고, 통사적 단위 개념으로 사용될 수 없는 개념이다. 머리성분으로서의 형성소는 물론 어휘부의 등재소가 된다.

그러나 이 연구에서는 어휘부의 등재소 중 특별한 위상을 가지는 것을 상정하였다. 그것은 '어휘부 대응규칙'이다. 어휘부 대응규칙은 둘 이상의 형성소들

---

124) 이 연구에서는 도출적 개념으로서의 변형을 받아들이지 않고, 변형의 결과로 얻어지는 통사구조에 흔적(trace) 등 변형의 효과를 나타낸 표상만을 인정한다. 즉, 원리매개변인 이론의 S-구조에 상응하는 단일한 통사구조만을 인정한다. 4.1.4절 참조.

의 결합체에 머리성분 수준의 통사 범주를 지정해놓는다. 뒤의 3.4절에서는 이렇게 어휘부에서 머리성분 수준의 통사 범주를 가진 요소들의 결합이 통사구조에서의 재구조화라는 절차에 따라 머리성분으로 허가되는 현상을 한국어 통사구조론의 주요 주제로 다루게 된다.

제3장 형식체계와 생성문법

이 장에서는 생성언어학의 가설·연역적 방법에 따른 한국어 문법 체계의 기술 과정을 그 기초적 단계로부터 보일 것이다. 기술·구조언어학이 문법단위로서의 형태소와 단어를 중심으로 하여 분류 체계를 기술하는 데에 전념하였다면, 생성언어학은 문장 단위를 중심으로 한 이론 체계를 구성하는 데에 몰두하여왔다고 할 수 있다. 문법적인(문법적으로 적격한) 한국어 문장을 생성, 또는 이해하는 데 있어서 한국어 화자들이 사용하는, 그들에게 공유된 언어 규칙들의 체계를 제시하는 것이 생성언어학의 목적이다.

한국어 문장들을 생성하고 이해하는 데에 사용되는 문법 규칙들은 어떻게 기술해야 할 것인가? 여기에서는 그 기술 방법을 알아보고, 그 구체적인 분석의 선례를 검토해보려고 한다. 3.1절에서는 생성언어학 연구가 추구하는 형식체계(formal system)로서의 언어의 특성을 살펴보고, 한국어가 형식체계로서 기술·설명될 수 있음을 보인다. 3.2절에서는 표준이론적 생성문법 이론에 입각한 기존 연구의 대표적 사례를 비판적으로 검토하고, 3.3절에서는 원리매개변인 이론의 개요를 소개한다. 3.4절에서는 한국어 통사구조 기술에서 중요성을 가지는 재구조화의 개념을 정리한다.

논지를 선명하게 하기 위하여 한국어의 통사 현상을 가장 포괄적으로 기술한 논의를 한 가지 선정하여 집중적으로 검토하는 방법을 취할 것이다. 이를 바탕으로 하여 다음 장인 제4장에서는 본 연구에서 가정하는 이론 체계의 전반적인 모습을 밝히게 된다.

3.1. 형식체계로서의 한국어

문법적인 한국어 문장을 생성, 또는 이해하는 데 있어서 한국어 화자들이 사용하는, 그들에게 공유된 언어 규칙들의 체계를 기술하는 것이 생성언어학 연구의 목적이라고 하였다. 이러한 규칙 체계는 한국어 화자의 머릿속에 존재하는 심리적 실체이다. 이를 객관화하여 제시하는 일은 가설-연역적 방법에 의존할 수밖에 없다.

화자 머릿속의 언어 규칙의 체계에 대한 이론 모형은 촘스키(Chomsky 1955/1975) 및 촘스키(1957)에서 처음 제시되었다. 이는 이후의 생성언어학의 연구의 방향을 결정짓게 된다. 한국어에 대한 생성문법 이론들을 검토함에 있어서 우리는 형식체계로서의 언어에 대한 촘스키(1955/1975, 1957) 이래의 설명을 준거의 틀로 가지고 있어야 한다. 제2장의 전통·구조문법적 연구들에 대한 평가 작업이 문법단위의 분류 체계에 대한 모형을 제시하면서 시작되었듯이, 이 장의 생성문법적 연구들에 대한 평가 작업은 형식체계로서의 언어 기술 방법에 대한 스케치로부터 출발하려고 한다.

종래의 국어문법 연구에서 크게 아쉬운 점은 형식체계에 대한 철저한 인식이 부족한 점이었다고 생각한다. 촘스키(1955/1975)에서는 인간의 언어가 형식체계로 기술될 수 있음을 보여주었다. 이러한 작업은 언어학 이론의 과업을 발견 절차가 아닌 평가 절차로 보는 그의 관점을 실행하기 위하여 긴요한 것이었다.[125] 그러면 형식체계란 무엇이며, 언어를 형식체계로 기술하는 것이 평가 절차의 수립이라는 언어학 이론의 목적과 한국어의 기술을 위해 어떤 의의를 가지는지 생각해보기로 한다.

---

125) 발견 절차(discovery procedure)를 제시하는 것이 미국의 기술·구조언어학에서 언어학의 궁극의 목적으로 삼던 점이었다. '최소변별쌍(minimal pair)', '상보적 분포(complementary distribution)' 등의 개념을 중심으로 한 음운 단위 발견 절차가 그 단적인 예이다. 이에 반해 생성언어학에서는 가능한 한 명시적으로 기술된 문법 이론들이 주어진 상태에서, 이들 중 가장 우월한 이론을 가리는 평가 척도(evaluation measure)를 제시하는 것이 언어학 이론이 궁극적으로 추구할 점이라고 생각한다. 이런 점에서 생성언어학은 평가 절차(evaluation procedure)를 주요 연구 활동으로 삼는다고 말할 수 있다.

3.1.1. 형식체계의 간단한 실례

언어를 체계 또는 구조로 인식하게 된 것은 현대 구조주의 언어학의 큰 성과이다. 체계는 그 기본 단위들과, 그 단위들의 관계를 규정하는 규칙이나 원리로 이루어진다. 언어를 체계로 상정하고 이 체계를 기술해온 것은 현대 언어학의 전반적 흐름이라고 할만하다. 현대언어학에서 생성언어학이 가지는 변별적 특성을 든다면 그것은 수학적 형식체계(formal system)의 추구에 있다고 할 수 있다.[126] 단적으로 말해서, 수학의 식과 자연언어의 문장의 형식적 유사성에 주목한 것이다.

자연언어가 수학의 대수 체계나 프로그래밍 언어의 체계와 같은 형식체계라는 사실이야말로 생성문법 이론의 초기 단계에서부터 촘스키(N. Chomsky)가 가지고 있었던 기본적인 구상이었다고 할만하다. 수학의 한 등식으로 $(x+3)^2 = x^2 + 6x + 9$와 같은 식을 생각해보자. 좌변의 $(x+3)^2$와 우변의 $x^2 + 6x + 9$는 동일한 값을 가진다. 그런데 좌변으로부터 우변이 도출되기 위해서는 일련의 규칙 적용 절차가 개재하게 된다. 이를 다음과 같이 나타내기로 한다.

(1) $(x+3)^2$

$(x+3) \cdot (x+3)$ ← 제곱셈 규칙: $\alpha^2 = \alpha \cdot \alpha$ (가)

$x^2 + 2 \cdot (x \cdot 3) + 3^2$ ← 공식: $(\alpha + \beta) \cdot (\alpha + \beta) = \alpha^2 + 2 \cdot (\alpha \cdot \beta) + \beta^2$ (나)

$x^2 + 2 \cdot (3 \cdot x) + 3^2$ ← 교환법칙: $\alpha \cdot \beta = \beta \cdot \alpha$ (다)

$x^2 + (2 \cdot 3) \cdot x + 3^2$ ← 결합법칙: $\gamma \cdot (\alpha \cdot \beta) = (\gamma \cdot \alpha) \cdot \beta$ (라)

$x^2 + 6 \cdot x + 3^2$ ← 곱셈   : $2 \cdot 3 = 6$ (마)

$x^2 + 6 \cdot x + 9$ ← 제곱셈 규칙: $\alpha^2 = \alpha \cdot \alpha = 3 \cdot 3 = 9$ (바)

따라서 식 '$x^2 + 6x + 9$'는 다음과 같은 절차를 거쳐 얻어진다.

(2) (x+3) ― (가) ― (나) ― (다) ― (라) ― (마) ― (바)

'(x+3)'은 또한 'x'와 '+'와 '3'이라는 어휘가 형성규칙(formation rule)에 의하여 결합된 단순한 구조의 식이다.[127] '+'라는 술어가 변수 'x'와 상수 '3'에 대하

---

126) Partee et al.(1990) 89쪽 이후 참조. 그러나 '형식체계'를 반드시 Partee et al.(1990)에서 정의하는 바와 같은 진리조건적/모형이론적 개념으로 이해할 필요는 없다.

여 작용하고 있다.[128] 이를 다음처럼 나무그림으로 보일 수 있다.

(3) 가. S → x + 3

　　나.

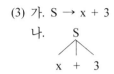

위에서 일련의 규칙들이 적용되는 절차를 반대 방향으로 바라보면 $x^2 + 6x + 9$ 와 같은 식으로부터 $(x+3)\cdot(x+3)$을 이끌어 내는 인수분해(factorization)의 과정이 된다.

수학의 식에 대한 이러한 관점을 자연언어의 문장에 대해서 적용할 수 있다. 이러한 관점이 생성문법 이론의 기본 출발점이었다고 할 수 있다.[129] 한국어의 간단한 문장으로 다음 예를 들어보자.

(4) 철수 잔다.

이 문장은 세 개의 기호, 즉 '철수', '자', 'ㄴ다'가 연결된 기호열로 되어 있다. 이 문장의 통사구조는 이 문장을 도출하기 위하여 적용된 규칙들의 연속으로 해석할 수 있다. "철수 잔다."를 도출하기 위하여 필요한 규칙은 다음과 같다. (사), (아)는 구 구조 규칙이고 (자), (차), (카)는 어휘부의 규칙, 또는 어휘항목이 다.[130] (자)에서는 NP와 N의 구별을 무시하였는데, 이는 단지 복잡해지는 것을 피하기 위한 것이다. 또한, 설명의 편의를 위하여 'ㄴ다'를 임시로 'SE' 범주로 취급하였다.[131]

---

127) 소괄호 '('와 ')'도 이 식을 이루는 한 구성요소이다. 이를 완전히 명시하기 위해서는 'α $=(\alpha)$'와 같은 규칙이 필요할 것이다

128) 통사론에서의 '서술어'(predicate)와는 달리 의미론, 또는 다른 형식체계 논의에서는 '술어'(predicate)라는 용어를 구별하여 쓰는 것이 필자의 용어법이다.

129) 초기의 이와 같은 관점을 잘 보여주는 연구는 Chomsky(1965a)이다.

130) 어휘항목이 어휘부에서 기술되는 방식은 역시 어휘부의 규칙이 기술되는 방식과 다를 바 없다. Jackendoff(1997a, 2002)에서는 실지로 어휘항목들 하나하나가 규칙('대응규칙': correspondence rule)으로 간주되어야 한다는 점을 강조하고 있다.

131) 'SE'는 문장의 어미(Sentence Ending)란 뜻의 영문의 앞 글자를 취해서 쓰는 것이다. 뒤의 4.1절에 가서 전체적인 고려 하에 새로운 통사 범주의 체계를 설정하는 일을 논의하게 될 것이다. 이 밖의 통사 범주들은 다음과 같다.
　S: 문장, N: 명사, NP: 명사구, V: 동사, VP: 동사구

(5) S → NP VP SE (사)
    VP → V (아)
    NP → 철수 (자)
    V → 자 (차)
    SE → ㄴ다 (카)

"철수 잔다." 문장의 구절표지(phrase marker)를 나무그림으로 표시하면 다음과 같다.

(6)
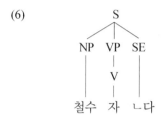

이 나무그림은 (사)-(카)의 규칙들이 적용되는 절차를 보여주기도 한다. 즉 다음과 같이 요약할 수 있다.

(7) (6) = (사)─(아)─(자)─(차)─(카)

하나의 문장은 이 문장을 도출하는 과정에서 나타나는 각 단계의 표상들의 집합으로 해석할 수 있다. 위 (6)의 나무그림은 다음과 같은 집합과 대응된다. 사실, 이러한 구절표지의 집합 표기법은 촘스키(Chomsky 1955/1975) 이래로 생성문법 이론에서 기본적인 형식적 기반으로 생각하던 것이었다(Lasnik et al. 2000, Stabler 1992: 113 참조).

(8) { S , NP VP SE , NP V SE , 철수 V SE , 철수 자 SE, 철수 자 ㄴ다 }

생성문법의 통사 부문을 이루는 두 가지 규칙의 유형은 구 구조 규칙과 변형 규칙이다. 위 (5)에서 구 구조 규칙의 예를 보았으므로, 이제 변형 규칙에 대해 살펴보기로 하자.

(8)에는 구 구조 규칙과 어휘부의 규칙만이 적용되었지만, 앞서 (1)과 같은 식에

는 기호들의 순서를 바꾸는 교환법칙과 계층구조의 변화를 보이는 결합법칙 등의 규칙들이 적용되었다. (가)-(바)와 같은 것은 생성문법에서 변형 규칙과 상응하는 것이다. 'x+3'이 형성되는 과정은 구 구조 규칙이 적용되는 과정과 상응한다.

접속문 줄이기와 피동화 변형은 변형의 개념과 그 필요성을 잘 보여주는 예로 알려져왔다. 초기 생성문법의 관점에서 접속문 줄이기 변형의 동기를 보여주는 예로 널리 받아들여졌던 영어의 예를 한 가지 들어보겠다.132)

(9) John was hunting lions and was frightened by snakes.

이 문장에서 'John'은 동사 'hunt'의 논리적 주어이면서 동사 'frighten'의 논리적 목적어이다. 하지만 표면적으로는(또는 문법적으로는) 'John'은 'hunt'와 'frighten'에 대한 공통의 주어로 나타나 있다. 이러한 관계는 이 문장이 심층구조에서 다음 두 문장에 대응하는 구조들의 접속으로 이루어졌다고 가정하면 체계적으로 설명된다. 즉 논리적 주어 또는 논리적 목적어라는 문법적 관계는 심층구조에서 결정되는 개념이라는 것이다.

(10) 가. John hunts lions.
     나. Snakes frighten John.

(10나)에서는 먼저 피동화 변형(Passive transformation)이 적용되어야 한다. (11)은 (10나)에 피동화 변형이 적용된 결과로 생겨난 구조를 보여준다.133)

(11) John was frightened by snakes.

(9)의 접속문은 (11)과, (10가)에 피동화 변형이 적용된 구조가 접속되고,134) 다음으로 후행절의 'John'이 삭제 변형에 의하여 지워짐으로써 생겨난 것이라고

---

132) 이는 Dougherty(1970: 852)의 예를 인용한 것이다.
133) 물론 양상 조동사(modal auxiliary)들에 대해서는 고려하지 않은 것이다. 2.3.2절에서 지적한 바와 같이 한국어에서는 '피동화'를 변형으로 인정하기 어렵다. 따라서 변형 개념의 적용에 좀더 현실성이 느껴지는 영어의 구문을 예로 든 것이다.
134) 여기서 (9)와 같은 접속문의 '접속' 구조를 만드는 구체적인 절차는 Chomsky(1957)의 방식을 따르느냐, Chomsky(1965)의 방식을 따르느냐에 따라 달리 설명된다. 이 점은 뒤에서 다시 언급한다.

설명된다. 뒤의 삭제 변형은 '접속문 줄이기'(접속삭감: conjunction reduction)라고 하는 복합적인 변형의 한 단계이다.

이러한 예는 심층구조와 표면구조라는 두 가지 표상 층위가 필요하며, 이 두 표상 층위는 변형 규칙들에 의하여 연결된다고 하는 생성문법의 기본 가정을 뒷받침해주는 사실이라고 생각되어 크게 주목을 받아왔다. 만약 위의 접속문의 심층구조를 생성하기 위하여 필요한 구 구조 규칙들로 세 개가 있고 이들 규칙을 임의로 (타), (파), (하)라고 부른다면, 위의 접속문 (9)를 다음과 같이 표시할 수 있을 것이다.[135]

(12) (9) = (타) ─ (파) ─ (하) ─ 피동화 ─ 접속문 줄이기

다음과 같은 문장도 이와 같은 관점에서 풀이될 수 있다.

(13) John and Mary ran.

이 문장이 "John ran."과 "Mary ran."에 각각 대응하는 구조들이 접속된 것으로 보고, 각각의 단문 구조를 도출하기 위하여 적용된 구 구조 규칙을 역시 자의적으로 (갸), (냐), (댜), (랴)라고 한다면 이 문장은 다음과 같이 표시된다.

(14) (13) = (갸) ─ (냐) ─ (댜) ─ (랴) ─ 접속문 줄이기

'접속문 줄이기'란 단일한 절차가 아니다. 수학에서의 (가)-(바)와 같은 절차를 자연언어에서 확인할 수 있어야 '접속문 줄이기 변형' 가설이 성공적인 것이라고 할 수 있다. 그러나 실제로는 그렇지 못하고, 여러 개의 복잡한 부분적 변형의 절차를 자의적으로 설정하는 것이 보통이다. 이는 달리 다음과 같이 표현할 수 있다. (가)-(바)의 각 규칙의 적용에 의해서 생겨난 왼쪽의 식들은 모두 적

---

135) Dougherty(1970: 861)에서는 피동화 변형에 앞서 접속항 이동변형이 의무적으로 먼저 일어나야 될 예로 다음과 같은 예를 들고 있다. 이는 접속문 줄이기 변형의 설정에 대하여 난점을 제기하는 한 가지 사례가 된다.
   *His understanding and his wisdom match.
    His understanding matches his wisdom.
    His wisdom is matched by his understanding.

격한 식이다. 그러나 자연언어에서 접속문 줄이기의 과정에서 생기는 각 단계의 구조는 자연언어의 문법적 문장이 아닌 경우가 흔하다. 이 점을 앞으로 4.3절에서 살펴보게 된다.

위에서 (9)의 접속문이 형성되는 절차 자체에 대해서는 자세히 말하지 않았다. 이에 대한 설명에는 두 가지 방식이 있다. 하나는 촘스키(Chomsky 1957)의 '일반화 변형'의 방식을 따르는 것이고, 다른 하나는 촘스키(Chomsky 1965b)의 구 구조 규칙의 방식을 따르는 것이다.[136] 전자는 대략 (10가)와 (10나)와 같은 핵문장(kernel sentence)을 바탕으로, 이 둘을 일반화 변형에 의해 결합하여 (9)가 형성된다고 설명하는 것이다. 후자는 기저의 구 구조 규칙 중 하나로 (9)와 같은 접속문 구조를 생성하는 규칙을 설정하는 것이다.

(13)에 상응하는 것으로 여겨지는 한국어의 다음과 같은 문장을 위해서도 동일한 설명법이 적용될 수 있다.[137]

(15) 철수, 그리고 영호 잔다.

생성문법의 초기 이론의 실행 방식을 따르면 이는 대략 다음과 같은 기저구조로부터 도출된 것으로 설명할 수 있다. 여기서 '접속'의 구체적인 절차는 바로 앞에서 말한 것처럼 일반화 변형을 활용하는 촘스키(Chomsky 1957)의 방식을 따르느냐, 구 구조 규칙을 활용하는 촘스키(Chomsky 1965b)의 방식을 따르느냐에 따라 달라질 수 있다. 다음에서는 후자의 방식, 즉 '표준이론'의 방식에 따른 설명을 보이고자 한다.

(16) [[철수 자-고] [그리고 영호 자-ㄴ다]]

위 (4)와 (15), (16)에서 주어진 단어(또는 '형성소formative')만을 가지는 가상의 언어가 있다고 가정하고, 이 언어의 모든 문장을 생성하는 통사론의 규칙,

---

136) 이 책의 이론을 '표준이론'이라고 부른다.
137) 다음과 같은 문장들도 (15)와 거의 같은 의미를 표현한다. 사실 종래 국어문법 연구에서 (16)과 같은 심층구조로써 설명해온 문장의 예는 (a가)이다. 그러나 (a가)와 (a나)는 (16)과 통사적 변형에 의해 연결될 수 없다. 이에 대해서는 뒤의 4.3절에서 논의할 것이다.
   a 가. 철수와 영호가 잔다.
     나. 철수 및 영호가 잔다.

즉 구 구조 규칙과 변형 규칙을 모두 고려해보기로 하자. 이미 (5)에서 제시한 구 구조 규칙 외에 다음 (17)의 규칙들이 추가되어야 한다. 위에서 'SE'라는 범주로 규정되었던 'ㄴ다'는 'SE'의 하위 범주로 보아 'SEa'로 나타내기로 한다. 문말어미의 하나로 취급되어온 연결어미 '-고'도 'SE'의 하위 범주인 'SEb'로 나타낸다.

(17) 가. S → S S
    나. S → AdvP S
    다. SE → SEa
    라. SE → SEb
    마. SEa → ㄴ다
    바. SEb → 고
    사. NP → 영호
    아. AdvP → 그리고

(16)의 기저구조에서 (15)와 같은 문장을 생성하기 위해 필요한 변형 규칙은 다음과 같다.[138] X와 Y는 임의의 통사 범주를 나타내는 '통사적 변수'이며, 나머지는 앞에서 도입된 범주들이다.

(18) 접속문 줄이기 변형 규칙:
    NP_1 VP 고 X NP_2 Y VP ⟹ NP_1 , X NP_2 Y VP (단, NP_1=/= NP_2)

그러면, 이 구 구조 규칙들과 변형 규칙을 통하여 생성될 수 있는 문장은 다음과 같다. (19)는 구 구조 규칙만 적용된 결과이며, (20)은 (18)의 변형 규칙이 적용된 결과이다. 편의상 '/'는 그 양쪽에 있는 항목이 임의로 선택됨을 나타낸다.

(19) 가. 철수 잔다/영호 잔다/그리고 철수 잔다/그리고 영호 잔다
    나. 철수 자고 영호 잔다/영호 자고 철수 잔다/철수 자고 철수 잔다/영호 자고 영호 잔다
    다. 철수 자고 그리고 영호 잔다/영호 자고 그리고 철수 잔다/철수 자고 그리고 철수 잔다/영호 자고 그리고 영호 잔다

---

138) 이는 아주 간략하게 나타낸 것이다. 생성문법적 논의에서 일반적으로 사용하는 변형 규칙의 표기 방법은 뒤의 3.2절에서 볼 수 있다.

　　라. 그리고 철수 자고 영호 잔다/그리고 영호 자고 철수 잔다/그리고 철수 자고
　　　　철수 잔다/그리고 영호 자고 영호 잔다
　(20) 철수, 그리고 영호 잔다/영호, 그리고 철수 잔다/철수, 영호 잔다/영호, 철수 잔다

　　그런데, (5), (17), (18)의 규칙들에 의해서 산출되는 문장은 (19)와 (20)의 예들
로만 한정되지 않는다. 다음과 같은 '비문'들이 역시 산출된다. (21가)는 완전한
비문이라고는 할 수 없을지 모르나, (21나)는 비문법적 문장임에 틀림없다.

　(21) 가. *그리고 철수 자고 그리고 영호 잔다/그리고 철수, 그리고 영호 잔다
　　　　나. *철수 잔다 그리고 영호 자고/*철수, 그리고 영호 자고

　　(21나)와 같은 비문을 제거하기 위해서는 여러 가지의 통사론적 제약 장치가
설정되어야 한다. (21가)와 같은 문장들이 의미적으로는 어색하지만 통사론적으
로는 부적격한 것이 아니라고 판단할 수 있다면, 이들은 의미론적 제약의 장치
를 고안하여 배제할 수 있을 것이다. 생성문법 이론의 발전은 이와 같은 통사론
적, 의미론적 제약들을 규칙이나 원리로 고안해온 과정이었다.
　　이제까지, 간단한 실례를 들어 한국어가 형식체계의 하나라는 점을 설명해보
았다. 형식체계는 수학적 대수 체계이다. 대수 체계는 어느 것이나 기본 단위들
의 집합과, 단위들을 관계짓고 결합하는 규칙들의 집합의 순서쌍으로 나타낼
수 있다. 이렇게 언어체계가 대수 체계라는 가정 하에서, 하나의 언어체계 L은
다음의 순서쌍의 형식으로 나타낼 수 있다.

　(22) L = (Vc, F)

Vc는 이 언어체계의 어휘들과 범주들의 집합이며,[139] F는 주어진 어휘와 통사
범주를 가지고 문장을 형성하는 규칙인 형성 규칙, 즉 구 구조 규칙들의 집합

---

139) 여기에서 '어휘'는 '어휘항목'을 뜻한다. 한자어로서의 '어휘(語彙)'는 집합적인 의미를
　　가지고 있지만, 언어학적 논의, 혹은 일상언어의 용법에서 흔히 개체로서의 어휘항목을
　　'어휘'라는 말로 지칭하는 것을 볼 수 있다. 이는 단어의 오용에서 비롯된 것이기는 하
　　나 한국어에서 명사가 가지는 의미 해석상의 규칙에 따른 것이라고 생각한다. 즉, "집
　　합적인 의미를 가지는 명사는 그 집합에 속하는 개체의 표현으로 쓰일 수 있다."와 같
　　은 것이다. 이와 같은 판단에서 앞으로도 '어휘'라는 용어를 '어휘항목'의 의미로 사용
　　하고자 한다.

과, 문장의 형식적 구조를 바꾸는 변형 규칙들의 집합이다. 집합 Vc를 이루는 것은 어휘들과 범주들이라고 했는데, 어휘들을 종단기호(terminal symbol), 범주들을 비종단기호(nonterminal symbol)라고 한다. 숫자와 문자와 연산자들을 가지는 수학의 대수 체계가 식들을 만들어내듯이, 어휘들과 통사 범주를 가지는 언어체계도 형성 규칙과 변형 규칙에 의해 문장들을 만들어낸다.

(23) 가. Vc = { S, AdvP, NP, VP, V, SE, SEa, SEb, 철수, 영호, ㄴ다, 고, 그리고 }
　　나. F = { S → S S,　　S → AdvP S,　　S → NP VP SE,　　VP → V,
　　　　　　NP → 철수, NP → 영호,　　V → 자,　　　　SE → SEa,
　　　　　　SE → SEb,　SEa → ㄴ다,　　SEb → 고,　　　　AdvP → 그리고,
　　　　　　(18) 접속문 줄이기 변형 규칙 }

요컨대, (4)의 "철수 잔다"와 (15), (16), (19), (20)의 문장들로만 이루어진 가상의 언어 L이 있다고 할 때, 이 언어 L은 (22)와 (23)의 형식체계만 가지고 완전히 기술된다는 것이다. 그러므로 생성문법의 관점에서의 한국어에 대한 기술은 Vc를 이루는 통사 범주와 어휘의 체계를 기술하고, F를 이루는 구 구조 규칙과 변형 규칙을 기술하는 일이라고 요약할 수 있다.

3.1.2. 구절표지의 기술

앞 절에서는 '구절표지'라는 개념을 논의 과정에서 언급하고 구절표지의 표기 방법을 간단히 선보였다. 그 구체적인 기술의 방법은 이론을 세우는 입장에 따라 달라질 수 있다. 구절표지를 나타내는 가장 일반적인 방법은 (24)의 나무 그림 표기법과 (25)의 대괄호 표기법이다. (25)의 대괄호 표기법에서 통사 범주를 한 구성성분의 양쪽에 나타내거나, 왼쪽 또는 오른쪽에만 나타내더라도 차이는 없다. (24)의 구절표지와 (25)의 세 가지 구절표지는 완전히 같은 내용을 나타낸다.

(24)

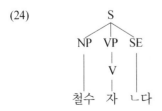

(25) 가. [s [NP 철수]NP [VP [v 자]v]VP [SE ㄴ다]SE]s

　　나. [s [NP 철수] [VP [v 자]] [SE ㄴ다]]

　　다. [[철수]NP [[자]v]VP [ㄴ다]SE]s

그러나 나무그림 표기법과 대괄호 표기법은 그 표현력에 한계를 가지는 것으로 생각되기도 한다. 구절표지를 다음과 같이 도출 과정에 산출되는 기호열들의 집합으로 나타내는 방법도 있다. 이를 위에서 '집합 표기법'이라고 지칭한 바 있다.

(26) { S , NP VP SE , NP V SE , 철수 V SE , 철수 자 SE, 철수 자 ㄴ다 }

위에서는 굴절소의 존재를 더 고려하지 않고 어말어미를 SE로 나타낸 바 있다. 또한 연결어미도 SE의 하위범주로 처리했다. 이러한 어미 요소들의 통사 범주를 부여하는 문제는 한국어 문장의 기본 절 구조를 규정하는 데에 있어서 대단히 중요한 것이다. 종래 한국어 통사론의 연구에서는 어미 요소들을 동사 범주 'V'에 관할되는 범주로 설정하는 경우가 흔했으나, 제2장의 논의는 이들이 문장의 직접구성성분으로 파악되어야 함을 보여주었다. 앞 절에서도 어미 'ㄴ다'를 문장의 직접구성성분으로 처리하는 예를 보였다. 앞 절에서 제시하였던 구 구조 규칙들을 모두 모아보면 다음과 같다.

(27) 가. S → S S

　　나. S → AdvP S

　　다. S → NP VP SE

　　라. VP → V

　　마. SE → SEa

　　바. SE → SEb

　　사. NP → 철수

　　아. NP → 영호

　　자. V → 자

　　차. SEa → ㄴ다

　　카. SEb → 고

　　타. AdvP → 그리고

구절표지(phrase marker)는 구(phrase)의 통사구조를 나타내는 표상이다.[140] 문법적 구성을 형태론적 구성과 통사적 구성으로 나누는 것은 이미 구조문법 시기부터 보편화된 것이다. 문법단위로서의 구는 (형태론적 구성과 대립되는 개념으로서의) 통사적 구성을 이루는 단위로서, 통사론은 구절표지에 관한 연구 자체라고 해도 틀린 말은 아닌 것이다. 더욱이 1980년대 말부터의 생성문법 연구에서는 문장을 구의 하나로서 파악하는 관점이 일반화된다. 이러한 관점은 핵계층 이론(X-bar theory)이라는 이름으로 구체화된다. 이에 이르러서는 통사론을 구절표지, 즉 구의 표상에 관한 연구로 요약하는 것은 사실을 더욱 정확하게 표현하는 일이 된다.

문장을 구의 한 종류로 보는 관점은 어미 요소를 통사적 형성소로서의 머리성분으로 보는 관점을 전제하는데, 이는 제2장에서의 논의 결과와도 부응하는 것이다. 제2장에서는 전통문법적 연구들에 대한 검토를 통하여, 어미 요소들을 독립된 단어로 바라보는 관점, 즉 분석적 체계가 한국어의 통사구조를 기술하는 데에 가장 효과적이라고 보았다. 우리는 주시경(1910)과 같이 'ㄴ다'를 독립된 통사적 단위로 간주하고, 1980년대 생성문법의 핵계층 이론의 안목을 활용하여, 위 (24)-(27)의 구절표지와 구 구조에 관한 규칙을 조정하여보기로 한다. 이와 같은 작업에서 가장 핵심적인 착안은 'ㄴ다'의 처리에 관한 것이다. 먼저 "철수 잔다" 문장의 구절표지인 (24)를 다음과 같이 바꿀 수 있다.

(28)

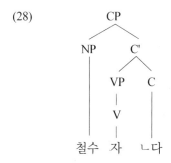

'ㄴ다'는 보문소(C) 범주로 파악되었고, 문장 "철수 잔다"는 보문소가 머리성분이 되어 형성하는 구 단위, 즉 보문소구(CP)로 파악되었다. 또 한 가지 주목할

---

140) 그러므로 'phrase marker'의 역어로 '구 표지'라 해도 좋을 것이다. 그러나 한국어 통사론 논의에서 '구절표지'라는 용어가 친숙하게 사용되고 있다는 판단에서 이를 취해 쓰는 것이다.

점은, 동사구(VP)가 보문소(C)의 보충어로 취하여져서 중간 보문소구(C')를 이루었다는 것이다.[141]

앞 절에서는 다음과 같은 접속문을 처리하는 간단한 방법을 소개하였다. (28)과 같은 핵계층 이론의 안목을 가지고서 (29), (30)에 관한 앞서의 결론을 수용하는 방법은 어떤 것인지 고찰해보기로 한다.

(29) 철수, 그리고 영호 잔다.
(30) [[철수 자-고] [그리고 영호 자-ㄴ다]]

첫째로, 선행절의 '-ㄴ다', '-고' 등의 요소를 변형에 의해 도입하거나 제거하는 변형설이 있다.

(29)의 문장을 (30)과 같은 기저구조로부터 도출하기 위하여 생성문법적 연구들에서 널리 사용해온 방법은 변형 규칙을 이용하는 것이다. 앞 절에서도 이미 변형 규칙으로서의 '접속문 줄이기'를 규칙화하였다. 이 규칙을 유지하면서도 (29) 문장을 얻는 방법이 있다.

구 구조 규칙 (27마, 바)에 주목해보자. 이는 사실상 (27차, 카)에서 '-ㄴ다'와 '-고'를 도입하기 위한 사전 조정의 성격을 가지는 것이다. 그런데 이와 같은 체계는 앞 절에서 지적한 다음과 같은 비문들을 문법적인 문장으로 잘못 예측하는 문제가 있다.

(31) *철수 잔다 그리고 영호 자고/*철수, 그리고 영호 자고

이 문제의 요인은 '-ㄴ다'와 '-고'를 동일한 통사 범주 'SE'로 취급하는 데에 있다. 이를 벗어나기 위해서 초기의 생성문법 연구에서 흔히 사용한 방법이 변형적 방법이다. 즉, 종결어미만 기저에서 'SE'와 같은 방식으로 도입하고, 접속사의 기능을 가지는 연결어미는 아주 다른 통사 범주, 즉 'Conj'와 같은 것으로 도입한다. (27)과 같은 구 구조 규칙의 체계에서만 이를 도입하게 되면 SE인 '-ㄴ다'와 Conj인 '-고'가 연이어 나타나는 경우를 처리하기 어려워지므로, 이 경우

---

141) 어말어미 'ㄴ다'를 보문소로 처리하는 것과 함께 이루어져야 할 일은 이 앞의 '-으시-', '-었-', '-겠-' 등의 선어말어미를 처리하는 일이다. 뒤의 제4장에서는 이들을 독립적인 통사 범주인 굴절소(I)로 처리하는 통합적 체계를 제시할 것이다. 이 체계에 의하면, "철수 잔다" 문장에서는 굴절소가 영-형태(ϕ)로 나타난다.

1) Conj 앞의 SE가 삭제된다고 설명하거나, 2) Conj의 도입을 처음부터 변형 규칙이 맡도록 하는 두 가지 방안이 생각될 수 있다. 앞의 방안은 Conj 앞에서 SE가 삭제되는 삭제 변형을 활용하는 것이며, 뒤의 방안은 접속문이라는 구조적 환경에서 Conj가 삽입되는 삽입 변형을 이용하는 것이다.

(32) 가. [CP [ConjP [CP 철수 [C' [VP 자-][C -ㄴ다]]][Conj -고]] [CP 그리고 영호 자-ㄴ다]]
  종결어미 삭제 변형 ⟹
  나. [CP [ConjP [CP 철수 [C' [VP 자-][C . . .]]]][Conj -고]] [CP 그리고 영호 자-ㄴ다]]
(33) 가. [CP [CP 철수 [C' [VP 자-][C -ㄴ다]]] [CP 그리고 영호 자-ㄴ다]]
  접속사 삽입 변형 ⟹
  나. [CP [CP 철수 [C' [VP 자-][C -ㄴ다]]] [Conj -고] [CP 그리고 영호 자-ㄴ다]]

과거의 한국어에 대한 생성문법적 연구에서 가장 환영받아온 설명 방안은 (32)와 같은 것이었다고 생각된다.[142] 우선, (33)의 방안은 Conj 범주의 도입에 의하여 2분지 구조로부터 3분지 구조로의 구조 변화가 발생하였다는 점에서 심각한 난점이 있다. 물론 변형에 의해 3분지 구조가 나타나는 것이 아니라, 선행절의 보문소 '-ㄴ다'를 대체한다든지, 또는 그저 선행절인 CP에 어떻게든 덧붙는 것으로 설명할 가능성을 생각할 수는 있다. 그러나 이러한 변형적 설명 방안이 가지는 근본 문제는, 대략 다음과 같이 서술할 수 있는 '구조 보존의 원리'를 위반한다는 것이다.[143]

(34) 구조 보존 원리: 변형적 절차는 이전의 다른 통사적 규칙이나 원리에 의해 도입된 구조를 바꿀 수 없다.

(32)의 삭제 변형 방안도 문제성을 안고 있다. 삭제된 선행절의 머리성분 C의 위치에는 무엇이 남는가? 'φ'와 같은 것이 남는다면 이는 삭제된 것이 아니라, '-ㄴ다'에 대체된 것이거나, 처음부터 기저에 존재하던 것이라고 보아야 한다. 그렇지 않다면 이 머리성분 C는 존재하지 않는 것이므로, 선행절의 구조를 전면적으로 무너뜨리는 결과가 되어, (34)의 원리를 위반할 수밖에 없다. 하지만,

---

142) 이 점을 보여주는 초기의 대표적인 연구는 양인석(1972나)이다.
143) 본질적으로 이와 같은 의미를 가지는 구조 보존 원리는 에몬즈(J. Emonds)에 의해 확립된 것으로 알려져있다. 아래의 서술과 가까운 서술로는 Emonds(1976: 3)을 참조할 수 있다.

'대체'의 가능성도 바람직한 것이 못 된다는 것은 조금만 생각해보면 안다. (35)
의 대체된 'φ'는 C일 수도 없고, Conj일 수도 없는 것이다.

(35) 가. [CP [CP 철수 [C [VP 자-][C -ㄴ다]]] [CP 그리고 영호 자-ㄴ다]]
　　　접속사 대체 변형 ⟹
　　　나. [CP [CP 철수 [C [VP 자-][C/Conj φ]]] [CP 그리고 영호 자-ㄴ다]]

그러므로, 단순문의 통사구조를 (28)과 같은 것으로 가정한다는 대전제에서,
그리고 '-고'의 통사 범주를 보문소 'ㄴ다'와 달리 접속사라고 규정한다는 가정
에서, 접속문의 선행절의 보문소는 기저에서부터 존재하는 'φ'로 설정하는 것
이 가장 타당하다.

둘째로, 위와 같은 변형적 설명에 반대하는 견해가 있다. 이를 '반변형설'이라
고 부르기로 한다.

반변형설에도 두 가지 견해를 나눌 수 있다. 먼저, 선행절의 보문소 '-ㄴ다'에
대응하는 영-형태 'φ'를 기저에 설정하는 '영-형태 기저생성설'이 있다. 위 논의
의 귀결은 이처럼 선행절의 보문소 위치에 영-형태 'φ'가 기저에서부터 주어진
다는 것이었다. 접속사(Conj)도 기저에서 보문소 뒤의 위치에 도입된다.

앞의 변형설의 여러 견해와 비교할 때 이 견해가 우월한 견해라는 점, 그리고
실행 가능한 것이라는 점에는 틀림이 없다. 그러나, 한국어에서 동사의 어말어
미는 반드시 외현적으로 실현되어야 한다는 일반적인 믿음에 비추어볼 때, 이
견해는 기저에서부터 어말어미가 'φ'로 실현됨을 주장하므로, 처음부터 한국어
의 구조에 관한 일반적인 믿음을 거스르는 처리법이라는 부담을 지게 된다.[144]

반변형설의 다른 가능성은, 처음부터 접속사 범주를 상정하지 않고, '-고'가 '-
ㄴ다'와 마찬가지로 보문소(C)의 통사 범주를 가진다고 가정하는 것이다. 이 견
해는 이 연구에서 필자가 받아들이는 것이다. 그러나 구 구조 규칙이라는 규칙
의 형식이 가지는 일반적 제약으로 말미암아, (5)의 구 구조 규칙들이 가지는
기본 정신을 유지하려고 하는 입장에서는 이 견해 역시 문제에 봉착하게 된다.
'-고'는 '-ㄴ다'처럼 동사구(VP)를 그 보충어로 취하고 주어인 명사구(NP)를 그

---

144) 연결어미 절에 관한 논의의 일부인 5.4.6절에서는 아주 특수한 구조적 환경에 국한하여
　　한국어에도 영-형태의 보문소를 설정해야 한다고 주장할 것이다. 이것이 '연결어미 없
　　는 연결어미 절'이라는 표제를 붙인 이유이다.

명시어로 취하여 보문소구(CP)를 형성한다고 설명해야 한다. 이러한 처리는 결국 앞의 (31)을 통하여 지적된 문제점을 떠안게 되는데, 이 점은 생성문법 연구의 초기로부터 변형적 처리법들이 피하고자 했던 바로 그 문제점인 것이다.

하지만, 변형설의 여러 설명 방안이 가지고 있는 결점들의 치명적 성격에 비하면, 반변형설의 이 견해가 가지는 문제는 구절표지에 대한 새로운 관점을 끌어들이면 충분히 해결 가능한 것이라고 생각된다.

어휘항목이 가지는 통사적 정보에는 동사(V)나 명사(N), 또는 보문소(C)와 같은 일차적 통사 범주 말고도 자동사, 타동사 등의 하위범주 정보도 있다. 이러한 하위범주 정보도 통사적 과정에서 제약 조건을 이루는 구조적 환경이 되는 것이다. 마찬가지로, '-고'의 일차적 통사 범주를 보문소(C)로 규정한다 해도 그 하위 범주 정보는 접속사가 가지는 구조적 제약을 그 효력으로 포함한다고 기술할 수 있는 것이다.

이제, 이 연구에서 가지고 있는 한국어 문장의 통사구조에 대한 전체적인 관점을 보일 수 있도록 앞서의 (30)의 문장에 대한 통사구조를 제시해보기로 한다. (30)'은 (30)을 더욱 엄밀하게 나타낸 것이다.[145]

(30) [[철수 자-고] [그리고 영호 자-ㄴ다]]
(30)' [[철수 자-φ-고] [그리고 영호 자-φ-ㄴ다]]

(36)

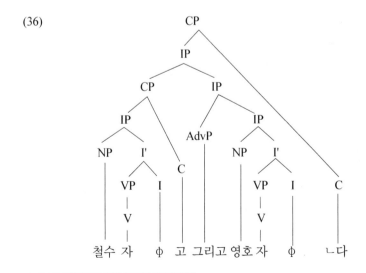

___

145) (30)'과 (36)에서 'φ'는 시상의 하위범주로서 중화 시상을 나타내는 무형의 형태소이다. 이는 이미 2.3.4절에서 설정한 바 있다.

이와 같은 구조는 제4장에서 전개하는 전반적인 한국어 통사구조의 체계에 관한 관점에 따라 얻어지는 것이다. 그 세부적인 내용에 대해서는 제4장의 논의를 기다려야 하겠지만, 연결어미와 종결어미의 통사구조상의 지위를 중심으로 한 그 기본 관점은 드러나 있다. 그 기본 관점이란, 생성문법의 전통적인 변형 규칙은 이와 같은 구조를 형성하는 데에 아무런 힘을 발휘하지 못한다는 것이다. 이 관점에서는 범주 부문의 비중이 커지게 된다.

이 시점에서 우리가 살펴보아야 할 점은, 범주 부문의 구 구조 규칙 또는 핵 계층 도식(X-bar schema)에 따라 얻어지는 수많은 구절표지들을 제약하여 하나의 통사구조를 정하는 방법이 무엇인가 하는 것이다.

앞에서는 구절표지의 표기 방법으로 나무그림 표기법과 함께 집합 표기법이 있다고 말한 바 있다. 가령, 위에서 "철수 잔다."와 같은 문장의 구절표지 (28)은 다음과 같은 기호열들의 집합으로 표시할 수 있다.

(37) { CP , NP C' , 철수 C' , NP VP C , NP V C, 철수 VP C , NP 자 C ,
     철수 자 C , NP VP ㄴ다 , 철수 VP ㄴ다 , NP 자 ㄴ다 , 철수 자 ㄴ다 }

집합 표기법을 바탕으로 한 구절표지 이론을 발전시키려는 노력이 라스닉·쿠핀(Lasnik & Kupin 1977)에서 나타났다. 촘스키(Chomsky 1955/1975) 이래로, 촘스키는 구절표지(phrase marker)를 한 문장의 종단기호열(terminal string)의 도출 과정에서 나타나는 매 단계의 기호열들의 집합, 즉 (37)과 같은 형식으로 파악해왔다는 점은 앞에서 언급하였다. 이에서 더 나아가, 라스닉·쿠핀은 구절표지를 시초기호와 종단기호열과 단일기호열(monostring)들의 집합인 '축소구절표지(RPM: reduced phrase marker)'로 정의함으로써 훨씬 간결한 구절표지의 표현이 가능하게 해주었다. 이와 같은 구절표지의 개념은 단일기호열의 정의와 구절표지의 성립 조건이 그 핵심을 이룬다.[146]

(38) 단일기호열: 비종단 범주를 하나, 종단기호를 적어도 하나를 가진 기호열이다.
(39) 축소구절표지의 조건: 집합의 원소를 이루는 기호열 중 어느 두 기호열을 취하든
     지 둘 사이에 선행(precedes) 관계 또는 관할(dominates) 관계가 이접적
     (disjunctive)으로 만족되어야 한다.

---

146) Lasnik & Kupin(1977) 참조. 뒤의 3.4.1.1절에서 언급하는 병렬 구조의 구절표지는 이러한 축소구절표지의 기본 조건을 위배하는 구절표지라는 특징을 보이게 된다.

비종단기호를 단 하나를 가진 단일기호열로 이루어진 것이 축소구절표지이므로, 한 기호열의 비종단기호가 다른 기호열의 비종단기호에 선행하거나 관할할 때에, 하나가 다른 것에 선행(precedes)하거나 관할(dominates)한다는 것이 위 조건의 기본적인 취지이다.[147]

이들의 '축소구절표지'의 약정을 따르면 (37)은 다음처럼 더욱 간단한 집합으로 나타낼 수 있다. 축소구절표지는 비종단기호를 하나만 가지는 기호열(이를 '단일기호열monostring'이라고 한다)과 종단기호열로 이루어진 집합이다. 시초기호(여기서는 'CP')도 반드시 포함되어야 하는데, 이도 단일기호열이다.

(40) {CP, 철수 C', 철수 자 C, 철수 VP ㄴ다, 철수 V ㄴ다, NP 자 ㄴ다, 철수 자 ㄴ다}

이와 같은 집합 표기법, 그리고 이에 입각한 '축소구절표지'의 표기법은 뒤에서 병렬 구조에 관한 논의나 재구조화의 개념에 관한 논의를 이해하는 데에 있어 중요한 의의를 가진다. 이 곳에서는 다만 이들 표기법이 생성문법 이론들에서 통사구조를 나타내고 정의하는 기본적인 표기법으로 생각되어왔다는 점, 그리고 라스닉·쿠핀(Lasnik & Kupin 1977)에서와 같이 범주 규칙의 이전에 구절표지에 관한 사전 제약을 통해서 구절표지를 제약하는 것도 가능하다는 점을 강조하는 데 그치고자 한다.

구절표지를 자유로이 생성하되, 생성 과정에서, 또는 생성된 구조가 얻어진 다음에 제약을 가하여 최종적으로 적격한 구절표지만을 얻어내려고 하는 것이 구절표지에 관한 이론들이 궁극적으로 추구하는 점이다. 생성문법 연구에서 구절표지에 대해 부여하는 제약은 두 가지 방향에서 추구되어왔다. 하나는 변형인데, 여기에는 변형 규칙의 적용 조건을 제약으로 이용하는 방법과, 변형에 관한 일반적 제약을 설정하는 방법이 있다. 변형 외에도 구절표지에 대한 제약을 부여하는 방법이 있다. 이 비변형적 방법에도, 구절표지들을 다수로 생성하여 일반적 제약에 맞는 소수의 구절표지만을 취하는 방법과, 구절표지의 성립을 위한 사전 제약을 부과하여 결격인 구조를 미리 차단하는 방안도 있다. 바로 앞에서 소개한 라스닉·쿠핀의 방법이 이와 같은 것이다.

---

147) 보다 엄밀한 형식적 정의는 Lasnik & Kupin(1977)을 참조.

3.1.3. 문법 이론의 평가 기준

자연언어를 형식체계로 기술하는 것은 '평가 절차'라는 언어학 이론의 목적을 위하여 긴요한 것이다. 개별언어를 연구하는 언어학자는 그 언어의 모든 문장을, 그리고 그 언어의 문장만을 생성할 수 있는 문법 규칙들을 제시한다. 따지고 보면 이것이 모든 언어학자들의 목표이다. 서로 다른 언어학자들에 의해서 서로 다른 모습으로 제시된 문법들의 우열을 가릴 수 있는 기준을 언어학 이론은 가지고 있어야 한다. 이것이 '평가 척도'이다. 이론을 평가 척도에 비추어 평가하는 과정을 '평가 절차'라고 한다.

문법 이론들을 비교·평가할 수 있는 평가 척도를 거론하기 전에, 이론 일반이 갖추어야 할 기본 요건을 가능한 한 넓게 생각해보고 이 속에서 문법 이론의 위치를 정하는 것이 필요할 것이다. 문법 이론은 언어에 대한 과학적 기술이기를 추구한다. 그러므로 무엇보다도 과학적 연구가 일반적으로 갖추어야 할 명시성, 체계성, 객관성의 요건을 충족시켜야 한다.

명시성은 용어의 사용에 있어서, 각 개념적 단위와 그들 사이의 관계에 대한 진술에 있어서 모호함과 중의성을 피해야 한다는 요구 조건이다. 명시성의 가장 이상적인 수준은 반증가능(falsifiable)해야 한다는 요구를 부과하는 것일 것이다.

체계성은 표준적인 이론 체계에 입각해서 연구를 수행해야 한다는 요구 조건이다. 현재의 통사론 연구는 생성문법의 이론 체계를 떠나서는 생각하기 힘들다. 이는 생성문법 이론의 어느 부분집합이 현대 통사론 연구에서 표준적 이론으로서의 지위를 가지고 있다는 말과 같다. 그러나 생성 통사론적 연구의 실제에 있어서는 서로 충돌하는 이질적인 개념이나 체계가 공존하고 있는 것도 사실이다. 그러므로 이 연구에서는 가능한 한 표준적인 개념이나 표준적인 설명 방법을 취하려고 노력하겠지만, 그것이 절대적인 것이 되지는 못한다는 것도 또한 사실일 것이다.

객관성은 이론이 연구 대상으로서의 현상을 말 그대로 객관적으로 포착·반영해야 한다는 요구 조건이다. 언어학자들은 이 객관성 확보를 위해 현지 답사, 말뭉치(corpus) 구축을 바탕으로 한 언어 자료 선정 등의 노력을 해왔다.

이상의 세 가지 요구 조건은 모든 분야의 과학적 연구가 기본적으로 갖추어야 할 조건이다. 형식체계로서의 언어에 대한 연구는 이에서 더 나아가, 관찰의 충족성과 기술의 충족성과 설명의 충족성을 만족시켜야 한다. 이는 촘스키 (Chomsky 1964, 1965b)에서 제시한 요건이다.

촘스키(1964, 1965b)에 따르면, 관찰의 충족성은 대상 언어의 모든 문장을, 그리고 그것만을 생성할 수 있어야 한다는 요건이다. 그러나 이 요건은 보통 형식체계에 대한 연구에서 형식체계의 이론에 부과하는 두 가지 요건인 건전성(soundness)과 완전성(completeness)의 두 가지 측면으로 나누어 생각해야 한다.

건전성은 형식체계의 이론을 구성하는 규칙 하나하나가 틀림없는 형식적 진술을 생성할 수 있어야 한다는 요건이다. 어떤 제시된 문법의 규칙에 따라 잘못된 문장이 생성될 수 있다면 이는 건전성 요건을 지키지 못한 것이다.

완전성은 형식체계의 이론이 그 이론의 기술 대상이 되는 어떤 형식의 표현이라도 누락됨 없이 포착할 수 있어야 한다는 요건이다. 제시된 문법의 규칙들에 의해서 현실 언어의 특정 문장을 생성할 수 없는 경우가 발생한다면 이 문법은 완전성 요건을 지키지 못하는 것이다.

다음으로, 언어학 이론이 가져야 할 두 번째 요건은 기술의 충족성이다. 문법 이론이 언어에 존재하는 의의 있는 일반성을 포착할 때 이 문법 이론은 기술의 충족성을 만족한다고 한다. 어떤 이론이 다른 이론에 비해서 현상에 대한 의의 있는 일반성을 더 잘 포착한다는 것은 그만큼 이 이론이 간결하다는 뜻이 된다. 모든 언어학 이론은 간결성 있는 이론을 추구해왔다고 할 수 있으므로, 이제까지의 언어학 이론은 기술의 충족성을 확보하기 위해 노력해왔다고 말할 수 있다.

마지막으로, 설명의 충족성이란 생성언어학이 문법 기술에 부여하는 가장 고차원적인 요구 조건이라고 할 수 있다. 이는 언어에 대한 이론적 기술이 보편적인 인간의 심리적 사실과 부합되어야 한다는 직관적인 뜻을 담고 있다. 특히 실험심리학이나 언어습득에 관한 과학적 연구에서 밝혀진 인간 심리에 관한 경험적 사실에 어떤 한 언어 이론이 다른 언어 이론보다 더 부합되는 설명을 제공할 때, 이 이론은 설명의 충족성의 기준에서 더 우월한 이론으로 판정되는 것이다.

이렇게 과학의 이론, 또는 언어학의 이론이 갖추어야 할 여러 측면의 요건들이 주어지는데, 이러한 요건들은 그 이론이 명시적인 형식체계의 모형일 때 가장 효과적으로 검증될 수 있다. 언어학 이론이 형식체계의 모형을 기술한 것이라고 함으로써, 제시될 수 있는 가능한 이론들 중에서 가장 우월한 이론을 선택하는 '간결성'의 척도를 활용할 수 있다는 점이, 언어학 이론이 형식체계이어야 할 한 가지 이유가 된다고 할 수 있다.

촘스키(1955/1975, 1965b)에서는 간결성에 있어서의 우열을 비교할 수 있는 방법적 장치를 제시하는 데에 많은 노력을 기울이고 있다. 가장 기초적인 것은, 이론 모형을 기술하는 데에 사용된 기호의 수효가 적을 때 해당 이론은 더 간결하다고 평가될 수 있다는 것이다. 그러나 범주 기호의 경우를 예를 든다면, 상위 범주의 수효를 늘려서 하위 범주의 수효를 줄이는 것과, 상위 범주의 수효를 줄여서 하위 범주의 수효를 늘리는 것과 같은 선택의 문제가 발생할 수 있다. 이 경우 후자가 더 간결한 선택이라는 것이 언어학에서 일반적으로 받아들여지는 기준이다. 비슷한 맥락에서, 문법 규칙을 늘려서 개별 어휘항목의 수효를 줄이는 것과, 문법 규칙을 줄여서 개별 어휘항목의 수효를 늘리는 것과 같은 선택의 문제가 발생할 경우에 후자가 더 간결한 선택이라는 점도 역시 언어학에서 널리 받아들여진다.[148] 이러한 점은 우리가 문법의 여러 측면을 논의하면서 활용하는 주요 판단 근거가 된다.

3.2. 표준이론적 생성문법 연구: 남기심(1973) 비판

언어를 형식체계로서 기술한다는 것은 현실의 발화된 문장을 생성할 수 있는 기계적인 메커니즘을 기술한다는 뜻이다. 전통문법이나 구조문법은 분류론적 체계이기 때문에, 문법 이론들을 비교하기 위해서는 분류 기준의 설정과 그 기준에 따른 분류 작업의 철저성, 무모순성을 살피는 것이 유일한 방법이었다. 그러나 생성문법 이론들을 비교하는 데에는 3.1.3절에서 살펴본 체계적인 평가의 기준들이 활용가능하게 된다.

이 절에서 한국어의 생성문법적 연구들을 고찰함에 있어서, 내포문 구조와 접속문 구조를 중심으로 검토하려고 한다. 초기 생성문법 이론을 이용하여 한국어를 분석한 연구들이 다루었던 통사 현상은 주로 내포문과 접속문의 구조와 관련된 것이었다. 새로운 이론 체계를 시험하는 단계에서 큰 단위의 문장 구조 형식을 살피는 것은 자연스러워 보인다. 이에 비해 1980년대 이후의 원리매개변인 이론에 따른 한국어 분석은 단순문 구조 안에서 조사나 어미들의 통사적 지위를 확실히 하고자 많은 노력을 기울였다. 특히 1980년대 후반의 생성문법 이론은

---

148) 2.2절에서 '-는-' 또는 '-느-'의 처리와 관련한 논의를 할 때 기본 전제로 가지고 있었던 것이 이와 같은 기준이다.

'기능 범주'들이 행하는 역할에 중요성을 부여하는 방향으로 발전되었고, 이에 따라 한국어에 대한 분석에서도 전통문법적 연구에서 이미 집중적인 관심의 대상이었던 어미들에 대해 새로운 분석의 틀을 가지고 조명하게 되었다.

이 절에서는 남기심(1972, 1973, 1985, 2001)에서 드러나는 문법 체계를 하나의 이론 체계로 제시하고 이를 비판적으로 검토하면서 초기 생성문법적 연구의 구체적인 면모를 이해해보기로 한다. 이 여러 편의 논저 중 남기심(1973)이 검토의 중심 대상이 될 것이다.

표준이론 또는 그에 준하는 이론의 틀을 내세운 송석중(1967), 이홍배(1970), 양인석(1972), 이정민(1973), 양동휘(1975) 등 여러 연구가 있음에도 남기심(1973)을 표준이론적 생성문법 연구의 대표적 견해로 삼는 데에는 여러 가지 타당한 근거가 있다. 가장 중요한 것은 완전성의 요건을 상대적으로 가장 가까이 충족시킨다는 점이다. 생성문법 이론이 1960년대 말부터 국내에 소개되었으나, 한국어 통사구조의 전 범위를 망라해서 기술한 연구는 찾아보기 힘들다. 한국어를 분석한 생성문법 이론들은 그 이론적 진영 중심에서의 쟁점의 변화에 발맞추어 그 연구 주제를 바꾸어왔다. 그 결과 언어체계로서의 한국어의 통사 현상의 전 범위에 대한 완비된 이론을 찾아보기는 어렵게 되어있다. 이런 문제점을 상대적으로 벗어나는 예로서 대표적인 것이 남기심 교수의 위에 든 논저들이다.

또한 1970년대 말 이후 국어문법 논의에서 인용문을 중심으로 하여 관형절, '하다', '것', 융합에 관한 쟁점들이 형성되었는데, 이는 남기심(1973)으로부터 유발된 것이다. 따라서 이를 분석해봄으로써 한국어 통사구조에 관한 초기의 쟁점들을 잘 이해할 수 있고, 이들 쟁점에 대한 여러 견해의 차이를 정리하는 이득을 얻을 수 있을 것이다.

3.2.1. 문법의 체계

남기심(1973)은 완형보문에 대한 한정된 범위의 기술을 표방하고 있지만, 이뿐 아니라 한국어 통사구조의 전반적 체계에 대한 표준이론의 안목을 보여준다는 점에서도 그 의의가 크다. 남기심(1973)의 논점은 '완형보문' 내포문을 중심으로 한 한국어 문장들을 생성하는 데에 다음에 제시하는 세 가지 종류의 규칙들, 즉 A. 기저 규칙들, B. 변형 규칙들, C. 형태음운론적 규칙들이 작용한다는 것이다. 이 세 가지 규칙들의 집합이 한국어의 문법이다. 즉, 한국어를 L_K라고 하고, 한국어의 어휘와 통사 범주들의 집합을 Vc로 나타내면, 다음과 같은 정의가 성립된다.

(1) L_K = {Vc, A, B, C} (A: 구 구조 규칙들, B: 변형 규칙들, C: 형태음운론 규칙들)

특히 C로 표시되는 형태음운론 규칙은 통사구조와 음운론적 표상의 관계를 맺어주는 규칙이다. 남기심(1973)은 인용문에서의 '하-'의 생략과 관련한 형태음운론적 규칙들을 기술하였는데, 이들 규칙은 이전의 구조문법적 연구에서 축적된 연구 성과와 새로 전개되는 생성문법적 연구를 접맥시키는 중요한 의의를 가진다. 구조문법적 연구에서는 단어 단위, 즉 형태론적 구성의 범위에서 음운론적, 형태음운론적 규칙성을 발견하는 일에 성과를 보여왔다. 생성문법적 연구에서는, 초기의 연구와 후기의 연구 모두, 문장 단위의 통사 규칙의 발견에 몰두하면서, 형태음운론적 사실들이 통사 규칙의 기술에 대하여 가지는 의미는 상대적으로 소홀히 하였다. 그러나 이 부분이 철저히 이해되지 않고는 한국어 통사구조의 전 체계가 바로 세워질 수 없다. 이 점에서 남기심(1973)이 가지는 의의는 대단히 큰 것이다.

A. 기저 규칙들
완형보문의 기저 구조를 생성하는 데 필요한 구 구조 규칙들은 다음과 같다.[149]

(2) A-①   S → (Pre-S) NP PDP
     A-② PDP → (ADV) VP
     A-③   VP → (NP) (NP) V
     A-④ ADV → NP
     A-⑤   NP → S_{comp} $N_{[+완보]}$
     A-⑥   VP → S_{comp} (N) $V_{[+완보]}$

---

149) ①-④는 예시된 나무그림 등을 통하여 그 존재가 암묵적으로 드러나는 규칙들이고, 이하 ⑤-⑨는 논문에서 실제로 제시한 규칙들이다.
      남기심(1973)의 표기에서 한 가지 주의할 점은, S_{comp}는 하나의 기호로서 보문 단위를 나타내고, cmp는 보문소('보문자'로 지칭함)를 나타낸다는 것이다.

A-⑦ S_{comp} → {S, "S"} cmp

A-⑧ "S" → {S, *S}

A-⑨ (*S → 말조각, 비문법 문장, 외국어 문장 등. . .)

기저 부문을 이루는 다른 중요한 부분은 어휘부이다. 다음과 같은 보문 동사와 보문 명사의 하위분류는 어휘부에서의 동사와 명사의 기재 내용을 보여준다.

(3) [+동사] ┌[-보문] 앉다, 먹다
        └[+보문]
             ┌[-완보] 바라다, 원하다, 알다, 지지하다, 의미하다, 쉽다, 어렵다
             └[+완보] ┌[-자발적] 듣다
                    └[+자발적] ┌[-대외적] 믿다, 느끼다, 추측하다, 생각하다,
                                    상정하다, 상상하다, 보다, 확신하다
                        └[+대외적]
                              ┌[+?] 설명하다, 신고하다, 고소하다, 발표
                                  하다, 보고하다
                              [-언어적] 쓰다, 적다, 손짓하다, 눈짓하다,
                                  신호하다
                              └[+언어적] 말하다, 여쭙다, 외치다, 떠들다,
                                  증언하다, 되묻다, 반문하다, 이르다,
                                  논평하다, 우기다, 예언하다, 대답하
                                다, 단언하다, 선언하다

                [+완보]와 [-완보]의 양면적인 것:
                    약속하다, 명령하다, 충고하다, 맹서하다, 제안하다, 예언하다,
                    주장하다, 언약하다, 고백하다

(4) [+명사] ┌[-보문] 책, 나무, 사람, 차
        └[+보문]
             ┌[-완보] 가능성, 용기, 불상사, 사건, 기억,
                    경험, 일, 모양, 눈치, -줄, -바, -수, -데, -리
             └[+완보] a. 사실, 약점, 욕심, 이점, 결심, 목적, 흔적
                    b. 소문, 낭설, 소식, 연락, 질문, 불안(감), 얘기, 보도, 헛소문,
                      보고, 오보, 정보, 문제, 독촉, 명령, 의미, 전언, 농담, 고백,
                      예감, 눈짓, 이론, 말, 설명, 믿음, 이유, 인상

(5) [+완보] 혹은 [-완보]의 양면적인 명사: a. 죄목, 혐의, 의심, 전력
                                      b. -것

이 밖에, 남기심(1973)의 체계에서 주의해야 할 점 중 하나는, 다음과 같은 유사 구문이 존재한다는 점이다. 완형보문 내포문과 혼동되기 쉬운 문장 구조로 '모의문'과 '지칭문'이 있다. 이들은 완형보문 내포문과는 다른, 별개의 구문이다. 먼저, 모의문은 완형보문으로서의 직접인용보문과 피상적으로 유사한 점이 있으나, 실제 대화에서 억양까지 재생한다는 특징을 가진다. 다음 예에서 밑줄 친 부분이 모의문이다.

(6) 가. 나는 철수에게 A다방에서 기다리라(고) 했다. — 완형보문 내포문
 나. <u>나는 철수에게 "A다방에서 기다려라."</u> 했다. — 모의문(따옴표 부분이 모의보문)
 다. 그는 나에게 <u>"왜 제가 가야 합니까?"</u> 하고 반문했다.
  — 모의문을 한 접속항으로 가지는 접속문

(6다)에서 '하고'는 동사 '하-'에 동시적 행위를 나타내는 나열형어미가 결합된 형식으로서, 전체 문장은 접속문이라는 점에 주의해야 한다.

다음으로 지칭문은 "그는 콩을 팥이라고 한다/부른다."와 같은 예이다. 여기서 '팥이라고'는 단순문의 한 요소일 뿐인 것으로 간주된다. 이 때의 '이라고'의 통사 범주는 '보문자(cmp)'라고 되어있다.[150]

B. 변형 규칙들

일단의 서로 관련되는 변형 규칙들로 '직접인용보문의 간접화'에 속하는 변형 규칙들이 있다.

(7) B-① 직접인용보문의 간접화
  1) 인칭대명사의 간접화
  2) 시칭의 간접화
  3) 서법의 간접화
  4) 감탄어의 간접화
(8) B-② 인용부호의 소거: "S" ⟹ S

이 밖에 다음과 같은 변형 규칙들이 설정된다. 굵은 글씨로 표시된 부분은 뒤

---

150) 남기심(1973) 43쪽 참조.

의 논의에서 지칭할 때 사용할 간략한 명칭이다.

(9) B-③ 직접인용보문자로 바꾸기: '-고' ⟹ '-(이)라고' (**"'라고' 대체"**)

B-④ 재귀대명사화: 동일지시된(동지표가 붙은) 하위 명사구를 '자기'로 바꾸기

B-⑤ 동일명사구 삭제

B-⑥ 완형보문 주어의 상승(**"주어 상승"**)

B-⑦ 완형보문 동사구의 외치변형(**"외치1"**)

B-⑧ 완형보문의 관형수식구화(**"'하는' 삽입"**)

B-⑨ 완형보문의 명사구 축약(**"'고 하' 삭제"**)

$$X \begin{Bmatrix} S - 고 \\ "S" - 라고 \end{Bmatrix} 하는 - N - Y$$

$$\begin{array}{ccccccc} 1 & 2 & 3\ 4 & 5\ 6 & 7 & 8 \Rightarrow \\ 1 & 2 & 3\ \phi & \phi\ 6 & 7 & 8 \end{array}$$

B-⑩ 완형보문의 불구보문 관형수식구화(**"관형형어미화"**)

$$X - [[X-V-X- \begin{bmatrix} 았 \\ \phi \\ 겠 \\ 았었 \\ 더 \end{bmatrix} - 종결어미-고]_{Scomp} - N]_{NP} - X$$

$$\begin{array}{cccccccc} 1\ 2\ 3\ 4 & 5 & 6 & 7 & 8 & 9 \Rightarrow 수의적 \end{array}$$

$$1\ 2\ 3\ 4 \begin{bmatrix} ㄴ \\ 는 \\ ㄹ \\ 았던 \\ 던 \end{bmatrix} \quad \phi \quad \phi \quad 8 \quad 9$$

단, N이 '사실, 것, 약점, 욕심, 결심, . . .'일 때

(10) B-⑪ 완형보문 명사구로부터의 외치변형(**"외치2"**)

C. 형태음운론 규칙들

통사적 변형 규칙들이 적용되어 표면구조가 형성되고, 이 표면구조를 기저로 해서 형태음운론 규칙들이 적용된다. 남기심(1973)에서 제시한 형태음운론 규칙 은 다음과 같다.

(11) C-① MV → ϕ <수의적> (**절단축약**)

     C-② cmp → φ <수의적> (**보문자축약**)[151]
(12) C-③ 하 → φ <수의적> (**'하' 삭제**)
     C-④ ㅎ → φ / _ㅐ <수의적> (**'ㅎ' 삭제**)[152]
(13) C-⑤ ㅏ + ㅐ → ㅐ <의무적>
(14) C-⑥ -다- → -대- <수의적>

(11)에서 'MV'는 '대동사'로서, '한다', '했다' 등 어미까지 결합된 형식을 가리킨다. (11)과 같은 절차가 '절단축약'이다. '절단축약'은 (11)의 규칙에서 'MV'가 삭제되는 과정을 가리킨다. 가령 "철수가 간다고 한다."는 "철수가 간다고."로 축약될 수 있는데, 이 때의 '간다고'가 '절단축약형'이다. '보문자축약'은 (11)의 규칙에서 'cmp(-고)'가 삭제되는 과정으로서, "교장이라고 한다"가 "교장이라 한다"로 바뀌는 과정을 지칭한다.

(14)는 '한단다'가 '한댄다'처럼 수의적으로 바뀌는 경우의 형태음운론적 절차를 말하는데, 이 밖에 '-으라/자/느냐/냐' 등이 '-으래/재/느내/내' 등으로 바뀌는 예도 아울러 포함하는 것이다.

이른바 인용문의 축약에 관한 형태음운론적 규칙을 발견하여 이와 같이 기술한 것은 남기심(1973)이 국어문법 연구에 기여한 점 중 중요한 의의를 가지는 것이다. 그는 위와 같은 규칙이 둘 이상 결합하는 현상을 특성화하여 '융합축약', '변이융합축약', '유사축약'으로 나누고 있다.

'융합축약'은 (11)의 'cmp'가 삭제되고, 이어서 (12)의 'ㅎ' 또는 '하-'가 삭제되거나, 또는 (13)이 적용되는 과정이다. "간다고 한다/교장이라고 한다", "간다고 해요/교장이라고 해요"가 축약된 "간단다/교장이란다", "간대요/교장이래요."는 '융합축약형'이다. 또, (11), (12), (14)가 연이어서 적용되는 과정은 '변이융합축약'이라고 한다. "교장이라고 한다"가 바뀌어서 된 "교장이랜다"는 '변이융합축약형'이다.

'유사축약형'은 형태음운론 규칙이 적용되어 생겨난 생산적인 형식이 아니고 새로운 문법단위로 굳어진 형식을 의미한다. 즉, '유사축약형'은 '축약형'이 아닌 것이다. 이러한 것에 두 가지가 있다. '유사융합축약형'은 다음과 같은 예의

---

151) 남기심(1973)에는 '{MV, cmp} → φ <수의적>'와 같이 하나의 규칙으로 되어있던 것을 두 개의 규칙으로 나눈 것이다.
152) 남기심(1973)에는 '{ㅎ/_ㅐ , 하} → φ <수의적>'와 같이 하나의 규칙으로 되어있던 것을 두 개의 규칙으로 나누고 그 표기법을 손질한 것이다.

'싶다네', '기쁘단다'와 같은 형식이다. (15나), (16나)와 같은 '유사변이융합형'
은 만들어질 수 없다는 것이 이들 형식을 구별하는 기준이 된다고 한다.

(15) 가. 나도 자네와 함께 가고 싶다네.
　　　나.*나도 자네와 함께 가고 싶대네.
(16) 가. 내가 너보다 더 기쁘단다.
　　　나.*내가 너보다 더 기쁘댄다.

남기심(1973)에서는 '-는단다, -는다네, -는다오, -는답니다' 등을 유사축약형
이라고는 했지만, 이들이 어느 정도 규칙적으로 나타나는 것으로 파악하고 있
다. 이를 설명하기 위해 다음과 같은 규칙을 실제로 제시하고 있다. (17)은 그가
제시한 대로 보인 것이고, (18)은 이를 적용해본 것이다.

(17) V(+보조어간)+상대존대의 등분을 가진 종결어미i → V(+보조어간)+상대존대의
　　　등분이 중화된 서술형 종결어미+상대존대의 등분을 가진 종결어미i
(18) 가. 잡-는다i ⟹ 잡-는다-는다i ⟹ 잡는단다
　　　나. 잡-습니다i ⟹ 잡-는다-습니다i ⟹ 잡는답니다
　　　다. 잡-으오i ⟹ 잡-는다-으오i ⟹ 잡는다오

언어의 단위들이 결합될 때에는 광범위한 규칙성을 가지는 경우도 있지만,
이처럼 부분적인 규칙성만을 가지는 경우도 있다. '-는단다'에서 '-는다'와 '-ㄴ
다'는 어미 단위의 부분이면서도 그 스스로 어미 단위의 형식을 취하고 있는데,
이와 같은 단위들은 한국어 통사구조 기술의 요처마다 나타나 논란의 씨앗이
되고는 한다. 남기심(1973)의 위 처리는 이 현상에 대한 가장 온당한 해결 방안
을 제시한 것이라고 생각된다. 뒤에서 우리는 이들 예를 '재구조화'의 개념 아
래 포함하는 설명 방안을 제시할 것인데, 그 기본 발상은 (17)의 규칙과 같은 것
이다.

유사축약형의 다른 하나인 '유사절단축약형'의 예는 다음과 같다.

(19) 가. 거기에 사람이 얼마나 많다고.
　　　나. 난 또 뭐라고.
　　　다. 보기에 좋으라고 꽃을 꽂았다.
　　　라. 차가 잘 지나가라고 길가의 돌을 치웠다.

마. 그는 공부한다고 집에 틀어박혔다.

특히 (19마)는 "공부한다 하고"와 같은 '모의문'의 축약일 가능성이 있다고 지적하였다.

3.2.2 직접인용문의 간접화의 문제

이제, 남기심(1973)의 통사구조에 관한 견해가 가지는 문제점을 지적해보기로 한다.

먼저, '직접인용문의 간접화'(B-①)라는 표제 하에 일련의 변형 규칙들이 설정되고 있다. 남기심(1973)의 주요 주장에는 이처럼 간접인용문의 통사적 기저가 직접인용문과 같다는 점이 들어있는데, 이는 표준적인 변형의 개념 하에서는 받아들일 수 없는 것이다.

변형 규칙 중 하나로 설정된 '감탄어의 간접화'는 "S" 범주인 내포절 내에 'Pre-S' 범주가 [+감탄]의 자질을 가질 때 이를 삭제시키는 규칙이다. 문제는 [+감탄]이라는 자질이 어떻게 도입될 것인가 하는 데에 있다. '아이구, 아아'와 같은 감탄사는 그 통사 자질로 [+감탄]과 같은 것을 가진다고 할 수 있을 것이다. 그러나 다음에서 '철수야', '여러분'도 그렇게 기술할 수 있는지는 의문이다.

(20) 가. 어머니는 눈을 흘기면서 "철수야, 그거 먹으면 안 돼!"라고 말씀하셨다.
　　　나. 김씨는 "여러분, 국가의 흥망이 여러분의 손에 달려 있소이다."라고 말했다.

(20가)에서 '철수야'의 호격조사 '야'를 중심으로 [+감탄]과 같은 자질을 부여할 수 있을지 모르지만, (20나)의 '여러분'을 그와 같이 처리하는 데에는 어려움이 있다. 앞의 '여러분'과 뒤의 '여러분'을 어휘적으로 구분해야 할 것인지도 문제이며, [+감탄] 자질을 어떤 어휘 외적 방식으로 도입할 수 있을는지도 문제이다.

다음과 같은 예에서는 변형에 의해 도출된 표면의 간접인용문의 정확한 형태를 예측할 수 없다.

(21) 선생님은 (늘어서 있는 학생 중 한 사람을 지적하면서) "너, 이 걸레를 좀 빨아와라"라고 하셨다.

　반대로, 다음과 같은 간접인용문은 그 정확한 기저 구조 형태를 복원할 수 없다. 삭제 변형이나 대치 변형이 자의적, 무제약적인 것이 되지 않기 위해서는 복원가능성 원리의 지배를 받아야 한다. 이러한 예는 복원가능성의 문제를 근본적으로 제기한다.

　(22) 철수는 그 사람이 왔다고 말했다.
　　　← 철수는 "아, 그 사람이 왔다."라고 말했다.
　　　← 철수는 "아이구, 그 사람이 왔다."라고 말했다.
　　　← 철수는 "아뿔싸, 그 사람이 왔다."라고 말했다.

　'서법의 간접화'도 복원가능성의 문제를 제기한다. 단적인 예로, 다음 (23) 문장의 기저 구조는 무엇인가? 다음의 어떠한 직접인용문도 (23)의 기저가 될 수 있다.

　(23) 철수는 그 사람이 왔다고 말했다.
　　　← 철수는 "그 사람이 왔다."라고 말했다.
　　　← 철수는 "그 사람이 왔습니다."라고 말했다.
　　　← 철수는 "그 사람이 왔어요."라고 말했다.
　　　← 철수는 "그 사람이 왔네."라고 말했다.

이 경우, 변형적 처리는 발화의 온갖 맥락을 다 고려하고서야 그 기저 구조를 상정할 수 있다고 가정하는 것이다. '생성의미론'의 입장이 가지는 궁극적인 문제성은 여기에서 비롯된다.[153]
　간과할 수 없는 또 하나의 문제는 앞의 B-②로 제시한 변형 규칙 '인용부호 소거 규칙'이다. 이는 "S" 범주를 S 범주로 바꾸는 과정이라고 되어있다. 통사 범주로서 "S"라는 기호는 S와 아무런 관련을 갖지 않음은 물론이다. 말 그대로 인용부호가 걷혀지는 과정을 뜻하는 것은 아니다.
　문제는, 이 규칙은 일련의 '간접화' 변형 규칙들이 모두 적용된 뒤에 적용되는 것으로 그 순서가 규정된다는 데에 있다. 변형 규칙의 적용이 구조적인 조건에 따른다기보다는 이처럼 다른 규칙들, 그것도 여러 개의 규칙들이 적용된 결과로 행해진다는 것은 이 규칙의 임시방편성을 드러내는 것이다.

---

153) 남기심(1973: 49)에서는 '간접화'를 논하면서 생성의미론의 입장을 가정하고 있다.

3.2.3. 관형절의 처리

완형보문을 기저의 형식으로 가지는 관형절의 처리와 관련하여 여러 가지 기술상의 문제점들이 두드러진다. 이 점을 자세히 살펴보기로 하자.

'하는'을 삽입하는 변형 절차의 문제

'하는'을 두 개의 형태소가 결합된 형식 '하-는'으로 분석하지 않을 수 없다. 이렇게 한국어의 문법 구조상 어간과 어미로 분석되는 형태소들의 기호열을 변형 과정에서 도입하는 것은 근원적인 난점을 제기한다. 이것은 영어 문법에서 'do' 지지 변형의 경우와 다르다. 'do' 지지의 경우는 'do'라는 단일 형태소가 삽입되는 것이며, '-s', '-ed' 또는 'φ' 등의 형태소가 이미 특정 통사 범주를 차지하고 있는 곳에 더해지는 것이므로 '구조 보존 원리'를 위배하지 않는다.

김영희(1981)에서는 변형 과정에서 '하-'를 삽입하는 남기심(1973)의 처리를 부정하는 논증을 전개하였다. 그 기본 주장은 '하-'가 의미를 가지는 '포괄동사'라는 점이다.

(24) 가. 검찰은 죄수가 탈주했다고 사실을 밝혔다.
　　　나. 검찰은 죄수가 탈주했다고 하는 사실을 밝혔다.
　　　다. 검찰은 죄수가 탈주했다는 사실을 밝혔다.
　　　라. 검찰은 죄수가 탈주한 사실을 밝혔다.
(25) 검찰은 [[죄수가 탈주했다고] [사실]] 밝혔다.

(25)는 (24)의 모든 문장들의 기저구조를 대략 보인 것이다. 남기심(1973)에 따르면 (24가)는 (25)의 기저구조로부터 B-⑪의 '외치2' 변형을 통해 생성된다. (24나)는 (25)로부터 '하는'이 삽입되어 생성되며, (24다)는 이 결과에 다시 '-고 하-'가 삭제되어 얻어진다. (24라)는 (25)에 B-⑩의 '관형형어미화' 변형이 적용되어 생성되는 것이다. 그러므로 남기심(1973)에 따르면 (24)의 네 문장은 동일 기저를 가지는 현상인 것이다. 이러한 설명에 대해 김영희(1981)에서 제시한 다음 문장들의 문법성 대비는 강력한 반례가 된다.

(26) 가. 그가 거문고를 탈 줄 안다고 하는 사실이 거짓으로 드러났다.
　　　나.*그가 거문고를 탈 줄 아는 사실이 거짓으로 드러났다.

(27) 가.*그 사람이 당신을 만났다고 하는 사실이 있나요?

     나. 그 사람이 당신을 만난 사실이 있나요?

똑같은 보문 명사 '사실'에 이끌리는 관형절인데도 불구하고, (26)에서는 ''하는' 삽입'만 가능하고 '관형형어미화' 변형은 불가능하다고 해야 하며, (27)에서는 반대로 '하는' 삽입 변형이 불가능하고 관형형어미화 변형은 가능하다고 해야 한다.

남기심(1973)에는 '하는' 삽입 변형은 필수적 규칙이며 '관형형어미화' 변형은 수의적이라고 규정되어있다. 이에 따르면 (27가)가 가지는 문제는 결정적인 것이라고 하겠다. 이는 결국 '하-'를 삽입하는 변형 규칙이 가지는 난점이다. 이는 '하-'를 의미 없는 형식동사로 처리하는 방안의 난점과도 통하는 것이다.

어말어미의 처리

생성문법적 연구에서 어말어미에 대한 처리는 초기의 변형에 의한 방식으로부터 후기로 가면서 기저에서 직접 생성하는 방식으로 변화하는 뚜렷한 경향을 보인다. 이홍배(1970)에서는 한국어의 모든 어말어미가 변형에 의해 도입되는 처리 방식을 제시한 바 있는데, 양인석(1972)에서는 전체 문장의 종결어미는 기저에서 도입하고, 보문과 관계절의 어미는 변형으로 도입하는 이중적 처리를 실행하고 있다. 그러나, 한 예로 양인석(1972)에서는 관계절에만 적용되는 양상소 조정 규칙(그의 변형 규칙 17번)을 설정하는데, 그 규칙은 하나의 변형 규칙으로 보기에는 너무나 복잡하고, 임시방편적(ad hoc) 성격을 가지는 것이다.

남기심(1973)은 전체 문장의 종결어미를 기저에서 도입한다는 점에서는 양인석(1972)와 같으나, 보문 중 일부인 완형보문에서는 그 어말어미를 기저에서 도입하는 방향으로 바꾼 것이다. 이는 결국, 불구보문의 어미들에 대해서만 변형에 의한 도입 방식을 유지하는 것이다. 따라서 관형절 중에서도 완형보문도 아니고 불구보문도 아닌 관계관형절의 어미는 표면형과 같은 형식으로 기저에서 도입되는 것이다. 남기심(1973)에서 완형보문과 불구보문의 기저를 달리 설정한 근거는 후자의 경우 사실성의 전제가 존재한다는 판단이었다.

이 점에 대하여 김영희(1981)에서 타당한 비판이 제시된 바 있다. 1980년대 이후의 생성문법적 연구에서는 모든 어말어미를 표면형 그대로 기저에서 도입하는 방식이 보편화되었다. 이 책의 뒷부분에서 전개되는 문법 이론의 체계에서도 이 문제에 관해 그 동안 이루어진 논의 결과들을 바탕으로 하고 있는 것이다.

표기법과 처리 기술상의 문제

처리 기술상의 문제로 지적해야 할 문제는 B-⑨ 변형 규칙이다. 이 규칙은 '-고/라고'의 '-고'만을 '하-'와 함께 변형에 의해 삭제하는 방식으로 되어있다.

(28) 가. 그로부터 "살인범이 탈옥했소"라는 전화가 왔다.
　　　나. 그로부터 "살인범이 탈옥했소"라고 하는 전화가 왔다.

즉, (28가)는 (28나)로부터 밑줄 친 '고 하' 부분이 삭제되어 얻어진 문장인데, 이 때의 '라고'는 역시 변형 규칙, 즉 '라고' 대치 변형(B-③)에 의해 도입된 것이다. 통사적 변형에 의해 도입된 요소라면 한 개의 문법단위라고 보아야 한다. '고 하' 삭제 변형은 이처럼 한 문법단위의 일부만을 제거하는 작용을 가하는 것으로, 이는 매우 작위적·임시방편적인 처리라고 하지 않을 수 없다.

마찬가지로, B-⑨ 규칙은 '하는'의 '하-'만을 삭제하는데, 통사적 변형으로서 이와 같은 절차는 인정하기 어렵다. '-라고'의 '-고', '하는'의 '하-'를 삭제하는 규칙이 필요하다면, 이것은 통사론적 규칙이기보다는 형태음운론적 규칙이어야 한다. 이 점에서 볼 때에도, 두 규칙을 하나로 통합하는 처리 방법이 타당하다.

'완형보문의 불구보문 관형수식구화'라는 이름의 변형 규칙 B-⑩은 그 안에 복합적인 문제들을 안고 있다.

첫째, 'Φ-다-고'가 '-는'으로 바뀌는 변형 절차를 나타내고 있는데, 이는 그 자신의 이전의 주장과 모순된다. 즉, 남기심(1972)에서는 시제 또는 시상의 형태소로서 영-형태 또는 무형의 형태소 'Φ'를 설정하는 방안을 예상하여 이를 부정한 바 있다. 만약 B-⑩과 같은 변형이 꼭 필요한 것이라면, 이는 오히려 시제/시상의 영-형태소 'Φ'의 존재를 정당화하는 것이다.

둘째, 같은 변형 규칙 B-⑩에서 '-더-라-고'가 '-던'으로 바뀌는 변형 절차도 또한 문제가 된다. 남기심(1972)에서는 주어의 동일지시와 관련한 차이를 근거로 둘이 무관한 요소라고 주장한 바 있다. 그렇다면 이 둘을 변형으로 연결지을 수는 없는 것이다.

셋째, '-았었-다-고'가 '-았던'으로 바뀌는 과정도 유사한 문제를 일으킨다. 남기심(1972)에서는 '-았었-'이 단일한 형태소라는 주장을 제시하였다. 변형에 의해서 형태소의 일부분이 두 조각으로 깨져서 한 조각이 '-던'으로 바뀌었다는 말인가? 물론 남기심(1973)에서 이와 같은 무리한 변형 절차를 생각한 것은 아닐 것이다. 더 분리될 수 없는 형성소 정도의 단위로서 '-었던'을 상정하였던 것으로 보는 것이 온당할 것이다. 어쨌든, 이 경우에도 한 통사 단위 '-었던'을 자의적으로 상정하는 일은 정당화될 수 없다.

넷째, B-⑩의 규칙은 형용사와 지정사의 경우, '-는'이 형태음운론적 과정을 통해 '-은'이나 '-ㄴ'으로 바뀌는 것을 예상한 것이다. 그런데, 형용사와 지정사의 경우, 완형보문과 관형절은 일반적으로 대응이 되지 않는다는 점에서, 변형규칙 B-⑩은 큰 문제를 제기한다. 다음을 비교해 보자.

(29) 가. 그의 일 처리가 시원시원하다는 생각이 들었다.
　　 나.*그의 일 처리가 시원시원한 생각이 들었다.
(30) 가. 결판을 지을 것이라는 생각을 하고 왔다.
　　 나.*결판을 지을 것인 생각을 하고 왔다.

남기심(1973)에서는 전통문법적 연구에서 관형형어미로 알려져온 '-는', '-은' 등을 보문관형절의 경우와 관계관형절의 경우로 분리한 다음, 보문관형절의 경우만을 다루고 있다. 보문명사에 선행하는 '-는', '-은', '-을', '-던', '-었던'은 각각 종결형의 '-φ-다-고', '-었-다-고', '-겠-다-고', '-더-라-고', '-었었-다-고'로부터 규칙 B-⑩('관형형어미화')을 통해 도출되는 것이다. 반면, 남기심(1976)에서는 관계관형절의 관형형어미가 보문관형절의 관형형어미와는 달리, 종결형과 일대일로 대응되지 않는다고 보아 아주 다르게 처리하고 있다. 즉, 기저의 '-었었-'이 표면의 '-던' 또는 '-었던'으로 변형을 통하여 도출되며(1대다), 기저의 '-었-'과 '-었더-'가 표면의 '-은'으로, 기저의 '-더-'와 '-었었-'이 '-던'으로 변형을 통하여 도출되기도 하는 것이다(다대1). 이러한 사실을 근거로 하여, 관계관형절은 기저에서부터 관형형을 가지는 것으로 설정하고 있다. 다음은 관계관형절의 기저에서 동사 선어말어미 배열의 가능성을 모두 나열한 것이다.154)

---

154) (31)은 남기심(1976)에서 제시한 규칙인데, 이는 다음과 같은 7가지 연결의 가능성을 하나로 축약한 것이다. 괄호 안은 동사 실현형을 하나씩 예로 든 것이다.
　　 a. 어간+완료+미확인('믿었을'), 어간+단속+미확인('믿었었을'), 어간+완료+지속('믿었는'→'믿은'), 어간+완료+중단('믿었던'), 어간+미확인('믿을'), 어간+지속('믿는'), 어간+중단('믿던')

(31) 어간 ([[{ 완료 }]]) [미확인]
         [[단속   ]]   [{ 지속 }]
         [완료   ]   [{ 중단 }]

이 규칙은 '-겠던', '-았었던'과 같은 형태를 생성할 수 없다는 문제를 지니고 있다. 실제 말뭉치에서 두 형태가 발견된다.

(32) 그것은 마치 가지고 싶어 못 <u>견디겠던</u> 장난감을 얻어가지고 <난 이거 가졌다 누.> 하고 보는 사람마다 자랑을 하는 어린애와도 같았다. (심훈,『영원의 미소』)
(33) 역사 때에 부역 <u>갔었던</u> 천왕둥이가 새로 지은 전각이 훌륭한 것을 말하고. . .” (홍명희,『林巨正』)

그러나 더욱 근본적인 문제는, 보문관형절과 관계관형절에서 관형형어미의 형태가 체계적으로 같음에도 불구하고 그 기저구조를 아주 판이한 형식으로 설정했다는 점에 있다. 보문관형절에서나, 관계관형절에서나, '-은', '-을', '-던'은 동일한 시상 또는 양상의 의미를 나타내는 것으로 판단된다. 또 '-는'은 두 경우 모두에서 시제나 시상, 혹은 두드러진 양상의 의미를 갖지 않는 것으로 판단된다.[155] 보문과 관계절의 '-은', '-는', '-을' 등이 서로 다른 방식의 절차에 의해 도입된다는 것은 문제이다.

정리해보면, 남기심(1973, 1976)에서 관형절에 대한 처리는 다음 3가지 방식으로 이루어진다. 이들은 세 가지 관형절 구성의 기저구조를 보인 것이다. 변형규칙 B-⑩은 종결형과 관형형의 통사적 연관을 완형보문의 경우에만 인정하겠다는 뜻이 된다.

(34) ┌ 보문관형절 ┌ 완형보문: “[김장군이 반란을 음모했다고]$_{Scomp}$ 죄목”→ B-⑩ 적용
     │   └ 불구보문: “[김장군이 반란을 음모했다]$_S$ 죄목”
     │   → 불구보문자 '-은' 도입 변형
     └ 관계관형절: 어간 ([{-았, -았었}, -았]) [-을, {-는, -던}] (=(31))
                  → 형태음운론 규칙 '-았는 → -은' 적용

관형절에 대한 완전한 처리는 한국어 통사구조의 연구가 해결해야 할 난제

---

155) 이 책에서는 '-는'이 중립적인 양상의 의미를 가지는 것으로 기술한다(5.1.2절 참조).

중 하나라 하겠는데, 이 문제에 관해 초기의 완전성 있는 방안을 제공해주었다
는 점에서 남기심(1973, 1976)의 의의를 평가할 수 있다.

보문 명사의 분류 문제

앞에서(3.2.1절의 (4)) 제시한 보문 명사들의 분류도 문제를 제기한다. 한 예
로, '이유'는 보문 명사 중 '완형보문 명사', 즉 [+완보]의 자질을 가지는 것으로
분류되었다. 다음 예들을 보면 이러한 분류가 얼핏 타당한 듯이 여겨진다. (35
가)가 그 기저 구조이며, '하는' 삽입 변형에 의해 (35나)가, 다시 '-고 하-' 삭제
변형에 의해 (35다)가 도출된다고 할 수 있다. 또한 (35라)는 (35가)에 관형형어
미화 변형이 적용되어 도출된 것이라고 할 수 있는 것이다.

(35) 가. [φ 그 사람'이' 싫다고] 이유 무엇이냐?
　　　나. 그 사람이 싫다고 하는 이유가 무엇이냐?
　　　다. 그 사람이 싫다는 이유가 무엇이냐?
　　　라. 그 사람이 싫은 이유가 무엇이냐?

그러나 이러한 분석은 옳지 않다. 우선, (35라)는 남기심(1973)의 분류에 문제
를 제기한다. 이 문장은 (35가)에 곧바로 불구보문 관형수식구화(관형형어미화)
가 적용되어 얻어진 것이라고 할 수 있을지 모르나, 남기심(1973)의 보문 명사
분류에는 '이유'가 "어떠한 경우에나 완형보문 수식구만을 가지는" 완형 보문
명사의 하나로 규정되어 있다. [+완보] 자질만을 가지는 같은 부류의 명사들 중
에서도 '사실, 약점, 욕심, 결심' 등은 관형형어미화가 적용될 수 있는 것과 비
교된다. 그러므로 (35라)는 이러한 처리에 대한 반례임이 명백하다.

'이유'가 (35라)에서처럼 관형형어미화를 아울러 허용하는 명사라고 수정한다
고 해서 문제가 해소되지는 않는다. 가령 (36가, 나)와 같은 문장들은 (36라)와
같은 완형 보문의 기저에서 도출해내야 할 것이다. 여기에 관형형어미화가 적
용된다면 (36다)의 문장이 도출되나, 이는 비문이다.

(36) 가. 그 사람을 싫다고 하는 이유가 무엇이냐?
　　　나. 그 사람을 싫다는 이유가 무엇이냐?
　　　다.*그 사람을 싫은 이유가 무엇이냐?
　　　라. [φ 그 사람'을' 싫다고] 이유 무엇이냐?

이상과 같은 문제의 근원은 '이유'를 완형 보문 명사로 규정했기 때문이다. '이유'는 불구 보문 명사, 즉 [-완보] 자질을 가지는 것이다. 위에서 (35다)와 (36나)는 형태음운론 규칙으로서의 '고' 삭제와 '하' 삭제가 차례로 적용되어 얻어지는 문장이다. (36다)는 '*그 사람을 싫다'가 비문이므로 자연스럽게 비문이 된다. 그러므로, 정작 문제의 요인은 위에서 (35가)나 (36라)와 같은 기저 구조가 잘못 설정되었다는 점에 있다. 특히 (36라)의 보문은 그 자체가 비문이므로 이에 따라 (36다)가 비문이 되는 것이다.

(35나)는 (35나)'를 그 기저로 가지며, (35다)는 이로부터 '고'와 '하' 삭제 규칙이 적용된 것이다. 이는 형태음운론적 규칙이라고 보아야 한다. (35라)는 이들과 무관한 (35다)' 구조를 그 기저로 가진다. (36가)와 (36나)도 역시 이들과 또 다른 기저 구조 (35라)'로부터 도출된다.

(35)' 나. [φ 그 사람'이' 싫다고 하는] 이유 무엇이냐?
　　다. [φ 그 사람'이' 싫은] 이유 무엇이냐?
　　라. [φ 그 사람'을' 싫다고 하는] 이유 무엇이냐?

완형 보문 명사로 분류된 '이유'를 불구 보문 명사로 수정 분류한다면 이상의 문제가 해소된다고 할 수 있다. 그러나 이것이 문제의 완전한 해결인 것은 아니다.

(35나)', (35라)'의 '하-'는 남기심(1973)에 따르면 '대동사'라고 보아야 한다. 그러나 원래 남기심(1973)의 분류대로 '이유'가 완형보문 명사라면 '하-'는 '형식동사'가 되는 것이다. 이렇게 쉽게 분류상의 착오에 빠지도록 되어있는 것은 그 분류의 근거가 되는 변형 규칙들이 작위적이기 때문이라고 할 수 있다.

[+완보]와 [-완보]의 양면적인 것의 수효는 남기심(1973)에 규정된 것보다 더욱 팽창할 수 있다. 만약 변형으로서의 '하는' 삽입, '-고 하-' 삭제 규칙을 도입하지 않고, 형태음운론적 규칙으로서의 '-고' 삭제, '하-' 삭제와, 분포 환경에 따른 기존 통사 규칙이나 의미론적 요인에 따라 이들 문장의 실현을 설명할 수 있다면, 앞에 언급한 기술상 문제를 아울러 고려할 때에, 형태음운론적 규칙만을 문법에 설정하는 것이 훨씬 간결한 기술일 것이다.

남기심(1973)의 명사 분류표인 3.2.1절의 (4)에는 '보고/소문/소식/얘기'가 [+완보]로 분류되어있으나 이것도 오류이다. 가령, "탱크 한 대가 거리를 지나더라

(고 하)는 보고/소문/소식/얘기"는 관형형어미화 변형에 따라 "*탱크 한 대가 거리를 지나던 보고/소문/소식/얘기"로 바뀔 수 있어야 하나, 이 변형이 적용된 문장은 비문이다. 이는 '보고/소문/. . .' 등이 [-완보] 명사임을 드러내는 증거이다.

직접인용 보문과 간접인용 보문을 구분하는 기준은 무엇인가? 모든 '완형 보문'이 그 기저에서 직접인용 보문을 가진다고 해야 하는가? 남기심(1973)에는 그 기저 구조에서 직접인용 보문을 취하는 명사와 간접인용 보문만을 취하는 명사의 구분이 되어 있지 않다. 다음 (37가)의 기저 구조가 간접인용 보문의 형식을 가지는 것으로 설정하였으나, (37나)도 가능한 것이다.

(37) 가. 복희가 결혼했다고 소문이 떠돈다.
     나. "복희가 결혼했다."라고 소문이 떠돈다.

이것도 보문 명사의 분류와 관련한 문제점의 하나로 추가되어야 한다.

3.2.4. 예외적 격 표시 구문, 지칭문의 문제

'주어 상승' 변형, '외치1' 변형, 그리고 '지칭문'의 처리도 문제를 제기한다. 이들은 뒤의 여러 연구에서 '예외적 격 표시 구문'이라고 지칭하는 문장들을 그 대상으로 하는 것이다.

80년대 이후에 '예외적 격 표시' 구문으로 불리어지는 다음 (38나)와 같은 문장에 대해서 남기심(1973)은 이동변형설을 제시하고 있다. (38가) 구조와 같은 것을 기저로 해서, B-⑥ 주어 상승 변형에 의해 보문의 주어 '그 사람이'가 VP에 직접관할되는 목적어('그 사람을')로 이동하고, B-⑦ '외치1' 변형에 의해 '성실하다고'가 '생각했다'에 부가되어 복합적인 V 범주의 '성실하다고 생각했다'를 이룬다.

(38) 가. 우리는 모두 그 사람이 성실하다고 생각했다.
     나. 우리는 모두 그 사람을 성실하다고 생각했다.

'성실하다고 생각했다'가 단어 단위의 범주인 동사(V)를 이룬다고 하는 것은 임시방편적 처리임에 틀림없다. 가령, 다음 같은 예에서는 '심성이 바르다고 생각했다'가 동사(V) 범주를 이룬다고 해야 한다.

> (39) 가. 우리는 모두 그 사람이 심성이 바르다고 생각했다.
> 나. 우리는 모두 그 사람을 심성이 바르다고 생각했다.

이처럼 무리한 처리에도 불구하고, 남기심(1973)의 기술은 이 구문 현상을 이해하는 데에 기여하고 있다. 그는 주어 상승 변형의 조건으로 'V가 외적인 상태의 지속을 기술하는 것일 때', '보문술어가 서술형일 때'를 들었는데, 이는 이 구문의 형성 조건에 대한 중요한 관찰을 제시한 것이다.

이 구문의 형성 조건으로는 이 밖에도 '상위문 동사가 판단 동사일 것'이라는 제약이 필요하다고 본다. 남기심(1973)에도 '상위문 동사가 완형보문 동사일 것'이라는 조건이 전제된 것이다. 그러나 모든 완형보문 동사가 이 구문을 형성할 수 있는 것은 아니고, 그 중 '사고작용에 의한 판단'을 나타내는 동사들만이 이 구문에 적합한 것이다.[156] 다음 예의 '듣다', '느끼다'는 이런 요건을 충족하기 어렵기 때문에 목적어를 가지는 이 구문이 자연스럽지 못하게 된다.

> (40) 가. 나는 그 사람이 착하다고 들었다./?*나는 그 사람을 착하다고 들었다.
> 나. 철수는 그 곳이 편안하다고 느꼈다./?*철수는 그 곳을 편안하다고 느꼈다.

이러한 사실들은 표준적인 개념으로서의 '변형'에 따라 포착할 수 없다. 자켄도프(Jackendoff 1990), 골드버그(Goldberg 1995) 등에 의해 논의되는 '구문규칙'에 따라 포착하는 것이 바람직하다. 독립된 어휘항목들처럼, 구문 형식 자체가 그 음운론적 표상, 통사구조 표상, 의미구조 표상을 가지는 것으로 기술될 수 있는데, (38나), (39나)와 같은 문장들은 이러한 규정에 부합하므로 적격성을 얻게 된 것이다.[157]

남기심(1973)에서는 '지칭문'을 보문 내포문과는 별도의 것으로 간주함으로써 다음과 같은 매우 임시방편적인 구조를 끌어들이고 있는데, 위의 '구문규칙' 기술 방향에 따르면 지칭문도 위 구문의 한 특수한 예일 뿐이다.

---

156) 뒤의 5.2.5절('유형 판단 구문') 및 양정석(2002: 5.4절)을 참고하기 바람.
157) 이와 같은 방향에 따른, 이 구문에 관한 종합적인 논의로 양정석(2002: 5.4절)을 참고할 수 있다.

(41) [VP [NP콩을] [NPcomp [NP팥] [cmp이라고]] [Vq한다/부르다]]

3.2.5. '하-'의 처리와 형태음운론 규칙

남기심(1973)은 인용절과 관형절의 통사구조에 관하여 많은 생산적인 논쟁을 유발하였다. 이 논쟁의 과정에서 지적된 문제들이 여럿 있다. 대표적인 문제는 '-고 하-'를 삭제하는, 또는 '-고'와 '하-'를 삭제하는 변형 규칙, 관형절의 도출에서 '하는'을 삽입하는 변형 규칙, 그리고 관형형어미를 도입하는 변형 규칙을 설정한 것들이다.

이 논문 전체적으로 구 구조 규칙과 변형 규칙과 형태음운론 규칙은 서로 독립된 세 부문에서 적용되는 규칙들로 상정되어있다. 그런데 동일한 성격의 규칙이 하나는 변형 부문에서, 다른 하나는 형태음운론 부문에서 설정되고 있다. '-고 하-' 삭제, 즉 '완형보문의 명사구 축약'이라는 규칙(앞의 B-⑨)이 변형 규칙으로 제시되어있는데, 형태음운론 규칙에도 '-고'와 '하-'가 탈락되는 과정을 각각 규칙으로 설정하고 있다(C-②와 C-③). 이 둘의 차이점으로 전자가 관형절에만 나타난다는 점을 들 수 있을 것이다. 그러나 후자도 관형절에 나타나는 경우를 가지고 있다는 점, 두 경우의 '-고', '하-'는 형태음운론적으로 동일한 환경에서 탈락된다는 점에서, 둘을 하나의 규칙으로 통합하는 설명이 가능하다면 그와 같은 처리 방안이 '간결성'의 기준에서 선호된다고 하겠다.

형태음운론적 규칙들의 처리에 대해서도 문제가 제기된다. 한 예로, 절단축약의 문제를 살펴보자. 남기심(1973)에 의하면 '한다.'는 물론, '했어?', '했나?', '했다'가 잘려나가는 절차가 규칙으로 설정되어야 한다. 더욱이 "뭐라고요?"와 같은 경우, 절단되기 이전의 MV가 존칭의 종결어미일 때 절단축약형에 '-요'가 붙는 것이라고 한다. 'V+I+C'와 같은 일련의 통사적 단위들이 생략되는 것을 형태음운론 규칙으로 형식화하는 데에는 여러 가지 난점이 가로놓여있는 것으로 보인다. '-요'의 첨가도 형태음운론적 절차일 수 없다.

그러나 이런 유형의 규칙은 복원가능성의 문제를 제기하여 통사 부문의 삭제 변형으로 처리하기도 어렵다. 이에 대한 더 설득력 있는 대안은 현재로서도 주어져있다고 보기 어렵다.

3.3. 원리매개변인 이론의 개요

이 절은 1980년대에 등장한 원리매개변인 이론의 개요를 소개함으로써 3.4절과 제4장, 제5장에서 전개되는 본 연구의 문법 체계에 대한 개념적 기반을 형성하는 것이 그 목적이다.

앞 절에서 검토한 초기의 생성문법 이론이 규칙 중심의 이론이었다고 한다면, 이 절에서 소개할 1980년대 이후의 생성문법 이론은 원리 중심의 이론이라는 점으로 특징지어진다. 원리매개변인 이론으로 들어오면서 생성문법 이론은 보편문법 이론으로서의 성격을 분명히 하게 된다.[158] 그러므로 초기 생성문법 이론의 비교 검토에서는 한국어 문법 자체의 체계가 완비되었는가, 현상을 정확하게 반영하였는가, 기술에서의 간결성은 어떠한가 등을 비교하는 것으로 충분할 수 있었지만, 원리매개변인 이론에 따른 한국어 분석의 예들을 비교하기 위해서는 설명의 충족성과 범언어적 특성에 더욱 관심을 기울여야 한다는 어려움이 더해진다. 그러나 그간의 원리매개변인 이론을 표방한 한국어 분석들 중에는 미처 확증되지 않은 보편문법의 주장을 앞세우면서, 관찰의 충족성이라는 측면에서 초보적인 사실조차도 바로 포착하지 못하는 예들이 발견되고는 한다. 그러므로, 본 연구에서 앞으로 원리매개변인 이론에 입각한 연구를 평가할 때에는 여전히 관찰의 충족성과 기술의 충족성을 이론 검토의 주요 기준으로 유지하면서, 가능한 한 언어 보편적 사실로 밝혀진 것들을 중시하는 태도를 취하려고 한다.

생성언어학은 초기 이론으로부터 지금에 이르기까지 언어 생성의 절차를 기계적 절차로 상정하여 그 모형을 기술하는 일을 핵심 과업으로 가지고 있다. 초기 생성문법 이론이 구 구조 규칙과 변형 규칙을 특징으로 하였던 것과 비교할 때, 원리매개변인 이론은 극소수의 원리들이 독립적인 단위가 되어 상호작용하는, 단원적(modular) 이론이라는 특징을 보여준다. 이 시기에 와서야 생성문법은 '보편문법(Universal Grammar)'을 구성하는 작업에 본격적으로 뛰어들게 된다. 보편문법은 원리와 매개변인들로 이루어진다. 매개변인은 몇 개의 선택지로 이루어지는데, 가령, 머리성분과 보충어의 어순에 관한 매개변인의 값이 언어습득 과정에서 고정되어 머리성분이 앞에 놓이는, 또는 뒤에 놓이는 특정 언어의 문

---

158) 물론 Chomsky(1965b)에서도 보편문법이 논의되기는 하였으나, 이것이 이론적으로 구체화된 것은 1980년대의 원리매개변인 이론부터였다고 할 수 있다.

법이 결정된다는 것이다. 이렇게 결정된 특정 언어의 문법을 '핵심 문법(Core Grammar)'이라고 한다.

여기서 원리매개변인 문법 이론의 개요를 소개하기로 한다. 이는 다음 절에서 본 연구의 '대응규칙의 문법'을 서술하기 위한 비교 대상으로 이용하려는 것이다.

핵계층 이론

핵계층 이론은 통사적 단위들이 그 범주적 성격에 따라 복합적 단위로 합성되는 측면을 설명한다. 기본 통사 범주를 X라고 할 때, 이것이 다른 구 단위를 취하여 구 단위인 X'를 이루고, 다시 다른 구 단위를 취하여 구 단위인 X"를 이룬다고 가정한다. 이 때 X는 X'와 X"의 머리성분(head: '핵어'라고도 함)이 된다고 한다. 여기서 X는 명사(N), 동사(V), 부사(Adv) 등을 변수로 표현한 것이다. X가 (어휘기재항의 내용으로) 가지고 있던 자질은 X'와 X"에 자동적으로 전달된다고 약정된다. 이 X 외의 다른 성분들이 가지는 자질은 전달되지 않는다는 점도 핵계층 이론이 가지는 중요한 약정 중의 하나라고 할 수 있다.

핵계층 이론에서는 원칙적으로 모든 통사 범주가 보충어를 취할 수 있는 것으로 본다. 명사(N), 동사(V), 부사(Adv) 말고도, 그 외의 모든 통사 범주가 머리성분이 될 수 있고, 이들은 보충어(complement)를 취하여 작은 구 범주를 이룰수 있다. 이렇게 보충어를 취하여 이루어지는 한 수준 높은 구 범주가 X'이다. 이 작은 구 범주 X'는 명시어(specifier: '지정어'라고도 함)를 취하여 한 수준 더높은 구 범주를 이룬다. 이것이 X"이다.

이와 같은 관점에서, 통사 범주를 변수로 나타내는 것이 유용하다. 촘스키(Chomsky 1986b)의 체계에 따르면 중간 구 범주는 X' 수준으로, 가장 큰 구 범주는 X"로 고정된다. 후자를 XP로 나타내는 것이 관례로 되어있다.[159) X가 X'로, X'가 X"로 확대되는 것을 '투사된다'고 하고, 투사된 구조인 X', X"를 '투사범주'라고 한다. X'를 중간투사 범주, X"를 최대투사 범주라고 부르기도 한다. '투사'라는 것은 X가 가지는 내재적인 통사적 성질이 X'나 X"에 그대로 유지되어 나타남을 뜻한다. 이런 의미에서, 핵계층 구조는 '동심성'을 가진다고 한다.[160)

---

159) X를 X^0, X'를 X^1, X"를 X^2로 나타내기도 한다. Chomsky(1955/1975)에서는 이들을 각각 순서쌍 (x, 0), (x, 1), (x, 2)로 나타낼 수 있다고 제안하기도 하였다.

(1) 가. X = V(동사), N(명사), Adv(부사), . . .
　　나. X' → YP X
　　다. X" → ZP X'

동심성은 다음과 같은 두 가지 측면의 약정으로 정리할 수 있다.[161]

(2) 가. 모든 머리성분 범주 X에 대해서 최대투사 범주 X"가 존재한다.
　　나. 최대투사 범주는 단일한 범주의 투사이어야 한다. 가령 다음과 같은 구조는
　　　　부적격하다.
　　　　[. . . V . . . P . . .]$_{VP,PP}$

(1나)의 YP에 해당하는 성분은 '보충어', (1다)의 ZP에 해당하는 성분은 '명시어(specifier)'로 정의된다. 이 이론에 따르면, 보충어 위치에 서는 성분들, 명시어 위치에 서는 성분들은 그 머리성분의 통사 범주가 무엇이든 통사적으로 공통된 특성을 가질 것이 요구된다. 이 점을 '범주교차성'이라 지칭할 수 있다.

　(1)의 핵계층 도식에서 어순은 고려되지 않는다. 나라말에 따른 어순의 차이는 매개변인이나 언어 개별적 규칙에 따라 정해진다. 어순이 매개변인에 의해 정해진다는 것은 원리매개변인 이론의 기본 가정이다. 보편문법에는 머리성분이 보충어의 뒤에 위치하느냐, 앞에 위치하느냐 하는 점이 매개변인으로 주어지는데, 이 매개변인의 구체적인 값이 언어 습득의 경험적 과정에서 결정된다는 것이다. 위 (1)의 구성성분들의 순서는 '머리성분-뒤' 매개변인을 가지는 한국어의 핵심문법에서의 핵계층 구조를 보인 셈이다.

　수많은 어휘항목들과, (1가)와 같은 머리성분 범주를 가지고 구를 형성해가는 데에 (1나, 다)와 같은 원리가 활용된다. 촘스키(Chomsky 1986b)에서는 기능 범주인 I(굴절소), C(보문소)에까지 적용되는 완성된 핵계층 이론을 제시하였다. 이에 따르면 종래의 '주어'는 굴절소 I를 머리성분으로 하는 구 IP(= I")의 명시어라고 정의된다. (1나)와 (1다)를 각각 (3가)와 (3나)로 다시 쓰면, 다음은 촘스키(Chomsky 1986b)에서 허용되는 구 구조의 모든 가능성을 표현한 것이 된다.

　(3) 가. X' → YP X　　(YP는 보충어)

---

160) (1나, 다)와 같은 것을 '핵계층 도식(X-bar schema)'이라고 한다.
161) Schein(1982/1995) 참조.

　　나. X" → YP X'　　(YP는 명시어)
　　다. X → Y X　　　(Y는 머리성분 범주인 부가어)
　　라. X" → YP X"　　(YP는 최대투사인 부가어)

　촘스키(Chomsky 1986b)에서는 (3다), (3라)와 같은 부가(adjunction) 구조가 이동 변형에 의해서 얻어지는 것으로 보므로 이와 같이 핵계층 도식으로 나타내지 않았다. 그러나 머리성분 범주는 머리성분 위치로만, 최대투사 범주는 최대투사 범주로만 이동할 수 있다는 일반적 원리를 설정하고 있으므로(Chomsky 1986b: 4), 인간 언어에서의 구 구조 실현에 대한 제약의 효과는 같다고 할 수 있다. (3)은 인간 언어에서 실현 가능한 모든 구 구조의 가능성을 망라한 것이다. 3.1절에서는 변형적 절차가 기존의 구 구조를 변화시킬 수 없음을 규정한 '구조 보존 원리'를 도입하였다. 현재의 맥락에서 구조 보존 원리는 (3)에 의해 형성되지 않는 어떤 구조도 적격한 구조로 인정되지 않음을 규정하는 원리라고 재해석할 수 있다.[162)

　이상의 원리와 약정들이 어떻게 활용되는지를 알기 위해 간단한 예를 들어 설명하기로 한다. 한 문장의 생성 과정의 초기에 동사인 단어가 선택되었다고 가정해보자. 어휘부의 해당 단어의 어휘기재항(lexical entry)에서 이 단어의 통사 범주 V를 복사해 오는 일이 통사적 과정의 최초의 절차가 될 것이다. 다음으로는 (3)의 핵계층 도식을 구조 형성의 기제로 활용하여 (4가), (4나)와 같은 절차가 이루어진다.[163)

　(4) 가. V ⟹ [$_{V'}$ XP V]
　　　나. [$_{V'}$ XP V] ⟹ [$_{V''}$ YP [$_{V'}$ XP V]]

　다음으로, 중간투사 범주, 최대투사 범주, 부가된 범주는 머리성분이 가지는 통사적 자질들을 물려받는다. 이를 자질의 삼투라고 한다. 이리하여 핵계층 이론은 어휘항목을 바탕으로 하여 순 통사적 표상인 구를 형성하는 것이다.

---

162) (3다, 라)는 머리성분 범주와 최대투사 범주에만 부가가 허용되는 것으로 규정하고 있지만, 본 연구에서는 중간투사 범주(X')에도 부가어가 부가될 수 있다고 가정한다. 제4장 참조.

163) 명시어를 갖지 않은 구의 경우에는 (4나)에서 YP를 갖지 않은 [$_{XP}$[$_{X'}$ ZP X]]와 같은 구조가 생겨난다. 뒤의 논의에서는 이와 같은 경우 이 구조가 자동적으로 [$_{XP}$ ZP X]로 바뀐다고 가정한다. 이는 Chomsky(1986b: 4)에서의 가정을 일반화한 것이다.

의미역 이론

동사는 그 주어와 보충어들의 의미적 성격과 그 수에 대한 정보를 가지고 있다. 즉, '먹다'는 그 어휘적 정보로서 먹는 행위의 주체인 '행위자(Agent)'와 그 행위의 대상으로서의 음식물('대상 Theme')을 가지는 것이다. 어휘기재항에 주어져 있는 이 의미역들을 주어와 목적어에 할당해주어야 하는데, 이 과정에서 일반적 원리인 '의미역 기준'을 지켜야 한다. 또, D-구조와 S-구조와 논리형태(LF)의 세 통사적 층위를 가지는 지배결속 이론의 경우에는 의미역 표시의 특성들이 이 세 층위에서 일관적으로 나타나야 한다는 점이 '투사 원리'에 의해 규정된다.

(5) 의미역 기준:
논항은 의미역을 가져야 하고, 하나의 의미역만을 가져야 한다. 의미역은 논항에 할당되어야만 하고, 한 논항에만 할당되어야 한다.
(6) 투사 원리:
각 어휘항목이 가지는 의미역 표시 특성들은 통사적 층위에서 실현되어야 하고, 통사적 층위가 둘 이상이면 모든 통사적 층위에서 그 특성들이 유지되어야 한다.

지배 이론

'지배'의 개념은 본질적으로 한 머리성분이 그 보충어에 대해서 가지는 관계를 뜻하는 것이다. 그러나 논의가 심화됨에 따라 매우 다양한 정의가 생겨나게 되었다. 촘스키(Chomsky 1981)의 지배에 대한 정의는 핵심적으로 다음과 같은 뜻을 가지고 있다.[164]

(7) 지배의 정의:
A가 B를 지배한다는 것은 A가 머리성분 범주이며, A가 B를 성분통어(c-command)하고, B를 관할하는 최대투사 교점이 있으면 이것은 A를 관할한다는 뜻이다.
(8) 성분통어의 정의:
A가 B를 성분통어한다는 것은 A를 관할하는 첫 번째 분지 교점이 B를 관할한다는 뜻이다.

---

164) (7)은 Chomsky(1981: 165)의 정의를 약간 달리 표현한 것이다. 이 책에서는 주로 뒤의 (17), (18)에 제시하는 Chomsky(1986b)의 지배, 고유지배의 정의를 활용하여 논의할 것이다.

이 지배 개념은 조응사나 대명사, 지시적 표현의 분포를 결정하는 결속 이론, 이동의 흔적을 중심으로 한 공범주의 존재 조건을 규정하는 공범주 원리(ECP: empty category principle), 그리고 격 이론에서 격 자질의 할당을 결정하는 조건을 규정하는 데에 널리 사용되고 있다. 촘스키(Chomsky 1981)에서 제시한 공범주 원리는 (9)와 같다. 촘스키(Chomsky 1986b)에서 제시한 공범주 원리는 (9)'과 같다.

(9) 공범주 원리(ECP):
    흔적은 지배를 받아야 한다.
(9)' 공범주 원리:
    흔적은 고유지배를 받아야 한다.

특히 (9)' 원리의 적용례는, '고유지배'의 정의와 함께, 뒤의 한계 이론의 논의에서 살펴보게 될 것이다.[165]

촘스키(Chomsky 1986b)에서는 메이(May 1985)에서 제안한 관할의 개념을 받아들여, '첫 번째 분지 교점' 아닌 '모든 최대투사'에 기반을 둔 성분통어(최대통어)의 정의를 제시하고 있다.

(10) 관할의 정의:
    A의 모든 부분(segment)이 B를 관할할 때 A는 B를 관할한다고 한다.
(8)' 성분통어(최대통어)의 정의(Chomsky 1986b: 8):
    A가 B를 성분통어한다는 것은 A가 B를 관할하지 않고, A를 관할하는 모든 최대투사가 B를 관할한다는 뜻이다.

이와 같은 지배의 정의가 한국어 통사구조의 해석에서 사용되는 대표적인 경우로 머리성분 이동의 경우를 들 수 있다. 상위 머리성분이 하위 머리성분을 지배해야 한다고 규정하는 경우, 즉 '머리성분 이동 제약'의 경우이다.

(11) 머리성분 이동 제약(Head Movement Constraint: HMC):
    머리성분 B는 이 B의 최대투사를 지배하는 상위 머리성분 A의 위치로만 이동할 수 있다. 단, A가 보문소(C) 범주가 아닐 경우에는 A가 B의 최대투사 범주를 의

---

165) 고유지배의 정의는 뒤의 (18)에 제시할 것이다.

미역 지배하거나 어휘표시해야 한다.[166]

본 연구에서는 한국어에서 머리성분인 동사(동사 어간)가 굴절소(선어말어미)의 위치로 이동하고, 이에 따라 결합된 복합 요소가 다시 보문소(어말어미) 위치로 이동하는 과정을 유효한 문법적 과정으로 인정하고자 한다. 이를 포함한 한국어의 통사 절차와 통사구조의 형성에 관한 전반적인 논의는 4.1절에서 전개하기로 한다.

격 이론

격 이론은 음성적으로 실현되는 명사항들의 분포를 규율하는 원리이다. 지배결속 이론부터 격 이론에 의해 표시되는 격은 추상격과 그 형태론적 실현의 두 단계로 규정된다. 영어의 경우, 일반 정형(finite) 굴절소는 그 주어에 주격을 할당하고, to-비정형사 절(to-infinitive)의 굴절소인 'to'는 그와 같은 능력을 갖지 못한다고 설명하는 것이 보통이나, 한국어의 경우는 정형 굴절소와 비정형(infinitive) 굴절소를 구분하는 뚜렷한 근거를 찾기 어렵다.

격 이론의 운용에 있어서 궁극의 기준이 되는 원리는 다음과 같은 '격 여과 원리'이다. 명사항들은 여러 가지 방법으로 격 할당을 받아야 하며, 격을 할당받지 못한 것은 이 격 여과 원리에 따라 부적격한 표현으로 판정받는다. 모든 NP는 (13)과 같은 원리에 의해 격이 표시된다.[167] 격이 표시되는 방법은 촘스키(Chomsky 1981) 이래로 추상적 격 자질이 표시되는 것이 일반적이다.

(12) 격 여과 원리:
    NP가 음성적 형식을 가지면서 격이 표시되어있지 않으면 이를 포함한 문장은 부적격한 표현이다.
(13) 격 표시 원리
    가. I에 지배되는 NP에 주격[+nominative]이 표시된다.
    나. V에 지배되는 NP에 목적격[+accusative]이 표시된다.
    다. P에 지배되는 NP에 사격[+oblique]이 표시된다.

---

166) Chomsky(1986b: 71) 참조. I가 VP를 의미역 지배한다는 가정을 하고 있다.
167) (13)은 Chomsky(1981)의 방안이나, 이론가들에 따라 각양각색의 다른 방안들이 제시되어왔다. 제4장에서 전개되는 본 연구의 방안은 의미역 이론에 상당하는 '논항 연결 원리'를 중심적으로 활용하는 것으로서, (13)과는 다른, 매우 축소된 내용의 격 이론을 가진다.

(13)의 격 표시는 '지배' 관계의 존재를 전제하므로, 격 표시되는 NP가 이동 변형을 수행한다면 격을 두 번 받을 수 있게 된다. 이를 피하기 위해서는 NP 이동은 격을 받지 못하는 경우에만 이루어지는 것으로 한정될 필요가 있다. 또 격을 받는 NP는 의미역 위치가 되는데, 이 NP가 이동해 간 위치에서 또 의미역을 받게 되면 이중으로 의미역을 할당받게 되어 위 (5)의 의미역 기준을 위배하게 된다. 따라서 이동되어 갈 위치는 비의미역 위치로 한정된다는 원리가 도출되는 것이다.

문법 내의 여러 원리들은 이와 같은 방식으로 서로 관련을 맺게 되는 것이다.

결속 이론

결속 이론 역시 명사항들의 분포에 관한 제약을 부여하는 원리이다. 명사항들을 조응사, 대명사, 지시 표현들로 나누어 다음과 같은 제약을 부여하고 있다.

(14) 결속 원리:
  A. 조응사(anaphor)는 그 지배 범주 안에서 논항-결속(A-bound)되어야 한다.
  B. 대명사(proniminal)는 그 지배 범주 안에서 논항-비결속(A-free)되어야 한다.
  C. 지시 표현(referential expression)은 논항-비결속되어야 한다.
(15) 결속의 정의:
  A와 B가 동지표를 가지고 있고, A가 B를 성분통어할 경우 B는 A에 결속되었다고 한다. 결속하는 A가 논항일 경우 B는 A에 논항-결속되었다고 하고, 그렇지 않은 경우 논항-비결속되었다고 한다.

여기서 지배 범주라는 개념이 중요하다. 지배 범주는 보통 해당 조응사나 대명사와 그 지배자를 동시에 포함하는 NP나 S로 정의되는데, 이를 통하여 세 가지 부류의 명사항과 그 주위 범주들 간의 적정한 관계를 규정하게 된다.

(14)의 결속 원리는 외현적 대명사나 재귀대명사뿐만 아니라 이동 변형의 흔적(t)과 공범주 대명사, 그리고 이들과의 관계에서의 지시적 표현들의 분포를 제약한다. 흔적의 경우는 보통의 명사구 이동의 흔적과 영어 의문사 이동의 흔적이 엄격히 구별되는데, 전자는 결속 원리 A에 규율되고, 후자는 C에 규율된다.

(14)의 결속 원리가 통사구조에서 구성성분들의 분포를 예측하는 데에 얼마만한 기여를 하는지는 이해하기 어렵다. 한때 한국어의 재귀대명사와 일반 대

명사의 분포를 결속 이론에 의해 해석하는 연구가 유행을 이룬 적도 있으나, 그 성과를 적정하게 평가하기는 아직도 쉽지 않은 형편이다.

통제 이론

통제 이론은 공범주 대명사의 한 가지인 PRO의 동일지시를 규율함으로써 이를 포함하는 통사구조의 적격성을 결정한다. 지배결속 이론에서 일반적으로 받아들여지는 PRO의 해석에 관한 원리는 "PRO는 지배받지 않는다."라는 규정이다.

한계 이론

통사구조에서의 이동 변형과 관련한 대원리는, 무엇이든, 어디로나 자유롭게 갈 수 있다는 것이다. 이것이 '알파 이동(move-α)'이 가지는 뜻이다. 그러나 실질적으로는 이러한 알파 이동이 여러 가지 구조적 요인에 따라 제약되게 되어 있다. 한계 이론(bounding theory)은 그 제약에 관한 한 가지 이론이다.

한계 이론은 통사적 이동 변형에 따른 선행사와 그 흔적 사이의 관계에 대한 제약을 부여함으로써 두 요소를 포함하는 통사구조의 적격성을 규정한다. 선행사는 어떤 특정 통사구조의 한 위치에서 이동하여 다른 통사구조 형상의 다른 위치에 놓이게 되므로 두 개의 통사구조가 만들어져야 한다. 따라서 두 가지 통사구조인 D-구조와 S-구조를 가정하는 것이 일반적이었다. 그러나 원리매개변인 이론의 논의가 심화됨에 따라, 선행사와 흔적의 관계는 반드시 D-구조의 위치에서 S-구조의 위치로 이동하여 만들어지는 것으로 생각할 필요가 없다는 점이 인식되기에 이르렀다.[168] 뒤의 4.1절에서는 S-구조에 해당하는 통사구조 하나만을 가진 문법 이론을 제시하게 되는데, 이 통사구조에 흔적이 포함되기는 하지만 이는 전혀 이동을 상정하지 않은 것이다.

한계 이론의 대표적 원리는 '하위인접 조건(Subjacency Condition)'이다. 촘스키(Chomsky 1986b)의 하위인접 조건을 다음과 같이 나타내기로 한다.

(16) 하위인접 조건:

---

168) 이와 같은 지적은 최현숙(1988가)를 참조함. 또, 최근 Brody(1995)에서는 도출의 단계들을 가정하지 않고 흔적을 단일한 표상에 포함하여 이동의 효과를 포착하는 '표상적 이론'을 발전시키고 있다.

가. 흔적 t는 그 선행사에 n-하위인접해야 한다. 단, n≦1

나. A가 B에 n-하위인접(n-subjacent)한다는 것은 B를 배제(exclude)하는 A에 대한 장벽이 n개라는 뜻이다.

여기에서 말하는 장벽이 1개이면 1-하위인접하는 것이고, 2개이면 2-하위인접한다고 한다. 장벽이 하나도 없으면 0-하위인접한다고 하는데, 이 경우 그 문장의 문법성은 완전히 자연스러운 것이라 할 수 있다. 1-하위인접할 때 그 문장의 문법성은 떨어져서, 낮은 정도의 문법성을 갖게 되고,[169] 2-하위인접할 때부터는 완전히 비문에 속한다고 하는 것이 일반적인 해석법이다.

(17) 지배의 정의(앞에서 제시한 것과 비교):

A가 B를 지배하려면, A가 B를 최대통어(m-command)하고, B에 대한 장벽이 되며 또 A를 배제하는 그러한 γ가 없어야 한다.

(18) 고유지배의 정의(17쪽):

A가 B를 고유지배하려면, A가 B를 의미역 지배하거나 선행사지배하여야 한다.

(19) 배제의 정의(9쪽):

A가 B를 배제하려면 A의 어떤 부분(segment)도 B를 관할해서는 안 된다.

(20) 관할의 정의(7쪽):

A가 B의 모든 부분(segment)에 의하여 관할되어야만 A는 B에 관할된다.

(21) 장벽의 정의(14쪽):

γ가 B에 대한 장벽이 되려면, (a)이거나 (b)이어야 한다.

(a) γ가 B에 대한 차단범주(blocking category: BC)인 δ를 직접관할하거나,

(b) γ가 B에 대한 IP 이외의 차단범주이어야 한다.

(22) 차단범주의 정의(14쪽):

γ가 B에 대한 차단범주가 되려면, γ는 어휘표시(L-mark)되지 않아야 하고 γ는 B를 관할하여야 한다.

(23) 어휘표시의 정의(15쪽):

A가 B를 어휘표시하려면, A는 B를 의미역 지배하는 어휘범주이어야 한다.

(24) 의미역 지배의 정의(15쪽):

A가 B를 의미역 지배하려면, A가 B를 의미역 표시하는 머리성분 범주(zero-level category)이고 A와 B가 서로 자매항이어야 한다.

하위인접 조건의 효과를 알아볼 수 있는 구문 현상으로 다음과 같은 예를 살

---

169) 이 책에서는 이와 같이 중간 정도의 비문법적 문장인 경우, 해당 문장의 앞에 '?*'와 같은 표시로 나타낼 것이다. 완전히 비문법적인 문장에는 '*'를 표시한다.

펴보기로 한다. (25가)가 비문이 되는 이유는 무엇인가? 또 (26가)는 이보다 다소 나은 듯하지만, 이 역시 부적격한 문장임은 분명하다. 그 이유는 무엇인가?

(25) 가. *김씨가 박씨를 옷을 입었다.
　　 나. 　김씨가 박씨의 옷을 입었다.
(26) 가.?*김순경이 그 범인을 추격을 회상했다/반대했다.
　　 나. 　김순경이 그 범인의 추격을 회상했다/반대했다.

일단, (25가), (26가)가 부적격한 이유를 의미역 기준의 위반에서 찾을 수 있다. '입다'와 '회상하다'는 각각 두 개의 논항을 취하는 동사인데 세 개의 논항이 나타났으므로 의미역 기준에 따라 부적격한 것이다. 그러나 통사구조를 이루는 구성성분은 어느 것이든, 어디로나 자유롭게 이동해 갈 수 있다는 것이 원리매개변인 이론의 기본 가정이다. 물론 문법에서 주어지는 온갖 제약과 조건을 위반하지 않아야 한다. (25나)와 (26나)는 '박씨를'과 '그 범인을'이 명사구의 내부로부터 이동할 가능성을 보여주고 있다. 그 구조를 보이면 다음과 같다.

(25)' 가. 김씨가 [박씨를ᵢ [[tᵢ 옷을] 입-]]-었다.
(26)' 가. 김순경이 [그 범인을ᵢ [[tᵢ 추격을] 회상하-]]-었다.

이제, 이들 문장이 부적격한 이유를 원리에 따라 설명할 수 있다. (25)'이나 (26)' 같은 구조가 불가능한 것은 아니다. 그러나 이렇게 상정된 구조 (25)'는 우선, 흔적이 고유지배되어야 한다는 위 (9)'의 공범주 원리의 규정을 위반한다. 흔적을 의미역 지배할 수 있는 요소는 '옷'밖에 없으나 이는 논항을 취하는 요소가 아니므로 의미역 지배의 지배자가 될 수 없다.[170] 그러나 (26)'의 '추격'은 서술성 명사로서 전형적으로 논항을 취하는 요소이므로 흔적을 의미역 지배할 수 있다. 따라서 (25가)'은 공범주 원리를 위반하나 (26가)'은 공범주 원리를 위반하지 않는다.

하지만 (25)'과 (26)'이 공통적으로 위반하는 규정이 있다. 다름아닌 하위인접 조건이다. 선행사와 흔적 사이에는 최대투사 범주로 VP와 DP와 NP가 가로놓여

---

170) 선행사 지배될 수도 없다. 곧 이어서 하위인접 조건과 관련하여 지적하겠지만, 선행사와 흔적 사이에 장벽인 교점이 1개(NP) 놓이게 되기 때문이다. 고유지배는 장벽이 1개만 있어도 위반되는 엄격한 제약이다.

있다. 이 중 VP는 완전한 범주가 아닌, 한 부분에 불과한 것이므로, 이들 구조는 하위인접 조건을 위반하지 않는다. DP는 동사 '입-'과 '회상하-'에 의해 어휘표시(L-mark)되므로 장벽으로서의 성격을 잃게 된다. 그러나 NP는 여전히 장벽이 된다. 따라서 두 문장은 공통적으로 장벽을 1개만 가지는 1-하위인접이 된다.

이러한 설명에 따르면 두 문장의 문법성에 차이가 나는 사실도 정확하게 예측할 수 있다. 즉 (25가)'은 공범주 원리와 하위인접 조건 조건(1-하위인접)을 동시에 어겼으므로 구제불능이 된다. 그러나 (26가)'은 하위인접 조건만을 어겼고, 그것도 '1-하위인접' 정도의 위반이므로, 결과적으로 '?*' 정도의 문법성을 갖게 된 것이다. 이는 형식적인 이론이 문법성의 정도 차이까지도 섬세하게 예측할 수 있다는 점에서 대단히 의미 깊은 것이라 생각된다.

마지막으로, 위의 (25가)와 비교되는 다음 (27가) 문장, 위의 (26가)와 비교되는 다음 (28가) 문장이 각각 완전히 문법적인 데에 대해서 생각해보자.

(27) 가. 김씨가 박씨를 어깨를 잡았다.
     나. 김씨가 박씨의 어깨를 잡았다.
(28) 가. 김순경이 그 범인을 추격을 하였다.
     나. 김순경이 그 범인의 추격을 하였다.

(27가)의 적격성은 뒤의 4.1.4절에서 도입하는 서술화 원리에 따라 설명된다. '어깨를'은 통사적 이차 서술어가 되어, 앞의 '박씨를'과 주술관계를 맺는다. (28가)의 적격성은 다음 3.4절에서 도입하는 재구조화 원리에 따라 설명된다. '추격'과 '하-'는 서로 다른 구의 머리성분(head)이지만, 재구조화 원리에 따라 서로 관련을 맺어, 둘 사이에 존재하던 장벽이 장벽으로서의 성질을 잃어버리게 만든다. 그러므로 1-하위인접으로 중간 정도의 비문법성을 가지던 이 구조가 재구조화에 따라 그 비문법성을 상실하여, 완전히 문법적 문장으로 해석되게 된 것이다.[171]

---

171) 지금까지의 논의는 'NP-를' 형식의 목적어가 동사(V)의 자매항으로 설정된다는 전제에서 진행되었다. 뒤의 제4장에서 전개하는 본 연구의 체계에 의하면 목적어는 언제나 VP의 명시어 위치에서 기저 생성된다. 현재의 의미역 지배의 정의인 (24)는 '자매항' 조건이 있으므로 목적어가 동사에 의해 의미역 지배를 받을 수 없게 되고, 이는 다시 (23)의 정의에도 영향을 미쳐서, 목적어는 동사에 의해 어휘표시를 받지 못하므로, 방금 논의에서처럼 DP인 'NP-를'이 어휘표시에 의해 내부의 NP 하나만 장벽을 갖게 된다는

이상의 결과는, 과거의 여러 연구에서 동일한 구문 '이중목적어문'으로의 처리를 시도한 바 있는 (27가)와 (28가)의 유사함이 피상적인 유사함이라는 점을 말해주는 것으로 보인다. 아울러, 이상의 결과는 형식적인 통사 이론이 한국어 구문 현상에서 예측력을 보이는 좋은 사례를 알려주는 것이다.

3.4. 재구조화의 개념과 범위

이 절에서는 2.3절에서 정립한 문법단위, 통사 범주의 체계와, 3.1-3.3절에서 소개한 통사구조 기술의 방법을 바탕으로, 한국어에서 재구조화에 의해 통사적 단위가 해석되는 현상을 기술·설명하려고 한다.

문법적 과정으로서의 '재구조화'를 언급하는 분석이 근래 국어문법의 논의에서 눈에 띄게 나타나기 시작하였다. 하나의 기호열(string: '연결체')로서의 언어 형식이 두 가지의 상이한 통사구조로 분석되어, 두 가지의 구(phrase)적 통사 범주를 부여받는 현상, 또는 문법적 과정에서 처음에 주어진 구성성분 구조와 다른 구성성분 구조 해석을 받게 되는 현상을 지칭하는 것으로 그 잠정적인 개념을 설정할 수 있다.[172] 다른 통사 범주를 부여받는 두 언어 형식이 시간적으로 전후의 언어 형식이라고 파악될 때 재구조화는 통시적 개념이 된다. 그러나 이

설명을 할 수 없게 된다. 그러므로 3.4.2.1절 및 제4장에서 전개하는 본 연구의 이론에서는 (24)의 의미역 지배 정의에서 '자매항 조건'을 제거하기로 한다. 즉, 동사에 의해 의미역을 받는 VP 내부의 논항은 보충어든, 명시어든, 모두 동사에 의해 의미역 지배를 받는 것으로 간주한다.

또한, 원래의 Chomsky(1986b)의 설명에 의하면, (21a)의 규정은 '상속(inheritance)에 의한 장벽'을 의도하는 것으로서, 이 설명에 따르면 (26)'의 DP인 '[[t 추격]을]'은 어휘표시에 따라 장벽성을 상실할지라도, 이 DP가 관할하는 NP인 '[t 추격]'이 차단범주이므로, 상속에 의해 DP는 다시 장벽이 된다. 본 연구에서는 (21a)의 상속에 의한 장벽의 규정을 γ가 IP인 경우에만 적용되는 것으로 약정하기로 한다. 즉, IP 이외의 최대투사가 상속에 의해 장벽이 될 수 없다고 보아, 어휘표시되는 최대투사 범주는 언제나 장벽성을 잃는 것으로 해석한다.

172) '재구조화(restructuring)'와 '재분석(reanalysis)'을 같은 개념으로 파악하기도 하지만 두 개념을 구분해서 쓰는 연구자들이 있으므로 필요할 때마다 그 점을 지적하기로 한다. 필자는 앞선 여러 연구에서 '재구조화' 현상이라고 부르던 예와 '재분석' 현상이라고 부르던 예가 하나의 일반화된 개념인 재구조화로 묶일 수 있다고 보는 입장이다. 그러므로 따옴표 없이 재구조화라는 용어를 쓸 경우에는 이렇게 일반화된 개념으로 사용하는 것이다.

연구에서 다루는 재구조화는 이와 달리 공시적인 개념으로 한정되는 것이다.

구체적인 통사론적 분석에 이 개념을 적용할 때는, 두 구조를 D-구조와 S-구조처럼 연속된, 직렬적 과정의 표상 층위들로 보는지, 아니면 한 층위에서 두 구조가 동시에 나타나는 '병렬 구조'로 보는지에 따라 상이한 실행 방법이 나타날 수 있다. 이 절에서는 이 두 가지 실행의 관점을 구분하여 이전 논의를 검토하고, 이에 따라 새로운 재구조화의 개념을 정립하고자 한다. 그런 다음, 정립된 재구조화의 개념에 부합하는 한국어 재구조화 구문의 가능한 범위를 살펴서 유형화하려고 한다.

재구조화의 실행 방법과 관련한 두 가지 방향으로, 병렬 구조를 받아들이는 베르뇨 · 주비자레타(Vergnaud & Zubizarreta 1980), 주비자레타(Zubizarreta 1982, 1985), 만치니(Manzini 1983), 구덜(Goodall 1985, 1987), 해게만 · 리엠스다익(Haegeman & Riemsdijk 1986) 등의 이론과, 표준적인 구절표지의 개념 안에서 재구조화의 개념 정립을 추구하거나 이를 이용하는 리치(Rizzi 1978), 스토웰(Stowell 1981, 1982), 혼스틴 · 와인버그(Hornstein & Weinberg 1981), 라슨(Larson 1988), 최현숙(1988가) 등의 이론을 대별할 수 있다.

한국어의 실제 문장에 대한 연구에서도, 임홍빈(1997)에서는 병렬 구조에 입각한 만치니(Manzini 1983)의 개념을 원용한 것이라고 하면서, 체언과 후속하는 조사들의 결합체, 용언의 어간과 후속하는 어미들의 결합체에 재구조화의 개념을 적용하고 있다. 그러나 만치니의 재구조화는 통사구조의 부분 구성성분 안에서의 두 가지 구조 분석 가능성을 포착하기 위한 것으로, 두 가지 구조는 각각 나무그림으로 표시되는 정규적인 구조이어야 하며, 두 가지 구조로 투사 가능한 통사적 자질들을 가지는 어휘항목이 필수 조건인 것이다.

표준적인 구절표지 개념에 기반한 이론인 최현숙(1988가)에서는 투사 원리의 위배라는 문제에 빠지지 않는 재구조화의 이론을 추구하였다. 더욱이 재구조화의 조건과 관련해서 어휘적 근거를 활용할 수 있는 가능성이 이 이론에서 발견된다. 이는 본 연구의 기본 관점과 부합하는 것이다. 그러나 통사구조를 D-구조, S-구조, 논리형태의 세 가지로 층위로 나누고, 이들 사이의 관계가 직렬적 연결이라고 하는 전통적인 관점 하에서는 최현숙(1988가)의 재구조화 개념이 가지는 긍정적인 측면을 온전히 포착하기 어렵다. 재구조화의 요인은 본질적으로 어휘의미적인 것이라고 생각된다. 이 점을 효과적으로 포착하기 위해서는 통사구조와 별도의 의미구조 층위에 대한 고려가 필요하다. 통사구조와 별도로 독립적인 의미구조가 존재한다는 뜻에서, 직렬적 체계(serial architecture)에 반대되는 병렬적 체계(parallel architecture)의 관점에서 문법의 조직을 바라보는 것이 필요하다고 본다.[173]

표준적인 구절표지 기반의 이론에 따른 개념으로는 이 밖에도 영어, 네덜란드말의 전치사 잔류 구문에 대한 스토웰(Stowell 1981, 1982)의 '재분석(reanalysis)', 영어의 이중목적어문에 대한 라슨(Larson 1988)의 '재분석'이 있다. 이러한 절차는 통사적 과정에서 임시방편적으로 부분적 성분구조의 변화를 용인하는 것으로, 필경 구조 보존 원리의 위배라는 근본적 난점을 가진다. 일부 목적어와 동사의 결합에 V로의 '재분석' 개념을 적용한 임홍빈(1999가, 나, 2000), 이중주어문에 유사한 개념을 적용한 안명철(2001)에서도 어휘 단위로서의 명사와 동사의 결합이 아닌 명사구와 동사의 결합을 V로 바꾸는 절차를 받아들이고 있다.

필자는 양정석(1986)에서 한국어의 '이다' 구문의 일부가 어휘부에서의 재구조화 규칙('재구성 규칙')에 따라 설명된다고 보았고, 이후 양정석(1991)에는 서술성 명사 구문에도 역시 재구조화 규칙이 적용된다고 설명하였다. 여기에서의 재구조화는 리치(Rizzi 1978) 방식의 재구조화 개념에 가까운 것이다. 이 방식은 투사 원리를 위배한다는 약점이 있다. 이에 양정석(1997가)에서는 최현숙(1988가)의 재구조화 개념을 받아들여, 서술성 명사 구문, 일부 '이다' 구문, 나아가 '서로'를 가지는 교호성 구문인 상호 구문이 재구조화 절차를 따르는 통사적 구조로 해석됨을 보였다. 원리매개변인 이론의 '직렬적' 문법 조직의 관점에서한 국어의 이들 현상을 D-구조 재구조화와 어휘부 재구조화와 논리형태 재구조화의 세 가지로 나누어 처리하였다. 그러나 문법의 조직에 관한 병렬적 체계의 관점, 즉 통사구조들의 병렬 구조가 아닌, 통사구조와 의미구조의 병렬적 체계라는 관점을 가지고 바라보면 서로 다른 부문에서 처리되던 이들 현상을 명실공히 하나의 원리로 통합적으로 설명할 수 있다. 이 절에서 추구하는 것은 이러한 관점에서의 재구조화의 개념이다.

이 절에서는 재구조화의 개념을 밝혀 통사적 과정의 한 원리 '재구조화 원리'로 제시하고, 이를 한국어의 관련 현상 전반에 걸쳐 조명하려고 한다. 또한, 이 원리가 다른 원리나 규칙과 상호작용하는 예를 살피는 것은 이 책 전체의 논의에서 주요한 검토 사항이 된다.

---

173) 이 책의 '대응규칙의 문법'은 바로 이와 같은 병렬적 체계의 관점을 구현한 것이다. 이러한 병렬적 체계에 관한 상세한 논의는 Jackendoff(1997, 2002)을 참고할 수 있다.

3.4.1. 재구조화의 개념

종래의 재구조화에 관한 일반 이론과 이들을 한국어의 구문 현상에 적용한 연구들은 크게 병렬 구조 기반 이론과 표준적 구절표지 이론의 두 부류로 가를 수 있다. 다루어지는 언어 현상은 로만스말의 '재구조화 구문'(조동사의 선택과 의존사(clitic: 접어) 이동을 특징으로 한다)과 로만스말의 사역 구문(조동사 선택의 특징이 없으며 접어 이동은 개별 언어에 따라 있기도 하고 없기도 하다), 영어의 전치사 잔류 현상이 주를 이루었으며, 한국어에 대해서는 보조동사 구문과 이중주어문, 이중목적어문의 일부 구문이 관련되는 현상으로 고찰되었고, 근래에 들어서 그 적용 현상이 확대되는 추세에 있다.

3.4.1.1 병렬 구조 기반 이론

병렬 구조 기반의 이론은 동일한 기호열이 두 개 이상의 동시적 구조를 가진다는 관점에서 출발한다.

주비자레타(Zubizarreta 1982)는 한 어휘항목이 둘 이상의 하위범주화 자질을 가짐에 따라 가상 범주(virtual category)를 가지는 구조가 그 범주를 갖지 않는 구조와 함께 병렬 구조를 형성하여, 이 두 구조에서 기존 문법의 여러 원리와 규칙이 준수·실행된다고 설명하였다. 다음 (1가)에서 괄호를 가진 '(C)'가 가상 범주이다. 이에 따라 (1가)는 (1나)와 (1다)의 두 병렬적 구조를 포함한다.

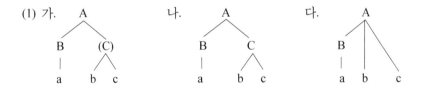

그러나 가상 범주를 도입하는 절차가 어떤 것인지는 분명치 않다. 다음에 소개하는 구절표지에 대한 집합 표기법을 본격적으로 활용함으로써 이 이론의 비명시성이 해소될 수 있을 것이다. 어쨌든 한 어휘항목이 두 개 이상의 하위범주화 자질을 가짐으로써 병렬 구조가 형성된다는 발상은 병렬 구조 이론을 전개하는 뒤의 연구자들에게 일정한 영향을 준 것이다.

촘스키는 촘스키(Chomsky 1955/1975) 이래로 구절표지(phrase marker)를 한 문장의 종단기호열(terminal string)의 도출 과정에서 나타나는 매 단계의 기호열들의 집합으로 파악해왔다. 라스닉·쿠핀(Lasnik & Kupin 1977)은 구절표지를 시초기호와 종단기호열과 단일기호열(monostring)들의 집합인 '축소구절표지(RPM: reduced phrase marker)'로 정의함으로써 훨씬 간결한 구절표지의 표현이 가능하게 해주었다. 이 구절표지의 개념은 단일기호열의 정의와 구절표지의 성립 조건이 그 핵심을 이룬다.174)

  (2) 단일기호열:
     비종단 범주를 하나, 종단기호를 적어도 하나를 가진 기호열이다.
  (3) 축소구절표지의 조건:
     집합의 원소를 이루는 기호열 중 어느 두 기호열을 취하든지 둘 사이에 precedes 관계 또는 dominates 관계가 이접적으로 만족되어야 한다.175)

이와 같은 구절표지의 개념을 바탕으로 만치니(Manzini 1983)에서는 나무그림으로 표시될 수 있는 '정규구절표지(normal phrase marker)', 나무그림으로 나타낼 수 없으면서 둘 이상의 정규구절표지들의 집합으로 정의되는 '정규형식(normal form)' 등의 개념을 제안하고, 이를 바탕으로 '재구조화'의 개념을 이끌어내고 있다. 다음은 재구조화된 구절표지가 가지는 일반 조건이다. 여기에서 Pi와 Pj는 각각 나무그림으로 나타낼 수 있는 구절표지('정규구절표지')를 뜻하는 것이다.

  (4) P가 정규구절표지이며, P'이 P의 정규형식이고 {Pi, Pj} ⊆ P'이 성립되면, Pi로부터 Pj의 도출 관계, 또는 Pj로부터 Pi의 도출 관계, 또는 Pi와 Pj가 동일한 구절표지인 관계가 존재해야 한다. (Manzini 1983: 17)

그의 '재구조화'는 둘 이상의 정규구절표지들의 집합인 정규형식에서 두 정규구절표지 사이의 관계로 한정된다. 정규구절표지는 나무그림으로 표시되는 구

---

174) 앞의 3.1.2절 참조. Lasnik & Kupin(1977) 참조. 병렬 구조의 구절표지는 이러한 축소구절표지의 기본 조건을 위배하는 구절표지라는 특징을 보이게 된다.
175) 한 기호열의 비종단기호가 다른 기호열의 비종단기호에 선행하거나, 관할할 때 하나가 다른 것을 precedes하거나 dominates한다는 것이 기본적인 취지이다. 엄밀한 형식적 정의는 Lasnik & Kupin(1977)을 참조.

절표지이므로, 재구조화는 나무그림으로 표시되는 구절표지들 사이의 관계임을
벗어날 수는 없는 것이다. 여기서 두 정규구절표지 사이의 도출 관계는 이동과
삭제만을 포함한다고 한다.

이탈리아말의 'si'를 가지는 중립동사 구문이 그가 논하고 있는 재구조화 구
문의 예이다. "i bambini si lavano."와 같은 문장의 구조('정규형식')는 다음 두
구절표지의 집합으로 나타낼 수 있다(112쪽). 두 구조는 모두 정규구절표지, 즉
나무그림으로 나타낼 수 있는 구절표지이다.

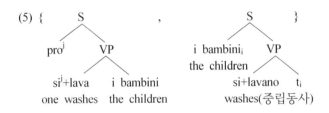

그는 주비자레타(Zubizarreta 1982)와 같이 한 어휘항목이 둘 이상의 하위범주화
자질을 가지는 것으로 상정하고, 이 자질들로 말미암아 둘 이상의 정규구절표
지들의 병렬 구조가 형성된다고 설명하고 있다. 위에서 'si'가 그러한 의미의
'재구조화 어휘항목(restructuring lexical item)'이다. 오른쪽의 나무그림은 'si'가
'피동화소'의 자질을 더 가짐으로써 나타나게 되는 것이다. 이와 같은 예에서
(5)의 집합을 이루는 두 구절표지 사이의 관계가 재구조화 관계이다.

서로 다른 하위범주화 자질에 의하여 생겨난 두 구조는 동일한 구조가 아니
므로 투사 원리를 위배할 수밖에 없다. 그러나 그는 병렬 구조를 이루는 두 정
규구절표지들 각각에 한해서는 어휘항목이 가지는 의미역 구조가 통사구조에
서 그대로 유지된다는 의미에서 투사 원리가 준수된다고 보고 있다. 그러므로
투사 원리가 준수된다는 설명은 병렬 구조라고 하는 아주 특별한 문법 조직을
가정할 경우에 그것이 준수된다는 것으로, 투사 원리를 만족할 수 있게 그 문법
조직을 더욱 느슨하게 조정한 것이라고 볼 수 있다. 그러므로 병렬 구조라는 문
법 조직이 재구조화 현상 외에 더 설명력을 갖지 않고, 더욱이 병렬 구조를 가
정하지 않고도 재구조화 현상을 효과적으로 설명할 수 있는 방법이 존재한다면
이와 같은 방향의 접근이 가지는 매력은 줄어든다고 하겠다.

한편, 만치니의 '재분석(reanlysis)'은 여러 로만스말들의 사역 구문이 가지는
구조적 특이성을 염두에 두고 전개된 개념이다. 여기서는 병렬 구조의 개념이

사용되지 않는다. 그의 '재분석' 개념의 요점은 로만스말 중 하나인 불어의 다음과 같은 구조를 통해서 설명할 수 있다.

(6) [s NP Infl [vp faire [vp ecrire . . .]]]

사역동사인 faire의 보충어인 VP는 '소절(small clause)'이라고 한다. 이와 같은 구조에서 faire는 소절의 (동사구 아닌) 동사 ecrire에 대하여 '재분석'의 관계를 가진다고 한다. 이는 마치 영어의 예외적 격 표시 구문에서 타동사가 그 보충어인 부정사 절의 주어에 대해서 '격 할당(Case assignment)'의 관계를 가지는 것과 평행적이라는 것이 그의 착안이다. 그는 나아가 두 관계, 즉 재분석 관계와 보통의 격 할당 관계를 일반화하여, 그 상위 개념으로 '격(Case)' 개념을 설정하고 있다.176)

(6)의 구조에서 하위의 VP에 해당하는 구성성분을 그는 '소절(small clause)'이라고 말하고 있다. 이는 'faire'가 절을 보충어로 취하면서 이 절의 동사 'ecrire'와 일정한 연계 관계를 맺는 것을 포착하기 위한 것이다. (7)과 같은 사역동사 'laisser'(영어의 'let'에 해당), 지각 동사 'voire'(영어의 'see'에 해당)의 구문에는 소절에 주어가 나타날 수 있다.

(7) 가. [s je [vp ai [vp laisse [vp Marie [vp ecrire . . .]]]]]
나. [s je [vp ai [vp vu [vp Marie [vp ecrire . . .]]]]]

(6)에서는 하위 VP가 소절이라고 한다. 그러나 VP가 주어를 갖지 않는다면 그것은 절일 수 없다. 이러한 특례적인 처리의 결과 (7)에서도 'Marie'가 '주어'로서 VP의 부가어 위치에 놓이는 것으로 처리하게 된다. 이는 그 이론의 임시방편적인 성격을 드러내는 것이다.

소절이라는 새로운 절 범주를 도입함으로써 핵계층 이론을 복잡하게 한다는 점은 이와 같은 처리의 단점으로 지적되어야 한다. 그러나 (7)과 같은 예에서 상위절 동사와 하위절(VP)의 동사가 머리성분들끼리 서로 연계된다는 점에 주목하고, 이를 포착할 수 있는 '재분석'이란 개념을 새로 정립하려 한 것은 중요한 의

---

176) 아울러 Chomsky(1981)에서 논의된 '동일 위첨자 지표화(cosuperscripting)'도 이 '격(Case)' 개념의 하위 개념으로 포섭된다고 한다.

의를 가진다고 할 수 있다. 이를 비록 '재분석'이라는 용어로써 다루기는 했지만, 본 연구에서 '재구조화'로 일반화하는 현상들이 공통적으로 가지는 성질에는 이처럼 머리성분과 머리성분이 연계된다는 점이 중요성을 가진다. 이는 뒤에 소개할 최현숙(1988가)의 재구조화 개념이 구조를 그대로 둔 상태로 인접하는 두 구의 머리성분들 사이에 맺어지는 관계로 정의된 것과 상통한다고 하겠다.

임홍빈(1997)에서는 병렬 구조에 입각한 만치니의 재구조화 개념을 용언의 어간과 후속하는 어미들의 결합체, 체언과 후속하는 조사의 결합체에 적용하려고 하였다. 가령, (8가) 문장은 (8나-라)의 구조를 가질 수 있으며, (9가)의 표현은 (9나-다)의 구조를 가질 수 있다고 한다. "(8나)가 (8다)로 분석되는 것, (9나)가 (9다)와 같이 분석되는 것은 만치니(Manzini 1983: 34)적인 의미에서 '재구조화(restructuring)'에 속하는 절차"라고 말하고 있다(144쪽). 또, "(8다)나 (9다)는 (8나)나 (9나)와 달리 나무구조로 나타낼 수 없는 것이며, (8다)나 (9다)는 단지 재구조화된 결과로 얻어지는 구조일 뿐이다. 결과적으로는 나무구조로 사상되는 어휘항목이 있게 되는 것도 만치니(Manzini 1983: 34)적인 '재구조화'의 개념을 충족시킨다. (8다)의 '쓰시었다'와 같은 구성을 재구조화된 동사란 이름으로 부르기로 한다."라고 말하고 있다.

(8) 가. 아버님께서 새 책을 쓰셨다.
　　나. [FP[TP[HP[VP[KP 아버님께서] [V[KP 새 책을] [V 쓰]]] -시] -었] -다]
　　다. [KP 아버님께서] [KP 새 책을] [V 쓰시었다]
　　라. [VP[KP 아버님께서] [V[KP 새 책을] [V 쓰시었다]]]
(9) 가. 새 책을
　　나. [KP[NP[AdnP 새] [N 책]][K 을]]
　　다. [AdnP 새] [KP[NP 책][K 을]]

이는 명백히 만치니의 재구조화 개념과 다른 것이다. 앞에서 만치니의 재구조화의 조건인 (4)를 통해서 지적했듯이, 재구조화된 결과로 얻어지는 것은 정규구절표지, 즉 나무그림으로 나타낼 수 있는 구조라야 하는 것인데, (8다)와 (9다)는 그의 말대로 '나무그림으로 나타낼 수 없는' 구조인 것이다. 만치니의 재구조화 개념은 통사구조의 부분 구성성분 안에서의 두 가지 구조 분석 가능성을 포착하기 위해서, 두 가지로 분석된 구조 사이의 관계로 정의된 명시적 개념이다. 구절표지가 기호열들의 집합으로 정의된다는 개념적 토대를 벗어나서는 만치니의 재구조화 개념을 쓸 수 없다.

임홍빈(1999나: 18)에서는 더 나아가 (10)의 예들을 재구조화의 사례로 들고 있다. 임홍빈 외(1995: 287)에서는 심지어 (11나)와 같은 예에서도 '사과를 먹는다'가 '서술어로 재구조화된' 것이라고 한다.

(10) 철수와 영희에게 선물을 보냈다, 철수에게와 영희에게 선물을 보냈다, 철수에게 그리고 영희에게 선물을 보냈다, 철수가 영희에게 그리고 영수가 숙희에게 선물을 보냈다

(11) 가. [소녀가 [사과를 [먹는다]$_V$]$_{V'}$]$_{VP}$
    나. [소녀가]$_{SU}$ [사과를 먹는다]$_{PRED}$

이상의 예들을 모두 '재구조화'로 규정하려고 할 때, 이들을 하나로 묶을 수 있는 형식적 공통성은 찾을 수 없다. 이러한 '재구조화' 개념은 형식적으로 정의할 수 없는 개념이므로, 우리는 명시성의 기준에서 이를 받아들일 수 없다.[177]

구덜(Goodall 1985, 1987)도 기본적으로 만치니(Manzini 1983)의 재구조화 논의에서 보인 병렬 구조의 개념적 기반에서 이론을 전개하고 있다. '재분석(reanlysis)'이라는 표제 아래 논의하는 구덜(Goodall 1985)에서는 축소구절표지(RPM)를 통하여 구절표지를 정의하는 라스닉 · 쿠핀(Lasnik & Kupin 1977)의 이론에 기반을 두어, 통사구조가 둘 이상의 동시적인 구조의 병렬로 이루어진다고 가정한다. 부분적 구성성분 구조가 둘 이상의 정규적 구조(나무그림으로 기술되는 구조)의 합집합으로 정의되어야 한다. 가령, (12가)는 (13가)와 같은 정규적 구조이지만, 여기에 단일기호열 Dc가 더해진 축소구절표지 (14)는 병렬 구조로서 정규적 구조가 아니다(로마자 대문자는 비종단 기호, 소문자는 종단 기호를 나타낸다). 여기서 aC와 더해진 Dc는 모순되어, 이로 말미암아 두 개의 부분집합 (12가)와 (12나)로 분리되게 된다고 한다. (12나)는 (13나)로서, 역시 정규적 구조이다. 이처럼 집합 표기를 이용함으로써 한 기호열이 한 층위에서 두 개의 동시적 통사구조들로 분석되고, 각각에서 문법의 원리들이 준수될 때 해당 기호열이 적격성을 얻게 되는 것으로 설명할 수 있다는 것이다.

(12) 가. {A, Bbc, aC, abc}   나. {A, Bbc, abc, Dc}

---

177) 임홍빈(1999가, 나, 2000)에서는 '재구조화'와 다른 '재분석'이라는 개념을 도입하고 있다. 이에 대해서는 3.4.1.2절에서 다시 살펴보기로 한다.

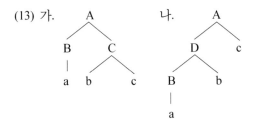

(13) 가. 나.

(14) {A, Bbc, aC, abc, Dc}

그러나 구덜(Goodall 1987)에서는 다소 다른 방식으로 병렬 구조 현상들을 분석하고 있다. 로만스말의 사역 구문('faire' 구문: 이는 만치니가 '재분석'으로써 설명하던 현상이다), 로만스말의 '재구조화 구문'(접어 이동과 관련되는 이 현상을 만치니도 '재구조화 구문'이라고 부른다), 그리고 대등접속문이 병렬 구조를 보이는 예로서 분석되고 있다.178) '재구조화'와 '재분석'은 특정의 문법적 과정으로 존재하지 않게 된다. 재구조화 구문들이 가지는 파격적인 측면들을 병렬 구조를 도입하여 설명한다는 것뿐이다.

먼저, 로만스말의 사역 구문을 병렬 구조의 차원에서 분석하고는 있지만 이를 이전처럼 '재분석' 기제가 적용되는 것으로 보지는 않는다. 가령 사역 동사 'faire'를 가지는 불어의 문장은 (15가, 나)의 두 구조로 분석된다.179)

(15) 가. [s [NP Marie] [VP [V a fait] [S'[VP[V manger] [NP la tarte]] [NP l'enfant]]]]
  나. [s [NP Marie] [VP [V [V a fait][V manger]] [NP la tarte] [NP l'enfant]]]

---

178) 영어의 대등접속문에서는 이른바 'ATB 구조'를 병렬 구조의 하나로 설명하고 있으나 이는 {. . .and(John drank the poison, John died). . .}와 같이 'and'를 가지는 기저의 구조를 상정한다는 점에서(31쪽), 병렬 구조의 실례로 분석된 '재구조화 구문', '재분석 구문'과 다르다. 이는 어디까지나 직렬적 구절표지 이론인 것이다.

이와 유사한 발상이 강명윤(1995)에서 원용한 Stowell(1991)의 '소절 재구조화(small clause restructuring)' 개념에서도 나타난다. 'ATB 구조'를 이루고 있던 기저의 구조가 선형 질서를 이루는 일반적 절차에 따라 소절을 형성하게 된다는 것이다. 강명윤(1995)에서는 이 개념을 원용하여 한국어의 이중주어문 중 일부 예에서 '주격 명사구'가 그 기저에서 '연쇄 병렬 구조'를 이루고 있다가 소절 재구조화에 따라 한 소절 단위를 이룬다고 설명한다. 이 역시 동시적으로 두 개의 통사구조가 생성된다는 의미에서의, 앞서의 병렬 구조와는 다른 개념이다.

이러한 병렬 구조의 개념도 표준적인 구절표지 이론과는 매우 다른 새로운 장치를 도입해야 하는 것으로, 문제의 현상들이 표준적인 이론 안에서 충분히 설명 가능하다는 점이 밝혀진다면 곧 그 필요성이 사라지게 될 것이다.

179) Goodall(1987: 107)에서 나무그림으로 표시된 것을 대괄호 표기법으로 고쳐놓았다.

(15)의 두 정규구절표지는 집합 표시인 하나의 구절표지에 포함되는 것으로 파악된다. 구덜(Goodall 1985)에서와는 달리 두 구조를 잇는 문법적 과정이나 규칙으로서의 '재분석' 과정을 인정하지 않고, (15가)와 (15나)의 구조 각각에서 격이론이나 의미역 이론 등의 문법적 제약들이 만족됨으로써 "Marie a fait manger la tarte l'enfant."라는 기호열이 문법적 문장으로 판정되는 것뿐이다. 애초에 두 구조가 형성될 수 있는 것은 사역 동사 'faire'가 '+_S"와 '+_V'의 두 개의 하위범주화틀을 가지기 때문이라고 설명한다. 후자는 특이하게도 머리성분(head) 범주에 대한 하위범주화 요구를 나타낸 것이다.

조동사 선택과 접어 이동의 특징으로 말미암아 보통 '재구조화 구문'으로 분석되어오던 스페인말의 "Juan quiere comer el pan(후안은 빵을 먹기를 원한다)."와 같은 문장도 구덜(Goodall 1987)은 위와 같은 관점에서 병렬적인 두 구조를 가지는 것으로 처리한다.

(16) 가. [s [NP Juan] [VP[V quiere] [s[VP [V comer] [NP el pan]] [NP e]]]]

나. [s [NP Juan] [VP[V[V quiere][V comer]] [NP el pan] [NP e]   ]]

여기에서도 두 구조를 형성하는 근거가 되는 것은 동사 'quierer'가 S'와 함께 머리성분 범주인 V를 하위범주화하는 특징이라고 한다.

(15), (16)의 분석에 대해서 지적할 점은, 두 경우 공히, 동사가 S'와 함께 V를 하위범주화하는 것으로 설정하고 있다는 것이다. 이는 병렬 구조라는 구절표지에 관한 새로운 개념을 도입하면서, 머리성분이 머리성분을 하위범주화한다는, 역시 새로운 개념을 도입한다는 뜻이 된다. 그러므로 이와 같은 개념적 부담 없이 주어진 문제들을 설명하는 것이 가능하다면 이와 같은 접근 방안은 그 설득력을 크게 잃고 말 것이다.

3.4.1.2. 표준적 구절표지 기반 이론

병렬 구조에 기반을 두지 않고, 둘 이상의 통사구조가 직렬적으로 연결된다는 표준적 관점에 입각하여 재구조화의 개념을 전개한 연구들이 있다. 이들 중에는 재구조화가 구성성분 구조의 변화를 유발한다고 보는 견해가 대부분이지만, 구성성분 구조의 변화를 인정하지 않고 지표들의 삼투 절차(percolation)를 새로운 변형 개념으로서의 '재구조화 변형'으로 받아들이는 최현숙(1988가)의 견해도 있다.

리치(Rizzi 1978)의 '재구조화', 스토웰(Stowell 1981, 1982)의 '재분석', 혼스틴·와인버그(Hornstein & Weinberg 1981)의 '재분석'은 이미 하나의 구조로 분석된 부분 구조가 직렬적 통사 과정에서 재구조화에 의해 다른 부분 구조로 분석된다고 실행하는 것인데, 이는 투사 원리를 위반하는 실행 방식이다.

스토웰(Stowell 1982)은 영어와 네덜란드말의 전치사 잔류 구문에서 동사와 명사구와 전치사가 인접된 기호열을 이루는 재구조화 절차를 설정하였다. 재구조화는 수의적인 규칙으로 주어지는데, 전치사의 목적어가 흔적인 공범주여서, 일반적·필수적으로 적용되는 원리인 공범주 원리(ECP)에 따라 이 재구조화가 유발된다는 것이다. 그는 재구조화의 조건으로 재구조화되는 기호열이 단어 형성 규칙의 단어 단위와 대응되어야 한다는 '구조 보존 조건'을 제시하고 있다. 이는 재구조화가 어휘부의 어휘적 단위를 근거로 이루어져야 한다는 생각을 담고 있다. 그러나 어휘부의 어휘적 단위로 주어지는 형식 V가 구 범주 NP를 가진다면, 이는 이미 어휘적 단위일 수 없는 것이다.[180)]

라슨(Larson 1988)의 재구조화 개념('재분석')도 직렬적 통사 과정에서 구 단위의 범주가 단어 단위의 범주로 재해석되는 절차로 상정된다는 점에서 스토웰의 개념과 비슷한 점이 있다. 다음과 같은 것이 그의 재구조화의 조건이다.

(17) $[_v \ldots]$가 방출되지 않은 한 개의 내부 의미역을 가지고 있으면 이를
   $[_v \ldots]$로 재분석할 수 있다. (Larson 1988: 348)

라슨의 재구조화가 투사 원리의 위배를 피할 수 있는 것은 그 투사 원리가 의미역들만을 가지고 운용되기 때문이다. 한 동사 어휘항목이 가지는 의미역 구조가 D-구조에서나 S-구조에서나, 또는 논리형태에서 유지되기만 한다면 투사 원리를 준수한다는 것이다. 그러나 동사와 그 보충어가 구 단위의 범주 V'로부터 단어 단위의 범주 V로 구조의 변화를 수행하게 된다. 이는 좁은 개념으로 규정된 그의 투사 원리를 위배하지는 않을지라도 구절표지의 형성에 관한 근본적 통사 원리인 구조 보존 원리를 위배하는 것이다.

한국어의 구문 현상을 자료로 하여 표준적인, 직렬 구조에 기반을 둔 재구조

---

180) 병렬 구조 기반에서의 논의인 Di Sciullo & Williams(1987)에서도 두 구조 중 하나로 V와 NP를 포함하는 어휘적 단위 V의 구조를 설정하고 있다.

화 개념을 활용한 연구로 임홍빈(1999가, 나, 2000), 안명철(2001)이 있다. 임홍빈(1999가: 615)에서는 라슨(Larson 1988)의 '재분석'의 정의를 원용하고 있다. 그에 의하면 '재분석'은 다음과 같은 문장에서 "'선물을 주-'라는 바-하나-범주에 작용하여 그것을 영충위, 즉 바-없는-동사 범주로 만들게 된다."(616쪽)

(17)' 철수가 영희에게 선물을 주었다

그는 이 재분석 과정이 "특별히 엑스-바 도식에 대한 위배가 없다"(616쪽)고 한다. 그러나 "어떤 핵이 보어 하나를 방출하였는데도 아직 방출되지 않은 내적 보어를 가지는 경우"(615쪽) V가 V로 바뀐다는 것이 그의 재분석의 정의인바, 이는 구조 보존 원리를 위배하는 것이다. 임홍빈(1999나, 2000)에서는 이 밖에도 다음 (18), (19)와 같은 예를 '재분석'이 적용되는 예로 들었다. (18)에서 밑줄 친 부분은 어말어미의 구, 조사의 구가 '격조사는 명사구를 보충어로 선택한다'는 원칙을 충족시키기 위해 명사구로 재분석된 것이라고 한다. (18)과 (19) 두 경우의 '재분석'에서 형식적으로 아무런 의의 있는 공통점을 찾을 수 없다는 것은 문제점으로 지적되어야 한다.

(18) 가. <u>오늘 어디에 갈 것인가의</u> 문제, <u>노래하며 춤추고가</u> 그의 생활 신조이다
　　　나. <u>인간에로의</u> 길, <u>철수에게로</u>, <u>철수에게로의</u>, <u>철수와의</u>
　　　다. <u>책이랑 책상이랑 의자랑을</u> 다 가져왔다, <u>책이며 책상이며 의자며가</u> 다 물에 젖었다
(19) 가. 철수가 미래를 <u>꿈을 꾸었다</u>, 철수가 영희와 <u>부부이다</u>
　　　나. 철수가 영희와 <u>토론을 전개하였다/펼쳤다</u>
(19)' 가.*철수가 미래를 희망찬 꿈을 꾸었다/ *철수가 영희와 금슬 좋은 부부이다
　　　나. 철수가 영희와 열띤 토론을 전개하였다/펼쳤다

(19가)의 경우는 필자 자신이 양정석(1991, 1997가)에서 '재구조화'로 분석한 적이 있다. 그러나 (19나)에서 '토론'은 관형어의 수식이 가능하므로, 그것이 불가능한 (19가)와 같지 않다. (19)'이 보여주는 바는 재구조화가 어휘적 단위들에 근거한 재구조화로 국한되어야 한다는 점이다.

위 예에서와 유사한 재구조화 개념을 안명철(2001)에서도 발견할 수 있다. 그는 이중주어문에서 'NP+V'인 '눈이 크-'가 '재구조화'의 적용 결과로 '구-동사

(PV)'가 된다고 하였다.

(20) [영이가 [v' [v=PV 눈이 크-]]]-다

이 재구조화의 개념도, 통사적 과정에서 임시방편적으로 부분적 구성성분 구조의 변화를 용인하는 것으로, 구조 보존 원리를 위배한다는 근본적 난점을 가진다. 재구조화는 어휘적 근거를 가지는 현상으로 한정되지 않으면 안 된다.

표준적·직렬적 구절표지 이론의 다른 방향으로 최현숙(1988가)의 재구조화 개념이 있다. 최현숙(1988가)은 위첨자 지표(superscript)들이 최대투사로 삼투되는 절차를 통하여 지배에 대한 장벽성의 해소 등 재구조화의 통사적 효과를 포착하며, 아울러 투사 원리를 위배하지 않는 기술적 장치를 제공한다. 그의 재구조화는 (21가)를 (21나)로 바꾸는 통사적 변형의 하나이다. 구조는 보존되되, 위첨자 지표만이 첨가되어, 이에 의해 표시된 통사적 영역 안에서는 두 머리성분 요소의 불연속적인 연결이 한 단위로 포착될 수 있는 길이 열린다.

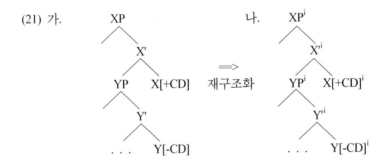

(21) 가.

이에 따르면 재구조화는 [+범주의존성](+CD: categorial dependency)을 가지는 상위 머리성분과 [-범주의존성]을 가지는 하위의 관련 머리성분에 위첨자 지표를 부여한다.[181] 다음으로 이 두 머리성분에 의해 투사되는 중간투사 범주(X')나 최대투사 범주(XP)에도 모두 위첨자 지표를 부여하는 지표의 삼투가 일어난다. 삼투 절차를 통하여 [+범주의존성]의 머리성분과 [-범주의존성]의 머리성분 사이에 놓이는 모든 머리성분들도 동일한 지표를 부여받게 된다. 이렇게 하여 만들어진 머리성분들의 연쇄를 'R-머리성분연쇄(R-head chain)'이라고 한다. 이는

---

181) 기본적으로 상위 머리성분이 하위 머리성분의 투사 범주를 지배한다는 조건을 가진다. 최현숙(1988가: 153) 참조.

불연속적인 단어로 간주되는데, R-복합어(R-complex word) 또는 R-복합머리성분(R-complex head)라고 부를 수 있다.

> (22) R-머리성분연쇄: (X^i , ($\cdots$,) Y^i)
>   R-복합머리성분: { X^i , ($\cdots$,) Y^i }

이렇게 구조의 변화는 발생하지 않고 위첨자 지표들이 새로 첨가되었을 뿐이다. 이것이 그의 '재구조화 변형'이다. 재구조화의 결과로 (21나)의 구절표지가 나타나게 되는데 이것이 재구조화 구문의 특징을 설명해준다.

최현숙(1988가)의 재구조화 규칙(RR)에 따르는 효과, 그리고 관련 약정을 모아보기로 한다.[182]

> (23) RR 효과:
>   ① [-CD]인 X-머리성분들은 R-복합어의 s-머리성분(syntactic head)이다.
>   ② XP_i^i는 RR 영역에서 장벽이 되지 않는다.[183]
>   ③ R-복합서술어의 문법적 자질들(가령 [+/-능격성])은 문법적 자질 약정에 따라 R-복합어의 s-머리성분에 의해 결정된다.
>   ④ 통사적 과정에서 구성성분됨(constituency)의 변화가 일어나지 않는다.
>   ⑤ 의미역 구조에 변화가 일어나지 않는다.
>   ⑥ a. M/R-복합어의 s-머리성분은 격 할당과 관련하여 가시적이다.[184]
>   b. 통사적 단위로서의 R-복합어 내부 요소는 그 어느 것이든지 격 할당과 관련하여 가시적이다.
> (24) 문법적 자질 삼투 약정:
>   s-머리성분([-CD]인 X-머리성분)의 문법적 자질들은 삼투에 있어서 s-머리성분 아닌 요소의 문법적 자질들에 우선한다.

이와 같은 재구조화 절차가 가지는 중요한 의의는, 재구조화에 의하여 구성성분됨의 변화가 일어나지 않는다는 것과, 재구조화된 둘 이상의 요소들 중 s-머리성분이 통사적 과정에서 대표 역할을 한다는 것이다. 뒤의 3.4절에서는 최현숙(1988가)과 달리 s-머리성분을 상위 요소로 규정하며, 이 s-머리성분에 해당

---

182) 최현숙(1988가) 162쪽 이후 참조.
183) 여기서 아래첨자 지표는 보통의 지시 지표이며 위첨자 지표는 재구조화 절차와 관련되는 지표이다.
184) M/R-복합어란 재구조화를 거쳐서 형태론적으로도 하나의 복합어가 된 단어를 뜻한다.

하는 통사구조의 요소가 순수한 통사적 과정에서만 대표 역할을 할 뿐 아니라 의미구조와의 대응에서도 동지표로써 맺어지는 통사구조-의미구조 대응의 대표 역할을 맡게 된다고 설명할 것이다.

최현숙(1988가)의 재구조화 절차를 우리의 관점에서 활용하기 위해서는 재구조화되는 요소들의 의미와의 대응 절차가 적절히 조정되어야 한다. 특히 위 ⑤ 조항은 재구조화 절차 후에 의미역 구조가 변화되지 않는다고 말하고 있으나, 앞으로 살펴볼 재구조화의 사례들은 의미구조의 변화를 핵심적 사항으로 가지고 있다. 재구조화는 본질적으로 둘 이상의 요소가 결합될 때 제삼의 새로운 어휘의미적 구조와 대응되기 위하여 통사적 조정이 가해지는 절차인 것이다. 최현숙(1988가)에서는 재구조화 절차를 기술하기 위하여 몇 가지 약정들('재구조화 약정')을 마련하고 있는데,[185] 이들은 주로 요소들의 의미역 구조가 통합될 때의 지침을 규정으로 제시하는 성격을 가진다.

본 연구에서는 통사구조와 의미구조의 직접적 대응의 체계를 배경으로 하여 재구조화의 개념을 정립하고, 한국어의 관련 현상을 새로운 체계 속에서 구체화하고자 한다.[186] 이 체계에서는 재구조화되는 두 요소의 통합된 의미는 이미 어휘부에서 주어지는 것으로 보기 때문에 의미역 구조의 통합에 관한 약정들은 따로 설정할 필요가 없다. 또한 둘 이상의 재구조화가 이루어질 때 각 재구조화된 단위들, 즉 'R-복합어'들은 서로 다른 위첨자 지표에 의해서 표시되며, 통사구조에 주어진 이 지표들의 질서에 따라 의미구조들의 통합이 이루어지게 된다.

최현숙(1988가)의 재구조화 개념은 병렬 구조와 같은 비표준적 개념을 끌어들이지 않으면서도 한 기호열이 가진 두 측면의 통사적 특징을 포착할 수 있고, 표준적 개념에 입각한 다른 이론에서처럼 투사 원리를 위배하지 않는다는 점에서 바람직하다. 또, 이탈리아말의 '재구조화 구문'과 불어의 '사역 구문'이 하나의 원리 아래 설명될 수 있게 되었다. 더욱이, 위첨자 삼투를 중심으로 하는 그의 재구조화 실행 장치는 바로 앞에서 간단히 언급한, 통사구조-의미구조의 대응의 체계에 통합·조정하기가 수월한 점이 있다.

그러나 구체적인 한국어의 사실을 기술하는 데에 있어서, 그리고 이를 통사

---

185) 최현숙(1988가) 189쪽 이후 참조.

186) 이 체계에 대한 전반적인 소개는 뒤의 4.1절을 참고하기 바람. 이 체계에 따르면, 가령 (21가)와 (21나)는 별개의 통사구조 층위로 파악되지 않는다. 이는 한 의미구조에 의미론적 규칙이 적용되어 부분적으로 바뀐 의미구조 형식이 나타나더라도 둘은 여전히 단일한 의미구조 층위인 것과 같다.

구조-의미구조의 대응 체계에서 포함하기 위해서는 최현숙(1988가)의 처리는 여러 가지 문제를 안고 있다. 우리는 한국어의 보조동사 구문 중에서 일부의 현상만을 재구조화의 예로 받아들인다(3.4.2.3절에서 후술). 그리고 서술성 명사 구문을 재구조화 현상의 대표적인 예로 논의한다(3.4.2.1절, 3.4.2.2절). 여기에는 '연구를 하-'와 같은 구 단위의 통사적 사실('유형I 재구조화')과 '자리를 잡-'과 같은 단어 단위 내적인 현상('유형II 재구조화')이 구별되는데, 그러면서도 둘이 모두 하나의 재구조화 현상이라는 점을 포착하기 위해 재구조화의 정의를 정밀하게 다듬을 필요가 있다. 두 머리성분 범주의 연계가 논항구조의 변화를 수반하며, 또 이것이 통사구조와 독립된 절차로 이루어지는 현상을 포착하기 위해서 통사 부문에서의 재구조화 원리와 함께 어휘부에 설정되는 '대응규칙'의 개념을 중요시하게 된다.

기존의 연구에서 재구조화의 요인에 초점을 맞추는 연구는 찾아보기 힘들다. 최현숙(1988가)에서도 자율 통사론적 이론 내부에서 재구조화의 형식적 기제를 수립하는 데에 주력하여 재구조화가 어떤 요인에 의하여 일어나는지에 대해서는 깊이 고찰하지 않았다. 필자는 통사적 절차로서의 재구조화도 궁극적으로 어휘부에 주어지는 의미적인 요인과 밀접하게 연결되어 있다고 생각한다. 통사적 과정으로서의 재구조화는 언어-보편적 원리이나 재구조화의 요인은 다분히 언어-개별적이고 어휘개별적인 조건에 따르는 것이다. 재구조화의 요인이 어휘의미적인 데에 있다는 관찰이 오래 전부터 있어왔다. 이 절에서는 이러한 관찰을 한국어에 대해서 구체적, 포괄적으로 실행하고자 한다.

3.4.2. 한국어 재구조화의 범위

다음에서는 서술성 명사 구문을 통하여 재구조화 장치의 도입 필요성을 확인하고, 이 논의에서 얻어진 결과를 한국어의 다른 재구조화 현상들로 확대해가려고 한다.

3.4.2.1. 서술성 명사 구문

서술성 명사를 포함하는 구문들 중에서 가장 논의가 많이 이루어진 유형은 다음과 같은 '이중목적어문'이다. (25가)의 '하다'뿐만 아니라 (25나)의 '시작하다'도 이와 같은 구문을 형성할 수 있다는 점에 주의해야 한다.

(25) 가. 김순경이 그 범인을 추격을 하였다.
　　　 나. 김순경이 그 범인을 추격을 시작했다.

특히 (25가)의 구조에 대해서 4가지 접근 방안이 제시되어왔다. '추격'의 통사 범주를 '동사(V)'로 간주하여 이와 같은 구문을 복합문 구조로 처리하거나(이홍배 1970, 김영희 1973, 1986, 성광수 1974, 1979, 서정수 1975, 이건수 1990, 안희돈 1991),[187] '추격'이 단어 '추격하다'의 일부인 '어근'으로서 모종의 '어근 분리' 작용에 의해 '추격을 하다'와 같은 꼴을 얻게 된다거나(임홍빈 1979, 이광호 1988), '그 범인을'과 '추격을'이 있는 그대로 목적격을 취한 목적어이며 이 경우 목적어가 겹으로 실현된 것이라고 하는 설명 방안(송석중 1967, 박병수 1981, 조미정 1986, 이선희 1993, 김귀화 1994, 채희락 1996)들이 주어져왔다. 이상 세 가지 접근 방안을 각각 내포절 동사설, 어근 분리설, 다중 목적어설이라 부르기로 한다. 필자는 양정석(1991, 1997가)에서 '추격'이 명실공히 명사이며, '그 범인의 추격을 하다'에 상응하는 기저 구조에서 '추격을'과 '하-'가 '재구조화'에 의해 새로운 단위로 통합되어 (26가, 나)와 같은 구조를 이루는 것이라는 설명 방안을 내놓은 바 있다.[188] 이를 재구조화설이라 부를 수 있다.

---

187) 서정수(1975), 박갑영(1991)은 서술성 명사를 동사 범주로 취급하기는 하지만, '하-'의 통사적 삽입 과정을 받아들이는 입장으로서, '내포절' 구조를 인정하지는 않는다. 서술성 명사 구문에 대한 이전의 연구에 대한 정리와 비판은 양정석(1997가), 서승현(1999)을 참고할 수 있다.

188) 양정석(1991)은 '[ᵥ[NP 범인 추격을] 하-]'의 구조가 '[ᵥₚ[NP 범인] [ᵥₚ 추격을 하-]]'의 구조로 변화하는, Rizzi(1978) 방식의 재구조화로 바라본 것이고, 양정석(1997가)은 '[[범인 추격을] 하-]와 같은 구조를 그대로 유지한 채로 '추격을 하-'가 위첨자 지표(superscript)에 의해서 복합적 머리성분(R-complex head)을 이루는 최현숙(1988가) 방식의 재구조화로 설명한 것이다.
　　서승현(1999)에서는 보조동사 구문에 관한 최현숙(1988가), 서술성 명사 구문에 관한 양정석(1997가)의 재구조화 정의의 바탕에서 다소의 개념 조정을 가하여 '명사+조사+동사' 구문에 이를 적용하고, 말뭉치 자료를 통해 그 범위를 한정하는 작업을 보였다. 이호승(2003)에서도 하나의 어휘부 단위를 이루는 '명사+조사+동사' 구성이 존재한다는 관점에서 이러한 구성들의 문법적 특성을 광범위하게 분석하였다. 그러나 후자의 경우는 어휘부의 단위들이 어떤 절차를 통하여 통사구조에 실현되는지에 대한 고려가 투철하지 못하다. 그는 '명사+조사+동사'가 어휘부 내적 단위를 이룬다고 보고 있으나, 이에 'CP-V(복합서술어 동사)'라는 새로운 통사 범주를 부여하고 있다. 이 구성이 단어 단

(26) 가. 김 순경이 [VP 그 범인을i [VP [DP [NP ti 추격]을] [v 하-]]]-였다.
　　 나. 김 순경이 [VP 그 범인을i [VP [DP [NP ti 추격]을] [v 시작하-]]]-였다.

이러한 구조를 설정하는 것은 다음과 같은 점을 설명하는 효과를 가진다.

첫째, (25가)와 (25나)가 가지는 구조적 동질성을 포착한다. 이 점은 어근 분리설과 같은 설명법으로 접근할 때에 근본적으로 겪게 되는 어려움이다.

둘째, (25)의 두 문장에서 '추격'의 통사 범주는 국어문법의 일반적인 증거에 따라 명사임에 틀림없는데, 이러한 기본적인 범주 인식을 흩트리지 않는 균형 있는 설명을 제공해준다. 위에서 나열한 접근 방안 중 내포절 동사설은 근본적으로 이 점에서 난점을 가진다.

셋째, 다음과 같이 하나의 목적어 명사항을 가지는 구조와 연관되는 점을 간명하게 설명해준다. 이 점은 특히 다중 목적어설에서 적절히 해명하기 어려우며, 어근 분리설과 내포절 동사설에서도 해명에 어려움을 가진다.

(27) 김 순경이 그 범인의 추격을 하였다/시작했다.

넷째, 앞의 사항과 관련되는 것이지만, 다음과 같이 목적어 아닌 명사항들이 나타나는 문장의 구조를 (25)와 관련시켜 일관되게 설명해줄 수 있다.

(28) 가. 남한이 북한과 교류를 한다/시작했다.
　　 나. 미국이 이라크로 진격을 한다/시작했다.

다섯째 효과는 이른바 격조사 '-를'의 처리와 관련하여 결정적인 중요성을 가진다. 다음 두 문장은 문법성의 차이를 가진다. (29가)가 한국어 문장으로서 그 문법성에 문제를 제기할 수 없음에 반하여, (29나)는 그 문법성이 현저히 떨어진다.

(29) 가. 김순경이 그 범인을 추격을 하였다/시작했다.
　　 나.?*김순경이 그 범인을 추격을 회상했다/반대했다/논의했다/계획했다.

위로서 V 범주를 가지는지, 어휘부에 등재되면서도 구 단위인지가 궁극의 문제라고 하겠는데, 그는 이에 대해서 정해진 견해를 보이지 않고 있다.

(30)처럼 부사적 수식어를 가지는 문장에서 이 점을 확인할 수 있으며, 심지어 (31), (32)처럼 '-와' 명사항, '-로' 명사항을 가지는 문장에서도 같은 점을 확인할 수 있다. (30)-(32)에서의 문법성의 차이는 재구조화를 통한 접근만이 설명할 수 있다. '추격'이 동사라면 내포절 동사를 부사어들이 수식 못할 까닭이 없다는 점에서 내포절 동사설은 잘못된 예측을 하는 것이다. '추격을 하-'와 '추격을 회상하-'가 공히 동사구 V'를 이룬다고 보는 다중 목적어설에서는 '하-/시작하-'를 가지는 구문에서만 수식 부사어들이 개재될 수 있다는 점을 형식적으로 설명하기 어렵다.

(30) 가. 김순경이 그 범인을 신속하게 추격을 하였다/시작했다.
　　나.?*김순경이 그 범인을 신속하게 추격을 회상했다/반대했다/논의했다/계획했다.
(31) 가. 남한이 북한과 공개적으로 교류를 하였다/시작했다.
　　나.?*남한이 북한과 공개적으로 교류를 반대했다/논의했다./계획했다.
(32) 가. 미국이 이라크로 전격적으로/과감히 진격을 하였다/시작했다.
　　나.?*미국이 이라크로 전격적으로/과감히 진격을 반대했다/논의했다/계획했다.

이상이 (26)과 같은 통사구조를 설정하는 주요 근거들이다. 특히 (29)의 문법성 차이에 주목해보기로 한다. (26)의 통사구조를 통하여 이 두 문장의 문법성 차이를 설명하기 위해서는 촘스키(Chomsky 1986b)의 '하위인접 조건'이라는 장치가 동원된다.[189] (29가)나 (29나)는 그 통사구조의 골격이 다르지 않다. 즉 (29나)의 통사구조는 다음과 같다. '하-'나 '시작하-' 대신 '회상하-'를 대치한 것밖에는 차이가 없다.

(33) ?*김 순경이 [$_{VP}$ 그 범인을$_i$ [$_{VP}$ [$_{DP}$ [$_{NP}$ t$_i$ 추격]을] [$_V$ 회상하-]]]-였다.

그러나 이 구조에서 '그 범인을'은 동지표로 연결된 흔적 't$_i$'와의 관계에서 하위인접 조건을 위배한다. 즉, '그 범인을'과 흔적 't$_i$' 사이에는 VP와 DP와 NP가 가로놓여있는데, VP는 부가된 범주의 일부로서 완전한 범주가 아니라 그 범주의 부분(segment)일 뿐이므로 '차단범주' 및 '장벽'이 되지 않으며, 다음의 DP

---

189) 그러나 본 연구에서의 '하위인접 조건'은 엄격히 Chomsky(1986b)에 따른 것이라기보다는 앞의 <주 171>에서와 같이 수정된 것이다.

도 타동사 '회상하-'에 의해 어휘 표시(L-marking)가 되므로 차단범주, 그리고
장벽이 되지 않는다. 결국 NP 하나만이 장벽이 된다. 이렇게 장벽을 한 개 가지
는 경우는 완전한 비문이라기보다는 중간 정도의 비문성을 가지는 것으로 예측
되고 있고, 이 예측은 (29나)의 비문성의 정도에 그대로 들어맞는 것이다.

이에 비하여, (29가)가 정문으로 판정받는 것은 '추격을 하-'나 '추격을 시작
하-'가 어휘부의 규칙에 의해 한 단위의 머리성분(V)으로 허가되고, 이를 근거
로 해서 통사 부문의 재구조화 장치가 작동됨으로써 가능해지는 것이다.

(34) ^{OK}김 순경이 [VP 그 범인을$_i$ [VP[DP[NP t$_i$ 추격]을] [V 하/시작하-]]]-였다.

그 통사구조에는 차이가 없으나 '추격을 하-', '추격을 시작하-'가 한 단위의
복합적인 머리성분으로 허가될 수 있다는 점에서 그것이 불가능한 '추격을 회
상하-/반대하-/논의하-/계획하-'와 다르고, 이 차이점이 (29가)와 (29나)의 문법성
의 차이를 일으킨다는 것이다. 서술성 명사와 '하-/시작하-' 사이의 범주 경계는
장벽으로서의 성질을 잃어버리는데, 이는 최현숙(1988가) 방식의 재구조화 규칙
이 가지는 효과이다.[190]

따라서, 양정석(1997가)의 설명 방안은 재구조화와 하위인접 조건을 결합한
것이다. 통사구조 형성 과정에 대한 제약으로서의 재구조화와 하위인접 조건은
한국어 통사론의 설명에 꼭 필요한 요소라고 생각된다.

이 설명 방법과 관련하여 한 가지 해결하고 넘어가야 할 점은 '격' 및 '격조
사'의 처리 문제이다. 종전의 설명 방법들은 대부분 격 표지로서의 격조사의 지
위를 전제하고 있다.[191] 특히 다중 목적어설에서는 '-를'의 존재를 근거로 '추격
을'을 목적어의 하나로 처리한다. 이러한 처리에 대해서 제기되는 한 가지 문제
는, 다음 두 문장을 완전히 이질적인 구조로 간주해야 하느냐 하는 의문이다.

(25) 가. 김순경이 그 범인을 추격을 하였다.
(25)' 김순경이 그 범인을 추격하였다.

물론 (28) 문장들에 대해서도 이것과 평행적으로 대응되는 예를 제시할 수

---

190) 앞서 3.4.1.2절의 (23)으로 제시한 'RR 효과'의 ② 참조.
191) 어근 분리설에서만은 '추격'에 부착되는 '-를'이 격 표지와는 다른 것이라는 관점을 가
지고 있다.

있다.

(28)' 가. 남한이 북한과 교류한다.

　　　 나. 미국이 이라크로 진격한다.

위에서의 (29)-(32)의 차이에 대해서 재구조화와 하위인접 조건의 장치를 동원하여 설명하는 것이 타당하다면, 종전에 '격조사'로 알려져 온 '-를'의 통사적 지위는 재고되어야 한다. 다음에 다시 제시하는 구조 (26)과 (33)에서는 모두 '-를'이 구를 투사하는 요소로 기술되어 있다. 이것에 의해서 형성된 최대투사 DP가 존재한다는 점은 (26)과 (33)에서 '범인을'과 그 흔적 'ti' 사이의 연결 관계를 파탄시키는 요인이 된다. 이에 따라 (33)은 연결 관계에 파탄이 실제로 일어났으며(1-하위인접), (26)에서는 재구조화의 도움으로 이 파탄의 상황을 벗어날 수 있었다.

(26) 가. 김 순경이 [VP 그 범인을i [VP [DP [NP ti 추격]을] [v 하-]]]-였다.

(33)?*김 순경이 [VP 그 범인을i [VP [DP [NP ti 추격]을] [v 회상하-]]]-였다.

자율적인 통사구조 형성의 체계 내에서 이와 같은 문법성의 차이를(더군다나 중간 정도의 비문성에 대한 구별까지) 포착할 수 있는 방법은 달리 찾아볼 수 없다고 할 때 (26), (33)과 같은 통사구조 설정은 정당화되는 것이며, 이 구조를 이루는 요소로서의 '-를'의 구(최대투사)를 투사하는 능력을 받아들일 수밖에 없다.[192]

이와 관련하여, 종래의 논의에서 간과된 부분이 있었다. 지금까지 예로 들었던 서술성 명사의 '이중목적어문'에서, 서술성 명사 뒤에는 '-를'뿐만 아니라 '-도, -만, -까지' 등의 보조사가 부착될 수 있다. 이들 조사는 각기 특수한 의미를 표현하는 까닭에 상황맥락에 따라 의미적으로 부적격할 수 있지만, 통사적으로 이들이 부착될 수 있다는 사실은 의심할 수 없다.

---

192) 순수 통사론적 관점에서 이러한 차이를 설명하는 한 가지 가능한 접근을 김귀화(1989)에서 보여주고 있다. 그는 (26)과 같은 예를 '초점화'로 설명하고자 하였다. 그러나 (26)과 (33)을 비교하는 데까지는 이르지 못했으며 나아가 이 구문이 (28)과 같은 구문과 평행된다는 사실에 대해서는 고려하지 못하고 있다. 그의 설명은 '범인을'이 초점을 받아 VP의 명시어 위치로 비논항 이동을 한다는 것이나, 이것이 '하다' 문장에는 가능하고 '회상하다/반대하다' 문장에는 제약되는 이유를 밝히지는 못한다.

(35) 가. 순경들이 두 사람의 범인을 추격만/까지/도 하였다.
　　 나. 김순경이 두 사람의 범인을 추격만/까지/도 시작했다.

이상에서 분석한 서술성 명사 구문에서는 보조사로 해석된 '-를'이 구 범주를 투사한다고 보았다. 특히 하위인접 조건의 효과를 포착하기 위해서는 보조사구 범주를 상정하는 것이 필수적이다.[193]

양정석(1986, 1991, 1997가)에서는 이 외에도 어휘부에서 적용되는 재구조화 현상이 존재한다고 보고, 이를 '숙어 형성의 재구조화' 또는 '어휘부 재구조화' 라고 하였다. 본 연구에서는 이 두 가지의 재구조화 현상을 하나의 원리로 포착 하는 기술이 가능하다는 점을 보이고자 한다.

(36) 가. 임원진이 단상에 자리를 잡았다.
　　 나. 경애가 커피 한 잔으로 생색을 낸다.
　　 다. 그가 피곤은 하다.[194]
　　 라. 나는 경애가 최고이다/최고가 아니다.
　　 마. 그의 테니스 실력은 세계적이다/세계적이 아니다.

이들은 앞의 서술성 명사 구문과 달리 동사에 선행하는 두 명사항이 구 단위 를 이루지 못하며, 명사항과 동사 사이에 다른 요소가 끼어들 수 없다.[195]

---

193) (26)에서 앞선 'NP-를' 성분, 즉 '범인을'의 지위를 본 연구에서는 이전과 다르게 본다. 이전에는 이것이 목적격을 할당 받는다는 것을 기정사실화했으나, 본 연구에서는 이 것이 말 그대로 부가어로서 비논항 위치에 서는 것으로 본다. 이전의 체계에서는, 재구 조화가 적용된 결과로, 부가에 의해 형성된 부분 VP까지 위첨자 지표 'i'가 삼투되고, 이렇게 'i'에 의해 표시되는 영역 내에서는 동사에 의한 지배가 가능하므로 '범인을'이 '하-/시작하-'에 의해서 목적격을 받는다고 설명하는 것이 가능했다. 뒤의 4.1.3에서 제 시하는 격 이론에서는 [DP, VP]에서만 목적격 할당이 이루어지므로, '범인을'은 목적격 을 받지 못하며, '추격을'은 목적격을 받는 것으로 가정된다.
　　 또한, 앞의 3.3절의 어휘표시, 의미역 지배의 정의와 관련하여 <주171>에서 언급한 점 도 제4장의 논의를 위해서 조정되어야 할 사항이다. 제4장의 이론에서는 모든 목적어가 명시어 위치에 설정되는데, 이를 위해서는 의미역 지배가 VP 내부의 V의 자매항인 보 충어뿐 아니라 명시어에도 적용될 수 있는 것으로 조정되어야 한다.
194) 안희돈(1991)에서는 일반 서술성 명사 구문에서 서술성 명사를 동사로 취급하지만, (36 다)와 같은 문장에서는 '피곤은 하-'가 한 단위로 되는 '논리형태 재구조화'라는 절차를 설정하여 설명한다. 서승현(1999: 22-28)에서 이에 대한 타당한 비판이 제시되었다.
195) 계사 '이'도 통사 범주로는 동사로 분류한다.

(37) 가. *임원진이 단상에의 자리를 잡았다.
　　나. *경애가 커피 한 잔으로의 생색을 낸다.
　　다. *나는 경애의 최고이다/ *나는 경애의 최고가 아니다.
(38) 가.?*임원진이 단상에 자리를 서둘러 잡았다.[196]
　　나. *경애가 커피 한 잔으로 생색을 늘 낸다.
　　다. *그가 피곤은 매우 하다.
　　라. *나는 경애가 최고가 결코 아니다.
　　마. *그의 테니스 실력은 세계적이 결코 아니다.

‘시작을 하다’와 같은 예는 서술성 명사와 ‘하-’를 가진 형식이기는 하지만 (37), (38)의 특징을 보인다.

(39) 가.　김씨가 옷장사를 시작을 하였다.
　　나. *김씨가 옷장사의 시작을 하였다.
　　다.?*김씨가 옷장사를 시작을 최근에 하였다.

　서술성 명사 구문과 방금 제시한 예들이 이처럼 통사적 차이를 보이기는 하지만, 둘 사이에 중요한 공통성이 있다. 그것은 동사가 바로 앞의 명사항과 긴밀한 연계를 맺고 있다는 점이다. 이는, 달리 표현하면, 두 요소가 합하여져서 하나의 어휘의미적 단위를 이룰 수 있어야 한다는 점이다. 이 점이 통사적인 재구조화의 절차를 위한 조건으로 포착되어야 한다.[197]

3.4.2.2. 재구조화의 두 유형

　앞 절에서 관찰한 서술성 명사 구문의 재구조화의 요인을 형식적으로 어떻게 포착할 것인가? 앞서 (25가)의 문장에서 재구조화의 요인은 ‘추격’과 ‘하-’가 잠

196) ‘?*’라고 판정한 것은 숙어적 용법 아닌 일반 동사 ‘잡다’의 용법으로 쓰인 문장이 가능하기 때문이다. ‘잡다’가 가지는 일반 동사의 의미를 강제하여 ‘확보하다’ 정도의 의미를 얻을 수는 있는데, 그 경우에는 이 문장이 성립 가능하다. 여기에서 문제 삼는 숙어적 용법은 ‘자리를 잡다’가 ‘위치하다’의 의미를 가지는 경우이다. ‘위치하다’의 의미를 표현하는 숙어적 용법으로는 이들 문장은 성립할 수 없다.
197) 양정석(1991, 1997가)에서는 재구조화의 조건으로 ‘어휘의미적 단위 조건’과 아울러 ‘인접 조건’을 지적한 바 있다. 이 두 가지 측면은 다음에 제시할 구체적인 규칙들의 형식에 구현되어있다. 그러나 이들을 일반화된 형식으로 제시할 수 있는지에 대해서는 더 연구해보아야 한다.

재적으로 한 어휘적 단위로 성립된다는 한국어 화자의 직관이라고 할 수 있다. 그런데 이와 같은 유형의 '명사+하-'의 결합은 매우 생산적이다. 이를 포착하기 위해 다음과 같은 형식을 도입하기로 한다. 이는 어휘의미구조와의 대응을 규정하는 형식으로서, 어휘부 대응규칙의 한 가지이다.[198]

(40) $[_V [_N X]^i [_V Y]^i] \leftrightarrow [_N X]^i [_V Y]^i$

X가 A에, Y가 B에 대응되면 $[_V [_N X][_V Y]]$는 의미구조 [B, A]에 대응된다. 단, X는 서술성 명사이며 Y는 [+기능동사]의 자질을 가지는 동사[199]

부호 '↔'는 통사적 과정에서 이를 참조할 때에 이 부호 양쪽의 내용 어느 것에나 자유로이 접근할 수 있음을 나타내는 것으로 약정하기로 한다. 또 위첨자 지표(i)를 가지고 분리되어있는 우변의 형식은 명사, 동사 요소가 통사구조에서 각각 상위로 위첨자를 삼투할 수 있음을 나타낸다. 이 규칙이 포착하는 재구조화 현상은 상·하위 구의 머리성분 요소들이 긴밀한 연계를 맺는 현상이다. 이를 '유형I 재구조화'라고 부르기로 한다. X^0 범주 내의 머리성분 요소들 간의 연계로 특징지어지는 재구조화 현상은 '유형II 재구조화'가 된다.[200]

서술성 명사 구문에서 재구조화가 작동하는 원리는 다음과 같은 것이다. 재구조화의 효과에 관한 약정 (42나)는 최현숙(1988가)의 약정을 따른 것이나, 위첨자 지표의 삼투에 관한 실행 방법은 다른 방식으로 기술하였다(42가).[201]

---

198) 이 규칙은 '추격하-', '연구하-' 등의 합성어를 형성한다. 그러나 이는 또한 한 단어로 인정되지 않는 '추격 시작하-', '연구 시작하-'를 임시로 V로 형성하기도 한다. 필자가 생각하는 어휘부에는 어휘개별적인 단일어, 파생어, 합성어 외에 (40)과 같은 형식의 '어휘부 대응규칙', 나아가 Jackendoff(1975) 방식의 '어휘잉여규칙'이 더 포함된다. 어휘부 대응규칙에 대해서는 4.1.2절을, 어휘잉여규칙에 대해서는 양정석(1997다)를 참고할 수 있다.

199) [+기능동사] 자질은 동사의 어휘기재항에 통사적 자질의 하나로 기재된다. 이 자질을 가지는 동사는 '하-'와 '시작하-'만으로 국한되는 것으로 보인다.

200) 두 가지 재구조화 현상의 구분은 양정석(1991, 1997가)에서도 주어진 것이다. '유형I'은 통사적 재구조화, '유형II'는 어휘부 재구조화, 숙어형성의 재구조화 등으로 불러왔다. 그러나 재구조화는 순수한 통사적 절차이고, 두 유형의 차이는 단지 어휘부에 등재된 형식의 제약성의 차이일 뿐이므로 다만 유형I, II로만 나누는 것이다.

201) 양정석(1997가, 2002가)에서는 이와 다른 형식으로 서술하였으나 그 본질적 내용은 같다. 어휘부의 합성어를 바탕으로 재구조화를 정의한다는 점에서 서승현(1999)에서도 유사한 착상이 실행되었다.

(41) 재구조화 원리:

어휘부의 둘 이상의 복합 머리성분을 이루는 요소들에 근거하여 위첨자 지표를
삼투하고 재구조화 영역을 형성하라.

(42) 가. 재구조화 영역의 형성 방법: 지표를 상위 교점으로 임의로 삼투하되, 서로 다
른 머리성분 요소의 지표들이 합치되는 최초의 머리성분 교점(X^0), 최대투사
교점(X^2)이 재구조화 영역이 된다.

나. 재구조화의 효과: 재구조화 영역 내의 최대투사 범주는 장벽으로서의 성질을
잃는다.

앞의 서술성 명사 구문에서 재구조화가 작동되는 과정은 구체적으로 다음과
같다. (43가)에서 선행사와 흔적 ti의 사이에는 DP, NP의 두 최대투사가 잠재적
인 장벽으로 놓여있는데, 이 중 DP는 '하-'에 의해 어휘 표시되어 장벽으로서의
성질을 잃고, 결국 NP만이 장벽으로 존재하게 된다. 그러나 재구조화가 적용된
결과의 구조인 (43나)는 최상위 구인 VP가 재구조화 영역을 이루므로 이 안의
NP는 장벽으로서의 성질을 잃게 되는 것이다.[202]

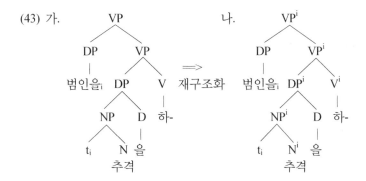

(43) 가. 나. 재구조화

(36), (39가)의 예, 즉 '유형II' 재구조화는 이와 다소 다른 처리가 필요하다.
이들은 명사와 동사가 어휘부 내적, 숙어적 결합을 이루고 있음에 지나지 않는
다. 또한 (43)에 나타나는 흔적(ti)을 설정할 근거도 없다. 이들을 (40)과 구별하
여 다음과 같이 나타내기로 한다. (44)는 '자리를/는/도/φ 잡-', '시작을/은/도/φ
하-' 등을 위한 어휘부 대응규칙이다.[203] (45)는 합성어인 '자리잡-'과, '하-', '시

---

202) 흔적 't'를 가진다고 해서 이들 구조가 반드시 변형의 존재를 함의하는 것은 아니다. 다
른 공범주 'PRO'가 그러한 것처럼, 흔적도 기저 생성되는 존재로 간주할 수 있다. 이 연
구에서 흔적의 개념은 이와 같은 것이다. 이에 대해서는 뒤의 4.1절에서 논의할 것이다.

203) 이후에 제시하는 의미구조 표상에 관해서는 양정석(2002가: 4.2절)을 참고하기 바란다. 이

작하-'의 어휘기재항을 보인 것이다. (46)은 (44)와 (45가)를 근거로 재구조화가 이루어진 결과를 표시한 것이다. 관계되는 부분의 구조만을 표시한다.

(44) $[_V [_N X]^i [_D Z] [_V Y]^i] \leftrightarrow [_N X]^i [_V Y]^i$

　　 $[_V [_N X] [_V Y]]$가 A에 대응되고 Z가 B에 대응되면 $[_V [_N X] [_D Z] [_V Y]]$는 의미구조 [B, A]에 대응된다.[204]

(45) 가. $[_V [_N 자리][_V 잡-]]$은 의미구조 [INCH[BE(X, Y)]]에 대응된다.

　　 나. $[_V +기능동사, [_V 하-]]$는 의미구조 [AFF(X, Y)]에 대응된다.

　　 다. $[_V +기능동사, [_N 시작][_V 하-]]$는 의미구조 [+inceptive, [AFF(X, Y)]]에 대응된다.

(46) 임원진이 단상에 $[_V [_N 자리]^i [_D -를] [_V 잡-]^i]^i$ -았다.

(46)은 재구조화의 결과로 나타난 구조이다. 재구조화의 결과로 달라진 것은 복합 머리성분인 '자리를 잡-' 전체에 위첨자 지표 'i'가 표시된 것밖에 없다. 재구조화 영역의 형성 방법을 규정하는 (42가)가 '유형II 재구조화'에서 적용될 때의 구체적인 내용을 다음과 같이 나타낼 수 있다.

(47) 어휘부 대응규칙에 $[_X A^i B^i]$ 또는 $[_X A^i B^i C^i]$와 같이 표시된 경우의 재구조화 영역은 이 복합 머리성분 자체로서, $[_X A^i B^i]^i$ 또는 $[_X A^i B^i C^i]^i$와 같이 표시된다.

이 밖에 (36라, 마)의 계사 '이-/아니-', 그리고 서술성 명사와 후치사 '-로'가 결합된 (49)의 복합적 부사 구성도 (47)의 방식으로 허가되는 것으로 본다.[205] 이들도 '유형II' 재구조화 현상을 유발하는 어휘부 형식이다.

(48) Z가 유형 자질을 가지는 명사([+유형, −징표, A])이고 W가 B에 대응되면

　　 $[_V [_N Z]^i [_D W]^i [_V 이-/아니-]^i]$는 다음 의미구조에 대응된다.

　　 [B, [BE$_{Ident}$/NOT BE$_{Ident}$ (X, [+유형, −징표, A])]]

(49) 가. Z가 유형 자질을 가지는 명사([+유형, −징표, A])이면 $[_{Adv} [_N Z]^i [_P -로]^i]$는 다

책에서 의미구조는 간략화된 형식으로 나타낸다.

204) [B, A]는 의미구조 B와 의미구조 A의 단일화(unification)를 뜻한다. 단일화는 자질 구조를 바탕으로 두 정보 단위를 결합할 때 모순되는 자질이 있으면 결합이 실패하고, 그렇지 않으면 통합된 자질 구조를 만드는 절차이다(Shieber 1986).

205) '이-'를 가지는 구성의 범주적 성격과 (48)의 의미구조 표상에 관해서는 양정석(2001, 2002가)을 참고하기 바람. '+유형'은 Jackendoff(1983, 1990)에서 말하는 유형(type)과 징표(token)의 대립 개념 중 유형의 개념으로 해석되어야 함을 나타낸다.

음 의미구조에 대응된다.

[TO"([+유형, −징표, A])]

나. 그가 실력을 <u>최고로</u> 발휘했다/그의 이름은 <u>세계적으로</u> 알려져 있다.

   이상과 같은 방법으로 '유형I'과 '유형II'가 서로 다른 통사적 양상을 보이는 점을 설명할 수 있다. 전자는 서술성 명사 자체가 구를 투사하지만, 후자는 처음부터 숙어적 동사로만 통사구조에 참여하게 되므로 명사 자체가 구를 투사하는 것은 불가능하다.

   '유형I'과 '유형II'의 구분은 그 생산성의 차이와는 무관하다. (51)은 모두 '유형II'의 예들인데, (51가)는 극도의 생산성을 보이지만, (51나, 다)의 예들은 궁극적으로 어휘개별적 성격을 가질 뿐이다. (52)에서는 I, II 두 유형의 재구조화가 복합적으로 실행된 것이다.

  (51) 가. 삼십 오, 이 백 사 십 오, 삼 십 칠 만 삼 천 이 백 사 십 오
       나. 김 철수, 중거리 탄도 유도탄
       다. 냉방 장치, 의미역 표시, 포괄 제시, 국빈 방문
  (52) 냉방 장치를 하-, 의미역 표시를 하-, 국빈 방문을 하-

   (51가)는 수사들의 연속으로 특징지어지는 현상이다. 이러한 예는 종래 그 요소들이 단일한 단어로서의 수사일 뿐 아니라, 수사 단어들의 결합도 단어 범주의 수사인 것으로 처리되어왔다. 이러한 상황은 재구조화의 개념이 없이는 합리적으로 설명하기 힘들다. (51가)의 복합적 수사들은 다음의 각 항과 대응된다.

  (51)' 가. 45, 245, 373,245

자연언어의 '사십 오'는 두 단어의 결합이지만, 수 체계의 한 단위로서의 '45'는 어휘의미적으로 한 단위로 간주할 수 있다. 그러므로, '어휘의미적 단위'가 재구조화의 근거라고 할 때, (51가)의 예들은 재구조화 현상의 하나라고 결론지을 수 있다.

   수사들의 결합에 대한 이러한 해석은, (51나, 다)의 명사들의 결합 역시 재구조화의 예로 해석할 수 있다는 것을 보여준다. 또한, 명사와 명사의 결합은 다시 동사와 결합하여 (52)의 복합적 어휘 단위를 이룰 수 있다. (52)는 '유형II' 재

구조화에 의한 명사와 명사의 연계가 '유형I' 재구조화에 의한 동사와의 연계에서 다시 활용됨을 보이는 예들이다.

(53) 타동사는 목적어에 <u>의미역 표시를</u> 하-ㄴ다, 집에 냉방 장치를 하였다, 협상안을 <u>포괄 제시를</u> 하였다, 아일랜드 대통령이 한국을 <u>국빈 방문을</u> 하였다

다음 (54)도 '유형II'에 속하는 현상이다. (54)의 문장 형식은 (55가)와 같은 '판정 구문'의 한 예이며, 이 때의 '쓸쓸하게'는 동사 '쓸쓸하-'와 보문소 '-게'가 재구조화에 의해 맺어진 형식이다. (55가)는 (55나)와 함께 '예외적 격 표시 구문'이라는 하나의 구문으로 묶이는 것으로 널리 생각되어왔으나, 전자는 후자와는 다른 독립된 구문이다. 이들을 각각 '판정 구문'과 '유형 판단 구문'으로 구별하기로 한다(5.2.5절 및 양정석 2002가: 5.4절 참조).

(54) 순희는 눈 앞의 풍경을 쓸쓸하게 생각했다.
    cf. 순희는 눈 앞의 풍경을 쓸쓸히 생각했다.
(55) 가. 철수는 영호를 애국자로 생각했다.
    나. 철수는 영호를 애국자라고 생각했다.

(56)의 예들에서는 (55나) 유형의 구문인 '유형 판단 구문'만이 가능하지만 (57)-(59)의 예들에서는 '판정 구문'만이 가능하다.

(56) 가. 철수는 영호를 위선자라고 말했다/주장했다.
    나.?*철수는 영호를 위선자로 말했다/주장했다.
(57) 가.?*김씨는 박씨를 바보라고 알았다/취급했다.
    나. 김씨는 박씨를 바보로 알았다/취급했다.
(58) 가.?*심사위원회는 김씨를 합격자라고 판정했다/판단했다.
    나. 심사위원회는 김씨를 합격자로 판정했다/판단했다.
(59) 가. *그는 영채를 여자라고 바라보기 시작했다.
    나. 그는 영채를 여자로 바라보기 시작했다.

'쓸쓸하게'/'쓸쓸히'를 가진 (54)의 문장 형식이 'NP-로' 형식의 (55가)와 판정 구문이라는 한 구문으로 묶이는 것은, 이들이 다음처럼 보문소구, 즉 절을 배제하는 특성을 가지는 점을 통해서도 확인할 수 있다. '-게'는 보문소로서 보문소

구를 투사하는 요소이지만, (54)와 같은 환경에서 실현될 때에는 선행하는 상태성 동사 '쓸쓸하-'와 결합하여 머리성분 범주를 이루는 것이다.206)

(60) 그 분은 눈 앞의 풍경을 쓸쓸하-{*시, *였, *겠}-게 생각했다.
(61) 가. *순희는 눈 앞의 풍경이 쓸쓸하게 생각했다.
　　나. *그는 자기 아이들이 창피하게 생각한다.
　　다. *순희는 눈 앞의 풍경이 쓸쓸히 생각했다.
(55)' 가. *철수는 영호가 애국자로 생각했다.

판정 구문에서의 재구조화의 근거가 되는 어휘부 대응규칙을 (62)와 같이 설정할 수 있다.

(62) $[_{Adv}[_V X_i]^i [_{C}-게]^i]_j$는 다음 의미구조에 대응된다.
　　$[TO^u[_{State}]_i]_j$

'유형II' 재구조화 현상 중에서 어휘부에 생산적인 규칙을 그 근거로 가지는 현상의 대표적인 예는 기능 범주들의 결합 현상이다. (63)은 보조사(D)들, 후치사(P)들, 굴절소(I)들, 보문소(C)들의 결합을 예시한다.207)

(63) 가. 그것만은 안 된다/그것만을 허용해야 한다/그것만이 살 길이다.
　　나. 종이비행기가 철수에게로 날아갔다.
　　다. 철수는 시험에 붙었겠다/붙-ɸ-겠-다.208)
　　라. 철수는 영호가 착하다고 생각한다.

---

206) 남기심(1985)에서는 기본적으로 접속어미의 기능을 가지는 '-게'가 "어머니가 아이를 곱게 안았다."와 같은 예에서 파생접미사로서의 용법을 가진다고 지적한 바 있다. 한국어의 어말어미들이 전반적으로 절을 이끄는 특성과 함께 이처럼 예외적으로 단어를 파생하는 특성이 있다고 한다.

207) 보조사는 종래의 주격, 목적격조사 '-이/가', '-을/를'까지를 포함하는 범주이다. 부사격조사는 후치사를, 선어말어미 '-으시-, -었-, -겠-'은 굴절소를 이루는 것으로 본다. 어말어미는 일률적으로 보문소 범주를 이루는 것으로 본다. 이들 범주 체계는 뒤의 제4장에서 본격적으로 제시한다.

208) 양정석(2002가: 157-199)에서는 '-었-'을 갖지 않은 형식은 언제나 중화 시상의 표지 'ɸ'를 가진다고 분석하였다. 그러므로 '붙겠다'의 경우에도 'ɸ-겠-'의 복합 머리성분이 형성되는 것으로 본다.

이들은 다음과 같은 하나의 규칙으로 포착된다.

(64) $[_X [_X Z]^i [_X Y]^i] \leftrightarrow [_X Z]^i [_X Y]^i$ (X = I, C, P, D)

　　　Z가 A에, Y가 B에 대응되면 $[_X [_X Z] [_X Y]]$는 [B, A]에 대응된다.[209]

기능 범주의 서로 다른 범주들인 후치사와 보조사, 보문소와 보조사가 결합하는 경우를 위해서도 다음과 같은 어휘부 내의 대응규칙이 주어진다.[210]

(65) 가. 후치사+보조사: $[_P [_P Z]^i [_D Y]^i] \leftrightarrow [_P Z]^i [_D Y]^i$

　　　　　　　Z가 A에, Y가 B에 대응되면 $[_P [_P Z][_D Y]]$는 [B, A]에 대응된다.

　　나. 사막<u>에는</u>, 서울<u>에서는</u>, 그 사람<u>에게는</u>, 그 물건<u>으로는</u>

(66) 가. 보문소+보조사: $[_C [_C Z]^i [_D Y]^i] \leftrightarrow [_C Z]^i [_D Y]^i$

　　　　　　　Z가 A에, Y가 B에 대응되면 $[_C [_C Z][_D Y]]$는 [B, A]에 대응된다.

　　나. 일찍 일어나<u>-아야만</u>, 늦게 도착하<u>-여서는</u>

(65)의 범주적 부분은 후치사(P)와 보조사(D)가 연이어 실현될 경우 하나의 복합 후치사를 형성해야 하며, 그 범주적 성격은 구성성분 중의 후치사의 것을 물려받는다는 뜻이 된다. (66)은 보문소(C)와 보조사가 연이어 실현될 경우 하나의 통사 범주인 복합 보문소를 형성해야 한다는 뜻이 된다.

그러나 여기에도 불규칙적, 어휘개별적 현상이 존재한다. (67나)와 (71나)는 조사들의 결합에 있어서 (65가)에 제시된 한국어의 일반성을 따르지 않는 특이한 예이다.[211]

(67) 가. 밀가루<u>로만</u> 빵을 만들었다.

---

[209] [B, A]는 의미구조 B와 의미구조 A의 단일화(unification)를 뜻한다. 후치사와 관련되는 의미구조의 단일화에 대해서 한 가지 약정이 필요할듯하다. 후치사의 의미구조는 함수적 형식으로 되어있으므로 두 후치사의 의미구조들이 단일화될 때는 앞의 것이 뒤의 것의 논항 위치에 삽입되어 두 변수를 하나로 통합하는 과정을 가진다고 약정할 수 있다. '-에'는 [AT(X)]의 형식을 가지며 '-로'는 [TO(X)]의 형식을 가지므로 '-에로'는 [TO([AT(X)])]의 형식이 되는 것이다. 이러한 의미 표상의 방법은 양정석(2002가)에 따른 것이다.

[210] 이 책에서는 '기능 범주'란 용어를 다소 포괄적으로 사용하여 후치사까지를 포함하는 용어로 쓴다.

[211] 이들은 기능 범주로서의 합성어인 셈이다. 그 대응되는 의미구조는 '-만'의 '한정' 의미와 '-로'의 재료의 의미가 결합된 형식이 될 것인데, 여기에서는 생략하였다.

　나. 밀가루만으로 빵을 만들었다.

(68) 가. 사람이 많이 모이는 발표장으로만 갔다/찾아다녔다.

　　나.*사람이 많이 모이는 발표장만으로 갔다/찾아다녔다.

(69) 가. 여기에 작용을 가하면 이 물질은 산화아연으로만 변한다.

　　나.*여기에 작용을 가하면 이 물질은 산화아연만으로 변한다.

(70) [$_P$ [$_D$ -만]^i [$_P$ -으로]^i]

(71) 가. 보물을 찾은 사람에게는 막대한 보상금을 줍니다.

　　나. 나에게는 경애가 싫다.

(72) [$_D$ [$_P$ -에게]^i [$_D$ -는]^i]

　보문소와 보조사의 결합이 (66가)를 준수하지 않는 경우도 있다. '-음'과 '-기'를 비롯한 명사형어미는 '-다', '-는', '-고', '-면', '-어서' 등과 달리 (66가)가 적용되지 않는다. '-음'과 '-기'는 독립적으로 보문소구를 투사하면서도 그 고유한 통사적 자질에 따라, 뒤에 보조사가 이어지더라도 그것과 복합적 머리성분을 이루지 않는다.

(73) 남의 말을 귀담아듣지 [$_V$ 않-][$_I$ -Φ-][$_C$ -아서-는] 성공할 수 없다.

(74) [$_{DP}$ [그가 수단이 [$_V$ 좋-][$_I$ -Φ-][$_C$ -음]][$_D$ -은]] 모두가 잘 안다.

　(72)와 유사한 방식으로 결합된 형식이 굴절소와 보문소의 결합형에서도 발견된다. 굴절소로 규정된 '-겠-'이 '의도'의 뜻을 가지는 용법이 있음은 널리 알려져있다. 이 용법의 '-겠-'이 일부 보문소(종결어미와 연결어미) 앞에 나타날 때는 재구조화의 적용을 받는 것으로 본다.

(74)' 가. 나는 내일 다시 오겠다.

　　나. 우리가 내일 다시 오겠으니 준비해 주세요.

(74)" [$_C$ [$_I$ -겠-]^i [$_C$ -다]^i]

　한국어의 통사 범주 중에서 보조사가 결합할 때 보조사가 독립된 구를 투사하도록 허용하는 것은 명사와 일부 보문소('-음', '-기' 등)밖에 없다. 그러므로 부사와 보조사의 결합에 관한 대응규칙도 다음과 같이 마련되어있어야 한다.[212)]

---

212) 부사와 보조사가 결합하여 한 머리성분 범주를 이룬다는 점은 현재로서는 언어-개별적

(75) 가. 그 사람이 <u>빨리도/빨리는</u> 왔다.

　　나. 부사+보조사: $[_{Adv} [_{Adv} Z]^i [_D Y]^j] \leftrightarrow [_{Adv} Z]^i [_D Y]^j$

이 밖에, 복합적 머리성분으로 기능 범주를 형성하는 것 중에는 그 요소 중 하나가 기능 범주 아닌 것을 포함하는 예가 있다. 다음 예의 '-에 관한/에 대한'과 '-에 관하여/에 대하여'는 복합 후치사로 분석된다.

(76) 가. 그 문제<u>에 관한/에 대한</u> 토론[213]

　　나. 토론자들은 그 문제<u>에 관하여/에 대하여</u> 깊이 연구한 것 같았다.

　　다.*토론자들의 연구는 이 문제에 관한다/대한다.

이상에서 예시한 여러 유형의 현상들은 모두 어휘개별적 어휘부 대응규칙의 형식으로 기술된다. 이를 근거로 통사 부문에서 재구조화가 적용되는 것이다. 모든 머리성분 범주는 최대투사를 형성할 수 있다는 것이 구 구조의 형성에 관한 대원리(핵계층 이론)이다. 그러나, 인접하는 머리성분 범주의 성격에 따라서는 머리성분끼리 결합하여 복합적 머리성분을 이루는 것이 가능하다. 이러한 현상은 어느 언어에나 존재하는 언어-보편적인 현상인 것으로 보인다. 즉, 구체적인 단위들 간의 긴밀한 결합의 가능성은 언어-개별적으로, 어휘개별적으로 존재하는 사실이지만, 통사구조 형성의 과정에서 이러한 사실들이 실현되기 위해서는 또 다른 원리가 필요한 것이다. 이것이 재구조화 원리이다. 다음 소절에서는 이러한 재구조화 원리의 설정을 요구하는 또 하나의 중요한 현상을 살펴보기로 한다.

3.4.2.3. 보조동사 구문에서의 재구조화

이제, '유형I' 재구조화의 주요 사례인 보조동사 구문을 살펴보기로 하자. 보조동사 구문의 통사구조에 관한 견해를 크게 복합문 구조로 취급하는 견해와

　　인 규정으로 설정할 수밖에 없다.

213) '-에 관한/에 대한'을 후치사로 분석했지만, 관형어를 형성하는 기능을 가지는 다른 요소 '-의'를 반드시 이것과 동일하게 처리해야 할 필연성은 없다. 김용하(1998)에서는 '-의'를 보조사들과 같은 범주로 분류했는데, 이러한 처리가 '-의'의 분포와 기능을 적절히 반영한 것으로 생각한다.

단순문 구조로 취급하는 견해로 나누는 것이 일반적인데, 본 연구는 복합문 구조로 보는 견해를 지지하는 입장에 서있다.214) 그러나 최현배(1937) 이래의 '보조동사' 논의에서 지적되어온 점, 즉 보조동사가 선행하는 본동사와 긴밀한 구성을 이루어 문법적, 어휘적 의미를 보조한다는 관찰은 주목할 가치가 있다. 필자는 종래 보조동사 구문이라고 지칭되던 예들 모두가 본동사와 보조동사의 통사적 긴밀성을 특징으로 가진다고 보지는 않는다. 종래 논의되어온 보조동사 구문을 두 종류로 나누어 살피는 것이 필요하다. 그 일부의 예들이 가지는 긴밀성을 포착하기 위해서는, 구조 변화 없이 머리성분들의 긴밀한 연계가 위첨자 지표들을 통해서 포착되는 최현숙(1988가)의 재구조화 장치가 효과적이다.

재구조화 현상의 예로 다루어져야 할 대표적인 보조동사 구문에는 한계성의 표현으로 특징지어지는 '-어 있-' 구문과,215) 부정의 '-지 아니하-' 구문, 봉사의 표현인 '-어 주-' 구문, 시행의 '-어 보-' 구문 등이 있다.216) 이들 구문의 본동사와 보조동사가 가지는 긴밀성을 드러내기 위한 검증 방법으로는 부정 극어와 부정소가 같은 절에 놓여야 한다는 점을 이용할 수 있다. 이들 보조동사는 부정 극어 '아무 X'와 부정소 사이에 놓일 수 있으므로 그렇지 못한 다른 보조동사들과 구별되어야 한다. '-어 있-' 구문과는 달리, 이와 유사한 특성을 가지는 것으로 알려져온 '-고 있-' 구문은 재구조화 절차를 포함하지 않는 구문이라고 판단된다. 같은 방법으로 '-게 하-' 구문도 재구조화 구문에서 제외된다.217)

---

214) 보조동사 구문의 구조에 대해서는 뒤의 5.3절에서 포괄적으로 논의한다.

215) '-어 있-' 구문이 본질적으로 한계성을 부과하는 기능을 가진다는 논의는 양정석(2004)를 참고하기 바람.

216) 양정석(1995)으로부터 필자는 '-어 지-' 구문이 '유형II'의 재구조화 과정을 내포한다고 보아왔다. 뒤의 5.3절에서는 이 절의 유형I 재구조화를 내포하는 보조동사 구문을 '셋째 유형 보조동사 구문'으로 분류하고, '-어 지-' 구문은 '넷째 유형 보조동사 구문'의 하나로 분류한다.

217) 부정 극어와 부정소는 같은 절 안에 놓여야 한다는 것이 종래의 해석 방법이지만, (77), (78)과 같은 예들을 통사적으로 해석하기 위해서는 더 엄밀한 고려가 필요하다. 본 연구에서는 '같은 절 조건'을 부정 극어와 부정소 사이에 장벽이 놓여서는 안 된다는 조건으로 간주한다. 또, 이 경우의 장벽은 CP로 가정된다. 이에 따르면 (77가)와 (77나-라)와 (77마)는 그 통사적 해석을 달리해야 할 것들이다. (77가)는 보문소 '-지'가 투사하는 최대투사 범주 CP가 잠재적 장벽으로 놓여있으나 '않-'은 부정소를 가짐과 동시에 보조동사로서, 선행 동사 '먹-'과 재구조화에 의해 연계될 수 있으므로 CP의 장벽성이 해소된다. (77나-라)에서는 두 개의 보문소 '-아/어'와 '-지'에 의해 투사되는 두 개의 CP가 잠재적 장벽을 이루고 있는데, 이들 경우도 재구조화에 따라 장벽성이 해소된다. (77마)는 '가까워 지지'가 유형II 재구조화에 의해 한 단위로 연계되는 경우로서 위 모든 예와 다르나, 이 역시 한 단어와 다름없는 '가까워 지지'와 보조동사 '않-'의 재구조화에 따

(77) 가. 그는 아무것도 먹지 않았다.

　　　나. 그는 아무 데에도 가 있지 않았다.

　　　다. 철수는 경애에게 아무것도 끓여 주지 않았다.

　　　라. 그는 아무것도 집어 보지 않았다.

　　　마. 그는 아무와도 가까워 지지 않았다.

(78) 가. ?*그는 아무것도 먹고 있지 않았다.

　　　　　cf. 그는 아무것도 먹지 않고 있었다./?*그는 서울에 가지 않아 있다.

　　　나. ?*그는 자기 딸이 아무도 만나게 하지 않았다.

　　　　　cf. 그는 자기 딸이/딸을 아무도 만나지 않게/못하게 하였다.

　부정 극어와 부정소의 '같은 절 조건'을 기준으로 보조동사 구성의 긴밀성을 검증하는 방법은 최현숙(1988가)에서 비롯되는데, 그는 (78나)와 같은 문장을 적격한 것으로 판정하여,[218] '-게 하-' 구문이 재구조화를 겪는다는 논지를 전개하였다. 그러나 필자는 이 문장의 부적격성이 다음 문장들의 경우와 다를 바 없다고 생각한다.

(79) 가.?*철수는 영호가 아무도 욕했다고 생각하지 않았다.

　　　나.?*철수는 아무도 영호를 욕했다고 생각하지 않았다.

　그러므로 부정 극어를 이용한 긴밀성 검증 방법이 유용하다는 점은 받아들이나, 그것을 좀더 세심하게 적용할 필요가 있다. 최현숙(1988가)에서는 '-게 하-' 구문을 복합문 구조로 분석하고 재구조화에 의해 본동사와 보조동사가 긴밀한 관계를 갖게 된다고 설명하였다. 본 연구에서는 (78나)가 (77가-마)의 경우와는 달리 부자연스럽다는 판단에 따라, '-게 하-' 구문은 재구조화를 겪지 않는 것으로 본다.

　이제, '-어 있-' 구문을 예로 들어 보조동사 구문에서의 재구조화의 실현 양상을 살펴보기로 한다. 앞 절에서 살펴본 기능 범주들의 재구조화가 이 구문의 재구조화 과정에서 상호작용하는 점에 주의해야 한다. 이 구문의 통사-의미 대응을 규율하는 규칙은 다음과 같이 어휘부 단위의 대응규칙으로 기술하는 것이

라 보문소 '-지'의 최대투사 CP가 장벽성을 해소하는 예이다. 양정석(2009)에서는 부정 극어와 부정소의 호응에 있어서의 이러한 제약 현상을 서술성 명사 구문에서 관찰되는 하위인접 조건과 평행하는 현상이라고 설명한 바 있다.

218) 최현숙(1988가: 350) 참조.

바람직하다. 이를 바탕으로 '유형I' 재구조화가 작동되는 것이다.[219]

(80) '-어 있-' 대응규칙

[v [v V]$_k^i$ [c -어]^i [v 있]$_h^i$] ↔ [v V$_k$]^i [c -어]^i [v 있-]^i

[v [v V]$_k$ [c -어] [v 있]$_h$]은 다음 의미구조에 대응된다.

$$
\begin{bmatrix}
+b \\
BE_{Circ}([\quad], [AT\text{-}END\text{-}OF([_{Event} \text{ -피작용성 }]^\alpha{}_k)]) \\
[BY([\quad \alpha \quad])]
\end{bmatrix}_h
$$

재구조화는 어휘부의 근거를 가진다고 하였다. (80)과 같은 형식이 어휘부에 설정됨으로써, 이를 바탕으로 통사구조에서 재구조화의 적용이 이루어진다. 또 이에 따른 논항구조의 대응이 체계적으로 이루어질 수 있게 된다. 앞의 논의에서 부분적으로 얻어진 재구조화 구문들의 특성을 종합하여 다음과 같은 원리를 설정하기로 한다.

(81) 재구조화 원리:

어휘부의 둘 이상의 복합 머리성분을 이루는 요소들에 근거하여 위첨자 지표를 삼투하고 재구조화 영역을 형성하라.

① 지표를 상위 교점으로 임의로 삼투하되, 서로 다른 머리성분 요소의 지표들이 합치되는 최초의 머리성분 교점(X^0), 최대투사 교점(X^2)이 재구조화 영역이 된다.

② 재구조화 영역 내의 최대투사 범주는 장벽으로서의 성질을 잃는다.

③ 위첨자 지표로 연계된 머리성분 요소들은 하나의 복합 머리성분을 이루며, 의미구조와의 대응을 나타내는 통사구조상의 동지표는 어휘부에 특별한 규정이 없는 한, 복합 머리성분 내의 최상위 머리성분 요소에 의해 표시된다.

④ 재구조화 영역 내에서 다른 부분적 재구조화 영역이 형성될 경우 두 대응되는 의미구조 A, B는 우선적으로 단일화되어 합성된다. 즉 [A]와 [B]가 단일화

---

219) 이 규칙의 대응되는 의미구조는 [의미 제약으로서 한계성([+b])이 부과되며, 사건성 (Event) 자동사 V의 의미 k에 의하여(BY) 미정의 주어 논항이 k 사건의 끝에(AT-END-OF) 놓여 있게 된 상황이 존재한다] 정도를 뜻하게 된다. 여기서 '한계성'에 대한 요구조건이 '+b' 자질로 표시되었는데, 이는 'V-어 있' 구성이 이 구문에 부과하는 선택제약이다. 이에 따라 '뛰다, 날다' 등의 동사가 이 구문에서 제약된다. 또, 이 구문은 '*집을 지어 있다, *그 사실을 발견해 있다'와 같은 '목적어 배제 제약'을 가지는데, 이를 위해 '-피작용성' 자질을 동사 k에 대한 제약으로 설정해놓았다. 양정석(2002가, 2004가, 2007가) 참조.

되어 [[A], [B]]를 형성한다.

①-④는 이 원리를 실행하는 구체적인 방법과 그 효과를 정리한 것이다. 특히 ②는 앞 절의 서술성 명사 구문에서 그 쓰임새를 확인한 바 있다.

③에서 '최상위의 머리성분 요소'는 최현숙(1988가)에서 내포절의 동사(본동사)가 's-머리성분'이 된다고 한 것과는 다른 인식을 보인 것이다. 우리는 두 동사와 그 사이의 보문소 '-어'의 결합체인 '피-어 있-'이 논항구조를 결정하며, (80)에 보인 복합적인 의미구조와의 대응을 대표하는 통사구조의 동지표는 '있-'에 표시된다고 보는 것이다.

다음 (82) 문장의 구조 (83가)에 재구조화 원리가 적용되면 (83나)에서 보는 바와 같이, 구조는 그대로 유지한 채 해당 요소들에 위첨자 지표들이 표시된 형태를 얻는다.

(82) 꽃이 피어 있었다.

(83) 가.

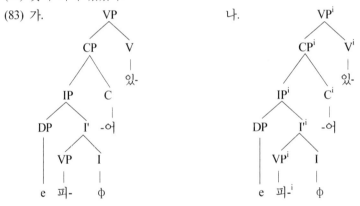

'있-'은 한 단위의 동사로서 인정되지만, (80)에서처럼 어휘부에 'V-어 있-'이 하나의 어휘적 단위(V)로 기재된 것을 근거로 해서 (81)의 재구조화 원리가 작동된다고 보는 것이다. 이 결과 (83나)의 위첨자 지표들로 표시된 재구조화 영역이 형성된다.

앞에서는 보문소와 보조사가 결합하는 경우에도 재구조화가 개재한다고 설명하였다. '피어는 있다', '피어만 있다' 등에서 나타나는 보조사 개재 현상이 그 예인데, 이를 위하여 ④와 같은 약정이 필요한 것이다. '피어는 있-'은 V와 '-어'와 '있-'의 어휘부 결합 내용을 근거로 통사적 과정에서 재구조화 영역을 형

성한다. 한편, 어휘부 대응규칙 (80)에 의하면 보문소 '-어'와 보조사 '-는', '-만'
은 통사구조에 참여하기 전에 어휘부에서 단일한 머리성분 범주로 결합될 수
있다. 이를 근거로 '-어-는'도 'V-어 있-'의 재구조화 영역 내에서 독립적으로 재
구조화 영역을 형성한다. 다음 나무그림이 그 결과를 보여준다.

(84)

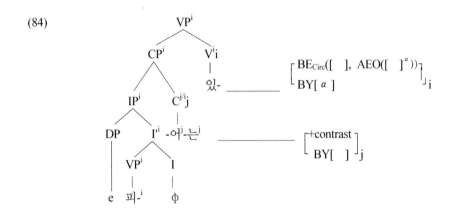

여기에는 두 종류의 어휘부 대응규칙에 따라 두 번의 재구조화가 적용되었
다. (84)는 'i', 'j'로써 두 의미구조와의 대응을 표시하고 있는데, 이 둘은 ④에
따라 다음과 같이 단일화된다.[220]

(85) $\begin{bmatrix} BE_{Circ}([\ \ ],\ AEO([\ \ ]^{\alpha})) \\ BY[\ \alpha\ ] \end{bmatrix} \cup \begin{bmatrix} +contrast \\ BY[\ \ ] \end{bmatrix} = \begin{bmatrix} +contrast \\ BE_{Circ}([\ \ ],\ AEO([\ \ ]^{\alpha})) \\ BY[\ \alpha\ ] \end{bmatrix}$

이상과 같은 설명은 재구조화가 머리성분들의 결합이 가지는 어휘의미에 근
거하여 이루어진다는 해석에 바탕을 둔 것이다. 이를 실행하기 위하여 어휘부
에 설정되는 합성어나 어휘부 대응규칙의 형식과, 이들이 통사구조의 한 머리
성분과 대응되는 국면에 주의를 기울였다.

동사와 동사, 명사와 명사, 명사와 동사 등의 어휘적 요소들의 결합에서나, 후
치사와 보조사, 굴절소와 보문소의 결합에서나, 재구조화가 가능하게 되는 궁극

---

220) Shieber(1986)의 정의에 의하면 단일화(unification)는 자질 구조를 바탕으로 두 정보 단
위를 결합할 때 모순되는 자질이 있으면 결합이 실패하고, 그렇지 않으면 통합된 자질
구조를 만드는 절차이다. (84), (85)의 의미 표기 중 'AEO'는 Jackendoff(1990b)의 의미구
조 함수 'AT-END-OF'를 간략히 나타낸 것이다.

의 요인은 복합적인 언어 형식이 어휘의미적으로 단일한 단위를 이룬다는 인식이라고 말할 수 있다. 통사적 절차로서의 재구조화는 어휘부에 주어진 머리성분 범주의 내부 요소들을 참조하여 위첨자 지표로 이루어지는 재구조화 영역을 형성하는 절차라고 요약된다. 머리성분 단위의 재구조화 영역만을 형성하는 경우와, 최대투사 단위의 재구조화 영역을 형성하는 경우의 둘로 나뉘지만, 어느 경우나 재구조화는 순수한 통사적 절차로 파악된다.

3.4.3. 한국어 재구조화 구성의 범위

이 절(3.4.)에서는 재구조화의 개념과 한국어 재구조화 구문의 범위를 한정하는 작업을 수행하였다. 재구조화의 개념 확정 문제에 있어서, 병렬 구조에 기반한 재구조화의 개념과 표준적인 구절표지 이론에 기반한 재구조화의 개념을 구분하고, 후자의 비-병렬 구조적 개념이 우월함을 논하였다. 보조동사 구문이나 서술성 명사 구문에서 두 어휘적 요소가 서로 다른 구에 속해 있으면서도 어휘의미적으로 한 단위로 맺어지는 현상이 존재함을 확인하였는데, 이러한 경우, 표준적인 구절표지 이론을 바탕으로 하여, 위첨자 지표들의 존재에 따라 두 요소 사이의 긴밀한 연관 관계가 포착된다. 이러한 절차가 재구조화이다.

이러한 서로 다른 구의 머리성분들 사이의 긴밀성을 포착하는 경우 말고도, 더욱 단순한 형식의 재구조화의 경우가 있다. 기능 범주의 단위들이 이어질 때 보편적인 핵계층 이론적 제약을 충족시키기 위하여 머리성분 범주 내부에서 이들 단위들 간의 긴밀한 연계성이 허가되기도 한다. 이러한 기능 범주들의 연계성은 형태소 개념을 바탕으로 해서는 정확하게 나타낼 수 없다. 이러한 맥락에서 통사구조론의 기본 단위로서 '형성소'의 개념이 또한 요구되는 것이다.

재구조화의 메커니즘을 온전히 기술하기 위해서는 재구조화가 일어나는 본질적인 조건이 무엇인지가 밝혀져야 한다. 우리는 재구조화의 조건을 기술하는 데에 주의를 집중하였다. 재구조화의 동기는 둘 이상의 형성소들이 단일한 어휘의미적 단위를 이루는 데에 있다고 보고, 어휘부 대응규칙이 근거가 되어 통사 부문의 재구조화 원리가 작동되는 것이라고 기술함으로써 이러한 관점을 구체화하였다. 이 연구에서 정립한 재구조화 원리는 3.4.2.3의 (81)로 정리되었으므로 반복하지 않는다. '재구조화' 자체는 순수 통사적 원리이지만, 이 원리는 때로 어휘부에 어휘개별적인 합성어 항목, 숙어 항목으로 설정되는 예를 요인으로 하여 작동되기도 하며, 때로는 어휘부에 설정되는 생산적인 규칙을 근거로 작동되기도 한다.

재구조화의 범위는 가장 전형적인 구문 현상인 서술성 명사 구문과 보조동사 구문, 기능 범주들의 결합의 경우로부터, 생산성이 낮은 어휘개별적인 요소들의 결합에 이르기까지, 다양한 예를 확인할 수 있다. 이 절에서 정립한 재구조화 원리에 따라 해석되는, 한국어 재구조화 구성의 범위는 다음과 같다.

명사+조사+동사 구성

(86) 서술성 명사를 가지는 재구조화 구성:

　　가. 명사+보조사+동사: '추격을 하-/시작하-', '진격을 하-/시작하-', '타협을 하-/시작하-', '의존을 하-/시작하-'

　　나. 명사+보조사+계사: '최고이-/-가 아니-', '다행이-/-이 아니-', '세계적이-/-이 아니-'

　　다. '명사+후치사' 형식의 부사: '최고로', '다행으로', '세계적으로'

(87) 숙어 동사 구성: '자리를 잡-', '터무니가 없-', '생색을 내-'

기능 범주들의 결합 221)

(88) 보문소들의 결합: '-는다고', '-느냐고'

(89) 굴절소들의 결합: '-으시었-', '-었겠-', '-으시었겠-'

(90) 보조사들의 결합: '-만은', '-까지도'

(91) 후치사들의 결합: '-에로', '-에게로', '-으로부터'

(92) '보문소+보조사' 형식의 보문소: '-어서는', '-게는', '-습니다마는'

(93) '후치사+보조사' 형식의 후치사: '-에는', '-으로는'; '-만으로'

(94) 굴절소에 준하는 형식: '-을 것이-'

(95) 후치사에 준하는 형식: '-에 관한', '-에 관하여', '-에 대한', '-에 대하여'

(96) '부사+보조사' 형식의 부사: '빨리도/는'

재구조화된 보조동사 구성

(97) 보조동사 구성: 'V-어 있-', 'V-지 아니하-', 'V-어 주-', 'V-어 보-'

기타 재구조화 구성

(98) 상태성 동사와 보문소의 결합: '쓸쓸하게', '곱게'

---

221) 앞에서도 지적한 바와 같이, 이 책에서는 '기능 범주'란 용어를 다소 포괄적으로 사용하여, 후치사까지를 포함하는 용어로 쓴다.

(99) 수량 표현: '삼 십 칠 만 삼 천 이 백 사 십 오'
(100) 명사들의 결합: '김 철수', '중거리 탄도 유도탄'
(101) '명사+명사' 결합과 '명사+동사' 결합의 복합 실행: '냉방 장치를 하-', '의미역 표시를 하-', '국빈 방문을 하-'

재구조화가 중복적으로 적용되는 것도 가능하다. 가령 (101)에서 든 예들은 유형II 재구조화가 적용된 후에 다시 유형I 재구조화가 일어나는 것이다. 3.4.2.3 절에서는 보조동사 구문에서 이러한 예를 확인한 바 있다. 3.4.2.1절에서 다룬 다음과 같은 서술성 명사 구문은 좀더 복잡한 예이다.

(102) 김순경이 범인을 추격을 시작을 하였다.

'시작을 하-'가 유형II 재구조화의 적용을 받아 한 단위로 결합하고, 다시 이것이 유형I 재구조화에 따라 앞의 '추격'과 최대투사 경계를 사이에 두고 연계되는 것이다.

재구조화 개념에 가까운 전통문법적 개념은 '숙어'이다. 본론에서는 숙어적 결합의 경우와 생산적 결합의 경우를 구분하였지만, 후자의 경우도 원리적으로는 숙어적 결합이 가지는 비일반적 의미 합성의 특성을 보이는 것이다. 종래 숙어는 비규칙적 기호열임을 특징으로 한다고 알려져왔다. 우리는 이 절에서 상대적으로 규칙성을 가지는, 준생산적 숙어의 존재를 새로 받아들이게 된 셈이다.

3.5. 마무리

한국어의 문법 체계에 대한 기술은 이론 체계로서의 완전성과 건전성의 요구를 충족해야 하고, 또한 기술의 충족성, 설명의 충족성을 만족시킬 수 있도록 해야 한다. 통사구조에 관한 이론은 구조 보존 원리 등의 일반 조건을 만족해야 한다. 이러한 이론 평가 작업을 위해서 필요한 형식체계로서의 한국어 기술 방법을 그 기초적인 단계로부터 살펴보았다.

생성문법 이론에 의한 한국어 문장 구조 분석의 흐름을 크게 표준이론적 흐름과 원리매개변인 이론적 흐름으로 구별할 수 있다. 전자에 있어서 한국어 내포문 구조의 기술에 관한 활발한 논의를 통해서 통사구조와 형태음운론적 사실과의 관련, 부사절 내포문, 인용문 및 관형절의 구조에 관한 중요한 사실이 밝혀졌다고 보았다. 후자의 원리매개변인 이론의 접근들에 의해서는 한국어 자체의 구조가 새롭게 밝혀진 바가 있는지 아직 불분명하다. 3.3절에서는 다만 그 이론의 개요를 소개함으로써 이어지는 논의의 기반을 제공하고자 하였다. 그러나 보편적 원리의 존재를 부각시켜 한국어 통사론의 논의가 가져야 할 방법론적 지향이 어떤 것인지, 그 다양한 시도들을 제시해준 공을 평가할 수 있다. 한국어가 인간 언어의 한 종으로서 인간 언어의 보편성을 나누어 가지고 있음은 이미 밝혀진 사실이므로 언어의 보편성에 어긋나지 않는 한국어 통사구조의 이론을 수립하는 일은 한국어 연구자들에게 필수적 요건으로 부과되는 것이다.

　문법단위들에 관한 제2장의 논의를 이어서, 이 장에서는 재구조화에 의해 새로운 복합적인 머리성분이 형성(허가)될 수 있음을 확인하였다. 기능 범주들인 후치사, 보조사, 굴절소, 보문소의 네 가지 기초 단위들이 서로 결합할 때, 또는 다른 범주들과 결합할 때 재구조화의 절차를 거친다는 인식은 한국어 문장 구조를 완전하게 기술하기 위하여 필수적인 전제가 된다고 판단한다. 이 밖에도 서술성 명사 구문과 보조동사 구문 등, 한국어 통사론의 난제들을 해결하는 데에 재구조화의 개념이 필수적이다. 재구조화에 의해 형성된 단위는 복합적 머리성분을 이룬다. 앞 장(2.3)에서는 기초적인 통사 단위의 개념으로 형성소의 개념을 정의하였으므로, 이 경우에 형성소라는 개념은 쓸 수 없다.

제4장 새 한국어 통사구조론

이 장에서는 '대응규칙의 문법'의 전반적 체계를 제시하려고 한다. '대응규칙의 문법'은 말 그대로 대응규칙이라고 하는 규칙의 형식을 최대한 활용하는 문법의 체계를 지향하는 것이다.[222]

대응규칙은 변형 규칙의 성격을 가진다. 촘스키(Chomsky 1955/1975, 1957)에 따르면 변형 규칙과 구 구조 규칙의 차이는, 전자가 도출 경로의 모든 구조적 사실을 조건으로 해서 적용되는 반면, 후자가 바로 전 단계의 구조(last step)에 기반해서만 규칙 적용이 된다는 점에 있다. 대응규칙은 통사구조와 의미구조의 두 구조에서 부분적 구조의 대응을 동지표를 통해 확립하는 규칙이다. 통사구조의 경우, 그 구조 형성의 어느 단계라도 규칙의 조건으로 사용될 수 있으므로 대응규칙은 변형 규칙의 성격을 가진다고 말할 수 있다.

그러나 표준적인 변형 규칙은 통사구조 형성 과정에서 한 단계의 표상을 다른 단계의 표상으로 바꿔주는 역할을 하고, 더구나 생성 도중의 각 단계의 표상은 그 의미 표상과는 아무런 관계를 갖지 못한다. 대응규칙은 본질적으로 통사구조와 의미구조를 관계시키는 규칙이라는 점에서 표준적인 변형 규칙과는 다르다. 의미구조는 통사구조로부터 해석되거나 도출되어 얻어지지 않고, 다만 통사구조와 '대응'되는 관계로 파악된다. 이 장에서 전개할 대응규칙의 문법은 구 구조 규칙 또는 변형 규칙과 유사한 장치들을 가지고 있다. 그러나 그 운용의 관점에 있어서는 종전과는 근본적으로 다르다는 점을 앞머리에서부터 강조하고 들어가기로 한다.

---

222) 이 책에서 사용하는 대응규칙의 개념은 Jackendoff(1990, 1997, 2002)의 부가어 대응규칙(Adjunct Correspondence Rule)에 근거를 둔 것이다.

4.1. 대응의 체계로서의 문법

4.1.1. 문법의 조직

다음에서 제시할 원리와 정리들은 생성문법 이론(특히 원리매개변인 이론)에서 기본적으로 가지고 있는 관점과 기술의 체계를 바탕으로 한 것이다. 가장 가깝게는 통사구조 형성과 원리 및 규칙의 운용에 관한 촘스키(Chomsky 1981)와 촘스키(Chomsky 1986a, b)의 기본 가정들을 따르면서, 부분적으로 수정을 가한 것이다.

생성문법에서 한 언어체계를 기술하는 기본적인 방법은 표상 층위를 여럿으로 나누어, 각 층위에서 모든 언어 형식을 나타낼 수 있는 원리나 규칙들을 제시하는 것이다. 각 층위의 표상은 독립적인 형성 규칙/원리에 의해 구성되되, 각 층위를 연결짓는 사상/대응의 원리에 의해 제약을 받도록 되어있다. 어떤 단어나 형태소의 기호열(string: 연결체)이 문법에 주어진 어떠한 제약도 위배하지 않음이 확인될 때, 이 기호열은 문법적인 문장이라고 판정된다. 그러므로 기술된 문법의 체계는 한 언어의 모든 문법적인 문장을 생성하기 위해 존재하는 것이다.

원리매개변인 이론에서는 각 문장에 대해서 통사구조와 음성 형식과 의미 표상을 형성하는 장치를 제시한다. 이것이 문법이다. 그러나 이 중 통사구조를 형성하는 부분이 주요 부문으로 가정되고, 음운론적 구조와 의미구조는 먼저 형성된 통사구조를 바탕으로, 이에 해석 규칙들이 적용되어 얻어지는 것이라고 본다. 그러나 우리는 이러한 '통사론중심주의'를 취하지 않는다. 통사구조와 함께 의미구조와 음운론적 구조가 동시에 독립적, 병렬적으로 형성된다고 본다. 통사구조의 형성을 위해서 어휘부에 주어진 개개 어휘항목의 통사 범주와 통사적 자질이 선택되듯이, 의미구조와 음운론적 구조를 형성하기 위해서도 같은 어휘항목의 어휘의미구조와 의미 자질, 음운론적 형식과 음운론적 자질이 선택되는 것이다. 이와 같은 문법의 조직을 '3원적 병렬 체계'라고 부르기로 한다.[223]

여기서 잠시, 문법이 통사구조나 의미구조나 음운론적 구조를 '형성'한다는

---

223) 이는 Jackendoff(1997)의 용어이다.

것이 무엇을 뜻하는지 생각해보기로 하자. 촘스키(Chomsky 1981) 이전의 생성문법 이론에서는 구 구조 규칙이 문장의 기저 통사구조를 형성한다고 보았다. 그러나 촘스키(Chomsky 1981)에서는 구 구조 규칙을 제거한 기저 부문을 상정한다. 기저 부문을 이루는 핵계층 이론은 특정의 핵계층 도식(X-bar schema)에 부합하는 구조를 적격한 것으로 판정하는 제약의 성격을 가진다. 그러므로 핵계층 이론이 문장의 통사구조를 형성한다고 말하는 것은 어폐가 있다. 하지만 생성문법은 근본적으로 언어 표현의 구조적 표상을 형성한 다음 이를 제약하는 방식으로 운용되어왔고, 이러한 의미에서 구조 표상의 '형성'이 '생성'의 주요한 의미임을 부정할 수 없다.224) 우리는 앞의 3.3절에서 핵계층 이론의 활용례를 들면서, 이러한 '형성'의 관점에 바탕을 두어 구의 형성을 설명한 바 있다. 촘스키(Chomsky 1992) 이후의 최소주의 체계에서는 초기 생성문법 이론의 '일반화 변형'을 다시 받아들이고, 이를 다시 '합병(Merge)'이라는 더 일반화된 연산의 형식으로 조정하여 통사 범주들의 결합에 의한 구 구조의 형성을 설명하는 데에 이르고 있다.

본 연구에서 통사론중심주의를 부정하고 3원적 병렬 체계를 추구한다는 것은 통사 부문 외에도 의미 부문과 음운론적 부문이 생성적 부문임을 인정한다는 뜻이 된다. 세 부문에서의 생성의 기본 절차는 '단일화(unification: 통합)'라고 요약할 수 있다.225) 어휘부에 주어진 어휘항목들의 통사적 형식, 의미구조 형식, 음운론적 형식들이 각각의 부문에서 결합되는 단일화의 연산이 계속적으로 진행되면서, 역시 각 부문의 원리와 제약의 지배를 받는 것이다.

양정석(2002가)에서는 통사구조와 의미구조의 생성과 자체적인 제약의 체계, 통사구조와 의미구조를 연관짓는 연결이론의 체계를 전반적으로 제시한 바 있

---

224) Chomsky(1986a)에서는 생성문법의 '생성'이 단지 '명시적'이라는 뜻에 지나지 않는다고 말하고 있으나, '명시적'이라는 말이 쓰이는 일반적 의미를 생각할 때 이는 수사법상의 강조로 보는 것이 옳다. 수학에서 '생성한다(generate)'는 말이 일반적으로 가지는 뜻을 생성문법의 '생성'이 기본적으로 가진다고 보는 것이 온당할 것이다. 규칙에 의해서 어떤 식이 만들어지거나, 변환(변형)되는 것이 수학에서 말하는 '생성'의 일반적인 뜻이다.

225) Jackendoff(1997)에서는 지배결속 이론이나 최소주의 이론에서의 생성의 기본적 절차를 '대체(substitution)'라고 규정하고, 자신의 3원적 병렬 체계는 이와 달리 단일화를 기본 절차로 가진다고 논한 바 있다. 인접된 두 요소가 일단 결합되고 나서, 두 요소가 가진 자질들이 서로 모순되면 단일화는 실패하고, 모순되지 않으면서 어느 하나가 새로운 자질을 가지면 그것을 모두 받아들여 합치는 절차가 단일화이다. Shieber(1986) 참조.

다. 이 문법 체계는 통사구조와 의미구조의 대응에 있어서의 제약의 체계를 특징으로 하기 때문에 '대응규칙의 문법'이라고 불렀다. 가령, 한국어의 무한수의 언어 표현들 중에서 한 문장을 예로 든다면, 이 문장은 그 통사구조와 의미구조와 음운론적 구조의 세 표상 층위에서 기술된다. 문장을 이루고 있는 각 층위의 단위들도 각각 그 통사구조와 의미구조와 음운론적 구조의 형식으로 기술할 수 있다. 이렇게 한국어의 각 표현은 세 가지 구조 표상의 순서쌍이 집합을 이루고 있는 (1가)의 형식으로 표상될 수 있는 것이다. 이 책에서는 이를 (1나)와 같이 나타낼 것이다.

(1) 가. S = (PHON, SYN, SEM)
　　　　단, PHON = 음운론적 구조, SYN = 통사구조, SEM = 의미구조
　　　나. $_a$PHON은 $_a$SYN$_i$에 대응되고, $_a$SYN$_i$은 SEM$_i$에 대응된다.

지표로 쓰이는 a, b, c 등은 음운론적 구조와 통사구조의 대응을, i, j, k, h 등은 통사구조와 의미구조의 대응을 표시하는 것으로 약속한다. 'h'는 통사적 머리성분을 특별히 나타내기로 한다.

　문장의 통사구조의 각 어휘항목과 논항, 부가어는 의미구조의 논항 및 여러 가지 의미 요소와 대응이 된다. 이렇게 통사구조와 의미구조의 요소들이 여러 가지 방식으로 대응되는 관계를 규칙으로 기술한 것이 대응규칙이다. 대응규칙들을 통하여 통사구조와 의미구조가 매개되는 데에 있어서 준수되어야 할 기본 원리로 '논항 연결 원리'가 있다.

　이 체계에서는 통사구조로 원리매개변인 이론의 S-구조에 해당하는 것만을 인정하고, 이것이 의미구조와 독립적으로, 그리고 병렬적으로 존재하는 문법의 조직을 상정한다. 통사구조와 의미구조는 이들을 형성하는 규칙들이 있어, 이들에 의해 만들어지게 된다. 통사구조의 형성과 관계되는 통사적 장치로는, 생성 통사론의 통상적인 범주 규칙, 변형 규칙의 효과를 단일 통사구조에 표시하는 공범주들, 그리고 각종 통사적 제약들의 체계가 있다. 또한 통사 규칙들뿐만 아니라, 의미구조를 형성하는 독립된 규칙들, 그리고 이들의 적용에 대한 각종의 제약 조건들이 존재한다고 가정한다. 이를 그림으로 보이면 다음과 같다.226)

---

226) 다음 도표로 나타내어진 체계는 Jackendoff(1997)에서 제시하고 있는 것과 같은 것인데, 그 곳에서는 Chomsky(1995)의 최소주의 체계의 기본 가정들을 비판하면서, 자신의 체

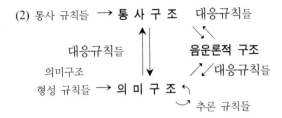

통사구조와 의미구조, 음운론적 구조는 각각의 형성 규칙과, 내부 구성성분들 간의 선택에 관한 제약들을 가지고 있지만, 두 구조를 서로 제약·허가하는 규칙들의 체계가 또한 존재한다. 통사구조와 의미구조의 대응에 있어서는 논항 연결의 원리들과, 이를 구현한 대응규칙들의 체계가 그것이다. 문법의 이 부분을 '연결 부문'이라고 부르기로 한다.

4.1.2. 연결 부문

통사구조-의미구조 연결 부문과 의미구조의 형성

논항 연결 원리는 연결 부문의 제일의 원리로 상정되는 것이다. 논항 연결 원리는 의미구조의 논항과 통사구조의 논항 사이의 연결 또는 대응 관계를 점검·확인하는 데에 기준이 되는 복수의 원리들이다. 이들은 대응규칙에 의해 주어지는 논항들이 적격한 것인가를 판단하는 최상위의 기준이 된다.

대응규칙은 두 가지 종류가 있는데, 먼저, 동사가 고유하게 가지지 않는 논항들을 도입하거나, 부가어와 관련되는 통사구조의 논항과 의미구조의 논항 사이의 관계를 설정해 주는 부가어 대응규칙이 있다.[227] 다음으로, 방대한 수의 어휘적 대응의 규칙들이 대응규칙의 하위 범주에 포함된다. 흔히 '어휘항목'이라 불리는 것은 어휘부에 기재되는 각 어휘들의 세 가지 측면의 구조 표상, 즉 어휘의미구조와 어휘·통사적 표상, 그리고 그 음운론적 표상이 연결된 형식을 의미하는 것으로, 어휘적 대응규칙의 한 가지로 이해된다.

계가 촘스키의 '직렬 알고리즘'에 기반한 체계와는 다른, '병렬 알고리즘'에 기반한 체계라고 하여 '3원적 병렬 체계(tripartite parallel architecture)'라고 부르고 있다.

227) '부가어 대응규칙(adjunct correspondence rule)'은 Jackendoff(1990)의 용어이며, 이에 상당하는 것을 Goldberg(1995)에서는 '구문규칙(construction rule)'이라고 부르고 있다. 통사론적인 논의의 맥락에서는 구문규칙이라는 용어가 친숙하다고 판단하여, 뒤에서는 주로 이 용어를 취하여 쓰려고 한다.

보통의 어휘항목에 관한 명세로서의 어휘적 대응규칙이 기술되는 방식은 (3)과 같은 것이다. 이는 (4)와 같은 전형적인 '이다' 문장에서의 '이-'가 가지는 어휘기재항(lexical entry)의 모습이다.

(3) $\begin{bmatrix} \text{/이-/} \\ \text{V} \\ [\text{BE}_{\text{Ident}}([\quad] , [\text{AT}([\quad])])] \end{bmatrix}$

(4) 가. 두루미가 학이다.
　　 나. 아카시아는 콩과 식물이다.

어휘항목 말고도 어휘적 대응규칙의 또 한 가지 종류가 존재한다. 앞서 3.4절의 재구조화에 관한 논의에서는 이러한 유형을 '어휘부 대응규칙'이라고 지칭한 바 있다.[228]

(5) 어휘부 대응규칙:
　　 N이 [+유형, -징표]의 특성을 가지는 의미구조 [A]에 대응되고, V가
　　 [BE$_{\text{Ident}}$([ ], [AT([ ])])]에 대응되면, [$_V$ N V]은 다음과 같은 어휘의미구조에 대응된다.
　　 [BE$_{\text{Ident}}$([ ], [AT([A])])]

(6) 가. 나는 너의 그와 같은 처사가 불만이다.
　　 나. 앞선 현상은 뒤따르는 현상과 상관적이다.

전형적인 '이다' 문장들인 (4)와는 달리, (6)의 '이다' 문장들은 속성적 의미만을 가지는 명사와 '이-'가 결합하여 새로운, 어휘적 단위를 만들어낸다.[229] (5)는 이와 같은 절차를 명시하는 규칙이다. 이 규칙은 '이-'가 그 어휘기재항에 (3)과 같은 형식을 가지고 있음을 전제로 하고 있다.

(5)의 규칙은 명사가 '[+유형, -징표]'와 같은 의미적 요건만을 갖추면 적용될 수 있으므로 매우 생산적인 규칙이다. '불만', '상관적'은 어휘부에 독립적인 어휘항목 'N'으로 설정된다. 또 이들은 서술성 명사로서, 스스로 논항 변수를 포

---

228) 이는 3.4.2.2의 (48)에서 제시한 규칙에서 (6)의 예와 관련되는 부분만을 가려내어 서술한 것이다.
229) 명사의 속성적 의미에 대한 요건이 이 규칙에서는 '[+유형, -징표]'와 같은 형식으로 표시되었다.

함하는 어휘의미구조를 가지고 있어서, '이-'의 어휘의미구조와 상호작용하여 새로운 논항구조를 만들어낸다.230) 보통의 부가어 대응규칙들이 통사적 구성에서 적용되는 데 반해서, (5)와 같은 어휘부 대응규칙은 생산성을 가짐에도 불구하고 그 적용 환경은 어휘적 구성이다.

이상을 정리해 보면, 대응규칙은 다음과 같은 하위구조를 가지고 있다.

(7) 대응규칙 ┌ 부가어 대응규칙
　　　　　　 └ 어휘적 대응규칙 ┌ 어휘부 대응규칙
　　　　　　　　　　　　　　　 └ 어휘항목

동사 '놓다'를 서술어로 하는 문장을 예로 들어 그 통사구조, 의미구조, 그리고 이 둘의 대응에 관해서 생각해보자. (8가)와 (8나)는 "철수가 책을 책상에 놓았다."와 같은 문장의 통사구조와 의미구조를 표시한 것이다. '-았-'과 '-다'가 가지는 의미는 무시한 것이다.

(8) 가. 철수가 [VP [DP 책을] [V' [PP [NP 책상][P 에]] [V 놓-]]] -았다.
　　 나. [CS([철수], [INCH[BE([책], [AT([책상])])]])]

(8가)의 통사구조의 형성에는 핵계층 이론과 논항 연결 이론, 격 이론, 서술화 이론 등의 규칙이나 원리들이 관여한다. '철수가'와 '책을'은 의미구조의 논항으로부터 연결됨에 따라 각각 추상격인 '주격'과 '목적격'을 할당 받는다고 가정한다. 그리고 '책상에'는 머리성분인 후치사 '-에'의 성격에 따라 최대투사인 구가 '사격'을 가진다고 설명할 수 있다.231)

원리매개변인 이론의 체계에 의하면, 통사구조와 의미구조의 논항들을 서로 관계지어주기 위해 의미역 확인의 절차가 필요하다. 의미역 기준이 그것을 위해 설정되는데, 이는 가령 VP 안에 '책을'과 '책상에' 말고 다른 논항이 더 개입되거나, 두 논항 중 어느 하나를 결한 구조를 배제하기 위한 장치로서 요구된

---

230) 이는 어휘부에서 통사 범주와 의미구조의 부분이 대응됨에 관한 언급일 뿐이다. '재구조화 원리'가 있어서 통사구조에서 이들이 통사적 머리성분이 되는 것을 보장해주는 것이다. 앞의 3.4절 참조.

231) 곧이어 4.2절에서 격과 격조사의 처리에 관한 본 연구의 입장이 개진될 것이다. (8)의 예에서는 다만 'NP-이'가 주격을 'NP-를'이 목적격을 할당받은 것이라고 가정해둔다.

다. 또는 각 통사적 위치에 놓인 성분이 동사와의 선택적 관계에서 적격한 것으로 채워지는 것을 보장하기 위해서 이 절차가 필요하다.[232)

(8)에서 동사 어휘 '놓-'는 어휘부의 어휘기재항에 다음과 같이 기술된다.

(9) ⌈ /놓-/
    │ V
    └ [CS([ ]$_A$, [INCH[BE([ ]$_A$, [ ]$_A$)]])] ⌉

논항 연결 원리는 셋째 줄의 어휘의미구조에서 세 개의 'A' 표시된 논항이 '철수'와 '책'과 '책상에'에 연결됨을 보장해 줄 수 있어야 한다. 연결의 원리들이 주어진 절차에 따라 적절히 적용되기만 하면 (8가)와 (8나)의 모든 논항들이 착오 없이 대응될 수 있어야 한다. 그리고 이와는 독립적으로, 그 통사구조와 의미구조가 각각의 형성 규칙들에 부합되는지 점검되어, 그 결과로 "철수가 책을 책상에 놓았다"라는 문장이 문법적인 문장으로 판정 받게 될 것이다.

어휘항목 (9)는 통사 범주 V와 어휘의미구조가 맺어지고 있음을 규정하는 것으로, 대응규칙의 한 종류이다. 이를 좀더 엄밀하게 표현하면 다음과 같이 나타낼 수 있다. 특히, 통사구조의 머리성분 범주인 동사(V)와 의미구조가 이 대응규칙의 적용 결과 동지표 'h'를 갖게 되었다.

(10) [$_V$ 놓-]$_h$는 다음 의미구조에 대응된다.
    [CS([ ]$_A$, [INCH[BE([ ]$_A$, [ ]$_A$)]])]$_h$

연결이론의 과제를 단순화하여 말한다면, (8가)와 (8나)가 그 논항을 중심으로 대응되는 과정에서 어떠한 원리나 규칙이 작용하고 있는가를 밝혀내는 것이다.[233) 주어가 선택되는 원리로서 (11)과 같은 것이, 목적어가 선택되는 원리로서 (12)와 같은 것이 설정된다고 하자. 이 원리는 의미구조의 형식적 특성을 참조해서, 그 의미구조의 특정 논항 위치가 통사구조의 논항 위치에 적절하게 대

---

232) 원리매개변인 이론에서는 '의미역 기준'과 함께 '투사 원리'가 설정되어 이에 해당하는 절차를 설명해준다. 3.3절 참조.

233) 단순화하여 말한다는 것은, 동사 어휘에 의해 이끌리는 논항들의 대응 관계만이 연결이론의 과제인 것은 아니기 때문이다. 어휘항목과 함께 대응규칙의 다른 종류인 부가어 규칙들도 논항을 도입하며, 또한 그 논항들에 대하여 선택제약을 부여할 수 있는 것이다.

응될 때의 요건을 서술하는 방식으로 되어있다.

(11) 결과 사건을 야기하는 사물이나 상황은 통사구조의 주어로 연결된다.
(12) 움직임을 수행하거나 변화를 수행하는 대상, 어떤 위치에 놓이는 대상은 통사구조의 목적어로 연결된다.

이러한 원리는 동사의 어휘의미를 중심으로 표상된 문장의 의미구조에서 논항 성분들의 형상적인 위치를 확인하여, 이를 해당되는 통사구조의 논항 위치와 연결시키는 것이다. (11)에서 '결과 사건을 야기하는 사물'이란 사동성 함수를 가진 사건의 표상 'CS(x, y)'에서 첫째 논항 'x'에 해당되는 위치가 통사구조에서 주어로 선택되어야 함을 뜻한다. (12)에서 표현된 것은 사건 함수인 GO(x, y), MOVE(x)의 첫째 논항이나 상태 함수인 BE(x, y)의 첫째 논항 'x'에 해당하는 위치가 통사구조에서 목적어로 선택되어야 함을 뜻한다.

여기서 '행위자(Agent)'와 '대상(Theme)'은 이렇게 의미구조의 구조적 위치에 따라 정의될 수 있다.[234]

(13) 가. CS(x, y)의 첫째 논항 x는 '행위자'이다.
　　　나. GO(x, y), MOVE(x), BE(x, y), ORIENT(x, y), EXT(x, y)의 첫째 논항 x는 '대상'이다.

이렇게 정의된 논항들의 역할, 즉 의미역 명칭을 이용해서 논항 연결 원리를 서술할 수 있을 것이다.

(11)' 행위자는 통사구조의 주어로 연결된다.
(12)' 대상은 통사구조의 목적어로 연결된다.

만약, (13)에서 제시한 함수들이 함수들의 모든 종류를 망라한 것이라면, 논항 연결 원리는 (11)', (12)'과 함께 다음을 추가한 서술로 간략화될 수 있을 것이다.

(14) 이 외의 의미구조 논항 위치는 통사구조에서 주어와 목적어 외의 논항 위치로

---

234) 여기에서 사용되는 의미구조의 함수들에 관한 자세한 설명은 양정석(2002가: 4.2절)을 참고할 수 있다.

연결된다.

(11)-(14)의 논항 연결 원리는 완전한 형식이 아니지만, 앞에서 든 예문 "철수가 책을 책상에 놓았다."가 (8나)와 같은 의미구조를 바탕으로 (8가)와 같은 통사구조와 대응되는 데에 대한 설명의 근거가 될 수 있다. 이 논항 연결 원리가 적합하게 적용된 결과로 통사구조와 의미구조의 논항 위치에는 'i', 'j', 'k' 등의 동지표가 표시되어, 두 구조의 논항 위치 간의 대응이 확립되었음을 나타내주는 것으로 본다. 또, 이들에 앞서, (10)에 따라, 동사구(VP)의 머리성분인 동사가 그 의미구조의 함수-논항 구조 형식 전체와 대응되어 'h'라는 동지표로 표시되어 있다. 이상의 절차에 따라 앞서의 (8가)의 통사구조는 다음과 같이 동지표화된 형식을 얻게 된다.

(15) 가. 철수가ᵢ [ᵥₚ [ᴅₚ 책을]ⱼ [ᵥ· [ₚₚ [ɴₚ 책상][ₚ -에]]ₖ [ᵥ 놓-]ₕ -았다
    나. [CS([   ]ᵢ, [INCH[BE([   ]ⱼ, [   ]ₖ)]])]ₕ

여기서 주의해야 할 부분은 (15나)이다. 이는 그 의미구조 논항 위치가 통사구조 논항 위치와의 대응이 확립되었다는 표시(동지표)만 되어있을 뿐, 아직 완성된 의미구조는 아니다. 문장의 완성된 의미구조를 얻기 위해서는 동지표를 활용해서 해당 보조사구(DP), 후치사구(PP)의 의미구조를 (15나)의 비어 있는 논항 위치에 채워넣어야 한다. 이 절차를 '논항 융합'이라고 한다. 그 결과 다음과 같은 표상들이 얻어진다. 통사구조의 성분 '철수가', '책을', '책상에'는 각각 '[철수]', '[책]', '[AT([책상])]'의 의미구조를 가진다고 가정한다.[235)]

(16) 가. 철수가ᵢ [ᵥₚ [ᴅₚ 책을]ⱼ [ᵥ· [ₚₚ [ɴₚ 책상][ₚ -에]]ₖ [ᵥ 놓-]ₕ -았다
    나. [CS([철수]ᵢ, [INCH[BE([책]ⱼ, [AT([책상])]ₖ)]])]ₕ

선택제약에 대한 점검과 같은 의미론적인 절차는 이렇게 논항 융합이 행해진 다음에 진행된다. 가령 "철수가 책을 우정에 놓았다." 같은 가상의 문장은 그 통사구조의 형성 과정이나 위와 같은 통사구조-의미구조의 대응 절차에서 아무런

---

235) 이리하여 (8)과 같은 통사구조와 의미구조가 얻어졌다. 다만 동지표가 표시된 것이 다르다.

문제를 일으키지 않고, 적격한 문장으로 판정될 것이다.

우리의 대응규칙 문법의 체계에서는 '부가어 대응규칙'이 중요한 역할을 담당한다. 부가어 대응규칙들은 동사에 의해 요구되지 않는 부가어 성분을 의미구조의 논항과 대응시킨다. 이러한 부가어 대응규칙에 의해 허가되는 부가어들 중에는, 그 통사구조의 위치로 보면 VP나 V'에 부가되는 부가어이지만, 의미구조에서의 역할은 (10)의 어휘적 대응규칙에 의해 허가되는 보충어들과 다름없는 것이 있다. 이 경우, 어휘적 대응규칙이 논항에 대한 선택제약을 부여하듯이, 부가어 대응규칙이 이 부가어에 대한 선택제약을 부여할 수 있는 것이다. 또, 통상적으로 알려진 방식과는 반대로, 부가어 대응규칙이 동사에 선택제약을 부여하는 경우도 존재한다.

부가어 대응규칙은 또한 이미 있는 통사구조에 새로운 논항 성분, 특히 'NP-를' 형식을 도입하기도 한다. 이처럼, 통사적 변형 규칙을 이용하거나 어휘 규칙만을 이용해서는 포착하기 힘든 '구문적 의미'를 기술한다는 점이 이와 같은 규칙의 특징이다.

부가어 대응규칙 중에는 동사를 그 논항처럼 취하는 것들이 있다. 이는 마치 숙어와 같은 것이다. 숙어 중에는 명사와 동사를 포함하면서, 그 구성성분인 명사와 동사의 의미에는 없던 제삼의 특수한 의미를 만들어내는 경우가 있다. 세계의 어느 언어에도 이와 같은 숙어 표현들은 상당수로 존재한다. 부가어 대응규칙의 일부는 이처럼 숙어의 기술과 같은 방향에서 기술할 필요가 있다.

부가어 대응규칙에 따라 통사구조와 의미구조의 부분 구조들의 대응이 확립되고, 양 구조에 동지표가 부여되었다고 하자. 이를 바탕으로 의미구조가 형성되기 위해서는 논항 융합 이전에 '부가어 융합'의 절차를 가져야 한다. 논항이 채워지기 위한 함수적 구조의 부분이 아직 완성되지 않았기 때문이다. 이렇게 부가어 대응규칙에 의해 확립된 동지표를 근거로 해서, 대응규칙에 주어진 의미구조 부분의 'h'로 표시된 부분에 동사의 어휘의미구조를 융합시키는 절차가 부가어 융합이다.

이상의 경우를 예시하는 부가어 대응규칙의 예로서, 양정석(2002가)에서 기술한 '경유지 부가어 대응규칙'을 가져와보기로 한다.236)

---

236) 양정석(2002가) 5.1절 참조. 자질 '+1d'는 '길'과 같이 선적인 특징을 가지는 명사의 어휘의미구조에 표시되는 자질이다. 이와 같은 구문에서는 '길'이 가지는 이러한 의미적 특성이 중요한 작용을 한다.

(17) '경유지' 부가어 대응규칙:

　　V가 [MOVE([ ])]에 대응되며, NP가 [A]에 대응되고 '+1d'의 자질을 가지면,

　　[ᵥ [NP-로]ₖ [ᵥ Vₕ]]는 다음에 대응된다.

$$\begin{bmatrix} \text{GO([ ]}_A{}^\alpha, [\text{VIA}([A, +1d]_k)]) \\ [\text{BY}([\text{MOVE}([\alpha])]_h)] \end{bmatrix}$$

(18) 가. 철수가 산길로 뛰었다/달렸다.

　　나. 철수가 뛰었다/달렸다.

　　(17)은 부가어 대응규칙(구문규칙)의 한 종류이다. (18)에서 '산길로'는 생략될 수도 있으므로 '뛰다, 달리다'는 주어만을 가지고 자족적인 문장을 이룰 수 있음을 알 수 있다. 그러나 'NP-로' 형식이 개입됨으로써, 이 문장은 원래의 '뛰다', '달리다' 문장이 갖던 성격과는 아주 다른 것을 갖게 되었다. 첫째로, 이들 동사가 원래 가지고 있던 'MOVE'의 의미 대신 이동의 의미 'GO'를 새로 갖게 되었고, 둘째로, 이들 동사의 의미 'MOVE'는 의미구조에서 종속절로 내려가게 되었으며, 셋째로, 주어 외의 논항에 대한 선택제약으로 '길'과 같은 의미를 가져야 한다는 점이 '+1d'로 주어졌다. 가장 주목할만한 점은 이 구문에 '뛰다, 달리다'와 같은 동사만이 적용된다는, 동사에 대한 선택제약이 종속절의 'MOVE'로 표시된 것이다.

　　(17) 규칙의 통사구조 형식에 대해서 중요한 점을 두 가지만 지적해두기로 한다. 먼저, 'NP-로'가 V'에 부가된 것으로 표상되었는데, 이는 'NP-로'가 통사적으로 '부가어'임을 나타낸다. 또 한 가지 중요한 점은, 'NP-로'의 '-로'가 '-로만', '-로는', '-로도' 등을 대표해서 나타낸 것으로 이해되어야 한다는 점이다. 즉, 'NP-로만', 'NP-로는', 'NP-로도' 등을 가진 문장에도 (17) 규칙이 적용되는 것임을 유의해야 한다.237) 이러한 처리는 언어 표현을 통사구조, 의미구조, 음운론적 구조의 대응규칙으로 보는 본 연구의 관점에 따른 것이다. 이어지는 논의에서 기술되는 부가어 대응규칙(구문규칙)들에서는 이와 같은 점들이 기본적으로 전제된다.

---

237) 이는 3.4절의 재구조화 원리에 따른 것이다. 가령 3.4절에서 논의된 보조동사 구문의 '피어는 있다'에서 '-어'와 '-는'의 재구조화에 의한 결합에 의해 그 복합 통사 범주와 의미구조의 대응이 확립되고, 이것이 다시 '피어는'과 '있-'의 재구조화에 의한 동지표에 의해 그 의미구조와의 대응이 확립되듯이, '-로는'이 복합 통사 범주로서 그 의미구조와의 대응이 확립된 다음 부가어 대응규칙에 따른 구 단위 '산길로 걷-'의 의미구조와의 대응이 확립되게 된다.

이제 '논항 연결 원리'가 행하는 역할에 대해 다시 생각해보자. 어휘적 대응 규칙과 부가어 대응규칙이 문법에 주어지고, 이를 이용하여 통사구조와 의미구조가 형성된다. 각 대응규칙은 물론 그 대응에 관한 제약들을 포함하고 있지만, 대응규칙만으로는 논항들의 통사적 위치가 완벽하게 정해지지 않는다. 가령, (9) 또는 (10)의 어휘적 대응규칙에는 논항 표시만 되어 있지, 의미구조와 통사구조의 논항들이 아직 동지표로 묶여있지 않다. (17)의 부가어 대응규칙에는 일부만이 k로 동지표화되어있을 뿐, 주어 위치는 아직 동지표화되지 않았다. 어느 논항이 주어가 되고, 어느 논항이 목적어가 되는지를 지시해주는 일, 그리고 연결되지 않은 논항 위치를 연결해주는 일을 논항 연결 원리가 맡아서 해주어야 한다.

이러한 논항들의 선택에 관한 원리를 다음과 같이 조정하여 제시하기로 한다. 보통의 경우, 부가어 대응규칙은 VP나 V'의 부가어 위치를 형성하여 여기에 동지표를 표시한다. 이런 경우는 다음 원리의 적용을 받지 않는다. 그러나 부가어 대응규칙 중에는 VP의 명시어나 보충어 위치를 동지표 없이 도입하는 것도 있을 수 있다. 그와 같은 경우에는 다음 원리가 적용된다. 한 의미구조에 여러 개의 논항이 서로 결속(논항 결속)되고 있는 경우는 그 중에서 가장 지배적인 의미역이 이 원리의 적용 대상이 된다고 본다.[238]

(19) 논항 연결 원리:
　　다음 제약을 만족하면 통사구조와 의미구조의 논항 위치에 각각 동지표 i, j, k를 붙이라.
　　가. 작용자/반작용자나 행위자는 [DP, IP]로 연결된다. 이에 따라 i를 붙인다.
　　나. 피작용자/자극이나 대상은 [DP, VP]로 연결된다. 이에 따라 j를 붙인다.
　　다. 그 밖의 논항은 [XP, V']로 연결된다. 이에 따라 k를 붙인다.
　　라. 피작용자/자극과 대상이 결속되지 않고서 함께 주어지면 피작용자가 우선적으로 연결된다.
　　마. 서술어가 가지는 모든 명시적 논항은 통사구조의 성분으로 일의적으로 연결

238) 이렇게 지배적인 의미역이 논항 연결에 직접 관여하는 것으로 처리하는 것은 Jackendoff (1990b)을 따르는 것이다. 서술성 명사를 머리성분으로 하는 명사구 내부에 실현되는 'NP-의'도 논항일 수 있는바, 이를 위한 규정이 뒤에서 (70)으로 추가된다. (19)의 일부 형식은 뒤에서 수정된 형식으로 제시될 것이다(뒤의 (19)' 참조). '작용자', '반작용자'는 '행위자'와 같은 통사적 특성을 유발하는 의미역의 이름이다. Jackendoff(1990b)에 의하면 이들은 각각 AFF(X, Y)와 REACT(X, Y) 함수의 'X'를 가리키는 명칭이다. 이들 함수의 'Y'를 가리키는 명칭이 각각 '피작용자'와 '자극'이다.

되어야 한다.239)

앞에서 설명한 것처럼, '행위자' 등의 의미역은 의미구조 표상에 나타나는 특정의 위치를 이름붙인 것뿐이지, 그 자체가 의미구조의 원자적 개념인 것은 아니다. 또, (19나)에서 DP는 목적어만을 뜻하는 것이 아니라 비행동성 구문의 주어까지 포함하는 것이다. 즉, IP의 명시어인 DP와 동지표로 맺어진 흔적(t)일 수도 있다.240)

위 원리에서는 피작용자의 역할이 중요시된다. 이에 부응하기 위하여, 담화·화용상의 여러 요인에 따라 피작용성의 의미를 도입하는 보충해석 규칙이 활용되는 등, 위 원리는 다른 의미론적 규칙들의 작동을 유발하는 기능을 가질 수도 있다.

음운론적 구조와 통사구조, 의미구조의 대응

이상에서는 어휘적 대응규칙, 부가어 대응규칙을 바탕으로 하여 논항 연결원리를 실행하는 방법을 예시하였다. 이들은 통사구조의 부분 구조와 의미구조의 부분 구조의 대응에 관한 규칙성을 포착하는 것이다. 그러나 앞의 그림 (2)에서 제시된, 문장이 가지는 또 하나의 표상인 '음운론적 구조'는 전혀 고려하지 않았다. 한국어 문법 전반을 다루는 더 큰 체계에서는 이 음운론적 구조가역시 통사구조, 의미구조와 병행하는 구조 표상으로서 설정될 것이다.

앞의 3.4절에서 다룬 재구조화의 기초로서의 '어휘부 대응규칙'은 어휘부에존재하는 규칙 중 하나이다. 우리의 체계에서는 어휘부 내의 규칙으로서 어휘잉여규칙과 함께 이 어휘부 대응규칙을 상정한다. 어휘부 대응규칙은 통사구조와 의미구조와 음운론적 구조 세 부분 구조 사이의 대응을 규정하는 규칙이다.그러나 어휘부 대응규칙 중 어느 것은 통사구조의 부분 구조와 의미구조의 부분 구조 사이의 대응 관계만을 확립하는 형식을 취하고, 어느 것은 통사구조의부분 구조와 음운론적 구조의 부분 구조 사이의 대응 관계를 확립하는 형식을취한다. 또, 음운론적 구조의 부분 구조와 의미구조의 부분 구조 사이의 대응관계를 확립하는 형식을 취하는 경우도 있다.

통사구조와 음운론적 구조의 대응을 규정하는 어휘부 대응규칙의 예로는 다

---

239) 이는 앞의 3.3절에서 소개한 원리매개변인 이론의 '의미역 기준'에 상응하는 원리이다.
240) 이러한 구조는 뒤의 (78)로 제시되는 '능격동사 구문규칙'에 의해 형성된다.

음과 같은 것을 들 수 있다. 다음은 두 개의 음운론적 형식이 하나의 통사구조 단위와 의미구조 단위와 대응되는 관계를 규정한다.[241]

(20) 음운론적 구조 $_a$/{-는단다, -ㄴ단다}/는 통사구조 $_a$[$_C$ [$_C$ -는다] [$_C$ -는다]]$_i$에 대응되고, 의미구조 [+dec, +α]$_i$에 대응된다.

음운론적 구조의 부분은 같으나, 통사구조의 부분은 이것과 아주 다른 형식이 존재한다는 것을 앞에서 논의한 바 있다. 이러한 형식을 위한 규정도 한국어 문법 체계의 일부를 이룬다고 보아야 한다. 이는 음운론적 구조의 부분 구조가 통사구조에서 일정한 단위를 이루지 못하는 요소들과 대응됨을 특징으로 한다. 이처럼 동일한 음운론적 형식의 단위를 그 통사구조, 의미구조와의 대응의 차이를 명시함으로써 구별할 수 있다.

(21) 음운론적 구조 $_a$/{-는단다, -ㄴ단다}/는 통사구조 $_a$[$_C$ -는다] $_a$[$_V$ Φ] $_a$[$_I$ Φ] $_a$[$_C$ -는다]에 대응된다.

그러나 (21)과 같은 규정을 어휘부 내의 규칙으로 기술할 것인지에 대해서는 음운론 체계와 관련지어 더 포괄적으로 고찰해보아야 한다.

앞의 3.4절에서 다룬 어휘부 대응규칙 중에는 두 개의 통사적 형식이 양방향 조건(↔)으로 연결된 예가 있었다. 이는 두 개의 통사적 부분 단위가 한 단위의 의미구조의 부분 구조와 대응됨을 나타내기 위한 것이었다. 이와 대조적으로, 두 개의 음운론적 단위가 한 단위의 통사구조나 의미구조와 대응되는 경우도 생각할 수 있다. 이것의 일반적인 명칭은 다름 아닌 '준말'이다.

(22) $_a$/불백/ ↔ $_a$/불고기/$_b$/백반/

　　$_a$/불백/은 [$_N$ $_a$N $_b$N]$_i$에 대응되고, [+food, . . .]$_i$에 대응된다.

(22)의 준말은 이처럼 두 가지 음운론적 구조가 관련되는 방식으로 표시된다. (20), (21)과 같은 형식도 흔히 '준말'이라고 지칭되어왔다. 음운론적, 통사적, 의

---

241) '+α'는 '-는단다', '-는답니다', '-는다네' 등의 복합 보문소가 공통으로 가지는 제삼의 의미를 표시하는 것으로 가정한다. 통사구조 부분의 표상에서 '-는다'와 같은 형식은 더 엄밀히 나타낼 경우 통사적 자질들의 묶음으로 나타내야 할 것이나, 편의상 이렇게 나타낸다.

미적 표상들 간의 대응 관계를 명시함으로써 준말들의 공통점과 차이를 확연히 이해하게 된다.

이와 유사한 예를 하나 더 들어보기로 하자. 우리의 체계에서 관형형어미 '-은'은 '-었-'과 '-는'의 결합으로 파악된다(5.1.2절 참조). 이를 위한 대응규칙이 문법에 마련되어있어야 한다.

(23) $_a$/{-은, -ㄴ}/ $\leftrightarrow$ $_a$/-었-/$_a$/-는/
　　　음운론적 구조 $_a$/{-은, -ㄴ}/은 통사구조 $_a$[$_l$ -었-] $_a$[$_c$ -는]에 대응된다.

(23)은 종래 '형태음운론 규칙'으로 알려져온 규칙을 우리의 체계에서 실행하는 한 가지 방법을 보여주는 것이다.[242]

4.1.3. 구 내부의 제약

문법은 각 부문에서의 허가를 바탕으로 운용된다. 통사구조 허가의 체계에 대해서 살펴보기로 한다.

이 연구에서 통사구조와 대응규칙의 기술을 위한 배경으로서 필요한, 구 구조 형성·해석의 이론 체계는 앞에서 이미 소개한 촘스키(Chomsky 1986b)의 핵계층 이론(X-bar theory)을 바탕으로 한 것이다. 촘스키(Chomsky 1981, 1986a, b)의 원리매개변인 이론이 통사론의 자율성을 기본 가정으로 하고 있다는 것은 주지의 사실이다. 이 연구에서 4.1.1절의 (2)와 같은, 통사구조와 의미구조를 직접 연결하는 체계를 내세우는 것은 통사론의 자율성을 부정하고자 하는 것이 아님을 분명히 해야 하겠다. 통사구조가 자율적인 규칙이나 원리에 의해 형성되는 것과 동시에, 의미구조로부터 논항 대응을 중심으로 한 제약을 받는다는 것을 인정해야 한다는 것이다.

---

242) 의미구조, 음운론적 구조를 통사구조와 함께 독립된 표상 층위로 받아들이는 관점은 LFG, GPSG, HPSG 등의 제약 기반 이론들에서 비교적 일찍부터 가지고 있던 것이다. 의미론과 인지체계 전반의 관련에 대한 폭넓은 고찰인 Jackendoff(1983)에서도 이와 같은 관점을 보이고 있다. 이러한 관점을 좀더 분명히 하면서 이를 첨예한 쟁점으로 들고 나온 것은 Jackendoff(1990, 1997, 2002)이다. 양정석(1995/1997)에서 한국어 문법 현상에 이러한 관점을 부분적으로 적용한 바 있고, 양정석(2002가)에서 더욱 전반적인 범위의 체계화를 시도해보았다.

원리매개변인 이론에서와 같이, 모든 통사구조의 요소들이 적절하게 허가를 받아야 한다는 것이 여기에서 제시하는 '대응규칙 문법'의 기본 원리이다. 대응규칙 문법의 체계를 전개하기 위해서는 앞에서 소개한 촘스키(Chomsky 1986b)의 체계와 하나하나 비교하여 설명하는 것이 효과적일 것으로 생각된다. 모든 문장은 보문소(C)와 굴절소(I)까지를 포함한 기본 통사 범주들이 적격한 구 구조를 이룰 때 문법적인 문장으로 허가된다. 궁극적으로 모든 문장은 기본 통사 범주들과 구들의 결합으로 이루어지는데, 이러한 구 구조의 성립을 위해서는 구 내부에서 머리성분(head)과 보충어(complement), 명시어(specifier) 사이의 통사적 관계가 허가되어야 하며, 또한 구들 사이의 통사적 관계가 허가되어야 한다. 구들 사이에 허가되어야 하는 통사적 관계의 예로는 이동 변형 후의 구와 그 흔적의 관계(표상 층위 간의 이동 변형을 가정하지 않음), 선행사 구와 대명사·재귀사의 관계, 서술어인 구와 그 주어인 명사항과의 관계, 그리고 수식 관계가 있다.

통사구조에 관한 우리의 서술은 크게 두 부분으로 나뉜다. 구를 확장하는 원리를 중심으로 한 핵계층 이론을 제시하면서, 통사 범주의 체계, 상위 구 범주로의 자질의 삼투의 방법, 재구조화 원리의 의의를 음미하는 것이 첫 번째 부분이다. 아울러, 구 내부에서 머리성분과 다른 구 성분 사이의 제약이 핵계층 이론과는 별도로 작용함에 주의해야 한다. 이와 관련하여 논항 연결 원리와 격 표시 원리가 구 내부의 제약의 주요 부분이 된다. 두 번째 부분은 구와 구의 제약을 부과하는 여러 가지 원리들을 도입하는 부분이다. 여기에는 서술화 원리, 흔적(t)을 중심으로 한 공범주 원리, 수식어 제약 등이 있다. 이는 다음 4.1.4절의 주제이다.

핵계층 이론

이 절에서의 일차적 관심의 대상은 구 내부의 구성성분들 사이의 통사적 관계이다. 이에 대한 허가의 체계가 핵계층 이론의 중심을 이루고 있다.

핵계층 이론은 모든 통사 범주에서 동심성과 범주교차성이 성립되는 것을 이상으로 한다. 그러나 한국어는 물론이고, 다른 여러 언어에서도, 뒤의 (26)과 같은 핵계층 도식의 체계가 모든 통사 범주에서 완벽히 구현되지는 않는 것이 현실이고, 이러한 현실을 정확하게 반영하기 위해서는 나라말에 따라 그 값이 달리 결정되는 매개변인, 그리고 어휘개별적·구문적 특성들이 감안되어야 한다.

우리는 한국어의 구 구조에 대하여 다음과 같은 원리를 상정한다.

   (24) 한국어에서 모든 통사 범주는 최대투사를 형성할 수 있다.

이 원리와 관련하여 특별히 주목되는 범주는 보조사(D)이다. 뒤에서는 한국어의 보조사가 보충어를 취하여 최대투사를 이룬다는 점을 논할 것이다.
   1980년대 후반부터 한국어에 핵계층 이론을 적용한 연구들이 상당수 나타났지만, 특정 기능 범주를 핵계층 이론 체계에 도입할 것인지 여부가 논의의 주종을 이루었고,243) 전 범위에 걸친 체계를 제시한 연구는 드물다.244) 우리는 앞의 2.3절에서 한국어의 선어말어미들과 어말어미들을 논의하면서, 이들의 통사구조에서의 위치에 대한 일정한 관점을 도출할 수 있었다. 한국어의 선어말어미는 굴절소(I) 범주를, 어말어미는 보문소(C) 범주를 이루는 것으로 보는 것이 어미들 사이의 통합 관계 및 계열 관계를 적절히 포착할 수 있는 방법이라고 판단한다. 이에 따라 (25가)와 같은 통사적 머리성분의 범주들, (25나)와 같은 어휘 항목들의 목록을 상정한다.245)

   (25) 가. X = {V, N, Adv, P, D, I, C}
       나. V = {가-, 먹-, 착하-, 춥-, 있-, 없-, 이-, . . .}
         N = {사람, 이, 그, 하나, 한, 셋, 세, 첫째, 둘째, 모두, 모든, 새, 해당, . . .}
      Adv = {매우, 빨리, 쓸쓸히, 같이, 달리, 함께, . . .}
        P = {-에, -에게, -으로, -와, -부터1, -까지1, -이랑. . .}
        D = {-는, -만, -도, -조차, -부터2, -까지2, -마저, -마다, -씩, -들, -이나, -이라
          도, -이며, -이든지, -이나, . . .}
        I = {-으시-, -겠-, -으시겠-, φ, -었-, -었었-, -으시었-, -으시었었-, -었겠-,

---

243) 서정목(1993) 참조.
244) 1990년대 이후의 생성문법의 연구 경향은 이른바 '최소주의 체계'를 표방하는데, 여기에서는 핵계층 이론이 독립된 하위 이론으로서의 지위를 인정받지 못하고, 일반화 변형 (generalized transformation) 또는 '합병(Merge)'이라는 연산에 그 특성이 유지되고 있을 뿐이다. 그러나 이 경우에도 핵계층 이론의 구 구조 형성·허가의 기능, 그리고 핵계층 이론이 가지는 언어-보편적 구성성분 구조의 일반화 기능이 부정되는 것은 아니고, 단지 이론 내의 형식만 부분적으로 바뀐 것이라고 할 수 있다.
245) 후치사로는 '-에', '-에게', '-으로', '-와' 등이 포함되며, 보조사로는 종래의 '-는', '-도', '-만'과 같은 것 외에도 격 표지의 대표적인 것으로 알려져 온 '-이/가', '-을/를'이 포함된다. 이 연구에서는 '-이/가', '-을/를'이 격 표지라는 것을 부정한다. 이에 대해서는 이 절 4.1.3절에서 곧 논의할 것이다.

-었었겠-, -으시었겠-, -으시었었겠-}[246)]

C = {-는다, -고, -어서, -는, -은, -을, -음, -기, . . .}

종래의 '관형사'는 명사의 하위 범주로 간주한다. 그러나 종래의 부사는 여전히 독립된 통사 범주로 인정한다. 부사를 인정하지 않는 경우에는 이를 동사(상태성 동사)의 하위 범주로 간주할 수 있을 것이다.[247)] 그러나, 기본 통사 범주는 의미적 고려를 앞세우기보다는, 해당 요소의 형태론적 특성과, 인접하는 요소들 사이의 공존 관계를 고려하여 세워져야 한다. 부사는 의미적으로 상태성 동사와의 공통성을 많이 가지고 있으나, 형태론적, 통사론적 측면에서는 그와 같이 볼 근거가 미약하다.

한국어에서 (25)와 같은 머리성분 범주와 어휘항목의 목록을 가지고 운용하는 데에 지침이 될 만한 규칙이나 원리들이 필요하다. 다음과 같은 핵계층 원리가 있어 머리성분으로부터 구를 확장해갈 수 있고, 그 과정에서의 제약을 부여한다고 가정할 수 있다. 촘스키(Chomsky 1986b)에서 기능 범주에까지 확대 적용하여 완성한 핵계층 이론을 받아들이되, 다소 수정하여 다음과 같이 제시한다.[248)]

---

246) 이 책의 초판에는 이 12개가 한국어 굴절소의 총수라고 지적하였으나, 여기에 재구조화된 형식 '-을 것이-', '-은 것이-', '-는 것이-', '-었던 것이-', 그리고 이들과 다른 굴절소와의 결합을 추가해야 현대 한국어에서 실현 가능한 모든 굴절소의 예가 된다. 본 연구에서는 '-을', '-은'이 각각 '-겠는', '-었는'의 형태음운론적 축약형으로 간주한다(뒤의 5.1.2절 참조). 이에 따라 '-을 것이-', '-은 것이-'도 각각 '-겠는 것이-', '-었는 것이-'와 동일시된다.

　'-겠-'은 추정, 능력, 의도의 세 가지 용법이 있다고 알려져왔으나(남기심 1972), 이들을 동음이의적 형태소들로 구분하지 않고, 하나의 형태소임은 물론, 하나의 형성소라고 본다. '의도'의 문맥에서는 '-겠-'이 뒤의 보문소 '-다' 등에 결합되어 복합 보문소를 이룬다고 본다.

247) 이와 같은 방안을 실행한 대표적인 연구로 김영희(1975, 1976, 1978)를 참고할만하다. 부사를 형용사로부터 유도해내는 분석의 사례는 변형론적 접근 태도를 단적으로 보여주는 사례라고 생각된다. 이를 위해서는 수많은 자의적 변형 규칙들을 도입하는 것이 불가피해진다고 보고, 이러한 방법을 꺼리는 것은 변형론에 반대되는 어휘론적 접근의 기본 태도를 이룬다.

　우리는 이 책에서 다루어지는 한국어의 문법적 현상들에서 이러한 변형론적 접근이 문제 되는 경우를 구체적으로 지적하여 비판할 것이다. 그러나 이러한 비판은 한국어의 모든 문법적 현상을 변형론적 접근 방법에 입각하여 완전히 분석해보는 일이 가치 있는 작업임을 부정하는 것이 아님을 분명히 해둔다. 오히려 우리의 관점과 다른 선행 분석에 힘입어 우리의 체계가 수립 가능하게 되었다고 믿는다.

248) 중간 투사범주 X'에 부가됨을 허용하는 (26다)는 본 연구의 견해로 제시하는 것이다.

(26) 핵계층 도식

　　가. X → Y X　　(Y는 머리성분 범주인 부가어)

　　나. X' → YP X　　(YP는 보충어)

　　다. X' → YP X'　　(YP는 최대투사인 부가어)

　　라. X" → YP X'　　(YP는 명시어)

　　마. X" → YP X"　　(YP는 최대투사인 부가어)

X와 X'와 XP는 모두 부가어를 취하여 [x Y X], [x' YP X'], [xp YP XP] 구조를 형성할 수 있다.[249] 머리성분의 부가어는 머리성분 범주이어야 한다. 중간투사 범주 X'이든, 최대투사 범주 XP이든, 모든 투사 범주의 부가어는 최대투사 범주 (YP)이어야 한다.[250] 어순은 매개변인이나 언어-개별적 규칙에 따라 정해진다.[251]

우리는 앞에서 자의적 변형의 설정을 제약하기 위하여 '구조 보존 원리'를 이론 평가의 중요한 기준으로 활용한 바 있다(3.1.2절의 (34) 참조) 원리매개변인 이론의 관점에서 이에 상당하는 원리는 (26)의 핵계층 도식에 부합되지 않는 어떤 구조도 생성될 수 없다는 것이다. 모든 언어의 모든 구가 (26)의 구조들로 분석되어야 한다는 요구는 본 연구의 이론 체계에서의 '구조 보존 원리'와 같은 것이다. 이는 본 연구에서 한국어의 구문 현상에 관한 기술과 선행 연구의 평가에 있어서 끊임없이 유의할 방법론적 지침이 될 것이다.

한 문장의 생성 과정의 초기에 동사인 단어가 선택되었다고 가정해보자. 어휘부의 해당 단어의 어휘기재항에서 이 단어의 통사 범주 V를 복사해오는 일이

　　Chomsky(1986b)에는 (26나, 라)만이 명시적으로 제시되어있고, (26가)와 (26마)는 각각 머리성분 이동, 부가어 이동과 같은 변형의 결과로 그 예가 나타나고 있다. 본 연구는 단일한 층위의 통사구조를 가정하므로 (26가, 마)도 핵계층 도식으로 추가되어야 한다.

249) 이 책에서는 머리성분 부가가 특별한 구문규칙(부가어 대응규칙)이나 어휘부 대응규칙에 의해 허가되는 경우에만 나타나는 것으로 서술한다. 뒤의 4.1.4절에서 머리성분 이동의 비도출적 설명을 위해 구문규칙으로 도입되는 구조가 한 가지 특별한 예가 될 것이다. 다른 경우로, 보문소와 보조사의 결합이 다른 재구조화 영역 안에서 이루어지는 경우를 들 수 있다. 이들 경우에 (26가)는 머리성분 범주들의 결합을 허가하는 일반 원리로서의 기능을 수행하는 것으로 볼 수 있다.

250) 중간투사 범주에도 부가어가 부가될 수 있다고 가정한 것은 이 연구의 특별한 가설이다. 4.1.4절과 5.4절에서 V'와 I'의 부가어의 예들을 확인할 수 있다.

251) 어순이 매개변인에 의해 정해진다는 것은 원리매개변인 이론의 기본 가정이다. 이 외에 개별언어의 규칙에 의해 어순이 정해진다는 것도 자연스러운 가정이다. 우리의 체계에서는 음운론적 구조와의 대응을 포함하는 대응규칙의 형식에 의해 구성성분들의 어순이 정해질 수도 있다.

통사적 과정의 최초의 절차가 될 것이다. 다음으로는 (26)의 핵계층 도식을 구조 형성의 기제로 활용하여 (27가), (27나)와 같은 절차가 이루어진다고 본다.

(27) 가. V $\implies$ [$_{v'}$ XP V]

　　 나. [$_{v'}$ XP V] $\implies$ [$_{v''}$ YP [$_{v'}$ XP V]]

중간투사 범주, 최대투사 범주, 부가된 범주는 머리성분이 가지는 통사적 자질들을 물려받는다. 이를 자질의 삼투라고 한다. 특별한 경우로, DP는 그 내부의 보충어인 NP, CP의 통사적 자질을 물려받을 수 있다.[252]

보조사를 중심으로 본 기능 범주들의 통사구조상의 지위

한국어 기능 범주들의 통사구조상의 지위에 대한 견해들을 특히 보조사에 대한 처리를 중심으로 해서 크게 셋으로 나누어볼 수 있다.[253] 기능 범주들이 머리성분으로서 선행하는 구에 부가된다고 상정하는 '기능 범주 XP 부가설'이 그 한 견해이며(임홍빈 1987, 이광호 1988), 기능 범주들이 독자적 범주로서 구를 투사한다고 보는 '기능 범주 XP 투사설'이 또 하나이며(안희돈 1988, 윤종열 1990, 1992), 기능 범주들이 앞선 다른 머리성분 범주에 부가되어 머리성분 범주를 이룬다고 보는 '기능 범주 X^0 부가설'이 세 번째 견해이다(최기용 1991, 1995). 본 연구에서는 둘째와 셋째 견해를 혼합한 설명 방법을 추구한다.

'기능 범주 XP 부가설'은 후치사, 보조사, 굴절소, 보문소 들이 독립된 통사 범주이지만, 이들이 선행하는 명사구나 동사구 등에 부가되어 전체적으로 명사구, 동사구를 이룬다고 본다. 이 처리법이 가지는 근본적인 난점은 핵계층 이론에서 새로운 '부가'의 유형을 도입해야 한다는 점이다. 어떤 통사 범주에 부가어가 가해질 때, 구 범주는 구 범주에, 머리성분 범주는 머리성분 범주에 부가되어야 한다는 일반적인 조건이 지켜져야 한다.[254] 그렇지 않으면 '부가'는 사실상 아무런 제약을 갖지 않는 무소불위의 통사적 절차가 될 수 있다. 본 연구는 명사구에 이어지는 후치사와 보조사가 각각 머리성분 범주로서, 구 범주를

---

252) 이는 뒤에서 서술화 이론의 일부로 서술될 것이다.
253) 이 책에서 '기능 범주'는 보조사, 굴절소, 보문소와 아울러 후치사를 포함하는 범주를 가리킨다.
254) (26다)는 중간투사 범주 X'에도 최대투사 범주가 부가될 수 있다고 가정한다. X'는 보충어를 취한 통사적 구성이라는 점에서 X"와 같은 구로 취급함에 무리가 없다.

투사하는 것으로 간주한다는 점에서 이들의 견해와 반대된다.

기능 범주들을 독립된 통사적 머리성분으로 설정하는 '기능 범주 XP 투사'설은 후치사나 보조사에 독립적인 통사 범주의 자격을 부여하고, 더욱이 이들을 최대투사 범주를 이루는 존재로 파악하는 것인데, 이는 한국어의 모든 기능 범주를 핵계층 이론의 원리 하에서 설명하려는 시도로서 주목된다. 그러나 보조사가 그 투사된 '보조사구'의 성격을 결정한다고 보기 어려운 경우가 있어 문제를 제기하기도 한다.

보조사에 한정하여 기능 범주의 부가를 받아들이면서, 부가되는 선행 성분이 구 범주 아닌 머리성분 범주라고 상정하는 견해가 최기용(1991, 1995)에서 제안 되었다. 이를 특히 '보조사 X^0 부가설'이라 지칭할 수 있다. 이 견해에서는 명 사, 부사 등의 어휘 범주와, 기능 범주인 후치사, 보문소에 보조사가 결합될 경 우 부가되어 선행 머리성분 요소의 범주를 갖게 된다고 상정한다. 이렇게 기능 범주 중 보조사의 부가를 다른 머리성분 범주에의 부가로 한정함으로써 핵계층 이론의 일반 조건을 위배하지 않으면서도 보조사의 부가적 성질을 포착할 가능 성을 보여주고 있다.

그는 특히, 복합 머리성분에서의 머리성분의 위치가 원리에 의해 예측된다는 '머리성분 상관성 원리'를 입증하는 데에 힘을 쏟고 있다. 한국어는 일반 핵계층 구조에서 머리성분이 뒤에 서는 언어이므로, '머리성분 상관성 원리'는 $[X^0\ Y^0]$ 의 구성에서 앞서는 X^0가 머리성분일 것을 예측한다는 것이다. '명사-보조사' 구 성, '피곤-은-하-'류의 구성, 'V-지 아니하-' 구성, 'V-기는 하-' 구성, 그리고 그 밖의 몇몇 보조동사 구성 등을 복합적인 머리성분의 구성으로 보고, 이들에서 원리에 따라 맨 앞의 X^0가 머리성분이 된다는 것을 증명하려고 노력하였다. 그 러나 'V-어 지-' 보조동사 구성, 'N-이-' 지정사 구성, 'N-답-' 구성은 그의 머리 성분 상관성 원리에 문제를 제기한다. 필자의 입장은, 머리성분들의 결합이 상 당수 소규모 규칙이나 예외적·어휘개별적 규정에 의해 포착될 수밖에 없다는 것이다. 필자는 보조사가 기능 범주에 이어질 때, 그리고 부사에 이어질 때, 앞 의 머리성분과 결합하여 한 단위를 이룬다고 본다.[255] 이는 재구조화의 한 예로 간주되어야 한다.

본 연구의 보조사에 대한 처리법은 기본적으로 '기능 범주 XP 투사설'에 입 각해있으면서, 후치사와 대부분의 보문소에 이어지는 보조사는 앞의 기능 범주 에 결합된다고 보는 점에서 '보조사 X^0 부가설'과 공통되는 점도 있다. 그러나

---

255) 구체적인 예는 앞의 3.4절 참조.

이 경우의 앞 머리성분에 대한 보조사의 결합은 개별언어인 한국어에 특유한 것으로 가정되며, 더군다나 어휘부 규칙의 수준으로 간주된다. 이 점에서 일반 하위범주화와 별도의 X^0 하위범주화 정보가 주어지고 이를 바탕으로 D-구조에서 머리성분들끼리의 부가가 일어난다고 상정하는 최기용(1991, 1995)의 설명과는 차이가 있다. 독립된 의미구조를 상정하고, 통사구조가 이 의미구조와 논항 연결 원리나 대응규칙에 의해 관련됨으로써 서로를 제약한다는 것이 본 연구의 기본 관점이다. 보조사는 명사구를 보충어로 삼아 구를 투사하는 존재이지만, 특별한 경우 다른 머리성분 범주와 결합(재구조화)하여 복합 머리성분 범주를 이룰 수 있다고 본다.

통사구조 형성의 원리는 모든 통사구조의 요소들이 자유롭게 결합하되, 문법의 주어진 원리와 제약에 의거하여 허가를 받아야 문법적 문장으로 판정된다는 것이다. 앞에서 말한 '3원적 병렬 체계'의 정신에 의하면, 구조 생성의 기본 연산은 다음과 같이 표현된다.

(28) 어휘부에 주어진 세 층위의 표상들을 근거로 하여 각 층위의 표상들을 자유롭게 결합하라.

그러므로 핵계층 도식은 자유롭게 결합된 통사구조들 중에서 적격한 구조를 허가하는 역할을 맡게 된다. 핵계층 이론의 일반적 약정에 따라, 기능 범주들을 포함한 모든 통사 범주가 보충어(26나) 또는 명시어(26라)를 취하여 구 범주를 이룰 수 있는 것으로 본다. 그리하여 (24)의 원리가 만족된다.

그러나, 기능 범주의 하나인 보조사(D)는 보충어를 취하여 최대투사를 형성할 수도 있지만, 다른 기능 범주들에 이어질 때 재구조화에 의하여 그 기능 범주로 흡수된다.

보조사가 보충어로 취하는 것은 명사구와 일부 보문소구, 그리고 특별한 종류의 후치사구에 한한다. 각 예문의 'φ' 표시는 보조사가 생략된 경우인데, 우리는 이를 영-형태의 보조사가 실현된 것으로 해석한다.

(29) 명사구+보조사
    가. 철수의 외삼촌은/?φ 육이오 사변에 참전하셨다.
    나. 그분은 시간을 지키지 않는 사람은/?φ 싫어하신다.
(30) 보문소구+보조사

    가. 그가 많은 자선을 베풀었음은/*φ 사실이다.

    나. 나는 그가 많은 자선을 베풀었음도/*φ 안다.

    다. 부자가 천국에 들어가기는/?φ 낙타가 바늘구멍에 들어가기보다 어렵다.

    라. 그는 남이 자기 일에 관심을 가져주기만/?φ 원한다.

(31) 후치사구+보조사

    가. 철수와 영호는/?φ 같은 학교에 다닌다.

    나. 나는 철수와 영호도/?φ 좋아한다.

    다. 서울부터 부산까지는/?φ 약 천리 거리이다.

    라. 그들이 서울부터 부산까지도/?φ 멀지 않게 생각한다.

(29)는 보조사가 명사구를 보충어로 취하는 예이다. (30)은 보문소를, (31)은
후치사구를 보충어로 취하는 예이다(4.3절 참조). 이들 예에서 외현적 보조사가
실현되지 않은 경우, 즉 'φ'가 실현된 경우는 대부분 부자연스럽게 받아들여진
다. 특히 보문소가 '-음'인 경우는 비문성의 정도가 심하다. 이는 보조사가 비록
영-형태 'φ'의 형식으로라도 주어와 목적어 위치에 언제나 실현되어야 함을 뜻
하는 것으로 해석할 수 있다.

양정석(2002가: 319-343)에서는 종래 주격 표지, 목적격 표지로 인식되어왔던
조사 '-이/가'와 '-을/를'이 격 표지로서가 아니라 보조사로서 규정되어야 함을
주장한 바 있다. '-이/가', '-을/를'도 위의 보조사의 경우처럼 영-형태 'φ'로 대체
되는 일이 크게 제약된다.

(32) 가. 그가 거짓말을 했음이/*φ 드러났다.

    나. 그는 빈손으로 돌아오게 되었음을/*φ 창피하게 여겼다.

    다. 나는 그 사람이 실수하지 않기를/*φ 원한다.

    라. 모두가 철수의 사업이 성공하기를/*φ 바란다.

'-이/가', '-을/를'과 함께 영-형태 'φ'를 보조사의 일부로 가정하면 이상의 예
들을 무리 없이 설명할 수 있다. 보조사를 가정하지 않는다면 'φ'는 격 표지가
부여된 후에 생략되는 것으로 설명해야 할 것인데, 격 이론이라는 통사적 절차
에 의해서 격이 부여되었다가 다시 어떤 요인에 의해 지워지게 하는 것은 결국
임시방편적 규칙 설정의 문제점을 가진다고 본다.[256]

이상은 '-이/가', '-을/를' 및 영-형태 'φ'를 보조사로 규정하는 일이 개연성을

---

256) 선행 격 논의에 대한 정리와 비판은 양정석(2002가: 330-343)을 참고하기 바람.

가짐을 보인 것이다. 그러나 앞의 3.4절의 재구조화 논의에서 이미 제시한 서술성 명사 구문 (33)의 통사적 해석 과정은 이러한 요소들을 보조사로 규정하는 일이 필연성을 가짐을 보이는 것이다. 동사로 '하-' 아닌 '회상하-'를 가지는 (34)에는 재구조화 원리가 적용될 수 없어서 선행사('범인을')와 흔적(t) 사이에 하위인접 조건의 위배가 일어난다.

(33) 김 순경이 [vp 그 범인을ᵢ [vp [DP [NP tᵢ 추격][D -을]] [v 하-]]]-였다.
(34)?*김 순경이 [vp 그 범인을ᵢ [vp [DP [NP tᵢ 추격][D -을]] [v 회상하-]]]-였다.

(33)의 구조에서 1-하위인접의 현상이 일어나는 데에 결정적인 역할을 하는 것은 보조사 'D'의 존재이고, 더욱이 이 'D'가 머리성분으로서 NP를 보충어로 취하는 요소로 상정되었다는 점이다.

'-이/가', '-을/를' 및 영-형태 'φ'까지를 포함한 보조사 범주를 상정하고 이것이 구를 투사하는 존재임을 가정함으로써 설명할 수 있는 또 하나의 사실이 있다.

양인석(1972가)에서는 내포절의 명사항이 관계절의 표제명사와 동일지시되는 관계화 현상에 있어서 시원(Source)의 의미역에 의한 제약 현상이 뚜렷함을 지적하고 있다.

(35) 가. 철수가 망치로 못을 박았다. → 망치로 못을 박은 철수
     나. 철수가 망치로 못을 박았다. → 철수가 망치로 박은 못
     다. 철수가 망치로 못을 박았다. → 철수가 못을 박은 망치
     라. 철수 삼촌이 뉴욕에 갔다/왔다. → 철수 삼촌이 간/온 뉴욕
(36) 철수 삼촌이 뉴욕에서 왔다. → *철수 삼촌이 온 뉴욕

그러나 (37나)에서 보는 것처럼 관계관형절의 동사가 '떠나다'일 때에는 이러한 일반성에 예외가 나타난다. '떠나다'의 경우에는 시원의 명사항이 관계관형절의 표제가 될 수 있다.

(37) 가. 철수 삼촌이 뉴욕에서 왔다. → *철수 삼촌이 온 뉴욕
     나. 철수 삼촌이 뉴욕에서 떠났다. → 철수 삼촌이 떠난 뉴욕

주제화에서도 이와 같은 문법성의 대비가 관찰된다.

(38) 가. 철수 삼촌이 뉴욕에서 왔다. → *뉴욕은 철수 삼촌이 왔다.
　　 나. 철수 삼촌이 뉴욕에서 떠났다. → 뉴욕은 철수 삼촌이 떠났다.

흥미로운 사실은, 위 관계화나 주제화에 따른 문법성의 대비가 '-를'로의 교체 가능성과 평행된다는 것이다(39). 시원이라도 목적어 형식('NP-를')으로 실현되는 경우는 관계화가 가능한 것이다.

(39) 가. 철수 삼촌이 뉴욕에서 왔다. → *철수 삼촌이 뉴욕을 왔다. → *철수 삼촌이
　　　　 온 뉴욕
　　 나. 철수 삼촌이 뉴욕에서 떠났다. → 철수 삼촌이 뉴욕을 떠났다. → 철수 삼촌
　　　　 이 떠난 뉴욕

'-도' 등의 보조사가 부착되는 가능성도 이상의 네 가지 경우와 평행하는 모습을 보여준다.

(40) 가. 철수 삼촌이 뉴욕에서 왔다. → *철수 삼촌은 뉴욕도 왔다.
　　 나. 철수 삼촌이 뉴욕에서 떠났다. → 철수 삼촌이 뉴욕도 떠났다.

이 외에도 한 가지가 더 있다. '-를'은 물론 '-도' 등의 보조사를 갖지 않는, 생략의 경우에도 이상의 예들과 평행하는 모습을 관찰할 수 있다(41).

(41) 가. 철수 삼촌이 뉴욕에서 왔다. → *철수 삼촌이 뉴욕φ 왔다.
　　 나. 철수 삼촌이 뉴욕에서 떠나왔다. → 철수 삼촌이 뉴욕φ 떠나왔다.

(39)-(41)의 사실은 모두 궤를 같이하는 현상임이 분명하다. 이들 현상 모두에 대하여 작용하는 '시원 제약'과 이것이 해소되는 현상은 궁극적으로 격 교체 제약, 다시 말하면 부사격조사의 생략 제약 현상과 같은 것이라고 할 수 있다.
　여기에서 주목하고자 하는 바는, (41)에서 'φ'로 표시한 무형의 요소가 다른 보조사나 목적격조사와 동일한 행태를 보인다는 점이다. 이를 근거로 우리는 'φ'를 보조사의 하나로 취급할 수 있다.
　이제까지는 기능 범주의 하나인 보조사가 통사구조에서 보충어를 취하는 머

리성분의 지위를 가짐을 보인 것이다. 특히 'φ' 보조사의 존재는 주목되는 바있다. 그러나 보조사는 선행하는 요소가 후치사나 보문소일 때에는 이 요소에흡수되어 스스로의 범주적 성질을 잃는 상반적 성격을 또한 가지고 있다. 보조사가 후치사나 보문소와 결합하여 한 단위의 복합 기능 범주를 형성하는 과정은 통사적 절차로서의 재구조화인데, 이의 근거로 어휘부 내에 대응규칙이 주어진다는 것은 이미 3.4절에서 말한 바 있다.

(42) $[[_P \ Z]^i[_D \ Y]^j] \leftrightarrow [_P \ Z]^i[_D \ Y]^j$
　　Z가 A에, Y가 B에 대응되면 $[_P \ [_P \ Z][_D \ Y]]$는 [B, A]에 대응된다.
(43) 가. 사막에는 사람이 살지 않는다.
　　나. 밀가루로만 빵을 만들었다.
(44) $[_C \ [_C \ Z]^i[_D \ Y]^j] \leftrightarrow [_C \ Z]^i[_D \ Y]^j$
　　Z가 A에, Y가 B에 대응되면 $[_C \ [_C \ Z][_D \ Y]]$는 [B, A]에 대응된다.
(45) 남의 말을 귀담아듣지 않아서는 성공할 수 없다.

(42)의 범주적 부분은 후치사(P)와 보조사(D)가 연이어 실현될 경우 하나의 복합 후치사를 형성해야 하며, 그 범주적 성격은 구성성분 중의 후치사의 것을 물려받는다는 뜻이 된다. (44)는 보문소(C)와 보조사(D)가 연이어 실현될 경우 하나의 통사 범주인 복합 보문소(C)를 형성해야 한다는 뜻이 된다.

그러나 (43)의 예들과는 달리, 다음은 (42)에 대한 예외적 현상을 보인다.

(46) 밀가루만으로 빵을 만들었다.

(46)은 조사들의 결합 순서에 있어서 한국어의 일반성을 따르지 않는 특이한 예이다. 이 문장의 '-만으로'가 불규칙적, 어휘개별적 복합 형식이라는 것은 다음과 같은 예를 통해서 확인할 수 있다. '이동', '변성'의 '-으로'에는 '-만으로'와같은 결합은 불가능하다.

(47) 가.*사람이 많이 모이는 발표장만으로 갔다/찾아다녔다.
　　나. 사람이 많이 모이는 발표장으로만 갔다/찾아다녔다.
(48) 가.*여기에 작용을 가하면 이 물질은 산화아연만으로 변한다.
　　나. 여기에 작용을 가하면 이 물질은 산화아연으로만 변한다.

그러므로, (46)의 예를 위해서는 다음과 같은 어휘개별적 규정이 필요하다.

(49) [$_P$ [$_D$ -만]^i[$_P$ -으로]^i]

후치사 '-에게'와 보조사 '-는'의 결합에도 이와 유사한 어휘개별적인 예가 있다. (50)의 '-에게는'은 (42)의 일반적 규칙을 따른 것이지만, (51)의 '-에게는'은 어휘개별적인 복합 머리성분으로서, 그 범주는 보조사(D)로 규정된다.

(50) 보물을 찾은 사람<u>에게는</u> 막대한 보상금을 줍니다.
(51) 가. 나<u>에게는</u> 경애가 싫다.
　　　나. [$_D$ [$_P$ -에게]^i[$_D$ -는]^i]

이상에서는 보조사가 다른 기능 범주와 결합할 때 둘 중 하나의 범주로 통일되는 과정을 알아보았다. 보조사 범주에 속하는 두 요소가 결합되면 역시 복합보조사의 기능을 갖게 될 것이다. 이 외의 다른 기능 범주들도 이와 다르지 않다. 동일한 기능 범주들이 연이어 실현되는 경우를 정리해보면 다음과 같다. 앞의 3.4절에서는 이를 실행하는 규칙으로 (52)를 제시하였다. 이는 (53)-(56)을 일반화한 것과 같은 것이다.

(52) [$_X$ [$_X$ Z]^i[$_X$ Y]^i] ↔ [$_X$ Z]^i[$_X$ Y]^i　(X= I, C, P, D)
　　　Z가 A에, Y가 B에 대응되면 [$_X$ [$_X$ Z][$_X$ Y]]은 [B, A]에 대응된다.
(53) 가. [$_D$ [$_D$ X]^i[$_D$ Y]^i]　↔ [$_D$ X]^i[$_D$ Y]^i
　　　나. 그것<u>만은</u> 안 된다/그것<u>만을</u> 허용해야 한다/그것<u>만의</u> 살 길이다.
(54) 가. 가. [$_I$ [$_I$ X]^i[$_I$ Y]^i] ↔ [$_I$ X]^i[$_I$ Y]^i
　　　나. 철수는 시험에 붙었<u>겠</u>다/붙-Φ-<u>겠</u>-다.[257]
(55) 가. [[$_C$ X]^i[$_C$ Y]^i] ↔ [$_C$ X]^i[$_C$ Y]^i
　　　나. 철수는 영호가 착하<u>다고</u> 생각한다.
(56) 가. [$_P$ [$_P$ X]^i[$_P$ Y]^i] ↔ [$_P$ X]^i[$_P$ Y]^i
　　　나. 종이비행기가 철수<u>에게로</u> 날아갔다.

---

257) 양정석(2002가: 157-199)에서는 '-었-'을 갖지 않은 형식은 언제나 중화 시상의 표지 'Φ'를 가진다고 분석하였다. '붙겠다'의 경우에도 'Φ-겠-'의 복합 머리성분이 형성되는 것으로 본다.

(52)는 통사구조 형식과 의미구조 형식의 대응을 규정한 형식이 된다. 이 규칙의 우변에서 구성성분들은 위첨자 지표를 가지고 있다. (52)는 '어휘부 대응규칙'이다. 어휘부 대응규칙은 통사적 과정에서 재구조화를 유발하는 근거로 활용된다. 재구조화 원리는 앞의 3.4절에서 도입한 바 있다.

(57) 재구조화 원리:
　　어휘부의 둘 이상의 복합 머리성분을 이루는 요소들에 근거하여 위첨자 지표를 삼투하고 재구조화 영역을 형성하라.
　　① 지표를 상위 교점으로 임의로 삼투하되, 서로 다른 머리성분 요소의 지표들이 합치되는 최초의 머리성분 교점(X^0), 최대투사 교점(X^2)이 재구조화 영역이 된다.
　　② 재구조화 영역 내의 최대투사 범주는 장벽으로서의 성질을 잃는다.
　　③ 위첨자 지표로 연계된 머리성분 요소들은 하나의 복합 머리성분을 이루며, 의미구조와의 대응을 나타내는 통사구조상의 동지표는 어휘부에 특별한 규정이 없는 한, 복합 머리성분 내의 최상위 머리성분 요소에 의해 표시된다.
　　④ 재구조화 영역 내에서 다른 부분적 재구조화 영역이 형성될 경우 두 대응되는 의미구조 A, B는 우선적으로 단일화되어 합성된다. 즉 [A]와 [B]가 단일화되어 [[A], [B]]를 형성한다.

복수의 머리성분들로 이루어진 X^0 단위가 어휘부에 주어짐에 따라, 통사구조에서 이와 같은 구성성분들을 가진 연속적·불연속적 단위가 통사적으로 복합 머리성분의 기능을 갖도록 허가해주는 것이다.

이 원리는 통사 부문의 다른 원리들과 상호작용한다. 뒤의 4.3절의 (31)에서 제시하는 '재구조화의 머리성분 주변성 조건'은 그 상호작용을 제약하는 주요한 조건이다. 재구조화 원리가 다른 원리와 상호작용하는 예를 살피는 것은 본 연구의 주요 검토 과제가 된다.

후치사의 쓰임

기능 범주를 이루는 4개의 통사 범주 중 후치사에 주목하여 살펴면서 이의 통사구조에서의 지위를 관찰하기로 한다.

후치사와 보조사는 명사에 인접한다는 특성 때문에 종래의 국어문법 연구에서 조사라는 범주로 묶여 다루어졌던 것들이다. 종래의 국어문법 연구, 특히 최현배(1937)에서 부사격조사과 접속조사에 포함되던 조사들이 본 연구의 후치사이다.

후치사와 보조사는 각각 독립된 통사 범주로 설정되지만, 이들이 둘 이상 연이어 실현될 때는 통합되어 하나의 머리성분 범주를 이룬다고 본다. 가령, 후치사(P)인 '-에게'와 보조사(D)인 '-는'이 결합한 '-에게는'은 그 실현되는 문맥에 따라 하나의 통사 범주 'P' 또는 'D'로 나타난다.

(58) 가. [DP [NP 나] [D -에게-는]] 경애가 싫다.
　　　나. [PP [NP 보물을 찾은 사람] [P -에게-는]] 막대한 보상금을 줍니다.

(58가)의 '-에게는'과 같은 결합은 어휘부의 어휘개별적 규정에 그 근거를 가지는 것으로 본다(위 (51)). 반면, (58나)의 '-에게는'은 다음과 같은 한국어의 일반적 구성 원리에 따라 임시적으로 결합되어 한 후치사를 이룬다. 이 규정은 역시 어휘부에 설정되는데, 이를 형식화한 것이 앞의 (42)이다.

(59) 후치사(P)와 보조사(D)는 연이어 실현될 경우 하나의 통사 범주를 형성해야 한다. 그 범주적 성격은 구성성분 중의 후치사(P)의 것을 물려받는다.

후치사와 후치사, 보조사와 보조사가 연이어 실현되는 경우도 앞의 (52)의 규정에 포괄되는 것이라고 본다. 즉, 다음과 같은 예에서의 복합 조사들도 모두 이 규정으로 설명되는 것이다. 특히 (60다, 라)에서 '-을'과 '-이'는 보조사의 하나로 취급됨에 주의해야 한다.

(60) 가. 똑같은 내용의 설문 조사가 미국에서와 다른 반응을 보여주었다.
　　　나. 그것만은 안 된다.
　　　다. 그것만을 허용해야 한다.
　　　라. 그것만의 살 길이다.

굴절소와 보문소

다음으로, 보조사, 후치사와 함께 한국어 기능 범주를 이루는 나머지 두 부류가 굴절소와 보문소이다. 보조사, 후치사가 명사에 인접한다는 특성에서 공통되는 반면, 굴절소와 보문소는 동사에 이어지는 분포상의 특성을 가진다. 앞의 2.3절에서는 이 두 통사 범주의 구분 근거에 대해 살펴보았는데, 선어말어미의 연속을 복합적 굴절소로 설정하는 것은 한국어에 존재하는 통합 관계와 계열 관계상의 질서를 포착하기 위해 요구된다는 점을 논하였다.

선어말어미와 어말어미는 각각 독자적인 구 범주를 투사한다. 선어말어미는 독립적인 굴절소 범주로서 굴절소구를 투사한다. 어말어미는 독립된 보문소 범주로서 보문소구를 투사한다. 이들 중의 동일한 범주가 둘 이상 연이어 실현될 경우, 통합된 굴절소 범주, 통합된 보문소 범주를 이룬다. 가령 높임의 선어말어미 '-으시-'와 완료의 선어말어미 '-었-'은 각각 I 범주로 설정되지만, 문장에서 실현될 경우 통합된 형식 '-으시었-'이 굴절소 I 범주를 이루는 것으로 본다는 것이다.258)

(61) 굴절소가 둘 이상 연이어 실현될 때에는 하나의 복합 굴절소 범주를 형성해야 한다.

(61)' 가. 날씨가 [v 좋-] [I -았-] [c -다]
　　나. 그 분이 뉴욕에 [v 가-] [I -으시-었-] [c -다]
　　나. 그 분이 뉴욕에 [v 가-] [I -으시-었었-] [c -다]
　　나. 그 분이 뉴욕에 [v 가-] [I -으시-었-겠-] [c -다]

이에 따라 한국어에서 가능한 굴절소 및 복합 굴절소의 목록은 다음과 같다.259)

(62) 가. '완결 시상'의 굴절소를 이루는 어미들
　　　-었-, -었었-, -으시었-, -으시었었-, -었겠-, -었었겠-, -으시었겠-, -으시었었겠-
　　나. '중화 시상'의 굴절소를 이루는 어미들
　　　-으시-, -겠-, -으시겠-, φ

통합된 보문소의 경우는 좀 다른 면이 있다. 먼저, 어말어미 '-는다', '-는', '-음', '-기', '-고', '-으면' 등이 각각 독립된 보문소가 되어 보문소구를 투사할 수 있다. 두 개의 보문소가 연이어 실현되어 하나의 복합 보문소를 형성할 수 있다

---

258) 이것이 어휘부 대응규칙의 형식으로 명시된 것이 (52)이다. 그리고 규칙들이 순차적으로 적용되는 경우를 위한 규칙 적용의 순서와 관련한 원리, 그에 따른 의미 합성의 원리 등이 마련되어야 할 것이다. 그 일부가 3.4절에서 제시한 재구조화 원리의 조항에 포함되어있다.

259) 다음 목록은 양정석(2002가) 및 이 책의 초판에서 제시한 목록이나, 여기에 '-을 것이-', '-는 것이-', '-은 것이-', '-었던 것이-', 그리고 이들과 다른 굴절소들과의 결합이 더 추가되어야 한다.

는 점은 굴절소의 경우와 같다. 그러나 특별히 선어말어미 '-겠-'이 어말어미와 결합되어 하나의 통사 범주를 이룰 수도 있다고 본다. 즉, '의도'를 나타내는 선어말어미 '-겠-'과 어말어미 '-다', '-으니'의 결합인 '-겠다', '-겠으니' 등은 단일한 통사 범주 C를 부여받는다.260)

> (63) '의도'의 굴절소 '-겠-'은 보문소와 결합하여 하나의 복합 보문소 범주를 형성한다.
> (63)' 가. 날씨가 [v 좋-][ı Φ][c -다]
> 나. [v 날아가-][ı Φ][c -는] 기러기를 본다.
> 다. 철수가 [v 가-][ı Φ][c -더-라]
> 라. 철수가 대표로 [v 뽑히-][ı -겠-][c -다]
> 마. 나는 [v 가-][ı Φ][c -겠-다] ('-겠-'이 '의도'의 의미일 때)

(63)은 원리에 따른 것이라기보다는 어휘개별적인 규정의 성격을 가진다. 일반적인 차원에서는, 굴절소와 보문소가 각각 최대투사를 형성하며, 굴절소구(IP)는 보문소(C)가 취하는 보충어 성분이 된다고 본다. 따라서 굴절소와 보문소를 하나의 복합 굴절소 또는 복합 보문소로 통합시키는 원리는 상정되지 않는다.

굴절소는 공범주로 실현될 수도 있다. 시상 범주 중 하나인 중화 시상은 '영-형태'로 실현된다(양정석 2002가: 제2장). (63)'의 문장들은 그 예가 된다. (63가)'

---

260) '-겠-'을 동음이의적으로 나누는 것이 아니라, '-겠-'은 하나이나 어휘부 대응규칙에 의해 '의도'의 의미로 규정되는 것이라고 보는 것이다. 또, '-더-'는 한 형성소로 인정하지 않는다. '-더라', '-더니', '-습디다'를 각각 한 단위의 형성소(보문소)로 인정하는 것이다. 이 점은 양정석(2002가)에서 불분명하게 언급되었다.

   본 연구에서 '-겠-'을 굴절소로 설정함에도 불구하고 다시금 이것과 별도로 '-겠다' 등을 단일한 보문소로 설정하는 이유는 이렇게 복합된 단위가 상위절과의 동일지시 제약을 형성한다고 보기 때문이다. '-겠다'의 동일지시 제약은 그 문법성의 결과가 '-더라'와는 반대가 된다. a.와 b.의 대비에 주의해야 한다. 굴절소 '-었-'이 개재됨에 따라 문법성의 결과가 반대로 나타나는데, 이는 굴절소 범주의 독립성에 대한 한 증거가 된다고 필자는 해석한다. '-더라'와 관련하여 이러한 관점을 보인 2.3.3절의 논의를 참고하기 바람.

   a. 가.*내가 대흥극장에 들어가더라.
      나.*철수는 자기가 대흥극장에 들어가더라고 말했다.
      다. 내가 대흥극장에 들어갔더라/들어가겠더라.
   b. 가. 내가 먼저 대흥극장에 들어가겠다. ('의도'의 뜻으로)
      나. 철수는 자기가 먼저 대흥극장에 들어가겠다고 말했다. ('의도'의 뜻으로)
      다.*내가 먼저 대흥극장에 들어갔겠다. ('의도'의 뜻으로)

의 경우를 들어 그 통사구조를 좀더 자세히 표시해보기로 한다. 이는 뒤에서 (78)로 도입하는 '능격동사 구문규칙'이 적용된 결과인 것이다.

(64) 가. 날씨가 좋다.
　　나. $[_{CP}[_{C}[_{IP}[_{DP}$ 날씨가$_i$] $[_{I}[_{VP}$ t$_i$ $[_{v}[_{v}$ 좋-$]]][_{I}$ Φ$]]$ $[_{C}$ -다$]]]$

이 밖에, 후치사와 보조사가 연이어 나타날 때와 마찬가지로, 보문소와 보조사가 연이어 나타날 때와, 보문소와 보문소가 연이어 나타날 때, 이들이 복합보문소 범주를 구성한다고 상정한다. 이를 (44), (52)로 제시한 바 있다. 가령, '-는다-고'처럼 두 보문소가 결합되어 복합 보문소를 이루는 것은 (52), 즉 (65나)에 따른 것임을 알 수 있다.

(65) 가. 보문소(C)와 보조사(D)가 연이어 실현될 경우 하나의 통사 범주인 복합 보문소(C)를 형성해야 한다.
　　　$[_{C} X][_{D} Y] \rightarrow [_{C} [_{C} X][_{D} Y]]$
　　나. 보문소(C)와 보문소(C)가 연이어 실현될 경우 하나의 복합 보문소(C)를 형성할 수 있다.
　　　$[_{C} X][_{C} Y] \rightarrow [_{C} [_{C} X][_{C} Y]]$

이상의 규정들에 따라 나타나는 보문소들의 유형을 다음과 같이 정리할 수 있다.

(66) 가. 단순 보문소: -는다, -음, -기, -는, -고, -으면, . . .
　　나. 굴절소+보문소: -겠다, -겠으니,. . .
　　다. 보문소+보문소: -는다고, -는다면, -는단다, -는답니다, -는다네, -는다오, . . .
　　라. 보문소+보조사: -는다마는(-는다만), -습니다마는, -게는, . . .

후치사, 보조사, 굴절소, 보문소의 기능 범주들을 각각 독립된 통사 범주로 상정하는 것은 해당 구 범주의 통사구조상의 기능을 기본적으로 이들이 결정한다고 보기 때문이다. 그러나 이와 관련해서 이전보다는 더욱 분명해져야 할 점들이 있다. 특히, 후치사구의 부사적 기능에 관한 것이 그 하나이고, 보문소구의 부사적 기능, 접속 기능, 또는 보충어로서의 기능이 다른 하나이다.

초기의 생성문법 연구에서는 보통 후치사구가 부사구(AdvP)를 이루는 것으로 처리해왔다. 그러나 이는 문법범주와 문법기능의 개념을 혼동한 결과이다. 전통 문법적 연구에서 부사어의 기능을 기초로 하여 부사 범주를 설정해온 관습이 뿌리 깊어서, 이와 같은 혼동의 문제점을 파악하지 못하도록 막아왔던 것이다. 원리매개변인 이론에서 핵계층 이론을 모든 통사 범주에 대한 이론으로 완성함에 따라 핵계층 구조의 부가어와 통사 범주 체계의 한 부류로서의 부사가 분명히 구분될 수 있게 되었다. 후치사구는 부가어로 쓰일 뿐 아니라, 보충어로서도, 명시어로서도 쓰일 수 있다. 전통적인 개념으로 바꿔 표현한다면, 후치사구는 일반 부사어로 쓰일 뿐 아니라, '필수적 부사어'로 쓰일 수도 있고, 심지어 주어와 목적어로도 사용될 수 있는 것이다.

(67) 가. 철수와 영호(와)는 각각 순희와 경애(와)를 짝사랑한다.
　　 나. [PP [P [NP 철수] -와] [PP 영호 (-와)]]

(67가)에서 주어와 목적어로 쓰인 '철수와 영호(와)', '순희와 경애(와)'는 후치사구로서, 보조사 '-는', '-를'의 보충어인 것이다.[261] 이들 보조사의 투사인 보조사구가 주어와 목적어의 기능을 얻게 되는 것이다.

보문소구는 후치사구보다 더욱 더 심한 오해의 근원이 되어왔다. 보문소구는 후치사구처럼 부가어로 쓰일 수 있고, 역시 후치사구처럼, 보충어로서도, 명시어로서도 쓰일 수 있다. 전통적인 개념으로 바꿔 표현한다면, 보문소구는 일반 부사어로 쓰일 뿐 아니라, 필수적 부사어로 쓰일 수도 있고, 심지어 주어와 목적어로도 사용될 수 있는 것이다. 일반 부사어로 쓰이는 경우는 '종속적 연결어미'에 이끌리는 절의 예이다. 보문소구가 필수적 부사어로 쓰이는 예는 이른바 긴 사동 구문의 '-게' 연결어미 절을 들 수 있다. 주어와 목적어로 쓰이는 예는 물론 연결어미의 경우가 아니다. 명사형어미가 그 예가 되는데, 이는 우리의 체계에서 명사형어미가 보문소의 일부를 이루기 때문이다.

보문소가 투사하여 이루는 보문소구들의 통사적 지위에 관한 자세한 논의는 제5장에서 전개하게 된다. 이 곳에서는 통사 범주로서의 보문소, 보문소구가 문법기능 개념과 관련하여 분명해져야 할 점을 한 가지 더 지적하고 넘어가기로 한다.

---

261) '-와'의 통사 범주와 '-와'를 가지는 문장들의 통사구조에 관한 자세한 논의는 4.3절에서 전개하기로 한다.

보문소를 이루는 예들 중에는 전통문법의 개념으로 연결어미와 전성어미는 물론 종결어미까지가 포함된다. 앞에서 제시한 핵계층 이론에 의하면 문장은 보문소구라는 구 단위로 해석된다. 전통문법이나 구조문법의 분류론적 관점의 맹점이 드러나는 지점이 이 곳이다. 연결어미나 전성어미나 종결어미나, 그 분류론적, 범주적 성격은 동일한 것이다. 부사에 의한 투사 범주인 부사구가 보충어로서의 기능도, 부가어로서의 기능도 가질 수 있는 것처럼, 보문소에 의한 투사 범주인 보문소구도 보충어로서의 기능도, 부가어로서의 기능도, 심지어 명시어로서의 기능도 가질 수 있는 것이다.

그러면, 각 머리성분 단위의 통사 범주, 즉 보문소, 굴절소, 동사 등의 범주는 무엇을 근거로 정해지는가? 가장 본질적인 근거는 어떤 보충어를 취할 수 있느냐에 있다고 하겠다. 즉, 굴절소는 동사구를 보충어로 취하고, 보문소는 굴절소구를 취한다. 동사는 후치사구도, 보조사구도, 나아가서 보문소구도 그 보충어로 취할 수 있다. 이 점은 동사가 가지는 언어 보편적인 범주적 특성인 것으로 보인다. 이는 동사가 모든 의미론적 범주들을 관계짓는 함수적 기능을 가지기 때문이라고 할 수 있다.

그러므로, 보문소가 연결어미와 명사형어미와 관형형어미와 부사형어미와 종결어미로 나뉠 수 있다는 점은 그 통사 범주를 결정짓는 요인이 될 수 없고, 단지 그 보문소구가 구 내의 어느 기능적 위치를 차지하느냐를 지적해주는 것뿐이다. 그리고 통사구조를 지배하는, 또는 통사구조와 의미구조의 대응을 지배하는 제약들이 있어서 구성성분들 간의 질서를 부여해주는 것이다.

격 표시 원리와 기타 구 내부의 제약

구 구조를 이루는 구성성분들은 서로 상대방을 통사적으로 제약하면서 완전히 적격한 통사구조를 이루어간다. 통사적 구성성분들 사이의 제약 관계를 1)구 내부의 구성성분들 사이의 제약과 2)구와 구 사이의 제약으로 가를 수 있다고 하였다. 지금까지는 구 내부의 요소들 중 기능 범주들을 설정하는 문제를 중심으로 서술해왔는데, 이제는 이들을 포함하는 구 내부의 일반적 통사 제약에 어떠한 것이 있는지 알아보기로 한다.

구 내부의 구성성분들 사이의 제약 관계 중 대표적인 것으로 머리성분의 보충어와 명시어에 대한 제약 관계를 생각해보자.

기본적으로 핵계층 도식(X-bar Schema)이 어휘항목들에 의해 주어진 통사 범주들의 결합에 적용됨으로써 구 단위가 형성될 수 있지만, 이렇게 해서 생겨나는 모든 구 형식이 통사적으로 적격한 것으로 판정되지는 않는다. 주어진 다른 제약들에 의해서도 허가되어야 하는 것이다.

머리성분이 그 자매항, 즉 보충어에 대해서 가하는 제약으로서 대표적인 것이 의미역 표시의 관계와 격 표시 관계이다. 우리의 체계에서는 이 두 관계가 의존적인 것으로 상정된다.

어휘부의 어휘항목이 가지는 어휘적 자질이 투사되어 문장의 통사구조를 결정한다는 원리가 원리매개변인 이론에서는 '의미역 기준'과 '투사 원리'라는 이름으로 주어져있었는데, 본 연구에서 이것은 논항 연결에 관한 제약으로 재편성되었다. 즉, 동사 어휘항목이 가지는 논항들은 통사구조에서 반드시 DP, PP, CP, AdvP 범주들에 대응되어야 한다는 것이 이 원리의 골자이다. 논항들은, 어휘의미구조에서 이 논항들이 차지하는 구조적 형상을 바탕으로 하여, 일정한 원리에 따라 통사구조로 연결된다. 이와 같은 논항의 연결/실현을 규율하는 원리가 앞의 4.1.2절에서 제시한 논항 연결 원리이다.

(19) 논항 연결 원리:
다음 제약을 만족하면 통사구조와 의미구조의 논항 위치에 각각 동지표 i, j, k를 붙이라.
가. 작용자/반작용자나 행위자는 [DP, IP]로 연결된다. 이에 따라 i를 붙인다.
나. 피작용자/자극이나 대상은 [DP, VP]로 연결된다. 이에 따라 j를 붙인다.
다. 그 밖의 논항은 [XP, V']로 연결된다. 이에 따라 k를 붙인다.
라. 피작용자/자극과 대상이 결속되지 않고서 함께 주어지면 피작용자가 우선적으로 연결된다.
마. 서술어가 가지는 모든 명시적 논항은 통사구조의 성분으로 일의적으로 연결되어야 한다.

이 원리는 동사 이외의 다른 어휘항목 중 의미역 부여 능력을 가진 것이 있다는 것을 고려하지 않고 있다. 동사 외에도 일부 부사와 서술성 명사가 의미역 부여의 능력을 가지는 것으로 보인다.

(68) 가. 철수가 영호와 함께 골프를 쳤다.
나. 그의 행동이 우리로 하여금 우리의 지나온 행적을 반성하게 했다.
다. 나뭇잎이 소리도 없이 떨어진다.

(69) 가. 미군의 이라크 진격
　　　나. 미군의 바그다드에 대한 공습

　동사구를 중심으로 서술된 (19)는 범언어적 보편성을 가지는 원리라고 판단된다.[262] 그러나 (68)이나 (69)에서 보이는 부사구, 명사구 내에서의 논항들의 질서는 이와 다른 방식으로 주어지는 것일지도 모른다.

　이 문제에 관하여, 우리는 부사구의 경우와 명사구의 경우를 더 나누어서 생각하려고 한다. 부사가 의미역을 부여하는 경우는 (19)의 원리를 일반화하여 수용하되, 명사가 의미역을 부여하는 경우는 별도의 개별언어 규칙으로써 해결하는 것이다.

　먼저, (19)의 일부분을 다음과 같이 수정한다. 즉, 'V'뿐 아니라 의미역 부여 능력을 가지는 어휘항목 X는 무엇이든 이 원리의 규율을 받게 된 것이다.[263]

(19)' 나. 피작용자/자극이나 대상은 [DP, XP]로 연결된다. 이에 따라 j를 붙인다.
　　　다. 그 밖의 논항은 [YP, X']로 연결된다. 이에 따라 k를 붙인다.

　(69)에서 보이는, 명사구 내부의 논항들의 질서를 규율하기 위한 규칙은 (19)와는 별도로 설정하는 것이 온당하리라 본다. 이 규칙은 개별언어로서의 한국어에 특유한 것으로서 특수성을 가지는 규칙이므로 (19)에 앞서, 우선적으로 적용된다.

(70) 명사구 내부의 논항들의 연결:
　　가. 명사의 어휘의미구조에 주어지는 행위자는 [DP, NP]로 연결된다. 이에 따라
　　　　i를 붙인다.
　　나. 명사의 어휘의미구조에 주어지는 그 밖의 논항은 [XP, N']로 연결된다. 이에
　　　　따라 j를 붙인다.

---

262) 필자는 (19)의 형식 그 자체로 보편성을 가진다고 생각한다. '능격언어(ergative language)'라는 유형의 언어에서는 타동사의 주어에 '능격'이라는 격 표지가 실현되며, 타동사의 목적어와 자동사의 주어에는 '절대격'이라는 격 표지가 동일하게 실현되어, 그 격 실현의 양상으로 보면 다른 유형의 언어에서와 상반되는 특징을 보인다. 그러나 이러한 격표지 실현 양상의 차이는 (19)의 원리에 영향을 주지 않는다고 본다.
263) 이 X를 (19마)에서는 '서술어'라고 지칭하였으나, 뒤에서 말하는 서술화 원리에 따르는 '서술어'와의 혼동을 피하기 위해서는 이를 '의미역 부여자' 정도의 다른 용어로 바꿀 필요가 있다.

이 규칙은 이제까지 여러 번 도입한 바 있는 구문규칙의 형식으로 기술할 수도 있으리라 본다.

이제 격 표시 원리에 대해 서술하기로 하자. 원리매개변인 이론에서 격 이론은 격 자질을 갖지 못한 명사구가 있을 경우 이를 포함한 문장을 부적격한 것으로 걸러버리는 원리('격 여과')를 중심으로 하여 실행된다. 이 원리의 적용에 앞서, 지배 관계의 조건에 따라 명사구에 격 자질이 할당된다.264)

본 연구에서는 다음과 같은 형식으로 그 기본 정신을 유지한다. 격 원리가 적용되는 표상 층위는 통사구조로서,265) 격 이론은 이 통사구조의 추상격 자질의 유무를 근거로 하여 운용된다. 논항인 보조사구와 명사구, 후치사구, 부사구, 보문소구가266) 다음의 조건에 따라 통사구조에서 격(추상격 자질)을 부여받지 못하면 이를 포함하는 문장은 부적격한 것으로 판정받게 된다.

(71) 격 표시 원리:
　　가. 동지표가 붙어 있는 [DP, IP] 성분에는 주격 [+nom]이 표시된다.
　　나. 동지표가 붙어 있는 [DP, VP] 성분에는 목적격 [+acc]가 표시된다.
　　다. 동지표가 붙어 있는 DP 아닌 [XP, V'] 성분에는 사격 [+obl]이 표시된다.267)
　　라. 이 외의 동지표 붙은 DP에는 주격 [+nom]이 표시된다.
　　마. 외현적인 논항과, 연산자와 동지표화된 흔적(t)은 이상의 원리에 따른 추상격 자질이 표시되어야 한다(그렇지 않으면 부적격한 통사구조가 된다).268)

원리매개변인 이론의 '격 여과'에 상응하는 원리는 (71마)로 명시된다.

이상에서는 의미역을 부여하는 어휘항목과 그 보충어, 또는 명시어 사이의 관계를 규율하는 원리들을 알아본 것이다. 이들을 포함하면서, 이 외에 의미역 부여 능력을 갖지 않는 머리성분과 그 보충어, 또는 명시어 사이에 주어지는 제

---

264) 3.3절 참조. 우리의 체계에서는 명사구가 아니라 DP, PP, CP, AdvP에 격 자질이 할당되는 것으로 본다.
265) 원리매개변인 이론에서는 격 여과 원리가 음성형태(PF)에서 적용되는 것으로 보는 것이 일반적이고, 간혹 S-구조에서 적용되는 것으로 보는 이론도 있다.
266) 보문소구가 격 자질을 받는 단위로 상정된 것에 주의할 필요가 있다. 우리의 체계에서는 논항만이 격을 받으며, 또한 논항은 언제나 격을 받아야 한다. 또한, 우리의 체계에서 한국어 문법의 격은 언제나 추상격이라는 점을 유의해야 한다.
267) 후치사구(PP)는 물론, 보문소구(CP), 부사구(AdvP)도 사격을 받을 수 있다. "그는 철수를 가엾이 여긴다."와 같은 예의 '가엾이'는 부사구로서 사격을 받는 것으로 본다.
268) '외현적'이라는 표현은 PRO나 pro, 명사구(DP) 이동의 흔적과 같은 공범주가 격 표시 대상에서 제외됨을 뜻하는 것이다.

약도 생각할 수 있다. 구 내부의 제약으로 다음 (72)와 같은 원리가 더 주어진다고 본다. (73)은 현대 한국어에 관한 잠정적인 정리이다. 특정 어휘항목에 따라서는 이보다 더 구체적인 선택을 부여할 수도 있다. 그러나 그런 경우라도 여기에 주어진 일반화를 벗어나는 선택을 할 수는 없다.

(72) 머리성분-보충어 관계 허가 원리:
'보충어'는 자매항인 머리성분에 의해 특정 방식으로 선택되어야 한다.

(73) 한국어에서의 보충어 선택에 관한 정리:
가. 한국어에서 C는 I"와 C"를 그 보충어로 취할 수 있다.[269]
나. 한국어에서 I는 V"만을 그 보충어로 취할 수 있다.
다. 한국어에서 동사(V)는 D"나 P", C", Adv"를 그 보충어로 취할 수 있다.
(N", I"는 제외)
라. 명사(N)는 N", P", D", C"를 그 보충어로 취할 수 있다.[270]
마. D는 N", P", C"를 그 보충어로 취할 수 있다.
바. P는 N", C", P"를 그 보충어로 취할 수 있다.
사. Adv는 P", D"를 그 보충어로 취할 수 있다.

(72)에서 '특정 방식으로'라고 표현한 것은 의미역 표시나 격 표시의 가능성뿐만 아니라 어미의 동사구, 굴절소구에 대한 선택의 가능성까지를 포함하는 것으로 본다. 본 연구에서 원리매개변인 이론의 의미역 표시에 해당하는 것은 '논항 연결 원리'에 따라 동지표가 표시되는 절차이다. 격 표시의 방법은 앞의 (71)에 제시되어있다.

(73)과 같은 효과는 문법의 다른 원리들과 어휘개별적 특성들에 따라 유도될 수 있는 것이다. 다만, 우리가 이 연구에서 (73)과 같은 효과를 통사 부문의 고유한 기능의 하나로 상정하고 있다는 점을 강조하고자 한다. (73)의 효과는 통사 부문에 맡기고, 이들 외의 구조적 국면들은 대응규칙의 체계와 의미구조에 의해서 설명하고자 하는 것이다.

---

269) C가 CP를 보충어로 취하는 경우는 다음과 같이 그 보충어가 명시어를 취하는 구문인 경우로 한정된다. 이에 대해서는 뒤의 5.4절에서 논의한다.
a. 날이 덥거든 수영을 하고 배가 고프거든 식탁의 음식을 먹어라.
b. [CP [CP [C 날이 덥-거든] [IP 수영을 하-φ]]-고] . . .

270) N"(=NP), P"(=PP), D"(=DP)를 보충어로 취하는 예에 대해서는 4.2절에서 논의할 것이다. C"(=CP)를 보충어로 취하는 예는 5.1.2절의 관형절 내포문에 관한 논의에서 다루게 된다.

이상에서는 보충어의 선택 및 제약에 관해 알아보았다. 머리성분은 또한, 중간 범주 X'를 넘어서 명시어에 대한 선택 또는 제약을 가할 수도 있다.

본 연구에서는 명시어의 선택과 관련하여 후쿠이 · 스피즈(Fukui & Speas 1986)와 같은 약정을 하지 않는다. 후쿠이 · 스피즈는 기능 범주가 X"로 투사되는 데 반해, 기능 범주 외의 범주들은 X'로만 투사하여 최대투사를 형성한다고 하였다. 영어와는 달리 일본어에는 기능 범주가 없다는 점이 매개변인의 값으로 주어진다는 것이 이들의 전제이다. 이에 따르면, 일본어의 최대투사는 X' 수준이 된다. 본 연구에서는 이를 받아들이지 않고, 한국어에서 모든 머리성분 범주가 X" 수준의 구(최대투사)를 투사할 수 있다고 상정한다.

이 밖에, 한국어의 구의 구성에 관한 일반적인 가정으로서 중요한 것을 세 가지 제시하기로 한다. 먼저, 어순에 관한 약정을 다음과 같이 두기로 한다. (74가)는 이른바 '머리성분-뒤 매개변인'에 따른 것이다. (74나)는 그러한 것이 주어지지 않음을 나타낸다.[271]

(74) 보충어와 명시어의 어순에 관한 약정:
    가. 한국어의 보충어는 그 머리성분의 왼쪽에 위치한다.
    나. 한국어의 명시어는 그 자매항의 왼쪽에든, 오른쪽에든 올 수 있다.

다음으로, 보충어와 명시어는 하나만이 허가된다는 규정이 한국어 문장의 통사구조 해석을 위해서 필요한 것으로 본다. 이 점에서 케인(Kayne 1984)의 '이분지 가설'을 받아들이는 것이다. 그러므로 동사구나 명사구가 한 교점 아래 두 개의 보충어를 가지는 구조는 인정되지 않는다.

한국어의 구 구조에 관한 또 한 가지의 중요한 약정으로, 본 연구에서는 '목적어'를 VP의 보충어가 아닌 VP의 명시어로 상정한다. 이 점은 위에서 제시한 '논항 연결 원리'에 전제된 것이다.

4.1.4. 구와 구 사이의 제약

---

271) 원리매개변인 이론들에서 명시어의 어순에 관한 원리가 설정되는 경우는 찾아보기 쉽지 않으나, 암암리에 그 자매항의 왼쪽에 위치하는 것으로 가정되어왔다. (74나)는 그와 같은 가정을 부정한다는 점을 명시한 것이다. 부가어의 어순에 대해서도 같은 규정이 필요하다고 본다.

구와 구 사이의 제약 관계로서 대표적인 것은 이동된 구 성분과 남아 있는 흔적 사이의 관계, 명사항과 그 서술어인 구 사이의 관계, 그리고 수식 받는 구와 수식하는 부가어 구 사이의 관계이다. 첫 번째가 이동 변형의 관계이고, 두 번째가 서술화 관계,272) 세 번째가 수식 관계이다. 이 외에 선행사와 이에 조응하는 대명사의 관계('자기', '그'), 또한 조응 관계를 형성하는 공범주들의 분포에 관한 제약이, 과잉 생성된 통사구조들에 제약을 부여하여 문법적인 한국어 문장들만을 생성해낸다.

이동 변형 관계

우리는 이 연구에서 한국어 통사구조에서의 '변형'의 개념에 대하여 통상적인 것과는 다른 개념을 제안하려고 한다. 이동 변형 관계는 D-구조로부터 S-구조로 이동한 요소와 이동되기 전의 흔적의 관계가 아니라, 단일 표상 층위에 기저 생성된 선행사와 흔적 간의 관계라는 것이다. 더욱 새로운 관점은, 선행사와 흔적을 포함하는 구조가 구문규칙에 의해 형성된다고 보는 것이다.

우리가 이 절에서 한국어의 이동 변형의 존재를 인정하는 예는 능격동사 구문의 주어와 그 흔적 간의 관계,273) 공범주 연산자(O)와 그 흔적 간의 관계, 그리고 동사의 머리성분 이동에서의 선행사와 흔적 간의 관계이다.274) 구인 선행사와 구인 흔적 간에 공범주 원리, 하위인접 조건 등이 제약으로 부과됨에 따라, 핵계층 이론만을 따른다면 과잉 생성될 구조들 중에서, 부적격한 구조를 배제하고 적격한 문장 구조만을 보장할 수 있다. 머리성분 이동의 경우는 구와 구사이의 관계가 아니지만, 이 경우에도 선행사와 흔적 간의 관계가 일반 변형적 관계에서 부과되는 조건을 만족시킨다는 점에서 앞엣것들과 공통점이 있다.

1) 능격동사 구문에서, 주어는 VP의 명시어에 위치하는 것으로 본다. 그러나

---

272) 주어와 동사구 사이의 주술관계를 포함하고 논항과 부가어의 주술관계를 널리 포괄하기 위하여 '서술화 관계'라는 용어를 쓴다.

273) 능격동사 구문의 주어가 VP의 명시어로 기저 생성되었다가 변형 규칙에 의해 IP의 명시어로 이동한다는 설명은 양정석(1995/1997)에서 제시한 바 있는데, 이 책에서는 이를 도출적 관점에서 바라보지 않고, 단일 표상 내에서의 DP와 t 사이의 관계로 바라보는 것이다.

274) 그러나 제5장의 복합문 구조에 관한 논의에서는 한국어 문장 구조에서 CP의 부가어가 설정되어야 할 필요성이 제기될 것이다. 이러한 부가어도 역시 동지표화된 흔적을 가진다. 궁극적으로는 이러한 부가어-흔적 관계를 형성하는 특별한 형식의 구문규칙이 설정되어야 한다고 보고 있다.

그 음성적 실현은 보통의 주어처럼 IP의 명시어에 나타나는 것으로 본다. 본 연구에서 능격동사는 다음 (75)와 같은 문맥에 분포하지 못하는 '비행동성' 동사를 뜻한다.275) 여기에는 한국어의 모든 상태성 동사(형용사)와 일부 자동사가 포함된다. (76)은 능격동사 구문의 구조를 보여준다.

(75) 가. *깨끗해라/*깨끗하자/*깨끗하라고 명령했다/*깨끗하려고 노력했다.
나. *흘러라/*흐르자/*흐르라고 명령했다/*흐르려고 노력했다
(76) 가. 마당이 깨끗하다.
나. [CP[IP[DP 마당이i] [I'[VP ti [V'[V 깨끗하-]]] [I Φ]]] [C -다]]

이동 변형의 관계가 만족시켜야 할 조건은 흔적은 지배 받아야 한다는 것과, 선행사와 흔적 간의 관계에서 하위인접 조건을 지켜야 한다는 것이다. 이 두 가지 조건은 앞에서 재구조화 구문의 하나로서의 서술성 명사 구문을 해석할 때 언급한 바 있다.276)

앞의 3.3절에서는 흔적이 고유지배를 받아야 한다는 '공범주 원리(ECP)'를 설정하였다. 고유지배는 의미역 지배나 선행사 지배를 받아야 하는 조건으로 이해하기로 한다. 전자는 의미역을 할당할 수 있는 어휘적 성분이 자매항인 보충어에 의미역 표시할 경우 성립한다. 후자의 선행사 지배는 부가어나 CP의 명시어 위치로 이동해 간 성분이 그 흔적을 최대통어한다는 뜻으로 본다. 앞의 3.3절에서 제시한 촘스키(Chomsky 1986b)의 정의에 따르면, (76)에서 흔적 'ti'는 동사의 자매항이 아니므로 의미역 지배를 받지 못한다. 그러나 선행사 지배는 받을 수 있다. VP의 부가어 위치를 거쳐서 IP의 명시어 위치로 이동할 수 있기 때문이다. 그러므로 위 (76)의 구조는 공범주 원리를 만족한다고 할 수 있다.

다음으로, 선행사와 흔적 사이에 장벽이 1개 이상이어서는 안 됨을 규정하는 하위인접 조건이 고려되어야 한다. (76)의 구조에서 선행사와 흔적 사이에는 최대투사인 VP가 가로놓여있으나, 이 경우 역시 VP의 부가어 위치를 거쳐 이동

275) 이러한 검사 방법은 김영주(1990)를 따른 것이다. '능격동사'는 그의 용어로는 'unaccusative verb'이다.
276) 본 연구에서는 Chomsky(1986b)와는 사뭇 다른 의미역 이론, 격 이론을 상정하므로 이에 따라 의미역 지배 등의 개념 정의가 조정되어야 한다. 이에 따르면 VP 내부의 명시어도 동사에 의해 의미역 지배된다. 이 점을 3.3절의 <주171>에서 언급한 바 있다. 그러므로, 이하의 논의에서는 주어진 자료에 대해 가능한 선까지 Chomsky(1986b)의 체계에 따라 해석해보고, 상충되는 부분에 대해 주의하는 방식으로 진행할 것이다.

하는 것으로 해석하면 0-하위인접이 될 뿐이다. 따라서 위 문장은 하위인접 조건에 비추어 보아도 완전히 문법적인 것으로 예측된다.

(76)에서 흔적 'ti'는 이동 변형에 의해 흔적만 남은 기저 구조의 위치로 해석되는 것이 보통이지만, 이를 이동 변형을 가정하지 않고 단일한 통사구조에 직접 주어지는 표면적인 공범주 위치인 것으로 간주할 수도 있다. 본 연구에서 '흔적'을 바라보는 관점은 이와 같은 것이다. 이 장 맨 앞 부분(4.1.1.)의 도표 (2)에서 '통사구조'를 단일한 표상으로 설정한 것은 본 연구의 이와 같은 관점을 보이는 것이다.

그러면, 능격동사 구문은 어떻게 형성되는가? 우리는 이러한 구조가 구문규칙(부가어 대응규칙)에 의해 형성된다고 본다.

능격동사 구문은 '능격동사 구문규칙'에 의하여 형성된다. 이는 VP의 명시어 위치에 동지표된 흔적(ti)을 가지는 주어 명사항(IP의 명시어인 DP)을 형성하는 구문규칙이다. 또, 이것은 대응규칙이기 때문에 이러한 통사구조를 가졌을 때의 대응되는 의미구조를 명시한다. 구조 형성의 과정에서 V'가 [-행위자성]의 상황과 대응되는 경우 이 규칙이 적용되는 것이다.

(78) 능격동사 구문규칙:
   통사구조 [$_{IP}$ DPi [$_{I'}$[$_{VP}$ ti V']$_k$ I$_j$]는 다음 의미구조에 대응된다.
   [[ ]$_i$, [$_{Sit}$ -행위자성]$_k$]

이처럼 능격동사 구문의 통사구조는 구문규칙에 의해 형성된다. (76나)의 통사구조가 형성되는 절차를 보이면 다음과 같다.

(79) 가. [$_V$ 깨끗하-]
   나. [$_{V'}$ [$_V$ 깨끗하-]]
   다. [$_{VP}$ t [$_{V'}$ [$_V$ 깨끗하-]]]
   라. [$_{I'}$ [$_{VP}$ t [$_{V'}$ [$_V$ 깨끗하-]]] [$_I$ Φ]]
   마. [$_{IP}$ DP$_i$ [$_{I'}$ [$_{VP}$ t$_i$ [$_{V'}$ [$_V$ 깨끗하-]]] [$_I$ Φ]]]
   바. [$_{IP}$[$_{DP}$ 마당이]$_i$ [$_{I'}$ [$_{VP}$ t$_i$ [$_{V'}$ [$_V$ 깨끗하-]]] [$_I$ Φ]]]

능격동사 구문의 통사구조는 굴절소구의 명시어로서의 보조사구([DP, IP])인 외현적 성분과, 동사구의 명시어인 보조사구([DP, VP])로서의 흔적 성분이 동일지시되는 구조이다. 이러한 구조가 생기는 원인은 뒤에서 말할 '서술화 원리'이다. '명사구 이동'의 흔적은 격을 받지 않으므로 '격 여과'에 위배되지는 않으나, 굴절소구 내부의 동사구(VP)는 서술어로 사용될 수 있는 범주이므로 주어를 취해야만 한다. 이것이 후술할 '서술화 원리'가 규정하는 점이다. 그러나 동사에 주어진 논항들은 모두 VP 내부에서 허가될 수 있어서, 그대로는 VP가 취할 만한 주어를 찾을 수 없다. 따라서 문법의 자원 중 (78)의 '능격동사 구문규칙'을 활용하여 IP의 명시어와 흔적의 구조를 형성한 다음 IP의 명시어인 DP를 그 주어로 취하게 되는 것이다. 이와 같은 뜻에서 서술화 원리가 능격동사 구문의 구조를 형성하게 되는 궁극의 원인이라고 할 수 있다.

2)이동 변형의 또 한 종류로, 공범주 연산자와 그 흔적 간의 관계가 있다. 이 책의 앞 장(3.3절)에서 소개한 원리매개변인 이론에 따르면 이 관계는 이동 변형에 의해서 형성되는 것이나, 우리의 '대응규칙의 문법'의 체계에 의하면 말 그대로의 이동 변형은 여기에 관여하지 않는다. 연산자 'O'나 흔적 't'나, 모두 한 통사구조에 놓이는 통사 범주들일 뿐이다. 우선 공범주 연산자 'O'가 만족해야 할 조건을 다음과 같이 제시해놓을 수 있다.

(80) 공범주 연산자 O에 관한 제약:
   O는 그 흔적과 동지표화되어야 한다. O의 흔적은 의미역 지배를 받아야 하고, O와 흔적의 관계는 하위인접 조건을 만족해야 한다.

한국어에서 이 현상이 나타난다고 제안된 대표적인 예는 관계관형절의 경우이다(뒤의 5.1.2절 참조). 이 책에서는 이 외에도 많은 연결어미 절이 공범주와 흔적의 관계를 포함하는 예임을 밝힐 것이다(5.4절 참조).

관계관형절의 예를 미리 가져와 그 통사구조를 보이면 다음과 같다.

(81) 가. 철수가 산 책
   나. [NP[CP Oi [C[IP 철수가 ti 사-었-]-는]] [NP 책]]

이 구조에서 선행사인 공범주 연산자와 그 흔적의 관계는 앞의 능격동사 구문의 선행사와 흔적의 관계에 비해 간접적이다. 능격동사 구문의 경우는 흔적이 구문규칙의 적용 결과로 곧바로 생겨나지만, 이 구조에서의 흔적은 3단계 절

차를 거쳐서 얻어지는 것으로 본다. 1단계는 관계관형절에 불특정의 공범주 'e'
가 생성되며, 2단계는 구문규칙에 의해 공범주 연산자를 가진 구조가 생성된
뒤, 공범주 연산자가 가지는 일반적 조건에 따라 'e'가 't'로 바뀌고, 3단계는 O
와 't'가 동지표화되는 것이다. 이 절차를 나타내보면 다음과 같다.

(82) 가. $[_{C}[_{IP} \ldots e \ldots] \, C]$
　　 나. $[_{CP} \, O \, [_{C}[_{IP} \ldots e \ldots] \, C]]$
　　 다. $[_{CP} \, O \, [_{C}[_{IP} \ldots t \ldots] \, C]]$
　　 라. $[_{CP} \, O_i \, [_{C}[_{IP} \ldots t_i \ldots] \, C]]$

그러므로, (82가)와 (82라) 사이에 공범주 연산자의 구조를 형성하는 구문규
칙이 적용되는 것으로 보아야 한다. 이 규칙은 다음의 형식으로 나타낼 수 있
다.[277]

(83) 공범주 연산자 구문규칙:
　　 $[_{CP} \, O_i \, [_{C}[_{IP} \ldots t_i \ldots]_j \, C]]_k$는 $[\lambda x_i[\ldots x \ldots]_j]_k$에 대응된다.

(83)의 규칙은 통사적으로는 (82라)의 구조적 조건을 부과하는 역할만을 한
다. 관형절 내부에 공범주가 생기는 것은 이 구문규칙과 독립된 요인에 의한 것
이다. 연산자(O)의 존재에 의해서 흔적이 생긴다. 연산자는 흔적을 필요로 하는
것이므로(80), 항상 그 하위 영역 내에 흔적으로 해석될만한 공범주가 있는지를
탐색한다. 공범주가 존재할 경우, 이것이 흔적으로서의 조건을 갖추면 흔적으로
판정된다.

이처럼, 흔적은 구문규칙의 적용에 따라 곧바로 생성되기도 하고, 연산자의
존재에 따라 간접적으로 생성되기도 한다.

3)이 연구에서 우리가 인정하는 한국어의 이동 변형의 세 번째 종류는 머리
성분 선행사와 머리성분 흔적 간의 관계이다. 이는 앞 장에서 머리성분 이동에
의해 형성되는 것으로 설명한 바 있다(3.3절 참조). 이 경우 상위 머리성분이 흔
적(t)으로 남은 하위 머리성분을 지배해야 한다. 이것이 '머리성분 이동 제약

---

277) Jackendoff(2002: 384쪽 이후)에서는 개념의미론의 의미 표상에서 관계절에 대응되는 의
　　 미구조를 나타내기 위해 'λx'를 이용한 표기법을 제안하고 있다. 다음 표기법은 이를
　　 따른 것이다.

(HMC)'이다. 이 경우도 선행사 지배의 하나이다.[278]

> (84) 머리성분 이동 제약:
> 하위 머리성분 A는 이 A의 최대투사를 지배하는 머리성분 B의 위치로만 이동할
> 수 있다. 단, B =/= C이면 B가 A의 최대투사를 의미역 지배하거나 어휘표시해야
> 한다. (Chomsky 1986b: 71)

 흔적으로서의 머리성분과 이를 지배하는 머리성분의 관계는 한국어 문장에서 기본적으로 나타나는 관계이다. 우리는 이러한 구조가 말 그대로의 이동 변형에 의해서 형성된다고 하는 설명 방법을 부정한다. 이 구조의 형성에 관한 필자의 견해는 이 구조 역시 구문규칙에 의해 주어진다는 것이다. 가령 다음 (85) 문장에서 '잡았다'에 대응되는 부분은 (86)에서 보는 바와 같이, 보문소 위치이다. 음운론적 구조의 대응을 가지는 부분인 '잡았다' 외에 상대적으로 복잡한 통사구조가 형성되어있다는 점이 이러한 구조의 특징이라고 할 수 있다.

> (85) 아이가 물고기를 잡았다.
> (86) [$_{CP}$[$_{IP}$ 아이가[$_{VP}$ 물고기를 t_i] $t_{i,j}$] [$_C$ [잡-]$_i$[-았-]$_j$[-다]]]

 이를 일반적인 구문규칙의 형식으로 나타내면 다음과 같다.

> (87) 머리성분 이동 구문규칙:
> [$_{CP}$[$_{IP}$[$_{VP}$. . . t_i] $t_{i,j}$] V_i-I_j-C_k]는 다음 의미구조에 대응된다.
> [[ ]$_k$, [ ]$_j$, [ ]$_i$]

 이 규칙은 동사와 굴절소와 보문소가 흔적과 관련됨을 보이기 위해 전체 문장의 구조를 참조하고 있다. 이는 도출의 여러 단계가 기록된 구조를 그 구조 기술로 가진다는 점에서 변형 규칙이 가지는 일반적 특성이라고 하겠다. 구문규칙이 준변형적 성격을 가진다는 점은 이 장의 서두에서 지적한 바 있거니와, (87)도 이 점에서 예외가 아니다.

 (87)의 규칙이 가지는 중요한 의의가 있다. 한국어에서 VP와 I, IP와 C의 순서는 전혀 흩트러지는 일이 없이 고정되는데, 이를 설명해주는 근거가 (87)의 구

---

278) 고유지배의 하나로서의 선행사 지배의 개념에 대해서는 3.3절의 (18)을 참고할 것.

문규칙이라는 사실이다. 이 규칙은 어휘부 대응규칙이 아니다. V와 I와 C는 각각 독립된 통사적 머리성분으로서, (86)의 통사구조는 핵계층 이론의 기본 원리, 특히 머리성분 부가의 원리를 충족시키는 것이다.

(87)이 적용되지 않는 경우도 있다. 상·하위절의 머리성분, 즉 동사와 동사의 결합이나, 서술성 명사와 동사의 결합이 재구조화에 의해 형성될 때, 뒤의 동사는 위 구문규칙의 적용을 받지 않는다. 이는 재구조화에 따라 복합 요소가 형성되는 동기를 따져보면 그 이유를 알 수 있다. 재구조화의 요인은 어휘의미적 단위를 형성하는 데에 있다고 하였다. 그러나 (87)은 그와는 다른 것이다. V와 I와 C는 서로 떨어져있건, 인접해있건, 각 요소의 의미를 표현하는 데에 아무런 어려움이 없다. 그러나 재구조화가 적용되는 예들은 결합된 요소들이 서로 긴밀한 관계를 갖기 때문에 그 일부분 동사만을 분리하여 이동시키는 것은 제약된다고 할 수 있다.

(88) 가. 남한은 협상을 북한과 하였다/시작하였다.
　　나.*남한은 북한과 협상을 미국과 함께 하였다/시작하였다.
　　다.*미국이 이라크로 진격을 영국과 함께 하였다/시작하였다.
(89) 가.*철수는 연구를 그 문제를 하였다/시작하였다.
　　나.*철수는 그 문제를 조사를 분석과 함께 하였다/시작하였다.
　　다. 철수는 그 문제의 조사를 분석과 함께 하였다/시작하였다.

(88나)와 (88다)는 '북한과의 협상', '이라크로의 진격'과 같이 복합 명사구로 해석되지 않는 한 비문이 된다. (89)와 비교해보아야 한다. (89가)는 '그 문제를'이 한국어의 주어진 어느 구문규칙에 의해서도 이차 서술어로 해석될 수 없기 때문에 비문이 된 것이다. (89나)의 비문성의 이유는 바로 위에서 말한 바와 같다. '조사를 하-'가 유형I 재구조화에 의한 긴밀한 구성을 이루기 위해서는 '조사(를)'와 '하-'가 바로 상·하위 구의 머리성분이어야 한다. (89나)에서는 '하-', '시작하-'만이 I, C와 결합되어야 하므로 이러한 조건을 만족시키지 못하여 부적격한 구조로 판정된 것이다.

이상에서와 같이, 구인 선행사와 구인 흔적 간에 공범주 원리, 하위인접 조건 등이 제약으로 부과됨에 따라 핵계층 이론에 따라 과잉 생성된 부적격한 구조를 배제하고 적격한 문장 구조만을 생성할 수 있게 된다. 머리성분 이동의 경우는 구와 구 사이의 관계가 아니지만, 이 경우에도 선행사와 흔적 간의 관계가 일반 변형적 관계에서 부과되는 조건을 만족해야 하므로, 역시 이에 의해서 부적격한 구조가 걸러지는 효과가 있다. 머리성분 이동의 구조는 한국어에서 VP와 이를 보충어로 취하는 I, IP와 이를 보충어로 취하는 C의 어순이 엄격히 고정되는 성질을 설명하는 근원이 된다고 보았다.

한 가지 중요한 사실이 관찰된다. 어느 변형이나 'C'에 의해 형성되는 CP의 범위를 벗어날 수는 없다는 것이다. 연산자 이동이든, 머리성분 이동이든, 모두가 그러하다. 이 점이 한국어 통사구조 형성의 한 주요 특질을 이룬다고 본다.

서술화 원리

구와 구 사이의 제약을 부여하는 또 하나의 원리인 '서술화 원리'에 대해 생각해보기로 한다. 논항인 명사항이 서술어인 구와 상호 최대통어해야 한다는 조건 하에서 둘이 서로 연계되어야 한다는 것이 서술화 원리이다.[279]

로드스타인(Rothstein 1983)의 '서술어 연계 규칙'을 다소 수정하여 다음 (90)과 같이 정의한다.[280] 이 또한 통사구조에 대해 가해지는 '허가 원리'이다. 서술어인 최대투사가 서술화 원리를 만족하게 되면 주어와 서술어 양쪽에 서술화 위첨자 지표 '1'을 부여받는 것으로 본다.

(90) 서술화 원리:
  가. 잠재적 서술어인 XP는 통사구조에서 상호 최대통어하는 논항과 연계되어야 한다.
  나. 연계가 확인된 두 구는 위첨자 지표 '1, 2, 3, …'을 부여받는다.

최대통어 개념의 전제가 되는 '관할'의 개념을 모든 부분(segment)이 관할해야 하는 것으로 한정한다.[281]

---

279) 여기에서 논항인 명사항은 기본적으로 보조사구이나, 관계관형절의 표제가 되는 경우의 명사구나 후치사구('철수와 영호'와 같은 예: 4.3절 참조)도 서술화 이론에 의해 주어 논항으로 해석될 수 있다. 이처럼 서술어와 연계되는 논항인 명사항을 엄밀한 의미의 '주어'로 정의할 수 있다. 서술화 이론과의 관련에서 이러한 의미의 주어를 지칭하기 위해 'host'라는 용어를 사용하는데, 이를 이 책에서는 '임자'라고 지칭하려고 한다.
280) 또, Rothstein(1983: 11)에서는 주어가 서술어에 선행한다는 어순 제약을 설정해 놓았으나, 이를 제외한다.
281) 관할의 개념을 이와 같이 정의하는 것은 May(1985)로부터 비롯된다. Chomsky(1986b)에서도 이 정의를 받아들이고 있다.

(91) 관할:

범주 A의 모든 부분(segment)이 B를 관할한다는 뜻으로 A가 B를 관할한다고 한다.

(92) 최대통어:

A가 B를 최대통어한다는 것은 A를 관할하는 모든 최대투사 범주가 동시에 B를 관할하며, A는 B를 관할하지 않는다는 뜻이다.

서술화 원리는 서술어가 통사구조에서 주어에 해당하는 논항, 즉 임자(host)를 취하여 주술관계를 만족시킬 것을 규정하는 원리이다. 서술화 원리는 기본적으로 서술어인 구 자체를 허가하는 원리이다. 서술어인 구가 허가되기 위해서는 주어에 해당하는 논항을 취해야만 한다는 것이 그 요점이다. 이 요구 조건을 만족하지 못하면 해당 표현은 부적격한 표현이 된다.

(90)은 어떤 최대투사 범주 XP가 잠재적 서술어일 경우, 상호 최대통어 영역 안에서 논항을 임자로 취하여 연계되어야 한다는 방식으로 서술되고 있다. 그러므로 이 원리가 작동되기 위해서는 먼저 '잠재적 서술어'가 무엇인가가 결정되어야 한다. 잠재적 서술어는 '서술어' 개념을 통사적 개념으로 정의하기 위한 고안이다. 그 머리성분이 [+pred] 자질을 가지는 경우 그 최대투사인 구가 기본적인 잠재적 서술어라고 본다. [+pred] 자질은 어휘항목들의 어휘적 자질로 주어진다. 그러나 [+pred] 자질을 갖지 않는 구 중에도 잠재적 서술어의 자격을 가지는 경우가 있다. 이 경우는 잠재적 서술어의 요건이 개별언어의 규정으로 주어지는 것이다. 또, [+pred] 자질을 가진 구 중에는 서술어가 아닌 부가어 구로 허가되는 경우도 있다. 이 점은 뒤에서 (109)의 원리('수식어 허가 원리')로 명시된다.

(90)의 서술화 원리는 '잠재적 서술어'와 '논항'의 개념을 바탕으로 하여 규정되고 있다. 즉, 이 원리가 작동하려면 '잠재적 서술어'와 '논항'이 결정되어야 한다. 먼저 '잠재적 서술어'의 요건은 다음과 같이 정하기로 한다.

(93) 잠재적 서술어의 요건:

가. [+pred]를 가지는 머리성분의 최대투사는 잠재적 서술어이다.

나. IP는 그 명시어에 공범주 대명사 PRO를 가질 경우 잠재적 서술어가 될 수 있다. 이는 매개변인에 따라 결정된다.

다. CP는 [-pred] 자질을 갖지 않는 경우 잠재적 서술어가 된다.

라. NP가 [+pred] 자질을 가질 경우, 이를 보충어로 취하는 상위 구 DP는 잠재적

서술어가 된다.

이러한 설정은 '서술어', '주어'가 의미역이나 다른 의미론적 요인에 따라 결정되는 것이 아니라, 독자적인 통사적 개념이라는 판단을 기초로 한 것이다.[282] 본 연구에서는 한국어가 (93나)의 IP 서술어를 갖지 않는다고 본다.

서술화는 주어와 서술어를 연계하여, 두 구 사이의 통사적 관계를 허가하는 문법적 과정이다. 주어가 궁극적으로 어떤 요인에 의해 결정되는가에 관해서 서로 다른 두 가지 견해가 있다. 윌리엄스(Williams 1980, 1983a, b)의 의미역에 기반한 견해와 로드스타인(Rothstein 1983, 2001)의 통사적 견해가 그것이다. 앞의 의미역적 견해에 따르면, 주어는 서술어 구의 머리성분이 가지고 있던 의미역틀 내의 '외부 논항'이 연결되는 것이라고 한다. 따라서 서술화는 외부 논항을 가지는 서술어에 한하여 적용되는 것이며, 궁극적으로 외부 논항의 확인을 위하여 이루어지는 문법적 과정인 셈이다. 그러나, 서술어 구의 머리성분 중에는 외부 논항을 가진다고 보기 어려운 예들이 있다. 따라서 통사적으로 서술어를 이루는 경우를 확인하여 해당 서술어의 머리성분이 외부 논항을 가진다고 규정하는 순환론적인 처리를 하거나, 서술화 아닌 다른 문법적 요인에 따라 주어와 서술어가 연계된다는 설명을 하게 된다. 로드스타인(Rothstein 2001: 4장)에서는 의미역 개념에 기반한 윌리엄스의 견해에 대해 비판하고, 서술화가 순전히 통사적 동기에 의해서 이루어진다는 설명을 제시했다. 본 연구에서도 이 견해를 받아들여, 서술화가 의미역 또는 다른 의미론적 요인에 의해 행해지는 것이 아니라고 보는 것이다.[283] 로드스타인(Rothstein 2001: 44)에서는 서술어의 개념이 다른 통사적 속성으로 정의할 수 없는 원초적 통사적 개념이라고 말하고 있다. 이는 서술어인 통사 범주들에 대해서 일일이 그 목록을 제시해야 한다는

---

282) 이러한 관점은 Rothstein(1983, 2001)을 따른 것이다.
283) 하지만, 의미역 표시를 받지 못하는 XP가 서술어가 되어 주어 논항과 연계되어야 한다는 것이 Rothstein(1983)의 방식이었으나, 본 연구에서는 의미역 표시를 받은 XP가 서술어가 되는 경우도 인정한다. 또, Rothstein(1983)에서는 AGR이 주어로서 부사구 서술어와 연계될 수 있다고 가정하였으나, 이러한 설명을 받아들이지 않는다. Rothstein(2001)에서도 이 가정을 취소하고 있다. 이에 따라 '서술어 흡수'와 같은 새로운 장치, 서술화의 조건으로서 최대통어 대신 성분통어 개념으로 변경하는 등의 조처가 취해진다. 한국어에서 AGR의 존재를 인정하지 않는 것이 본 연구의 입장이므로 부사구 서술어가 AGR을 주어로 취한다는 Rothstein(1983)의 이론은 부정하며, 서술어 흡수나 성분통어 방식을 받아들이지 않는다.

뜻으로 해석할 수 있다. 기본적으로 이러한 관점에서, 본 연구는 통사 범주 자질의 하나로 [+pred] 자질을 개별 어휘들에 부여하는 방법을 택한다.

[+pred] 자질이 주어지는 방식은 다음과 같다. 동사(V), 부사(Adv), 후치사(P)는 내재적으로 통사적 자질 [+pred]를 가진다고 본다. 이 자질을 가진 통사 범주의 최대투사 XP가 (93가)에 따라 잠재적 서술어가 되는 것이다. 또, (93나, 다)에 따라, CP와 IP는 그 명시어 위치에 각각 공범주 연산자(O)와 공범주 대명사 PRO를 가지고 있을 경우 서술어가 될 수 있다고 본다.[284] (93라)는 명사 N 중 '비분리 명사'라고 정의되는 부류가 통사적 자질 [+pred]를 가지고, 그것의 최대투사 NP를 보충어로 취하는 DP를 서술어가 되게 한다고 규정한 것이다.[285]

이차 서술어의 몇 가지 사례

몇 가지 이차 서술어의 예를 들어 위와 같은 규정들이 어떻게 적용되는지 간단히 살피기로 한다. 주어와 결합하여 절 단위를 이루는 서술어, 즉 굴절소를 가지는 절의 서술어가 일차 서술어이며, 이 외의 서술어가 이차 서술어이다.[286]

한국어에서 이차 서술어는 통사구조에서 부가어일 수도 있고, 보충어일 수도 있다. 다음 예에서 PP인 '나에게', '우리에게'는 V' 내에 설치되는 V의 자매항으

---

284) 공범주들에 관한 정리는 뒤의 (110)에 제시된다.

285) 비분리 명사는 수량 표현 명사, '팔, 다리' 등의 신체부분을 나타내는 명사, '마음씨, 성질, 왼쪽, 오른쪽' 등 특정 사물의 존재를 전제하고 그 속성을 유별해서 나타내는 명사들이다. 명사 중 이런 하위 부류의 것들에 통사적 자질 [+pred]을 부여함으로써 이를 바탕으로 서술화 원리에 의한 통사적 해석을 받을 수 있게 한다. 주의할 점은, '서술성 명사'인 '연구, 진격, 협상' 등은 그 용어에서 예상되는 것과는 달리 [+pred] 자질을 갖지 않는다는 것이다. 이들이 형성하는 명사구는 통사적 서술어가 되지 않는다.

　　Rothstein(2001: 59)에서는 영어의 경우 DP가 그 머리성분 'D'의 성격에 따라 그 서술어 여부가 결정된다고 설명하고 있다. 한국어에서는 그에 대응되는 범주에 의해 서술어로서의 특성이 결정된다고 볼 수 없으므로, 명사의 특정 부류가 내재적으로 [+pred]를 가지는 것으로 상정하는 것이다.

286) Rothstein(1983, 2001)에 따르면 보통의 절뿐 아니라 '소절'의 서술어도 '일차 서술어'이며, 그 외의 서술어가 '이차 서술어'이다. 그러나 기능 범주를 갖지 않으면서 절 단위를 이루는 것으로 생각되는 '소절' 구성은 한국어에 존재하지 않는다고 본다. '소절'을 인정하지 않음에 따라, 굴절소(I)를 가지는 절의 서술어를 제외하고 서술화 원리를 만족하는 모든 서술어는 이차 서술어가 된다. 종래 '소절' 구성으로 간주되던 예는 핵계층 이론에 의해 형성된 특정의 구조적 형상이 서술화 원리에 의해 허가되는 이차 서술어를 포함하는 예일 뿐이므로, 서술화 원리가 이 특별한 절 구성을 허가하는 기능을 가진다고 해석할 필요는 없다. 한국어에서 소절 구조를 설정하는 연구들에 대한 비판은 양정석(2002: 5.3절, 5.4절)에서 보인 바 있다.

로서, 보충어이면서 서술화 원리에 의한 서술어가 되는 예이다. 여기서 '책 한 권을', '꽃 한 다발을'은 임자가 된다.

(94) 가. 철수가 책 한 권을 나에게 주었다.
    나. 철수가 꽃 한 다발을 우리에게 보냈다.

이들 경우의 PP 성분은 보충어이므로 뒤에 말할 논항 연결 원리에 의해서도 허가됨이 사실이다. 그러나 PP는 일률적으로 [+pred] 자질을 가지는 것으로 상정되므로, 임자인 DP와 연계됨으로써 서술화 원리에 의해서 거듭 허가를 받는다. 후치사가 내재적으로 [+pred] 자질을 가지는 것이나, 이에 따라 서술화 원리의 적용을 받는 것이나, 모두 순수 통사적인 절차이다. 논항 연결 원리는 의미구조와 통사구조를 서로 관련짓는 규칙이므로, 그 허가의 성격은 사뭇 다른 것이라고 할 수 있다.

부가어로서 주술관계를 형성하는 서술어가 있다. 주어에 대해 서술하는 서술어는 I'와 VP에, 목적어에 대해 서술하는 서술어는 V'에 부가된 구조를 이룬다.[287]

다음 문장 (95가)는 중의적이다. 이 점은 부가어 '순호와 함께'가 VP에 부가되는 통사구조와 V'에 부가되는 통사구조, 두 가지가 모두 가능하다는 점으로부터 설명된다. (95나)는 서술어 '순호와 함께'가 주어 '철수가'에 대해서, (95다)는 목적어 '영희를'에 대해서 서술어가 되는 경우이다. 서술화 원리가 적용된 결과로 주어 명사구와 서술어에는 위첨자 지표 '1'이 부여된다.[288]

(95) 가. 철수가 영희를 순호와 함께 떠나보냈다.
    나. [$_{IP}$철수가^1 [$_{VP}$[$_{VP}$영희를 [$_{V'}$ t$_i$]] [$_{AdvP}$순호와 함께]^1]$_{VP}$] 떠나보내$_i$-었-다.
    다. 철수가 [$_{VP}$영희를^1 [$_{V'}$ [$_{V'}$ t$_i$] [$_{AdvP}$순호와 함께]^1]] 떠나보내$_i$-었다.

두 가지 통사구조 (95나)와 (95다)는 모두 의미적으로 적격한 해석에 대응되지만, 다음의 문장 (96)은 정상적인 해석으로 한 가지만이 가능하다. 이도 통사

---

287) VP도 서술어로서 IP의 명시어인 DP와 상호 최대통어 관계를 이룬다. 그러므로 '일차 서술어'는 엄밀히 말해서 IP의 보충어 위치에 있는 VP를 지칭하는 것이다.
288) 앞에서 말한 바와 같이 단일한 통사구조에 동사의 머리성분 이동(head movement)의 효과를 포착할 수 있도록 흔적을 가진 구조를 상정한다.

구조는 위 문장에서처럼 두 가지가 모두 가능하다.

(96) 가. 철수가 편지를 영희에게 순호와 함께 보냈다.
　　나. [IP철수가ⁱ [VP[VP편지를 [V' 영희에게 t_i]] [AdvP순호와 함께]ⁱ]] 보내_i-었-다.
　　다. 철수가 [VP편지를ⁱ [V' [V' 영희에게 t_i] [AdvP순호와 함께]ⁱ]] 보내_i-었다. →*

(96)에서 '편지를'이 주절 동사 '보내다'의 목적어이면서 이차 서술어의 주어
인 해석은 의미적으로 부적격하다. 반면 (97)에서는 목적어가 이차 서술어의 주
어인 해석만이 의미적으로 적격하다. 여기서도 통사구조는 두 가지가 생성된다.

(97) 가. 철수가 편지를 영희에게 꽃과 함께 보냈다.
　　나. [IP철수가ⁱ [VP[VP편지를 [V' 영희에게 t_i]] [AdvP꽃과 함께]ⁱ]] 보내_i-었-다. →*
　　다. 철수가 [VP편지를ⁱ [V' [V' 영희에게 t_i] [AdvP꽃과 함께]ⁱ]] 보내_i-었다.

이상을 통해서 알 수 있는 점은, 통사적 주술관계를 맺어주는 원리로서의 서
술화 원리와 그에 대응되는 주술관계의 의미 해석은 서로 독립적이라는 것이
다. 통사적 주술관계를 맺어주는 서술화 원리는 명사항과 서술어 사이에 상호
최대통어 조건만 주어지면 언제나 적용된다. (95)-(97)에서 표면적인 문장에 대
해서 두 개씩의 통사구조가 도출되었는데, 이들 중 (96다)나 (97나)처럼 부적격
한 판정이 내려지는 것은 통사구조에서의 문제가 아니라 의미구조에서의 문제
이다. 그러므로 서술화와 관련한 문장의 실제 현상을 완전히 고려해 주기 위해
서는 의미구조의 형식 및 통사구조와 의미구조의 대응의 관계를 아울러 살피지
않으면 안 된다.

이제까지 (95)-(97)에 관한 논의에서는 이차 서술어 구문의 의미구조를 가정
하여 진행되었다. 서술화 원리는 순수한 통사 부문의 원리이다. 서술화 원리에
의해 주어진 위첨자 지표를 이용하되, 통사구조와 의미구조의 대응 관계를 맺
어주고, 또 이를 근거로 하여 의미구조 표상을 얻어내는 규칙이 별도로 필요하
게 된다. 우리의 체계에서 이러한 일을 맡는 규칙의 형식이 구문규칙(또는 부가
어 대응규칙)이다. 다음이 그와 같은 규칙의 가장 일반적인 형태이다. 이를 '묘
사 서술어 구문규칙'이라고 부르기로 한다.

(98) 묘사 서술어 구문규칙:

통사구조 [$_{CP}$ . . . DP$_v^1$ . . . XP$_k^1$ . . .]는 다음 의미구조에 대응된다.

$$\left[\begin{array}{l} [F(. . .X_v. . .)] \\ [WITH[BE_{Ident/Circ}(X_v, [\quad]_k)]] \end{array}\right]$$

이는 서술화 원리에 의해 확립된 통사적 주술관계를 바탕으로 통사구조와 의미구조의 대응 관계를 맺어준다. 즉, 임자(host)인 DP의 의미구조와 이차 서술어인 XP의 의미구조가 동일성을 나타내는 의미구조의 함수(BE$_{Ident/Circ}$)의 두 논항이 되어 의미상의 주술관계를 이룸을 보여준다. 이 때 지표 'v'는 변수로서의 지표라는 독특한 기능을 가진다(Jackendoff 1990: 277).

한국어 문장에서 나타나는 이차 서술어의 종류를 들어보자. 이차 서술어 구문의 범위는 다음과 같이 예시할 수 있다.

(99) 가. 낙엽이 <u>소리도 없이</u> 떨어진다.

　　나. 그는 <u>얼이 빠진 것처럼</u> 보인다.

(100) 가. 월맹이 진격을 <u>사이공으로</u> 하였다/시작했다.

　　　나. 남한이 교류를 <u>북한과</u> 했다.

(101) 가. 그는 <u>어려운 사람을 돕도록</u> 철수를 설득했다.

　　　나. 그가 <u>영희를 만나러</u> 여학교로 갔다.

(102) 가. 그는 자기 아내를 <u>수완가로</u> 생각한다.

　　　나. 그는 자기 아내를 <u>제일이라고</u> 생각한다.

(103) 가. 바위가 <u>가루로</u> 부서졌다.

　　　나. 어머니가 고추들을 <u>고운 가루로</u> 빻았다.

(104) 가. <u>그가 뉴욕에 나타났다고</u> 뜬소문이 퍼졌다.

　　　나. 그는 <u>앞으로 공직을 맡지 않겠다고</u> 결심을 밝혔다.

(105) 철수가 <u>교무실로</u> 뛰었다.

(99)-(101)은 (98)의 규칙에 의해 설명되는 가장 일반적인 성격을 가지는 이차 서술어 구문들이다. 단, 이 중 (100나)는 '동반 구문규칙'이라는 특수한 구문규칙에 의해 해석되어야 할 예이다(4.3절 참조). (102가)는 앞의 3.4.2.2절에서 부분적으로 언급한 '판정 구문규칙'이 적용되는 예이며, (102나)는 뒤의 5.2.5절에서 논의할 '유형 판단 구문규칙'이 적용되는 예이다. (103)은 결과 구문규칙(5.3.3.2절 참조), (104)는 외치 구문규칙(5.2.4절 참조), 그리고 (105)는 방향의 'NP-로'

부가어를 해석해주는 특수한 구문규칙에 의해 설명되는 구문이다(양정석 2002
가: 5.1절 참조).

이 밖에도, '이중목적어문'과 '이중주어문'으로 알려진 다음의 예를 이차 서
술어를 포함한 구문으로 간주하고자 한다.

(106) 가. 군인이 <u>세 명이</u> 왔다.
　　　　나. 그는 부하를 <u>세 명을</u> 표창하였다.
(107) 가. 그 의자가 <u>다리가</u> 부러졌다.
　　　　나. 철수가 그 의자를 <u>다리를</u> 부러뜨렸다.

이들 구문에서는 이차 서술어인 보조사구가 주어 또는 목적어와 '대상물-수량',
'전체-부분'을 중심으로 한 특수한 의미적 의존 관계를 맺는 특징을 보인다. 이
러한 의미 관계는 일반적 주술관계와는 다르지만 통사적으로는 이 역시 서술화
원리의 적용을 받는다고 보는 것이다.

이와 같이, 서술화 원리는 한국어 문장 구성의 주요한 원리이다. 통사 부문의
원리로서의 서술화 원리는 앞에서 간결한 형식으로 서술되었지만, 그 의미구조
와의 대응에 있어서는 한국어의 다양한 구문 형식에 따른 특수한 구문규칙들이
작용하게 된다. 구문규칙 하나하나는 모두 서술화 원리에 의해 주어진 동지표
를 활용해서 그 통사구조-의미구조의 대응 관계를 이루어가는 것이다. 관련되
는 구문 현상을 논의하면서 이 원리가 어떻게 작용하는지를 살펴보는 것은 한
국어 통사구조 연구의 중요한 검토 과제가 될 것이다.

수식어 허가 원리

부가어의 통사구조상의 지위에 관한 양정석(2002가: 294)의 정리는 다음과 같
다.

(108) 가. 부가어는 촘스키 부가의 방식으로 구 범주에 부가된다.
　　　　나. 한국어에서 부가될 수 있는 최대투사 범주는 VP, IP에 부가된다.
　　　　다. 최대투사인 부가어는 X' 범주(특히 V', I')에 부가될 수 있다.
　　　　라. 부가어는 '부가어 대응규칙(구문규칙)'이나 수식어 대응에 관한 일반적 규
　　　　　　칙에 의해 허가되어야 한다.

그러면, (108라)에서 '부가어'는 무엇으로 확인할 것인가? 앞에서는 서술화 원리의 작동을 위해서 서술어인 구가 확인되어야 한다고 보고, 이를 위해서 범주적 자질로 [+pred]와 같은 것이 필요하다고 주장하였다. 그런데, [+pred] 자질을 가지는 구가 모두 서술화 원리에 의해서만 허가되는 것은 아니다. 특히 후치사구는 항상 내재적으로 [+pred] 자질을 갖게 되는데, 이들은 서술어 아닌 부가어로 사용될 수도 있는 것이다.

생각해보면, 서술어는 전통문법에서 수식의 기능을 가지는 것으로 간주되어 왔다. 그렇게 보면 부가어나 서술어나 넓은 의미의 수식의 기능을 가지는 성분인 것이다. [+pred]는 이러한 의미에서 서술어와 부가어의 수식의 기능을 나타내는 것으로 취급할 수 있다. 이는 [+pred] 자질을 가지는 구가 서술어뿐만 아니라 부가어로도 허가 받을 수 있음을 의미한다. 이상의 고려에 따라 우리는 통사구조에서 구들의 존재를 허가하는 다음과 같은 일반 원리를 상정하기로 한다. 이를 '수식어 허가 원리'라고 부르기로 한다.

(109) 수식어 허가 원리:

  [+pred] 자질을 가진 XP는 서술화 원리에 의해 허가되거나, 부가어로서 허가되어야 한다.

결국 (108라)는 (109)의 하위 조건인 셈이다.

부가어는 [+pred] 자질로써 확인할 수 있다. [+pred] 자질을 가진 구가 서술화 원리에 의해서도, (108라)에서 말하는 부가어로도 허가되지 않는다면, 그 구조는 부적격한 구조로 판정되는 것이다.

공범주에 대한 제약

이 연구에서는 '단일한 통사구조'를 상정한다. 이 단일한 통사구조는 대체로 원리매개변인 이론의 S-구조와 가까운 것이나, 이 구조가 D-구조에서 변형 규칙의 적용 결과로 만들어지는 것으로 보지는 않는다.[289] 이 구조에는 흔적 t와

---

289) Chomsky(1992)의 최소주의 체계에서도 D-구조는 폐지되고 있다. 최소주의 체계에서는 S-구조도 아울러 폐지하고, 통사적 구조 표상으로는 논리형태(LF)만을 유지한다. 그러므로 우리의 체계가 최소주의 체계와 다른 주요한 점은 논리형태라는, 비-표면적 구조를 인정하지 않는다는 점과, 의미 표상이나 음운론적 표상이 통사구조로부터 해석되어 얻어지는 것으로 보지 않고 독립적으로 형성된다고 보는 점에 있다.

(동사 흔적과 명사항 흔적 및 연산자 흔적으로 나뉨) 공범주 대명사 PRO(지배 받지 않음), pro(지배 받음), 그리고 공범주 연산자 O가 나타날 수 있다. 그러나 이들은 변형 규칙과는 무관하게 생성되는 것이다. 이들 공범주들의 생성을 위해서는 각각의 규칙이 주어진다고 본다. 다음은 한국어에서 공범주의 실현에 관한 정리를 제시한 것이다. (110가)는 한국어가 영어나 로만스어들에서 보는 허사를 포함하지 않음을 하나의 정리로서 특별히 명시한 것이다.

(110) 공범주와 허사에 관한 정리

　　가. 한국어 문장 S의 통사구조는 공범주를 포함할 수 있으나, 허사를 포함하지는 않는다.

　　나. 한국어에서 공범주는 주어진 조건을 만족하는 한 어느 위치에든 나타날 수 있으나, 문법의 독립적인 원리/제약에 의해 그 분포가 제한된다.

　　다. 한국어에서 흔적(t)은 최대투사(X")인 경우와 머리성분으로서 동사(V) 또는 굴절소(I)인 경우의 두 종류가 존재한다.

　　라. PRO는 지배 받지 않는 위치에만 나타나는 공범주 대명사이다.

　　마. pro는 지배 받는 위치에 나타나는 공범주 대명사이다.

　　바. O는 명시어 위치에만 실현될 수 있고, 반드시 이것이 지배하는 흔적(t)과 동지표화되어야 한다.

　　사. 굴절소가 공범주 머리성분으로 실현되는 경우는 '중화 시상'의 표지이다.

(110가-사)의 공범주들에 대한 제약 조건에 대해서는 이 책의 관련되는 부분에서 더 논의할 것이다.

4.1.5. 표상 층위 전반에 관한 가정: 단일한 통사구조 가설

이 연구의 대응규칙 문법 체계에서는 통사구조로서 원리매개변인 이론에서의 S-구조에 해당하는 구조만이 상정된다. 원리매개변인 이론에서는 또 하나의 통사구조로 논리형태(LF)를 상정하는데, 이러한 표상 층위를 상정하는 것이 불필요함은 자켄도프(Jackendoff 1997)에서 포괄적으로 논증하고 있다. 본 연구의 '단일 통사구조 가설'은 기본적으로 이 논증에 입각한 것이다. 여기서는 한국어에서 S-구조에 해당하는 통사구조 하나만을 상정하는 한 가지 근거로, 이미 앞에서 예를 들어 논의한 바 있는 서술성 명사의 구문을 살펴보기로 한다.

양정석(1991가, 1997가)로부터 필자는 '서술성 명사+동사'의 재구조화에 두 가지 유형이 있다고 주장해왔다. 하나는 어휘부에서부터 한 동사 단위를 이루는 것으로 허가되는 것이며, 다른 하나는 통사구조에서 한 동사 단위로 허가되는 것이다. 다음이 각각의 유형을 예시해준다.

(111) 임원진이 단상에 자리를 잡았다.
(112) 가. 순경이 달아나는 도둑을 추격을 한다.
　　　나. 순경이 달아나는 도둑을 추격을 시작했다.

(111)과 (112)는 다음과 같은 행태에서 차이를 보인다. 즉, (112) 예에서의 재구조화는 '도둑의 추격'과 같은 명사구를 포함하는 통사 부문의 한 단계에서 적용되는 것인 반면, (111)의 재구조화는 '자리를 잡-'이 어휘부에서 하나의 단위를 이루는 절차로서 상정된 것이다. (112)는 D-구조에서 재구조화가 적용되는 경우이며, (111)은 어휘부에서 재구조화가 적용되는 경우라는 것이 필자의 이전의 설명이었다. 그러나 이러한 'D-구조 재구조화'와 '어휘부 재구조화'는 단일한 현상일 가능성이 높다. 선행 서술성 명사와 후행 동사가 한 어휘적 단위의 의미를 가질 경우 연속적이든, 불연속적이든, 통사적으로 한 어휘 단위로 기능할 수 있다는 것이다.[290]

(111)'*임원진이 단상에의 자리를 잡았다.
(112)' 가. 순경이 달아나는 도둑의 추격을 한다.
　　　 나. 순경이 달아나는 도둑의 추격을 시작했다.

D-구조와 S-구조를 아울러 가지는 체계에서는 두 경우가 하나의 재구조화 현상임을 포착하기가 힘들었으나, 이 연구처럼 단일한 통사구조만을 상정함으로써 이 두 가지 재구조화 구성의 동질성을 포착하는 이득이 있다.

S-구조 말고 D-구조를 별도로 설정하는 것은 이동 변형을 비롯한 변형 규칙의 효과를 포착하기 위한 것인데, 다음과 같은 예에서는 이동 이전의 범주를 복원하기 곤란하다. 이 역시 한국어에서 이동 변형을 상정해야 하는 구조인 재구조화 구문에서 예를 찾아본 것이다. 'NP-도', 'NP-는'이 기저의 명사구 내부 위

---

290) 이 점을 양정석(1991가)에서는 '어휘의미적 단위 조건'으로 제시하였다.

치에 이와 같은 형식으로 있었던 것으로 생각하기는 어려운 것이다.

(113) 가. 철수가 그런 문제도/는 연구를 하였다.
　　　　나. 철수가 [$_{VP}$ 그런 문제도/는$_i$ [$_{VP}$ [$_{DP}$ [$_{NP}$ t$_i$ 연구]를] 하-]]-였다.
(114)*철수가 그런 문제도의/는의 연구를 하였다.

이런 경우에 있어서, 이동의 흔적이란 다만 관련되는 문장들의 구조적인 평행성
을 포착하기 위한 장치일 뿐, 이동 전에 해당 범주가 있었던 곳이라고 볼 수는
없다. 이는 구조 보존 원리가 구의 형성 결과만을 제약함을 말해주는 것이다.
　그러므로, (113나)와 같은 구조를 유일한 통사구조로 설정하고, 변형의 효과
를 흔적(t)을 통하여 포착하는 것이 이론의 간결성을 확보하기 위한 바람직한
방법이라고 할 수 있다.

4.2. 명사항의 내부 구조: 명사구, 보조사구, 후치사구

　명사적 쓰임을 가지는 명사구, 후치사구, 보조사구의 예들을 '명사항'이라는
용어로 지칭하기로 한다. 보조사를 가진 명사항은 명사구 아닌 보조사구(DP)를
이룬다는 것이 우리의 기본 입장임을 다시 한번 재확인하고 들어가야 하겠다.
　핵계층 도식을 준수하는 한도에서 한국어 명사항의 서로 다른 형식들을 그
내부 구조의 차이에 따라 나누어 열거해보면 다음과 같은 분류 체계를 얻을 수
있다.

(1) 부가어 명사항 구성:
　　가. 철수의 아들, 철수의 옷
　　나. 철수 아들, 철수 옷
　　다. 철수의 긴 다리
(2) 논항 명사항 구성:
　　가. 미군의 이라크 진격, 야만인의 로마 파괴
　　나. 바그다드의 함락, 경기의 시작
　　다. 전투 개시, 정신 집중
　　라. 세 명, 서른 세 명

(3) 오른쪽 명시어 구성:
   가. 학생 두 명, 우리들 청년학도, 상엿집 그 을씨년스러운 곳
   나. 철수와 영호, 서울부터 부산까지

이 절에서는 명사를 머리성분으로 가지는 명사구가 (1), (2)와 같은 두 가지의 복합적인 구조로 나타남을 살펴보고, 다음으로 후치사구의 형식과 관련되는 명사항인 (3)의 내부 구조를 알아보려고 한다. 특히, 관형격조사로 다루어져왔던 '-의'를 보조사로 취급해야 할 필요성에 주의하기로 한다. '-의'의 통사 범주는 보조사인 것으로 상정한다. 다음으로, 동격명사구 구성으로 알려져온 (3가)를 공범주 머리성분이 투사하는 구조로 기술하려고 한다. 이 공범주의 통사 범주는 후치사(P)이다. '-와'를 포함하는 (3나)의 구조도 본질적으로 이와 같은 것인데, 이는 다음 4.3절의 논제가 된다. 다음 절에서는 접속조사로 다루어졌던 '-와'를 후치사로 취급하고, 이것이 후치사구를 명시어로 가지는 특별한 후치사구 구조를 형성한다고 논증할 것인데, 이 절의 (3가)에 관한 논의는 (3나)의 구조에 대한 판단을 미리 앞서서 활용하는 셈이다.

(1가)는 가장 평이한 명사구 구성이라고 생각될 수 있지만, 이를 핵계층 구조로 나타내려고 할 때에는 문제가 없지 않다. 그 한 가지는, (4)와 같은 구조만으로는 NP1과 NP2 중 어느 것이 부가어인지 드러나지 않는다는 것이다. 이 자리에서 이 문제를 더 깊이 고려하지는 않으려고 하지만, 이와 같은 구조가 가능한 것은 한국어의 명사항 내부에서 수식어가 피수식어에 선행한다는 어순에 관한 일반 제약이 있어 여기에 어떤 작용을 하는 것이라고 지적해둘 수 있다.

(4) [NP NP1 NP2]
(5) 가. 중년 남자의 어린 아들
   나. 중년 남자의 낡은 옷
(6) 가. 철수의 긴 다리
   나. 철수의 마음씨
(7) 가. 세 명의 학생
   나. 세 권의 두꺼운 책

(5)-(7)이 모두 왼쪽에 부가어를 가지는 구조라고 판정하는 데에 대해 이의를 예상할 수 있다. 특히 (6)의 '다리', '마음씨'는 비분리 명사(또는 양도불가능성

명사)라는 특성을 가진다고 알려져있기 때문이다. 그러나 이 유형의 명사가 다른 유형의 명사와는 달리 통사적으로 보충이나 명시어를 취한다는 뚜렷한 증거는 찾을 수 없다. 다음 예에서 보듯이 보충어로 간주되는 명사항을 갖지 않고도 충분히 표현될 수 있다.

(8) 가. 긴 다리는 철수의 특징이다.
　　나. 마음씨는 누가 좋은가?

'다리', '마음씨' 등의 명사들이 가지는 통사적인 특징이 있다. 그것은, 이들이 이중주어문과 이중목적어문에 참여하는 전형적인 명사들이라는 점이다.

(9) 가. 철수가 다리가 길다.
　　나. 철수가 마음씨가 착하다.
(10) 가. 철수가 그 의자를 다리를 부러트렸다.
　　 나. 경애가 철수를 마음씨를 흉보았다.

그러나 이중주어문과 이중목적어문에 참여하는 특징은 그 보충어로서의 논항을 취하는 속성과는 관계없다는 것이 필자의 판단이다. (9), (10)의 구조에 참여하는 특성은 이들이 통사적 이차 서술어로서 그 주어(임자)와의 연계를 선호함을 드러내는 것이라고 본다. 이러한 판단에 따라 앞의 4.1.4절에서는 비분리 명사들이 통사적 자질로서 [+pred]를 가진다고 규정한 것이다. 한국어에서는 이러한 통사적 자질을 근거로 이들 명사를 가진 명사항(보조사구)이 이차 서술어 구문, 즉 이중주어문과 이중목적어문을 형성할 수 있다.

비분리 명사의 특성을 가지는 것은 (7)의 수량 표현 명사항들도 마찬가지이다. 다만, (7)의 경우에는 수량 표현이 피수식 명사의 오른쪽에 놓일 수도 있다.

(7) 가. 세 명의 학생
　　나. 세 권의 두꺼운 책
(7)' 가. 학생 세 명
　　 나. 두꺼운 책 세 권

(7)'은 위에서 '오른쪽 명시어 구성'이라고 한 (3가)와 같은 것이다. 공통의 요소

들을 포함하는 두 표현들임에도 (7)은 부가어 구성, (7)'은 명시어 구성이라 하여 서로 다른 구조를 부여하는 것은 잠재적인 문제점으로 인식될 수 있다.

그러나 필자는 (7)과 (7)'이 동일한 구조로 파악되어야 할 타당한 근거가 없다고 판단한다. 동일한 형식의 수량 표현이 명사구의 부가어로 실현될 수도 있고, 명시어로 실현될 수도 있는 것이다. 더구나 두 구성은 그 의도하는 의미가 다르다. 우형식(2001: 384)에 의하면 (7)'의 구성('후행 구성')은 명사가 지니고 있는 속성을 지시하는데, (7)의 구성('선행 구성')은 수량사구에 의해 한정된 대상만을 지시하는 의미 차이를 가진다고 한다.

(3)의 구성들의 통사구조를 더 자세히 분석하기 전에 (2)를 먼저 검토하고 넘어가기로 한다. (2)의 머리성분 명사들은 논항을 취하는 명사들이므로 해당 논항이 명사항으로 실현된 것은 보충어나 명시어로 취급하는 것이 합당하다.

(11) 가. 미군의 이라크 진격: [NP [DP 미군의] [N' [NP 이라크] [N 진격]]]
　　 나. 바그다드의 함락: [NP [N' [DP 바그다드의] [N 함락]]]
　　 다. 전투 개시: [NP [N' [NP 전투] [N 개시]]]

이에 대해서도 여러 가지 의문이 제기된다. 한 가지 의문은, (11가)의 '이라크'나 (11다)의 '전투'가 머리성분 범주로서의 명사인가, 구 범주로서의 명사구인가 하는 것이다. 이에 대한 답은 명사구라는 것이다. 다음이 참조된다.

(12) 미군의 회교국 이라크 진격, 격렬한 전투 개시

이들 '이라크', '전투'에 관하여 제기되는 또 한 가지 의문은 이들이 보조사구(DP)로서, 앞 절에서 논의한 바와 같은 영-형태(φ)가 실현되는 것인가, 아니면 그대로 명사구인가 하는 점이다. 이에 대해서는 표면에 주어진 그대로 명사구라고 간주한다. 앞의 4.1.4절에서는 논항 연결 원리와 격 표시 이론에 명사구 내적 성분들을 포함하는 추가된 원리를 제시하였다. 이에 따르면 명사구 내부의 명시어 위치는 행위자가 연결되어 갈 위치가 되는데, 통사 범주로는 보조사구(DP)만이 그 위치에 설 수 있도록 규정하고 있다. 그러므로 명시어 위치에 있지 않은 한, 다른 논항 위치는 그 통사 범주가 DP이든, NP이든, PP이든, CP이든 문제가 되지 않는다.

명사가 논항을 취하는 구조로 상정한 또 하나의 예는 (2라)이다. '세'는 명사의 하나이고, '서른 세'는 재구조화(유형II)에 의해서 복합 머리성분으로 형성된 것이다. 이들은 명사구를 투사하여, 이 명사구가 다시 명사 '명'의 보충어가 된다.

앞서의 논항 연결 원리는 명사구 내부에서 명시어 위치가 보조사구(DP)이어야 한다고 규정해놓고 있다. 논항을 가진 명사구들의 내부를 관찰해보면 이 규정이 예측력이 있음을 알게 된다.

(13) 가. 미군의 이라크의 진격/미군의 이라크 진격/*미군 이라크 진격/*미군 이라크의 진격
　　　나. 바그다드의 함락/바그다드 함락
　　　다. 전투의 개시/전투 개시

'-의'는 보조사(D) 범주로 규정되었으므로 (13가)는 명사구 내부의 명시어가 반드시 보조사구(DP)로 실현되어야 한다는 원리에 의해 예측이 되는 것이다.

이제, 명시어를 포함하는 명사항의 내부 구조를 살펴보기로 하자. (3)의 통사구조는 다음과 같다.

(14) 가. 3학년 학생 두 명: [PP [P' [NP 3학년 학생] e] [NP 두 명]]]
　　　나. 우리들 청년 학도: [PP [P' [NP 우리들] e] [NP 청년 학도]]]
　　　다. 상엿집 그 을씨년스러운 곳: [PP [P' [NP 상엿집] e] [NP 그 을씨년스러운 곳]]]

(14가)에는 일반 명사와 함께 수량어가 포함되어있다. 우리의 체계에서 수량어는 명사의 하나로 분류된다. 다른 점은, 이들이 [+pred]의 자질을 가지는 명사라는 것이다. 그러므로 수량어를 가진 명사항의 내부 구조도 일반 명사들이 형성하는 가능한 구조 중의 하나를 취할 뿐이라고 예상할 수 있다.

(14)의 구조들이 가지는 의문점은, 우선 명시어를 가지는 구조에 관한 것이고, 다음으로는 머리성분으로 상정된 공범주 'e'에 관한 것이다. 필자는 명시어를 가지는 구조가 이 같은 새로운 유형의 명사항들의 결합체가 핵계층 도식 안에서 취할 수 있는 가장 자연스러운 구조라고 생각한다. 만약 수량어 명사항이 공범주를 갖지 않고 오른쪽에 위치하게 되면 (1)의 부가어 명사항 구성으로 오인되어 해석에 혼란을 초래하게 될 것이다. 따라서 오른쪽에 위치하되, 핵계층 이

론에서 허가될 수 있는 위치 중의 하나인 명시어로 해석되는 것이다.

공범주 'e'의 범주와 기능에 대해 답하는 일이야말로 (3가)의 구조 설정과 관련한 가장 핵심적인 과제가 될 것이다. 우리는 다음 절의 '-와'에 관한 논의 결과를 미리 활용하고자 한다. '-와'는 두 명사항을 접속하는 기능을 가진다. 주목되는 점은 '-와'도 생략될 수 있다는 것이다. 두 명사항을 인접하는 자리에 놓아서 둘이 동등한 자격임을 표현하는 방식은 오히려 접속보다도 인간 언어에 보편적인 방식이라고 할 수 있다. 그러므로 이러한 방식의 표현이 무형의 형태소로 나타난다고 보는 것은 충분히 설득력을 가진다고 하겠다.

위에서 논의한 몇몇 기초적인 예들을 기술하는 방법에 대해서 간단히 지적하기로 한다.

'셋' 또는 '세'의 범주는 명사이며, 그 어휘기재항의 어휘의미구조에 암시 논항을 가지는 것으로 기술된다. 또, 잠재적으로 서술화를 필요로 하는 특성을 가진다는 점이 어휘기재항의 통사적인 정보로 주어져야 한다. 이상의 고려에 따라 위에서 거론한 명사들의 어휘부 기재 내용을 다음과 같이 나타낼 수 있다. (16나, 다)는 수를 표현하는 명사항이 의미와 대응되면서 형성되는 과정을 아울러 나타낸 것이다.

(15) 가. 셋 : /{셋, 세}/, [N, +pred], [Amount [3], [Thing   ]]
     나. 모두 : /{모두, 모든}/, [+N, +pred], [Amount [모두], [Thing   ]]
(16) 가. 명 : /명/, [N, +pred], [Thing [Amount   ] , [Thing +사람   ]]
     나. 세 명 : [NP [NP 세] [N 명]] , [Thing [Amount [3]] , [Thing +사람   ]]
     다. 학생 세 명 : [PP [P' [NP 학생] e] [NP [NP 세][N 명]]] ,
                     [Thing[Amount [3]], [Thing +사람, [학생]]]
(17) 다리 : /다리/, [N, +pred], [Thing [[다리]-OF[Thing   ]]

여기서 [+pred]는 이차 서술어인 구를 형성할 수 있는 머리성분의 통사적 자질로서 주어진 것이다. '셋', '모두'는 '다리, 마음씨, 키' 등과 함께 비분리 명사의 부류를 이루며, 궁극적으로 이러한 특성으로 말미암아 이차 서술어 구문을 형성할 수 있는 것으로 파악한 것이다.

4.3. '-와'의 통사 범주와 '-와' 문장의 통사구조

이 절에서는 '-와'의 통사 범주가 후치사임을 보이고, '-와'를 가진 문장의 몇 가지 통사구조의 특징을 관찰하여 우리의 체계 안에서 해석하는 작업을 수행하고자 한다.

(1) 가. 철수와 영호가 왔다.
　　나. 철수와 영호와는 친구 사이이다.
(2) 서울부터 부산까지

이 절에서는 다음 네 가지 논점을 전개하려고 한다.

(3) 가. '-와' 문장은 접속문을 기저로 갖지 않는다.
　　나. '-와'는 후치사이며, 명사구 접속구는 후치사구이다.
　　다. 비대칭적 구문의 여동 구 'NP-와'는 동반 부가어로서 독립된 구문규칙을 가진다.
　　라. '및' 문장은 명사구 접속구를 가지는 구조이지만 기본적인 예의 '그리고' 문장은 문장 접속 구조이다.[291]

우리의 연구에서 '-와'가 후치사로 밝혀짐에 따라 이와 통사적으로 유사한 행태를 보이는 '-하고', '-이랑' 등이 같은 처리를 받을 수 있게 된다. 나아가 비교의 조사 '-보다'도 이에 준하여 후치사로 처리할 수 있게 된다.

'-와' 문장은 접속문으로부터 도출된 구조가 아니다

첫째 문제는 '-와'를 가진 문장이 접속문 구조로부터 변형에 의해 도출된 구조인가 하는 것이다. 이 문제를 위해서는 '-와'를 가지는 문장들을 교호적 구문과 비교호적 구문으로 나누어 고찰해야 한다. 양정석(1995/1997, 1996가, 라)에서는 '-와'를 가지는 문장들을 (4), (5)의 교호성 구문과 (6)의 비교호성 구문으로 나누어, 이들이 접속문을 기저구조로 갖지 않음을 증명하였다.

---

291) '그리고' 문장이 명사구 접속의 구조인 경우도 인정한다. 뒤의 (41) 참조. '그리고'는 부사로서, 명사구 접속구 내부에 실현될 때에는 언제나 후치사구에 부가되는 것으로 본다.
　　a. [PP [P' 철수-와] [[AdvP 그리고] [PP 영호(-와)]]]
　　b. [PP [P' 철수-e] [[AdvP 그리고] [PP 영호(-와)]]]

(4) 가. 철수와 영호가 싸웠다.

　　나. 철수가 영호와 싸웠다.

(5) 가. 철수와 영호가 서로 바라보았다.

　　나. 철수가 영호와 서로 바라보았다.

(6) 가. 철수와 영호가 뛴다.

　　나. 철수가 영호와 뛴다.

　(4)는 대칭동사에 의해 교호성을 갖게 되는 구문인 '대칭 구문'이며, (5)는 '서로'의 존재로 말미암아 교호성을 갖게 되는 구문인 '상호 구문'이다.292) (4)-(6)은 모두 접속구를 가지는 (가) 구문과 'NP-와' 꼴의 후치사구를 가지는 (나) 구문으로 나누어진다. (가)의 구조를 접속 구문, (나)의 구조를 여동 구문이라고 부르기로 한다.293)

　초기의 변형론적 연구들에서는 위 예들을 다음 문장들의 구조에 상응하는 기저구조를 설정하여 설명해왔다.294) (4), (5)의 교호성 구문은 대략 (7)과 같은 구조로부터, (6)의 비교호성 구문은 대략 (8)과 같은 구조로부터, '접속문 줄이기 (conjunction reduction)'라는 일련의 통사적 변형 규칙들이 적용되어 도출되는 것으로 본 것이다. 또한 (4)-(6)의 (가) 구조가 변형에 의하여 도출된 다음 'NP-와' 꼴의 접속항이 이동 변형을 거치면 (나)의 구조가 도출된다.

(7) 가. 철수가 영호와 싸우고, 영호가 철수와 싸웠다.

　　나. [철수가 영호와 싸웠다]고 [영호가 철수와 싸웠다]

---

292) 대칭 구문, 상호 구문은 홍재성(1985)의 용어이다.

　'교호성'은 다음과 같은 형식적 구조를 가리키는 용어이다. '교호성 구문'은 대칭동사를 가지는 구문과 '서로'를 가지는 구문을 포괄하는 용어이다. 대칭동사와 '서로'(대명사, 부사)는 '의미구조'라는 표상 층위에서 다음과 같은 형식을 가진다는 것이 필자의 기본적인 생각이다.

　a. F(X, Y) AND F(Y, X)

　이에 비해서 관계 'R'이 가지는 대칭성은 다음과 같이 나타낼 수 있다. 뒤의 (13)-(16)에는 이와 같은 의미에서의 대칭성을 갖지 않는 대칭동사들의 예가 제시된다.

　b. R(X, Y) = R(Y, X)

　동사가 통사적 형식에서 이러한 관계를 보일 때 이를 대칭동사라고 규정할 수 있다. 그러나 이 책에서는 대칭동사 중 이러한 엄밀한 의미에서의 대칭성을 갖지 않는 동사들도 관례대로 대칭동사라고 지칭하는 경우가 있다. 뒤에 드는 예 중의 '고립되다, 격리되다, 친화적이다'와 같은 예가 그것이다.

293) 이러한 용어는 김영희(2001)를 따라 쓰는 것이다.

294) 김완진(1970), 김영희(1974가, 나), 최재희(1985가)가 대표적인 연구이다.

(8) 가. 철수가 뛰고, 영호가 뛴다.

　　나. [철수가 뛴다]고 [영호가 뛴다]

양정석(1995, 1996가, 라)에서는 교호성 구문에서나 비교호성 구문에서나 '접속문 줄이기'를 통한 설명이 유지될 수 없음을 논하였다. 다음 예들은 접속문 줄이기에 의한 설명에 근본적인 난점을 제공한다.

(9) 가. 철수와 영호가 싸웠다.

　　나. 철수와 영호와 순기가 싸웠다.

　　다. 아이들이 싸웠다.

　　라. 그 많은 인파가 싸웠다.

(10) 가. 철수와 영호가 뛰었다.

　　나. 철수와 영호와 순기가 뛰었다.

　　다. 아이들이 뛰었다.

　　라. 그 많은 인파가 뛰었다.

이들은 그 기저구조로서의 접속문 구조를 복원하기가 불가능한 예이며,

(11) 가. 철수와 영호는 서로 싸웠다.

　　나. 철수와 영호는 함께/공동으로/힘을 합쳐서 싸웠다.

　　다. 철수와 영호는 각각/각기 싸웠다.

(12) 가. 철수와 영호는 서로 뛰었다.

　　나. 철수와 영호는 함께 뛰었다.

　　다. 철수와 영호는 각각 뛰었다.

이들은 부사나 부가어 표현에 따라 기저구조의 형식을 달리 설정해야 할 예들인 것이다. 심지어 (13)-(16)에서 보는 바와 같이, 접속문 기저구조나 명사구 접속구의 기저구조를 상정하기 불가능한, '비대칭성'을 가지는 대칭동사 구문이 존재하기도 한다.

(13) 가. 이들이 외부와 고립되었다/격리되었다.

　　나. =/= 이들과 외부가 고립되었다/격리되었다.

　　다. *외부가 이들과 고립되었다.

(14) 가. 우리의 무관심이 그를 사회와 고립시킨/격리시킨 것이다.

나. =/= 우리의 무관심이 그와 사회를 고립시킨/격리시킨 것이다.

다. *우리의 무관심이 사회를 그와 고립시킨/격리시킨 것이다.

(15) 가. 이 제품은 환경과 친화적이다.

나.?*이 제품과 환경은 친화적이다.

다. *환경은 이 제품과 친화적이다.

(16) 가. 철수는 영호와 이종사촌이다.

나. *철수와 영호는 이종사촌이다.

다. =/= 영호는 철수와 이종사촌이다.

김영희(1974가, 나)는 접속문 줄이기 변형과 접속항 이동 변형을 실행하는, 변형론적 접근의 대표적 연구인데, 근래 김영희(2001)에서는 그와 같은 두 가지 방향의 변형설을 스스로 부정하는 논증을 보인 바 있다. 결국 (7), (8)과 같은 구조를 '-와' 구문의 기저구조로 상정하는 일은 더 이상 그 통사론적 설명력을 인정받지 못하게 된 것이라고 할 수 있다.[295]

'-와'는 후치사이다

전통문법적 연구에서는 '-이'와 '-를'은 물론이고, '-에', '-에서', '-으로' 등을 격 표지로 간주하는 것을 당연시하여왔으나, 생성문법적 연구에서는 이들 중 '-에', '-에서', '-으로' 등에 대해서 인구어의 전치사에 상응하는 후치사로서의 자격을 부여하는 시도가 계속되어왔다. 필자의 견해는 '-와'가 이들과 한 부류로서의 후치사라는 것이다.

'-으로', '-와'가 후치사로서의 독립된 자격을 가진다는 점은 다음과 같은 예를 통하여 보일 수 있다. (17)에서와 같은 문법성의 차이가 나타나는 것이 'NP-으로' 형식의 서술어(이차 서술어) 됨으로부터 기인하는 것과 같이, (18)에서의 문법성 차이도 'NP-와' 형식의 서술어 됨으로부터 기인하는 것이다.

(17) 가. 철수가 대표 학생으로/*대표 학생φ 단상에 올랐다.

나. 선생님은 철수를 대표 학생으로/*대표 학생φ 회의에 보냈다.

(18) 가. 김씨가 자기 아이들과/*자기 아이들φ 떠났다.

---

295) 김영희(2001)에서는 '-와'가 어느 경우나 명사구 접속의 기능만 가지는 접속조사라는 주장을 새롭게 내세우고 있다. 여동 구문의 'NP-와' 꼴을 가지는 구는 [e와 NP(-와)]와 같은 구조로 표상된다. 양정석(2004나)에서 이 주장에 대한 반론을 전개하였다. (13)-(16)은 그 주요 반례가 된다.

나. 그는 김씨를 자기 아이들과/*자기 아이들φ 떠나보냈다.

(17)에서 'NP-φ'와는 달리 'NP-으로'가 이차 서술어로 쓰일 수 있다는 것은 '-으로'가 통사적으로 머리성분이며, 'NP-으로'가 'NP'와는 다른 범주적 특성을 가진다는 증거가 된다. 마찬가지로, (18)에서 'NP-와'는 이차 서술어로 쓰이는 것이며, 이 때의 'NP-와'가 이차 서술어로서의 기능을 갖도록 만드는 것은 다름아닌 '-와'인 것이다. 뒤에서는 '동반 부사어'라 불려 온 (18가)의 'NP-와'를, 서술화 원리에 따라 주어진 지표를 이용하여 통사구조와 의미구조의 성분들을 연결·허가해주는 '구문규칙'으로 기술해 보일 것이다.

한편, 격 교체 현상에 관해 논의한 김영희(1999가, 나)에서는 일반 부사격조사들의 기능을 세 가지로 나누고 있다. 1)후치사로서 부가어를 이끄는 것과 2)후치사로서 간접 논항을 이끄는 것과 3)사격 표지로서 직접 논항을 이끄는 것이 그것이다. (19), (20), (21)이 각각의 예를 보여준다. 부사격조사들을 이처럼 3가지로 분류하는 근거는, (19)'에서와 같이 명사항이 생략될 수 있는지 여부, (20)', (21)'에서와 같이 부사격조사가 수의적으로 생략될 수 있는지 여부 등이다.

(19) 가. 아이가 마당에서 논다.　　　 : 부가어--'후치사'
　　　나. 철이가 장작을 도끼로 팬다.
(20) 가. 손님이 의자에 앉는다.　　　 : 간접 논항--'후치사'
　　　나. 전등이 천장에 매달렸다.
(21) 가. 정이는 고향에서 떠났다.　　　 : 직접 논항--'사격 표지'
　　　나. 며느리가 친정에 간다.
(19)' 가. 아이가 (마당에서/*을/*φ) 논다.
　　　 나. 철이가 장작을 (도끼로/*를/*φ) 팬다.
(20)' 가. 손님이 의자에/*를/*φ 앉는다.
　　　 나. 전등이 천장에/*을/*φ 매달렸다.
(21)' 가. 정이는 고향에서/을/φ 떠났다.
　　　 나. 며느리가 친정에/을/φ 간다.

일반 부사격조사들 '-에, -에서, -으로' 등이 세 가지 유형으로 나누어질 수 있는 것처럼, '-와'도 그와 같은 유형화가 가능하다. 둘 사이의 평행성을 강조하기 위해 그 통사적 특성을 괄호 안에 표시했다.

(22) 가. 김씨가 (자기 아이들과/*을/*ɸ) 떠났다.　　:　(부가어--'후치사')

　　　나. 그는 김씨를 (자기 아이들과/*을/*ɸ) 떠나보냈다.

(23) 가. 영호가 철수와/*를/*ɸ 싸웠다.　　　　:　(간접 논항--'후치사')

　　　나. 철수가 경애와/*를/*ɸ 교제한다.

(24) 가. 영호가 철수와/를/ɸ 만났다.[296]　　　:　(직접 논항--'사격 표지')

　　　나. A 회사가 B 회사와/를/ɸ 합병하였다.

'-와'가 다른 부사격조사들처럼 격 교체 방식의 차이에 따라 세 부류로 유형화될 수 있다는 사실은, '-와'가 이들 부사격조사와 동일한 범주적 특성을 가짐을 말해주는 것이다. 위에 제시된 바와 같이 김영희(1999가, 나)에서는 일반 부사격조사들이 부가어에서나(19), 보충어에서나(20), 후치사로 쓰일 수 있음을 인정하고 있다. (20)와 달리 (21)의 경우를 사격 표지로 구별하는 것은 타당한 방안이 될 수 없는 것으로 보인다.[297] 이 점과는 별도로, 다른 부사격조사들에서 가능했던 세 부류로의 유형화가 '-와'에서도 가능하다는 점은 김영희(2001)의 견해와는 반대로, (22)-(24)의 '-와'가 접속조사보다는 후치사나 격 표지의 성격을 가짐을 증명하는 것이다.[298]

　물론, '-와'에는 명사구 접속구를 형성하는 용법이 존재한다. 그러나, 앞에서 제시한 통사적 증거들에 따라 '접속 구문'과 '여동 구문'이 통사적 연관을 가짐

---

296) 이와 같은 동사로는 '만나다, 합병하다' 외에 '가까이하다, 단절하다, 대적하다, 벗하다, 사귀다, 사별하다, 상종하다, 짝하다' 등 매우 한정된 수가 존재한다.

297) (20가)에서 간접 논항을 취하는 대표적 동사로 제시된 '앉다'도 부사격조사 '-에'가 생략될 수 있으며(a.), '주다'의 경우는 간접 논항과 직접 논항을 모두 취할 수 있으며(b.), 직접 논항을 취하는 동사의 하나인 '가다'의 경우 그 사격 표지를 두 가지를 할당한다고 설명해야 한다(c.). 이들은 부사격조사들의 일부를 사격 표지로 구별하는 처리 방안에 대하여 난점이 된다.

　　a. 젊은 중이 . . . 다시 <u>상좌를</u> 앉은 꺽정이를 보고 "불상은 돌루 하시렵니까, 나무루 하시렵니까? . . ."하고 말하였다.(홍명희, 『林巨正』, 사계절, 1991)

　　b. 가. 오빠가 언니에게/언니를 책을 주었다.

　　　　나. 오빠가 꽃에/*꽃을 물을 주었다.

　　c. 가. 철수가 30분 만에 학교에 갔다.

　　　　나. 철수가 30분 만에 학교로 갔다.

298) 김영희(2001: 171)에서는 (23)에서 'ɸ'('무표격'이라고 함)이 실현 불가능하고 (24)에서는 그것이 가능한 까닭을 후자에서 '만나다'류의 동사가 무대칭 서술어이기 때문이라고 설명하였다. 그런데 '무대칭 서술어'라는 것은 대칭 동사와 일반 동사의 두 가지 의미역 구조의 가능성을 가지는 동사들에 지나지 않는다. '-에'나 '-로'를 취하는 동사들도 이들 조사와의 의미적 선택 관계에 따라 동음이의적으로 실현된다는 점에서는 '-와'와 관련되는 '무대칭 서술어'와 다를 바 없는 것이다.

이 부정되므로, 두 구문의 '-와'를 단일한 조사로 간주할 필연성은 존재하지 않는다. 그러므로, 극단적으로 명사구 접속구('NP-와 NP(-와)')와 여동의 구('NP-와')를 별도의 구조로 취급하는 것도 불가능하지는 않다.

그런데 양정석(1996라)에서는 'NP-부터 NP-까지' 구성이 'NP-와 NP(-와)' 구성과 그 통사구조가 유사하다는 점을 예증한 바 있다. '-부터'와 '-까지'가 각각 후치사로서의 용법을 가지면서도 독립적 구성을 이룰 수 있는 것처럼, 위에서 제시한 후치사로서의 용법을 가지는 '-와'도 'NP-와 NP(-와)' 구성에서 후치사로서 독립된 복합 구성을 이루는 것으로 간주할 수 있다는 것이다.299) 이러한 고려의 결과 '-와' 접속 명사구는 (28)의 구조로, '-부터'와 '-까지'에 의해 형성되는 구는 (27)의 구조로 나타낼 수 있다.300)

(25) 가. 그는 청량리부터 걸었다.
    나. 그는 동대문까지 걸었다.
    다. 그는 청량리부터 동대문까지 걸었다.
(26) 가. 시에서 청량리부터 동대문까지를 도로 정비 구역으로 정했다.
    나. 시에서 도로 정비 구역으로 정한 것은 청량리부터 동대문까지였다.
(27) [PP [P NP^1 [P 부터]] NP^2(-까지)]
(28) [PP [P NP^1 [P 와]] NP^2(-와)]

'-와'는 통사적으로 후치사로되, 논항의 의미역적 성격을 나타내는 기능과 접속의 기능을 모두 가질 수 있다. '-와'의 접속 기능을 설명하기 위해서도, '-와'가 통사적 머리성분이 되어 구(PP)의 통사적·의미적 성격을 결정하는 구조인 (28)의 통사구조가 효과적이다.

앞의 4.1.3절에서는 국어의 보조사(D)가 독립된 통사 범주이면서 구 범주(DP)를 투사하는 것으로 상정하였는데, 보조사가 후치사와 결합될 때에는 '재구조화 원리'에 따라 뒤의 후치사와 함께 복합적 후치사를 이루는 것으로 보았다.

299) 최현배(1937)에서는 '-부터'와 '-까지'가 보조사(도움토씨)로만 규정되었으나, 김영희(1974다)에서는 이와 함께 격조사로서의 용법을 가지는 것으로 처리하고 있다. 'NP-부터 NP-까지' 구성이 독립된 성분을 이룬다는 관찰은 홍재성(1987: 37-50), 양정석(1996라)를 참고하기 바람.
300) '청량리로부터 동대문까지', '청량리에서 동대문까지', '청량리에서부터 동대문까지' 등도 모두 같은 구조를 가지는 것으로 본다. '-로부터', '-에서부터'는 두 조사 단위가 재구조화하여 하나의 통사적 머리성분을 이루는 것으로 분석된다.

표면적 어순만을 고려한다면, (27), (28)과 같은 구조에서 '-까지'와 '-와'에 보조사가 이어질 경우 복합적 후치사가 형성되어야 하는데, 그렇게 되면 이들이 주어와 목적어에 쓰이는 사실을 전혀 설명할 수 없게 되는 문제가 발생한다.

그러나 (27), (28)에서 뒤의 후치사 '-까지'와 '-와'는 전체 후치사구의 머리성분이 아니라 명시어의 머리성분인 것이다. '유형I 재구조화'는 기본적으로 상위 구의 머리성분과 하위 구의 머리성분 사이의 연계를 확립하는 절차이다.301) 따라서 이 경우 하위 구의 머리성분이 아닌 뒤 위치의 '-까지'와 '-와'는 이어지는 보조사와 재구조화될 수 없다.

또 한 가지 문제는, (27), (28)에서 전체 후치사구의 머리성분인 앞 위치의 '-부터', '-와'와 뒤에 이어지는 보조사가 재구조화(유형I 재구조화)에 의해 연계될 가능성이다. 그러나 'NP-와 NP-와' 형식의 복합구, 'NP-부터 NP-까지' 형식의 복합구는 후치사구이지만, '-이/가', '-을/를', '-은/는', '-도', '-만' 등의 보조사와 결합될 때에는 언제나 보조사구로서의 행태를 가짐이 관찰된다.

(29) 가. 청량리부터 동대문까지가/도/만/만이 도로 정비 구역으로 정해졌다.

　　　나. 시에서 청량리부터 동대문까지를/도/만/만을 도로 정비 구역으로 정했다.

(30) 가. 철수와 영호(와)가/도/만/만이 우리 앞에 나타났다.

　　　나. 우리는 철수와 영호(와)를/도/만/만을 회원으로 인정했다.

이러한 현상은 원리에 따른 것이라고 생각된다. 우선, 언어 보편적인 원리로 상정된 '재구조화 원리'에 다음과 같은 조건이 주어진다고 가정하자.302)

---

301) 그러나 바로 아래의 하위 구를 투사하는 머리성분으로만 한정되지는 않는다. 앞에서 논의한 서술성 명사 구문의 경우, '[[t 연구]-를] 하-'에서 상위 구 머리성분 '하-'는 바로 아래의 하위 구 머리성분인 '-를'이 아니라, 더 아래의 하위 구 머리성분인 '연구'와 연계된다.

302) 이는 '인접 조건', 즉 연계되는 두 머리성분이 인접해야 한다는 조건으로 서술될 수도 있다. 양정석(1991)에서는 실제로 이 같은 표현을 사용하였으나, 서술성 명사 구문에서 서술성 명사와 동사 사이에는 보조사가 개재하므로, 더욱 정확한 기술을 위해 (31)과 같이 표현한 것이다. (31)은 하위 구가 명시어를 가지는 경우에 실제 효력을 가지는 규정으로서, 상위 구와 하위 구의 머리성분들이 인접하는 효과는 '머리성분-뒤' 매개변인에 따라 가능하게 된다.

　(31)은 이 책의 초판에서 '지배' 개념을 활용하여 불명확하게 표현되었었다. 그러나 바로 앞의 각주에서 말한 이유에 따라 '지배' 개념은 적합하지 않음이 드러나므로, 현재와 같이 수정하게 된 것이다. 앞에서 제시한 '재구조화 원리'는 현재는 물론, 초판에서도 '지배' 개념을 활용하지 않고 기술되었다.

(31) 재구조화의 머리성분 주변성 조건:
두 머리성분이 재구조화에 의해 긴밀한 관계로 연계되기 위해서는 상위 구의 머리성분에 연계되는 하위 구의 머리성분이 구의 가장자리에 위치해야 한다.

(29) 예문에서 '-부터', (30) 예문에서 앞의 '-와'는 (31)의 조건에 부합되는 후치사가 아니다. 따라서 이런 경우 재구조화의 적용은 거부되고, 문제의 명사항은 보조사구로 남아있게 된다.

동반 구문규칙

다음의 문장들은 홍재성(1987)에서 '동반 구문'이라 지칭하는 것인데, 앞에서는 (32가)의 'NP-와' 형식, 즉 '동반 부가어'가 통사적 이차 서술어라고 설명한 바 있다.

(32) 가. 철수가 영호와 뛰었다.
　　 나. 철수와 영호가 뛰었다.

동반의 부가어인 'NP-와'는 이것과 연계되는 앞의 명사항이 행위자일 것을 요구하는 특성을 가진다.

(33) 가. 사냥꾼이 멧돼지와 노루를 잡았다.
　　 나.*사냥꾼이 멧돼지를 노루와 잡았다.
(34) 가. 설득과 호소가 그의 마음을 움직였다.
　　 나.*설득이 호소와 그의 마음을 움직였다. (이상 4개 예문은 남기심 1990에서)

앞에서의 설명을 따르면 통사구조의 이차 서술어는 의미구조와의 대응에 관한 규정을 갖게 되는데, 이 규정을 '구문규칙'(또는 '부가어 대응규칙')으로 형식화할 수 있다. 위와 같은 선택제약의 특성은 구문규칙을 통하여 포착할 수 있다. 보통의 동사 어휘항목이 통사 범주 V와 그 의미 내용의 연결 관계로 기술되듯이, 구문 단위의 통사구조가 그 고유한 '구문적 의미'와 연결된다는 관점을 구현한 것이다.303)

---

303) (35)의 규칙은 주어진 통사구조의 일부와, 주어진 의미구조의 일부가 서로 대응된다는 제약만을 규정한다는 뜻에서 '대응규칙'이다. 통사구조를 입력으로 '해석'하는 규칙이

(35) 동반 구문규칙

[$_{CP}$ . . . NP-이/를^1$_v$ . . . NP$_k$-와^1. . .]는 다음 의미구조에 대응된다.

$$\left[\begin{array}{l} F(. . . [\quad]^{\alpha}_v . . .) \\ [\text{WITH}[\text{AFF}([[\quad \alpha \quad] \text{ AND } [\quad]_k], \quad)]] \end{array} \right]$$

이 규칙에서 기술하는 'NP-와'는 대칭동사를 가지는 여동 구문에서와는 달리
동사에 의한 선택제약을 받지는 않는다. 단, 통사적 주술관계를 맺는 '주어
(host)'와 공동으로만 행위자의 성질을 가져야 한다는 제약을 받는 것이다. 결국,
(33나), (34나)의 '노루와'와 '호소와'는 각각 통사적 이차 서술어인데, 이것이 위
구문규칙에 의해 부과되는 행위자성의 요구('AFF(X,)'의 'X'의 일부가 되어야
한다는 요구)를 충족시키지 못하여 이와 같은 부적격한 문장을 유발한 것이다.

'그리고', '및'의 처리

한국어에서 접속문 줄이기에 의한 변형론적 견해를 유지하기 어려움을 말해
주는 또 한 가지 현상은 명사구 접속을 위하여 '-와' 뿐만이 아니고 '그리고',
'및' 등의 요소들이 사용된다는 것이다.

(36) 가. 철수와 영희가 뛴다.
     나. 철수 및 영희가 뛴다.
     다. 철수, 그리고 영희가 뛴다.

이들은 과연 같은 기저구조를 가지는 것일까? 다음과 같은 검사를 통해서는
이들 사이의 차이를 찾아내기 어렵다.

(37) 가. 철수와 영희가 함께 뛴다.
     나. 철수 및 영희가 함께 뛴다.

아님을 유의해야 한다. 이 규칙은 271쪽의 '묘사 서술어 구문규칙'의 한 특수한 형식으
로 생각할 수 있다. 'I'은 통사적 원리인 서술화 원리의 적용을 받아 두 통사구조 성분
이 주술관계를 이루고 있음을 확인하는 '서술화 지표'이다. 'v'는 통사구조의 서술화 지
표를 참조하여 그 의미구조 성분과의 대응 관계를 맺어주는 기능을 가지는 지표이다.
Jackendoff (1990: 11장)에서는 이를 '변수 지표'라고 명명하였다. 여기서 '-이/를'은 주어
의 경우나 목적어의 경우나 이 규칙이 모두 적용될 수 있음을 보이기 위한 것일 뿐이
고, 꼭 이들 조사가 규칙의 조건이 된다는 뜻은 아니다. (35)의 규칙은 양정석(2004나)에
서 제시한 바 있다.

다. 철수, 그리고 영희가 함께 뛴다.
(38) 가. 철수와 영희가 각각 뛴다.
　　　나. 철수 및 영희가 각각 뛴다.
　　　다. 철수, 그리고 영희가 각각 뛴다.

그러나 대칭동사를 포함하는 구문에서 이들의 차이는 명백해진다.

(39) 가. 철수와 영희가 싸웠다.
　　　나. 철수 및 영희가 싸웠다.
　　　다. 철수, 그리고 영희가 싸웠다.

(39가)와는 달리 (39나)와 (39다)는 교호적 의미로 해석되지 않는다. '서로'를 개재시켜보면 그 차이가 더욱 분명히 드러난다.

(40) 가. 철수와 영희가 서로 싸웠다.
　　　다.*철수 및 영희가 서로 싸웠다.
　　　나.*철수, 그리고 영희가 서로 싸웠다.

(39가) 문장은 중의적이지만, (40가)처럼 '서로'가 개재될 경우 교호적 의미만으로 해석된다. 그런데 원래 교호적 의미를 갖지 않는 (39나, 다) 문장들은 (40나, 다)처럼 '서로'가 개재될 경우 비문이 된다.
　위 (37)에서는 공동의 행위를 뜻하는 부사 '함께'가 개입할 때에 '-와', '그리고', '및'의 기능의 차이를 알기 어렵다고 하였지만, 이들을 자세히 살펴보면 (36)의 세 문장 중 '그리고'를 포함한 문장은 구조적 중의성을 보인다는 점에서 나머지와 다르다는 것을 관찰할 수 있다.

(36)' 가. 철수와 영희가 함께 뛴다.
　　　　*⇐ 철수가 (제삼자와) 함께 뛰고 영희가 (제삼자와) 함께 뛴다.
　　　나. 철수 및 영희가 함께 뛴다.
　　　　*⇐ 철수가 (제삼자와) 함께 뛰고 영희가 (제삼자와) 함께 뛴다.
　　　다. 철수, 그리고 영희가 함께 뛴다.
　　　　⇐ 철수가 (제삼자와) 함께 뛰고 그리고 영희가 (제삼자와) 함께 뛴다.
(41) 철수, 그리고 영희가 뛴다.

가.　<= 철수와 그리고 영희가 뛴다.
나.　<= 철수가 뛰고, 그리고 영희가 뛴다.

이상의 관찰을 바탕으로, 위 (36)의 문장들 중에서 '및' 문장은 '-와' 문장과 동일한 방식으로 처리할 수 있다. (43)에서 'e'는 '-와'의 변이형태로 무형의 변이형태가 실현된 것으로 본다. '및'은 최대투사인 부사구를 이룬다.

(42) [PP[P' 철수-와] [PP 영희(-와)]]가 뛴다.
(43) [PP[P' 철수-e] [[AdvP 및] [PP 영희(-와)]]]가 뛴다.

(41)과 같은 중의성을 가지는 '그리고' 문장은 다음과 같은 두 구조로 표상된다.

(44) 가. [PP[P' 철수-e] [[AdvP 그리고] [PP 영희(-와)]]]가 뛴다.
　　　나. [[S[DP 철수] . . .] [S[AdvP 그리고] [S[DP 영희가] 뛴다]]]

이 중 (41가)처럼 구 접속 구조를 가지는 문장으로 해석되는 경우, '그리고'는 부사구를 이루어 후치사구에 부가되는 것으로 본다.[304] (41나)처럼 절 접속 구조로 해석되는 '그리고' 문장의 특성은 비우기(gapping)를 포함하는 문장의 특성을 가지는 것으로 본다. '. . .' 위치에는 동사의 활용형에 해당하는 공범주가 놓인다.[305]

(44나)의 구조는 명사구 접속구를 포함하는 (42), (43)의 두 구조와는 판연히 다른 것이다. 이로써 위에서 관찰한 '-와' 문장, '및' 문장과의 차이가 통사구조로 포착될 가능성이 열린 것으로 본다. 앞의 3.1.1절, 3.1.2절에서는 생성문법 연구에서의 통사구조 기술 방법을 설명하는 과정에서 '그리고' 문장의 예를 든 바 있는데, 이는 (44나)의 구조 해석을 바탕으로 그와 같이 설명한 것이다.

---

304) 다음과 같은 예의 '그리고'도 명시어인 PP에 부가되는 부사구라는 점에서 같은 통사적 지위를 가진다고 본다.
　　a. 철수, 영호, 그리고 순기가 뛰었다.
　　b. [PP [P' 철수-e] [PP [P' 영호-e] [PP [AdvP 그리고] [PP 순기-e]]]]-가 뛰었다.
305) 비우기 구조를 포함하는, 연결어미 문장에 대한 포괄적인 논의는 5.4절에서 전개하게 된다. 그 전까지는 (44나)에서 절의 범주를 'S'라고만 표시한다. 또한, (44나)에서 선행절의 주어에는 영-형태의 보조사가 실현된 것으로 보아야 한다.

그러면, (39), (40)의 교호성 구문의 주어에 '및'과 '그리고'가 나타날 수 없는 특성은 어떻게 설명할 수 있는가? '및'과 '그리고'는 명사구 접속구 내부에 언제나 나타날 수 있는 것이므로, 이들 문장의 부적격성은 이들 부사가 가지는 의미적 특성에 따른 것이라고 설명할 수 있다. 즉, '및'과 '그리고'가 개재됨으로써 해당 주어의 의미는 문장의 교호적 의미와 모순되게 된다.

최현배(1937) 이래로 '그리고'는 부사의 하위 범주인 접속부사로 취급되어왔다. 접속부사는 명사항과 명사항을 접속하는 기능과, 절과 절을 접속하는 기능을 가지는 것으로 생각되어왔다. 그러나 이상의 관찰은 '그리고'가 스스로 통사적 접속의 기능을 담당한다기보다는, 명사구 접속 구조의 내부와 절 접속 구조의 내부에 부사구로 개입되는 존재일 뿐이라는 사실을 보여주는 것이다.

'-와'와 '-와' 문장 마무리

'-와'는 어느 경우에나 그 통사 범주가 후치사로서, 후치사구를 형성하는 기능을 가진다. 'NP-와' 꼴의 여동 구에서는 왼쪽의 명사구를 보충어로 가지는 구조로, 명사구 접속구에서는 왼쪽의 보충어와 함께 오른쪽의 명시어를 가지는 구조로 표상된다. '-와'는 교호성 구문에서나 비교호성 구문에서나 이와 같은 두 가지 후치사구를 형성할 수 있다.

'-와'를 가진 문장의 의미 해석 과정에 대해서는 양정석(1995, 1996라, 2004나)에서 자세히 논의한 바 있다. 교호성 구문에서는 여동 구의 경우, 명사구 접속구의 경우 어느 것이나 대칭동사가 가지는 교호적 어휘의미구조를 바탕으로 해서 전체 문장의 의미구조를 얻을 수 있다. 비교호성 구문에서는 그 해석의 과정이 더욱 간단하다. 다만 동반 부가어를 가지는 구문의 경우는 앞에서 설정한 구문규칙을 이용해서 의미 해석이 이루어진다. 이와 같은 의미 해석 과정을 명시적으로 기술하기 위해서도 보편적 원리로서의 서술화 원리와 재구조화 원리, 그리고 개별언어의 규칙인 구문규칙과 같은 장치들의 활용이 필수적임을 이해할 필요가 있다.

'-와'를 후치사로 기술한 이상의 처리 과정은 유사한 단위들의 기술을 위해서도 중요한 의의를 가진다고 본다. 논의 과정에서 거론하였던 '-부터', '-까지'는 단적인 예이다. 이 밖에, 비교의 조사 '-보다'의 문장은 접속문 구조를 그 기저 구조로 가지는 예로 생각되어왔고,[306] 그와 같은 구조의 관점이 특정 구문 구조를 해석하는 데에 결정적인 영향을 미치기도 하였다.[307] 필자는 표면적인 '-보다' 문장이 보여주는 구조적 사실이 이 구문의 기저를 그대로 드러낸다고 생각하는데, 이러한 믿음은 '-와' 문장에 대한 이상의 분석에서 지지받은 바가 크다.

4.4. 마무리

이 장에서는 '대응규칙의 문법'의 체계를 전반적으로 기술해보았다. 이 체계는 통사구조와 의미구조와 음운론적 구조의 대응의 체계임을 특징으로 가진다. 이 세 층위의 구조 표상이 각기 독립적으로 형성되면서 서로에 대한 제약을 부과하는 방식으로 문법적 과정이 이루어진다.

4.1절에서는 연결 부문의 원리인 논항 연결 원리를 제시하고, 다음으로 통사구조의 형성과 제약을 규율하는 각종 원리 및 규칙들을 소개하였다. 구 내부의 제약으로는 핵계층 원리를 이루는 핵계층 도식을 제시하고, 이것이 재구조화 원리와 어떻게 상호작용하는지를 기능 범주들에 대한 정리 작업과 함께 보였다. 이러한 작업은 이후로 한국어 구문 구조를 하나하나 분석해가는 데에 기초를 제공하리라 생각한다. 다음으로 격 표시 원리와, 보충어의 선택에 관한 한국어의 일반적 원리들을 제시해보았다.

구와 구 사이의 제약으로 한국어 통사구조에서 광범위한 파급 효과를 가지는 것은 서술화 원리이다. 서술화 원리에 의해 통사구조와 의미구조에 동지표가 맺어지는데, 이것을 바탕으로 여러 종류의 구문규칙이 적용될 수 있게 된다. 서술화 원리의 적용을 받는 구문은 한국어의 부가어에서 다수를 차지하는 것이므로 그 중요성은 큰 것이다.

4.2절에서는 보조사구, 후치사구, 명사구로 이루어지는 명사항들의 내부 구조를 핵계층 원리와 논항 연결 원리와 격 표시 원리의 상호 관련 속에서 기술해보았다. 4.3절에서는 한국어 통사구조의 여러 가지 국면에 큰 영향을 미치는 구조인 조사 '-와'의 구조를 종합적으로 기술하였다. 특히 '-와'의 통사 범주는 후치사이고, 명사구 접속의 구조에서는 이것이 왼쪽의 보충어와 오른쪽의 명시어를 취하는 구조를 이룬다고 기술하였다. 이와 같은 구조 기술은 일부 명사항, 가령

---

306) 이와 같은 방향의 분석으로 김정대(1993)이 있다.
307) 앞의 2.3.2절에서 한 가지 사례를 살핀 바 있다.

동격 명사구 구성을 같은 구조로 기술하는 선례가 되기도 하지만, 더욱이 연결 어미 절의 문장에 이와 연관되는 구조가 존재하므로, 명사구 접속과 문장 접속의 연관성을 해명하는 일에 한 걸음 다가설 수 있게 되었다고 보았다.

이 장에서 제시한 체계는 구문규칙이라는 규칙의 형식을 최대한으로 활용하는 특징을 가진다. 구문규칙은 통사구조의 부분 구조와 의미와의 대응에서 존재하는 규칙성을 포착한다. 경우에 따라서는 특정 구문규칙의 요건에 완전히 부합하지 않는 구조가 허가되기도 하는데, 이 때 구문규칙이 부여하는 구문적 의미의 강제에 의한 의미 보충의 효과가 나타나기도 한다. 이렇게 구문규칙은 구체적인 문장에서 흔히 나타나는 전형적 의미와 특수한 의미의 상호작용 현상들을 포착하는 장치로서도 그 효용성이 높다.

한편, 구문규칙은 통사 부문에 주어지는 규칙의 형식 중 변형 규칙의 특징을 가진다. 국어문법의 연구에서 생성문법 이론이 가지는 호소력은 구문의 형식과 의미와의 대응에서 존재하는 규칙성에 대한 설명을 가능하게 한다는 것이 그 주요한 측면이었음을 부인하기 어렵다. 우리가 '통사구조론'이라는 제목으로 이 책의 논의를 전개하는 것도 촘스키(Chomsky 1957)로 대표되는 초기 생성문법 이론의 전망에 크게 공감하기 때문이다. 구문규칙이야말로 이러한 생성문법 이론의 전망을 구체화해주는 규칙적 장치라고 하겠다.

제5장 한국어의 복합문 구조

　종래의 연구에서도 그러하였지만, 한국어를 형식체계로 바라보는 이 연구에서도 문법적 접미사로서의 연결어미와 전성어미가 문장 구조에서 행하는 기능은 매우 중요한 바 있다. 한국어의 복합문은 연결어미와 전성어미에 의해 이루어지는 것이다. 어미들이 문장 구조에서 가지는 중요성은 전통·구조문법적 연구에서도 주목되어왔지만, 그 중요성에 대한 인식이 이론적 기술로 구체화된 것은 생성문법적 연구로 들어와서였다고 할 수 있다.

　앞 장에서 제시한 이 책의 문법 체계에 의하면 연결어미와 전성어미는 보문소의 범주에 속한다. 연결어미는 앞서는 문장을 이끌어 한 문장 단위가 전체 문장에서 특정의 기능을 갖도록 맺어준다. 전성어미도 앞서는 문장을 이끌어, 이를 전체 문장에서 특정의 기능으로 내포하도록 하여준다. 그러므로 한국어 통사구조론의 기술은 이들 기능이 정확하게 무엇인가를 밝히는 과제를 안게 된다.

　연결어미의 절과 전성어미의 절이 가지는 통사구조상의 기능을 파악하는 일은 기본적으로 이들 절이 한 구성성분으로서 다른 구성성분들과 어떤 관계를 가지는지를 파악하는 일이 된다. 이 장에서는 이들 어미가 가지는 기능을 중심으로 한국어 문장에서의 접속과 내포의 메커니즘을 밝혀보기로 한다. 우리의 체계에서 그 메커니즘은 두 가지 주요 장치, 즉 핵계층 도식과 구문규칙에 의해 포착된다.

5.1. 명사절 내포문과 관형절 내포문

　전통·구조문법적 연구로부터 명사형어미 '-음'과 '-기'는 내포절의 하나로서의 명사절을 나타내는 표지라고 알려져왔다. 관형사형어미인 '-는, -은, -을, -던'

은 관형절이라는 내포절을 이끄는 표지로 알려져왔다. (1)과 (2)는 명사절 내포
문이고, (3)과 (4)는 관형절 내포문이다. 특히 (2)는 이른바 'tough 구문'이라는
특이한 구문 현상을 보이는 예로 생각되어왔다. 이를 앞으로 "'쉽다' 구문'이라
고 지칭하기로 한다.

(1) 가. 철수가 수업에 참석했음은 사실이다.
    나. 철수는 네가 먼저 말을 걸어주기를 원한다.
(2) 이 귤껍질은 까기가 쉽다/어렵다.
(3) 가. 그는 비가 오는 사실을 몰랐다.
    나. 그는 비가 온 사실을 몰랐다.
    다. 그는 비가 올 사실을 고려하지 않고 있다.
    라.*그는 비가 오던 사실을 회상한다.
(4) 가. 우리는 산에서 멧돼지를 잡는 사냥꾼을 만났다.
    나. 우리는 산에서 멧돼지를 잡은 사냥꾼을 만났다.
    다. 우리는 산에서 멧돼지를 잡을 사냥꾼을 만났다.

한국어에서 이들을 포함하는 문장들을 생성하는 원리와 규칙들에 대해서 살
펴보는 것이 이 절의 과제이다.

5.1.1. 명사절 내포문

명사형어미를 가지는 절의 대표적인 예는 (1)의 문장들이다. 여기에서는 이들
과 관련한 통사적 문제를 정리한 다음 (2)의 구문이 보이는 특이성을 검토해보
기로 한다. 우리의 기본 입장은, (2) 구문이 영어의 'tough' 구문과 대응되는 점
을 보이기는 하지만, 궁극적으로는 한국어의 일반 명사절 내포문이 가지는 생
성 원리와 구조를 공유한다는 것이다.

명사절 내포문에 대한 통사론적 연구의 주요 과제는 초기 생성문법적 연구에
서나, 지금에 와서나, 그 통사구조를 제시하고 그 범위를 한정하는 일이다. '-음'
과 '-기'를 가지는 문장을 명사절 내포문으로 인정하는 것은 초기의 연구에서부
터 있어온 일이지만, '-는가', '-는지', '-느냐', 그리고 '-는것' 등도 명사형어미,
즉 명사절 보문소인가, 그리고 그 외에 명사절로 인정해야 할 현상이 존재하는
가 하는 문제는 아직 완결된 것이 아니다. 이 연구에서의 우리의 판단은, '-는

것'은 독립된 보문소 단위로 인정할 수 없으나, '-는가', '-는지', '-느냐'는 독립된 보문소 단위를 이룬다는 것이다.

보문소로서의 명사형어미 '-음'과 '-기'

명사절 내포문의 통사구조 설정과 관련하여 제기되는 기초적인 문제는, '-음'과 '-기'를 비롯한 명사형어미의 통사 범주 규정 문제, 명사형어미에 보조사가 결합될 때의 통사구조 해석의 문제이다. 우리는 명사형어미들이 보문소 범주를 이루며, 이 보문소는 한국어의 절 구조에서 필수적으로 실현되는 것이 한국어 절 구성의 한 원리라고 본다. 또, 보문소구는 보조사의 보충어 위치에 놓일 수 있는데, 특히 명사형어미를 가지는 보문소구는 필수적으로 보조사의 보충어로 취하여져서 보조사구를 이룬다고 본다.

우리는 앞(4.1절)에서 분류적 개념으로서의 통사 범주의 설정은 이 범주의 투사가 통사구조상의 어느 위치에 놓이느냐에 따른다기보다, 오히려 이 범주가 취할 수 있는 구 범주의 성격에 따르는 것이라고 말한 바 있다. '명사형어미'는 이러한 견지에서 연결어미, 종결어미 등과 같은 부류로 묶일 수 있다. 이들은 모두 굴절소구를 보충어로 취할 수 있기 때문이다.

'-음' 절과 '-기' 절은 보조사의 보충어로 포함되어 주어와 목적어로 쓰일 뿐 아니라, 후치사 앞에서 후치사의 보충어로 포함되어 후치사구를 이루기도 한다.

(5) 가. 철수가 왔음은 사실이다. (주어인 보조사구)
    나. 나는 철수가 왔음을 뒤늦게 알았다. (목적어인 보조사구)
    다. 그들은 마침내 한국 경제 전체를 손아귀에 넣음에 이르렀다. (후치사구)
(6) 가. 그 사람이 왔기가 쉽다. (주어인 보조사구)
    나. 철수는 네가 먼저 말을 걸어주기를 원한다. (목적어인 보조사구)
    다. 그들은 마침내 한국 경제 전체를 손아귀에 넣기에 이르렀다. (후치사구)

한국어의 다른 보문소들과는 달리, 명사형어미가 이끄는 절이 부가어(그리고 그 일부인 이차 서술어)로 쓰이지 않는 이유는 무엇인가? 그 까닭은 결국 명사형어미 '-음'이 관형형어미 '-는'이나 연결어미 '-으려고'와 통사적 자질의 차이를 가지는 데에서 찾을 수밖에 없다고 본다.

앞의 4.1.4절에서는 명사형어미가 [-pred] 자질을 가짐으로써 잠재적 이차 서술어의 자격을 아예 갖지 못한다고 보았다. 이와 같은 정보는 역시 명사형어미

의 어휘기재항에 기재해놓아야 한다.[308)]

(7) -음: [C, -pred], [Situation · Thing +징표, [Situation   ]A]
(8) -기: [C, -pred], [Situation · Thing +유형, [Situation   ]A]

이에 따라 '-음', '-기'가 이끄는 절은 잠재적 서술어가 될 수 없고, 따라서 서술화 원리가 적용될 수 없다. 또한 [-pred] 자질을 가진 요소는 이차 서술어 아닌 부가어로도 쓰일 수 없다. 그러므로 보조사의 보충어가 되어 주어나 목적어 등의 논항이 되거나, 후치사의 보충어가 되어 후치사의 기능에 의거하여 부가어의 역할을 할 수 있다.

'-음'과 '-기'는 그 의미 기능과 분포에서 여러 가지 차이를 보인다. 뿐만 아니라, 엄격한 공시적 관점에서 관찰해보면, 다른 통사적 단위와의 결합 가능성에서도 뚜렷한 차이가 있음을 발견하게 된다. 현대국어에서 '-기'는 다른 기능 범주와 결합하여 복합적 머리성분을 만드는 특이한 예를 가진다.[309)] (9)는 정규적인 '-기'의 용법이 유지된 것이며, (10)에서도 보문소로서의 '-기'의 기능은 여전히 유지된다. 그러나 (11)에서는 보문소 '-기'와 후치사 '-에', '-으로'가 결합하여 새로운 통사적 단위로 바뀌어버렸다.[310)] 그 절차는 3.4절에서 논한 '재구조화'이다. (12)도 같은 방식을 보인다. 여기에서는 '-기'에 보조사 '-를'이 결합되어 새로운 통사적 단위가 만들어진 것이다.

(9) 가. 그는 과로하여 사무실에서 쓰러지기에 이르렀다.
    나. 남을 도와주기로 말하면 그 사람 같은 자선가가 없다.
(10) 가. 그가 생각하기에 세상은 온통 거꾸로 돌아가고 있었다.
    나. 그가 생각하기로 그 젊은 사람이 아주 잘못하였다.

---

308) 'Situation · Thing'은 '-음'과 '-기'가 상황으로서의 의미론적 범주와 사물로서의 의미론적 범주를 동시에 가지는 것으로 표시한 것이다. '징표(token)'과 '유형(type)'은 두 명사형어미의 본질적 차이를 그 앞서는 절이 표현하는 상황이 유형적인 것이냐, 구체적인 '징표적'인 것이냐의 차이로 나타낸 것이다. 유형과 징표의 개념은 Jackendoff(1983, 1990)에 의한 것이다. 이 책에서는 각 내포절이 그 어말어미에 따라 나타내는 의미적 차이에 대해서는 더 자세히 논급하지 않고 그 통사구조 기술에만 관심을 가지려고 한다. 그러므로 그 의미구조를 명시하는 경우는 아주 개략적으로만 나타내게 된다.
309) '-음'도 '-으므로(-음+-으로)'와 같은 복합 보문소의 예를 가진다.
310) 최현배(1971: 302)에서도 까닭을 나타내는 구속형의 접속어미에 '-기에'와 '-기로'를 포함시키고 있다. 이들은 '-으므로'와 동일한 구성이라고 지적하고 있다.

(11) 가. 그가 바라보기에 저도 마주 바라보았습니다.

　　　나. 늙은 사람이 가다가 좀 부딪치기로 그렇게 눈을 부라린다는 말이냐?

(12) 가. 그는 생각하기를, 혜성이 지구에 부딪치면 어떻게 될까 걱정했다.

　　　나. 그 알이 나타나기를 금빛 광채 속에서 나타났다.

이들 예 중에서 가장 중간적인 위치에 놓이는 것은 (10)의 예이다. 여기에서의 '-기에', '-기로'도 (11)과 같은 복합적 보문소로 취급할 개연성이 없는 것은 아니다. 그러나 (10)'은 후치사 '-에', '-으로'에 앞서는 성분이 완전한 명사구로 대치되어 나타날 수 있음을 보여준다.

(10)' 가. 그의 판단에, 세상은 온통 거꾸로 돌아가고 있었다.

　　　 나. 그의 판단으로, 그 젊은 사람이 아주 잘못하였다.

이에 비해서, (11)의 '-기에'와 '-기로'는 '이유'의 뜻을 나타내는 연결어미로의 용법이 두드러진다. 더군다나 '-기에'와 '-기로'는 각기 독립적인 의미 기능을 가진다. '-기에'는 그 이유를 구성하는 선행절의 상황에 대한 즉각적인 반응을 나타내며, '-기로'는 이유를 구성하는 선행절의 상황을 인정함에도 불구하고 (양보), 후행절로 표현된 상황에 대해 불만을 표출하는 의미를 담고 있다. 이러한 의미는 복합적 형식인 '-기에', '-기로'를 구비하지 않는 한 얻어질 수 없다. (11)"은 시상의 굴절소가 개재되는 경우에도 '-기로', '-기에'의 연결어미적 의미가 드러남을 보인다.

(11)' 가.?그의 주시에 저도 마주 바라보았습니다.

　　　 나.?늙은 사람의 실수로 인한 충돌로 그렇게 눈을 부라린다는 말이냐?

(11)"가. 그가 바라보았기에 저도 마주 바라보았습니다.

　　　 나. 늙은 사람이 가다가 좀 부딪치었기로 그렇게 눈을 부라린다는 말이냐?

(12)의 '-기를'도 보문소와 보조사 '-를'의 결합이 복합적 보문소를 이루어 내포절을 이끄는 기능을 가지는 예이다. 명사구 형식은 '-를' 앞에 나타날 수 없다.

(12)' 가. *그의 생각을/판단을, 혜성이 지구에 부딪치면 어떻게 될까 걱정했다.

　　　 나. *그 알의 출현을, 금빛 광채 속에서 나타났다.

이 경우의 '-기를'은 선행절과 후행절에 특별한 선택제약을 가하는 독립적인 연결어미로 처리하는 것이 합당하다.[311]

보문소 '-음', '-기'의 도입

'-음', '-기'를 비롯한 명사절 보문소를 통사구조에 도입하는 방법과 관련하여 두 가지 견해를 나누어볼 수 있다. 기저에서 도입하는 방법과 변형에 의해 도입하는 방법이다. 기저에서 도입하는 방법도 다시 양인석(1972가), 남기심(1973)에서처럼 종결어미가 이들 명사절 보문소의 앞에 주어지는 것으로 설정하는 방법 (13)과, 표면 형식 그대로 기저에서 도입하는 방법(14)이 있다. 후자의 정당성을 주장하는 논의는 김영희(1981) 등에서 그 예를 볼 수 있다. 1980년대 이후 원리매개변인 이론에 따른 연구에서의 일반적인 경향은 이처럼 표면 형식과 같은 구조를 상정하는 것이다. 우리가 이 절에서 받아들이는 방법도 또한 이와 같은 것이다.

(13) 가. [철수가 오-았-다-음]은 사실이다.
　　　나. [그 사람이 오-았-다-기]가 쉽다.
(14) 가. [철수가 오-았-음]은 사실이다.
　　　나. [그 사람이 오-았-기]가 쉽다.

보문소 '-음', '-기'를 변형을 통해 도입하는 선행 연구의 대표적인 예로는 이맹성(1968), 이홍배(1970), 양동휘(1976)를 들 수 있다. 여기서는 변형에 의한 도입 방법을 소개하고, 그 문제점을 지적하기로 한다.

보문소('명사화소') '-음', '-기'를 변형을 통해 도입한다는 것은 위 (13), (14)와 같은 예문에서 '사실이다', '쉽다'의 작용에 따라 주어인 절의 보문소가 각각 결정된다는 것이다. 그 서술어 또는 동사의 성질에 따라 보문소가 결정된다고 하는 것이므로, 같은 동사의 문장에서 '-음'과 '-기'의 절이 모두 실현되는 예가 존재한다면 이 주장은 크게 약화될 것이다.

(15) 가. 너의 성공은 네가 노력하기에 달려 있다.
　　　나. 너의 성공은 네가 노력함에 달려 있다.

---

311) '-거든', '-으러' 같은 연결어미는 선행절이나 후행절에 선택제약을 가하는 특성이 있다. 5.4절의 논의를 참고하기 바람.

이 예문들은 다름아닌 양동휘(1976: 41)에서 든 것이다. 그러나 스스로의 주장에 반례가 되는 이 예를 제시하면서 그가 내놓은 해명은 완결적인 것이 되지 못하여, 거의 설득력이 없는 것이다. 그는 위에서 보문인 '네가 노력하기'와 '네가 노력함'의 기저에는 양상을 비롯한 의미적 차이가 구별·표시되어야 한다고 본다. 그러기만 하면 서술어의 특성과 함께 이 보문의 기저에 표시된 의미적 차이에 따라 보문소들이 변형에 의하여 도입될 수 있다는 것이다. 그는 이러한 접근 방안이 세 가지 근거를 가진다고 한다. 첫째는 한국어의 모든 보문소들을 변형에 의해 도입해야 하는데, '-음', '-기'를 이들과 일관되게 처리할 수 있다는 것이고, 둘째는 보문의 기저에 양상 자질의 차이를 표시하는데, 이는 논리·의미적 형식으로 이루어지는 보편문법의 일부를 밝히는 것으로, 보편문법의 연구에 기여하는 일이 된다는 것이며, 셋째로, 이러한 기술 방식은 기저구조에서 보문소를 갖지 않기 때문에 보문과 주절 동사의 공존 관계를 서술하는 데에 간결성을 확보할 수 있다는 것이다. 어쨌든, 이러한 생성의미론적 전망이 현재에 이르기까지 이론적 기술로 구체화되어있지 않은 한, 이러한 접근의 신뢰도는 아주 낮은 것이라고밖에 볼 수 없다.

명사절을 이끄는 보문소로는 '-음'과 '-기'는 물론이고, 이 외에도 '-는지', '-느냐', '-는가' 등이 있다. 이들을 동사의 특성에 따라, 또는 다른 통사적 환경에 따라 정확하게 예측하는 것은 불가능하다. 이러한 사실은 보문소 '-음', '-기'를 변형에 의해 도입하는 주장에 대한 반례가 된다.

'쉽다' 구문의 문제

영어의 'tough' 구문은 그 구조상의 특이성이 여러 연구자들에게 주목받아왔는데, 한국어에서도 이에 상응하는 다음 문장들이 같은 맥락에서 다루어져왔다(송석중 1988/1993, 김영희 1998, 고광주 2001). 이들 '쉽다' 구문의 통사구조는 어떻게 표상해야 하는가?

(16) 가. 귤껍질이/은 까기/는 쉽다/어렵다.
　　 나. 귤껍질을 까기가/는 쉽다/어렵다.

본 연구에서는 이 문장들이 다음과 같은 구조를 가지는 것으로 본다.

(17) 가. [[pro 이 귤껍질을 까기]ф 쉽다]
　　나. [CP 이 귤껍질이/은i [IP [DP[CP[IP pro proi 까-ф-]-기]ф] 쉽-ф-]-다]

(17가)는 '쉽다'가 한 자리 서술어로서 명사절인 보문소구(엄밀히 말하면 '보조
사구')를 주어로 취함을 보여준다. (17나)에서도 동사는 동일한 것이다. 다만 '이
귤껍질이/은'이 기저 생성된 주제어로서 CP의 명시어 위치에 자리잡고 있다.
　　그러나 다음과 같은 예에서는 이들 문장에 있던 것 외의 논항이 새로 출현하
여 문제를 던져주고 있다.

(18) 가. 나에게는 귤껍질이 까기가 쉽다/어렵다.
　　나. 나는 귤껍질이 까기가 쉽다/어렵다.

'나는', '나에게는'이 논항임은 다음을 통해서 알 수 있다.

(19) 가.*너에게는/*그에게는 귤껍질이 까기가 쉽다/어렵다.
　　나.*너는/*그는 귤껍질이 까기가 쉽다/어렵다.

(19가)에서 '너에게는'이 논항 아닌 부가어로 쓰일 때는 이 문장은 충분히 적격
한 것으로 받아들여진다. 이것이 논항일 때에는 일인칭과 2/3인칭의 구별이 생
기는 것이다.
　　(18)과 (19)의 비교를 통해 알 수 있는 것은 '나에게는', '나는'이 논항이라는
점이다. '쉽다', '어렵다'는 느낌동사 중의 하나이다.[312]
　　(18)에서 첫째 명사항이 동사 '쉽다/어렵다'의 논항임을 나타날 수 있는 방법
은 다음과 같이 표상하는 것이다.

(20) [CP 나에게는/나는k [CP 이 귤껍질이/은i [IP tk [VP tk [V' [DP [CP [IP pro proi 까-ф-] -기]
　　ф]쉽-]-ф-]-다]]

이와 같은 구문에 대해서 이전의 두 가지 대표적인 분석을 들면 송석중(1993)
과 김영희(1998)이 있다. 송석중(1993)은 '까기(가) 쉽다'가 재구조화에 의해 한
단어 단위로 바뀌었다고 설명한다.

---

312) 느낌동사에 대해서는 양정석(1995/1997: 5장) 참조.

(21) 가. [N[s[s Φ [NP 귤] 까-]-기]] [v 쉽다]

　　　나. [NP 귤][v 까기 쉽다]

이 새로 만들어진 단어는 두 자리 서술어와 같은 것이어서 위와 같은 문장들을 생성할 수 있다. 그러나 송석중의 방법에 의하면 위 (18), (19)에서 보이는 느낌동사 구문의 '인칭 제약' 현상은 설명할 수 없다. 이에 비해서 우리의 방안인 (20)의 구조는 '쉽다'가 느낌동사로서 가지는 특성을 모두 설명할 수 있다.

　김영희(1998)은 변형론적 접근을 보여주고 있다. (18나)의 기저구조는 다음과 같은 것이라고 한다.

(22) 나ᵢ는 귤ⱼ이 [s' [s PROᵢ [vp tⱼ 까-]][comp -기]] 쉽다

이는 목적어로부터 S' 밖에 새로 만들어진 주어 위치로의 이동 변형을 실행하고 있다는 점에서 구조 보존 원리를 위반하는 근본적인 문제를 안고 있다.313) 우리가 제안하는 구조인 (20)도 비록 이동 변형을 가정하는 것이기는 하나,314) 구조 보존 원리를 위반하지는 않는다. 느낌동사로서의 '쉽다'가 가질 수 있는 통사구조의 한도 내에서 구성성분들이 배치된다. 이와 유사한 구조는 뒤에 일부 연결어미 절의 통사적 해석에서도 나타나게 된다.

명사절 내포문 마무리

　한국어의 명사형어미는 '-음', '-기', '-는가', '-는지', '-느냐'의 5가지에 한정되며, 이들은 보문소에 속하는 다른 어말어미들과 동일한 계열을 이루어 보문소의 주요 하위 부류의 하나가 된다. 형식적인 측면에서 위 5가지 어미가 한국어의 다른 보문소들과 구별되는 것은 그 어휘기재항에 통사적 자질 [-pred]를 가진다는 점이다. 이에 따라 앞의 4.1절에서 도입한 문법의 원리와 규칙들이 적용되

---

313) 김영희(1998: 224)에서는 변형의 구조보존 제약이 한국어의 올리기 구문에서는 의심스러운 것이라고 지적하고, 그 점을 뒷받침하는 논증을 전개하고 있다. 그러나 구조보존 제약은 이 책의 전체 논의를 떠받치는 토대에 해당하는 원리이고, 이 책의 처음부터 이 원리의 타당성을 여러 모로 뒷받침하여왔다. 이론 체계를 이루는 근본적인 원리에 대해 서로 다른 입장을 가지는 경우는 분석의 대상이 되는 현실을 서로 다른 입장에 따라 완전히 기술하여 제시함으로써 그 우열을 판가름하는 것이 바람직하다. 현재로서는 이 문제에 관해서 서로 다른 분석 가능성이 존재함을 보이는 것으로 그치기로 한다.

314) 여기에서의 이동 변형이 도출적 개념으로 파악되는 것이 아님을 다시 강조해둔다.

는데, 특히 서술화 원리가 적용됨에 있어 [-pred] 자질이 제약 요인이 되어 이들 보문소를 머리로 하는 구가 이차 서술어로 실현되는 것을 막게 된다.

'-기'를 가지는 구문 중 '쉽다' 구문도 명사형어미로서의 '-기'와 느낌동사로서의 '쉽다'류 동사의 특성을 보이는 한 사례일 뿐이라고 기술하였다.

5.1.2. 관형절 내포문

관형절 내포문과 관련하여 이 절에서 해결해야 할 문제는 다음과 같이 요약된다.

(23) 가. 관계관형절과 보문관형절을 나눌 것인가, 나눈다면 각각의 통사구조는 어떤 것인가?
　　 나. '-는', '-은' 등의 관형형어미의 통사적 지위는 어떠한 것이며, 이들의 도입 절차는 어떠한 것인가?
　　 다. 관계관형절의 성분 중에서 표제 명사와 동일지시될 수 있는 성분의 특성은 무엇인가?

양인석(1972가)는 한국어의 관계관형절에 대한 본격적인 연구의 막을 열었다. 이 논문으로부터 관계관형절과 관련한 위 세 개의 쟁점이 형성되었다. 이들에 대한 이 논문의 처리 방안을 중심으로 하여 그 장단점을 검토함으로써 바람직한 결론을 추구해가는 것이 이 문제들을 정리하는 좋은 방법이 되리라 본다.

관계관형절과 보문관형절

먼저, (23가)의 질문은 한국어 내포절 중에서 관계관형절이라는 특별한 구조가 존재하는지에 관한 것인데, 관계관형절과의 대응에 의해서 그 구조적 특징을 파악할 수 있는 많은 통사적 사실들이 존재함을 생각할 때, 그 구조가 가지는 중요성은 대단히 높은 것이다. (23가)에 대한 이 연구의 답변을 미리 말하면, 관계관형절과 보문관형절을 나누는 일은 필요하다는 것이다.

(24) 경애를 만난 사람은 철수였다.
(25) 철수는 전에 경애를 만난 사실이 있다.

관계관형절과 보문관형절의 구조는 다음과 같다. 특히 관계관형절이 (26)처럼 공범주 연산자(O)와 흔적(t)을 가진 구조로 표상됨을 보이는 것이 이 절의 요점이라고 할 수 있다.[315]

(26) [[O_i [t_i 경애를 만나-]-ㄴ] 사람]은 철수였다.

(27) 철수는 [[[pro 경애를 만나-]-ㄴ] 사실]이 있다.

관형절이 관계관형절과 보문관형절이라는 판이한 통사구조로 나누어진다는 견해는 생성문법적 연구의 초기부터 지배적인 견해로 이어져왔다. 양인석(1972가)에서는 관형관형절 내포문과 보문관형절 내포문에 대해서 각각 다음과 같은 기저구조를 제시한 바 있다.[316]

(28) 가. 존이 메리가 산 책을 읽는다.

　　　나. [_s[_P[_A[존] K] [_o[_s _P[메리 K] [책 K] 사-] 었-다] 책 K] 읽-] [_M -는-다]]

(29) 가. 존은 메리가 가는 것을 보았다.

　　　나. [[_P [존] [_NP [_s _P 메리 가-] [_M -았-다]] [것]] 보-] [_M -았-다]]

(28가)의 기저구조에서 내포절의 '책'은 상위절의 '책'과 동일지시되어 삭제된다. 이것이 그의 '관계화 변형'이다(229쪽). 반면, (29)의 보문관형절에는 그와 같은 통사적 과정이 관여하지 않는다.

관형절을 두 부류로 양분하는 보통의 견해와는 달리, 세 부류로 나누어보는 견해가 제시되기도 하였다. 김영희(1981)에서는 표제 명사와 내포문의 명사 사이에 동일 명사구 제약이 있다는 점 이외에 양자를 별개의 구문으로 분리해야 할 근거가 없다고 하면서(154쪽), 관계관형절과 보문관형절의 2분법이 타당한 근거를 갖지 못한다고 보아 이들을 모두 보문관형절로 간주하였다. 관계관형절

---

315) (26)과 같은 구조를 설정한 선례로는 양동휘(1989: 603-645)를 들 수 있다. 그는 공범주 연산자 'O'를 오른쪽 명시어로 설정하고 있다. 뒤에서는 (26)과 (27) 외에 관형절의 특별한 경우로 CP의 명시어 위치에 공범주 대명사를 가지는 부가어 관형절을 인정할 것이다.

316) (28나)는 양인석(1972가: 229)에는 나무그림으로 표시되어 있는 것을 대괄호 표기법으로 바꾸고, 필요한 만큼만 대강의 구조를 보인 것이다. 'K'는 변형에 의해서 격 표지가 삽입되는 자리를 표시한 것이다. 또, 양인석(1972)에서는 '것'을 보문소의 하나로 본다는 점도 여기에 지적해둔다.

에 해당하는 구문의 유형을 '관계명사보문'이라 지칭하고, 이것과 일반 보문관형절('동격명사보문') 외에 '태도명사보문'이라는 관형절의 제삼의 하위 유형을 분리해내고 있다. 태도명사보문은 '양', '척', '체' 등의 부사성 의존명사에 의해 이끌리는 보문이 된다.

관계관형절과 보문관형절을 나누는 결정적 기준은 무엇인가? 필자가 아는 한 이 문제에 대한 해답은 아직 내려지지 않은 것으로 보인다. 이런 점에서 볼 때 김영희(1981)에서처럼 관형절을 둘 아닌 셋으로 구분하는 것은 추구해볼 만한 일이다. 특히 핵계층 이론의 안목을 가지고 고찰해보면, 종래 보문관형절로 취급되던 예들을 모두 원래의 뜻 그대로 보충어로 처리하는 것도 쉽지 않은 과제가 된다. (27) 문장의 '보문관형절'이 보충어라면, 이는 그 머리성분인 '사실'의 자매항이 되어야 한다. 그러나 보충어와 '사실' 사이에는 지시적 표현을 비롯한 여러 가지 종류의 수식어가 나타날 수 있다.

(30) 철수가 경애를 만난 {그, 뜻밖의, 우리가 몰랐던} 사실이 드러났다.

'그 사실'이 명사구라면, '철수가 경애를 만난 그 사실'도 명사구(NP)이므로, 이 문장의 구조는 다음과 같은 것으로 보아야 한다. 이 구조에서 관형절은 부가어의 위치에 놓인다. 여기에서 '사실'을 머리성분으로서의 명사(N)라고 본다면 명사구 '철수가 경애를 만난 그 사실'은 이 머리성분의 보충어 선택에 의해 형성된 명사구일 수가 없는 것이다.

(31) [[[철수가 경애를 만나-]-ㄴ] [NP 그 [NP 사실]]이 드러났다.

이러한 문제를 고려할 때 한국어의 명사 중 보충어를 취하는 특성을 가장 분명히 가지는 예는 '양', '듯', '척' 따위의 의존명사들이다. (32나)는 '듯' 앞에 어떤 종류의 수식어도 배제됨을 보인 것이다.

(32) 가. 철수는 그 사실을 모르는 듯 무표정한 얼굴을 했다.
　　나.*철수는 그 사실을 모르는 그 듯/그러한 듯 무표정한 얼굴을 했다.

이처럼 관계관형절과 보문관형절 사이에 명확한 경계선을 긋기는 어렵다. 그

럼에도 불구하고, 이 둘을 나눌 필요성을 쉽게 부정할 수도 없다. 김영희(1981)에서 사소한 차이점으로 지적한 '동일 명사구 제약'은 관계관형절이 가지는 뚜렷한 구조적 제약인 것이다. 특히 의미 해석의 과정을 규칙화하는 입장에서 보면, 상위절과 하위절 사이의 성분들 간에 체계적으로 동일지시에 관한 제약이 생기는 점은 문법적 설명이 해명해야 할 중요한 과제임에 틀림이 없다.

필자는 (30), (31)이 제기하는 문제를 다음과 같이 해결하고자 한다. 표면적으로 보문 명사가 지시적 표현에 의한 수식을 받지 않는 경우에 한해서 보문관형절을 인정하고, (30)과 같은 문장은 제삼 유형의 관형절을 내포한 문장으로 해석하는 것이다. 즉, (30)은 (31)이 아니라 다음의 (33)과 같은 구조를 가진다.

(33) [[PRO [철수가 경애를 만나-]-ㄴ] [NP 그 [NP 사실]]이 드러났다.

다음 예도 제삼의 관형절의 존재에 대한 증거로 해석할 수 있다. (33나)'은 위와 같은 뜻에서 보문 구조로의 해석을 부정하며, (33다)'은 관계관형절 해석의 가능성을 부정하는 것이다.

(33)' 가. 나는 그가 담배를 피우는 소리를 들었다. (양동휘 1976: 28)
　　　나. 나는 그가 담배를 피우는 그 소리를 들었다.
　　　나.*그가 그 소리로 담배를 피운다.

앞에서 제시한 (26), (27)의 구조를 가져와 이것과 비교해보자.

(26) [[O$_i$ [t$_i$ 경애를 만나-]-ㄴ] 사람]은 철수였다.
(27) 철수는 [[[pro 경애를 만나-]-ㄴ] 사실]이 있다.

(33)은 (26)의 관계관형절처럼 CP의 명시어 위치에 공범주를 가지고 있고, (27)의 보문관형절처럼 흔적을 포함하지 않고 있다. 공범주 연산자(O)는 반드시 그 흔적을 가져야 하므로 (33)의 명시어 위치에는 실현될 수 없고, 또한 이 위치는 지배되지 않는 위치이므로, 결국 가장 적합한 공범주는 'PRO'일 것이다.

(33)과 (26)의 관형절 구조는 서술화 원리의 적용을 받는 구조이다. 다음과 같은 구조에서 CP의 명시어 위치에 공범주 대명사 'PRO'나 공범주 연산자 'O'를 가지는 보문소구(CP)는 잠재적인 서술어가 된다. 이것은 오른쪽의 명사구(NP)

와 상호 최대통어의 관계 하에 놓이므로 서술화 원리가 적용되는 것이다.[317]

> (34) 가. [NP [CP PRO [C XP C]] NP]
>   나. [NP [CP O [C XP C]] NP]

그러면 연산자 'O'를 가지는 관계관형절 보문소구는 어떻게 생성되는가? 우리는 이에 관하여 다음과 같은 원리가 주어진다고 본다. 보문소가 주어지면, 그것이 [-pred] 자질을 갖지 않는 한 다음 원리가 수의적으로 적용되어 연산자 'O'를 포함하는 보문소구를 투사한다고 가정하는 것이다.

> (35) 보문소가 [-pred] 자질을 갖지 않는 한, 이 보문소는 그 명시어로 공범주 연산자
>   (O)를 가지는 보문소구를 투사할 수 있다.

일단 'O'가 CP의 명시어 위치에 생성되면, CP 내에서 이 'O'의 영향권 아래에 있고, 적절한 조건을 갖춘 명사항의 공범주는 흔적으로 해석된다.

(35)의 원리는 관형절 외의 한국어의 모든 보문소에 대해서도 적용되는 것으로 보인다. 뒤에서 살펴볼 보조동사 구문이나 연결어미 절, 나아가 '-다고'에 의해 이끌리는 인용절에도 이 원리가 적용되어 이들이 이차 서술어의 자격을 가질 수 있도록 해준다.

이상으로, 한국어의 관형절에는 관계관형절인 (26)과 보문관형절인 (27) 외에, 관계관형절 아닌 부가어 관형절 (33)이 존재한다는 것을 알아보았다. (33)과 같은 관형절의 새로운 하위 유형은 핵계층 이론의 원리를 엄밀히 준수하면서 구문 구조를 관찰해갈 때 그 존재가 자연스럽게 떠오르는 것임을 알 수 있다.

관형형어미의 도입

다음으로, (23나)의 문제도 위 문제와 연관된다. 양인석(1972가)에서는 관형형어미들이 다음과 같이 변형 규칙에 의해 도입되는 것으로 기술하였다. 그런데, 관계관형절의 경우와 보문관형절의 경우는 그 도입 과정이 매우 다르다. (36)은 시제와의 관련 하에서 관계관형절의 어미들이 도입됨을 규정하며, (37)은 역시

---

317) 이제까지의 우리의 논의에서는 서술화 원리에 의해 서술어와 연계되는 논항으로 보조사구(DP)를 염두에 두어왔으나, 서술어가 관형절일 때는 그 주어(임자)로 명사구(NP)가 취해짐을 아울러 고려해야 한다.

시제와의 관련 하에서 보문관형절의 어미들이 도입됨을 규정한다. (38)은 내포
절(보문 또는 관계절)의 서술어가 상태성 동사와 '이다'일 경우 '-는'을 '-은'으
로 바꿔주는 규칙이다.

(36) 관계절 양상소 조정 변형(의무적):

   SD: R + [[[U + NP$_j$ + W - V - Tns - X]$_S$ + NP$_j$]$_{NP}$ + Y] + Z

$$\begin{bmatrix} a \\ b \\ c \\ d \\ e \end{bmatrix}$$

   　　　　　　　　　　　1　　2　　　　　　　　3　　　　4

   SC: 1, 2, 3, 4 $\implies$ 1, 2 # $\begin{bmatrix} 앗-더-ㄴ \\ 더-ㄴ \\ ㄴ \\ ㄹ \\ 는 \end{bmatrix}$ Tns , 3, 4

   단, a = [+회상, -지속, +주절 시제의 이전시]
   　　b = [+회상, +지속, +주절 시제의 이전시]
   　　c = [-회상, -지속, +과거]
   　　d = [-회상, -지속, +미래]
   　　e = [-회상, {+현재, {일반진리, 습관, [지속, 주절 시제와 동시]}}]

(37) '것' 보문소를 위한 양상소 조정 변형(의무적)

   SD: R + [U - [V + W]$_V$ - Tns　- X]$_S$ + Comp + Y + Tns + Z

$$\begin{bmatrix} \alpha\,Tns \\ \beta\,Tns \\ \gamma\,Tns \end{bmatrix} \qquad [\alpha\,Tns]$$

   　　　　　1　　　　　2　　　　　　　　　3　　　　4

   SC: 1, 2, 3, 4 $\implies$ 1, 2 # $\begin{bmatrix} 는 \\ ㄴ \\ ㄹ \end{bmatrix}$ Tns , 3 , 4

   단, Comp가 것-N-Comp일 때.
   　α = 불특정의 주어진 시제　β = α에 앞서는 시제　γ = α의 이후 시제

(38) '것' 보문소를 위한 '는/은' 교체 변형(의무적):

  SD: X + [Y +   V   + 는] - 것 + Z

$$\left[+ \left\{ \begin{array}{c} \text{Adj} \\ \text{Cop} \end{array} \right\} \right]$$

           1   2   3

  SC: 1 , 2 , 3 ⟹ 1, 은 , 3

보문의 경우인 (37)의 양상소 조정 변형 이후에는 다음의 변형이 의무적으로 적용된다고 한다.

(39) 양상소 삭제 변형(의무적):

  SD: X + [Y - M]$_S$ - Z + M

        1   2   3

  SC: 1, 2, 3 ⟹ 1, ф, 3 (조건: 상위절 양상소와 변별되지 않아야 함)

그가 관형형어미의 도입 과정을 관계관형절과 보문관형절에서 이처럼 서로 크게 달리 처리한 것은 시제 요소와 관련한 어려움 때문일 것이다. 어쨌든 관계관형절과 보문관형절의 어미들을 이처럼 상이하게 처리하는 것은 이후의 다른 많은 연구에도 지대한 영향을 미치게 된다. 앞의 3.2절에서 검토한 남기심(1973, 1976)이 그 한 예이다. 남기심(1973)에서는 보문에만 적용되는 '완형보문의 불구보문 관형수식구화'라는 규칙을 설정하였고, 이와 달리 남기심(1976)에서는, 관계관형절의 어미는 기저에서 생성된다고 기술하였다. 이러한 설명이 많은 문제를 가진다는 점에 대해서는 앞서 3.2절에서 지적한 바 있다. 물론 이러한 비판은 양인석(1972가)의 동일한 처리에 대해서도 그대로 적용되는 것이다.

필자는 관형형어미의 도입 방법에 있어서 관계관형절과 보문관형절이 차이를 보이지 않는다고 판단한다. 우선, 관형절에서 관형형어미가 실현되는 데에는 여러 가지 상이한 분포적 요인이 개입하게 된다. 현대국어에서 표면형으로 주어지는 관형형어미에는 '-는', '-을', '-은', '-던'의 네 가지가 있는데, 이 중 '-은'과 '-을'은 각각 '-었-는', '-겠-는'의 표면적 실현형이다.[318] 따라서 통사구조에

---

318) 남기심(1972, 1976)에서는 '-은'을 기저의 '-었-'과 '-는'의 결합이 형태음운론적으로 실현된 형식이라고 본다. 우리는 이를 받아들이며, 아울러 '-겠-'과 '-는'의 결합이 이와 똑같은 방식으로 '-을'로 실현된다고 본다. 남기심(1972, 1976)에서 '-겠-는'의 경우를 이와 같이 처리하지 않은 것은 '-을'이 단순한 추측, 추정, 미확인된 사실을 보이는 데 대해 '-겠-'은 일인칭 주어의 의도까지 보인다는 것이 그 근거였으나, 가령 "선발대로 갈 사

서 관형절을 이끄는 보문소는 '-는'과 '-던'의 두 가지만 인정된다. (40나-차)에
서 '-은'과 '-을'은 형태음운론 규칙에 따라 음운론적 구조에서 실현되는 형식이
다.319)

　　(40) 가. 잡-으시　　　-는
　　　　　나. 잡　-았　　-는 ⟹ 잡은
　　　　　다.*잡　-았었　-는
　　　　　라. 잡　　　　-겠-는 ⟹ 잡을
　　　　　마. 잡-으시-었　　-는 ⟹ 잡으신
　　　　　바. 잡-으시　　-겠-는 ⟹ 잡으실
　　　　　사. 잡　-았-겠-는 ⟹ 잡았을
　　　　　아. 잡　-았었-겠-는 ⟹ 잡았었을
　　　　　자. 잡-으시-었　-겠-는 ⟹ 잡으셨을
　　　　　차. 잡-으시-었었-겠-는 ⟹ 잡으셨었을
　　　　　카. 잡-　　　　-는
　　(41) 가. 잡-으시　　　-던
　　　　　나. 잡　-았　　-던
　　　　　다. 잡　-았었　-던
　　　　　라. 잡　　　　-겠-던
　　　　　마. 잡-으시-었　　-던
　　　　　바. 잡-으시　　-겠-던
　　　　　사. 잡　-았-겠-던
　　　　　아. 잡　-았었-겠-던
　　　　　자. 잡-으시-었　-겠-던
　　　　　차. 잡-으시-었었-겠-던
　　　　　카. 잡-　　　　-던

　　상태성 동사에서의 관형형어미는 그 표면형에 있어서는 사건성 동사의 경우
와 큰 차이를 보인다. 그러나 사건성/상태성에 가리지 않고 그 기저에서의 형식
은 같은 것으로 상정한다.

　　람은 앞으로 나와라."와 같은 예에서 '-ㄹ'은 주어의 의도를 보이고 있다.
319) 형태음운론 규칙은 구조문법과 초기 생성문법에서 사용하던 용어이다. 우리의 체계 하
　　에서는 통사구조와 음운론적 구조의 대응에서 존재하는 규칙성을 표현하는 규칙의 한
　　예가 된다. 이 경우는 음운론적 구조에서 통사구조와의 대응을 표시하는 동지표를 참조
　　하여 축약이 일어나는 것이다. 4.1.2절의 논의를 참고하기 바람.

(40)' 가. 작-으시　　 -는 ⟹ <u>작으신</u>
　　 나. 작　 -았　 -는 ⟹ <u>작은</u>
　　 다.*작　 -았었 -는
　　 라. 작　　　 -겠-는 ⟹ 작을
　　 마. 작-으시-었　 -는 ⟹ <u>작으신</u>
　　 바. 작-으시　 -겠-는 ⟹ 작으실
　　 사. 작　 -았 -겠-는 ⟹ 작았을
　　 아. 작　 -았었-겠-는 ⟹ 작았었을
　　 자. 작-으시-었　 -겠-는 ⟹ 작으셨을
　　 차. 작-으시-었었-겠-는 ⟹ 작으셨었을
　　 카. 작-　　　 -는 ⟹ <u>작은</u>

　　상태성 동사의 경우인 (40나)'을 위 (40나)와 비교해보면 '-었-'과 '-는'이 이어질 때에 그 어미의 형식은 '-은'으로 사건성 동사의 경우와 같아짐을 알 수 있다. 이 현상에 대한 우리의 해석은, 기저에서 관형형어미의 실제 모습이 이와 같다고 보는 것이다. 상태성 동사의 관형절에 '-었-'이 관계할 때, 그 형식에 있어서는 사건성과 같은 방식으로 형태음운론적 변동이 일어난다.

　　그 의미 해석과 관련해서는 여기에 한 가지 고려를 더해야 한다. '-었-'은 시상(aspect)으로서의 완결(perfective)을 나타내는 형태소라는 점이다. 관형절에서 상태성 동사에 완결의 시상이 가해질 때에 그 시간상의 선후의 해석은 얻어지지 않고, 다만 [전체 모습]의 의미적 효과만이 나타난다.

　　상태성 동사의 관형형어미는 기본적으로 '-는'이나, 형태음운론 규칙에 따라 '-은'이 실현된다는 것이 (40가, 카)'이 보여주는 점이다. 이것은 '-었-는'의 실현형((40나)')과 같은 꼴로 나타나므로 이 점에 대해서는 주의가 필요하다. 우리는 '-었-는⟹은'과, 상태성 동사 뒤에서의 '-는⟹은'의 두 가지 형태음운론 규칙이 모두 존재한다고 본다.

　　한국어에 다음 두 개의 규칙이 형태음운론 규칙으로 존재한다고 하였다.

　(42) 가. -었-는 ⟹ 은
　　　나. -겠-는 ⟹ 을

이를 이용하여 다음과 같은 형식들의 부적격성을 체계적으로 설명할 수 있다. '?' 표시를 한 결합형들은 완전히 배제되지 않는 형식이며, 일부 방언(경상도 방언)에서는 적격한 형식이다. '*'로 표시한 결합형들이 부적격한 형식임은 분명하다.

(43) 가. -었던, -었었던, -겠던, -었겠던, -었었겠던
    나. ?-었는, *-었었는, ?-겠는, ?-었겠는, ?-었었겠는
    다. -었을, -었었을, *-겠을, *-었겠을, *-었었겠을
    라. *-었은, *-었었은, *-겠은, *-었겠은, *-었었겠은

(43다, 라)의 바뀌기 전의 형태인 다음 (43다, 라)'에서, '?' 표시를 한 결합형들은 부적격할 이유가 없는 것들이지만, '*'로 표시한 결합형들은 그 부적격함의 이유가 분명하다. 가령, '*-겠을-'은 그 축약 이전의 형태인 '*-겠-겠-는'이 '-겠-'의 중복형으로 되어 있어 부적격하다. '*-겠은-'은 그 축약 이전의 형태인 '*-겠-었-는-'이 선어말어미들의 일반적 순서를 위배하여 부적격한 것이다. 또, '-었-'과 '-었었-'은 계열적 대립항을 이루는 완결상의 요소들이므로, 이 두 요소가 통합되는 '*-었-었었-는'은 배제된다. '-었-'이 중복되는 것도 같은 이유에서 배제된다. (43라)의 첫째 항 '*-었은-'은 완료의 '-었-'이 통합된 '*-었-었-는'에서 온 것이기 때문에 부적격하다.

(43)' 다. ?-었-겠-는, ?-었었-겠-는, *-겠-겠-는, *-었-겠-겠-는, *-었었-겠-겠-는
    라. *-었-었-는, *-었었-었-는, *-겠-었-는, *-었-겠-었-는, *-었었-겠-었-는

(43)에서 이상의 방법으로 설명하지 못하는 예는 '*-었었는'(43나)뿐이다.[320] 이에 대해서는 '-었었-'의 '단속' 의미와 '-는'의 비시제적, 양상 의미에 따른 체계적인 설명이 가능할 것으로 보인다.[321]

---

[320] 최현배(1971: 466)에는 '-었었는'의 예가 바른 문장으로 제시되어 있다. 이는 방언적 차이로부터 말미암는 듯하다. 그러므로, '-었었는'이 통사구조에서 배제된다기보다는, '-었었-'과 '-는'의 의미상의 충돌에서 그 부적격성이 결과된다고 설명하는 것이 온당해 보인다.
   김차균(1999: 43)에서는 '잡았었는'이 '*잡았은'으로 바뀌는 것이 불가능하다고 보고, 이 점을 남기심(1972)에서 처음 제시한 (42가)의 규칙에 대한 반례로 들었다. 그러나 이는 잘못된 논증이다. '-았었-'이 한 형태소 단위이고 그 일부를 이루는 '-었-'은 형태소 단위가 아니기 때문에 이 규칙이 적용될 수 없는 것이므로, 이는 오히려 이 규칙의 설정을 정당화하는 증거가 된다.

[321] 곧이어 서술하는 바와 같이 '-는'의 의미를 '[직설적 장면 설정]'으로, '-던'의 의미를 '[비직설적 장면 설정]'으로 나타내면, '-었었-'의 의미 '[단속]'은 지속되던 상황의 단절, 특히 제삼의 상황의 개재에 의한 단절을 나타내는 것이므로, 직설적 장면/상황을 설정

관형형어미 '-는'은 명사구 내부의 보문이나 관계관형절을 이끄는 보문소로 서,[322] 그 의미는 '-던'의 [비직설적 장면 설정]에 대립되는 [직설적 장면 설정] 으로 볼 수 있다.[323] 그러나 남기심(1973)을 포함한 종래 연구자들과는 달리 종 결형과 관형형의 변형을 통한 연관은 인정하지 않는다.[324] '-던'은 '-더라'와는 무관한 요소인 것이다. '-더라'의 기본 의미는 [직접 경험의 보고]로 볼 수 있다.

(44) 가.*우리가 어제 서울극장으로 들어가더라.
　　나.*아까 내가 울더라.
　　다.*철수는 자기가 어제 서울극장으로 들어가더라고 말했다.
(45) 가. 우리가 내일 소풍 가더라.
　　나. 꿈에서 내가 울더라.
(46) 가.*내일 소풍 가던 우리
　　나.*꿈에서 울던 나

'-더라'에 주어지는 인칭 제약, 또는 주어의 동일지시에 관한 제약(44)은 특별한 상황맥락에서 해소될 수 있는데(45), 이 '-더라'에 주어지는 제약과 특정한 상황 맥락에서의 이의 해소라는 기제가 '-던'에는 전혀 작동하지 않음을 (46)은 보여 주는 것이다.

관계관형절 표제 명사 되기의 제약

(23다)의 물음과 관련하여, 관계관형절의 생략된 성분과 표제 명사의 동일지 시 관계에 있어서 어떠한 제약이 작용하는지 알아보기로 한다.

양인석(1972가)에서는 관계관형절의 피수식어 즉, 표제 명사가 될 수 있는 명 사항들의 통사적 성격에 관해 논의하였다.[325] 그 과정에서 '표제 명사 되기'에

　　하는 '-는'과 그 기능이 상충된다고 설명할 수 있다.
322) '보문소'란 통사 범주 분류상의 한 범주일 뿐이지, 이것의 존재가 문법 기능인 보충어로 서의 보문을 전제하는 것은 아님을 다시금 지적해둔다.
323) '-던'의 의미는 '-더라'의 의미와 같지 않다는 점에 유의해야 한다. '-던'과 '-더라'는 독 립된 별개의 형성소이다.
324) 남기심(1972, 1975)에서는 종결형에서의 형태소는 '-더-', 관형형에서의 형태소는 '-던'으 로 분석하여 둘 사이의 형태적 연관을 부정하였는데, 남기심(1973)의 보문관형절에서는 '-더라고 N'의 구조가 변형에 의해서 '-던 N'으로 바뀌는 경우를 제시하고 있다. 우리는 이 책에서 보문관형절의 경우에도 '-더-'와 '-던'의 연관을 인정하지 않는다는 점에서 남 기심(1973)의 처리를 부정하고 남기심(1972)의 처리를 일반적인 것으로 받아들이는 것 이다.

있어서의 몇 가지 일반적 제약을 제시함으로써 이 문제의 해결을 위한 토대를 제공하였다. 그가 발견한 제약은 의미역 개념을 매개로 한 것으로, 다음 세 가지로 정리할 수 있다.

(47) 가. 시원(Source) 제약
　　나. 유정의 목표(Goal) 제약
　　다. 유정의 시원(Source) 제약

이들 세 가지 제약을 보여주는 예는 각각 다음과 같다.

(48) 가. *존이 온 학교 ← 존이 학교에서 왔다.
　　나. *존이 도시로 옮긴 시골 ← 존이 시골에서 도시로 옮겼다.
(49) *존이 간 의사 ← 존이 의사에게 갔다.
(50) *존이 온 의사 ← 존이 의사에게서 왔다.

이 밖에도 관계관형절의 표제 명사 되기에서 제약을 보이는 경우를 양인석(1972가)에서 제시한 예를 통하여 살펴보기로 한다. 다음은 모두 양인석(1972가: 255-273)의 예문인데, 그 문법성의 표시도 이에 따른 것이다. (51)은 동반의 대상을 나타내는 명사항이, (52)는 대칭동사가 표현하는 사건의 상대가 관계관형화의 표제가 된 것이다. (53)도 'NP-와' 형식의 명사항이 관계관형화한 예인 점에서는 앞의 두 경우와 같지만, 주의해서 살펴보면 이 때의 'NP-와'는 부사인 '같이/함께/나란히'의 보충어이다. (54)는 '이유'의 명사항이, (55)는 '재료'의 명사항이, (56)은 '자격'의 명사항이, (57)은 '용도'의 명사항이, (58)은 변성의 결과를 나타내는 명사항이, (59)는 '이다' 구문의 둘째 명사항이 관계관형절의 표제로 바뀐 것이다.

(51) 가.*존이 학교에 간 메리 ← 존이 메리하고 학교에 갔다.
　　나.*존이 책을 읽은 메리 ← 존이 메리하고 책을 읽었다.

---

325) 관계관형절의 표제 명사는 사실상 단어 단위의 명사가 아니라 명사구이므로 '표제 명사'라는 용어는 적당치 않다. 관례대로 계속 이 용어를 쓰기로 하겠지만, 필요한 경우 '명사항'이라는 표현으로 나타내기도 할 것이다. 이 책에서 '명사항'은 명사구, 명사 또는 과거에 명사구의 일종으로 파악되었던 후치사구, 보조사구 등 명사적 항목을 통칭하는 표현으로 쓴다.

(52) 가. 존이 결혼한 메리 ← 존이 메리하고 결혼했다.

　　　나. 미국이 싸운 독일 ← 미국이 독일하고 싸웠다.

(53) 가. 존이 같이/함께/나란히 학교에 간 메리

　　　　← 존이 메리하고 같이/함께/나란히 학교에 갔다.

　　　나. 존이 같이/함께/나란히 책을 읽은 메리

　　　　← 존이 메리하고 같이/함께/나란히 책을 읽었다.

(54) 가. 철수가 죽은 병 ← 철수가 병으로 죽었다.

　　　나.*철수가 결석한 병/감기 ← 철수가 병으로/감기로 결석했다.

(55) 가.?산이 덮인 눈 ← 산이 눈으로 덮였다.

　　　나.?방이 가득 찬 연기 ← 방이 연기로 가득 찼다.

(56) 가.*존이 한국에 간 대사 ← 존이 대사로 한국에 갔다.

　　　나.*존이 예일에 취임한 총장 ← 존이 총장으로 예일에 취임했다.

(57) 가. 우리가 음식을 먹는 맛 ← 우리가 음식을 맛으로 먹는다.

　　　나. 메리가 담배를 피우는 멋 ← 메리가 담배를 멋으로 피운다.

(58) 가. 물이 된 얼음 ← 물이 얼음으로 되었다.

　　　나. 물이 변한 얼음 ← 물이 얼음으로 변했다.

　　　다.*닉슨이 된 대통령 ← 닉슨이 대통령이 되었다.

(59) 가.*존이 인 신사 ← 존이 신사이다.

먼저, 위 예문들에 대한 문법성 판단은 양인석(1972가)의 것을 그대로 보인 것이나, (53)의 경우를 제외하고는 관계관형절의 예들은 모두 부적격하다는 것이 필자의 판단이다. 이들의 문법성을 필자의 판단에 따라 표시하면 다음과 같다.

(52)' 가. *존이 결혼한 메리는 그 사람의 사촌이다.

　　　 나. *미국이 싸운 독일은 그 후 다시 일어났다.

(54)' 가. *철수가 죽은 병은 암이다.

(55)' 가. *산이 덮인 눈이 희다.

　　　 나. *방이 가득 찬 연기가 자욱하다.

(57)' 가. *우리가 음식을 먹는 맛은 중요하다.

　　　 나. *메리가 담배를 피우는 멋에 우리가 감탄한다.

(58)' 가. *물이 된 얼음이 차갑다.

　　　 나. *물이 변한 얼음이 차갑다.

그러면, 이들에 있어서 관계관형절 표제 명사 되기의 제약을 만드는 요인은 무엇일까? 이 점에 있어서, 관계관형화가 주제화와 연관성을 가진다는 구노(S. Kuno)의 발견은 중요한 의미를 가진다고 본다.[326] 앞의 4.1.3절에서도 말한 바 있지만, 한국어의 관계화에는 주제어와 아울러 보조사 결합의 현상이 깊이 관련을 맺고 있다고 판단된다. 보조사가 후치사의 개재 없이 결합 가능한 명사항들은 관계관형절의 표제가 될 수 있다.

관계관형화의 표제 명사와 내포절 성분의 관련에 있어서의 규칙성에 대한 탐구 작업은 한국어 통사구조론의 주요 과제의 하나이다. 양동휘(1975)에서는 이제까지 살펴본 것과는 다른 방향에서 이 과제가 추구되었다. 양인석(1972가)의 의미역('심층격')에 기반한 접근에 비할 때 양동휘(1975)의 접근은 '주제어 접근'이라고 부를만하다. 양동휘(1975)는 관계관형화가 주제화와 연관성을 가진다는 구노(S. Kuno)의 기본 가설을 바탕으로 논의를 전개한다. 다만, 그 구체적인 실행 방법에서는 관계화가 대명사 형성 변형과 대명사 삭제 변형이라는 두 독립된 변형으로 나누어 기술되는 점이 다르다. 구노의 기술 방법은 관계관형절 내포문이 일단 주제화 변형을 겪은 후에, 이 규칙의 출력을 입력으로 하여 관계관형화 규칙이 적용된다고 하는 것이다. 이에 대한 양동휘(1975: 14)의 반증 논거는 다음과 같은 예이다.

(60) 가. 존이 그 칼로 고기를 썰었다.
　　　나.*그 칼은 존이 고기를 썰었다.
　　　다. 존이 고기를 썬 그 칼[327]

(60나)의 문법성에 대해서는 의문이 있을 수도 있다. 필자는 다음 예가 이를 보강하는 증거가 되리라 본다.

(61) 가. 김박사가 그 약으로 철수를 살렸다.
　　　나.*그 약은 김박사가 철수를 살렸다.
　　　다. 김박사가 철수를 살린 그 약

---

326) 관계관형화가 주제화 변형의 결과로 얻어진 구조를 입력으로 해서 적용된다는 설명은 Kuno(1973: 243-260)을 참조함.

327) '썬'은 '썰-었(PAST)-는(COMP)'으로 분석하고 있다. 시제를 인정하느냐의 문제를 별도로 한다면 형태 분석에 있어서 남기심(1972, 1976)과 같은 견해인 것이다.

관계관형화를 위한 구조 기술로서의 주제어 구조를 위하여, 심층구조의 주제어 위치도 인정하고, 후치사를 가지는 구의 이동 변형도 인정하는 방안을 생각할 수 있다.328) 양동휘(1975: 105)는 이에 대해서도 다음 반례를 제시하고 있다.

(62) 가.*그 마을에는 많은 사람들이 그 곳에 왔다.
　　나. 그 마을은 많은 사람들이 그 곳에 왔다.

위와 같은 구노의 문제점에 대한 대안으로서 양동휘(1975)가 입증하고자 하는 주요 논점은, 다음 (63)의 주제어 문장 구조 및 관계관형절 구조가 서로 독립적이면서, (64), (65)의 도출 과정의 각 단계에서 적용되는 변형 규칙들을 매개로 연관된다는 것이다. 즉, 오른쪽이 적용된 변형 규칙의 이름인데, 두 구문 구조가 그 도출 과정에서 '재귀화'와 '대명사 삭제'라는 변형 규칙들을 공통적으로 적용하여 얻어진다는 것이 그의 주장이다.

(63) 가. 후치사를 갖지 않는 주제어 문장: [NP S]$_S$
　　나. 관계관형절 구조: [NP S]$_{NP}$
(64) 가. [존 [존-이 책-을 쓰-었-다]$_S$]$_S$ ⟹ 재귀화(대명사화의 하나)
　　나. [존 [자기-이 책-을 쓰-었-다]$_S$]$_S$ ⟹ 주제 조사 부착
　　다. [존-은 [자기-이 책-을 쓰-었-다]$_S$]$_S$ ⟹ 대명사 삭제
　　라. [존-은 [ϕ 책-을 쓰-었-다]$_S$]$_S$
(65) 가. [존 [존-이 책-을 쓰-었-다]$_S$]$_{NP}$ ⟹ 재귀화
　　나. [존 [자기-이 책-을 쓰-었-다]$_S$]$_{NP}$ ⟹ S-전치
　　다. [[자기-이 책-을 쓰-었-다]$_S$ 존]$_{NP}$ ⟹ 대명사 삭제
　　라. [[ϕ 책-을 쓰-었-다]$_S$ 존]$_{NP}$ ⟹ 보문소 배치
　　마. [[ϕ 책-을 쓰-었-는]$_S$ 존]$_{NP}$

이상과 같은 초기 변형론적 처리 방법은 한국어의 관계관형화 현상을 빠짐없이 기술할 수 있는 이론적 장치들을 제공하므로 이론으로서의 완전성을 구비하고 있다고 평가할 수 있다. 특히 다음과 같은 관계관형절의 예를 볼 때, 위와 같은 초기 변형론적 처리 방법이 효과적인 면이 있다. 이러한 예는 (65다)에서 대명사 삭제를 거치지 않고 관계관형화함으로써 얻어지는 것인데, 가령 S-구조 위

---

328) 이는 맥콜리(J. McCawley)의 견해라고 한다.

에 나타난 외현적 대명사, 또는 공범주 대명사만 가지고 그 통사적 해석을 가하는 원리매개변인 이론과 같은 방법으로는 '자기'가 나타나는 경우와 그 성분이 흔적으로 나타나는 경우의 통사적 동질성을 포착하는 데에 어려움을 겪을 수 있다.

(66) 자기가 책을 쓴 존

그러나 (64), (65)에 표시된 변형 규칙들 하나하나는 많은 무리를 안고 있는 규칙들이다. 단적인 예로 (64나)에서 적용된 '주제 조사 부착'이라는 변형 규칙은 의미를 가지는 조사 '-는'을 변형 과정에서 도입한다는 점에서 '의미 보존'이라는 대명제에 위배되는 것이다.

앞의 4.1.3절에서 살펴본 바와 같이, 주제화의 가능성, 보조사의 부착 가능성, '-을/를'의 부착 가능성, 영-형태 보조사 실현('-을/를' 생략) 등의 현상이 명사항의 관계관형화 가능성과 평행한다는 점이야말로 관계관형화 논의가 해명해야 할 핵심적 주제라고 생각한다. 이 점이 관계관형절의 통사구조에 반영되어야 하는데, 위 (26)에서 제시한 통사구조는 이러한 점들에 대한 현 상태의 인식을 가장 명시적인 형식으로 반영한 것이라고 생각한다.

내포절 주어와 목적어를 동일지시된 성분으로 가지는 관계관형절의 구조를 제시하면 다음과 같다.

(67) 가. [[O$_i$ [t$_i$ 내일 소풍 가는]] 철수네 반]
　　　나. [[O$_i$ [경애가 t$_i$ 만난]] 사람]

아울러, 이 절에서 관계관형절과 다른 한국어 관형절의 두 가지 구조로 보인 것은 다음과 같은 것이다. (68)은 보문 구조이며, (69)는 부가어 관형절 구조이다.

(68) 가. 철수는 [[[pro 경애를 만나-]-ㄴ] [$_N$ 사실]]이 있다.
　　　나. 철수는 [[[pro 그 사실을 모르-]-는] [$_N$ 듯]] 무표정한 얼굴을 했다.
(69) [[PRO [철수가 경애를 만나-]-ㄴ] [$_{NP}$ 그 [$_{NP}$ 사실]]이 드러났다.

이들은 위에서 관찰한 바를 바탕으로, 앞의 제4장의 이론적 전제와 핵계층 이론의 기술 방법에 따라 그 내부 구조 표상을 좀더 자세하게 나타낸 것이다.

5.2. 인용절 내포문

남기심(1973)에서는 직접인용절 내포문과 간접인용절 내포문이 변형적 관계를 가진다고 보고 그 변형 과정을 기술한 바 있다. 이 변형 과정이 통사적 변형이 가져야 할 여러 가지 요건을 갖추지 못한 것이었음을 우리는 앞의 3.2절에서 논하였다. '직접인용문'은 간접인용문과 변형에 의해 연관되지 않는다.

> (1) 가. 철수는 "제가 그 책을 오백원에 샀습니다."라고 말했다.
>   나. 그 사람이 "강도야!"라고 소리쳤다.
> (2) 가. 철수는 "제가 그 책을 오백원에 샀습니다." 하고 말했다.
>   나. 철수는 "아야!" 하고 소리쳤다.
> (3) 가. "이제 우리는 어떻게 한다지?"가 그의 반응이었다.
>   나. "일하지 않는 자는 먹지도 마라."에 자본주의 정신이 들어있다.

이는 곧, (1)이 (2) 또는 (3)의 문장들과 구조적으로 다름없는 인용의 형식일 뿐이라는 뜻이다. (3)의 문장을 근거로 한국어의 복합문 구조의 한 유형을 설정하려고 하는 시도가 잘못인 것처럼, (1)을 바탕으로 간접인용문을 이끌어내는 일도 받아들일 수 없는 것이다.

인용의 형식은 인간 언어의 원초적 형식이고, 인용의 능력은 인간이 가지는 원초적 능력 중의 하나라고 생각된다. 직접인용문 속에 나타나는 인용되는 문장은 마치 모르는 외국어의 문장을 옮기는 것과 같은 것이다. 이에 비해서, 간접인용절 내포문은 복합문의 통사적 구조를 갖추고 있다.

> (4) 가. 철수는 영호가 그 책을 오백원에 샀다고 말했다.
>   나. 철수는 경애가 집에 있느냐고 경애 동생에게 물었다.
>   다. 그는 일하지 않는 자는 먹지도 말라고 명령했다.
>   라. 그는 나에게 그 일을 함께 하자고 제의했다.

그러나 (1)이나 (2)의 직접인용문, (4)의 간접인용문 외에도, 직접인용절을 요구하는 제삼의 인용의 형식이 한국어에는 존재한다. 이 인용문은 그 인용절의 내용에 직접인용절의 형식을, 그것도 특정 형식의 종결어미만을 요구한다.

(5) 그는 "이것은 아무도 모르리라."고 속으로 쾌재를 불렀다.

이와 같은 문장들의 차이와 각각의 통사구조가 무엇이며, 이것이 앞서 제시한 통사적 원리들에 따라 어떻게 설명되는지를 보이는 것이 이 구문에 대한 통사론적 연구의 과제가 된다. 이 절에서는 구체적으로 다음 문제들에 대한 해결을 도출하는 일에 힘을 모으기로 한다.

(6) 가. 보문소 '-는다'와 '-고'가 연속되는 형식을 어떻게 처리할 것인가?
　　 나. 간접인용문과 직접인용문의 차이는 무엇인가?
　　 다. '하-'의 문제를 중심으로 하여 인용관형절의 구조를 어떻게 처리할 것인가?

이어지는 세 절에서는 이들 논제를 차례로 살펴보고, 다음으로 5.2.4절과 5.2.5절에서는 '-는다고'를 형식적 특징으로 가지는 구문들 '유형 판단 구문'과 '외치 구문'을 고려해보려고 한다.

5.2.1. 복합 보문소로서의 '-는다고'

전통문법의 문법서인 정인승(1956)에서는 동사와 형용사의 어미들을 크게 '마침꼴'과 '이음꼴'과 '매김꼴'과 '이름꼴'의 넷으로 나누었는데, 이 중 이음꼴과 매김꼴에는 각각 '따옴이음법(인용접속법)'과 '따옴매김법(인용관형법)'이라는 하위 범주를 설정하고 있다. 이는 같은 '준종합적 체계'의 최현배(1937)에서는 설정되지 않았던 것이다.

(7) 가. 따옴이음법: -는다고/ㄴ다고, -더라고, -느냐고, -으라고/라고, -자고
　　 나. 따옴매김법: -는다는/ㄴ다는, -는단/ㄴ단, -는다던/ㄴ다던, -는달/ㄴ달

우리의 판단은 (7가)가 충분히 이유 있는 설정이라는 것이다. 이 점은 앞서 제2장의 문법단위에 관한 논의와 3.4절의 재구조화 논의의 결과로 얻어지는 결론이 된다. 이들은 보문소와 보문소의 결합이 어휘부 대응규칙이라는 규정으로 말미암아 새로운 머리성분 범주(C)로 허가되는 예이다. 통사구조에서 이들을 단일한 복합 범주로 허가해주는 것은 재구조화 원리이다. 그러나 (7나)는 단일한 통사 범주로 허가되지 않는다. 이들은 남기심(1973)에서도 통사적 과정의 '-

고 하-' 삭제 변형 규칙이나 형태음운론적 과정의 '-고', '하-' 삭제 규칙에 따라 얻어지는 예로 들었던 것이다. 뒤의 5.2.3절의 논의에 따르면 이들은 다음과 같이 동사 '하-'의 변이형태로서의 무형의 변이형태를 포함한 표현으로 규정된다.

(8) -는다는/ㄴ다는: -는다 φ는, -는단/ㄴ단: -는다 φ는, -는다던/ㄴ다던: -는다 φ던,
-는달/ㄴ달: -는다 φ르

앞의 3.4.2절에서 우리는 '-는다고'가 종결어미로서의 보문소 '-는다'와 연결어미로서의 보문소 '-고'가 결합된 복합 보문소라고 규정한 바 있다. 물론 이와 같은 유형의 복합 보문소에는 다음과 같은 것이 더 있다. (9마)의 '-으마고'도 첨가되어야 할 것인바, 이는 서정수(1994: 283)에서 제시한 것이다.[329]

(9) 가. -는다고: 그는 철수가 자기를 안 믿는다고 말했다.
나. -느냐고: 그는 내가 어디에 사느냐고 물었다.
다. -으라고: 강사는 그 종이를 반으로 접으라고 지시했다.
라. -자고: 그는 그 돈을 사람 수대로 나누자고 제안했다.
마. -으마고: 그 사내는 종교를 믿으마고 아내에게 말했다.

'-다고'의 단위 분석과 범주 규정에 관한 논의가 이미 여러 연구자들에 의해 이루어져왔다.[330] 우리와 같이 '-다고'가 한 단위의 통사 범주로서의 자격을 가진다고 보는 견해도 있고, '-다'와 '-고' 각각이 독자적인 통사 범주로 기능한다는 견해도 있다. 전자의 견해를 분명히 보이는 연구로는 이필영(1993), 유현경(2002)를 들 수 있는데, 이들은 '-다'와 '-고'가 '-다고'라는 어미구조체로 재구조화된다고 보고 있다.[331] 이 어미구조체 '-다고'를 이필영(1993)는 보문소('보문

---

329) 서정수(1994)에서는 이것이 서법을 하위 구분하는 통사적 증거가 된다고 보고 서법의 하위 범주를 이와 같이 서술법, 의문법, 명령법, 청유법, 약속법의 5가지로 나누고 있다. 본 연구의 관점에 따르면 (9)에 제시한 5개 외에도 '-더라고', '-으리라고'가 첨가되어야 한다. 의도의 의미를 나타내는 경우의 '-겠다고'도 첨가되어야 한다. 이는 굴절소 '-겠-'과 보문소 '-는다'의 결합에 다시 '-고'가 결합된 복합 보문소이다.

330) 이 문제를 다룬 연구자들 중 다수가 '-는다'에서 '-느/는-'을 분석하는 입장을 취하고 있으므로, 이 절에서는 혼란을 피하기 위해 '-다고'로 지칭하여 논의해간다. 우리의 입장에서는 '-다'는 형용사나 '-었-', '-겠-' 뒤에서의 '-는다'의 변이형태이다.

331) 채희락·노용균(1998)도 '-다고'를 한 단위로 처리한 연구이다. 그러나 채희락(2005)에서는 '-고'가 고유한 통사 범주를 가지며, 동사 어간과 어미의 결합형, 가령 '잡으신다'에 의존사(clitic: '접어')로 부착된다는 제안을 하고 있다.

자')로, 유현경(2002)는 부사형어미로 규정한다.

후자의 견해에서는 '-고'의 범주가 무엇이냐가 특별히 중요한 문제가 된다. 이를 조사로 간주하는 전통적인 견해는 최현배(1937)에서 형성되었고, 뒤에 이상복(1974), 임동훈(1995) 등에서 새롭게 제시되었다. 보문소로 간주하는 견해는 생성문법적 연구 초기의 이홍배(1970), 양인석(1972가), 남기심(1973) 등으로부터 엄정호(1990), 정주리(1995), 안명철(1992), 최재희(2000) 등에 이르기까지 많은 연구자들의 논의를 찾아볼 수 있다.

유현경(2002)에서는 '-다고'가 한 단위로서 부사절 어미의 자격을 가짐을 보이는 증거들을 정리하고 있다.

(10) 가. '이렇게/그렇게/저렇게' 등에 의해 조응됨: "수임은 마음속으로 이렇게/다행 이라고 생각하며 성호를 그었다."

　　 나. '-다고, -자고, -으냐고'에서 '-고'가 탈락되는 현상이 '-으려고, -느라고'에서 '-고'가 탈락되는 현상과 유사하다.

　　 다. '-다고' 절이 '인용 동사'와 무관한 문맥에서도 나타남: "그는 집에 간다고 나 섰다."/"엄마는 용돈으로 쓰라고 돈을 주셨다."

　　 라. '-다고'가 인용의 뜻 아닌 원인/이유의 뜻을 나타냄: "작은아버지는 돈을 좀 벌었다고 우리집을 무시한다."

　　 마. 종결어미의 용법이 있음: "우리 선생님은 얼마나 좋으시다고."

　　 바. 인용문에서 필수적 부사절을 이끎.

이들은 모두 '-다고'가 연결어미임을 보이는 증거이며, 또한 연결어미 중에서 부사절을 이끄는 연결어미들이 공유하는 특징이라는 것이다. (10)의 특징들은 특정 이론에 구애받지 않고 '-다고'에 이끌리는 절의 통사적 지위를 드러낼 수 있는 객관적 증거들을 적절히 종합한 것이라고 생각한다.

'-다고'('-는다고')가 복합 보문소라는 본 연구의 입장은 이들을 모두 받아들일 수 있다. '-다고'에 이끌리는 절이 부사절이냐, 또는 보문소구냐 하는 물음은 핵계층 이론을 전체 문법 체계의 주요 요소로 받아들이는 우리의 입장에서는 큰 의의를 가진다. 간접인용절은 '-다고'를 머리성분으로 가지는 것이므로 보문소구로 규정되어야 한다.

다시 말하지만, 어떤 머리성분에 대한 통사 범주의 규정은 그것이 어떤 범주의 구를 취하느냐를 일차적으로 고려하여 주어져야 한다. 이 머리성분의 투사인 구가 어떠한 문법기능을 가지며, 다른 구와의 제약은 무엇인지를 이어서 밝혀야 한다. '-는다고' 절이 보문소구임이 결정되었다고 할 때, 다음으로 우리가 밝혀야 할 일은 이것이 동사구의 보충어인가, 명시어인가, 또는 부가어인가 하는 것이다. 또는 I', IP, C', CP의 부가어일 가능성은 없는지도 따져보아야 한다. 그러나 이런 문제 이전에, '-는다고'를 단일한 머리성분 범주로 간주하지 않는 견해가 더 많은 이들에 의해 제시되어있으므로 이들이 가지는 문제를 분명히 이해하는 것이 필요하다.

5.2.2. 간접인용절과 직접인용절

비교적 근래에 나온 연구 중에서 '-는다고'에 이끌리는 절의 통사구조 설정의 문제와 관련하여 주목할만한 제안은 엄정호(1990)이다. 그에 따르면 앞의 예문 (4가)는 (4가)'과 같은 구조를 가진다.

(4) 가. 철수는 영호가 그 책을 오백원에 샀다고 말했다.
(4)' 가. 철수는 [s' e [s 영호가 그 책을 오백원에 샀다] [v 하-][COMP -고]] 말했다.

간접인용문은 보문소 '-고'에 이끌리는 절을 그 내포절로 가지는데, 이 내포절은 '하다'를 서술어로 가진다는 것이다. 간접인용문의 통사구조를 이렇게 해석함으로써 그는 간접인용문과 직접인용문의 구분에 관한 종래의 통념에 문제를 제기하고 있다.

이러한 견해의 주요 근거는 모든 절이 하나의 보문소를 가져야 한다는 그의 전제이다.[332] 다음 (11), (12)에서 '-고'와 '-라고'가 수의적으로 탈락되는 현상은 이들 보문소가 잉여적이라는 것을 말해주는데, 이는 고유의 보문소가 그 앞의 종결어미이기 때문이라는 것이다. 직접인용문인 (13)과 같은 문장에서 '-고'가 쓰이는 현상 역시 고유의 보문소가 그 앞의 '-다'라는 점을 말해준다고 한다. 이 경우는 형식동사인 '하-'가 수의적으로 탈락된 것이라고 한다.

(11) 가. 영희는 철수가 똑똑하다고 생각한다.
　　 나. 영희는 철수가 똑똑하다 생각한다.

---

332) 이러한 전제를 가진다는 점에서는 필자도 같다.

(12) 가. 철수는 "이젠 살았구나"라고 소리쳤다.

　　　나. 철수는 "이젠 살았구나" 소리쳤다.

(13) 배군은 "우리가 커 가고 있는건지 병들어 가고 있는건지 모르겠다"고 푸념했다.

　　　(이상 5문장은 엄정호 1990: 62에서)

　　(4가)'과 같은 기저구조는 모든 절이 하나의 보문소를 가져야 한다는 전제를 충족시킨다. (14)의 내포절은 (15)에서처럼 독립적으로 쓰일 수 있는데, 이는 마치 인용문 내부의 인용절과 같은 성격을 가진다.[333] (14)에서 종결어미 '-나'는 그의 이론에서 보문소로 간주된다. 간접인용문의 구조를 (4가)'와 같이 상정해야 인용절의 보문소는 종결어미가 맡고, 그 상위절의 보문소는 동사 '하다'의 연결어미인 '-고'가 맡게 되어, 한 절이 한 개의 보문소를 가져야 한다는 전제를 충족시킨다고 한다.

(14) 가. 철수는 학교에 갔나 싶다.

　　　나. 철수는 숙제를 다 했나 보다.

　　　다. 철수가 그 일을 하지 않았나 한다.

(15) 가. 철수는 학교에 갔나.

　　　나. 철수는 숙제를 다 했나.

　　　다. 철수가 그 일을 하지 않았나. (이상 6문장은 엄정호 1990: 1에서)

위 경우의 '싶다'와 '보다'는 종래 보조동사로 다루어왔다. 다음 5.3절에서는 종전에 '보조동사 구문'으로 다루어지던 예들을 4가지로 재분류하게 되는데, (14다)의 '하다' 문장도 포함하여, (14)의 부류를 보충어를 가지는 내포문의 한 종류로 처리하게 된다.

　　엄정호(1990)에서 이상의 근거 외에 (4가)' 구조 설정을 정당화하기 위한 논거로 제시한 것은, 남기심(1973)에서의 '모의문' 설정의 부당함, 명사 완형보문 구조 설정의 불합리함 등이 있다. 특히, '-는다고'와 같은 형식은 20세기에 들어와서야 출현하고, 이전에는 인용절의 형식이 'ᄒ다' 동사의 보문으로서, 종결어미를 그 말미에 가지는 형식으로 실현되었다는 역사적 사실을 중요한 근거로 들고 있다.

---

333) 이 논문은 (14)와 같은 부류의 구문에 대한 연구가 주목적이다. 그는 이를 'SEA 구문'이라고 부르고 있다.

이제, (4가)'과 같이 설정된 통사구조에 관하여 지적할 큰 문제점은, (4가)'의 구조가 직접인용문의 형식을 기술한 것이라는 점이다. 일반적으로 간접인용절은 재귀대명사 주어를 가질 수 있으나, 직접인용절은 그것이 불가능하다. (16)은 이러한 일반적 성질에 따른 것이다. (4가)'의 구조로는 이러한 사실을 설명해주기가 어렵다.

(4) 가. 철수는 영호가 그 책을 오백원에 샀다고 말했다.
(16) 가. 철수는 자기가 그 책을 오백원에 샀다고 말했다.
　　나.*철수는 "자기가 그 책을 오백원에 샀다" 하고 말했다.

앞에서 우리는 직접인용문과 간접인용문을 동일한 기저로부터 이끌어내는 남기심(1973)의 처리법을 부정하였다(3.2.2절 참조). '복원가능성'에서의 문제 등으로 말미암아, 이는 사실상 표준적 변형의 개념으로는 기술이 불가능한 현상이라는 것이다. 결국 직접인용문과 간접인용문은 통사적으로 아무런 연관을 갖지 않는 별개의 구조인데, 엄정호(1990)의 (4가)'의 구조는 오히려 직·간접 인용문이 동일한 구조를 가진다고 주장하는 것이다.

다음으로, 주의 깊게 살펴보면, 현대국어에서 직접인용문과 간접인용문의 구별은 여전히 필요하고, 이 둘은 형식적으로 동일시될 수 없다. 이 점을 단적으로 보여주는 예는 엄정호(1990: 63)의 다음 예문이다.

(17) 영희는 철수가 학교에 갔나 보다 하고 생각했다.

이는 위 (14나)와 같은 형식을 인용절로 가지는 문장이다. 사실상 이 예는 그가 간접인용문의 기저구조를 (4가)'와 같이 설정하게 만든 직접적인 동기가 되었던 것이라고 할 수 있다. 문제는, (17)에서 '하고'에 앞서는 내포절은 어디까지나 직접인용문으로서, 이에 대응되는 간접인용문은 불가능하다는 것이다. (18)의 두 문장의 대비가 이 점을 보여준다. '하-'가 생략된 문장 (18나)도 가능하다. 그러나 이것은 앞서 엄정호(1990) 자신의 예문 (13)이 가능한 것과 똑같은 이유에서 가능한 것이다. 발음상으로도, 인용절과 '-고' 사이에는 쉼(휴지)이 있어야 한다.

(18) 가.*영희는 철수가 학교에 갔나 보다고 생각했다.
　　나. 영희는 "철수가 학교에 갔나 보다"고 생각했다.

(14)의 나머지 문장들이 모두 같은 성질을 보인다.

(19) 가.*영희는 철수가 학교에 갔나 싶다고 말했다.

　　나. 영희는 "철수가 학교에 갔나 싶다"고 말했다.

(20) 가.*영희는 철수가 그 일을 하지 않았나 한다고 추측했다.

　　나. 영희는 "철수가 그 일을 하지 않았나 한다"고 추측했다.

(18나)-(20나)의 문장에서 내포절은 직접인용절이기 때문에 재귀대명사 '자기'에 의한 조응이 불가능할 것은 예측되는 일이다.334) 이는 마치 (16)과 같은 것이다.

(21) 가. 철수는 "제가 그 책을 오백원에 샀습니다." 하고 말했다.

　　나.*철수는 "자기가 그 책을 오백원에 샀습니다." 하고 말했다.

(18)' 가. 영희는 "내가 잘못 계산했나 보다"고 생각했다.

　　나.*영희는 자기가 잘못 계산했나 보다고 생각했다.

(19)' 가. 영희는 "내가 어쩌면 그런 옷을 입고 학교에 갔나 싶다"고 말했다.

　　나.*영희는 자기가 어쩌면 그런 옷을 입고 학교에 갔나 싶다고 말했다.

(20)' 가. 영희는 "내가 잘못한 것이 아닐까 한다"고 말했다.

　　나.*영희는 자기가 잘못한 것이 아닐까 한다고 말했다.

이상의 관찰을 통하여 얻은 결론은 다음과 같다. (14) 유형의 문장들에서 그 내포절은 특수한 종류의 직접인용절이다. 이 구문들은 그 보문으로 (15)와 같은 형식을 '직접인용절'의 형식으로 취하는 특별한 선택제약을 가진다. 인용의 형식을 언어-보편적인 의미 범주의 하나라고 가정하면 이러한 구문은 앞에서 도입한 구문규칙의 형식을 활용해서 적합하게 기술할 수 있다.

또한, 간접인용문에 대한 (4가)'와 같은 통사구조의 설정은 이에 대비되는 직

---

334) (21나)와 (18나)'-(20나)'의 예문은 마치 언어심리학이나 자연언어처리 분야에서 거론되는 'garden path sentence'의 예와 유사한 성질을 가지는 것이라고 하겠다. 즉, 누구나 다음 문장을 처음 듣고 그 주절 동사를 'ran'으로 파악하기가 쉽다. 이것이 잘못된 해석임은 맨 뒤의 'fell'에 의해 깨닫게 된다.

　　a. The horse ran past the garden fell.

　마찬가지로, '자기'를 간접인용절의 주어로 파악하여 문제없이 해석해나가다가, 뒤에서 '하고, 싶다, 보다, 하다'로 말미암아 직접인용절로의 파악을 다시 시도하게 된다. 이 경우는 부적격성 판정으로 귀결된다는 점에서 a.와 다르다.

접인용문의 다른 종류인 '-라고' 문장의 통사구조 설정과 관련하여 문제를 일으킨다. 문제는, 직접인용의 조사 '-라고'를 어떻게 처리할 것인가 하는 점이다. 엄정호(1990)에서는 이에 대해서 자세히 논하지 않았으나, '직접인용 보문자'는 지정사 '이다'와 '하고'의 축약이며, 인용된 부분이 명사구로 도입된다고 보고 있다.[335] 전후 맥락으로 미루어보면 그가 그리는 직접인용문의 통사구조는 대략 다음과 같은 것이다.

(22) 철수는 [s' e1 [s' e2 [NP "제가 그 책을, 오백원에 샀습니다."][V 이-][COMP -라]]
 [V 하-][COMP -고]] 말했다.

이 구조는 직접인용문의 특이한 성질을 포착할 수 있다. 그러나 내포절의 '하-'가 어떤 의미 기능을 맡게 되는지, '-고'에 의해 이끌리는 연결어미 절이 '말하다'의 보문의 지위를 가진다는 것이 무슨 의의를 가지는지를 해명해야 함과 아울러, 앞서 간접인용문의 구조 (4가)'에서 제기되었던 것과 같은 문제를 안게 된다. 또, '이다' 문장의 'e2'와 같은 공범주 주어는 통사적으로도, 의미적으로도, 전혀 용도를 갖지 않는다는 문제도 지적할 수 있다. 이러한 구조보다는 '-라고'를 조사로 간주하는 것이 간결성의 기준에서 더 타당한 처리일 것으로 본다.

다음의 대비는 '이라고'의 '-고'가 독립적인 연결어미 또는 보문소로서 절을 이끄는 능력을 갖지 못함을 보이는 증거이다. 위 (22)와 같은 구조로는 (23나)가 비문이 될 이유가 없다.

(23) 가. "누가 그런 말을 곧이듣는담?" 하고 그는 입을 삐죽거렸다.
 나.*"누가 그런 말을 곧이듣는담?"이라고 그는 입을 삐죽거렸다.

조사로서의 '-이라고/라고'는 '-고' 없이 '-이라/라'로만 실현되기도 한다. 이 때의 '-이라/라'는 '-이라고/라고'의 한 변이형일 뿐이라고 판단한다.

(24) 가. 철수는 "제가 그 책을 오백원에 샀습니다."라 했다/말했다.
 나. 철수는 "아이구, 머리야!"라 했다.

---

335) 엄정호(1990) 66쪽 <각주 4>.

요컨대, '-이라고/라고', '-이라/라'는 동사의 보충어로 쓰이는 보문에서만 인용을 나타내는 표지로서의 조사가 된다.

다음과 같은 예의 '-라는'은 '-라 하는'에서 '하-'가 무형의 변이형태('φ')로 실현된 것이다. 그 구조를 제시하면 다음과 같다.

(25) 가. "이 절은 1891년에 창건되었다"라는 비문은 잘못된 것이었음이 밝혀졌다.

(남기심 1973에서)

나. [[[e ["이 절은 1891년에 창건되었다"라 [v φ-]][ι -φ-]][c -는]] 비문]은 잘못된 것이었음이 밝혀졌다.

조사로서의 '-이라고/라고'와 관련하여 혼동하기 쉬운 예들이 있다. (26가)는 (26나, 다)로 이해하는 것이 옳다.

(26) 가. 걱정도 팔자라고, 누가 그런 극단적인 상황까지 고려한다는 말이냐?
　　나. "걱정도 팔자"라고, 누가 그런 극단적인 상황까지 고려한다는 말이냐?
　　다. [[e "걱정도 팔자"라 φ-고], 누가 그런 극단적인 상황까지 고려한다는 말이냐?

이 경우는 직접인용절을 영-형태의 동사 '하-'가 취하여 다시 연결어미(보문소) '-고'가 이들을 이끄는 구조를 이루고 있다. 속담이나 격언을 인용할 경우 이와 같은 형식이 많이 쓰인다. 다음도 인용의 조사를 전혀 포함하지 않는 구조의 예이다.

(27) 가. 걔는 공부한다고 한 동안 책가방 들고 도서관에 들락날락 했다.
　　나. 걔는 "공부한다"고 한 동안 책가방 들고 도서관에 들락날락 했다.
　　다. 걔는 ["공부한다" φ-고] 한 동안 책가방 들고 도서관에 들락날락 했다.

이 때의 '-고'도 동사 '하-'의 무형의 변이형태와 '-고'의 결합인 'φ-고'로 해석해야 하는 '-고'이다.

'-이라고/라고'가 조사라고 할 때, 우리의 범주 체계에서는 이것을 후치사라고 보는 것이 합당하다. 다음과 같이 '-라고' 뒤에 보조사가 이어질 수 있다는 사실은 이를 말해주는 것이라고 판단된다.

(28) 철수는 "야!, 야!"라고만 소리쳤다.

이상의 증거를 놓고 판단할 때, '-라고'는 후치사로 규정함이 합당하다.

이제, '-고'를 가지는 다음 문장이 가지는 특징이 주목되어야 한다. 이는 한국어의 인용문 중 직접인용문의 한 특별한 사례이다.

(29) 철수는 "아무도 이것을 알 사람이 없으리라."고 생각했다.

위에서 '하-'가 생략된 형식으로 판단한 이 문장은 그 인용절 위치에 절의 구조를 갖춘 형식만을 허용한다. 그리고 절의 형식 중에서도 특정 어미에 의한 형식만을 허용한다.

(30) 가. *철수는 "영호야!"고 외쳤다.
　　　나. *큰 물결이 "쏴아"고 물러갔다.
(31) 가. 그 사람은 "이러시면 안 됩니다."고 간곡히 말하며 우리를 제지했다.
　　　나. *철수는 "그러면 안 되지."고 말했다/생각했다.

이상의 관찰을 통하여 간접인용문이 직접인용문과는 아주 다른 구조를 가진다는 점을 알게 된다. 한국어에서 인용문은 '하다'를 가지는 구문과 조사 '-라고'를 가지는 구문, 그리고 '-φ-고'를 가지는 구문이 직접인용문의 형식으로 존재하고, 이와 별도로 간접인용문의 형식이 존재하는 것이다.

간접인용문과 직접인용문의 구별에 관한 이상의 논의를 요약하면 다음과 같다. 한국어 직접인용문의 기본 형식은 남기심(1973)에서 '모의문'이라고 지칭하던 형식이라고 판단된다. 모의문을 인용문의 기본 형식이라고 파악한 것은 엄정호(1990)에서 바르게 통찰한 것이라고 생각한다. 그러나 간접인용절의 구조를 이와 같은 구조로 설정한 엄정호(1990)의 처리는 부적합한 것이다. 결국 복합보문소 '-는다고, -느냐고, -으라고, -자고'의 형식을 가지는 간접인용문과, 후치사 '-라고'를 인용의 표지로 가지는 직접인용문, 그리고 '하다'의 보충어로 온갖 단위의 인용된 형식을 가지는 직접인용문, 여기에 더하여 다음과 같이 특별한 형식의 직접인용절을 요구하는 직접인용문, 이 네 가지 구분이 한국어 통사구조의 기술에서 필요하다고 보았다.

(32) 가. 철수는 "아무도 이것을 알 사람이 없으리라."고 생각했다.
　　　나. 철수는 [e "아무도 이것을 알 사람이 없으리라." [φ][-고]] 생각했다.

이 문장은 생략된 '하-'의 보충어로 완전한 절의 통사구조를 가지는 직접인용문의 유형이다.

5.2.3. 인용관형절의 구조

인용문의 통사구조를 밝혀가는 과정에 있어서 제기되는 또 한 가지 중요한 문제는 생략된 동사 '하-'의 성격에 관한 것이다. 이 문제는 흔히 보문을 가진 명사구에서의 '-고 하-'의 생략, 또는 '-고'나 '하-'의 생략과 관련한 논란으로 전개되어왔다. 편의상 (33가)와 (33나)에 포함된 관형절을 인용관형절이라고 지칭하기로 한다. (33다)는 인용관형절을 포함하지 않는다.

(33) 가. 할아버지가 미국에 가신다고 하는 사실
　　　나. 할아버지가 미국에 가신다는 사실
　　　다. 할아버지가 미국에 가시는 사실

이 논란을 촉발한 것은 남기심(1973)의 처리이다. 그에 따르면 (33가, 나, 다)의 세 관형절은 동일한 기저를 가진다고 한다. 즉, 다음과 같은 것이 세 문장의 관형절의 기저구조이다. (34)로부터 '하는'이 삽입되어('완형보문의 관형수식구화' 변형) (33가)가 생성되며, 다시 '-고 하-'가 한번에 삭제되어('완형보문의 명사구 축약') (33나)가 생성된다. (33다)는 (34)에서 어미들이 조정되는 과정을 거쳐('완형보문의 불구보문 관형수식구화' 변형) 생성된다.

(34) [[할아버지가 미국에 가신다-고] [사실]]

그런데, 의문의 실마리를 제공하는 현상은 다음의 문장이다. 남기심(1973)의 이론에 의하면 (33가)와 (35)가 통사적으로 아무런 연관을 맺지 않는 것이다. 즉, 두 경우의 '하-'는 서로 다른 요소로 처리된다.

(35) 할아버지가 미국에 가신다고 한다.

여기에는 세 가지 문제가 복합되어있다. 첫째는 이 때의 '하-'를 어떻게 처리할 것인가 하는 것이고, 둘째는 (33다)의 관형형어미의 형식이 (33가), (33나)에서와 어떠한 관계를 가지는가 하는 것이다. 셋째는 (33)의 문장들과 다음의 '외치 구문' 간의 연관이 변형에 의한 것인가 하는 문제이다.

(36) 할아버지는 미국에 가신다고 사실을 털어놓았다.

이 절에서는 앞의 두 문제를 차례로 다루고, 다음 절에서 셋째 문제를 별도로 다루려고 한다.

'하-'의 처리 문제

첫 번째 문제에 대해서 가장 바른 해결 방안을 제시한 것은 김영희(1981)이라고 판단된다.[336] 또한, 김영희(1984)에서는 형식동사로 다루어지던 (33)의 '하-'와, 대동사로 다루어지던 '하-'의 다른 예들을 통합하여 '포괄동사'라는 명칭을 부여하였다. '하-'의 처리 문제에 대한 필자의 이해는 이 두 연구에 크게 힘입고 있다. 이에 따르면 그 전에 형식동사와 대동사의 두 가지로 나누어 다루어졌던 한국어의 '하-'는 어느 경우에나 실질적 의미를 가지는 단일한 동사로 규정된다.

앞서 (33가)와 (33다)를 연관짓는 문제에 관하여, 남기심(1973)에서는 위 (34)와 같은 기저구조가 이들을 매개한다고 설명하였다. (33가)는 (34)에 형식동사와 관형형어미의 결합인 '하는'이 개재되는 변형 규칙이 적용되어 얻어진다. (33다)는 (34)에 관형형어미를 조정하는 변형 규칙이 적용되어 얻어진다. 김영희(1981: 170)에서는 이미 3.2.3절에서 소개한 다음의 반례를 들어 두 구조의 변형적 연관을 부정하였다. (37)은 기저구조는 가능한데 표면구조가 불가능한 경우를 보여주며 (38)은 표면구조가 가능한데 기저구조가 불가능한 경우를 보여주는 것이다.

(37) 가. 그가 거문고를 탈 줄 안다고 하는 사실이 거짓으로 드러났다.

---

[336] (33가)와 같은 경우의 '하-'는 '말하다, 생각하다' 등과 같이 '단언'이라는 내포적 의미를 가지는 '단언 서술어(assertive predicate)'라고 한다(김영희 1981: 155). 또한 '하-'가 '포괄적(generic)이나마 실질적 의미를 가진다'(158쪽)고 하였다.

　나.*그가 거문고를 탈 줄 아는 사실이 거짓으로 드러났다.
(38) 가.*그가 당신을 만났다고 하는 사실이 있나요?
　　　나. 그가 당신을 만난 사실이 있나요?

김영희(1981)은 (33가)와 (33다)의 차이가 단언 서술어인 '하-'와, 이것과 공존하는 평서법 '-다'의 유무에 의해 나타난 것이라고 설명한다.

　(33가)에서의 '하-'가 실질적 의미를 가진다는 김영희(1981)의 주장은 우리가 받아들이는 바이나, (33나) 문장의 기저구조와, 이 문장을 도출하기 위해 적용하는 변형 규칙들은 받아들일 수 없는 것이다. (33가)와 같은 구조를 포함하는 문장을 그가 든 예문 (39가)로 설명해보기로 한다. 이 문장의 기저구조는 다음과 같다.[337]

(39) 가. 죄수가 탈주했다고 하는 사실이 밝혀졌다.
　　　나. [$_{S1}$ [$_{NP}$[$_{S2}$[$_{S3}$[$_{NP}$ X][$_{VP}$[$_{NP}$[$_{S5}$ 죄수가 탈주했다][$_{V}$ ASSERT.]]][$_{Conj}$ 는데]
　　　　 [$_{S4}$[$_{NP}$[$_{S6}$ 죄수가 탈주했다][$_{VP}$[$_{NP}$ 사실][$_{V}$ INTENS.]]]] [$_{N}$ 사실]] [$_{VP}$ 밝혀졌다]]

이는 '죄수가 탈주했다는 것이 단언되는데, 죄수가 탈주했다는 것은 사실이다. 그 사실이 밝혀졌다' 정도의 의미를 표현한다. (39나)가 표면구조로 유도되기 위해서는 '동일 명사구 지우기', '지우기(deletion)', '어휘 넣기(lexicalization)'라는 세 가지 주요 변형 규칙이 적용되어야 한다. 동일 명사구 지우기는 표제 명사 '사실'과 동일지시 관계에 있는 S2 안의 모든 명사구를 제거한다. 지우기는 S3과 S4 사이에서 동일한 구성성분들을 제거한다. 이에 따라 (40)의 구조가 나타난다. 여기에 (41)의 '어휘 넣기'가 적용되면 (39가)의 표면구조가 얻어진다.

(40) [$_{S1}$ [$_{NP}$[$_{S2}$[$_{S3}$[$_{NP}$ X][$_{VP}$[$_{S5}$ 죄수가 탈주했다]] [$_{VP}$[$_{VP}$[$_{V}$ ASSERT.][$_{V}$ INTENS.]]]]
　　　[$_{N}$ 사실]]$_{NP}$ [$_{VP}$ 밝혀졌다]]
(41) [$_{VP}$[$_{VP}$[$_{V}$ ASSERT.][$_{V}$ INTENS.]]] ⟹ 하

　여기에는 변형 규칙의 힘을 최대한으로 활용하는 '변형론'의 접근 태도가 잘 드러나있다. 변형론적 접근은 자의적인 변형 절차를 도입한다는 근본 문제를

---

337) 김영희(1981)에는 나무그림으로 표시되어있으나 여기에서는 대괄호법으로 바꿔 나타냈다. 'ASSERT.'와 'INTENS.'는 각각 단언 서술어(assertive predicate)와 내포동사(intensive verb)를 뜻한다고 한다.

가진다고 일반적으로 지적되는데, 위 설명도 그 점에서 예외가 아니다. 그 한 가지는 '지우기'이다. 두 개의 NP에 관할되어있는 '죄수가 탈주했다'(S5와 S6) 중에서 뒤의 것(S6)이 지워졌는데, 이 둘은 구조적으로 공통되는 위치에 있지 않다. S5는 목적어 위치에 있으나 S6은 주어의 위치에 있는 것이다. 또 하나의 문제점은 접속사로 설정된 '-는데'이다. 이 접속사가 '-는데'이어야 할 필연성이 없는 것이다. '-고' 또는 '-으며'가 이 자리에 설정되어도 별 문제를 일으키지 않는 듯하다. 그렇다면, '-는데'를 지우는 위와 같은 변형 규칙은 복원가능성 원리를 위배하게 된다.

다음으로 (33가)와 (33나)의 문장을 연관짓는 문제를 생각해보기로 하자. 김영희(1981)에서는 (33가)와 (33나)가 "'하-' 지우기'라는 변형 규칙에 의해 연관되는 것으로 본다.[338] 그러나 '하-'는 그의 관점에서도 의미를 가지는 어휘적 단위로서, 변형에 의하여 생략되거나 삽입될 수 없다. 또, (33가)를 (33다)와 연관짓는 변형 과정처럼 '하-'를 지우는 이 변형 과정도 원래 '하-'가 매달려있던 나무그림상의 한 범주를 지우는 작용을 하므로 구조 보존 원리를 위배한다.[339]

이러한 사실을 반영하여 (33가)와 (33나)의 통사구조를 제시하면 대략 (33가)'와 같다. (33나)'는 '하-'의 변이형태 'Φ'를 편의상 나타내본 것이다. 굴절소가 무형의 형태소(및 형성소)로 개재되지만 여기에서는 생략하였다.

(33)' 가. [e [할아버지가 미국에 가신다] 하-는] 사실
나. [e [할아버지가 미국에 가신다] Φ-는] 사실

이상의 논의에서 한 가지 지적해둘 점이 있다. 가령 '가신다고 했다'와 같은 형식은 '가신다 했다'와 구조적으로 같다는 것이다. '-는다고'는 어떤 변형적 절차에 따라 생성되는 것이 아니다. 다만 '-는다'와 '-고'가 재구조화 원리라는 규정에 따라 '-는다고'라는 한 머리성분 단위로 허가되는 것이며, 결과적으로 '-는다고'는 '-는다'와 동일한 구조적 위치에 놓이게 되는 것뿐이다.

---

338) 김영희(1981)에는 이 변형 규칙이 분명히 언급되어있지 않으나 김영희(1998다: 131)에는 이 점이 지적되고 있다.

339) 남기심(1973)에서는 '하-'만을 삭제하는 것이 아니라 '-고 하-'를 한꺼번에 삭제한다는 점에 주의해야 한다. 그러한 방식도 구조 보존 원리를 위배한다는 점에서는 마찬가지이다.

보문관형절의 보문소들에 대한 처리

(33가-다)에서 제기되는 핵심적 문제는 (33가)와 (33다)의 규칙에 의한 연관이 있는가 하는 것인데, 필자의 견해는 이를 부정하는 것이다. (33가) 또는 (33나)와 (33다)의 차이는 '하-'의 유무에 의한 것이다. '하-'가 실질적 의미를 가지는 동사이므로 둘은 통사구조가 다른 것이다.

다음으로, 보문관형절 어미들의 조정에 관한 문제를 살펴보기로 한다. 이와 관련하여, 이 절의 간접인용절에 관한 논의와, 앞서의 관형절에 관한 논의의 결과를 다음과 같이 정리할 수 있다. (42가)는 인용관형절인 (33가)의 통사구조를 보인 것이고, (42나)는 '하-'가 생략된 인용관형절 (33나)의 통사구조를 보인 것이다. (42다)는 (33다)의 통사구조로서, 일반 보문관형절의 구조를 가지는 것이다.

(42) 가. [$_{NP}$ [$_{CP}$ e [$_{CP}$ 할아버지가 미국에 가신다고] 하-는] [$_{N}$ 사실]]
     나. [$_{NP}$ [$_{CP}$ e [$_{CP}$ 할아버지가 미국에 가신다] φ-는] [$_{N}$ 사실]]
     다. [$_{NP}$[$_{CP}$ 할아버지가 미국에 가시-는] [$_{N}$ 사실]]

이 세 경우 모두 일반 보문관형절의 구조를 취하고 있음을 알 수 있다.

앞에서는 남기심(1973)이 공통적으로 '하-'를 가진 (33가)와 (35)의 문장을 아무런 연관이 없는 것으로 처리한다는 점을 지적하고 이에 의문을 표명한 바 있다. 남기심(1973)에서는 또한 다음과 같이 대비되는 일련의 예에서 (43)의 '하-'와 그 외의 '하-'를 아무 연관이 없는 것으로 처리한다. 즉, (43)의 '하-'는 형식동사이며, (44)-(46)의 '하-'는 이와는 성질이 판이한 것으로서 '대동사'라는 것이다.

(43) 가. 할아버지가 미국에 가신다고 하는 사실
     나. 할아버지가 미국에 가신다는 사실
     다. 할아버지가 미국에 가시는 사실
(44) 가. 할아버지가 미국에 가시느냐고 하는 질문
     나. 할아버지가 미국에 가시느냐는 질문
     다.*할아버지가 미국에 가시는 질문
(45) 가. 미국에 가시라고 하는 요청/권유
     나. 미국에 가시라는 요청/권유
     다.*미국에 가시는 요청/권유
(46) 가. 함께 미국에 가시자고 하는 제안
     나. 함께 미국에 가시자는 제안

다.*함께 미국에 가시는 제안

위의 (43)과 (44)-(46)의 구분은 분명한 근거를 가지므로 그 타당성을 일정 부분 인정할만하다. 그 보문명사의 종류가 다른 것이다. 특히 어미에 주의해서 살펴보면 (43)은 내포된 인용절이 서술형어미에 의해 이끌리고, 나머지는 의문형, 명령형, 청유형어미에 의해 이끌린다. 그러나 앞의 (35)와 관련하여 가졌던 의문을 이들 예와 관련하여서도 똑같이 갖게 된다. 각각의 (가) 예문들은 어느 경우나 동일한 '하-'에 의해 관형절을 형성한다는 것이다. 또한 (나) 예문들이 보여주듯이 '하-'의 생략은 형식동사와 대동사를 가리지 않고 동일한 방식으로 나타난다. 남기심(1973)에서는 형식동사의 경우 통사적 변형 규칙으로, 대동사의 경우 형태음운론적 규칙으로 처리하나(3.2절 참조), 동일한 음운론적 특징을 가지는 현상들이 또한 의미적 공통성을 가짐이 토박이 화자들의 직관에 의해 인정된다면 이처럼 별개의 규칙으로 처리하지 않고 한 가지 방식으로 처리하는 것이 문법의 간결성이라는 기준에서 선호되는 것이라 하겠다.

양동휘(1976)은 한국어의 모든 보문소들이 변형에 의해 도입된다는 가설을 입증하기 위한 시도이다. 보문은 선어말어미와 어말어미를 모두 가진 형식으로 기저에서 생성되며, 간접인용절 외의 경우는 보문의 어미는 변형 규칙에 의해 삭제된다. 양동휘(1976)에서도 남기심(1973)에서처럼 '-고 하-' 삭제 변형 규칙이 설정되고 있다. 흥미로운 것은 양동휘(1976)의 '-고 하-' 삭제 변형은 위 (43)뿐만 아니라 (44)-(46)에서도 적용된다는 점이다. 이는 '하-' 삭제의 현상을 둘로 나누는 것이 그리 뚜렷한 근거를 갖지 않음을 말해주는 한 방증으로 볼 수 있다.

그러나 형식동사와 대동사를 가리지 않고 이와 같은 '-고 하-' 삭제 변형을 설정하는 것은 삭제되는 '-고 하-'의 분포 조건을 결정해야 하는 근원적인 문제를 다시 끌어안는 일이 된다.

이 절의 논의를 마무리하면 다음과 같다. 완형보문과 불구보문의 구분은 재구조화에 의해 복합 머리성분이 된 '-는다고, -느냐고, -으라고, -자고, -으마고'에 이끌리는 보문과 그 외의 보문의 구분이다. 둘의 의미가 극히 유사하여 변형적 관계로 오인하기 쉬운 경우가 있으나, 미미하나마 '하-'의 유무로 인한 차이가 존재하는 것이다. '하-'의 예 중 일부를 '형식동사'라고 구별하여 이들의 구문에 한정하여 변형적 관계를 유지하는 일도 성공할 수 없고, 그 외의 대동사의 경우에까지 변형적 관계를 확대하는 일도 타당하지 않다.

5.2.4. 외치 구문

앞에서 말한 것처럼, 남기심(1973)에서는 다음과 같은 구문을 외치 변형으로 설명한 바 있다.[340]

> (47) 가. 그가 뉴욕에 나타났다고 뜬소문이 퍼졌다.
>   나. 그는 앞으로 공직을 맡지 않겠다고 결심을 밝혔다.

남기심(1973: 72)에 의하면 이러한 구조는 명사와 동사가 의미론적으로 보문 동사의 기능을 가지는 경우로 한정된다. 김영희(1981)에서는 다음과 같은 예를 들면서, (47) 문장들의 보문 명사 구조와의 변형적 연관을 부정하고, 이들이 실제로는 동사 보문 구조를 이룬다고 주장하였다.

> (48) 가. 검찰은 죄수가 탈주했다고 하는 사실에 놀랐다.
>   나. 인호는 복희가 결혼했다고 하는 소문이 믿기지 않았다.
> (49) 가.*검찰은 죄수가 탈주했다고 사실에 놀랐다.
>   나.*인호는 복희가 결혼했다고 소문이 믿기지 않았다.

다음의 비문이 나타나는 현상은 이 구문이 '사실을 밝히다'를 보문 동사로 가지는 동사 보문 구조인 증거라고 한다.

> (50) 가.*죄수가 탈주했다고 사실을 검찰은 밝혔다.
>   나.*복희가 결혼했다고 소문을 인호는 퍼뜨렸다.

그러나 유사한 형식의 문장인 (51)은 접속문 구조로서 아주 다른 것이라고 한다. (51)은 (51)'로부터 지우기 변형에 의하여 얻어지는 구조라는 것이다.

> (51) 가. 검찰은 죄수가 탈주했다고 그 사실을 밝혔다.
>   나. 인호는 복희가 결혼했다고 그 소문을 퍼뜨렸다.
> (51)' 가. 검찰은 죄수가 탈주했다고 하(면)서 그 사실을 밝혔다.
>   나. 인호는 복희가 결혼했다고 하(면)서 그 소문을 퍼뜨렸다.

---

340) 남기심(1973)의 용어로는 '완형보문의 명사구로부터의 외치 변형'이다.

(47)의 문장들이 그 기저에 보문 명사 구조를 가지고, 변형에 의해서 도출된다고 하는 남기심(1973)의 설명은 받아들일 수 없다. 하지만 '뜬소문이 퍼지다'와 '결심을 밝히다'를 모종의 동사로 취급하는 김영희(1981)의 대안도 역시 받아들일 수 없다.

이렇게 판단하는 이유는, '뜬소문이 퍼지다'와 '결심을 밝히다'가 단어로서 동사라는 것을 증명할 방도가 없다는 것이다. (51)은 (47나)와 동일한 구조인데, 여기서 '그 사실을 밝히다', '그 소문을 퍼뜨리다'를 단어 수준의 동사라고 할 수 없는 것이다. 물론 김영희(1981)에서는 이런 반론을 예상하여, 두 구조가 다르다는 점을 강조하고 있다. 그러다 보니, 다시 (51가)에서 '죄수가 탈주했다고'가 명사의 보문이 아닌 동사의 보문임을 뒷받침하기 위하여 (51가)'로부터의 지우기 변형을 해결책으로 내놓는 일이 불가피하게 되었다. 그러나 이번에는 그와 같은 지우기 변형이 다시 문제를 일으킨다. 지워진 성분이 '하면서'인지, '하여서'인지 결정할 수 없다. 이는 지우기 변형이 준수해야 할 복원가능성의 원리를 위배하게 된다.

이 절에서 필자가 주장하고자 하는 점은 다음과 같다. (47) 문장들에서 서술화 원리와 구문규칙이 작용한다는 것이다. 이들과 비교되는 예문으로서, 우선 (49가)가 비문이 되는 이유는 '사실에'가 논항이 아닌 후치사구(PP)여서, 이를 주어로 취하는 서술화 원리가 적용될 수 없기 때문이다.[341] 그 외에, 명사와 동사의 의미상의 '연관'의 효과는 구문규칙에 의해 도입/형성된 의미구조에서 동사의 어휘의미구조의 한 논항에 명사항의 의미가 적용되는 과정에서 발생하는 것이다. 동사는 논항을 선택제약하기 때문이다.

윌리엄스(Williams 1980)에서는 영어의 외치 구문에 서술화 원리가 적용되는 것으로 기술한 바 있다. 양정석(1995/1997: 6장)에서는 한국어의 외치 구문에서도 그와 같은 처리가 가능함을 보였다.[342] 위 두 예문 (47가), (47나)에서 주목되

---

341) 엄밀히 따지면 한국어에서 후치사구가 논항이 되는 경우가 있다. '철수와 영호(와)'와 같은 형식은 후치사구이지만 주어와 목적어로 실현되어 통사적 이차 서술어의 '주어 (host)'가 될 수 있다. 통사적 서술어 아닌 논항의 역할을 하는 다른 후치사구의 예로는 '청량리부터 종로까지'와 같은 형식이 있다. 이들은 명사어를 취하는 후치사구라는 특징을 가진다.

342) Williams(1980)에서는 허사를 가지는 영어의 외치 구문을 서술화를 통하여 설명하지만, 'that'에 이끌리는 절을 주어로 간주한다는 점에서, '외치'된 절을 서술어로 간주하는 본 연구의 처리와 다르다. '외치 변형'을 인정하지 않는다는 점에서는 같다. 이러한 영어 외치 구문에서 'that'절을 서술어로 처리하는 선례는 Jackendoff(1990)이다.

는 사실은, '외치'되는 부분이 공히 직접논항과 상호 최대통어한다는 점이다. 목
적어를 가지는 행동성 구문에서 이차 서술어가 제약되는 것은 영어나 한국어의
결과 구문의 경우와 흡사한 것이다.[343]

(52) 가.*이스라엘 군이 시위대에 발포했다고 소문이 팔레스타인 사람들을 격분시켰다.
　　 나. 이스라엘 군이 시위대에 발포했다고 소문이 퍼졌다.

'외치 서술어'의 임자가 주어인 경우, 그 문장의 동사는 능격동사('비대격 동
사')의 특성을 가진다.[344]
　　서술화 원리의 '상호 최대통어' 조건을 생각할 때, 이러한 증거는 '외치 서술
어'의 주어가 모두 VP 내부에 V'의 부가어로 설정되어야 함을 말해주는 것이다.
(53가)에서는 '뜬소문'의 흔적인 ti와 CP('그가 뉴욕에 나타났다고')가 VP 안에
서 상호 최대통어 조건을 만족시키며, (53나)에서도 역시 '결심을'과 CP('앞으로
공직을 맡지 않겠다고')가 VP 안에서 상호 최대통어 조건을 만족시킨다.

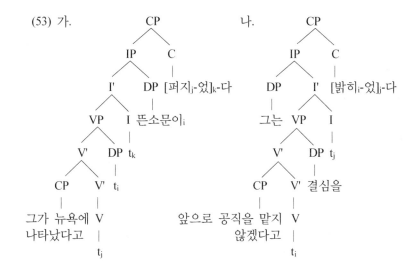

(53가)는 주어가 '-는다고' 절과 동사 사이에 위치하고 있는 표면 문장의 어순

---

343) 영어의 결과 구문에서 결과의 내용을 표현하는 구는 이차 서술어의 자격을 가지는데,
　　그 주어로 직접 논항을 취하는 특성이 있다. 한국어에서도 이 점은 마찬가지이다. 한국
　　어의 결과 구문에 관하여 양정석(2002가)의 5.3절을 참고하기 바람.
344) '능격동사'는 주어의 비행동성을 특징으로 하는 동사이다. 양정석(1995/1997) 참조.

이 그대로 통사구조에 반영되어있음을 보여준다. 이는 명시어의 어순에 관한 매개변인이나 뒤섞기와 같은 변형적 과정을 상정하지 않는 우리의 체계에서는 당연한 결과가 된다.

본래 서술화 원리를 설정하는 취지 중 하나는 통사구조와 의미구조 사이의 사상을 간결하게 해 주기 위한 것이다(Rothstein 1983). (53가)의 '뜬소문'과 같은 주어 명사구, (53나)의 '결심'과 같은 목적어 명사항을 해당 서술어구와 동지표를 붙여서 맺어준다면, 이 동지표는 의미해석 규칙에 의해 의미구조를 얻어가는 데에 유용하게 쓰일 수 있다. 앞의 4.1.4절에서 제시한 통사구조-의미구조 대응규칙의 형식을 취하면, (53가, 나)의 의미구조는 다음과 같은 방법으로 얻어진다. 일단 동사의 어휘의미구조에 논항 융합이 이루어지고, 이차 서술어에 대응되는 의미가 적용된다. 이 때 서술어인 CP 성분과 동지표화된 명사항에 대해서 서술어의 의미가 적용되는 것이다.

먼저, 그 대응규칙은 다음과 같다. 이는 일반적 이차 서술어 구문규칙과 같으나(271쪽), 통사구조에 어순에 대한 규정이 주어지는 것으로 가정하기로 한다.

(54) 외치 구문규칙:
　　　통사구조의 성분 DP가 의미구조의 성분 [A]에 대응되고, XP가 [B]에 대응되면,
　　　$[_{VP}\ XP^i_k\ ...\ DP^i_v]$는 다음 의미구조에 대응된다.
　　　$[[F(...[A]^\alpha_v...)]\ WITH[BE_{Ident/Circ}([\ \alpha\ ], [AT([B]_k)])]]$

이 규칙의 적용에 따른 (47가)의 의미구조는 (55)와 같다. 통사구조에서 'i'로 맺어지는 성분들이 결정됨에 따라 의미구조에서의 이것의 내용이 정해지는 것으로 본다.

(55)　$\begin{bmatrix} [퍼졌다([뜬소문]^\alpha)] \\ WITH([BE_{Ident/Circ}([\ \alpha\ ], [AT([그가\ 뉴욕에\ 나타났다])])]) \end{bmatrix}$

다음 절에서 논의할 '유형 판단 구문'과 같이, 외치 구문도 보문소 '-는다고'에 이끌리는, 절 단위의 이차 서술어 형식을 취한다. 또한 이 구문의 '외치 서술어'는 이차 서술어가 V'의 부가어로만 실현된다는 점에서 결과 서술어는 물론 다음 절의 유형 판단 구문의 이차 서술어, 그리고 뒤의 5.4절에서 논의할 몇몇 연결어미 절과 공통되는 특징을 가지는 것이다.

5.2.5. 유형 판단 구문

복합 보문소 '-는다고'를 가지는 것을 특징으로 하는 구문으로, 앞 절에서 다룬 외치 구문 외에 다음 (56가)와 같은 구문이 더 있다. 이는 남기심(1973)에서, 방금 언급한 것과는 다른 종류의 '외치 변형'을 포함하는 구문으로 처리했던 예이기도 하다.[345] 이를 '유형 판단 구문'이라 부르고자 한다.

(56) 가. 그는 자기 아내를 수완가라고 생각한다.
　　　나. 그는 자기 아내가 수완가라고 생각한다.

(56가)의 구문은 '예외적 격 표시' 현상이 나타나는 예로, 또는 내포절의 주어가 목적어로 상승 이동하는 예로 다루어져 왔다.[346] 그러나 이는 내포절인 CP의 명시어에 공범주 연산자(O)를 가지며, 바로 하위의 IP의 명시어에 그 흔적(t)을 가지는 구문으로서, 내포절이 서술어가 되어 서술화 원리에 의하여 목적어와 연계됨으로써 허가되는 구조라는 것이 본 연구의 관점이다.[347] 즉, 그 통사 구조는 대략 다음과 같다.

(57) 철수는 [경애를] [O$_i$ t$_i$ 착하다고] 생각했다.

주어가 내포절 속으로 끼어드는 것을 배제하는 것은 한국어에 존재하는 중요한 통사적 제약이라고 판단된다.[348] (58)의 사실은 '자기 아내를'이 내포절의 한 성분이 아니고 명실공히 목적어임을 말해주는 것이다. 또 (59가), (59나)가 의미 해석에서 차이를 보이는 사실도 (59나)의 '아내를'이 내포절의 주어가 아님을 증명해주는 것으로 받아들인다.

---

345) 남기심(1973)의 용어는 '완형보문 동사구의 외치 변형'이다. 이 구문을 양정석(2002가: 5.4절)에서는 '를-판단 구문'이라고 지칭한 바 있다.

346) 여기서는 '예외적 격 표시'설이 가지는 문제점을 중심으로 지적하기로 한다. 이 구문에 대한 자세한 논의는 양정석(2002가: 5.4절)을 참고하기 바람.

347) 한국어의 이 구문을 서술화의 적용 사례로 설명한 연구로는 김남길(1986)이 처음이다. 그는 내포절의 주어로 PRO를 상정하였다.

348) 남기심(1986)에서는 이중주어문이 단순문 구조를 가짐을 증명하기 위하여 이 점을 지적한 바 있다.

(58) 자기 아내를 그는 수완가라고 생각한다.
(59) 가. 그는 자기 아내가 한심스럽게도 착하다고 생각한다.
　　　나. 그는 자기 아내를 한심스럽게도 착하다고 생각한다.

이 구문이 적격성을 얻기 위해서 단순히 내포절 동사만 적절한 것으로 주어지면 되는 것은 아니다. 다음 예들은 상위절 동사가 인지적인 '판단'을 나타낼 수 있는 것이라야 한다는 제약을 보여준다. 그러나 각각의 (나) 예문이 완전히 비문이라기보다는 어느 정도 주변적인 용인가능성을 가지는 것 같다. 그렇다면 이들 동사를 '예외적 격 표시 동사'의 부류에서 제외하는 것과 같은 방법은 완전한 해결책이 되지 못한다. 이는 이 구문이 내포절에 대한 의미적 제약과 함께 상위절 동사에 대한 의미적 제약을 아울러 부여한다는 것을 말해주는 것이다.

(60) 가.　철수는 영호가 초조해한다고 느꼈다.
　　　나.?*철수는 영호를 초조해한다고 느꼈다.
(61) 가.　호움즈는 루팡이 범인이라고 감지하였다/간파하였다.
　　　나.?*호움즈는 루팡을 범인이라고 감지하였다/간파하였다.
(62) 가.　나는 그 사람이 착하다고 들었다.
　　　나.?*나는 그 사람을 착하다고 들었다.

또, 다음 예는 내포절에 주어지는 조건이 단순히 동사의 특성에 대한 것이 아니고, 내포절 전체의 명제적 내용에 대한 것임을 보여준다.[349] 즉, 내포절의 내용은 개별적인 사례가 되는 현상, '징표(token)'가 아닌 '유형(type)'이어야 한다는 점이 이 구문의 내포절에 대한 의미적 제약으로 주어진다고 생각한다.

(63) 가.??철수는 경애를 피아노를 친다고 믿는다.
　　　나. ?철수는 경애를 피아노를 아주 잘 친다고 믿는다.

---

[349] 이정식(1992)에서는 '예외적 격 표시 구문'에서 내포절의 동사가 격 할당 능력을 갖지 못할 때 그의 '격 최소성 원리'에 따라 상위절 동사로부터의 목적격 할당이 가능해진다고 설명하였다. 그의 이론에서는 (63)의 두 문장은 완전한 비문으로 판정나야 한다. 그러나 그 내포절이 유형의 의미로 해석될 경우 적합성을 갖게 된다고 판단되며, 이는 내포절 동사의 격 할당 능력에 기반한 접근의 문제를 드러내준다.
　'징표'와 '유형'의 의미 구분은 Jackendoff(1983, 1990b)의 개념의미론 체계에 의한 것이다. 이에 대해서 양정석(2002가)를 참고하기 바람.

유형 판단 구문은 통사적으로 서술화 원리가 적용된다는 점에서 이제까지 논의한 다른 구문들과 공통된다. 그 의미구조와의 대응에 있어서는 다음 대응규칙으로 표현된 것과 같은 고유한 제약을 가진다고 본다.[350]

(64) 유형 판단 구문규칙:
　　[$_{VP}$ DP$_j$ [$_{v'}$ XP$_k$ V$_h$]]는 다음에 대응된다.
　　[THINK(X$_i$, [BE$_{Circ}$([FOCUS, Y$_j$], [AT([Z, +유형]$_k$)])])]$_h$

이 규칙은 그 내포절에 해당하는 부분을 XP라고만 표현했지만, 'BE$_{Circ}$'의 의미적 요구를 충족시키려면 이 부분은 CP로 실현되는 것이 가장 자연스럽다. 결국 (56가) 문장은 다음과 같은 통사구조를 형성하게 된다.

(56가)' 그는 [$_{VP}$[자기 아내를]' [$_{v'}$[$_{CP}$ O$_i$ [$_{IP}$ t$_i$ 수완가이-]-라고]]' 생각하-]]-ㄴ다.

V'의 보충어 위치에 나타나는 내포절 CP는 그 명시어 위치에 공범주 연산자(O)를 가지고, 그 아래 IP의 명시어 위치에는 이 공범주 연산자의 흔적(t)을 가진다. CP는 공범주 연산자를 가짐에 따라 잠재적 서술어의 자격을 갖게 되고, '서술화 원리'가 부과하는 통사적 조건, 즉 목적어와의 상호 최대통어 조건을 만족시키므로, 이 문장은 적격한 구조로 판정 받게 된다.

이 구문의 서술어인 CP 내포절은 (64)에 의해서, 서술화 원리에 의해서, 이중으로 허가된다고 할 수 있다. 이는 서술화 원리가 통사구조에 적용되는 순수한 통사적 원리이고, (64)의 규칙은 의미구조와 통사구조의 대응을 제약하는 규칙으로서, 서로 적용 영역을 달리하기 때문에 가능한 것이라고 생각된다.

---

350) [FOCUS]는 이 구문의 목적어가 초점을 가진다는 기존 연구의 관찰을 반영한 것이다. '+유형'은 내포절이 '유형' 의미를 가져야 함을 부과하는, '선택제약'의 기능을 가진다. 이 구문규칙이 표현하는 뜻은 대략, 동사가 'THINK' 의미를 가지고, 그 내포절이 유형 또는 속성의 의미 자질을 가질 경우 내포절의 의미가 'BE$_{Circ}$'의 둘째 논항이 되고, 다시 'BE$_{Circ}$' 함수를 가지는 의미구조가 동사 의미의 한 논항이 된다는 것이다. 'BE$_{Circ}$'는 그 둘째 논항이 상황(사건이나 상태)의 의미 범주를 가지며, 그 첫째 논항이 이 상황 내의 한 논항과 동일지시된다는 점을 부과하는 표시이다. 이에 따라 목적어와 내포절 주어의 의미상의 동일지시성이 포착된다.

5.3. 이른바 보조동사 구문의 통사구조

최현배(1937)에서 보조동사라는 통사 범주를 창안하였지만, 이 개념이 또한 한국어 문장의 통사구조를 완전히 기술하는 데 있어서 문제를 제기한다는 점을 2.1.3절에서 지적한 바 있다. 이제까지의 보조동사 구문의 통사구조에 관한 견해를 크게 둘로 갈라서 복합문 구조로 취급하는 견해와 단순문 구조로 취급하는 견해를 나눌 수 있다. 그러나 최현배(1937)에서 보조동사로 규정한 예들은 구조적으로 다양한 성격을 가지는 것들이 혼합되어있어서, 복합문 구조, 단순문 구조의 어느 한 가지 견해를 모든 예에 대하여 일관되게 고수하기 어려운 사정이 있다. 또한, 복합문 구조 가설과 단순문 구조 가설 내부에도 다양한 처리 방안들이 제시되어있는 것이 현실이다.

여기에서는 먼저 양대 견해를 중심으로 이전 연구들을 간략히 살펴본 뒤에, 보조동사 구문의 분류를 위한 통사적 검증 기제들의 의의를 검토하고, 다음으로 종래 보조동사 구문으로 다루어지던 예들을 4가지 부류로 재분류하는 작업을 실행하려고 한다.

5.3.1. 이전 연구와 분류 기준의 문제

한국어의 주요 보조동사 문장들에 대해서 복합문 구조로 해석하는 견해는 양인석(1972), 박병수(1974가, 나), 권재일(1985, 1986), 김영희(1993) 등에서 찾아볼 수 있다. 단순문 구조로 해석하는 견해는 허웅(1983, 1999), 김석득(1986), 김기혁(1987) 등에서 이어지고 있다. 초기 생성문법적 연구인 손호민(1973, 1976)에서는 보조동사들이 선행 동사와 긴밀히 결합하는 특성을 가진다는 것을 밝힘으로써 그 때까지의 생성문법적 연구의 주 흐름인 복합문 구조 가설에 문제를 제기하기도 하였다. 그러나 손호민(1973)에서는 그대로 복합문 구조 가설을 유지하였으며, 손호민(1976)에 와서 '복합동사 가설'을 적극적으로 전개하고 있다. 최기용(1991)에서는 원리매개변인 이론의 후기 이론인 분리 굴절소 가설 및 머리성분 이동(head movement), '통사적 X0-하위범주화' 등의 이론을 배경으로 하여 단순문 구조 가설을 전개하고 있다. 본 연구는 이 양분된 견해 중에서는 복합문 구조로 보는 견해를 지지하는 입장에 서있다. 그러나 일부 예('지다')에서

는 본동사와 보조동사가 어휘부의 준생산적 절차에 따라 복합동사를 이루는 것
도 인정하게 된다.[351]

보조동사 구문이 복합문 구조라는 견해는 한국어의 어미가 절을 이끄는 역할
을 가진다는 점을 한국어 문법의 일반적 특성으로 받아들일 때, 이 한국어 문법
의 일반성과 부합하는 견해라는 장점이 있다. 그러나 최현배(1937) 이래의 '보
조동사' 논의에서 지적되어 온 점, 즉 보조동사가 선행하는 본동사와 긴밀한 구
성을 이루어 문법적 의미를 보조한다는 관찰은 주목할 가치가 있다.

필자는 종래 보조동사 구문이라고 지칭되던 예들 모두가 복합문 구조를 이룬
다거나, 본동사와 보조동사의 통사적 긴밀성을 그 특징으로 가진다고 보지 않는
다. 종래 논의되어온 '보조동사' 구문을 네 가지 부류로 나누어 보는 것이 필요하
다. 그 중 일부만이 통사적 긴밀성을 가진다고 본다. 그러나 그러한 경우에도, 그
통사적 긴밀성은 구조 변화 없이 머리성분들의 긴밀한 연계가 위첨자 지표들을
통해서 포착되는 최현숙(1988가) 방식의 재구조화 장치에 의해 포착된다.

보조동사에 대한 이제까지의 연구는 보조동사 구문을 다른 구문 구조와 구별
하기 위한 검증 기제의 고안을 위해 노력해왔고, 이를 통해 의미 있는 성과가
축적되었다고 판단한다. 최현배(1937)에서 제안된 보조동사의 문장들을 단일한
구문 구조로 확정하는 1개 또는 몇 개의 일정한 기준이 존재하지 않는다는 점
은 모두가 인정하는 것이라고 할 수 있다. 그러나 그 안에서 의미 있는 몇 부류
를 가려낼 수는 있다고 본다. 보조동사 구문을 몇 가지의 부류로 구분하기 위한
통사적 기준들을 5가지로 들어 고찰해보기로 한다. 이들 5가지 기준을 활용하
여 검증한 결과를 뒤에서 (표1)로 제시할 것이다.

---

351) 초기 생성문법적 연구의 중요한 논의로 양인석(1972가)이 있다. 여기에서는 보조동사
구문의 기저를 복합문으로 설정한 다음, 변형에 의하여 표면에서 '본동사+보조동사' 형
식의 합성동사가 생성된다고 설명하는 방법을 사용하고 있다. 하위절은 모두 명사구 범
주를 가진다고 설정한다. 이처럼 복합문 구조를 단순문 구조로, 두 동사 구성을 한 단어
의 동사로 바꾸는 변형은 인정할 수 없으므로 위 양대 견해의 소개에서는 제외하였다.
그러나 '본동사+보조동사' 형식의 합성동사 구성에서 작동하는 변형 규칙으로 '자질 동
화 규칙'(122쪽)을 제시한 것은 지금에도 음미할만하다. 하위절 동사의 자질이 상위절
동사와 반대될 때, 상위절 동사의 자질로 바뀐다는 것이 그 내용인데, '당해(를) 보다'
등의 보조동사 구성에서 이러한 규칙이 필요하다고 한다. 두 연속된 머리성분들 사이에
통사적 긴밀성이 유지되는 구성에 있어서 각 머리성분이 가지는 자질이 변화·통합되
는 현상은 앞서 우리의 재구조화 논의에서 주요 관심사였던 것이다.

① '그리하-/그러하-' 에 의한 조응 가능성

(1)의 '-어 주-', '-어 보-', '-지 않-'은 (2)의 '-어 지-', '-어 내-'와는 확연한 차이를 가지고 있다. (2)에서의 선행 동사와 후행 동사 간의 긴밀성은 (3)에서 합성어 내부의 선·후행 동사의 긴밀성과 궤를 같이 하는 현상이다.

(1) 가. 철수는 경애에게 라면을 끓여 주었고, 영호도 순희에게 그래 주었다.
　　나. 철수는 배추를 들어 보았고, 영호도 그래 보았다.
　　다. 철수는 자기 아이들을 돌보지 않았고, 영호도 그러지 않았다.
(2) 가. *김씨도 한 달 만에 집 한 채를 지어 냈고, 박씨도 그래 냈다.
　　나. *서울도 추워 졌고, 대전도 그래 졌다.
　　다. *철수도 진실한 사람으로 믿어 졌고, 영호도 그래 졌다.
(3) 가. *철수도 뛰어갔고, 영호도 그래갔다.
　　나. *호랑이도 토끼를 잡아먹고, 여우도 토끼를 그래먹는다.

'그리하-/그러하-'에 의한 조응 여부가 구조 판별의 기준으로 쓰일 수 있는 것은 기본적으로 '어휘 섬' 제약에 따른 것이다.352) '그리하-'와, 이에 이어지는 '-어'와 보조동사(가령 '주-')의 결합은 어휘적 단위를 이루지 못한다는 것이 이 검증 기제가 가지는 본질적인 특성이다. (4가)와 같은 형식에서 '그리하-'가 선행절의 어떤 구성성분과 조응한다면, 그리고 이 조응이 통사적 조응이라고 가정한다면, 어휘적 단위 내부의 요소가 외부의 요소와 관계를 맺는 것을 배제하는 '어휘 섬' 제약을 위배하게 된다. 그러므로 (1)에서 사용된 대동사 '그리하-'는 (4가)가 아니라 (4나)와 같은 구조에 위치하는 것이다.

(4) 가. [v [v[v그리하-]-어] 주-]
　　나. [vp[v[v 그리하-]]] [c -어] [v 주-]

(1), (2)와 같은 검증은 선행절과 후행절의 구조적 평행성을 가정하고, '그리하-'가 선행절의 일정한 구성성분을 대신한다는 전제에서 수행된다. (1)에서 '그리하-'는 선행 성분과의 조응이 가능하고, (3)의 합성동사의 문장에서는 그것이 가능하지 않다. 따라서 (3)과 동일한 특징을 보이는 (2)의 보조동사 '-지', '-내'

---

352) 이 점은 이선웅(1995)에서 지적한 바 있다. 어휘적 단위 내의 요소는 외부의 요소와 통사적 관계를 맺지 못한다는 제약으로, 이는 언어-보편적 제약인 것으로 보인다.

는 독립된 서술어로서의 기능을 갖지 못한다.

(4나)를 가정한 경우에도 '그리하-'가 대신하는 구성성분은 잠재적으로 VP 또는 V'가 될 수 있다.

(5) 가. [vp[v[v 그리하-]]] [c -어] [v 주-]
    나. [v[v 그리하-]] [c -어] [v 주-]

김영희(1993)에서 든 다음 예들은 '그리하-'가 VP와 조응됨을 보이는 것 같다.[353]

(6) 가. *순이는 눈을 빨리 감아 버렸고, 석이는 눈을 천천히 그래 버렸다.
    나. *형은 거기에 가 보았고, 아우는 저기에 그래 보았다.
(6)' 가. 순이도 눈을 빨리 감아 버렸고, 석이도 그래 버렸다.
    나. 형도 거기에 가 보았고, 아우도 그래 보았다.

엄정호(1999)에서 든 (7)의 예들은 '그리하-'의 조응의 범위가 VP에 국한되지 않음을 보이는듯하여 문제를 던져준다. 그러나 (6), (6)', (7)의 상충됨은 '그리하-'가 (5)에서와 같이 VP와 V' 모두를 그 조응의 범위로 하는 데에서 오는 것으로 해석할 수 있다.

(7) 가. 맏이도 불을 꺼 버렸고, 막내도 불을 그래 버렸다.
    나. 너도 그 글을 읽어 보았고, 나도 그 글을 그래 보았다.
    다. 철수는 돌이를 때리고 싶었고, 영이도 돌이를 그러고 싶었다.

'그리하-'가 VP 구성성분과 정확히 조응하는 것인지는 판단하기 어렵지만, 이것이 어휘적 단위 아닌 구 단위와 조응한다는 점은 분명하다. 그러므로 이 검증 기제를 적용한 문장들은 다음 ②의 적용례와 함께 단순문 구조 가설에 대한 강력한 반례를 이룬다.

② **본동사에의 '-으시-' 결합 가능성**
'-으시-'는 그 생산성의 특징, 조음소 '으'에 의해 구분되는 '분간어미'로서의

---

353) 김영희(1993)에서 이 예들은 선행 성분들을 제외한 '본동사+조동사'의 결합만을 한 단위의 통사 범주로 설정하려는 시도에 대한 반례로서 든 것이다.

형태음운론적 특징('잡-으셨-으면')354), 주어 또는 주제어와 호응하는 특징에서 독립적인 통사 범주로 인정할 수밖에 없다. 영어에서처럼 일치소(Agr) 범주로 인정하느냐 하는 문제는 별개의 문제이다.355)

이것이 독립된 통사 범주로서 구를 투사할 수 있는 요소라고 한다면, 본동사에 이 요소가 결합될 수 있다는 특징은 선행 본동사가 어휘적 단위가 아니라 그 스스로든, 더 앞의 구를 취하여서든, 구 단위를 이룬다고 판단하는 증거가 된다. 뒤의 (표1)에 그 검사 결과를 보일 것이다.

(8) 가. 제발 오셔 주세요. (김영희 1993: 177)
    나. *선생님께서 달리셔가셨다. (176쪽)

(8가)처럼 선행 동사에 주체높임법의 굴절소 '-으시-'가 부착되는 것은 선행 동사가 합성동사 내부의 요소가 아니라 절을 이끄는 지위에 있음을 증명하는 것이다. 합성동사 '달려가다'에서는 이것이 불가능하다(8나).

③ 부정 극어와 부정소의 공존 가능성('같은 절 효과')

보조동사 구문 중에서 선·후행 동사의 긴밀성을 특징으로 가지는 구문을 구별하는 검증 기제로 부정 극어와 부정소의 '같은 절 조건'을 이용하는 방법이 있다.356) (9)-(11)의 보조동사 구문은 부정 극어 '아무 X'와 부정소 '안'을 같은 절에 포함하고 있어 아주 적격한 문장을 이루고 있다. 이와 대조적으로 (12)의 보조동사 '-고 있-'과 '-게 하-'의 구문은 적격한 문장을 이루지 못하고 있다.

(9) 가. 그는 아무 데에도 가 있지 않았다.
    나. 철수는 경애에게 아무것도 끓여 주지 않았다.
    다. 그는 아무것도 읽어 보지 않았다.

---

354) 앞의 2.3.3절 참조.
355) 본 연구에서 '-으시-'는 독립된 통사 단위로서의 굴절소로 상정된다. 2.3.3절 및 4.1.3절 참조.
356) '같은 절 조건'은 부정 극어와 부정소가 같은 절에 있어야 한다는 말 그대로의 조건은 아니다. 그와 같은 가정 하에 논의되어 온 '같은 절 효과'를 활용한다는 뜻이다. 재구조화 원리의 적용에 따라 절 경계를 이루는 하위절의 CP가 장벽으로서의 성질을 잃게 되어 절 구조는 남아있되, 절이 절로서의 특성을 발휘하지 못하게 되어 상·하위 절의 요소들이 같은 절 내부에 있는 것처럼 행동한다고 해석하는 것이다(5.3.2절 참조).

(10) 가. 그는 아무것도 먹지 않았다.
　　　나. 그는 아무것도 먹지 못했다.
(11) 그는 아무와도 가까워 지지 않았다.
(12) 가. ?*철수는 아무데로도 가고 있지 않았다.
　　　cf. 그는 아무데로도 가지 않고 있었다.
　　　나. ?*그는 자기 딸이/딸을 아무도 만나게 하지 않았다/못했다.
　　　cf. 그는 자기 딸이/딸을 아무도 만나지 않게/못하게 하였다.

　부정 극어와 부정소의 같은 절 조건을 기준으로 보조동사 구성의 긴밀성을 검증하는 이러한 방법은 최현숙(1988가)에서 비롯되는데, 그는 (12나)와 같은 문장을 적격한 것으로 판정하여,[357] '-게 하-' 구문이 재구조화를 겪는다는 논지를 전개하였다. 그러나 필자는 이 문장의 부적격성의 정도가 다음 문장들의 경우와 다를 바 없다고 판단한다.

(13) 가. ?*철수는 영호가 아무도 욕했다고 생각하지 않았다.
　　　나. ?*철수는 아무도 영호를 욕했다고 생각하지 않았다.

　그러므로 부정 극어를 이용한 긴밀성 검증 방법이 유용하다는 점은 받아들이나, 그것을 좀더 세심하게 적용할 필요가 있다. 이 연구에서는 (12가, 나)가 (9)-(11)의 예들과는 달리 부자연스럽다는 판단에 따라, '-게 하-' 구문은 재구조화를 겪지 않는 것으로 본다(뒤의 (표1) 참조).
　'같은 절 효과'를 가리기 위한 부정 극어와 부정소의 공존 가능 여부 검사법은 그 적부에 관한 이견이 이미 여러 연구자에 의해 제시되었다. 통사적으로 지배 조건을 만족해야 한다는 가정(최현숙 1988가, 시정곤 1997)과, 의미적인 효과일 뿐이라는 주장(김영희 2005)이 주어져있다. 본 연구의 입장은 '같은 절 효과'가 통사적 제약이라는 것이다. 부정 극어와 부정소는, 마치 흔적과 그 선행사가 하위인접 조건을 충족시켜야 하는 것처럼, 그 사이에 장벽을 둘 이상 가져서는 안 된다는 것이다. 구체적인 설명은 곧 이어서 5.3.2절에서 제시하기로 한다.

④ '안'에 의한 선·후행절 동사 부정 가능성
　'안'이 수식하는, 즉 부정하는 범위가 선행 동사에만 국한된다면 이는 일반

---

357) 최현숙(1988: 350) 참조.

보문내포문과 동궤의 현상이라고 판단할 수 있다. ①, ②에 의해서 복합문 구조로 판정되는 보조동사 구문 중에도 '안'에 의한 부정이 보조동사에까지 미치는 예가 있는 것이다. 이 경우, 앞의 ③의 기준과 같이, 해당 구문의 본동사와 보조동사가 긴밀성을 가짐을 보이는 것으로 해석할 수 있다.

(14) 가. 철수는 서울에 안 가 있다. : [NOT[가 있다]]
　　　나. 철수는 경애에게 라면을 안 끓여 주었다. [NOT[끓여 주다]]
(15) 가. 철수는 서울에 안 가고 있다. : [NOT[가고] 있다]
　　　나. 그는 자기 딸이/딸을 남을 안 만나게 했다. : [NOT[만나게] 하다]
(16) 나는 철수가 영호를 안 만났다고 생각한다. : [NOT[만났다고] 생각하다]

(14)의 '-어 있-'과 '-어 주-'의 경우는 본동사와 보조동사가 결합된 의미를 부정함에 반하여, (15)의 '-고 있-', '-게 하-'의 경우는, (16)의 일반적 보문내포문의 경우처럼, 본동사만이 부정의 영향권에 드는 해석을 가진다. 이 검증 기제는 ③의 부정 극어에 의한 검증 방법을 보완하는 기능을 가진다고 본다(뒤의 (표1) 참조).

⑤ 선·후행 동사의 사건성/상태성 호응 현상

이 현상이 나타나는 것은 모두 '하-'를 가진 구문이다. 그러나 '하-'를 가진 형식에 언제나 이 현상이 나타나는 것은 아니다(17가). 이 현상은 선·후행 동사의 긴밀성을 보이는 강력한 증거가 된다(뒤의 (표1) 참조).

(17) 가. 뻔하다/*뻔한다, 체하다/*체한다, 듯하다/*듯한다, 법하다/*법한다, 차가워야
　　　　*하다/먹어야 한다, 차갑-기는 하다/먹-기는 한다, 차갑-지 아니하다(못하다)/
　　　　먹-지 아니한다(못한다)
　　　나. 흐리다/흐린다, 맑다/맑는다, 젊다/*젊는다, *늙다/늙는다 cf. 늙었다

(17나)는 '-는다'/'-다'의 교체 현상이 의미적 현상만이 아닌, 형태음운론적 현상이라는 점을 보이는 증거이다.

보조동사의 통사적 특성과 분류

이상에서 살펴본 5가지 검증 기제들, 대동사에 의한 조응, '-으시-' 결합 가능성, 부정 극어-부정소 공존, 부정부사 '안'에 의한 선·후행 동사 부정 가능성, 선행 동사와 후행 동사의 상태성 여부 호응을 기준으로 검사한 결과는 다음과 같

다. 이는 최현배(1937)의 보조동사 목록을 중심으로 검사한 것이다. 다만 '첫째 부류'는 단일한 특성을 가지는 구문들이 아니므로 이 표에서 제외하였다.[358] '?' 를 표시한 것은 그 판단이 불확실한 경우이며, '•'는 체계적인 이유에 따라 적용이 배제되는 경우이다.

(표1) 최현배(1937)의 주요 보조동사들의 통사적 특성

보조동사	① 대동사에 의한 조응	② 선행동사에의 '-으시-' 결합 가능성	③ 부정극어와 부정소의 공존	④ '안'에 의한 선·후행동사 부정 가능성	⑤ 선·후행 동사의 호응	분류
하다('사동')	+	+	-	-	-	둘째 부류
만들다('사동')	+	+	-	-	-	
보다('추측')	+	+	-	-	-	
싶다('추측')	+	+	-	-	-	
되다('피동')	+	+	-	-	-	
하다('당위')	+	+	-	?-	-	
있다('진행')	+	+	?-	?-	-	
있다('상태')	?+	?+[359]	+	+	-	셋째 부류
하다('시인')	+	+	-	?	+	
아니하다('부정')	+	+	+	•	+	
못하다('부정')	+	+	+	•	+	
말다('부정')	+	+	+	•	-	
오다('진행')	+	+	+	+		
가다('진행')	+	+	+	+		
버리다('종결')	+	+	+	+		
주다('봉사')	+	+[360]	+	+		
드리다('봉사')	+	-	+	+		
바치다('봉사')	?+	-	+	+		
보다('시행')	+	+	+	+		
쌓다('강세')	+	-	+	+		
놓다('보유')	+	-	+	+		
두다('보유')	+	-	+	+		
싶다('희망')	+	+	+	?+	-	
지다('피동')	-	-	+	+	-	넷째 부류
나다('종결')	-	-	+	+	-	
내다('종결')	-	-	+	+	-	
대다('강세')	?-	-	+	+		

358) 최현배(1937)의 보조동사('도움풀이씨') 중 보유 보조동사 '가지고'와 '닦아', 추측 보조형용사 '듯하다', '듯싶다', '법하다', 가치 보조형용사 '만하다', '직하다'를 이질적인 부류인 '첫째 부류'로 묶었는데, 이들은 뒤의 5.3.3.1절에서 제시할 것이다. 또 희망 보조동사 '지다'는 현대국어 구어에서 쓰이지 않는 것이므로 제외한다.
359) 이 책의 초판에서는 이를 '-'로 표시하여 본동사에의 '-으시-'의 결합이 불가능하다고 보

이 표는 선행 동사에의 '-으시-' 결합 가능성, 대동사에 의한 조응 가능성이 항상 일치하지만은 않는다는 것을 보여준다. 또한 두 방법 각각을 실행할 때 판별을 분명히 하기 힘든 경우가 있다. 이런 경우에는 선택제약을 중심으로 한 어휘개별적인 사실들을 아울러 고려하여 판정할 수 있다.

5.3.2. 보조동사 구문과 재구조화, 의미 합성, 선·후행 동사 호응

앞의 3.4절에서는 보편적인 통사적 절차로서의 재구조화가 존재함을 밝히고, 한국어에서 이러한 재구조화 현상의 한 예로 보조동사 구문을 든 바 있다. 그러나 모든 보조동사 구문에서 재구조화 작용이 실현되는 것은 아니다. (표1)의 '셋째 부류'와 '넷째 부류'가 재구조화의 작용을 확인할 수 있는 부류이다. 이 중 '유형I 재구조화'를 실현시키는 셋째 부류의 보조동사 구문을 중심으로, 부정 극어와 부정소의 같은 절 효과와 재구조화의 상호작용, 재구조화의 절차를 바탕으로 한 의미 합성의 실례를 설명하기로 한다. 또한 셋째 부류의 일부 보조동사 구문에서 본동사와 보조동사 간에 사건성/상태성의 문법적 구분이 호응하는 현상을 형식적으로 포착하는 방법을 보이려고 한다.

'같은 절 효과'의 의의

부정 극어와 부정소가 같은 절 안에 놓여야 한다는 조건이 있다고 하였다. 본 연구에서는 이를 부정 극어와 부정소의 사이에 장벽이 있어서는 안 된다는 통사적 조건으로 해석한다. 특히, 앞에서 서술성 명사 구문을 분석하면서 언급하였던 '하위인접 조건'과 같은 통사적 효과가 셋째 부류의 보조동사 구문에도 나타난다는 것이 본 연구의 판단이다.

서술성 명사 구문이 가지는 문제의 핵심은 다음과 같은 대비에서 찾을 수 있다. '연구'와 '하다'는 어떤 방식으로든 어휘의미적 단위로 연합될 수 있지만, '연구'와 '회상하다'는 그럴 수 없다는 점이 두 문장의 문법성 차이를 발생시키는 핵심 요인이다.

았으나(하지만 다른 이유로 복합문 구조의 하나인 셋째 유형으로 분류했다), 다음과 같은 문장이 완전히 불가능한 표현은 아니라고 판단하여 '?+'로 수정한다.
  a. 그분이 거기에 쓰러지셔 계셨다
360) 이 책의 초판에는 '-'로 되어 있으나, 이는 착오이므로 수정되어야 한다.

(18) 가. $^?$*김교수가 그 문제를 연구를 회상했다.

　　나. 김교수가 그 문제를 연구를 했다.

(19) 가. $^?$*김교수가 [$_{VP}$[그 문제를]$_i$ [$_{VP}$[$_{DP}$[$_{NP}$ t$_i$ 연구]-를] [$_V$ 회상하-]]]-였다.

　　나. 김교수가 [$_{VP}$[그 문제를]$_i$ [$_{VP}$[$_{DP}$[$_{NP}$ t$_i$ 연구]-를] [$_V$ 하-]]]-였다.

(19가)와 (19나)는 모두 선행사 '그 문제를'과 흔적 't$_i$' 사이에 지켜져야 할 '하위인접 조건'이 위반된다. 둘 사이에 놓여있는 장벽이 1개('NP'만이 장벽임)뿐이어서 '1-하위인접'이므로, 그 비문법성의 정도는 심각하지는 않다. 그러므로 이 정도의 비문법성은 '?*'로 표시할 수 있다. 그러나 (19나)에서는, 서술성 명사 '연구'와 동사 '하-'가 그 어휘개별적 성질에 따라 연합이 가능하며, 이로 말미암아 VP 구조가 재구조화 영역으로 전환된다. 재구조화 영역 내의 최대투사는 장벽으로서의 성질을 잃게 된다는 가정을 받아들이면, (19나)가 (19가)와 똑같은 구조를 가짐에도 불구하고 전혀 부적격성을 띠지 않는 이유가 체계적으로 설명된다.

그 형식적 기술 방안을 요약하면 다음과 같다.

(20) 가. '연구'와 '하-'에 '재구조화 지표'가 부여됨.

　　나. 재구조화 지표는 통사구조에서 상위 교점으로 삼투되며, 두 지표가 최초로 만나는 최대 투사 교점이 재구조화 영역으로 전환됨.

　　다. 하위인접 조건 위반의 요인이 되는 장벽이 재구조화 영역 내에서 효력을 잃음.

그러므로 서술성 명사 구문에서 나타나는 (18가)와 (18나)의 대비를 설명하기 위해서는 이와 같은 내용을 가지는 '재구조화 원리'가 설정되어야 한다.

종래 보조동사 구문으로 다루어져온 '-게 하-' 문장('둘째 부류')과 '-어 보-' 문장('셋째 부류')은 동일한 복합문 구조를 취함에도 불구하고 부정 극어 '아무 것도'와 관련하여 문법성의 차이를 보인다. 여기에서도, '읽게'와 '하-'와는 달리 '읽어'와 '보-'가 모종의 어휘의미적 연합을 이룰 수 있다는 점이 (21가)와 달리 (21나)의 문법성을 가능하게 해주는 것이라 판단한다.

(21) 가. $^?$*철수는 자기 동생이 아무것도 읽게 하지 않았다.

　　나.　철수는 아무것도 읽어 보지 못하였다.

(22) 가. $^?$*[철수는 [$_{VP}$[$_{CP}$[$_{VP}$[$_{CP}$　자기 동생이 아무것도 읽-게]$_{CP}$ 하-]-지]$_{CP}$ 않-]]-았다.

　　나. [철수는 [vp[CP[vp[CP　e 아무것도 읽-어]CP 보-]-지]CP 않-]]-았다.

　그 형식적 기술 방안을 요약하면, (20)과 유사한 절차를 확인할 수 있다.

(23) 가. 본동사와 보조동사에 '재구조화 지표'가 부여됨.
　　나. 재구조화 지표는 통사구조에서 상위 교점으로 삼투되며, 두 지표가 최초로
　　　　만나는 최대투사 교점이 재구조화 영역으로 전환됨.
　　다. 부정소의 부정 극어의 공존을 위한 조건 위반의 요인이 되는 장벽이 재구조
　　　　화 영역 내에서 효력을 잃음.[361]

　앞에서 이미 제시한 재구조화 원리는 서술성 명사 구문과 셋째 부류 보조동
사 구문에서 발견되는 위와 같은 공통성을 포착할 수 있다.

(24) 재구조화 원리: 어휘부에서 연관이 확인된 둘 이상의 머리성분들을 근거로 위첨
　　자 지표(superscript)를 삼투하고 재구조화 영역을 형성하라.
　　① 지표를 상위 교점으로 임의로 삼투하되, 서로 다른 머리성분의 지표들이 합치
　　　　되는 최초의 머리성분 교점(X0), 최대투사 교점(X2)이 재구조화 영역이 된다.
　　② 재구조화 영역 내의 최대투사 범주는 장벽으로서의 성질을 잃는다.

　그러나 여기에는 형식적 처리에 있어서 한 가지 주의할 점이 있다. (24)는 한
교점에 관할되는 부분 전체가 재구조화 영역이 되는 것으로 기술하고 있지만,
그렇게 되면 (22가)와 같은 구조에서, '하-'과 '않-'의 연합에 의해 형성된 재구
조화 영역이 최상위 절의 교점 CP가 되므로, 이 교점에 관할되는 모든 교점, 특
히 '아무것도'를 관할하는 절의 CP 교점도 장벽성을 잃게 되는 것으로 잘못 해
석할 수 있다. 그러면 (21가)와 같은 비문법성 효과는 얻을 수 없다. 원하는 설
명의 효과를 얻기 위해서는 재구조화 원리의 첫째 조항이 다음과 같이 이해되
어야 한다.

---

361) 부정 극어와 부정소의 관계에 장벽이 되는 것은 CP일 뿐이라고 가정한다. 둘째 부류 보
　　조동사 구문인 '-게 하-' 구문에서도 이러한 장벽은 하나뿐이기 때문에 완전한 비문이라
　　기보다는 중간 정도의 부적격성을 가진다고 해석된다. 셋째 부류 보조동사 구문은 복합
　　문 구조로서, 내포절의 CP가 잠재적 장벽으로 가로놓여있으나 재구조화에 의해 그 장벽
　　성을 잃게 되어 부적격성이 해소되는 것이다.

(25) 재구조화 원리: 어휘부에서 연관이 확인된 둘 이상의 머리성분들을 근거로 위첨자 지표(superscript)를 삼투하고 재구조화 영역을 형성하라.

   ① 지표를 상위 교점으로 임의로 삼투하되, 서로 다른 머리성분의 지표들이 합치되는 최초의 머리성분 교점(X0), 최대투사 교점(X2)이 재구조화 영역이 된다. **(삼투된 지표를 가진 교점들의 집합이 재구조화 영역을 이룬다.)**

재구조화 원리 ①의 수정된 부분은 부정소와 부정 극어의 관계에서 장벽의 발생, 장벽성의 해소와 관련하여 중요한 의미를 가진다. 삼투된 두 교점이 합치되는 최초의 최대투사에 관할되는 모든 교점이 재구조화 영역을 이루는 것이 아니라, 그 합치된 교점의 관할 영역에 있는 교점들 중 재구조화 지표('rest'로 표시함)를 가지는 교점들만이 재구조화 영역을 이루어 장벽성 해소의 기능을 갖게 되는 것이다. 따라서, (26나)에서 '-게'의 투사인 CP 교점은 여전히 장벽이 된다.[362]

(26) 가. ?*철수는 자기 동생이 아무것도 읽게 하지 않았다.

    나.

$$
\begin{array}{l}
\text{VP}^{\text{rest}} \\
\quad \diagdown \\
\text{CP}^{\text{rest}} \quad \text{V}^{\text{rest}}\ \text{않-} \\
\quad \diagdown \\
\text{IP}^{\text{rest}} \quad \text{C}^{\text{rest}}\ \text{-지} \\
\quad \diagdown \\
\text{VP}^{\text{rest}} \quad \text{I}\ \phi \\
\quad \diagdown \\
\text{CP} \quad \text{V}^{\text{rest}}\ \text{하-} \\
\quad \diagdown \\
\text{IP} \quad \text{C}\ \text{-게} \\
\quad \diagdown \\
\text{DP} \quad \text{I'} \\
\text{동생이} \quad \diagdown \\
\quad\quad \text{VP} \quad \text{I} \\
\quad\quad \diagdown \\
\quad\quad \text{DP} \quad \text{V}\ \text{읽-}\,\phi \\
\quad\quad \text{아무것도}
\end{array}
$$

이처럼, '같은 절 조건'은 통사적으로 형식화될 수 있다. 물론 부정 극어와 부정소가 말 그대로 '같은 절' 안에 놓여야 한다는 조건은 아니고, 부정 극어와 부정소의 사이에 장벽을 가져서는 안 된다는 조건인 것이다. 서술성 명사 구문과의 구조적 평행성은 이러한 설명이 가지는 이론적 설명으로서의 신뢰성을 높이는 것이다.

---

362) (26나)의 구절표지는 논의와 직접적으로 관련되지 않는 '철수는'은 물론 하위절의 공범주 등의 요소를 제외한 것이다.

의미 합성과 재구조화

본 연구에서 상정하는 문법은 통사구조와 의미구조의 직접적 대응을 규칙화한다. 주어진 기호열을 근거로 해서 어휘항목, 어휘부 대응규칙, 부가어 대응규칙(구문규칙)들이 각각 독립적으로 작동을 한다. 각 규칙이 적용된 결과는 동지표로 표시된다. 즉, 통사구조의 한 교점과 의미구조의 한 범위가 대응되는 것이다. 다음으로, 통사구조에서의 구조적 위치에 따라, 아래로부터 위로 의미 합성이 일어난다. 의미 합성의 기본적인 방법은 단일화(unification)이다.

앞의 3.4절에서는 '-어 있-' 구문에서 유형I 재구조화와 유형II 재구조화가 함께 일어날 수 있다고 말하고, 그 통사구조에 주어진 동지표에 따라 의미 해석이 이루어지는 과정을 간단히 소개한 바 있다. 다음 '-어 주-' 구문에서는 부가어 대응규칙(구문규칙)이 아울러 적용된다.

(27) 가. 어머니가 아이에게 책을 읽어는/만 주었다.

나. 어머니가 [VP 아이에게 [VP [CP e 책을 읽-어-는/만] 주-]]-었다.

셋 이상의 규칙이 함께 적용되는 구문에서의 통사구조-의미구조 대응 관계에 대한 규칙화와, 그 의미 해석의 과정을 설명해보기로 한다. (27) 예문에서 나타나는 'NP-에게'와 같은 성분의 해석을 위해서는, 어휘부 내의 정보일 뿐 아니라 통사적 과정에서 적용되는 (28), (29)의 어휘부 대응규칙과, (30)의 구문규칙을 활용하여 풀이할 수 있다.[363)]

(28) [c[c 어][D 는]]$_i$은 [+contrast, [BY[   ]]]$_i$에 대응된다.

(29) '-어 주-' 대응규칙(어휘부 대응규칙):

[v [v V]$_k$^{i} [c -어]^i [v 주]$_h$^{i}] ↔ [v [v V]$_k$^{i} [c -어]^i [v 주-]^i

[v [v V]$_k$ [c -어] [v 주]$_h$]는 다음 의미구조에 대응된다.

$$\begin{bmatrix} AFF^{help}(X, [\quad]) \\ [F(X, \ldots)]^{\alpha}{}_k \\ [BY([\ \alpha\ ])] \end{bmatrix}_h$$

(30) 수혜자 'NP-에게' 구문규칙:[364)]

---

363) 다음 규칙에서 사용된 의미구조의 표시 방법에 대해 자세한 것은 Jackendoff(1990), 양정석(1995/1997, 2002가)을 참고하기 바람. 'AFF^{help}(X, Y)'는 X가 Y에게 긍정적인 영향을 미치는 관계를 나타내는데, 이 때 Y를 수혜자라고 한다. 두 개의 서로 다른 함수의 논항에 X가 표시되는 경우 두 논항 위치는 결속된 것으로 가정한다.

NP가 [A]에, VP$_h$가 [F(X, . . .)]에 대응되면, [$_{VP}$ NP$_I$-에게 VP$_h$]는 다음 구조에 대응된다.

$$\left[\begin{array}{l} [\text{F(X, . . .)}] \\ \text{FOR[AFF}^{\text{help}}\text{(X, [A]}_I\text{)]} \end{array}\right]_h$$

서로 독립된 이들 세 개의 규칙이 주어지면 위에서 간략히 소개한 해석 방법에 따라 통사구조-의미구조의 대응 및 의미 합성의 절차가 체계적으로 이루어지게 된다. 앞의 3.4절에서 논의한 '-어 있-' 구문의 예에 준해서 설명해보자.

(27) 문장에서의 '읽어는 주-'는 V와 '-어'와 '주-'의 어휘부 결합 내용을 근거로 통사적 과정에서 재구조화 영역을 형성한다. 한편, 어휘부 대응규칙 (28)에 의하면, 보문소 '-어'와 보조사 '-는'은 통사구조에 참여하기 전에 어휘부에서 단일한 머리성분 범주로 결합될 수 있다. 이를 근거로 '-어-는'도 'V-어 주-'의 재구조화 영역 내에서 독립적으로 재구조화 영역을 형성한다. 다음 나무그림이 그 결과를 보여준다.

(31)

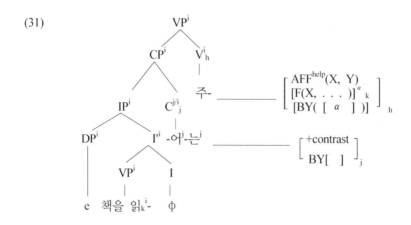

여기에는 두 종류의 어휘부 대응규칙에 따라 두 번의 재구조화가 적용되었다. (31)은 'h', 'j'로써 두 의미구조와의 대응을 표시하고 있는데, 이 둘은 재구조화 원리의 규정에 따라 다음과 같이 단일화된다.

---

364) 이는 양정석(1995: 236)의 '수혜자 'NP-에게' 부가어 의미 해석 규칙'이다. '부가어 의미 해석 규칙'은 본 연구의 '구문규칙'에 해당하는 것이다. 그 명칭이 말해주는 대로 '해석적' 관점에서 기술된 것이나, 통사구조와 의미구조의 대응의 규칙성을 기술한 것이라는 점에서는 다를 바 없다.

(32)
$$\begin{bmatrix} \text{AFF}^{help}(X,\ Y) \\ [F(X,\ \ldots\ )]^\alpha_{\ k} \\ [BY(\ [\ \alpha\ ]\ )] \end{bmatrix}_h \cup \begin{bmatrix} +\text{contrast} \\ BY[\ \ ] \end{bmatrix}_j = \begin{bmatrix} +\text{contrast} \\ \text{AFF}^{help}(X,\ Y) \\ [F(X,\ \ldots\ )]^\alpha_{\ k} \\ BY(\ [\ \alpha\ ]\ ) \end{bmatrix}_h$$

그러나, (27) 문장에는 '아이에게'라는 부가어 성분이 더 포함되어있다.

(27)' 어머니가 [VP 아이에게 [VP [CP e 책을 읽어는] 주-]]-었다.

여기에서 '아이에게'까지 포함된 VP에 대한 해석을 얻으려면 (30)의 구문규칙이 더 적용되어야 한다. 이러한 과정은 다음과 같은 통사구조를 바탕으로 이루어진다. 즉 '아이에게'는 VP의 부가어인 후치사구로서, 이상에서 주어진 통사구조의 동지표와 (32)의 의미구조를 가지고 (30)의 구문규칙이 적용되어 해석되는 것이다.

(33)
```
            VP
          /    \
        PP      VP
        |       |
      아이에게   e 책을 읽어는 주-
```

(32)에서 얻어진 의미구조에 (30)의 구문규칙이 가진 의미구조를 적용하는 절차도 단일화이다. 즉, 다음과 같은 의미구조가 얻어지는 것이다.

(34)
$$\begin{bmatrix} +\text{contrast} \\ \text{AFF}^{help}(X,\ Y) \\ [F(X,\ \ldots\ )]^\alpha_{\ k} \\ BY[\ \alpha\ ] \end{bmatrix}_h \cup \begin{bmatrix} [F(X,\ \ldots)] \\ \text{FOR}[\text{AFF}^{help}(X,\ [A]_l)] \end{bmatrix}_h = \begin{bmatrix} +\text{contrast} \\ \text{AFF}^{help}(X,\ Y) \\ [F(X,\ \ldots\ )]^\alpha_{\ k} \\ \text{FOR}[\text{AFF}^{help}(X,\ [A]_l)] \\ BY[\ \alpha\ ] \end{bmatrix}_h$$

3개 이상의 대응규칙에 의한 의미 합성 과정을 보이는 이상의 논의는, 의미 합성이 어휘적 단위들이 가지는 어휘의미구조, 어휘부 대응규칙이나 부가어 대응규칙(구문규칙)이 가지는 의미구조를 바탕으로 단일화의 연산이 작용하는 절차임을 보여준다. 하위 구성성분이 가지는 의미구조는 그에 부가된 구성성분이나 상위 구성성분의 의미가 적용될 때 그 기초적 의미 단위가 된다. 기초적 의미 단위는 상위 구성성분의 의미 단위의 적용에 여러 가지 영향을 미칠 수 있다. 불연속적 구성성분들 사이의 단일한 의미 단위가 유지되어야 하는 경우에는, 재구조화가 동지표들의 대응을 통해서 그 점을 보장해준다. 따라서 재구조화가 복잡한 구성성분 구조에서 체계적인 의미 합성을 보장하는 기제로 쓰임을 위 논의는 보여준다.

선·후행 동사의 호응과 재구조화

앞에서 언급한 현상들 중, 보조동사 구문을 복합문 구조로 간주할 때의 문제로 곧잘 거론되어온 것은, 선행하는 동사의 사건성/상태성 구분에 따라 후행 보조동사의 사건성/상태성이 결정되는 현상이다. 이 현상은 보조동사 구문을 단순문 구조로 가정하는 연구자들에게 그와 같은 주장의 결정적 근거로 생각되기도 하였다.[365]

(35) 가. 그가 김을 매기는 한다/*하다.
　　 나. 그가 온순하기는 *한다/하다.
(36) 가. 그가 김을 매지는 아니한다/*아니하다.
　　 나. 그가 온순하지는 *아니한다/아니하다.

이 문제에 대해서 방금 제시한 통사구조-의미구조의 대응에 관한 설명이 해결의 기초를 제공한다고 본다.

(35)의 '-기는 하-' 구문, (36)의 '-지 아니하-' 구문은 다음 절에서 제시하는 '셋째 부류'의 보조동사 구문인데, 이들은 각각 어휘부에 독립적인 대응규칙(어

---

365) 이러한 견해의 대표적인 주장은 최기용(1991)에서 볼 수 있다. 그는 (35), (36)과 같은 '-기는 하-', '-지 아니하-' 구문 외에 '-어 주-', '-어 보-', '-어 빠지-' 구문을 그의 이론 하에서 논의하고 있다. 가령 '먹어는 보았다'와 같은 '본동사+보조동사' 결합은 'V=>[v V-어]=>[v[v V-어]는]=>[v[v[v V-어]는]보-]'와 같은 과정으로 머리성분 단위를 이룬다고 한다. 또 '머리성분 상관성 원리'라는 언어-보편적 원리가 있어서, 머리성분-뒤 언어는 앞의 요소가 문법적 성격을 결정한다고 한다. 그러나 단적인 예로 'V-어 지-' 구성은 뒤의 요소 '지-'가 이 구성 전체의 문법적 성격을 결정하므로 그의 주장에 반례가 된다. 'V-어 주-', 'V-어 보-'를 중심으로, 다른 많은 경우에는 중립적인 듯하지만, 이들 경우도 과연 앞의 요소가 문법적 성격을 결정하는지 의문이다. 뒤의 셋째 부류의 예로 제시한 것 중 '다 되어 간다/젊어 간다'의 예는 또 다른 반례가 된다. 이들은 '어휘부 대응규칙'과 같은, 한국어에 특유한 규칙을 설정하지 않을 수 없다는 점을 보이는 것이다.

휘부 대응규칙)의 형식들을 가진다. 3.4절에서 이미 설명한 바에 따라, 어휘부
대응규칙은 통사구조에서의 재구조화 원리의 적용을 위한 근거가 된다(유형I
재구조화). 앞에서 제시한 재구조화 원리를 이루는 조항 중 ③의 조항은 의미구
조와의 대응만을 언급하면서, 음운론적 구조와의 대응은 언급하지 않고 있다.
그러나 이는 편의상의 생략일 뿐, 제4장에서 개관한 본 연구의 문법 체계의 전
반적 취지와는 맞지 않는다. 이 점을 수정하여 제시하면 다음과 같다.

(37) 재구조화 원리:
　　어휘부의 둘 이상의 복합 머리성분을 이루는 요소들에 근거하여 위첨자 지표를
　　삽투하고 재구조화 영역을 형성하라.
　　③ 위첨자 지표로 연계된 머리성분 요소들은 하나의 복합 머리성분을 이루며,
　　의미구조(**및 음운론적 구조**)와의 대응을 나타내는 통사구조상의 동지표는 어
　　휘부에 특별한 규정이 없는 한, 복합 머리성분 내의 최상위 머리성분 요소에
　　의해 표시된다.

이 조항에 의하면 '본동사+보조동사'의 결합에서 통사구조상의 동지표를 대
표적으로 가지는 교점은 상위절 동사인 보조동사가 된다. 그러므로 음운론적
부문에서 동사의 사건성/상태성의 구분에 따른 형태음운론적 결정이 일어날 때
에는 보조동사에 주어진 정보만을 근거로 하게 된다.[366]

(35), (36)의 예들에서는 복합 머리성분을 이루는 요소들 중 앞의 요소('본동
사')의 문법적 성격이 복합 머리성분 전체의 성격을 결정한다. 한국어의 다른
보조동사 구문에서는 뒤의 요소('보조동사')의 문법적 성격이 복합 머리성분의
성격을 결정한다. 이러한 일반적 경우에 복합 머리성분 내의 요소들 간의 문법
적 자질의 전승은 논할 필요가 없다. 그러나 (35), (36)의 경우에는 특별한 어휘
적 규칙이 있어, 앞의 요소와 뒤의 요소의 결합을 한 의미 단위와 대응시키고,
앞의 요소의 문법적 자질을 전체 복합 머리성분의 문법적 자질로 전승시킨다.
본 연구의 체계에서 이 작용을 포착하는 장치는 어휘부 대응규칙이다. 뒤의
5.3.3.3절에서는 (35)의 경우를 위한 어휘부 대응규칙을 제시한다. ③의 조항은
복합 머리성분을 포함한 모든 어휘적 단위가 그 통사구조, 의미구조, 음운론적

---

366) 여기의 '사건성/상태성' 구분은 통사적 자질의 차이로 표시되는 통사적 구분이다. 이 책
　　에서는 동사의 사건성/상태성이라는 개념을 의미론적 개념과 통사적 개념 양면의 구분
　　개념으로 쓴다.

구조의 어느 지점에서 동지표를 가지고 대응 관계를 맺는지에 대한 일반적 규정으로 이해할 수 있다.

5.3.3. 보조동사 구문의 재분류

앞에서는 종래 보조동사 구문으로 다루어온 예들을 여러 가지 통사적 검증 기제에 비추어 검토한 결과 이들을 크게 네 부류로 나눌 수 있게 되었다. 다음의 표가 이 네 가지 부류의 차이를 일목요연하게 보여준다.

(표2) 보조동사 구문의 네 가지 부류

	대표적인 예	검증 기제	
첫째 부류	'-는 듯하-' '-는 체하-' '-거니...거니 하-'	*	
둘째 부류	'-게 하-' '-고 있-'	'그리하-'에 의한 조응 가능/ 선행 동사에 '-으시-' 결합 가능	불가능
셋째 부류	'-어 있-' '-어 주-' '-지 아니하-'		부정 극어와 부정소의 '같은 절' 효과 가능/ '안'에 의한 선·후행 동 사 부정 가능
넷째 부류	'-어 지-'	불가능	

첫째 부류는 전통적으로 보조동사 구문으로 분류해왔으나 그 구조적 이질성이 뚜렷한 부류이다. 이들이 보조동사 구문에서 제외되어야 한다는 점은 기존 연구자들이 대체로 인정하는 것이라고 할 수 있다. 둘째 부류는 많은 연구에서 보조동사 구문으로 받아들이지만, 앞 절의 검증 기제를 통하여 보충어 절을 가지는 예사의 내포문 구조로 판명되는 부류이다. '-게 하-' 구문과 '-고 있-' 구문이 이 부류를 대표한다고 하겠다. 셋째 부류를 대표하는 것은 '-어 있-' 구문이다. 이는 전통적인 의미에서 보조동사의 이상에 가장 가까운 부류라고 할만하다. 흥미로운 점은, 서로 유사한 특성을 가지는 것으로 생각되어 같은 논의 맥락에서 다루어져온 '-고 있-' 구문과 '-어 있-' 구문은 재구조화 작용의 내포 여

부에 의하여 구분된다는 것이다.

넷째 부류의 대표적 구문은 '-어 지-' 구문이다. 이는 선행 동사와 후행 동사의 긴밀성이 극도로 높다는 점에서 복합동사로 분류할만한 예라고 하겠는데, 다른 복합동사와의 차이는 '지-'가 가지는 생산성에 있다.

5.3.3.1. 첫째 부류

첫째 부류는 원래의 보조동사 구문의 설정 취지에도 부합하지 않는, 배제해야 할 예들이다. 이들은 사실상 하나의 공통 구문 구조를 이루는 것으로 볼 수도 없다. 이들을 서로 무관한 몇 가지 구문으로 나누어 열거하려고 한다.

종래의 논의에서 '보조동사'에 포함되던 것 중 가장 먼저 제거되어야 할 예는 다음과 같은 것으로서, 이들이 '보조동사' 구문의 첫째 부류의 첫 번째 사례이다.

(38) 가. 체하다: 그가 제법 어른인 체한다./돈이 많은 체한다.
　　　나. 척하다: 그는 그저 못 들은 척했다./흰 수염을 드리우고 점잖은 척은 하나, 마음 속은 슬픈 것이다. (허웅 1995에서)
　　　다. 양하다: 안 먹어도 먹은 양하고만 있으면 배가 부른가?/너는 그저 그런 양하고 있어./사람은 각각 제가 제일인 양한다.
　　　라. 뻔하다: 하마터면 속을 뻔하였다./이번에도 빈탕일 뻔하였다.
　　　마. 만하다: 나도 갈 만하다./그렇다고 할 만하다.
　　　바. 법하다: 그가 자백을 할 법하다./인제 정신을 차릴 법하다.
　　　사. 듯하다: 비가 오는 듯하다/비가 올 듯하다.
　　　아. 듯싶다: 그는 불만인 듯싶다/이 점에는 그 사람도 동의할 듯싶다.

이들은 모두 의존명사 '양, 체, 척, 뻔, 만, 법, 듯'이 이끄는 구(더 정확하게는 이 구를 포함하는 보조사구)가 이어지는 '하-'의 논항 위치에 놓이는 구조를 취하고 있다. 이들도 둘로 더 갈라진다. '양', '체', '척'에 이어지는 '하-'는 사건성 동사로서의 성질을 가진다. 이에 비해 '만', '법', '듯' 뒤의 '하-'나 '싶-'은 상태성 동사로서의 성질을 가진다.[367]

---

367) 'V-지 아니하-', 'V-기는 하-' 등에서는 V의 성격에 따라 '하-'가 사건성/상태성 동사의 가름을 갖게 되는데, 이는 어휘부 대응규칙에 따라 앞의 V의 성질을 뒤의 '아니하-', '하-'가 물려받기 때문이다. 'V-을 법 하-' 등의 예는 앞의 V의 성질에 관계 없이 '하-'가

(39) 그가 [vp[DP [NP [cp Φ 제법 어른인] 체]Φ] 하-]]-ㄴ다.
(40) 그가 [vp[DP [NP [cp Φ 해낼] 만]Φ] 하-]]-다.

종래 보조동사에 포함되어 논의되던 예들 중에서, 그 분석을 달리해야 할 또 다른 예는 '직하다'이다. 이는 최현배(1937)에서부터 보조동사의 하나로 처리되었으나, 우리는 이것을 가지는 문장이 일반적인 상태성 동사로서의 '하다'가 실현된 문장일 뿐이라고 판단한다.368) 또 (41)에서 '-음직'은 '하다'의 보충어 절을 이끄는 보문소로서, 연결어미의 역할을 하는 것이다.369)

(41) 가. 그 사과가 먹음직 하다.
    나. 그 여자를 한번 만나 봄직(도) 하다.
(41)' 가.*그 사과가 먹음직 한다.
    나.*그 여자를 한번 만나 봄직(도) 한다.

'-음직'을 가지는 문장 (41가)의 통사구조는 다음과 같다. '하-'의 주어가 공범 주로 나타난다는 점이 이 구문의 특징을 이룬다.370)

(42) [cp pro [vp [cp 그 사과가 먹-Φ-[c -음직]] 하-]-Φ-다]

최현배(1937)에서 보조동사로 처리한 예 중에는 다음과 같은 예도 포함된다. (43)에서는 '닥다'의 활용형으로 '닥아'가, (44)에서는 '가지다'의 활용형으로 '가지고'가 보조동사로 분석된 것이다.

(43) 그 물건을 들어다가 방안에 놓았다.
(44) 옷에 풀을 먹여가지고 빳빳하게 해서 입고 다녔다.

상태성으로 고정되므로 이와 같은 방법으로 처리할 수 없다. 이 경우는 처음부터 별도의 상태성 동사 '하-'를 설정할 수밖에 없다. '체하다, 척하다, 양하다'의 부류는 타동사로서의 '하-'의 성질이 뚜렷한 예이다.
368) 이 때의 '하-'는 '법하다'의 '하-'와 같은 것이다.
369) 허웅(1995: 384)에서도 '-음직'을 연결어미('이음씨끝')로 분석하고 있다.
370) 주의할 점은, '-음직'을 포함하는 또 하나의 동사 표현 '먹음직스럽-'은 새로운 상태성 동사로 파생된 형식이다. '-스럽-'은 파생접사일 뿐이다. 그러므로 '먹음직스럽-'은 [v V [c -음직][Ar -스럽-]]의 구조를 가지는 형성소이다. '*그 사과가 먹음직은 스럽지만. . .'이 용인되지 않는다는 점을 그 증거로 삼을 수 있다.

고영근(1975), 김창섭(1981)에서는 '-어다(가)'를 연결어미로 분석하였고, 노대규(1998)에서는 같은 견해를 기반으로 그 통사·의미적 특징을 자세히 분석한 바 있다. 김창섭(1981)에서는 '-어가지고'도 연결어미로 분석하였다. 이들 역시 보조동사 구문에서 제외되어야 할 첫째 부류의 구문이 되겠는데, 이 경우 보조동사로 생각되던 '닥아', '가지고'는 전혀 단어로서의 자격도 갖지 못하는, 연결어미(보문소)의 일부로 파악될 뿐이다.371)

허웅(1995)에서는 다음 예들에 나타나는 '하다'도 보조동사('매인풀이씨')의 일종으로 풀이한 바 있다. (45가, 나)의 예문들은 그 내포절이 접속문으로 되어 있는 경우로, 역시 보조동사 구문에서 제외해야 할 '첫째 부류'의 예이다.372)

> (45) 가. 'V-거나 V-거나 하다': 그것이 아무리 짧은 이야기일지라도 그것을 그 이상 확대하거나 늘이거나 하면, 도리어 나빠질 뿐이다. (허웅1995에서)
>
> 나. 'V-거니 V-거니 하다': 저 쪽의 두 배는 앞서거니 뒤서거니 하며 바다로 나오고 있건만 이 쪽을 따라 잡을 수는 없을 것이다. (허웅1995에서)

이 경우의 '하다'는 접속문을 보충어로 가지는 보문 동사가 된다. '하다'의 주어는 (42)에서와 같이, 기저에서부터 공범주로 설정되어야 하리라 본다. 이처럼 절이 반복되는 구조에서 선행 동사와 보조동사의 긴밀한 결합을 말하는 것은 무의미한 일이다. 따라서 이들은 보조동사 구문의 예에서 제외되어야 한다.

이상의 분석에 의하면, 첫째 부류의 예들 중 (41)과 (45)의 부류는 연결어미에 이끌리는 보충어의 구조를 포함한다. 이들은 연결어미 절에 관한 논의인 5.4절에서 다시 다루어진다.

5.3.3.2. 둘째 부류

---

371) 우리의 문법단위 분석의 관점에 따르면, '-어다가'는 보문소 '-어'와 보조사 '-다가'의 결합으로, 유형II 재구조화에 의해 통사구조의 머리성분으로 기능을 한다. '-어가지고'는 보문소 '-어'와 동사 '가지-'와 보문소 '-고'의 결합으로, 역시 유형II 재구조화에 의해 통사구조의 머리성분이 된다. 두 경우 모두 어휘부 대응규칙의 형식으로 어휘부의 등재소로 주어진다.

372) 김영희(1988)에서는 '하다'를 상위문 서술어로 하는 이러한 구성을 '내포접속문 구성'이라고 부르고 있다.

둘째 부류의 보조동사 구문도, 보조동사가 선행 동사에 문법적 의미를 보조해주고, 선행 동사와 보조동사가 한 단위의 서술어를 이룬다는 규정으로는 포착할 수 없는 예이다. 이들은 일반적인 구문규칙에 의해서 그 구문 특유의 통사적, 의미적 특성을 포착해야 할 예들이다. 이들은 복합문 구조이면서, 그 선행동사와 보조동사의 통사적 긴밀성도 인정하기 어렵다. 다만, 선행하는 보문소구와 뒤따르는 보조동사가 특정의 구문적 의미를 표현하는 구문을 형성한다는 점이 이들을 특징지어준다.

이 절에서는 '-게 하-' 구문을 비롯한 몇 가지 구문들을 구문규칙으로 기술하는 시범을 보인 다음, 이렇게 일반적인 구문규칙에 의해서 설명해야 할 둘째 부류의 나머지 예들을 나열하는 방식으로 서술하려고 한다.

먼저 '긴 사동문'으로 알려진 '-게 하-' 구문에 대해서 살펴보자. 부정 극어와 부정소의 호응을 통하여 보조동사 구성의 긴밀성을 검증하는 방법을 제시한 최현숙(1988가)에서는 (46가)와 같은 문장을 적격한 것으로 판정하여, '-게 하-' 구문에 재구조화가 적용된다고 보았으나, 필자는 이를 부적격한 문장으로 판정한다. 그 부적격성은 (47)과 다름이 없다. 이에 따라 '-게 하-' 문장은 재구조화 구문으로 간주되지 않는다.

(46) 가.?*철수가 영희가 아무도 만나게 하지 않았다.
　　나.　철수가 영희가 아무도 안/못 만나게 하였다.
(47) ?*철수는 영호가 아무도 욕했다고 생각하지 않았다.

이른바 사동 보조동사 '하다'의 구문은 5.3.1절에서 제시한 어떠한 판별 기준으로도 선·후행 동사의 긴밀성을 증명할 수 없다. 그러므로 그 통사구조는 일반 보문 구조에 준해서 기술해야 한다. 양정석(2002가: 5.4절)에서는 (48가)와 (48나)의 '-게 하-' 문장을 두 가지의 상이한 구조로 구분하여 그 통사구조를 보인 바 있다.[373]

(48) 가. 경애는 영호가 미음을 먹게 했다.
　　나. 경애는 영호를 미음을 먹게 했다.

---

373) 김영희(1998가)에서는 다음 세 문장이 기저에서 서로 다른 구조로 생성됨을 밝힌 바 있다. 이 절의 논의는 이에 힘입은 바 크다. 다만, 필자는 (49) 문장이 (48가)와 같은 구조에 부가어 '영호에게'가 덧붙은 것으로 본다.

(49) 경애는 영호에게 미음을 먹게 했다.

(48가)와 (48나)는 서로 다른 두 개의 구문규칙에 의해 그 통사구조가 형성된다. 두 구문의 의미 차이는 다음과 같이 보일 수 있다.

(50)*경애는 영호가 부지런하게/얌전하게/침착하게 하였다.
(51) 경애는 영호를 부지런하게/얌전하게/침착하게 하였다.

이로써 (48가) 구문의 내포절이 '통제가능성'을 가져야 한다는 제약이 있음을 알 수 있다. 이 점을 반영하여 다음과 같이 기술한다.[374]

(52) 'IP-게 V' 구문규칙:
  IP가 A에 대응되고 V가 $[AFF([\ \ ], [\ \ ])]$을 가지는 동사이면
  $[_{V}\ IP_{j}\text{-게}\ V_{h}\ ]$는 다음에 대응된다.

$$\left[\begin{array}{l} [CS([\ \ ]^{\alpha}\ ,\ [A,\ +controllable]_{j})] \\ AFF([\ \alpha\ ],\ \ \ ) \end{array} \right]_{h}$$

이에 따라, (48가) 문장은 (53)의 통사구조와 의미구조를 형성할 수 있다.

(53) 가. 경애는 철수가 미음을 먹게 했다.
  나. 경애$_{i}$는 $[_{VP}[_{CP}[_{IP}$ 철수가 미음을 먹$]_{j}$-게] $[_{V}$ 하$_{h}]$-었다
  다. $[CS([경애]_{i}\ ,\ [철수가\ 미음을\ 먹다]_{j})]_{h}$

다음으로, 'NP-를'을 가지는 (48나)의 '-게 하-' 문장은 결과 구문의 일종으로 기술된다. 이는 일반적인 '타동사적 결과 구문'을 허가하는 다음과 같은 구문규칙에 의해 설명된다.[375]

(54) 타동사 결과 구문규칙:
  $[_{VP}\ DP_{j}\ [_{V}\ XP_{k}\ V_{l}\ ]]$는 다음에 대응된다.

---

374) '통제가능성'을 의미 자질로 '[+controllable]'와 같이 나타냈다. 이것은 특정 어휘항목이 가지는 의미가 아니고, 순전히 이 구문규칙에 의해 도입되는 의미이다.
375) 결과 구문규칙은 타동사 구문규칙과 자동사 구문규칙으로 나누어서 기술된다. 양정석(2002가: 5.3절) 참조. 자동사 구문규칙으로 설명되어야 할 보조동사 구문의 예는 '-게 되-' 구문이다.

$$\begin{bmatrix} CS([\quad]_A{}^\alpha, [INCH[BE_{Circ}([\quad]^\beta{}_j , [\quad]_k)]]) \\ [BY([AFF([\quad\alpha\quad], [\quad\beta\quad])]_l)] \end{bmatrix}$$

DP인 '철수를'은 VP의 명시어 위치에 놓이고, 보문소(또는 연결어미) '-게'에 이끌리는 보문소구는 (54)의 규칙의 XP로서 V'의 부가어 위치에 놓이게 된다.

(55) 가. 경애는 철수를 미음을 먹게 했다.
나. 경애ᵢ는 [VP [DP [철수]-를] [V' [CP e 미음을 먹-게] [V' [V 하]]ᵢ]]-었다

세 번째 종류의 '-게 하-' 문장인 (49)는 (48가) 문장과 같은 구조를 가지는데, 다만 'NP-에게' 형식인 '철수에게'가 VP의 부가어로 놓인 것이 다를 뿐이다. 그러나 이 'NP-에게' 부가어를 형성·해석하기 위한 일반적 구문규칙이 한국어의 문법에 주어진다고 보아야 한다. 그 구문규칙은 다음과 같다.

(56) 'NP-에게' 구문규칙
V가 [CSᵘ([\quad]ᵢ, [\quad]ₖ)]에 대응되고,
NP가 [A]에, XP가 [B]에 대응되면
[VP NPⱼ-에게 [VP XPₖ Vₕ]]는 다음에 대응된다
$$\begin{bmatrix} [CS^u([\quad]_i, [\quad]_k)]_h \\ BY([CS(X, [GO([MESSAGE], [TO([AT([A]_j)])])])]) \end{bmatrix}$$

이 구문규칙의 특징은 '의사 전달'의 의미 내용을 의미구조의 하위절로 덧붙인다는 점이다.[376] 이를 통하여 이 구문이 의지성, 간접성 등의 의미적 특성을 가진다고 관찰해온 종래의 논의들을 수용할 수 있게 된다. (56)은 다음과 같은 문장의 부가어 '나에게'에도 적용된다.

(57) 주인이 나에게 방을 비워달라고 말했다.

---

376) 'BY' 이후의 의미구조가 '의사 전달'의 의미를 표시한다. 사동성 함수에 위첨자로 표시한 'u'는 '성공성' 자질로서, 사동 사건이 결과 상황을 함의하지 않음을 나타낸다. 양정석(1995/1997다: 2.2.5절) 참조. 가령, '만들다'는 '+s'(성공) 자질을 가지기 때문에 (56)이 적용되기에 적합치 않으므로 다음과 같은 문법성의 대비가 나타나는 것이다.
 a.?*철수는 영호에게 미음을 먹게 만들었다.
 b. 철수는 영호를 미음을 먹게 만들었다.

다음으로, '-게 하-' 외에 둘째 부류의 보조동사 구문으로 처리해야 할 대표적 예는 '-고 있-' 문장이다. '-고 있-' 문장을 '-어 있-' 문장과는 달리 둘째 부류로 분류한 것은 둘 사이에 긴밀성의 차이가 있다고 판단하기 때문이다. 긴밀성의 차이를 보이는 증거는 위에서 제시한 다음과 같은 문법성의 대비이다.

(58) 가. 그는 아무 데에도 가 있지 않았다.
　　 나.?*그는 아무것도 먹고 있지 않았다.

이러한 '-고 있-' 구문을 형성하는 규칙은 다음과 같이 기술된다. 이 규칙은 양정석(2002가: 150)에서 제시한 형식이다.

(59) '-고 있-' 구문규칙:
　　 IP가 β에 대응되면, 통사구조 [$_{VP}$[$_{CP}$ IP$_k$ 고] 있$_h$]는 다음 의미구조에 대응된다.

$$\begin{bmatrix} \text{-b} \\ \text{BE}_{Circ}([\quad]_A,\ [\text{IN}([_{Event}\quad]^\beta{}_k)]) \\ [\text{WITH}(\quad\beta\quad)] \end{bmatrix}\Bigg|_h$$

이 규칙에 의해 형성되는 구조는 다음과 같이 예시할 수 있다.

(60) 가. 그는 사과를 먹고 있었다.
　　 나. 그는 [$_{VP}$[$_V$[$_{CP}$[$_{IP}$ e 사과를 먹-ɸ-]-고][$_V$ 있-$_h$]]]-었다

이 규칙의 의미구조 부분이 나타내는 뜻은 대략 "'-고 있-'에 선행하는 문장(내포절)이 지시하는 사건으로 말미암아 주어('A'로 표시됨)가 그 사건의 지속적 상황 안에 유지된다'는 의미이다. 의미적으로 주요한 작용을 하는 부분은 비한계성 자질 [-b]인데, 이 의미 자질이 부과됨으로 인하여 이 구문이 진행, 결과 상태 지속, 반복성, '이상화된 진행' 등의 의미로 해석될 수 있게 된다. 이 구문이 진행의 의미를 나타낸다는 점이 이를 보조동사 구문으로 처리하는 주요 동기를 이루었다고 할 수 있다. 그러나 보조동사 구성이 아닌 동사구 단위의 구문 형식(또한 이 안에는 절 구조가 포함된다)으로도 특정의 문법적 의미를 나타내는 일이 가능함을 (59)의 규칙은 보여준다.

이와 같은 방식으로 기술해야 할 보조동사 구문의 예를 더 들어보면 다음과

같다. 다음 예들은 최현배(1937)에서 보조동사의 예로 들지 않고 두 동사의 이음으로 간주하고 있으나,[377] 그 후의 다른 논저에서 보조동사에 포함하여 논의하는 경우가 흔하다.

(61) '-고 계시-': 아버님은 지금 손님하고 이야기 하고 계십니다. (허웅 1995에서)

(62) '-고 나-': 나는 그 일을 하고 나서, 다른 일을 바로 시작했다./그 책을 펴 내고 난 뒤에 그는 병석에 누웠다. (허웅 1995에서)

(63) '-고는 하-': 그는 매일 약방에 들러 무엇이든 한두 가지 약을 사가지고 가고는 (가곤) 하였다. (허웅 1995에서)

(64) '-고 말-': 그는 기차를 놓치고 말았다.

선·후행 동사 사이의 긴밀성이 거의 없으므로, 이들은 동사가 보충어 절을 취하는 일반 내포문 구조로 분류할 수밖에 없다.

(61)' ?*아버님은 아무것도 보고 계시지 않다.

(62)' *그는 아무것도 먹고 나지 않아서 식당으로 갔다.

(63)' *그는 아무것도 사고는 하지 않았다.

(64)' *그는 아무하고도 싸우고 말지 않았다.

다만, 이들이 가지고 있는 '진행', '완결', '반복', '상황의 불의의 발생' 등의 구문적 의미는 위에 예시한 형식의 구문규칙으로 포착하여 기술할 수 있을 것이다.

최현숙(1988가)에서는 당위 보조동사의 예로 다루어지는 다음과 같은 구문이 재구조화와 관련된다고 지적한 바 있다. 그러나 그 자신이 사용하는 기준에 의하면 이들은 그렇게 볼 수 없다.

(65) 'V-어야 하-': 농부는 논밭을 열심히 가꾸어야 한다. (허웅 1995에서)

(66) 'V-어야 되-': 농부는 논밭을 열심히 가꾸어야 된다.

(65)' 가.*이 밭에는 아무것도 가꾸어야 하지 않는다.

　　　나. 이 밭에는 아무것도 가꾸지 않아야/말아야 한다.

(66)' 가.*이 밭에는 아무것도 가꾸어야 되지 않는다.

　　　나. 이 밭에는 아무것도 가꾸지 않아야/말아야 된다.

---

377) (64)는 최현배(1937/1971: 402)에서 '종결의 보조동사'로 취급한다.

이 구문이 나타내는 '당위' 또는 '의무'의 양상적 의미는 구문규칙의 형식으로 포착할 수 있다.

둘째 부류의 보조동사 구문으로서 구문규칙에 의한 기술을 필요로 하는 현상에는 다음과 같은 흥미로운 예들이 발견된다. (67), (68)은 최현배(1937)에서도 보조동사 구문으로 포함한 것이나, (69)는 일반 동사 구문으로 간주되었던 것이다. 이 세 가지 구문을 묶어 그 공통성에 주목한 것은 엄정호(1993)이다. 그는 이 세 구문이 특별한 인용의 형식을 요구하는 특성을 가진다는 점에서 한국어 문장의 한 구문으로 묶인다고 보고, 그 통사적 특징을 자세히 관찰하고 있다.[378]

(67) '-나/는가/을까 싶-': 철수가 성적이 제일 잘 나오지 않았나 싶다.
(68) '-나/는가/을까 보-': 철수가 성적이 제일 잘 나왔나 보다.
(69) '-나/는가/을까 하-': 철수가 성적이 제일 잘 나오지 않았나 한다.

최현배(1937/1971: 534)에서는 '싶다'와 '보다'가 의문형 종결어미 뒤에만 쓰인다고 보고 있으나, 실제로는 이보다 넓은 쓰임새를 가지고 있다. 허웅(1995)에서는 희망 보조동사와는 달리 이처럼 추측을 표현하는 '싶다'는 일반 동사로 간주한다(371쪽). 또 시행 보조동사와는 달리 추측을 표현하는 '보다'를 일반 동사로 간주하고 있다(374쪽).

(70) 가. 그 정도의 일이 이루어지는 데도 긴 세월이 필요하구나 싶어 감개가 무량했다.
　　나. 그 때 나는 세상이 내 것이라 싶었다.
　　다. 가든지 있든지 빨리 결단이 났으면 싶다. (이상 허웅 1995에서)
(71) 가. 산은 물을 끼어야만 어울리나 보다.
　　나. 돈이 없는가 보다./너는 어리석은 사람인가 보다.
　　다. 경치가 아름답던가 보다./차가 붐비던가 보다.
　　라. 아마 좋지 않은 일이 생기려나 보다.
　　마. 공부를 좀 할까 보다. (이상 허웅 1995에서)

엄정호(1990)에서는 이 세 가지 구문에 대해서 선·후행 동사에 결합되는 어

---

378) 앞의 5.2.2절에서 이들을 인용문의 한 부류로 논의한 바 있다.

미의 종류, 주어의 인칭 제약, 인용문과의 관계 등을 자세히 분석하여 이 구문에 대한 이해에 기여함은 물론이고, 인용문과의 관계에 대해서도 중요한 통찰의 기회를 제공하고 있다.

> (72) 가. 철수는 학교에 갔나 싶다.
>   나. 철수는 숙제를 다 했나 보다.
>   다. 철수가 그 일을 하지 않았나 한다.

특히 이들을 둘째 부류의 보조동사 구문의 예로 다루는 우리의 입장에서는 엄정호(1990)에서 제시한 다음의 통사구조가 관심을 끈다.

> (73) 가. [$_{S'}$ [$_{TOP}$ e$_i$] [$_{S'}$ [$_{NP}$ e$_i$] [$_{VP}$ [$_{S'}$ 철수가 가지] 싶다]]] (51쪽)
>   나. [$_{S'}$ [$_{TOP}$ eβ] [$_{S'}$ [$_{NP}$ eβ,] [$_{VP}$ [$_{S'}$ 철수가 가겠는가] 보다]]] (54쪽)
>   다. [$_{S'}$ [$_{TOP}$ 나는] [$_{S'}$ [$_{NP}$ 판단이] [$_{VP}$ [$_{S'}$ 철수가 가지 않을까] 한다]]] (53쪽)

이들은 결국 각기 다른 세 개의 구문 구조를 나타내고 있는 것이다. 그리고 각기 구문마다의 고유한 구문적 의미를 일반화할 수 있을 것으로 보인다. 이는 이들 구문이 둘째 부류의 구문으로 분류된 취지에 부합된다.

결국, 둘째 부류의 보조동사 구문은 복합문 구조를 취하며, 일반성을 가지는 구문규칙의 적용에 의해 특징지어진다고 할 수 있다. 이 역시 연결어미 절에 관한 논의인 5.4절에서 '보충어 구조'로 다루어져야 한다.

5.3.3.3. 셋째 부류

셋째 부류의 '보조동사' 구문은 보조동사 범주를 설정하고자 하는 입장에서 가장 그 취지에 적합한 예들이라고 할만한 부류이다. 우리는 3.4.2절에서 이들이 '유형I 재구조화'의 적용을 받는 것으로 다루었다. 이와 같은 구문의 예로 다루어져야 할 대표적인 현상으로, 한계성의 표현으로 특징지어지는 '-어 있-' 구문과[379] 부정의 '-지 아니하-' 구문, '-지 못하-' 구문, 시행의 표현인 '-어 보-' 구문, 봉사의 표현인 '-어 주-' 구문 등을 이미 확인하였다. 이 밖의 예를 열거하면

---

379) '-어 있-' 구문이 본질적으로 한계성을 부과하는 기능을 가진다는 논의는 양정석(2004
   가)를 참고하기 바람.

다음과 같다.

(74) '-어 계시-': 할머니가 우리집에 와 계시다/계신다. (허웅 1995에서)

(75) '-어 버리-': 아이가 그릇을 깨뜨려 버렸다.

(76) '-어 제끼-': 그 말을 듣고 있던 한 노인이 껄껄 웃어 제꼈다. (허웅 1995에서)

(77) '-어 젖히/제치-': 코가 막혀 쌔근쌔근하던 아이는 약과 물그릇을 보더니 불이 붙
      은 듯이 울어 젖힌다/여치가 울어 제친다. (허웅 1995에서)

(78) '-어 달-': 어서 문을 열어 다오. (허웅 1995에서)

(79) '-어 드리-': 며느리가 시어머니를 부축해 드린다. (허웅 1995에서)

(80) '-어 놓-': 날이 추워 놓으니까, 꼼짝하지 못하였다./신경을 필요 이상 건드려 났
      다. (허웅 1995에서)

(81) '-어 두-': 손목시계를 수돗가에 놓아 두었었어요.

(82) '-어 가-': 배달말 말광이 다 되어 갑니다./그분은 점점 젊어 간다. (최현배 1937)

(83) '-어 나가-': 이젠 이 회사를 유지해 나갈 수 없게 되었다. (허웅 1995에서)

(84) '-어 오-': 날이 밝아 온다./약속 시간이 가까워 온다.

(85) '-어 쌓-': 꼬치꼬치 물어 쌓는다. (허웅 1995에서)

(86) '-어 보이-': 그들은 다정해 보인다.

(87) '-어 버릇하-' 그 아이가 툭하면 친구 집에 가서 자 버릇한다.

(88) '-고 싶-': 나는 경애가/를 보고 싶다.

(89) '-고 싶어하-': 그는 어디고 훌훌 떠나고 싶어했다. (허웅 1995에서)

(90) '-고 프-': 그 때 나는 고향으로 가고파서 견딜 수가 없었다. (허웅 1995에서)

(91) '-고 파하-': 그는 무던히도 남에게 먹거리를 권하고파하고 말을 걸고파한다.
      (허웅 1995에서)

(92) '-지 말-': 낙심하지 말고 일하세.

시인 구문

최현배(1937) 이래 '시인적 대용'의 보조동사로 다루어진 '하다'는 보조동사
의 설정 취지에 고도로 부합하는 특징을 가지고 있어 역시 셋째 부류로 분류해
야 한다. 이 '하다'를 가지는 구문을 '시인 구문'이라고 부르기로 한다.

이 구문은 부정의 '-지 아니하-' 구문과 구조적으로 밀접한 연관을 가진다는
생각 때문에 많은 연구자들이 둘을 같은 맥락에서 취급하여왔다. 선·후행 동
사 사이의 긴밀성을 검증하기 위한 다음과 같은 방법에 의하면 둘은 차이를 보
인다.

(93) 가. 그는 사과를 먹기는 한다.

　　나.*그는 아무것도 먹기는 하지 않는다.

(94) 가. 그는 사과를 먹지 아니한다.

　　나. 그는 아무것도 먹지 아니한다.

　그러나 (93)의 사실은 시인 구문의 본래적인 용도가 긍정을 표현하는 것이라는 점을 감안하여 판단해야 할 것이다. 우리는 앞에서도 선택제약을 중심으로 한 어휘개별적 고려가 보조동사 구문의 분류를 위해서 긴요함을 지적한 바 있다. (93)의 사실은 이 구문이 첫째 부류나 둘째 부류에 속함을 보여주는 것으로 해석할 수도 있게 한다. 그러나 이 구문에서 선행 동사와 후행 동사가 가지는 선택제약의 특성을 관찰해보면, 후행 동사가 아예 선행 동사의 선택적 특성과 동일하게 되는 현상을 발견하게 된다.

(95) 그 사람들이 밥을 먹기는 한다.

(96) 동두천이 서울과 가깝기는 하다.

　이 구문의 존재 의의는 서로 다른 보조사들을 상황적 의미와 관련하여 표현하려는, 그 의미 효과에 있다고 본다. '-도, -만, -까지, -조차, . . .' 심지어 '-를'도 가능하다.[380] 영-형태 'φ'는 불가능한데, 그것은 'φ'가 이들 보조사들과 대립되는 중립적 의미를 가지기 때문에 이 구문에 의한 표현의 의의가 없기 때문이다. 그러나 그 어떤 경우라도 후행 동사의 사건성/상태성의 구별은 선행 동사에 의존한다. 이러한 점은 앞에서 설명한 대로 어휘부 대응규칙 단위의 선택적 자질들이 상위절 동사에 표시됨을 규정하는 재구조화 원리(재구조화 원리 ③)에 의하여 잘 설명된다.

(97) 그 사람들이 밥을 먹기는/도/만/까지/조차/를/*φ 한다.

(98) 동두천이 서울과 가깝기는/도/만/까지/조차 하다.

　이러한 사실은 복합문 구조 가설에서는 설명하기가 대단히 어렵다. 최기용

---

380) (97)의 예에서는 다소 어색함이 없지 않지만 "그 사람들이 밥을 먹기를 하냐, 국수를 먹기를 하냐?"와 같은 맥락을 만들어주면 '-를'을 쓰는 것이 가능해진다. 그 구조가 불가능하지는 않다는 점에 주의해야 한다.

(1991) 등의 연구에서는 다름아닌 이 사실을 근거로 해서 보조동사 구문에 대한 단순문 가설을 옹호하고 있기까지 하다. 그러나 5.3.1에서 제시한 검증 기제들의 의의를 이 시점에서 부정할 수는 없는 것이다.

(99) 가. A 나라 사람들이 주식으로 쌀을 먹기는 하고, B 나라 사람들도 그러기는 한다.
　　　나. 동두천이 서울과 가깝기는 하고, 부천도 그렇기는 하다.
(100)가. 할아버지가 활을 잘 쏘시기는 한다.
　　　나. 할아버지가 수염이 기시기는 하다.

　요컨대, 시인 구문은 복합문 구조를 가지고 있으며, 그러함에도 불구하고 선·후행 동사의 긴밀성은 재구조화의 기제를 통해 설명해야 한다는 것을 이상의 사실은 보여준다.

　시인 구문의 통사적인 행태는 3.4절에서의 재구조화 원리의 설정을 위한 강력한 근거를 제공한다는 점에서도 이 책의 문법 체계와 관련하여 대단히 중요한 의의를 가진다.

　원리매개변인 이론적 생성문법 연구에서 이들 구문은 비상한 관심의 대상이 되었는데, 그것은 이 구문이 한국어에서 동사구(VP)의 존재를 증명해주리라는 기대를 갖게 하기 때문이다.[381]

(101) 가. 그 사람들이 밥을 먹기는 한다.
　　　나. 그 사람들이 밥을 먹기는 먹는다.
(102) 가. 동두천이 서울과 가깝기는 하다.
　　　나. 동두천이 서울과 가깝기는 가깝다.

　이 구문에서 내포절의 주어는 나타나지 않는다. 강명윤(1988/1992)는 이 구문의 내포절에 해당하는 부분이 VP를 이룬다고 보고, 상위절 동사는 이 VP를 보충어로 가지는 동사로 가정하여 라슨(Larson 1988)의 '동사구-껍질(VP-shell)' 구조로 이 구문을 분석하고 있다. 이에 따르면 (101), (102)에서 후행 동사인 상위 동사가 '하-'이든, 중복된 일반 동사이든, 모두 단일한 구조로 설명할 수 있다고 한다. '하-'는 형식 동사로서 원래부터 상위 VP의 머리성분 위치에 생성된다. 형

---

381) 이러한 방향의 논의로 최현숙(1988가), 강명윤(1988/1992) 참조.

식 동사 외의 동사가 상위 VP의 머리성분으로 나타나는 경우(101나, 102나)는, 하위 VP에 있던 이 동사가 상위의 형식 동사 위치로 복제되는 '동사 복제' 현상이 있기 때문에 그와 같은 구조가 가능한 것이라고 한다.382)

이와 같은 설명 방안이 나름대로 매력을 가진 방안임에는 틀림없다. 특히, 선행 동사와 후행 동사의 사건성/상태성 의존이라는 이 구문의 특징적 사실을, 이 구문이 복합문 구조 아닌 단순문 구조(내포절은 VP일 뿐이다)이며 상위 구의 머리성분이 형식동사라는 가정으로 설명할 수 있을 것이다.

그러나 필자는 다음 세 가지 근거에서 이 설명 방안을 받아들이지 않는다.

첫째, (97), (98)로 보인 다양한 보조사의 개재 현상을 이러한 동사구-껍질 이론으로 어떻게 효과적으로 설명할 수 있을지가 불분명하다는 점이다. 우리의 이제까지의 논의에서 보조사가 가지는 비중을 고려하면, 이 문제는 간과할 수 없다는 것이 필자의 판단이다.

둘째, '-기'에 대한 강명윤(1988/1992)의 처리 방법은 그의 동사구-껍질 이론을 떠받드는 기둥과 같은 역할을 하지만, 이 방법 역시 문제성이 매우 크다고 판단된다. 그는 '-기'가 보문소가 아닌 '명사화소'라고 주장하면서 이에 관한 이론 내적 논증을 펼치고 있다. 이 명사화소는 이 구문의 생성의 어느 단계에서 (103)과 같은 '명사구-껍질(NP-shell)'을 형성한다. 그 동기는 격을 받기 위한 것이라고 한다.383) (103)의 명사구-껍질은 (104가)의 '동사구-껍질'에 적용되어 (104나)의 구조를 만드는 것이다.

(103) [NP VP [N-기]]
(104) 가. [VP [VP 책 읽-] [V 하-]]
     나. [VP [NP [VP 책 읽-] [N-기]] [V 하-]]

(104나)에는 이전에 없던 요소들이 새로 등장하고 있는데, 이와 같은 절차는

---

382) 강명윤(1988/1992)를 포함한, 보조동사 구문의 선행 연구에 대한 자세한 논의는 양정석(2007가)를 참고하기 바람. 아래 논증의 일부는 그곳에서 가져와 보충하였다.
383) 이것도 이론 내적인 논증의 성격이 짙다. 또한, 다음 a.에서는 '읽-'의 목적격 부여 특성이 '하-'로 전해져서 앞의 VP에 목적격 '-를'이 나타난다고 설명하지만, b.는 이러한 설명에 대한 반례가 된다. '부지런하-'가 목적격 부여 특성을 가진다고 할 수는 없기 때문이다.
  a. 철수가 책을 읽기를 한다.
  b. 그 사람이 착하기를 하냐, 부지런하기를 하냐?

구조 보존 원리를 위배하는 것이다. 결국, 이 이론은 '하-' 앞의 성분들이 동사구인 것이 필요하면 그것을 동사구로, 명사구인 것이 필요하면 다시 그것을 명사구로 만들어버리는 것이다. 이는 임시방편적인 처리이다. 구조 보존 원리의 위배는 필연적으로 임시방편적 처리로 귀결되게 되어있다.

셋째, 이른바 '동사 복제' 절차가 상정될 수 없음을 증명하는 결정적인 반례가 있다.

(105) 철수가 도시락을 [먹고 있-기]-는 [먹고 있-]-다.

이 예가 동사 복제를 통하여 설명하는 (101나), (102나)와 동일한 구문을 이룸은 의심할 여지가 없다. '동사 복제'를 이 예에 적용하려면, 이 예에서 뒤의 '먹고 있-'은 앞의 '먹고 있-'이 S-구조의 외현적인 이동 절차에 따라 옮겨간 것이라고 설명해야 할 것이다. 그러나 그는 다른 한편으로 '-고 있-' 구문도 '[VP-V]'과 같은 동사구-껍질 구조를 이룬다고 설명한다.[384] 이에 따르면 위 (105) 문장은 대략 다음과 같은 구조를 가지는 것으로 분석될 수도 있다.

(106) 철수가 [[도시락을 먹-]-고 있-]-기-는 [먹고 있-]-다.

이 구조에 따르면 앞의 '먹고 있-'은 결코 단일한 구성성분을 이루지 않는다. 결국 그의 '동사 복제'의 처리 방식은 이러한 모순적인 처리를 초래하는 것이다.

그러므로 동사구-껍질을 가정하는 설명 방안이 이 구문의 한 국면을 설명해 줄 수는 있지만, 이는 더 큰 원리를 위배하며, 자체모순적인 처리에 봉착하는 값을 치르는 것이므로 받아들일 수 없는 것이다.

이 구문에 대한 우리의 방안은 '어휘부 대응규칙'이 필요하다는 것이다.

(107) '-기는 하-' 어휘부 대응규칙
  $[_V [_V \text{V}]_k^i [_C \text{기-D}]^i [_V \text{하}]_h^i] \leftrightarrow [_V \text{V}_k]^i [_C \text{기-D}]^i [_V \text{하}]^i$
  $[_V \text{V}_k [_C \text{기-D}] \text{하}_h]$는 [+시인, [F(X, . . .)]$_k]_h$에 대응된다.
  단, k의 문법적 자질이 h로 전승된다.

---

384) 강명윤(1988/1992)에서는 위의 시인 구문과 긴 부정문, 그리고 '-고 있-' 구문을 동사구-껍질 구조로 분석하고 있다.

어휘부의 이 규정에 근거하여, 통사 부문에서 다음과 같은 통사구조를 바탕으로 재구조화 원리가 적용된다. 이에 따라 이 구문과 관련한 통사적 사실과 의미적 사실이 모두 설명된다.

(108) [$_{VP}$ [$_{CP}$[$_{IP}$ pro 먹-φ-][$_C$ 기-는]] [$_V$ 하-]]

이처럼, 셋째 부류의 보조동사 구문은 복합문 구조를 취하며, 재구조화 원리의 적용을 특징으로 한다.

5.3.3.4. 넷째 부류

넷째 부류의 보조동사 구문의 대표적인 예는 '-어 지-'를 가지는 '비자동적 과정'의 표현이다.[385] 앞의 3.4절의 논의에서는 재구조화 절차가 두 유형, 즉 '유형I 재구조화'와 '유형II 재구조화'로 나누어진다고 하였다. '-어 지-' 문장은 '유형I 재구조화'의 적용을 받는 '-어 있-'과 유사한 특성을 가진다.

(109) 그는 아무 데에도 가 있지 않았다.
(110) 그는 아무와도 가까워 지지 않았다.
(111) 가.*그는 서울에 가지 않아 있다.
     나. 그는 서울에 가 있지 않다.
(112) 가.*그는 철수와 가깝지 않아 졌다.
     나. 그는 철수와 가까워 지지 않았다.

이들은 후행동사 '지-'가 선행 동사와의 통사적 긴밀성을 가짐을 보여준다.
다음의 대비는 '-어 지-'와 '-어 있-'이 문장 구조 내에서 일정한 순서를 가짐을 보여준다.

(113) 가. 무릎이 까 져 있다./의자 다리가 부러뜨려져 있다.
     나. *꽃이 피어 있어 졌다./*그 곳에 가 있어 졌다.

또, '-어 지-'에 앞서는 동사는 사건성 동사뿐 아니라 상태성 동사일 수도 있는

---

385) '-어 지-'가 비자동적 과정의 의미를 표현한다는 설명은 이기동(1978나)의 것이다.

데, 후자의 경우에는 '-어 지-'가 상태성을 사건성으로 바꾸는 강력한 기능을 가진다.

(114) 가. 방이 깨끗하다/*방이 깨끗한다.
　　　나. 방이 깨끗해진다.

　우리는 이들을 근거로, '-어 지-'가 복합문 구조 아닌 단순문 구조를 이룬다고 판단한다. 다만 여기에도 재구조화의 작용이 개재하는 것인데, 이는 앞의 3.4절에서 말한 '유형II 재구조화'의 절차이다.
　'V-어 지-' 구성은 한 단위의 복합적 동사로서의 기능을 가진다. 최현배(1937)에서 이러한 예를 보조동사 구성의 하나로 다루기 시작했으나, 정작 최현배(1937)에서도 이 'V-어 지-' 구성을 'V-어 하-' 구성, 'V-어다 보-' 구성과 함께 합성어('겹씨')로 다룬 것이 발견된다. 그러나 이는 최현배(1937)에서 그 나름의 일관성을 가지고 그렇게 한 것이다. (115)의 예는 합성어의 예로 최현배 자신이 든 것이지만, '추워지다', '희어지다'는 여기에 포함하지 않고, 보조동사로만 다루고 있는 것이다(최현배 1937/1971: 399).

(115) 지다
　　　가. 넘어지다, 엎어지다, 엎들어지다, 떨어지다, 흩어지다, 늘어지다, 녹아지다,
　　　　　벗어지다, 줄어지다, 녹아지다, 벗어지다, 줄어지다, 커지다, 흩어지다, 꺼지
　　　　　다, 터지다(<-트어지다); 이지러지다, 부러지다, 쓰러지다, 불거지다, 자빠지
　　　　　다, 사라지다, 우그러지다, 무너지다, 빠지다
　　　나. 없어지다, 굳어지다
(116) 하다
　　　슬퍼하다, 기뻐하다, 반가와하다, 부끄러워하다, 안타까와하다, 좋아하다, 싫어
　　　하다, 미워하다, 부러워하다
(117) 보다
　　　내어다보다(=내어닥아보다)/내다보다, 들여다보다(=들이어닥아보다), 치어다보
　　　다/쳐다보다, 내려다보다

동일한 구성을 한편으로는 보조동사 구성으로, 한편으로는 합성어 구성으로 처리한 것이다. 이는 우선 한국어 통사구조에서 보조동사 구성의 위치가 그만큼 불안함을 말해주는 것이다. 그러나 이와 같은 처리 태도는 여전히 필요하다는

것이 필자의 생각이다. (115)의 복합적 동사들은 준생산적 규칙의 설정과 함께 어휘개별적 형식들도 인정해야 한다는 점을 말해준다. 단적으로 표현하면, 어휘 개별적으로 설정된 단어로서의 '없어지-'는 준생산적 어휘 규칙의 적용을 '저지'한다.

보조동사를 가지는 합성동사의 구성과 일반 동사를 가지는 합성동사의 구성을 통사적으로 구분할 만한 일률적인 기준은 찾을 수 없다.

(118) 가. *오늘은 붕어도 잘 잡아 지고, 피라미도 그래 진다/그리하여 진다.
　　 나. *철수의 방도 깨끗해 졌고, 영호의 방도 그래 졌다/그리하여 졌다.
(119) 가. *철수도 자기 집으로 돌아갔고, 영호도 그래갔다/그리하여갔다.
　　 나. *호랑이도 토끼를 잡아먹고, 늑대도 토끼를 그래먹는다/그리하여먹는다.

이는 넷째 부류의 보조동사 구성이 통사적으로 합성동사와 동일한 지위를 가짐을 말해주는 것이다. 이 점을 문법 기술에서 적합하게 반영하는 방법은 이미 3.4.2절에서 보인 바 있는 어휘부 대응규칙으로 기술하는 것이다. (120)과 (121)의 두 가지 형식이 가능하다.

(120) $[_V[_V \text{ X}][_C \text{ -어}][_V \text{ 지-}]]_i$는 $[\ .\ .\ .]_i$에 대응된다.
(121) $[_V \text{ X}]$가 $[\text{A}]$에 대응되고 $[_V \text{ Y}]$가 $[\text{B}]$에 대응되면 $[_V[_V \text{ X}][_C \text{ -어}][_V \text{ Y}]]$는 $[\ .\ .\ .]$에 대응된다.

'V-어 지-' 구성과 'V-어 하-' 구성에 대해서 이처럼 일반 보조동사 구성과 구분하여 합성동사로 처리한 선례를 김창섭(1981, 1996)에서 찾을 수 있다. 김창섭(1996: 91)에서는 '잡아먹-'과 같은 유형의 합성동사를 형성하는 어휘부의 규칙을 다음 (122)와 같이 제안하고 있다. 또한, 김창섭(1996: 105)에서는 상태성 동사의 경우와 구별하여, '웃어지-', '달려지-' 등의 경우를 합성동사로 보고 (123)과 같은 규칙을 제안하였다.

(122) $[\text{X}]_V, [\text{Y}]_V \rightarrow [[[\text{X}]_V\text{-어}]_{Adv?} + [\text{Y}]_V]_V$에서 X와 Y의 격 자질은 'X-어+V'에 계승된다.
　　 단, ①X와 Y의 격자질이 동일할 때는 그 중 하나만이 계승된다.
　　　　②X와 Y의 격자질들은 계승되지 못하는 경우도 있다.

(123) [X]ᵥ, [지]ᵥ → [[[X]ᵥ-어]ₐdᵥ?⁺ [지]ᵥ]ᵥ

이는 본질적인 측면에서 우리가 제안한 위 (120) 또는 (121)의 어휘부 대응규칙과 같은 형식인 것이다.[386]

이상과 같은 성질을 가지는 넷째 부류의 보조동사 구문들을 가능한 한 망라하여 제시해보기로 한다.

(124) '-어 내-': 나라도 그거야 해 내겠다./거름을 쳐 낸다.
(125) '-어 올리-': 그 일을 다 해 올렸다. (허웅 1995에서)
(126) '-어 나-': 눈오는 아침에 개가 놀아 난다. (최현배 1937/1971: 395)
　　　　　　 그 귀공자가 튼튼히 자라아 난다. (최현배1937/1971: 401)
(127) '-어 하-': 그는 피곤해한다./그는 이것을 어려워한다.
(128) '-어 먹-': 남을 이용해 먹는다/잘 기억해 두었다가 나중에 써 먹을 것이다.
　　　　　　 이미 답장을 띄우기는 글러 먹었다. (허웅 1995에서)
(129) '-어 빠지-': 그 녀석이 참 약아 빠졌다./게을러 빠진 사람. (허웅 1995에서)
(130) '-어 터지-': 머리가 둔해 터졌느냐고 묻는다. (허웅 1995에서)
(131) '-어 치우-': 그 일을 빨리 해 치우자/그 많은 음식을 먹어 치웠다.
(132) '-어 내리-': 사진사는 고급 카메라로 우리들을 찍어 내린다./
　　　　　　 그것이 단지 한 줄만 써 내린 편지였다. (허웅 1995에서)
(133) '-어 떨어지-': 그는 억센 일 하기에 아주 지쳐 떨어져 곤쟁이처럼 잠들어 있다.
　　　　　　 (허웅 1995에서)
(134) '-어 대-': 꼬마들이 골목에서 무척이나 떠들어 댄다. (허웅 1995에서)

다음 예문의 '바치다'는 최현배(1937), 허웅(1995)에서 보조동사의 하나로 다룬 것인데, 이도 이제까지의 예들과 같은 부류에 속한다. '고자질해 바치다, 고해 바치다, 찔러 바치다' 등은 가능하나 '*때려 바치다, *말해 바치다' 등은 불가능한 것을 보면 이러한 구성은 그 제약이 대단히 심하다는 것을 알 수 있다.

(135) 가. 경애는 선희의 잘못을 선생님에게 일러 바쳤다.
　　　나. 그 놈은 친구들이 하는 일을 낱낱이 일러 바친다. (이상 허웅 1995에서)

---

386) 다만 위 (120), (121)에는 X가 동사인 경우와 형용사인 경우를 구분하지 않았으나, 김창섭(1996)의 (122)는 형용사의 경우를 제외한 동사의 경우만을 적용 대상으로 한 것이다. 형용사의 경우에는 'V-어 지-'는 보조동사 구성이라고 한다.

흥미로운 것은, 다음 (136)의 '바치다' 문장은 아주 다른 구조를 가진다는 사실이다. (136가)는 허웅(1995:369)에서도 '으뜸움직씨' 즉 일반 동사의 용법인 것으로 처리하였는데, 그것이 옳다고 본다. (136나)도 동일한 구조를 가진다고 본다. 이들은 연결어미 '-어다(가)'의 독특한 용법을 보여주는 예인 것이다.

(136) 가. 그가 사장에게 사직서를 써다 바쳤다.
　　　 나. 그가 사장에게 사직서를 써다가 바쳤다.

이제까지, 종래 '보조동사 구문'이라 일컬어지던 구문들을, 넷째 부류를 제외하고는 모두 복합문 구조로 분석하였다. 그러나 복합문 구조를 가지는 구문들 중에도 선행 동사와 후행 동사('보조동사')의 긴밀성이 강한 것들(셋째 부류)은 재구조화(유형I)라는 통사적 절차의 효과로 포착된다고 설명하였다. 넷째 부류는 유형II 재구조화를 특징으로 하는 단순문 구조로 기술하였다.

5.4. 연결어미 절의 통사구조

최현배(1937) 이래의 전통문법적 연구에서 연결어미의 문법 내의 위상은 단어 내부의 요소로서, 굴절접미사라는 것이다. 그러나 이 책에서는 연결어미가 단어 내의 요소가 아니고 문장의 머리성분(핵어: head)이 되는 통사 단위라는 관점을 내내 유지하여왔다. 그 통사 범주는 보문소인데, 이 보문소에는 종결어미와 전성어미들도 아울러 포함되는 것이다. 더 나아가, 통사구조의 한 위치로서의 보문소 머리성분에는 단일한 보문소 단위뿐만이 아니라, '-는다고'와 같은 두 보문소의 결합과, '-어서는'과 같은 '보문소+보조사'의 결합도 실현될 수 있다.387) 그래도 이들은 여전히 단일한 통사 단위로서 보문소의 역할을 하는 것이다. 또한, '잡-았-으며'와 같은 결합은 세 개의 독립된 통사 범주의 결합(동사+굴절소+보문소)인데, 통사구조에서 이것이 자리잡는 곳은 보문소 위치이며, 앞의 동사와 굴절소는 하위 구의 머리성분 위치에 동지표화된 흔적을 가진다고 설명하였다.

---

387) 앞의 3.4절의 설명을 따르면 이들은 '유형II 재구조화'라는 절차에 의해 한 단위를 이루는 것이다.

통사 단위로서 보문소 역할을 하는 것들 중에서 종래 연결어미로 알려져온 요소들의 통사구조상의 지위를 결정하고, 여러 종류의 연결어미 절의 내부 구조와 연결어미 문장에서의 이들의 위치를 밝히는 것이 이 절(5.4절)의 과제이다.388)

5.4.1. 시간 선어말어미, 시간 해석을 중심으로 한 기존 연구 검토

연결어미 문장의 통사구조에 대한 종래 대부분의 연구는 초기 생성문법의 접속 구조 형식화의 틀을 가지고, 대등접속문이 이심적(exocentric), 평판(flat) 구조를 취한다고 가정하였다. 남기심(1985), 유현경(1986), 김영희(1988, 1991), 최재희(1991, 1997)에서는 대등접속문과 종속접속문을 구분하는 통사론적 검증법을 체계화함으로써 연결어미 절의 통사구조상의 지위를 명시적으로 기술하는 데에 한 토대를 제공해주었다. 이들의 논의는 종속접속문을 부사절 내포문으로 처리하는 것으로 귀착되었다는 점에서도 공통된다.389) 어느 경우든지 대등접속문을 선행절과 후행절이 계층구조상의 차이를 갖지 않고 일직선을 이루는, '평판 구조(flat structure)'로 파악한다는 점에서는 다름이 없다.

연결어미 문장의 구조에 대한 이와 같은 접근을 그 대등접속문에 대한 처리에 주목하여 '이심 구조 접근'이라고 부르기로 한다. 이에 대립되는 접근은 '동심 구조 접근'이다. 앞의 3.3절과 4.1절에서는 핵계층 이론이 동심성에 바탕을 둔다고 소개한 바 있다. 핵계층 도식들이 보여주는 동심성이 동심 구조 접근의 기본 원리로 상정된다. 이 접근에서는 이른바 대등접속문도 핵계층 이론을 준수하는 구조에 지나지 않는 것이다.

이심 구조 접근의 여러 문제점들은 이 접근이 구조 표상과 관련한 명시적인 입장을 가지고 있지 않다는 데에서 비롯된다. 가령 남기심(1985)과 김영희(1988,

---

388) 이 책에서 '연결어미 절'이란 연결어미에 이끌리는 절을 가리키는 것이다. 이 연결어미 절을 선행절로 가지며 뒤의 후행절을 포함하는 전체 문장을 지칭하는 경우 '연결어미 문장'이라는 용어를 쓴다.

389) 이익섭(2003)에서는 이들에 의해서 '종속접속절'이 부사절로 인식된 것을 한국어 문장 구조 연구의 한 전환점으로 부각시키고 있다. 필자는 '대등접속문'의 선행절도 부사절과 같은 통사적 지위를 가진다고 본다. 이와 유사한 견해는 이익섭·임홍빈(1983)에서도 제시된 적이 있다. 그러나 필자는 이에서 더 나아가, '종속접속문'의 일부, '대등접속문'의 일부를 '명시어 구조'로 분리해내고자 한다.

1991)에는 명시적인 구조 표상이 제시되어있지 않다. 최재희(1985, 1991)에서는 대등접속문을 선행절-연결어미-후행절-종결어미가 문장(S)에 직접관할되는 4분지 구조로 표상하고 있다. 종속접속문은 선행절이 연결어미를 취하여 후행절 및 종결어미와 함께 문장(S)에 직접관할되는 3분지 구조로 표상한다. 유현경(1986)에서는 연결어미 문장을 대등접속 구조와 부사절 내포 구조로 구분하고, 후자는 다시 문장부사절 내포 구조와 성분부사절 내포 구조로 나누었다. 대등접속 구조는 선행절과 연결어미와 후행절이 일직선인 구조로 표상하고 있는데, 이는 생성문법 연구의 초기의 처리들에서 보는, 특별한 대등접속 구조를 가정하는 것이다.

첫째, 이와 같은 '평판 구조' 표상의 비명시성의 문제점은 어미들이 가지는 지위를 적절히 반영하지 못한다는 점에서 구체적으로 드러난다.390) 선어말어미와 어말어미는 독립된 통사적 존재로서 구 구조의 머리성분의 자격을 가지나, 평판 구조 표상은 이 점을 포착하지 못하는 것이다. 둘째, 이들은 모두 재귀대명사의 조응 현상에 입각한 검증 방법을 중요한 근거로 삼고 있다. 재귀대명사의 조응 현상이 엄격히 통사적 현상이라고 하면 그 통사구조의 해석에 관한 엄밀한 정의가 주어져야 할 것이지만, 이들의 '통어' 또는 '성분통어' 등의 개념은 매우 부정확하고 모호하게 적용되고 있다. 또한, 통사적 기준에 부합되지 않는 예는 단연코 비문으로 판정되어야 하나, 이들이 설정하는 재귀대명사와 관련한 제약을 위반한 문장 구조들을 실제 발화에서 발견하는 일은 어렵지 않은 것이다. 이는 재귀대명사의 조응 현상이 일정한 통사적 제약을 가지기는 하지만, 통사구조와 의미구조의 대응 과정에서 그 규칙성을 기술해야 하는 현상임을 보이는 것이다.391)

위 첫째 문제점과 관련하여 부연하면, 일부 연구자들에 의해서 '시제소'라고도 불리는 시간 선어말어미들의 지위를 정하는 일과, 선행절 및 후행절에 대한 연결어미의 선택제약의 특성을 포착하는 일이 이심 구조 접근에 대해 난점으로 주어진다. 특히, 연결어미 중에는 후행절의 서법을 제약하는 부류가 존재하며, 또한 선행절이나 후행절의 시간 선어말어미의 실현을 제약하는 것이 존재한다. '-지만', '-는데'는 '대등접속'의 특징을 가진다고 지적되어 온 어미인데, 후행절

---

390) 연결어미 문장의 구조를 설정하는 종래의 많은 연구들이 어미에 대한 적절한 고려를 결여하고 있다는 비판은 이은경(2000: 86쪽 이후)에서도 보인다.
391) 재귀대명사의 조응 현상에 대해서는 뒤의 5.4.2절에서 자세히 논의할 것이다.

의 서법에 대한 제약을 가진다. 종래의 연구에서 누구나 '종속접속'의 특징을 가진다고 보아 온 '-거든'도 후행절에 대한 서법 제약을 가진다. 또한, 연결어미 '-더니'와 '-자'는 공통적으로 후행절이 미래 의미인 것을 배제한다. 이렇게 연결어미가 선행절, 또는 후행절을 지정하여 선택제약을 부여하는 국면을 이심적, 평판 구조의 표상에서 적절히 나타낼 방법은 없다.

연결어미들이 시간 선어말어미와의 상호 관련에 있어서 여러 가지 부류로 나뉘어진다는 점에 관해서는 남기심(1975)에서 중요한 관찰이 있었다. 한국어의 연결어미 절들을 시간 선어말어미들의 실현 가능성, 이들 어미들이 실현될 때의 절대시제, 상대시제의 해석 가능성 등에 따라 분석하였다. 그는 다음과 같은 다섯 가지 부류를 제시하고 있다.

> (1) 가. '-고도, -고서, -도록, -으러, -으려고, -자; -어서': 아무런 시간 선어말어미를 취하지 않는다. '-어서'는 시간 선어말어미를 취하지 않는 점에서는 같으나, 형용사에 첨가될 경우 후행절 사건시 기준 현재, 동사에 첨가될 경우 후행절 사건시 기준 과거가 된다.392)
> 나. '-다가, -으면, -면서, -어야, -기에': 항상 후행절 사건시가 기준 시점이 되는 시간적 선후관계를 만든다.
> 다. '-지만': 항상 발화시가 기준 시점인 시간적 선후관계를 만든다.
> 라. '-거나, -고, -으며, -는데': 둘 이상의 뜻을 가지고 있어서, 그 뜻에 따라 그 기준 시점이 달라진다.
> 마. '-으니까, -으므로, -어도, -거든': 언어 외적 상황이나 기타 형편에 따라 발화시 기준, 후행절 사건시 기준이 유동한다.

남기심(1975)에서 위와 같은 사실은 한국어에 문법범주로서의 시제가 존재하지 않음을 증명하기 위한 목적에서 제시된 것인데, 이는 이들 연결어미가 실현되는 문장 구조의 특성을 밝히는 데에 중대한 기여를 한 것이다. 둘 이상의 뜻을 가지고 있어서, 그 뜻에 따라 그 기준 시점이 달라지는 것으로 제시한 (1라)

---

392) '-어서'는 형용사에 첨가될 경우 후행절 사건시 기준 현재, 동사에 첨가될 경우 후행절 사건시 기준의 과거를 만든다고 하였으나, 후행절을 기준으로 어느 완료된 상태를 보이는 것이라고 통일적으로 기술할 수도 있다고 보았다. '-고도'와 '-고서'는 후행절 사건시를 기준으로 현재 또는 과거의 의미를 나타내며, '-도록', '-으러', '-으려고'는 후행절 사건시를 기준으로 미래의 의미를 나타낸다고 한다. 그런데 남기심(1975)에서는 '-고도'가 후행절 기준의 과거만을 표현한다고 말하고 있으나, 가령 "그는 알고도 모른 체 한다."와 같은 예에서 선행절은 후행절과 동시의 해석을 가진다고 볼 수도 있다.

의 '-거나, -고, -으며, -는데(일부 용법)'는 그 구조적 형상에 따라 선행절이 후행절의 시간 선어말어미의 영향권에 놓이는 일이 가능하게 된다고 본다. 뒤의 5.4.2절, 5.4.4절에서는 이러한 해석에 따라 이들 연결어미의 절을 IP의 부가어로 설정할 것이다. 언어 외적 상황이나 기타 형편에 따라 발화시 기준, 후행절 사건시 기준이 유동하는 예로 든 (1마)의 '-으니까, -으므로, -어도'('-거든'은 명시어 구조를 이루는 어미로서 제외된다)도 (1라) 부류의 연결어미들과 그 구조적 위치를 다르게 볼 뚜렷한 근거는 없는 것이므로, 이들 연결어미의 절도 IP의 부가어로 설정할 것이다.

남기심(1975)의 목적은 시간 선어말어미들의 시제 문법범주로서의 자격을 부정하는 '무시제 가설'을 입증하기 위한 것이다. 필자는 이러한 무시제 가설의 입장을 받아들인다.[393] 그러나 (1)의 5가지 부류 각각에는 이질적인, 제삼의 특성을 가지는 부류로 분리해야 할 요소들이 포함되어있다. 즉, (1가)의 '-자', (1나)의 '-기에', (1다)의 '-지만', (1라)의 '-는데', (1마)의 '-거든'은 이 연구에서 '명시어 구조'라고 지칭하는 구조(5.4.3절 참조)를 형성하는 강력한 기능을 가지는 것이다. 시간적 선후관계의 해석에 있어서도, 이들은 발화시를 기준 시점으로 해서 선행절 및 후행절을 특정의 시간적 위치에 놓는 기능을 연결어미 자체의 특성으로 가진다.

일례로, (1나)의 '-기에'에 대한 특성화는 정확하지 않은 것이다. 이는 발화시를 기준 시점으로 만드는 본질적인 기능을 가진다.

(2) 내일 아들이 오기에 오늘 식혜를 준비해 두었지.

특히 (1가)의 '-자'는 발화시 이전의 시점을 다시 참조시로 설정한다는 점에서 영어와 같은 언어의 '과거 시제' 요소가 가지는 기능을 보이는 것이다. 후행절이 미래 상황을 표현하는 것은 제약된다. 이 점에서 (4) 예문의 '-더니'도 같다.[394] 더욱이, (4)는 선행절의 시제가 후행절 사건시를 기준으로 정해진다는 식

---

393) 필자는 영어에 시제가 존재한다고 할 때 그 핵심적인 특성은 참조시를 정하는 일정한 규칙이 존재한다는 점이라고 본다. 이와 같은 의미의 시제가 한국어에는 존재하지 않는다는 것이 필자의 입장이다. 자세한 논의는 양정석(2008가, 나)에서 전개하였다.

394) 물론 '-자, -더니'의 이런 기능에 입각하여 이들 연결어미를 과거 시제 요소로 규정할 수는 없는 일이다. 'A < B'와 같은 표시는 A가 B의 이전 시간(앞으로 '이전시'로 지칭)임을 나타낸다.

의 풀이가 여기에 적용될 수 없음을 보이는 것이다.

(3) 가. 해가 지자 양떼들이 돌아왔다/돌아온다.
    cf. *해가 지자 양떼들이 돌아올 것이다.
  나. 어제는 눈이 오더니, 오늘은 비가 내렸다/내린다.
    cf. *어제는 눈이 오더니, 오늘은 비가 내릴 것이다.
(4) 철수는 자기가 일착이라고 하더니, 그보다 먼저 정상에 도착한 사람이 있었네.
  (후행절의 사건 시점<선행절의 사건 시점<발화시)

영어의 경우, 시제 요소가 가지는 본질적인 기능은 참조시 설정의 기능이다.[395] 그러나 한국어에서는 일단의 연결어미가 이러한 기능을 가지는 것이다. '-더니'를 제외하더라도, '-자, -기에, -지만, -는데, -거든' 등의 연결어미는 발화시 기준의 특정 시점을 참조시로 부여하는 기능을 가진다. 이를 반대 방향에서 보면, 선행절이 후행절 사건시 기준의 시간 해석을 일관되게 받을 수 없는 특징이라고 서술할 수 있다. 이 점은 이들 연결어미를 다른 연결어미들과 구별하는 통사적 특성으로 간주할 수 있다.[396]

(5) 후행절 사건시 기준 해석을 불가능하게 하는 연결어미들:
    -자, -더니, -거든, -거니와, -는데, -지만, -으나, -기를, -기에, -은들, -더라도, -을지라도, -을망정, -기로서니, -지

이 점은 시제 가설에서는 제대로 포착해 기술할 수 없고, 다만 무시제 가설의 입장에서만 적합하게 설명할 수 있다.

동심 구조 접근을 취하는 논의로 김지홍(1998), 김정대(1999, 2005), 이익섭·임홍빈(1983), 임홍빈 외(1995), 이은경(2001) 등의 연구가 있다.

이론적인 측면에서 동심 구조 접근이 가장 적극적으로 추구된 논의는 김지홍(1998)이다. 이는 핵계층 이론에 입각한 최초의 본격적 논의이다. 그는 연결어미 문장에 대한 이전의 연구들에서 도출된 다양한 통사적 검증 기제들을 충실히 반영하는 통사구조 표상을 제시하려고 노력하였다. 한국어 접속문에 대한 이와

---

395) Reichenbach(1948), Hornstein(1990)에서는 과거 시제 요소와 미래 시제 요소가 각각 발화시 이전 시점과 발화시 이후 시점을 참조시로 설정하는 기능을 그 본질적 기능으로 가진다고 보고 있다.
396) 이러한 판단에 따라, 통사적 특성의 검사 결과를 보이는 5.4.2절의 (표3)에 이를 다시 제시할 것이다.

같은 동심 구조 접근에 대해서 우리는 제4장에서 제시한 핵계층 이론 및 관련 통사적 원리들이 준수될 것을 기대한다. 그러나 김지홍(1998)이 그 이전의 접속 구조에 대한 국내외의 이론적 접근들을 광범위하게 돌아본 결과로서 제시한 구조는 뜻밖에도 핵계층 이론이 부과하는 기본적인 요건을 위배하는 것이다. 그는 대등접속문에서 후행절이 머리성분인 선행절 연결어미에 부가되는 통사구조를 제안하고 있다(6가). 종속접속문은 선행절이 후행절에 부가되는 구조라고 한다(6나).

(6) 가. 대등접속문의 구조: [&P [명시어] [& TP [& & &P]]]
　　 나. 종속접속문의 구조: [&P2 &P1 [&P2 [명시어] [& TP &]]] (김지홍 1998: 46)

(6가)에서 TP(시제소구)가 선행절이며, 맨 뒤의 &P(접속사구: '&'는 접속사로서, 한국어에서 연결어미에 해당함)가 후행절이다. 특이한 것은 절 단위로서의 후행절(&P)이 머리성분인 선행절 연결어미(&)에 '핵어 부가'된다는 점이다. 선행절 어미와 후행절이 머리성분('핵어')이 되어 선행절의 선어말어미까지를 TP로 해서 보충어로 취하고, 다시 그 앞에 명시어를 취할 수 있다.

이는 앞에서 제시한 일반적 핵계층 도식을 위반하는 구조이다. 머리성분에 부가되는 것은 머리성분으로 한정되는 것이 핵계층 이론의 일반 원리를 이루는 것인데, 이런 의미에서 '핵어 부가'는 다음 (7)과 같은 형식 외의 다른 것일 수가 없다.

(7) X → Y X

따라서 (6가)의 구조는 '구조 보존 원리'를 위배하는 것이다. 앞에서 살펴 본 '이심 구조 접근'을 받아들일 수 없는 근본 이유는 대등접속문의 경우만을 위한 특례의 구조를 작위적으로 설정하기 때문이다. (6가)는 이에 준하는 문제를 범하는 것이다.

그는 (6가)의 '핵어 부가'의 구조가 대등접속문을 종속접속문과 통사적으로 구별하는 6가지의 특징들을 모두 포착할 수 있다고 말하고 있다(50-56쪽). 그러나 종래의 연구에서 제시되어온 그 6가지 특징들이 과연 대등접속문과 종속접속문의 통사구조의 차이를 직접 반영하는 것인지도 아직 확증되어있지는 않다는 점을 고려해야 한다. 이들 특징의 통사적 의의에 대해서는 뒤에서 논의하겠지만, 한 예로, 재귀대명사의 조응과 관련한 특징은 연결어미 절들의 대등/종속 구조의 차이와는 무관하다(5.4.2.6절 참조).

연결어미 문장의 통사구조를 기술하는 데에 시간 선어말어미들의 실현을 중심으로 한 시간적 선후관계 해석의 문제를 관련짓는 연구들이 근래 들어 두드러지게 나타나고 있다. 한동완(1988, 1996), 최동주(1994), 김정대(1997, 2005)는 시간 선어말어미들의 통사구조 속에서의 위상에 관해 집중적으로 고찰하는 연구인데, 이들의 분석은 하나같이 연결어미 문장에서의 시간 선어말어미의 기능에 대한 남기심(1975)의 관찰과 유형화를 기본 인식으로 하여 진행하고 있음을 살필 수 있다. 그러나 이들은 여전히 한국어에 시제 체계가 존재한다는 통념을 정당화하고자 노력하고 있다.

한동완(1996)에서는 '대등접속문-절대시제 해석, 종속접속문-상대시제 해석'이라는 도식을 제시했다. '-지만' 문장과 '-고' 문장의 구조는 다음과 같다.[397]

(8) 가. 명수는 학교에 갔지만 영수는 극장에 갔겠다.

　　나. [s' [s' [s S INFL] COMP] [s' [s [s S INFL] INFL] COMP]]

(9) 가. 명수는 학교에 갔고 영수는 극장에 갔겠다.

　　나. [s' [s [s [s[s S INFL] COMP] [s S INFL]]] INFL] COMP]

그는 또 시제 요소들의 분포와 관련하여 '성분통어 조건'을 제시했다. A가 B에 의해 성분통어될 때 그 기준 시점은 B가 지시하는 시점이 되고, 그 외에는 발화시가 기준 시점이 된다는 것이다(112쪽). 그러나 '성분통어' 조건이 구체적으로 어떻게 적용되는 것인지는 매우 모호하다고 하겠다.[398]

시간 선어말어미의 역할을 통사구조 설정에서 가장 중요한 근거로 간주하는 견해가 김정대(1999, 2005)에서 제시되었다. 김정대(1999)에서는 시간 선어말어미가 가지는 의미의 영향권에 따라 접속문을 4가지로 유형화한다. 선행절과 후

---

397) 그는 Chomsky(1981)의 핵계층 구조 기술 방식에 따라 문장 구조를 보이고 있다. '-고' 문장의 구조를 S' 아닌 S의 부가어 구조로 기술하는 (9나)는 3절에서 제시하는 필자의 생각과 공통되는 것이다. '-지만' 문장의 구조인 (8나)는 김지홍(1998)의 종속접속 구조 (6나)와 본질적으로 같은 것이다.

398) 최동주(1994)에서도 대체로 이와 같은 바탕에서 연결어미 문장의 시간 관계를 기술하고 있으나, '-으면, -어야, -어도, -더라도, -으니까, -는데' 등의 문장이 절대시제로 해석되는 등, '대등접속문-절대시제 해석'의 도식화에 문제가 있음을 지적하고 있다. 그는 통사구조를 형식화하는 문제에 대해서는 분명한 견해를 보이지 않고 있다.

행절이 각각 시제소 T의 보충어로 설정되는 것, 선행절과 후행절의 접속이 T의 보충어로 설정되는 것, 후행절만이 T의 보충어가 되고 선행절은 이 T의 통사적 영역에서 제외되어있는 것, 그리고 형상화가 불가능한 것으로 구분하고 있다.[399]

(10) 가. [[VP1] T1]+[[VP] T2] : [남편은 밭을 갈]았고 [아내는 씨를 뿌리]었다
　　나. [VP1 + VP2] T : [철이가 학교에 가서 돌이를 만나]았다
　　다. [VP1] + [[VP2] T] : 순이가 잠자리를 잡으려고 [잠자리채를 들]었다
　　라. 형상화 불가능 : 돌이가 모자를 썼다가 벗을 것이다

그러나, 앞에서 말한 바와 같이, 연결어미들 중에는 발화시와 동시, 발화시의 이전시, 발화시의 이후시로 참조시를 설정하는 것들이 있다. 김정대(1999)에서는 '-지만'은 (10가) 유형에 귀속되며, '-거든'과 '-는데'는 둘 다 (10나) 유형과 (10라) 유형의 두 가지 유형에 귀속되는 동음이의적 요소들로 간주되고 있다. 그러나, '-지만'과 '-는데'('대조' 의미의 경우)는 발화시를 참조시로, '-거든'은 발화시 이후의 시점을 참조시로 설정하는 기능을 가진다. 또, 앞의 (3), (4)를 통하여 보였듯이, '-자', '-더니'는 발화시 이전의 시점을 참조시로 설정하는 기능을 가진다. 이는 연결어미들이 영어의 시제 형태소들이 가지는 기능을 가진다는 뜻이 된다. (10)은 시간 선어말어미를 중심으로 한 절대시제/상대시제 해석의 차이를 기준으로 연결어미 문장의 통사구조 유형을 나누고 있지만, 이 같은 처리로는 참조시 설정의 기능을 가지는 연결어미 부류들의 특성을 포착하지 못한다. 그의 유형화는 이렇게 연결어미들의 시간적 선후관계 해석과 관련한 중요한 사실을 포착하지 못하는 것으로, 언어학적으로 의의 있는 유형화라고 하기 어렵다.

(10)의 '형상화 불가능'이 뜻하는 것은 무엇일까? 선행절의 '-었-'이 과거 시제를 표시하는 것은 후행절의 '미래' 시제가 기준 시점을 형성함으로써, 상대시제 해석에 의해 가능하게 되는 것이라고 설명할 수 있다. 그런데 "돌이가 모자를 쓰다가 벗을 것이다."처럼 '-었-'을 갖지 않은 경우에도 동일하게 '상대시제' 해석이 주어지므로 두 경우의 '-다가'를 동일한 것으로 유지하는 한 (10가-다)의

---

399) VP는 주어를 포함하고 어미를 제외한 문장 단위이며, 'T'는 '시제 요소', '+'는 '접속어미'를 표시한다.

어느 유형에도 귀속시킬 수 없다는 난경에 봉착한 것이다. 그러나 김정대(1999)의 연구의 목적은 시제소(T)를 중심으로 한 연결어미 문장의 유형화인 것이다. (10라)는 결국 이러한 유형화가 불가능하다는 것을 스스로 보이는 것이다. 이와 같은 결과는 문법범주로서의 시제와 그것에 입각한 시간적 선후관계 해석의 논리가 유지될 수 없음을 말하는 것이다.[400]

시제의 논리가 유지되기 어려움을 보여주는 또 다른 예는 김정대(1999, 2005)의 다음과 같은 '-고' 연결어미 문장이다. (11가)는 그 선행절에 '-었-'을 가지고 있지 않으나 (11나)는 '-었-'을 가지고 있다. 두 문장은 여러 연구자들에 의해 동일한 의미를 가지는 것으로 해석되어왔다.

(11) 가. 남편은 밭을 갈고 아내는 씨를 뿌렸다.
     나. 남편은 밭을 갈았고 아내는 씨를 뿌렸다.

김정대(1999, 2005)에서는 이 두 문장의 의미가 다르다고 주장하고, 그 의미 차이는 두 문장에서의 연결어미 '-고'의 의미가 '비분리적'/'분리적' 의미로 서로 다른 데에서 비롯된다고 설명하였다. 이는 두 연결어미가 동음이의적으로 다른 어휘항목이라는 주장이다. 그러나 이는 의미 전이 현상에 대한 일반적 인식과는 다른 관점을 드러내는 것이다. 두 문장 (11가)와 (11나)가 의미가 다르고, '-었-'의 유무에 의해서만 그 의미가 변별된다면, 그 의미 차이는 '-었-'의 차이일 수밖에 없다. '-고'의 의미 차이가 아닌 것이다. 필자도 (11가)와 (11나)의 의미는 다르다고 보지만, 그 차이는 '-었-'이 가진 '완료' 의미의 유무에 다름아닌 것이라고 판단한다. (11가)의 선행절이 시간적 선후관계의 해석에서 (11나)와 같이 과거의 해석을 가지는 것은 부가어로서의 선행절의 의미 해석 과정에서 얻어지는 것일 뿐이다. 부가어의 의미 해석 문제에 대해서는 곧 설명하기로 한다.

김정대(1999)에서 동음이의적 연결어미로 든 다른 예로 '-으니까'가 있다. 이 경우에도, 서로 다른 의미의 '-으니까1'과 '-으니까2'를 나누는 일은 정당화되기

---

[400] 김정대(1999: 80)에서는 시제 체계에 대한 분명한 입장 표명을 피하고자 하는 뜻을 피력하고 있으나, 그의 입장은 실질적으로 시제 요소들의 기능을 부정소 등의 연산자와 같은 것으로 가정하는 것으로서, 전형적인 시제 가설에 입각한 논의를 실행하고 있는 것이다. 영어의 시제에 대해서 '연산자' 관점이 유지될 수 없음을 주장하는 논의로 Enc(1987, 1996, 2004), Hornstein(1990) 참조.

어렵다.

(12) 가. (어제) 철수가 제일 먼저 나오니까 시험에 합격했다.
　　　나. 철수가 제일 먼저 나왔으니까 시험에 합격했다.
(13) 지금 철수가 제일 먼저 나오니까 시험에 합격했다.

여기에서도, (12)의 두 '-으니까'는 구분될 수 없다. 또한 (12가)와 (13)의 두 문장의 의미가 다른 것은 서로 다른 의미의 '-으니까' 때문이라고 볼 수 없고, 결국 '지금' 때문인 것이다.

(11가), (12가)처럼, '과거'를 나타내는 선어말어미가 없음에도 불구하고 상위절의 시간 선어말어미에 따라 과거 의미로 해석되는 다른 예로서 다음 예문의 관형절을 고려할만하다.

(14) 가. 어제 이곳을 지나가는 사람에게 그것을 주었다. (남기심 1972)
　　　나. 어제 이곳을 지나간 사람에게 그것을 주었다.

선후관계 해석에 있어서 (14가)와 (14나)의 의미는 같다. 이 점에서 위 (11가)와 (11나)도 마찬가지이다.

위 (11)에서 '-었-'의 유무에 의한 의미 차이, 그리고 (14)에서 '-는'과 '-ㄴ'에 의한 의미 차이는 '완료'라는, 시상(aspect) 의미의 차이라고 필자는 판단한다.[401] 시상의 범주를 나타내는 선어말어미는 시간상의 과거를 표현할 수 있다. (11가)의 선행절이 과거를 표현할 수 있는 것, (11나)의 선행절이 후행절의 과거 의미와는 무관하게 절대시제 과거의 해석을 받을 수 있는 것은 모두 시상의 체계를 통하여 설명 가능하다. 본 연구에서는 특히 (11가, 나)의 '-고' 연결어미 절을 그 후행절에 부가어로서 부가되는 것으로 기술한다(5.4.4절).

김정대(2005)에서는 (10가-다)를 대등접속과 종속접속의 차이에 따라 각각 구분하여, 결과적으로 6가지 구조를 이끌어낸다. 종속접속문은 CONJP(이 책의

---

401) 이는 남기심(1972)의 관점을 따르는 것이다. '시상'은 'aspect'에 대한 역어로 쓴 것이다. 양정석(2002가: 174-199)에서는 이 관점에 의한 시간 해석 방법에 대해서 개괄적으로 논의한 바 있고, 양정석(2008가)에서는 선어말어미, 어말어미를 중심으로 하는 한국어 시간 요소들의 형태통사론적 특성을, 양정석(2008나)에서는 한국어의 시간 해석 방법을 구체적으로 기술하였다.

CP에 해당)가 TP(=IP)에 부가되는 구조로, 대등접속문은 CONJP와 CONJP가 이어지는 구조('CONJP CONJP')로 표상하고 있다. 그는 뒤의 구조가 부가어 구조와는 다른 것이라고 말하고 있으나, 일반적 핵계층 이론에 입각하여 해석하면, 이것도 결국 부가어 구조일 수밖에 없다. 그의 대등접속문 표상은 결국 핵계층 도식 (15)에 따른 부가어 구조와 다른 것일 수 없는 것이고, 이는 대등/종속의 통사적 차이를 포착하려는 그의 원래의 취지와는 어긋나는 것이다.

(15) XP → YP XP

연결어미 문장에 대한 동심 구조 접근의 초기적인 형태는 이익섭·임홍빈 (1983)에서 볼 수 있다. 이들은 종속접속문은 물론, 대등접속문까지를 아울러, 그 선행절을 부가어('부사구')의 지위를 가지는 통사구조 형식으로 간주하였다. 종속접속과 대등접속이 통사구조상의 차이로 표상될 필요가 없다고 보는 점은 한국어 연결어미 문장의 구조에 관해 중요한 통찰을 제공해준 것으로 판단된다. 또한, 연결어미 절들이 네 가지의 서로 다른 구조적 위치에 설정되고 있어 (266쪽), 한국어 연결어미 절들의 세분된 통사적 특징들을 현실적으로 반영할 가능성을 보이고 있다. 이러한 제안을 핵계층 이론의 형식을 취하여 좀더 구체적으로 제시한 것은 임홍빈 외(1995)이다. 여기에서는 김지홍(1998), 김정대 (1999, 2005)와는 달리 연결어미를 '접속사' 범주가 아닌, '어말어미' 범주의 하나로 보고 있는데, 이는 본 연구의 기본 인식과 같은 것이다.

그러나 임홍빈 외(1995)의 제안은 한국어 기본 문장 구조의 기술에 있어서 간과하기 어려운, 매우 문제성 있는 가정들에 입각하고 있음을 지적하지 않을 수 없다. 첫째, 모든 문장의 주어는 동사구(VP) 안에 기저 생성되는데('동사구 내부 주어 가설'), 이 경우의 VP는 시제소 T의 보충어이고, 또 T에 의해 형성되는 TP는 뒤의 어말어미 C의 보충어인 것이다. 그런데, '먹었다'와 같이 연속하여 나타나는 동사와 T와 C는 하나의 성분으로 '재구조화'한다고 이들은 설명한다. 그러나 이러한 재구조화 절차는 문법적 과정으로 정당화될 수 없는 것이다.[402]

---

402) 이 점에 관해서 앞의 3.4.1.2절을 참고하기 바람. '동사구 내부 주어 가설'은 원리매개변인 이론과 최근의 최소주의 접근에서 널리 받아들이는 것이기는 하지만, 필자는 이를 받아들이지 않는다. 우선 주어는 IP의 명시어이며, '능격동사 구문'에서만 VP의 명시어에 동지표로 맺어지는 흔적을 가진다고 본다. 이 점에 관해서는 4.1.4절을 참고하기 바람.

둘째, 이들은 한국어의 기능 범주로 시제소 T와 어말어미 C 외에, 양태소 M('-겠-'), 주체존대소 H('-으시-'), 겸양소 Hu('-습-') 등을 설정하고, 이 통사 범주들이 이루는 구인 TP, CP, MP, HP, HuP 등의 범주를 설정한다. 이는 다시 두 가지 측면에서 문제를 제기한다. 먼저, 한국어에서 기능 범주들 사이에는 일정한 순서 제약이 주어진다. 임홍빈 외(1995)의 체계에서 이를 포착하기 위해서는 기능 범주들이 그 보충어로 특정 기능 범주의 구를 요구하는 것으로 기술해야 할 것이지만, 그 실행은 간결한 기술과는 거리가 먼, 매우 복잡한 것이 되어버린다. 순전히 의미적인 제약에 따라 그 순서를 예측하는 것도 불가능하다. 이들의 '재구조화' 개념이 가지는 난점과 함께, 선어말어미들 각각을 독립된 기능 범주로 설정하는 이들의 처리가 갖게 되는 근본적인 난점이다.

한편, 형태음운론적 측면에서도 난점이 있다. 기능 범주 형태소의 하나로 설정된 '-느-'('양태소'의 일종이라고 함)에 대해서 그 변이형태가 실현되는 형태음운론적 조건을 기술하는 일이 문제점으로 주어진다. 이것을 한 기능 범주로 상정할 때, 이 형태소는 '느', '는', 'ㄴ', '니', 'Φ' 등의 변이형태로 실현된다고 해야 한다. 그 실현 조건을 규칙으로 제시하는 일이 불가능하다는 점은 앞의 2.2절에서 증명하였다. 이는 결국 '-느-'를 독립된 형태소, 나아가 독립된 기능 범주로 설정하는 분석이 오류임을 드러내는 것이다.

셋째, 시간 선어말어미를 포함하는 문장의 의미구조와의 대응에 관하여 문제성 있는 가정을 하고 있다. 임홍빈 외(1995: 417)의 다음 예는 이 점을 단적으로 드러내는 것이다.

(16) 내가 지금 보고 있으며, 철수가 예전에 보던 책

이들은 이 예가 '-던'을 '-더-'와 '-은'으로 분리해야 하는 증거라고 판단한다. '-던'을 '-더-'와 (순수한 관형형어미로서의) '-은'으로 분리하지 않는다면 (16)에서 '-으며'에 의해 접속된 선행절과 후행절 중에서 후행절만이 '-더-'의 과거 의미에 의해 영향 받는 점을 포착할 수 없다고 한다. 이는 (16)의 통사구조를 (17가)와 같은 것으로 상정하고자 하는 것이다(임홍빈 외 1995: 417). 그러나, 이를 (17나)와 같은 구조로 표상하더라도 '-더-'의 의미 해석과 관련하여 아무런 문제가 발생하지 않는다.

(17) 가. [[내가 지금 보고 있으며] [[철수가 예전에 보-]-더-]]-은 책
　　나. [IP[CP내가 지금 보고 있으며] [IP철수가 예전에 보-φ-]]-던 책

　　임홍빈 외(1995)에서 (17나)를 배제한 이유는, 선행절이 구조적으로 '-더-'의 영향권 아래 놓이게 되면 '-더-'의 의미의 영향권 아래 놓이는 해석을 받아야 한다고 가정하기 때문이다. 그러나 이것은 접속문에서의 시간 관계 해석에 대한 한 가지 관점일 뿐이다.403) 이와는 아주 다른 관점이 가능하다. 과거 의미를 가지는 '-던'의 영향권 아래 놓이더라도, '지금'에 의해 선행절이 현재 의미를 가질 수 있는 것이다.

　　그리고 보면, 김정대(1999, 2005)에서 '-고' 연결어미 문장인 위 (11)의 두 문장을 상이한 구조로 판단한 것도 시간 선어말어미의 구조상의 위치에 대한 이상과 같은 가정에서 비롯된 것임을 알 수 있다. 부가어가 그 모체와 결합할 때, 결합된 구성의 의미는 기본적으로 모체의 의미에 의존하지만, 모체의 의미와는 상대적으로 독립적인 의미를 첨가할 수도 있고, 모체의 의미를 일정 부분 변화시킬 수도 있다. 시간 요소의 영향권 하에서도 이러한 일은 충분히 가능하다. 이것이 본 연구의 가정이며, 임홍빈 외(1995), 김정대(1999, 2005)의 가정과 다른 점이다.

　　본 연구에서 상정하는 '3원적 병렬 체계'는 통사구조와 함께 의미구조, 음운론적 구조의 형성과 그에 대한 제약의 체계를 포함하고 있다. 연결어미 절을 그 부가어로 가지는 구와 그 의미구조의 대응은 다음과 같은 일반적 형식을 가지는 것으로 본다. (18)은 '-어서' 문장의 경우로서, 부가어에 대응되는 의미구조 성분이 '방편' 의미의 연산자 'BY'에 이끌리고 있다.404)

　　(18) 부가어 구조의 통사구조-의미구조 대응:
　　　　[XP YPj XPk] 또는 [XP XPk YPj]는 다음 의미구조에 대응된다(YP가 부가어).
　　　　$\begin{bmatrix} [의미구조]_k \\ [BY[의미구조]_j] \end{bmatrix}$

---

403) 앞에서 지적한 것처럼, 이것이 '시제'를 연산자로 파악하는 관점이다. 이기용(1980)에서 이러한 관점을 볼 수 있다. 그러나 이와 다른 지시적 조응사로서의 관점(Partee 1984, Enc 1987), 부사로서의 관점(Hornstein 1990)도 가능하다. 본 연구의 관점은 부사로서의 관점과 가장 가깝다. 자세한 논의는 양정석(2008나)를 참고하기 바람.

404) 연결어미에 따라 이 'BY'가 다른 연산자로 바뀌어진다.

부가는 이와 같은 일반적 형식 아래 다양한 대응의 형식이 실현되는 것으로 본다. 이 대응의 형식은 최대투사인 XP(= X")에 최대투사인 부가어 YP가 부가되는 가장 전형적인 부가어 구조의 경우이다.405)

이상의 검토는 시간 선어말어미의 개재 여부나 그와 관련한 시간적 선후관계의 해석이 종래의 '대등'/'종속' 접속의 구분을 지지하는 바가 없다는 것을 보여준다. '대등'과 '종속' 각각을 세분하더라도 그 결과는 마찬가지이다. 대등접속의 대표적 연결어미로 알려져 온 '-고' 부류는 종속접속 연결어미들과 함께 부가어 구조의 특성을 가지는 것이다. 오히려 앞의 (5)의 연결어미 부류는 시간적 선후관계 해석에서 뚜렷한 독립적 특성을 보여 주목된다. 이는 다음 절에서 '명시어 구조'로 특성화된다.

5.4.2. 통사·의미적 특성들에 대한 검토

5.4.2.1. 통사 · 의미적 특성들의 종합

앞 절에서 검토한 시간 해석과 관련한 특징 중 '-었-' 부착의 가능성 및 후행절 사건시 기준 해석의 가능성은 연결어미들의 구조적 차이를 밝히는 기준으로서 중요성을 가진다. 후자의 특성을 가지는 연결어미들은 앞에서 (5)로 정리한 바 있다. 이들과 함께, 이 밖의 8가지 검증 기제들을 40개의 주요 연결어미들에 대해서 적용한 결과를 다음에 표로써 보이기로 한다.406) 이어지는 절에서는 이 표를 바탕으로 논의를 진행하려고 한다.

---

405) 이는 (15)의 부가어 구조를 위한 형식이다. 앞의 제4장에서는 중간 투사범주 X'에도 다음과 같은 부가어 구조가 형성될 수 있다고 하였다. 이 경우는 (18)의 형식에서 'XP'를 'X'로 바꾸기만 하면 된다.

　　a. X' → YP X'

406) '+'는 해당 기제가 적용됨을, '-'는 그것이 적용되지 않음을 표시하며, '●'은 원리상 불가능함을 표시한다. '+/-' 표시는 뜻에 따라 적용되기도 하고, 적용되지 않기도 하는 경우를 나타낸다. '⑥선행절 주어 생략'은 선행절이 후행절의 앞에 위치한 상태로 주어가 생략되는 경우만을 가리킴에 주의해야 한다(5.4.2.4절의 논의 참조).

(표3) 연결어미 40개

	① '었' 부착 가능	② 후행절사건시기준 해석	③ 후행절선택제약	④ 선행절이부정의영향권에	⑤ 주어의이차서술어	⑥ 선행절주어생략	⑦ 선행절옮기기	⑧ 선행절재귀사조응	⑨ 연결어미반복	⑩ 선행절'는'주제어	구조적 지위
거든	+	-	+	-	-	?	+	-	-	?-	명시어 구조
거니와	+	-	+	-	-	?	-	-	-	?-	
자	-	-	+	-	-	?	+	+	-	?-	
더니	+	-	+	-	-	?	?-	-	-	?-	
는데1	+	-	+	-	-	?	-	-	-	?-	
지만	+	-	+	-	-	?	+	+	-	?-	
으나	+	-	+	-	-	?	+	+	-	?-	
기를	-	-	+	-	-	?-	-	-	-	?-	
기에	+	-	+	-	-	?	?+	-	-	?-	
은들	-	-	+	-	-	?	?+	+	-	?-	
더라도	+	-	?+	-	-	?	+	+	?-	?-	
을지라도	+	-	?+	-	-	?	+	+	?-	?-	
을망정	+	-	?+	-	-	?	+	+	?-	?-	
기로서니	+	-	+	-	-	?	?+	+	-	?-	
지	+	-	+	-	-	?-	-	+	-	?-	
도록	-	+	-	+	-	●	●	●	-	?-	V' 부가어
계	-	+	-	+	-	●	●	●	-	?-	
고도	-	+	-	+	+	+	?+	-	?-	?-	VP 부가어
고서	-	+	-	+	+	+	+	-	?-	?-	
고자	-	+	?+	+	+	+	●	+	?-	?-	
으러	-	+	?+	+	+	+	●	-	-	?-	
으려고	-	+	?+	+	+	+	●	-	?-	?-	
어서	-	+	+/-	+	+	+	+	+	?+	?-	
을수록	-	+	-	+	+	+	+	+	?-	?-	
느라고	-	+	+	+	+	+	+	?+	-	?-	
자마자	-	+	-	+	+	+	+	+	?-	?-	
다가1	+	+	-	+	+	+	●	?-	?-	?-	I' 부가어
으면	+	+	-	+	+	+	+	+	+	?-	
으면서	+	+	-	+	+	?-	?-	+/-	+	?-	
어야	+	+	?+	+	+	+	+	+	?-	?-	
으니까	+	+	-	+	-	?	+	+	+	?+	IP 부가어
으니	+	+	-	+	-	?	+	+	?+	?+	
으므로	+	+	-	+	-	?	+	+	?+	?+	
어도	+	+	-	+	-	?	+	+	+	?+	
는데2	+	+	-	+	-	?	?	+	+	?+	
고	+	+	-	+	-	-	-	?+	+	?+	
으며	+	+	-	+	-	-	-	?+	+	?+	
거나	+	+	-	+	-	-	-	?+	+	?-	
든지	+	+	-	+	-	-	-	?+	+	?-	
다가2	+	+	-	+	-	-	-	?+	+	?-	

위 표가 보이는 점을 요약하면 다음과 같다.

(19) 가. 명시어 구조는 ②, ③, ④ 특성들의 조합에 의해 변별된다.

　　나. V' 부가어와 VP 부가어는 ①, ② 특성들의 조합에 의해 변별되며, 이 중 VP 부가어는 ①, ②, ⑤ 특성들의 조합에 의해 변별된다.

　　다. I' 부가어와 IP 부가어는 ①, ② 특성들의 조합에 의해 변별되며, 이 중 I' 부가어는 ①, ②, ⑤ 특성들의 조합에 의해 변별된다.407)

　　라. VP 부가어와 I' 부가어를 한 부류로 묶어주는 것은 ⑤의 주어의 이차 서술어로서의 특성이다.

　　마. ⑥, ⑦ 특성들의 조합에 따라 IP 부가어 중 일부를 변별할 가능성이 있으나, 다른 부류에도 이 특성을 공유하는 것이 있어 이 가능성은 배제된다.

이러한 특성을 근거로, 한국어의 연결어미 절들을 핵계층 구조에서의 기본적 위치에 따라, 보충어인 연결어미 절(위 표에는 제시되지 않음)과 부가어인 연결어미 절, 그리고 명시어 구조에서 중간투사 범주 C'를 이루는 연결어미 절의 세 부류로 가를 수 있다.

다음에서는 연결어미 문장들을 명시어 구조와 부가어 구조어 구조와 보충어 구조로 분류하는 데에 근거로 사용된 (표3)의 통사적 검증 방법들의 의의를 개별적으로 살펴보기로 한다. 연결어미의 선택제약의 특성(5.4.2.2), 부정의 영향권(5.4.2.3)은 '상대시제' 해석 가능성과 함께 명시어 구조의 구별 근거로 중요시되는 것들이며, 선행절 주어의 생략과 이차 서술어로서의 특성(5.4.2.4)은 여러 종류의 부가어 구조를 구별하는 근거들이다. 5.4.2.5 소절 이하에서 논의하는 기준들은 개별 연결어미에 따른 의미론적 차이를 보일 뿐, 통사적 구별 근거로 간주할 수는 없다. 본 연구에서는 이들의 통사적 구별 근거로서의 중요성을 종래의 연구들에서만큼 인정하지 않는다.

5.4.2.2. 연결어미가 가지는 선택제약의 특성

앞의 5.4.1절에서는 시간 선어말어미의 해석과 관련한 관찰을 통하여, 연결어미 절들이 시간적 선후관계의 해석을 기준으로 간단히 하위분류되기 어렵다는 사실을 발견하였다. '-자', '-거든'과 같은 연결어미는 후행절 사건시 기준의 해석이 가능한 것으로 다루어져왔지만, 엄밀하게 보면 시간적 선후관계 해석의

---

407) (19나)와 (19다)만을 비교해보면 I' 부가어와 VP 부가어는 동일한 것으로 생각될 수 있으나, ①의 특성에서 둘이 상반됨을 주의해야 한다.

기준은 이들 연결어미가 부여하는 것이다. 이 사실은 연결어미가 선행절과 후행절의 내용에 대한 선택제약을 부여함으로부터 따라나오는 것이다.

동사나 서술성 명사가 그 논항을 하위범주화하거나 선택제약하는 경우에 대해서는 이제까지 많은 논의가 있어왔지만, 연결어미가 하위범주화 또는 선택제약을 가한다는 관점은 그리 일반화된 것이 아니다. 그러나 그렇게 보지 않을 수 없는 증거가 있다. 앞의 (표3)에서 각각 명시어 구조, VP 부가어, I' 부가어를 형성하는 연결어미로 판정했던 '-거든', '-으러', '-어야'가 바로 그와 같은 특성(③)을 보이는 예들이다. '-거든'은 후행절이 '의도'의 양상을 가질 것을 요구하며, '-으러'는 후행절의 동사가 이동동사일 것을 요구한다. '-어야'는 '의도'의 문맥 중에서 서법으로서의 명령법과 청유법을 배제한다. 이는 선행절 연결어미가 후행절에 대해서 부과하는 선택제약의 특성이라고 할 수 있다.

(20) -거든
　　가. 그 곳에 가거든 사람들에게 그 말을 전해라/전하자/전하겠다/전할 것이다.
　　나. *그 곳에 가거든 그 말을 전한다/전하느냐?
(21) -으러
　　가. 철수가 공부하러 도서관에 갔다/왔다.
　　나. *철수가 공부하러 도서관에 있다/서성거린다.
(22) -어야
　　가. 그 사람이 와야 나는 가겠다.
　　나. *그 사람이 와야 너는 가라/우리는 가자.

(20)의 경우는 연결어미 '-거든'이 그 후행절을 명시어로 가짐으로부터 이와 같은 특성이 결과된다고 본다. (표3)에서 보인 명시어 구조 형성의 연결어미들이 모두 이러한 관점에서 한 부류로 묶인다. 그러나 (21), (22)의 특징에도 불구하고, '-으러'와 '-어야'는 다른 측면에서 명시어 구조로 분류될 수 없는 두 가지의 중요한 통사적 특징들을 보이고 있다. 앞 절에서 논의한, 후행절 사건시 기준 해석이 가능하다는 점(표1-②)이 그 하나이며, 다음 절에서 말할 부정의 영향권과 관련한 특성(표1-④)이 다른 하나이다.[408]

---

[408] 이은경(1998)에서 이전 연구들에서 선택제약의 특징을 가지는 것으로 지적된 연결어미들을 정리하고 있다. '-으러', '-어야'와 유사한 성격을 가지는 것으로는 '-고자', '-느라고', '-으려고', 그리고 원인의 의미를 가지는 '-어서'가 있다. 또 '-느니', '-되', '-건만', '-다시피', '-을진대' 들도 이러한 특징을 보인다고 정리하고 있는데, 이들은 명시어 구조

(21)의 경우에는, '-으러'가 그 명시어에 선택제약을 부과한다고 보기보다는, 구문규칙(또는 '부가어 대응규칙')이라는 장치가 선행절인 연결어미 절과 후행절에 특정의 의미적 제약을 부과한다고 설명할 수 있다.[409] (22)에서의 '-어야'의 후행절에 대한 선택제약의 특성은 '당위적 조건'의 의미가 가지는 보편적, 의미적 특성에 따라 설명 가능하다고 본다.

5.4.2.3. 부정의 영향권

시간적 선후관계의 해석, 선택제약의 특징과 밀접한 상관관계를 가지는 검증 기제로 부정의 영향권에 관한 사실이 있다. 이 연구에서 명시어 구조를 설정하는 데에 주요 근거로 삼는 것은 이 특징이다.

'부사어'와 부정의 영향권의 상호작용에 관한 논의가 생성문법적 연구의 초기부터 관심의 초점이 되어왔다(송석중 1981). 연결어미 절들 중 부정의 영향권 안에 드는 것과 들지 않는 것의 차이가 존재한다. 유현경(1986), 김영희(1988, 1991)에서는 종속적 연결어미의 절 중, 문장부사어에 해당하는 것과 성분부사어에 해당하는 것의 구별이 이 방법에 의해 가능하다고 보고 있다.

그러나, 대표적인 대등적 연결어미로 알려진 '-고', '-거나'의 경우, 연결어미 절이 부정의 영향권 안에 드는 해석과 들지 않는 해석을 모두 얻을 수 있다.

(23) 가. 눈이 오고 비가 오지 않는다.
　　　나. 철이가 오거나 순이가 오지 않는다.

즉, (23가)는 눈과 비가 모두 오는 '연접'의 사실을 부정함으로써 선행절을 그 부정의 영향권 안에 놓을 수도 있고, 눈이 오는 사실은 긍정, 비가 오는 사실은 부정함으로써 선행절을 부정의 영향권에 들지 않게 할 수도 있다. (23나)도 두 가지 해석이 가능하다. 특히, 두 사건, '철이가 오는 것'과 '순이가 오는 것'의 이접(disjunction)을 부정하는 해석이 가능함에 주의해야 할 것이다. 그런데, 부정의 영향권 해석에 관한 이러한 특징은 이른바 종속적 연결어미 절과 공통되

　　　를 이루는 것으로 판단된다.
409) '-으러'를 이와 같은 방식으로 기술한 시도는 양정석(1995: 2장, 2002가: 5.1절)을 참고할
　　　수 있다.

는 특징이다.

그러나, 이들(특히 김영희 1988, 1991)에 의해서 종속적 연결어미로 분류되는 어미들 중에서도 '-어서, -어야'의 문장은 선행절이 부정의 영향권 안에 드는 해석과 들지 않는 해석이 모두 가능한 반면, '-거든, -지만'의 절은 부정의 영향권 안에 드는 해석이 아예 불가능하다. 특히, 앞 절에서 선택제약의 특성을 가져 문제가 되었던 '-어야'는 다음의 비교를 통하여 '-거든, -지만' 부류와 성격을 달리한다는 것을 확인할 수 있다.

(24) 가. 비가 와서 날씨가 춥지 않다. (선행절이 부정의 영향권에 드는 해석으로)
　　 나. 달이 떠야 꽃이 피지 않는다. (같음)
(25) 가. *그곳에 가거든 내 말을 전하지 말아라. (같음)
　　 나. *비가 오지만 그는 길을 떠나지 않았다. (같음)

주목할 점은, 대등적 연결어미 문장으로 알려진 (23)과 종속적 연결어미 문장으로 알려진 (24)가 같은 특징을 가진다는 것이다. 두 구문 모두 부정의 영향권과 관련한 두 가지 해석을 얻을 수 있는데, 종래의 '대등접속' 구조로는 선행절이 부정의 영향권 안에 드는 해석을, 종래의 '종속접속' 구조로는 선행절이 부정의 영향권 안에 들지 않는 해석을 합리적으로 설명할 수 없다.

보충어 구조와 부가어 구조에서, 선행절은 후행절의 부정소의 영향권 안에 놓이는 위치이지만, 명시어 구조에서는 선행절은 기본적으로 후행절 내부의 부정소의 영향을 받지 않는 위치에 놓여있다.[410] 이 연구에서 명시어 구조로 분석하는 '-거든', '-지만', '-자', '-거니와', '-더니', '-기를', '-는데1', '-지' 등 연결어미의 문장은 모두 (25)와 같이 선행절이 후행절 부정소의 영향을 받지 않는다. 이에 비하여, (23)과 (24)의 공통성은 이들이 공통적으로 부가어의 지위를 가지는 점으로부터 설명된다.

명시어 구조는 (표3)의 ②, ③, ④의 세 가지 특성을 적절히 포착할 수 있다. 즉, 연결어미가 그 보충어인 선행절과 함께 그 명시어인 후행절에 의미적 제약을 부과하는 것이며, 명시어인 후행절이 선행절의 선후관계 해석의 기준이 될 수 없는 것이며, 부정소를 포함하는 후행절은 명시어로서 이 부정소의 영향이 절의 경계를 넘어 선행절에 미칠 수 없는 것이다.

---

410) 뒤의 5.4.3절에서 제시하는 통사구조를 참조할 것.

5.4.2.4. 선행절 주어의 생략과 이차 서술어로서의 특성

대등접속문과 종속접속문은 선행절 주어에 따라 후행절 주어가 생략되는지 (대등), 반대로 후행절 주어에 따라 선행절 주어가 생략되는지(종속)를 기준으로 하여 구별되는 것으로 알려져왔다. 이 검증 기제는 남기심(1985)에서 처음으로 제시되었다. 앞의 (표3)에서 ⑥의 '선행절 주어 생략'이 이 기준을 보인 것인데, 다음 (26나)가 그 핵심적인 차이점을 드러내준다.

(26) 가. 철호가 담배를 피우고 (철호가) 술도 마셨다.
　　　나. *(철호가) 담배를 피우고 철호가 술도 마셨다.
(27) 가. 나는 공부를 하려고 (나는) 도서관으로 향했다.
　　　나. (나는) 공부를 하려고 나는 도서관으로 향했다.

남기심(1985)에서는 후행절 주어에 따라 선행절 주어가 생략되는 (27나)와 같은 현상은 선행절이 내포절의 하나인 부사절이기 때문에 실현 가능한 것이라고 보았다. 이는 다음에서 내포절인 관형절이나 명사절의 주어가 주절의 주어에 따라 생략되는 것과 같은 현상이라는 것이다.

(28) 가. 순철이는 어제 순호에게 (순철이가) 전에 빌렸던 책을 돌려주었다.
　　　나. 그는 오늘도 (그가) 회의에 참석하기를 거부하고 있다. (남기심 1985에서)
(28)' 가. (순철이가) 전에 빌렸던 책을 순철이는 어제 순호에게 돌려주었다.
　　　 나. (그가) 회의에 참석하기를 그는 오늘도 거부하고 있다.

(26)과 (27)의 대비는 진정한 통사적 의의를 가지는 것이라고 판단된다. '-으려고' 문장과는 달리, '-고' 문장은 선행절의 주어가 생략되는 일이 불가능하다 (29). '-으려고' 문장과 같이, 선행절만 주어를 가지고 후행절은 그것을 갖지 않은 형식도 적격하다(30).

(29) *담배를 피우고 철호가 술도 마셨다. cf.공부를 하려고 나는 도서관으로 향했다.
(30) 철호가 담배를 피우고 술도 마셨다. cf.나는 공부를 하려고 도서관으로 향했다.

남기심(1985) 이래의 연구에서 이 차이를 이론적으로 포착하기 위하여 사용한 방법은 '-고'류의 연결어미들이 대등접속의 구조를 형성한다고 전제하는 것이었다.411) 그러나 앞의 (표3)에 제시한 통사적 특성들을 전반적으로 고찰해보면 이 전제에 결함이 있음을 발견하게 된다.

(31)은 이제까지 대등접속으로 믿어져왔던 '-고' 부류의 연결어미 문장들이며, (32)는 이들과 함께 IP 부가어를 취하는 연결어미 문장으로 분류된 것이다. (33)은 VP 부가어와 I′ 부가어의 예들로서, 후행절에 선행절 CP의 흔적을 가지는 구조로 기술된다.412) (34)는 명시어 구조의 예들이다.

(31) 가. *대규모 댐을 건설하며 중국이 인공위성을 띄워올린다.
　　　나. *공원을 걷거나 노인들이 정원을 가꾼다.
　　　다. *화투를 치든지 할일 없는 사람들이 잡담을 나누었다.
(32) 가. ?말을 잘 하니까 철수가 변호사가 될 것이다.
　　　나. ?친구를 믿어도 철수가 돈을 꾸어주지는 않는다.
　　　다. ?고장을 잘 일으키므로 이 기계가 생산성을 저하시킨다.
　　　라. ?산길을 가는데 철수가 친구를 만났다. ('-는데2')
(33) 가. 할일이 없어서 사람들이 화투를 쳤다.
　　　나. 서울에 도착하고서 철수가 집에 전화를 했다.
　　　다. 짐을 푸느라고 철수가 몹시 애를 먹었다.
　　　라. 할일이 없으면 철수가 우리 집에 놀러 왔다.
　　　마. 할일이 없어야 철수가 나에게 전화를 했다.
(34) 가. ?서울에 도착하거든 네가 우리 집에 전화를 해라.
　　　나. ?바빴지만/?바빴으나 철수가 우리의 초대에 응해 주었다.
　　　다. ?공부도 잘 하거니와 철수가 마음씨도 착하다.
　　　라. ?집을 팔 결심을 하자 철수가 복덕방에 전화를 걸었다.
　　　마. ?어제는 기운이 없어하더니 철수가 오늘은 얼굴에 화색이 돌았다.
　　　바. ?아무리 왜소하기로서니 철수가 그 가방쯤 못 들겠느냐?
　　　사. ?*소리쳐 말하기를 철수가 "그러면 안돼!"라고 하였다.
　　　아. ?아들을 낳았는데 순희가 아무에게도 귀여움을 못 받았다. ('-는데1')
　　　자. ?왜소한들 철수가 그 정도 힘이 없겠느냐?
　　　차. ?*그 일을 혼자 다 했지, 철수가 누구의 힘을 빌렸나?

---

411) 이 점에서 대등접속문을 '평판 구조'로 기술하는 유현경(1986), 김영희(1988, 1991), 최재희(1991) 등의 이심구조 접근은 물론, 동심구조 접근의 김지홍(1998), 김정대(1999, 2005)도 일치한다고 하겠다.
412) 자세한 통사구조 표상은 뒤의 5.4.4절을 참조할 것.

확실히, '대등접속문'으로 알려져 온 연결어미 문장들, 즉 (31)은 이러한 형식으로 실현되는 것이 배제된다. 그러나 '종속접속문'으로 알려져 온 (32)의 문장들도 (33)의 예들만큼 완전히 자연스럽지는 않다. 또, (34)는 종래의 대부분의 연구에서 대등접속의 연결어미로 분류해 온 '-지만, -으나'를 포함하고 있다.413) 이는 '대등'/'종속' 구분의 문제성을 보이는 또 하나의 예인 것이다.

'-지만, -으나' 문장은 명시어 구조를 형성하는 것이다. 명시어 구조에서는, 이와 같은 구조가 불가능하지 않으므로, 맥락에 따라 다소 어색할지라도 (34)와 같은 문장들은 문법적이다. 공범주 대명사(pro)를 선행절의 주어로 가짐으로써, 이것이 후행절의 명사항과 동일지시되어 적격한 통사구조로 허가받을 수 있다.

(32) 중에는 상당히 부자연스러운 예들이 포함되어있지만, 그렇다고 이들을 (31)처럼 분명히 비문이라고 단정하기는 곤란하다. 이는 (31)이 통사적 요인에 의한 비문인 반면 이 외의 부적격 사례들은 어떤 의미적 요인에 따라 부적격한 것들임을 말해주는 것이다.

이제, 이상과 같은 관점을 가지고 (26), (27)의 차이를 설명하기로 하자. 다음의 구조적 가정들을 이용하여 두 문장의 차이를 형식적으로 포착할 수 있다. (35나)는 이미 앞의 (표3)에서 상정한 것이다.

(35) 가. 주어가 생략된 연결어미 절은 CP의 명시어에 공범주 연산자 O와 그 동지표화된 흔적을 가지고 이차 서술어의 역할을 한다.
　　　나. '-고' 연결어미 절은 IP의 부가어로, '-으려고' 연결어미 절은 VP의 부가어로 표상된다.

(35가)는 (27나)와 같은 연결어미 절에서 주어가 생략되는 현상을, 진정한 의미의 생략이 아니라, 공범주 연산자와 그 흔적을 포함하는 현상이라고 해석하는 것이다. 그리하여 공범주 연산자와 흔적을 포함하는 연결어미 절은 이차 서술어가 된다. 한국어에서 이차 서술어인 연결어미 절은 공범주 연산자(O)와 그 흔적을 가지는 구조로, 또는 CP의 명시어에 공범주 대명사 PRO를 가지는 구조로 표상된다.414)

---

413) 김영희(1988, 2005)에서는 '-지만, -으나' 연결어미의 문장을 종속접속문으로 분류하였다. 이와 함께 '-을망정, -어도, -더라도, -을지라도, -을지언정, -는데, -되' 연결어미 문장들을 종속접속문의 한 부류로서의 '대립접속문'으로 규정하고 있다.
414) 앞의 5.1.2절에서는 관형절 중의 하나인 관계관형절을 이와 같이 공범주 연산자와 흔적

(36) 가. [_CP_ O_i_ [_IP_ . . . t_i_ . . .]]

　　 나. [_CP_ PRO [_IP_ . . . . . .]]

(36)에 따라 (29)의 통사구조를 표상하는 가능성은 다음 (29)'의 두 가지 구조
이다. 그런데, I'나 VP에 부가되는 부가어와는 달리 IP의 부가어 위치에서는 모
체가 되는 IP의 명시어인 주어('철호가')와 상호 성분통어 관계가 성립되지 않
으므로, 두 구조 중 어느 것으로도 CP인 '담배를 피우고'는 이차 서술어로 해석
될 수 없다. 이에 비해서, '-으려고' 절은 (27나)'과 같은 구조로 해석될 수 있다.

(29)' 가. *[_IP_[_CP_ O_i_ t_i_ 담배를 피우고] [_IP_ 철호가 술도 마시-었-]]-다.

　　 나. *[_IP_[_CP_ PRO [_IP_ pro 담배를 피우-]-고] [_IP_ 철호가 술도 마시-었-]]-다.

(27)' 나. [_CP_[_CP_ pro 공부를 하려고]_j_ [_CP_ 나는 [_VP_ t_j_ [_VP_ 도서관으로 향하-]]-었다]]

이 설명에는 한 가지 문제점이 존재한다. IP의 부가어를 이루는 연결어미 절
중에서도 '-고' 부류는 선행절 주어의 생략이 불가능한 반면, '-으니까' 부류는
그것이 가능한 것이다.

이 차이는 다음과 같은 방법으로 설명된다. '-으니까' 문장은 (37)의 구조로
허가될 수 있다. 그러나 '-고' 문장에서 선행절인 CP는 (36)의 두 가지 형식 중
하나를 취하여야 한다. 이에 따른 (29가)'의 두 구조는 모두 이차 서술어로 허가
받지 못하여 비문이 된다. 마찬가지 이유에서 (38)도 비문으로 판정된다. 그러
나, '-고' 문장에서와는 달리, '-으니까' 문장에서는 선행절 명시어가 채워지지
않아도 된다. 따라서 pro를 주어로 가지는 (37)과 같은 구조가 가능한 것이다.

(37) [_IP_[_CP_ [_IP_ pro 담배를 피우고 싶-]-으니까] [_IP_ 철호가 밖으로 나가-었-]]-다.

(38) *[_IP_[_CP_ O_i_ t_i_ 담배를 피우고 싶으니까] [_IP_ 철호가 밖으로 나가-었-]]-다.

끝으로, 같은 '-고' 연결어미 문장이 (29)의 형식에 비하여 (30)의 형식으로 문
법적 문장이 되는 이유를 살펴보기로 하자. IP 부가어인 연결어미 절들은 그 정
의상 후행절의 주어 다음 위치에 나타날 수 없다. 그러나 (30나)'과 (30다)'의 두
구조는 가능하다.[415]

을 가지는 구조로 표상한 바 있다. 모든 보문소(C) 머리성분은 [-pred] 자질을 갖지 않는
한 공범주 연산자를 가질 수 있는 것으로 본다.

(30)' 가. 철호가 담배를 피우고 술도 마셨다.

    나. $[_{CP} [_{C}[_{IP} [_{CP}$ 철호가 담배를 피우고$][_{IP}$ pro 술도 마시-었-$]]$-다$]]$

    다. $[_{CP}$ 철호가$_{j}$ $[_{C}[_{IP}[_{CP}$ O$_i$ t$_i$ 담배를 피우고$]$ $[_{IP}$ t$_j$ 술도 마시-었-$]]$-다$]]$

(30다)'의 구조에서는 CP인 선행절 '담배를 피우고'가 이차 서술어로 해석된다. CP의 명시어 위치에 설정된 '철호가'와 공범주 연산자-흔적을 가지는 선행절 간에는 상호 최대통어 관계가 성립한다. 명시어 구조 이외의 연결어미 문장에서는 모든 연결어미 절이 주어가 생략된 형식으로 통사적 이차 서술어가 될 수 있음을 위 논의는 보여준다.[416]

5.4.2.5. 선행절 옮기기의 의의

통사적 검증 기제로서의 선행절 옮기기((표3)의 ⑦)는 선행절이 주어를 가진 채로 후행절의 일부로 옮길 수 있느냐 여부를 확인하는 것이다. 그러나 앞의 절에서는, 주어가 생략된 형식으로는 사실상 모든 연결어미 절이 후행절의 일부로 나타날 수 있음을 살펴보았다. 심지어 전형적인 '대등접속문'의 '-고' 연결어미 절이 후행절의 주제어 다음 위치에 나타날 수도 있다((30다)' 참조).

선행절 옮기기가 '대등'과 '종속'의 두 연결어미 문장의 차이를 드러내는 기준으로 처음 사용된 것은 김영희(1978)에서이다. 그는 (39)'에서 선행절이던 '봄이 오면', '해가 돋자'가 (39)에서 '삽입절'로 나타날 수 있다고 관찰하였다.[417] 또, 이러한 사실을 바탕으로 (41)과 같은 가설을 설정하고 있다.

---

415) (30다)'과 관련하여 a.와 같이 선행절이 둘 이상인 부가어 구조가 생성될 수도 있다.

    a. 철호가 담배를 피우고 술도 마시고 노래도 불렀다.

    이 문장의 구조는 다음과 같다. 두 선행절이 이차 서술어로서 '철호가'와 상호 최대통어되어 적격한 구조로 판정받는 데에 문제가 없다.

    b. $[_{CP}$ 철호가$_{j}$ $[_{IP}[_{CP}$ O$_i$ t$_i$ 담배를 피우고$][_{IP}[_{CP}$ O$_k$ t$_k$ 술도 마시고$]$ $[_{IP}$ t$_j$ 노래도 불렀-$]]]$-다

416) '-고' 부류의 연결어미는 지배 능력이 없어서 그 명시어에 PRO의 생성을 허용하나, 그 외의 연결어미는 지배 능력이 있어서 PRO 명시어를 허용하지 않는 것이 두 연결어미 부류의 차이라고 본다. 또, 관계관형절의 보문소(관형사형어미)와 '-고' 부류의 보문소(연결어미)는 그 명시어가 외현적 명사항이 아닐 경우 PRO나 O를 반드시 가져야 한다는 제약이 주어진다고 본다(관계관형절의 공범주들에 대해서는 5.1.2절 참조). '-고' 부류 외의 연결어미들은 이러한 제약이 없다고 상정한다.

417) 다음은 모두 김영희(1978)의 예문이다.

(39) 가. 제비는, 봄이 되면, 온다.

　　　 나. 그는, 해가 돋자, 길을 떠났다.

(39)' 가. 봄이 되면, 제비는 온다.

　　　 나. 해가 돋자, 그는 길을 떠났다.

(40) 가. *소년은, 소는 풀을 뜯고, 잠을 잔다.

　　　 나. *영수가, 철호가 그 일을 알거나, 그 일을 안다.

(40)' 가. 소는 풀을 뜯고, 소년은 잠을 잔다.

　　　 나. 철호가 그 일을 알거나, 영수가 그 일을 안다.

(41) 가설: 삽입절은 통사적 종속절이다. (김영희 1978: 23)

여기에서 핵심적인 질문은, IP 부가어를 이루는 연결어미 절인 (40)의 '-고, -거나' 절과는 달리 (39가)의 '-으면' 절이 '선행절 옮기기'가 가능한 까닭은 무엇인가 하는 점이다.[418]

(42) 가. 소년은, 소가 달아나니까, 사람들을 불렀다.

　　　 나. 선생님이, 철호가 그 일을 고자질해도, 못 들은 체하셨다.

여기에서도 앞 5.4.2.4절의 설명 방법을 활용할 수 있다. (40)에서 '소년은', '영수가', (42)에서 '소년은', '선생님이'는 모두 후행절의 주어로서 전체 문장의 (후행절의) 명시어 위치로 옮겨가있다. 각각의 통사구조를 보이면 다음과 같다.

(40)" 가. *소년은, 소는 풀을 뜯고, 잠을 잔다.

　　　 나. [$_{CP}$소년은$_j$ [$_{C}$[$_{IP}$[$_{CP}$PRO [$_{IP}$ 소는 풀을 뜯-φ-]-고][$_{IP}$ t$_j$ 잠을 자-φ-]]-ㄴ다]]

(42)' 가. 소년은, 소가 달아나니까, 사람들을 불렀다.

　　　 나. [$_{CP}$ 소년은$_j$ [$_{C}$[$_{IP}$[$_{CP}$[$_{IP}$ 소가 달아나-φ-]-니까][$_{IP}$ t$_j$ 사람들을 부르-었-]]-다]]

'-고'는 CP의 명시어를 지배하지 못하는 연결어미이고, 따라서 이 위치에 반드시 PRO가 실현되어야 한다는 가정[419]에 따라 (40나)"과 같은 구조가 주어졌다. 명시어에 PRO를 가지는 CP는 잠재적 서술어가 되어 서술화 원리를 만족시켜야 하고,[420] '소년은'과 서술어 CP는 상호 최대통어 조건을 만족하므로, 통사

---

418) (39나)의 '-자' 연결어미 문장은 명시어 구조의 예이다. 곧 이어서 명시어 구조에서의 선행절 옮기기에 대해 설명할 것이다.

419) 앞의 <주416> 참조.

420) 4.1.4절의 (93)으로 서술된 '잠재적 서술어의 요건'을 참고하기 바람.

적인 견지에서 이 원리는 만족된다. 그러나 그 의미 대응에 있어서는 주어인 '소년은'과 서술어인 '소는 풀을 뜯고'는 의미적 주술관계로 해석되기에 적합하지 않다. 따라서 (40가)의 부적격성은 통사적인 요인과 의미적인 요인이 협동하여 발생한 것이다. 서술화 원리는 그에 대응하는 의미구조의 주술관계만을 제공하나, 그 의미구조는 적합하지 않은 것이다.421)

이에 비하여, '-고'류 연결어미 외의 연결어미는 CP의 명시어를 지배한다고 가정되므로 그 CP는 PRO 명시어를 갖지 않은 형식으로 실현될 수 있다. 이렇게 통사적 이차 서술어로 해석되지 않음으로써, 오히려 일반 부가어(IP 부가어)로 해석되기가 수월해진다. 이것이 (42가)가 적격성을 얻게 되는 이유이다.

(40가)의 부적격성은 궁극적으로 의미론적인 것이라고 하였다. 이는, (40나)"의 구조로도 적격한 문장이 있을 수 있다는 뜻이다. 다음이 그러한 예이다.

(43) 가. 철수는 몸이 뚱뚱하고 배가 나왔다.
    나. [$_{CP}$ 철수는 [$_{C}$[$_{IP}$[$_{CP}$ PRO [$_{IP}$ 몸이 뚱뚱하-ϕ-]-고] [$_{IP}$ 배가 나오-았-]]-다]]
(43)' 가. 철수는 씩씩하고 진취적이었다.
    나. [$_{CP}$ 철수는 [$_{C}$[$_{IP}$[$_{CP}$ O$_i$ [$_{IP}$ t$_i$ 씩씩하-ϕ-]-고] [$_{IP}$ t$_i$ 진취적이-었-]]-다]]

이처럼, IP 부가어를 이루는 연결어미 절들도 둘로 나누어져서 그 적격성의 차이를 드러내는데, 이러한 설명이 가능한 것은 이들을 IP의 부가어로 설정한 바로 그 점으로부터 말미암는 것이다.

앞에서의 예 (39나)는 우리가 '명시어 구조'로 간주하는 것인데, 선행절 옮기기가 가능하다는 점에서 문제로 인식될 가능성이 있다. 그러나 명시어 구조는 이와 같은 문장 형식을 배제하지 않는다. 후행절의 주어가 흔적(t)을 남긴 채로 전체 문장인 CP의 부가어로 나설 수 있기 때문이다. 오히려, 종래 대등적 연결어미로 다루어져 온 '-지만', '-으나'의 절이 '-자' 연결어미의 절과 같이 선행절 옮기기가 가능한 점이야말로 종래의 대등/종속 구분의 전제에서는 설명하기 어렵다. 김영희(2005: 60)에서는 다음 예를 증거의 하나로 삼아 '-지만', '-으나'의 문장을 종속접속문에 귀속시키고 있다.

---

421) 다음 예와 비교해 볼 것. b.와 같은 문장이 현실의 발화와 글에서 어렵지 않게 발견된다. (40가)와 b.의 적격성의 차이는 통사적인 것이 아니라 의미론적인 것이다.
    a. 친구는 떠나고 소년은 운동장에 혼자 남았다.
    b. 소년은, 친구는 떠나고, 운동장에 혼자 남았다.

(44) 가. 식구는, 집이 넓지만, 둘뿐이다.

　　나. 관중들은, 비가 억수같이 퍼부었으나, 꼼짝 않고 앉아 있었다.

그러나 앞의 (표3)는 '대등적 연결어미'가 아닌 예 중에도 선행절 옮기기가 불가능한 것이 더 있음을 보이고 있다. 이는 '선행절 옮기기'가 '대등'과 '종속'을 구분하는 통사적 기준으로 사용될 수 없다는 점을 말해주는 것이다.

선행절 옮기기와 관련한 다음 사실은 VP 부가어('-어서' 절)와 IP 부가어('-으니까' 절)의 구분을 정당화해준다.

(45) 가. 동두천은 어제 비가 와서 도로가 매우 미끄럽겠다.

　　나. 동두천은 도로가 어제 비가 와서 매우 미끄럽겠다.

(46) 가. 동두천은 어제 비가 왔으니까 도로가 매우 미끄럽겠다.

　　나. *동두천은 도로가 어제 비가 왔으니까 매우 미끄럽겠다.

CP의 명시어인 '동두천은', IP의 명시어인 '도로가'를 가진 위 구조에서 IP 부가어인 '-으니까' 절이 IP 내부에 위치하는 것이 배제됨을 (46나)는 보여준다. 명시어 구조와 IP 부가어 구조가 중첩되는 예도 가능하다.

(47) 가. 날이 덥<u>거든</u> 수영을 하<u>고</u> 배가 고프<u>거든</u> 식탁의 음식을 먹어라.

　　나. [CP[CP[CP [C 날이 덥거든] [IP 수영을 하-φ-]]-고]ᵢ [CP[C 배가 고프거든]
　　　　[IP tᵢ [IP pro 식탁의 음식을 먹-φ-]]-어라]]

이 문장에는 '-거든'이 둘 나타난다. 앞의 '-거든'은 그 명시어로 IP('수영을 하-φ-')를 취하여 CP를 형성하며, 이 CP는 다시 '-고'의 보충어가 된다. '-고' 연결어미 절은 뒤의 '-거든'에 의해 형성된 명시어 구조에서 명시어인 절의 IP 부가어로서, 그 동지표화된 흔적(t)만을 원래 위치에 남기고 있는 것이다.

5.4.2.6. 재귀대명사 조응의 의의

선행 연결어미 절 내의 재귀대명사가 후행절의 주어와 조응할 수 있느냐의 여부는 종속접속문, 또는 부사절을 대등접속문과 구별하는 방법으로 활용되어 왔다(남기심 1985, 유현경 1986, 김영희 1987, 2005, 최재희 1991, 1997). 그러나 '자기' 조응은 연결어미 절의 통사구조의 구별을 위한 기준이 될 수 없다.

    (48) 가. 자기가 일을 저질러 놓고서, 돌이가 시치미를 뗀다.
          나. 자기가 되게 앓고 나니, 철이가 환자를 이해하겠더란다.
          다. 자기의 아들이 합격을 했으나, 김씨는 기쁘지 않았다.
    (49) 가. *자기가 웃고, 돌이가 떠든다.
          나. *자기가 오든지, 철이가 오든지 할게다.
          다. *자기의 아들이 들어왔다가, 김씨가 들어왔다가 한다. (이상 6개 예문은 김영
             희 1987에서)

    필자는 (49)의 예들이 모두 통사적인 이유보다는 의미적인 이유에 따라 부적격한 것으로 판단한다. 특히 '자기'가 선행절 주어의 관형어로 포함된 (49다)는 그 부적격성이 (49가, 나)만큼 심각하지 않은 것으로 본다. 대표적 '대등적' 연결어미인 '-고'의 문장에서도 같은 점을 확인할 수 있다. 심지어 (50)'도 통사적으로 배제되지는 않는다고 본다.

    (50) 가. ?자기 아들이 현재의 규모로 회사를 일으켜 세웠고, 김씨는 처음 시작할 때
            자본금만을 대 주었다.
          나. ?자기의 아내는 이사이고, 김씨는 평사원이다.
          다. ?김씨는 평사원이고, 자기의 아내는 이사이다.
    (50)' ?자기가 일부러 깃발을 들고, 철수가 앞에 나섰다.

    또한, (48다)의 '-으나'는 '-지만'과 함께 많은 연구자들에 의해서 '대등적' 연결어미로 취급되어왔지만, 위와 같은 형식으로 자연스러운 문장을 이룬다.[422)]

    (51) 가. 자기 아버지는 돈이 없지만, 철수는 왠지 씀씀이에 여유가 있다.

---

422) 김영희(1987, 2005)에서는 '-지만, -으나'를 종속적 연결어미로 취급한다. 그러함에도 불구하고 김영희(2005: 62)에서는 다음과 같은 '자기'의 예는 비문으로 판단한다. 그러나 (48다)와 다음 b.를 통사적 적격성의 차이로 구별할 방법은 없는 것이다.
  a. *자기가 재물복은 없지만 김씨가 자식복은 있다.
  b. *자기가 승부에는 졌으나 돌이가 경기에는 이겼다.
  필자는 a.와 b.가 통사적으로는 성립 가능하며, 다만 외현적인 대명사를 회피하는 담화·화용적 원리를 위반함에 따라 부적절한 것뿐이라고 본다. '-지만, -으나'는 명시어 구조를 형성하는 연결어미라고 간주하는데(뒤의 5.4.3절 참조), 이를 바탕으로 이 절의 '자기'의 통사적 조건을 적용하면 위 예들은 통사적으로 부적격하지 않다.

나. 자기 아들이 시험에 낙방했으나 김씨는 승진에 성공했다.

연결어미 절의 '자기'의 실현 가능 여부는 (표3)의 ⑧로 요약하였다. 이 외의 구조에서도 한국어의 재귀대명사 '자기'를 통사적 조건 '성분통어'를 통해서 설명하는 것에 근본적인 난점을 제기하는 사실이 있다. 다음에서는 주어를 이루는 절이나 명사항의 일부인 '자기'가 목적어와 조응한다.423)

(52) 가. 자기가 과거에 실수를 저질렀음이/저질렀다는 것이/저질렀다는 사실이 철수를 괴롭혔다.
  나. 자기가 과거에 실수를 저질렀음이/저질렀다는 것이/저질렀다는 사실이 철수를 괴롭게 했다.
(53) 가. 자기의 과거의 실수가 철수를 괴롭혔다.
  나. 자기의 과거의 실수가 철수를 괴롭게 했다.

이러한 점들을 근거로 하여, 필자는 '자기'의 존재가 연결어미 문장의 통사구조의 차이로서의 대등접속 구조와 종속접속 구조 여부를 결정하는 기준이 되지 못한다고 결론짓는다. '자기'의 실현에 최소한의 통사적 제약이 존재하기는 하지만, 위 예문들에서의 '자기'에 따른 문법성의 차이는 통사적 요인보다는 의미론적 요인에 따르는 것이라고 판단한다.

연결어미 문장에 관한 논의에서 재귀대명사에 대한 이론적 처리를 어떻게 해 왔는지를 크게 통사론적 관점과 의미론적 관점으로 나누어 살펴보기로 하자. 통사론적 관점은 다시 1)초기 생성문법의 '통어(command)' 개념에 입각한 접근과, 2)'성분통어(c-command)' 개념에 입각한 접근을 구별할 수 있다. 후자의 성분통어 개념은 다시 (55)와 (56)의 두 가지 다른 정의가 통용되고 있다.

(54) Langacker(1969)의 통어 정의:
  A를 관할하는 첫 번째 S 교점이 역시 B를 관할할 때 A가 B를 통어한다.
(55) Reinhart(1981)의 성분통어 정의:

---

423) 내포절의 주어와의 조응이 가능함을 보이는 다음의 문장들은 '자기'의 조응에 있어서 통사적 통어/성분통어 조건은 아니더라도 어떤 문법적 조건이 작용하고 있음을 시사한다. 필자는 통사구조 아닌 '의미구조'에서 목적어 '철수를'이 구조적으로 '자기'를 지배하는 위치에 있기 때문에 목적어와 '자기'의 조응이 가능해지는 것이라고 본다. 의미구조의 형상성에 바탕을 둔 재귀사의 조응 현상에 대한 설명으로 Jackendoff(1992)를 참조.

A가 B를 성분통어한다는 것은 A를 관할하는 첫 번째 분지 교점 C가 역시 B를 관할한다는 뜻이다. C와 동일 범주 유형이면서 C를 직접관할하는 교점 C'이 B를 관할하는 경우에도 A는 B를 성분통어한다.[424]

(56) Chomsky(1986b)의 성분통어(최대통어) 정의:[425]

A가 B를 성분통어(최대통어)한다는 것은 A를 관할하는 모든 최대투사가 동시에 B를 관할한다는 뜻이다.

(54)의 '통어' 개념을 활용한 예는 유현경(1986), 최재희(1991)에서 볼 수 있다.[426] 이들에 따르면 (48)에서 후행절의 주어는 부가어인 선행절 내의 '자기'를 통어하는 반면, (49)에서는 선·후행절이 접속 구조 'S-conj-S'의 각 S 교점이 되므로, 후행절 주어에 의한 선행절 '자기'의 통어는 불가능하다. 이러한 접근의 문제는, 무엇보다도, '통어' 개념과 관련한 다음의 반례를 만난다는 것이다.

(57) 가. [s 철수i는 언제나 자기i를 내세운다]

나. *[s 자기i는 언제나 철수i를 내세운다]

(58) 가. [s 중대장은 김상병i을 자기i 내무반으로 보냈다]

나. *[s 중대장은 자기i를 김상병i의 내무반으로 보냈다]

다. [s 중대장은 자기i 내무반으로 김상병i을 보냈다]

라. *[s 중대장은 김상병i의 내무반으로 자기i를 보냈다]

(57가)에서나, (57나)에서나, '철수'는 물론 '자기'를 통어하지만, 반대로 '자기'도 '철수'를 통어한다. 그러나 두 문장의 문법성은 분명히 다르다. (58)도 같은 점을 예증해준다.

'성분통어' 개념을 활용한 예는 최재희(1997), 김지홍(1998), 김정대(1999, 2005), 김영희(2005)에서 볼 수 있다. '성분통어'의 정의도 엄밀하게 보면 다양한 형식들을 구별할 수 있지만, (55)와 (56), 어느 정의를 취하더라도 이들이 의도하는 것처럼 '자기'의 쓰임을 정확하게 포착할 수는 없다.

---

424) 여기서 '동일 범주 유형'은 S와 S', VP와 VP'(VP에 부가된 성분을 가지는 경우)와 같은 것을 뜻한다.

425) 이는 흔히 '최대통어'로 지칭되는 정의로서, 여기의 '관할'은 May(1985)에 입각한 개념이다. 이 책에서 지금까지 사용하여 온 '최대통어' 개념이 이것이다.

426) 유현경(1986: 81)에서는 '대용화의 지배(command) 조건'이라고 하여, 모호하게 표현하고 있으나 '통어(command)' 개념을 의도하는 것은 분명해 보인다. 최재희(1991: 30)도 같은 개념을 사용하고 있다.

먼저, 연결어미 문장에 대해서 (55)의 성분통어의 개념을 활용하는 연구로 김정대(1999, 2005)을 들 수 있다. 김정대(2005)에서는 종속접속문의 선행절이 후행절에 부가되는 다음과 같은 구조를 제시하였는데,427) 이 구조에서 '철수'는 '자기'를 성분통어한다고 한다. 이 조건을 충족하지 못하는 (59나)가 비문임이 정확히 예측된다.

(59) 가. 자기i가 지니까 철이i가 심술을 부린다.
    나. *철이i가 지니까 자기i가 심술을 부린다.
    다. [VP [CONJP [VP 자기가 지-]-니까] [VP 철수가 심술을 부리-]]

이에 대해서 자료의 측면과 그 '성분통어' 개념의 측면에서 문제를 지적할 수 있다. (50), (51)은 그가 대등접속 구조로 상정하는 것인데, 그의 예측과는 달리, 통사적으로 부적격하지 않다. 또, (52), (53)은 통사적 조건으로서의 '자기'의 성분통어 조건에 근본적인 문제를 제기하는 것이다.428)

(56)의 '최대통어' 정의는 (59다)와 같은 구조에서 '철수가'가 '자기가'를 최대통어하는 것을 배제하므로, 이와 같은 구조의 가정 하에서는 (59가) 문장을 비문으로 예측한다. '성분통어' 개념을 활용하는 연구자들은 대개 '종속접속문'의 구조를 (59다)와 같은 부가 구조로 간주하므로,429) (55)의 정의를 따르거나, (56)의 정의를 따르거나, 이상에서 지적한 문제점들을 피할 수 없다.

다음으로, 의미론적인 설명이 임홍빈 외(1995)에서 제시되었다. '자기'에 의한 대등/종속의 차이는 의미론적 현상일 뿐이라는 것이 그 기본 입장이다. 이은경(2001)에서도 이러한 관점을 따르고 있다. 필자는 '자기'의 조응이 통사적으로 대등/종속을 가르는 기준이라는 종래의 통념을 부정하는 바이지만, '자기'의 해

---

427) (가, 나)는 김정대(2005: 139)의 예이며, (다)는 그의 설명에 따라 구성한 통사구조이다. 그는 시간 선어말어미를 갖지 않은 절을 'VP'로 취급하고 있다.

428) 이들 문장이 가지는 문제는 이정민(1973), 김영주(1990) 등에서 제기한 바 있다. 양동휘(1983)에서는 Chomsky(1986a)의 완전기능복합체(CFC)의 개념을 바탕으로 '자기'의 통사적 해석을 설명하였으나, (52), (53) 유형의 예에 대해서는 동사가 '경험자' 의미역을 가진다고 가정하여 비정규적인 경우로 다루고 있다.
   김지홍(1998)에서는 대등/종속 접속문에서의 '자기'의 쓰임의 차이를 설명하면서 완전기능복합체의 개념에 입각한 성분통어 정의를 받아들이고 있다. 이 역시 (52), (53)의 예를 일관된 방식으로 설명할 수 없다.

429) 절 단위의 범주를 김정대(1999, 2005)는 VP로 상정하나, 다른 연구자들은 이를 S나 IP 등으로 상정하는 차이가 있다.

석과 관련한 일정한 통사적 제약이 존재한다는 점은 받아들인다. 그 통사적 제약은 재귀대명사가 통사구조에서 허가받기 위한 최소한의, 필요조건으로서의 조항이라는 성격만을 가진다. 또한 이러한 '자기'의 통사적 제약은 기본적으로 일반 대명사와 다르지 않은 것이라고 판단한다.[430)

이제까지의 논의를 바탕으로, '자기'에 대한 처리 방법을 구체화해보기로 하자. '자기'를 포함한 대명사를 해석하는 일반적 절차는 다음과 같다.[431)

(60) 대명사의 통사적 해석 절차
① 대명사를 기준으로, 통사적으로 가장 가까운 범위 내에서 비-대명사와 대명사의 순서쌍을 형성하라. 보기: (철수가, 자기를)
② 순서쌍의 두 항에 이미 지표가 부여되어 있다는 전제에서,[432) 두 지표의 동지시를 가정하라. 보기: ((철수가i, 자기를j), (i=j))
③ 순서쌍을 이루는 두 항은 그 통사구조에서 다음 조건을 적용하여, 위반하는 것은 버리고, 위반하지 않는 것은 유지한다.
  • 비-성분통어 조건: 대명사는 비-대명사를 동지시하면서 성분통어해서는 안 된다.[433)
④ 처음으로 돌아가서 대명사를 기준으로 새로운 비-대명사를 찾아 ①-③의 절차를 반복하라.

이 절차의 적용에 따라 (61)은 살아남고, (62)는 부적격 판정을 받아 버려진다. ①은 비-대명사와 대명사의 순서쌍을 문제 삼기 때문에, 대명사만을 가진 (61)은 ③의 비-성분통어 조건을 위반하지 않는다. 그러나 (62)는 '(자기, 철수)'와 같은 순서쌍이 ③을 위반하므로 부적격 판정을 받는 것이다.

---

430) 재귀대명사와 일반 대명사를 하나로 다루고, 비-통어(비-성분통어) 조건을 두는 이러한 접근은 Langacker(1969), Jackendoff(1972)로부터 취한 것임을 밝혀둔다.
431) 다음의 해석 알고리즘은 '자기'뿐 아니라 '그'도 적용 대상으로 한다. 이 밖에 교호적 재귀대명사 '서로'도 그 적용 대상으로 포함하지만, '서로'는 부사로서의 어휘항목을 따로 가진다고 본다.
    더 엄밀한 기술이 되기 위해서는 다음에서 '대명사', '비-대명사' 등의 표현을 '대명사를 포함한 DP', '비-대명사를 포함한 DP'로 바꾸어야 한다. 이들 경우의 'DP'는 그 보충어인 'NP'가 가지는 대명사/지시적 표현 여부의 성질과 지시지표를 그대로 계승한다는 가정이 또한 필요하다. (60-①, ②)의 '보기'는 이러한 고려에 따른 형식을 보인 것이다.
432) 통사구조가 형성되면서 각 교점에 지시지표가 주어지는 것으로 전제하기로 한다.
433) 여기에서 '성분통어'는 위 (55)의 Reinhart(1981)의 개념을 상정하고자 한다.

(61) 가. 자기는ᵢ 자기의ᵢ 잘못을 몰라.　cf. *자기는ᵢ 철수의ᵢ 잘못을 몰라.

나. 그는ᵢ 자기의ᵢ 잘못을 모른다.　cf. ??자기는ᵢ 그의ᵢ 잘못을 모른다.

(62) 가. *자기는ᵢ 철수를ᵢ 내세운다.　cf. 철수는ᵢ 자기를ᵢ 내세운다.

나. *그는ᵢ 철수를ᵢ 내세운다.　cf. ??철수는ᵢ 그를ᵢ 내세운다.

다. *자기는ᵢ 철수가ᵢ 영희를 비판하였다.[434] cf. 철수는ᵢ 자기가ᵢ 영희를 비판하였다.

'자기' 또는 '그'가 완전히 배제되는 (62)의 예는 통사적 부적격문이라고 봄이 타당하다. 이것이 위 ③의 조건이 정확히 의도하는 경우이다.

통사적 해석 과정과는 별도의 담화의미 해석 과정에서 (61) 등의 문장은 적격한 의미를 부여받게 된다. 이 과정에서 의미구조에 관한 각종 제약을 충족해야 그 적격성을 완전히 보장받게 된다. 그러나, 재귀대명사와 일반 대명사의 선행사에 대한 통사구조상의 제약은 (60-③) 말고는 없다.

5.4.2.4절과 5.4.2.5절에서 제시한 '-고' 연결어미 문장의 구조와 관련하여 잠재적 문제를 제기하는 예로 두 가지 경우를 고려해보기로 한다. 첫째, 앞서의 예 (49)는 '자기'와 관련한 통사적 제약과는 상관없으나, 이 구문에 요구되는 다른 통사적 제약에 따라 비문이 된다. (49가, 다)의 예에 대한 통사적 해석으로 다음 두 가지 구조가 가능하다.

(49)' 가. *[$_{IP}$ [$_{CP}$ PRO [$_{IP}$ 자기가 웃-φ-]-고] [$_{IP}$ 돌이가 떠들-φ-]]-ㄴ다

다. *[$_{IP}$ [$_{CP}$ PRO [$_{IP}$ 자기의 아들이 들어오-았-]-다가] [$_{IP}$ 김씨가 들어오-았-]-다가 한다

(49)" 가. [$_{IP}$ [$_{CP}$ 자기가ᵢ [$_{IP}$ t$_i$ 웃-φ-]-고] [$_{IP}$ 돌이가 떠들-φ-]]-ㄴ다

다. [$_{IP}$ [$_{CP}$ 자기의 아들이ᵢ [$_{IP}$ t$_i$ 들어오-았-]-다가] [$_{IP}$ 김씨가 들어오-았-]-다가 한다

명시어 위치에 PRO를 가진 CP는 이차 서술어로 허가되어야 하는데, (49)'의 구조에서 이 CP는 '돌이가', '김씨가'와 상호 최대통어되지 못하므로 서술화 원리에 의해 허가될 수 없다. 그러나, (49)"와 같은 구조로 해석된다면 통사적 부적격성을 면할 수 있다. 이와 같은 구조는 (60-③)의 통사적 조건도 만족하기 때문에 통사적으로 결함을 찾을 수 없다. (49) 문장들은 단지 의미구조 층위에서, '-고'의 의미와 해당 부가어 대응규칙을 이용한 담화의미의 해석 과정에서 그

---

434) 이는 임홍빈(1987: 329)의 예문으로서, 그 문법성 표시는 '??'로 되어 있다. 이 문장의 부적격성의 요인을 의미론적인 것으로 판정한 것으로 보인다. 필자는 (60-③)의 조건을 위반한 통사적 부적격문으로 판단하여 '*'를 표시하였다.

부적격성 판정을 받을 뿐이다. 통사적 부적격문이 아닌 것이다.[435)]

둘째, 5.4.2.4절에서 논의한 바에 따르면 다음의 구조도 가능하다. 이들 예는 그 연결어미 절이 PRO를 가지는 CP 구조로 해석되어 통사적 이차 서술어로 허가되며, 또한 '자기'가 그 선행사와의 관계에서 (60-③)의 조건을 만족하기 때문에 통사적으로 적격한 구조로 판정이 된다.

(63) 가. 돌이가, 자기가 웃고, 떠든다.
    나. [$_{CP}$ 돌이가i [$_{C}$ [$_{IP}$ [$_{CP}$ PRO [$_{IP}$ 자기가 웃-ф-]-고] [$_{IP}$ t_i 떠들-ф-]]-ㄴ다]]
(63)' 가. 돌이는 자기가 문제를 내고 자기가 답한다.
    나. [$_{CP}$ 돌이는 [$_{C}$ [$_{IP}$ [$_{CP}$ PRO [$_{IP}$ 자기가 문제를 내-ф-]-고] [$_{IP}$ 자기가 답하-ф-]]-ㄴ다]]

그러므로, 조응사 '자기'의 통사적, 의미적 해석에서는 물론, 서술화 원리 등의 통사적 원리와 관련하여서도, '-고'류와 '-으니까'류의 연결어미 절을 IP의 부가어로 설정하는 것은 정당화된다. IP 부가어를 이루는 연결어미 절들을 하나의 통사적 자연군으로 인정하지 않는 이론에서는 이상에서 제시한 문법적 사실들을 설명하지 못하기 때문이다.

5.4.2.7. 동일 연결어미의 반복 가능성과 '-는' 주제어

(표3)의 특성 ⑧, 즉 재귀대명사 조응과 관련한 문법성의 차이가 대등접속문과 종속접속문을 획연히 가르는 기준이 되지 못하는 것처럼, 동일 연결어미의 반복 가능성 ⑨, 선행절의 '-는' 주제어 출현 가능성 ⑩도 그러하다.

김영희(1987, 1988)에서는 대등접속문과 종속접속문(부사절 내포문)을 구별하는 통사적 기준의 하나로 동일 연결어미의 반복 가능성을 든 바 있다. 이에 따르면 (64)와 (65), (66)의 차이는 통사적 적격성의 차이인 것이다.

(64) 가. 비는 오고, 날은 춥고, 갈 곳은 없다.
    나. 돌이가 오거나, 철이가 오거나, 순이가 온다.
(65) *비가 와서, 날은 추워서, 갈 곳은 없다.

---

435) (49다)"의 의미 해석 과정에서는(말하자면, 어순까지 고려하는 '정보구조' 해석에서) '자기' 아닌 '아들'이 담화에 도입되는 것이므로, (49가)"과 비교하여 용인가능성이 높아진다.

(66) 가. *돌이가 오는데, 철이가 오는데, 순이가 온다. (이상 4개 예문은 김영희 1987
　　　에서)
　　나. *돌이가 오거든, 철이가 오거든, 나한테 말해라.

　그러나 종속접속문의 특징을 가진다고 알려져온 연결어미의 절들도 적당한
상황맥락을 부여하기만 하면 반복이 가능하다(67). 뿐만 아니라, 명시어 구조를
이루는 연결어미 절도 반복이 가능하다(68).

(67) 그 사람이 오면, 약속된 금액을 안 가져왔으면, 싫은 소리를 좀 해 주어야겠다.
(68) 가. 그이는 나의 기색을 살피더니 그만하면 되었다 하는 듯이 벌떡 일어나 자기
　　　가 쓰는 가방을 가져오더니 그 안에서 흰 봉지를 하나 꺼내겠지요. (현진건,
　　　그리운 흘긴 눈)
　　나. 어제 보았더니, 철수가 들어오더니 집안이 소란해졌어요.

　종전에 대등접속문이나 종속접속문에 나뉘어 분류되던 예들이 본 연구에서
는 부가어 구조 또는 명시어 구조로 분석된다. (64)와 같은 대등적 연결어미 절
의 반복은 부가어의 반복 가능성에 따라 자연스럽게 설명된다. (67)의 '-으면'
연결어미 절도 부가어의 성질에 따라 반복될 수 있는 것이다. 또한, 뒤에서 나
무그림으로 제시할 명시어 구조에서는 오른쪽의 명시어인 CP 자체가 다시
'[[IP-C]-CP]'와 같은 명시어 구조로 분지될 수 있는 것이다(5.4.3절 참조). (68)은
그 한 가지 사례이다. 그러므로 반복 가능성 여부에 의해 구별되는 것은 통사적
차이가 아니라 담화·화용적 차이라고 보는 것이 온당하다. (65), (66)에서 부가
어 구조, 명시어 구조를 이루는 연결어미 '-어서', '-는데', '-거든'의 절이 반복되
기가 불가능한 것도 상황맥락의 제약에 따른 것일 뿐이다.
　다음으로, '-는' 주제어의 실현 사실 역시 대등접속문과 종속접속문이 통사적
차이를 가진다는 증거가 되지 못한다.[436) '-는' 주제어를 활용하는 검증법에는
두 가지 방법이 있다. 첫째로, 후행절만 주제어가 가능한지 여부를 대등접속문
과 종속접속문을 구분하는 기준으로 사용해왔다(김영희 1988). 선행절 주어가
'NP-이' 형식일 때 후행절의 'NP-는' 형식이 불가능한 (70)은 대등접속문의 대
칭성으로부터 말미암은 현상이라는 것이 이 검증 기제의 착안점이다. (69)의 선

---

436) '-는' 주제어는 'NP-는' 형식이 담화상의 주제를 표시하는지, 대조의 의미를 나타내는지,
　　또는 문법기능으로서의 주제어인지에 대한 결정을 유보한, 잠정적인 지칭이다.

행절은 이 기준에 따라 종속절로 결정된다는 것이다.

(69) 가. 가을이 되니 날은 시원하다.
　　　나. 아들이 상을 탔지만 어머니는 슬펐다.
(70) 가. *몸이 튼튼하고 마음은 올곧다.
　　　나. *함박눈이 내리거나 싸락눈은 내린다. (이상 4개 예문은 김영희 1998에서)

'NP-는' 명사항의 존재가 그 통사구조상의 지위에 대해 말해 주는 점은, 이것이 내포절의 성분으로 크게 제약되는 점이다. (69)에서 선행절의 주어가 'NP-는' 형식을 가질 수 없는 것은 이 선행절이 내포절이기 때문이다(채완 1976). 그러나 (70)에서 후행절에 'NP-는'이 배제되는 것은 연접(conjunction) 또는 이접(disjunction)의 연결어미가 가지는 특수한 의미적 효과 때문일 것이다. 이러한 특성은 연결어미 절들의 통사적 부류를 나누는 기준이 될 수 없다.

둘째로, 선행절과 후행절 모두에 'NP-는' 형식의 주제어를 설정할 수 있느냐 여부가 선행절의 후행절에 대한 독립성 여부를 검증하는 기준으로 고려되어왔다. 유현경(1986)에서는 이를 대등접속문의 특징으로 간주하였는데, 김영희(1988)에서는 선·후행절 모두에 'NP-는' 형식이 설정 가능하다는 점이 다음과 같이 대등접속문이라 알려진 구조를 내부적으로 두 부류로 나누는 기준이 된다고 주장한다. '-고, -으며'와 '-거나, -다가'는 모두 대등접속의 연결어미로 알려져왔지만 다음과 같은 대비를 보이는 것이다.

(71) 가. 경찰은 잠을 자고 도둑은 들끓고 한다.
　　　나. 심성은 바르며 행동은 야무지다.
(72) 가. *순이는 기타를 치거나 돌이는 기타를 친다.
　　　나. *소나기는 내리다가 가랑비는 내리다가 한다. (이상 4개 예문은 김영희 1988
　　　　에서)

공히 '대등적 연결어미'를 가진 문장들인 (71)과 (72)의 대비는 'NP-는' 형식의 존재가 통사적 차이로서의 대등접속과 종속접속의 구조적 차이를 보이는 것이 아니라는 점을 증명하는 것이다. 더욱이, '종속접속문'으로 간주되어온 문장들도 선·후행절의 '-는' 주제어가 실현 가능하며(73), (72가)의 특징을 보이는 동일한 연결어미가 (74)처럼 상반된 특징을 보이는 것을 관찰할 때, '-는' 주제어가 대등접속문을 두 하위부류로 나누는 통사적 특성이라고 보는 김영희 (1988)의 생각도 받아들일 수 없다.

(73) 가. 경찰은 경계를 펼지라도 도둑은 들끓는다.
    나. 심성은 바르더라도 행동은 굼뜨다.
(74) 그 사람은 무슨 말을 하거나/하든지, 나는 내 일을 하겠다.

앞에서 우리는 '-고, -으며'와 '-거나, -다가'를 IP에 부가되는 부가어 절을 이 끄는 연결어미로 간주하였다. 또, '-을지라도, -더라도'는 명시어 구조를 형성하 는 연결어미로 간주하였다((표3) 참조). (71), (72)의 차이는 통사적 차이라기보 다는, 연결어미의 의미적 차이로부터 말미암는 현상인 것이다.

5.4.3. 명시어 구조

종래와 달리 이 연구에서 새로이 분리하여 내세우는 연결어미의 특이한 부류 는 명시어 구조를 이루는 연결어미들이다.

(75) 명시어 구조를 이루는 연결어미:
    -거든, -자, -지만, -으나, -거니와, -더니, -는데1, -기를, -기에, -은들, -더라도, -을 지라도, -을망정, -기로서니, -지

기존 연구에서는 위에 제시한 연결어미들 중 '-지만', '-으나'는 대등접속문을, 나머지 연결어미는 종속접속문을 이루는 연결어미로 처리하는 것이 보통이었 다. 이들을 구조적으로 새로운 유형인 '명시어 구조'로 분리해 내는 주요 근거 는 앞에서 (표3)와 관련하여 (19가)로 요약하였다. 즉, 후행절 사건시 기준 해석 을 체계적으로 얻는 것이 불가능하다는 점(②)과, 연결어미의 후행절 의미에 대 한 선택제약의 사실(③)과, 후행절의 부정소의 선행 연결어미 절에 대한 영향권 해석이 불가능한 특징(④)이다. 이 세 가지 특징은 곧 제시하는 명시어 구조의 통사구조 형상으로부터 자연스럽게 뒤따르는 것이다.

이들 연결어미는 연결어미 문장 전체의 머리성분으로서, 선행절을 C로 만들 어, 후행절을 명시어로 취하는 CP 구조를 형성하는 것으로 본다.

(76) 가. 그가 오거든 나에게 말해라.

　　　나. 까마귀가 날자 배가 떨어졌다.

(76)'

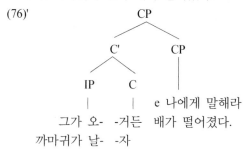

　　　　　　그가 오- -거든　배가 떨어졌다.

　　　까마귀가 날- -자

기존 연구에서 '-거든'과 '-자'는 종속접속문을 이루는 연결어미로 처리되는 것이 보통이었다. 이들을 구조적으로 한 부류에 포함시키는 것은 선행절의 C가 후행절의 양상(modality)을 제약하는 것이, 마치 동사가 주어에 대해서 선택제약을 부과하는 것과 같다고 보기 때문이다. 연결어미인 C는 CP의 머리성분으로 설정되기 때문에 구조적으로 그 최대통어 영역이 CP 전체에 미치는 사실을 효과적으로 포착할 수 있다.

'-거든'이 후행절에 '의도'의 양상적 의미와 관련한 제약을 부여한다는 관찰이 일찍부터 있어왔다(서태룡 1979, 이정민 1980, 이기갑 1987).

(77) 가. 그가 오거든 나에게 말해라.

　　　나. 짐이 도착하거든 우리도 떠나겠다/떠날 것이다/떠나마.

　　　다.*짐이 도착하거든 우리도 떠난다/떠나느냐?/떠나는구나.

'-거든'과 '-자'가 후행절의 양상에 대한 제약을 부여한다는 것은, 역으로 후행절의 굴절소가 선행절을 그 통사적 영역 내에 두지 못한다는 뜻으로 해석할 수 있다. (76)'은 이러한 점을 구조적으로 포착하기에 적합하다.

앞에서도 요약·소개한 바 있지만, 남기심(1975)에서는 연결어미 '-거든'이 언어 외적 상황이나 기타 형편에 따라 발화시 기준, 후행절 사건시 기준이 유동하는 예라고 관찰한 바 있다. 이는 '-거든'이 후행절 굴절소가 표현하는 시간적 선후 관계와 무관함을 말해주는 것으로, (76)'과 같은 구조 설정을 지지하는 사실이 된다.

'-자'는 선어말어미 '-었-, -겠-'을 취하지 않는 연결어미인데, 항상 발화시 기준의 과거 해석을 만든다. 이 연결어미에 관하여 오해하기 쉬운 것은, 이 연결 어미의 문장이 잇달아 일어나는 사건들의 선후 관계를 본질적으로 가지기 때문에, 후행절의 시제에 의한 영향이 선행절에 가해진다고 생각할 수 있다는 점이다. 그러나 이러한 시간적 관계는 오히려 '-자'가 부여하는 것이다.

(78) 가. 석양이 되자 우리는 집으로 돌아왔다.
　　　나.*석양이 되자 우리는 집으로 돌아오겠다/돌아올 것이다/돌아와라/돌아오마.

명시어 구조를 형성하는 연결어미로는 이 밖에 '-지만', '-는데1', '-거니와', '-더니', '-기를' 등이 있다. 이들 하나하나에 대해서 간단히 검토해보기로 한다.
'-지만'은 남기심(1975)에서 항상 발화시가 기준 시점이 되는 예로 분류한 바있다. 이는 후행절의 굴절소나 보문소가 가지는 시간적 의미가 연결어미를 포함한 선행절에 아무런 영향을 주지 못함을 말하는 것이다.

(79) 가. 그는 용감했지만 그의 부하들은 비겁했다.
　　　나. 그가 힘이 세지만 결국 패할 것이다.
　　　다. 비가 오겠지만 장마는 지지 않을 것이다. (이상 3개 예문은 남기심 1975에서)

오히려 '-지만'이 후행절 보문소의 서법을 제약한다.

(80) 가. 철수는 사과를 먹었지만 순희는 귤을 먹었다/먹어라/먹자.
　　　나.*철수는 사과를 먹었지만 순희는 귤을 먹었느냐? (최재희 1991: 83)

이러한 특징은 한국어의 연결어미들 중에 '-지만'의 위치가 독특함을 보이는 것이다. 이와 같은 특징은 명시어 구조가 효과적으로 포착할 수 있다고 본다.
최재희(1991: 88)에서는 '-는데'를 대등접속과 종속접속의 둘로 나누어 처리하였는데, 대등접속의 경우 다음과 같은 서법 선택의 제약을 가진다고 관찰하고 있다.

(81) 순희는 떠나지 않았는데 철수는 떠났다/떠났느냐/*떠나라/*떠나자.
(82) 철수는 사과를 먹었는데 순희는 귤을 먹었다/먹었느냐?/*먹어라/*먹자.

이미 남기심(1975)에서도 '-는데'가 둘 이상의 뜻을 가지고 있어서 그 뜻에 따라 그 기준 시점이 달라지는 예라고 지적한 바 있다.

(83) 그는 서울로 갔는데 그의 아내는 서울서 내려왔다.
(84) 꽃이 많이 피었는데 그 꽃이 몹시 아름다웠다.

(83)과 (84)의 두 문장에 쓰인 '-는데'는 의미가 다른데, 그 의미의 차이는 통사구조상의 지위의 차이와도 대응되는 것이어서 주목된다. '대조'를 의미하는 (83)은 명사어 구조를 이루는 것이며('-는데1'), (84)에서 '배경 설정'의 연결어미 절은 앞에서 소개한 대로 IP의 부가어를 이루는 것이다('-는데2').

'-거니와' 문장에서도 서법의 선택에 제약이 있음을 관찰할 수 있다(최재희 1991: 74).

(85) 가. 철이는 공부를 잘 하거니와 운동도 잘 한다/*하니?/*해라/*하자.
　　 나. 순희는 맥주를 마시거니와 영자는 위스키도 마신다/*마시니?/*마셔라/*마시자.

'-더니'도 이상의 연결어미들이 가지는 특성을 공유한다. '-더니'는 선·후행 절 사건의 시간적 선후 관계를 그 스스로 부여한다는 점에서 '-자'와 유사한 바가 있다.

(86) 가. 번개가 번쩍하더니 천둥이 친다.
　　 나.*천둥이 번개가 번쩍하더니 친다.
(87) 가. 아까는 철수가 가더니 이제는 철수 동생이 간다/가느냐?
　　 나.*아까는 철수가 가더니 이제는 네가 가라/내가 가겠다.

앞의 논의(5.1.1절)에서는 명사형 어미와 조사의 결합으로부터 형성된 '-기를' 이 새로운 단위로 보문소의 자격을 갖게 되었다고 말한 바 있다. 보문소, 즉 연결어미로서의 '-기를'은 이상의 연결어미들과 동일한 구조적 특성을 가진다.

(88) 가. 그는 생각하기를, 혜성이 지구에 부딪치면 어떻게 될까 걱정했다.
　　 나. 그 알이 나타나기를 금빛 광채 속에서 나타났다.

(88)' 가.*그는 생각하기를, 혜성이 지구에 부딪치면 어떻게 될까 걱정했느냐?.
　　나.*우리가 무대에 오르기를 신나는 음악과 함께 오르겠다/오르자/오르느냐?.

물론 '-기를'의 제약은 선행절에 대해서도 가해지는 것이어서 (88)'은 물론, (88)과 같은 예를 구성하기도 쉽지는 않다. 그러나 이와 같은 극심한 제약을 가지는 구문을 기술하는 데에는 '-기를'이 명시어 구조를 형성한다고 보는 것이 효과적이라고 생각된다.

양정석(1996라)에서는 명사구 접속의 'NP1-와 NP2' 구성에서 '-와'의 범주가 후치사(P)이며, 'NP1'을 보충어, 'NP2'를 명시어로 가지는 구조를 이룬다고 기술한 바 있다.[437] 또 종래의 관점과는 달리, 접속의 '-와'가 '-고'나 '-으며'와 통사적 과정을 통해 연관되지 않는다는 점을 강조하였다. 본 연구의 검토에 따르면 '-와'는 명시어 접속항을 취한다는 점에서 '-거든', '-자', '-지만' 등, 앞의 (75)의 연결어미들과 공통된다고 할 수 있다. '-와'의 병렬적 의미는 통사구조에서 명시어 구조로 표현되지만, '-고'의 병렬적 의미는 통사구조에서 부가어 구조로 표현되는 것을 아울러 고려할 때, 적어도 한국어에서는, 통사구조와 의미 구조가 접속의 형식에 있어서 일률적으로 대응되는 것은 바랄 수 없는 일이라고 결론지을 수 있다.

5.4.4. 부가어 구조

5.4.4.1. 주어, 목적어의 이차 서술어인 연결어미 절

부가어 구조를 이루는 연결어미 중에도 주어, 목적어의 이차 서술어를 이루는 부류와 그렇지 않은 부류를 구분할 수 있다. 연결어미 절이 이차 서술어를 이루는 경우로 세 가지가 있는데, 그것은 VP의 부가어, I'의 부가어, V'의 부가어이다((표3)의 분류 참조).[438]

먼저, 주어의 이차 서술어 위치를 그 구조적 특성으로 가지는 연결어미들을 제시하면 다음과 같다.

---

437) 이 내용은 앞의 4.3절에 요약되어있다.
438) 주의할 점은 이들 연결어미의 절이 언제나 이차 서술어가 되는 것은 아니라는 점이다. 연결어미 절이 그 명시어 위치에 O나 PRO를 가지는 경우에 한하여 서술화 원리를 만족하기 위해 이차 서술어가 되는 것이다. 그 외의 경우에는 수식어로서 허가된다.

(89) 가. VP의 부가어를 이루는 연결어미:
　　　　-으려고, -고도, -고서, -고자, -으러, -어서, -을수록, -느라고, -자마자
　　나. I'의 부가어를 이루는 연결어미:
　　　　-다가, -어야, -으면, -으면서

　　VP의 부가어를 이루는 연결어미의 예로 '-으려고'를 들어보자. '경애를 만나러'는 이차 서술어가 되어 전체 문장의 주어 '그가'와 주술관계를 맺는다. 다음 구조는 서술화의 '임자(host)'인 '그가'와 'e 경애를 만나러'가 상호 최대통어 관계에 놓임을 보여준다.[439]

(90) 가. 그가 경애를 만나려고 여학교로 갔다.
　　나.

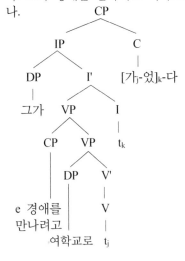

　　I'의 부가어를 이루는 연결어미의 대표적인 예는 '-다가'이다. '-다가' 연결어미 절도 전체 문장의 주어와 주술관계를 맺는다.

(91) 가. 그가 글씨를 쓰다가 지우개로 지웠다.
　　나. 그가 글씨를 썼다가 지우개로 지웠다.

---

439) 우리의 체계(4.1.3절 참조)에서, 명시어 및 부가어는 머리성분의 왼쪽이나 오른쪽의 위치로 고정되지 않는다. 따라서 a.와 같은 예에서는 주어 '그는'이 IP의 오른쪽 명시어 위치에 놓인다. 연결어미 절이 VP의 부가어 위치에 흔적을 가지며 CP의 부가어 위치에 놓이는 b.와 같은 구조도 가능하다.
　a. [IP[VP[CP경애를 만나려고] [VP 여학교로 ti]] [DP 그는]] 가-았-다
　b. [CP[CP e 경애를 만나려고]j [CP[DP그는] [VP tj [VP여학교로 ti]] 가i-았-다]]

(91)′

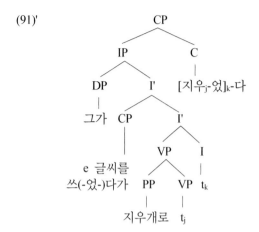

VP 부가어와 I′ 부가어의 위치는 주어와 상호 최대통어하는 위치이다. 부가어인 연결어미 절의 기본 위치는 머리성분인 연결어미가 가지는 어휘적 정보로 기재되는 것으로 본다. 이는 보충어인 연결어미 절이 동사가 가지는 어휘적 정보에 따라 선택되는 것과 대조된다.

다음으로, 목적어의 이차 서술어 위치를 그 구조적 특성으로 하는 연결어미들과 그 통사구조를 보이면 다음과 같다. V′의 부가어는 목적어와 상호 최대통어하는 위치이다.

(92) V′의 부가어를 이루는 연결어미: -도록, -게
(93) 가. 아내가 그를 새벽 일찍 출발하도록 설득했다.
　　 나. 아내가 새벽 일찍 출발하도록 그를 설득했다.
(93)′ 가.　　　　　　　　　　　나.

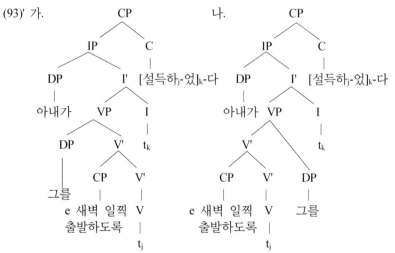

(93)'은 (90)의 두 가지 어순에 따라 그 통사구조를 보인 것이다. 다음은 이와 같은 구조의 또 다른 예이다. (93가, 나), (94) 모두에서, 목적어와 '-도록' 절은 상호 최대통어 조건을 만족하여 통사적 주술관계가 허가된다.

(94) 가. 어린아이의 용기 있는 행동이 어른들을 머쓱해지도록 만들었다.
　　나. [vp 어른들을 [v' [cp Oᵢ tᵢ 머쓱해지도록] [v' 만들-]]]-었다

같은 성격을 가지는 연결어미로 '-게'를 들 수 있다. '긴 사동문'을 만든다고 생각되어온 '-게'는 두 가지 상이한 구조를 형성한다. (95가)의 연결어미 절 '철수가 죽을 먹게'는 보충어인 반면, (95나)의 목적어 뒤에 나타나는 '죽을 먹게'는 부가어이다. (95나)는 목적어의 이차 서술어로서의 쓰임을 보인다. (96)에서 보는 것처럼, 두 구조의 차이는 문법성의 차이를 유발한다.

(95) 가. 어머니는 철수가 죽을 먹게 하였다. (보충어 구조)
　　나. 어머니는 철수를 죽을 먹게 하였다. (부가어 구조)
(96) 가. *철수는 맥주가 시원하게 하였다.
　　나. 철수는 맥주를 시원하게 하였다.

(95나)와 (96나)의 예는 양정석(2002가: 5.4절)에서 '결과 구문규칙'이 적용되는 한 사례로 분석한 바 있다. 타동사를 가지는 결과 구문에서 '결과'를 나타내는 구는 목적어를 '임자(host)'로 하는 이차 서술어로 간주된다. 결과 구문은 V' 부가어를 가지는 구문의 한 부류를 이룬다.

V' 부가어는 '-도록' 절처럼 연결어미 고유의 특성에 따라 형성되기도 하고, 결과 구문에서처럼 구문규칙에 의해 형성되기도 한다. 후자의 경우, '결과 구문'을 형성하는 구문규칙은 어순을 부여하는 특성을 가진다고 본다. 한국어의 어순이 자유로운 것은 V'의 왼쪽이나 오른쪽에 부가어가 부착됨을 허용하는 핵계층 구조의 일반적 원리에 따른 현상이나, 구문규칙 중 어순을 고정하는 성질을 가진 규칙이 적용되면 그 순서가 한 가지로만 고정되기도 하는 것이다.

5.4.4.2. 이차 서술어 아닌 부가어 연결어미 절: IP 부가어와 CP 부가어

연결어미 절들 중에는 주어나 목적어의 이차 서술어가 되지 못하는 것들이

두 가지가 있다. 먼저, 그 기본적인 구조적 위치가 IP의 부가어인 연결어미 절이 있다. (98)은 (97)의 연결어미들 중 '-거나'의 예를 대표로 들어 그것이 실현되는 통사구조를 보인 것이다.

(97) IP의 부가어를 형성하는 연결어미:
  가. -고, -으며, -거나, -든지, -는데2, -다가2
  나. -으니까, -으니, -으므로, -어도
(98) 가. 그가 의학을 했거나 법학을 했겠지.
  나.

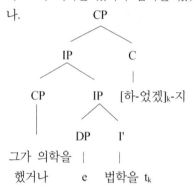

(97가)는 종래의 연구에서 대등적 연결어미로 알려진 것이고, (97나)는 종속적 연결어미로 알려진 것이나, 그 기본적인 통사구조상의 위치가 IP의 부가어라는 점에서는 두 부류가 동일하다. 주절의 주어(여기서는 'e')가 선행절을 최대통어하지 못하므로, 선행절인 연결어미 절은 이차 서술어가 되지 못한다. 이것이 바로 앞 절의 I' 부가어와의 주요 차이점이다.

다음으로, CP의 부가어 위치에 놓이는 연결어미 절이 있다. 이 경우는 그 기본적인 위치가 아니고, 언제나 후행절에 그 동지표화된 흔적을 가지는 선행사의 위치로만 한정된다. 한 예로, 앞에서 '-도록' 연결어미 절은 V'의 부가어로 규정되었지만((31) 참조), 다음과 같이 문장의 첫머리에 나타나는 경우도 있다. 이 경우 연결어미 절 CP는 전체 문장 CP의 부가어가 되는 것인데, 이 부가어 CP는 V'의 부가어 위치에 있는 흔적(t)과 '이동 변형 관계'를 형성하는 것이다.

(99) 가. 새벽 일찍 출발하도록 아내가 그를 설득했다.
  나. 나. [CP [CP Oi ti 새벽 일찍 출발하도록]j [CP 아내가 tj 그를 설득했다]]

한국어에서 CP의 부가어는 언제나 이동의 결과로서만 인정된다는 원리가 존재한다고 본다.[440] 이러한 이동 변형에 의한 통사구조는 담화·화용론적 의미를 전달하기 위한 목적에서 형성되는 것으로 본다.[441] (99)는 '무거운 명사항 이동(Heavy NP Shift)'과 같은 변형의 효과가 실현된 것이라고 판단된다.

5.4.5. 보충어 구조

연결어미 절이 보충어의 기능을 가진다는 것은 이것이 전형적인 '동사구 보문'으로서, (100)과 같은 구조에 포함된다는 뜻이다.

(100) 가. 그는 일찍 일어나려고 시도하였다.
　　　 나.

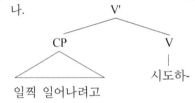

연결어미 절이 보충어의 지위를 가지는 예를 더 들면 다음과 같다.

(101) 가. 어머니는 철수가 죽을 먹게 만들었다.
　　　 나. 어머니는 철수가 죽을 먹도록 만들었다.
(102) 가. 그는 돌을 던져 보았다.
　　　 나. 그는 꽃을 구경하고 있다.

보충어인 절, 즉 보문을 이끄는 연결어미는 이들 외에도 '-아/어', '-게', '-지', '-고' 등이 대표적인 것이다. 이들은 종래 국어문법 연구에서 본동사와 보조동사를 매개하는 어미인 것으로 알려져왔다. 앞의 보조동사 구문에 관한 논

---

440) 우리는 이동 변형의 흔적을 포함하는 표상을 상정한다. 그러나 이것은 말 그대로의 이동 변형 과정을 가정하는 것은 아니고, 단일한 통사구조에 이동 변형의 흔적을 표상하여 선행사와 흔적 사이의 적격한 관계에 대한 조건만을 부여한다는 것이다. 이 흔적은 Chomsky(1986b)의 이론 체계에서 제시하는 공범주 원리와 하위인접 조건을 만족한다.
441) 필자는 통사구조와 의미와 직접 대응하는 문법 체계를 가정하므로, 이동 변형의 효과를 나타내는 통사구조가 특정의 의미 효과를 위해 존재한다는 것은 자연스러운 생각이다. 이 점에 있어서 원리매개변인 이론의 통사론 중심적 관점과는 상충될 수 있다.

의에서 우리는 이들이 복합문 구조의 예임을 논하였는데, 이들 중 '셋째 유형'
이라고 지칭되는 구문은 보충어 절을 내포하되 선·후행 동사가 재구조화 절
차에 따라 통사적 긴밀성을 획득하게 된다고 설명하였다. '-게'를 가지는 구문
인 '긴 사동문'은 일반적 복합문의 구조로서, 결과 구문규칙의 적용을 받는 경
우에는 '-게' 절이 V'의 부가어 위치에 놓이며, 그 외의 경우에는 '-게' 절이 보
충어의 위치에 놓인다고 기술하였다. '-고'를 가지는 '진행' 구문은 역시 '-고'
연결어미 절이 동사 '있-'의 보충어 위치에 놓여 이루어진 구문이다.

이들 연결어미 절이 가지는 보충어로서의 특성은 다음과 같이 삭제의 방법
을 통하여 검증할 수 있다.

(103) 가. 그는 *(일찍 일어나려고) 시도하였다.
나. 그는 *(철수가 부지런하다고) 생각한다.
(104) 가. 어머니는 *(철수가 죽을 먹게) 만들었다.
나. 어머니는 *(철수가 죽을 먹도록) 만들었다.
(105) 가. 그는 *(돌을 던져) 보았다.
나. 그는 *(꽃을 구경하고) 있다.

앞에서 논의한 우리의 체계에서는 동사가 굴절소로, 다시 굴절소와 함께 보
문소로 이동하는 머리성분 이동의 결과를 통사구조 표상에 반영하였다. 즉, 보
통의 경우, 동사와 굴절소는 보문소 위치에 놓이는 것이다. 그러므로 (100나)의
실제 표상에 가까운 것은 (106)이다.

(106) [$_{CP}$[$_{IP}$ 그는 [$_{I'}$[$_{VP}$[$_{V'}$ [$_{CP}$ pro 일찍 일어나려고] t_j]] $t_{j,k}$][시도하$_j$-었$_k$-다]]

한국어에서 연결어미 절이 보충어의 지위에 놓이는 구조는 대개 보조동사 논
의와 관련된 것들이라고 할 수 있다. 앞의 5.3절에서 전형적인 '보조동사 구문'
으로부터 구별한 예들 중 보충어 위치에 연결어미 절을 가지는 것들을 다시 들
어보면 다음과 같다.[442] 먼저, 다음과 같은 유형은 김영희(1988)에서 '내포접속
문 구성'이라고 명명한 바 있다.

(107) 'V-거나 V-거나 하-': 사랑에 달뜬 동안은 서로의 흠들이 모두 눈에 안 띄거나

---

442) (107)-(110)의 예문은 모두 허웅(1995)에서 가져온 것이다.

혹은 띨지라도 흠으로 보이지 않거나 하는 것이다.

(108) 'V-거니 V-거니 하-': 저 쪽의 두 배는 앞서거니 뒤서거니 하며 바다로 나오고 있건만 이 쪽을 따라 잡을 수는 없을 것이다.

(109) 'V-고 V-고 하-': 봄이 오면 온갖 물이 오르고 싹이 트고 한다.

(110) 'V-고 하-':[443] 한 사람이 죽을 때마다 한 개의 음악이 생겨나고 하였습니다.

이상의 내포접속문 구성의 예를 허웅(1995) 등에서는 보조동사('매인풀이씨') 구문에 포함하여 다루고 있으나, 이는 그 보충어가 접속문, 즉 연결어미 문장으로 되어있는 구조로 보아야 옳다.

다음은 허웅(1995)에서 보조동사('매인풀이씨') 구문의 예로 다루었던 문장들이다. 이들은 모두 연결어미 절을 그 보충어 위치에 가지는 구조를 취하고 있다.

(111) 'V-고는 하-': 그는 매일 약방에 들러 무엇이든 한두 가지 약을 사가지고 가고 (곤) 하였다. (허웅 1995에서)

(112) 'V-기로 하-': 다음 수요일에 광릉으로 소풍 가기로 했어.

(113) 'V-어야   V': 농부는 논밭을 열심히 가꾸어야 한다/된다.

(114) 'V-듯(이) 하-': 감격에 겨워 흐느끼듯 하는 자세/좌우 포청 포교들이 성안 성밖으로 가을 중 쏘대듯 하였다. (허웅 1995에서)

(115) 'V-으려(고) 하-': 가슴 아픈 얘기는 할 필요가 없는 것 같아서 숨겨 두려고 했다./꽃이 피려고 한다. (허웅 1995에서)

(116) 'V-고자   하-': 그를 만나고자 합니다./이분들의 빛나는 삶을 기리고 배우는 계기를 마련하고자 한다. (허웅 1995에서)

(117) 'V-도록   V': 공부를 열심히 하도록 해라/그가 일을 맡도록 되었다.

(118) 'V-고 들-': 네가 나의 하는 일을 이해한다면 이렇게까지 추궁하고 들지는 않을 것이다./그는 무엇이고 꼬치꼬치 따지고 든다. (허웅 1995에서)

(119) 'V-러 들-': 그의 손목을 잡으러 드니, 몰풍스럽게 휙 뿌리치고 가 버렸다./마당 빌어 봉당, 봉당 빌어 안방이라고, 이건 숫제 우리 집 어른 노릇을 하러 들었다. (허웅 1995에서)

(120) 'V-으려고 들-': 이자들이 기어코 그를 죽이려고 드는구나./무슨 일이라도 하려고만 들었다. (허웅 1995에서)

허웅(1995)에서는 다음 (121), (122)의 예를 연결어미('이음씨끝') '-음직', '-을

---

443) 이것도 'V-고 V-고 하-'와 같은 구문의 한 형식으로 볼 수 있다.

까말까'에 '하다'가 이어나는 예로 들었다. 이는 우리의 판단과 같은 것이다. '-음직', '-을까말까'는 보문소의 목록에 포함되어야 한다.[444]

(121) 'V-음직 하-': 힘꼴이나 씀직 한 젊은이/그게 사실임직 하다
(122) 'V-을까말까 하-': 이제 겨우 서로 얼굴들이 익을까말까 할 무렵이다./지금 갈까말까 하는 중이다.

이상과 같이 보충어로 사용되는 연결어미 절의 종류는 예상보다 다양하다는 것을 알 수 있다. 또, 보충어 위치에 쓰일 수 있는 연결어미의 구체적 종류는 정해져있지 않다는 점도 이상의 검토를 통하여 얻을 수 있는 결론이다. 예를 들면, '-으려고' 절은 보충어를 이루기도 하고, 부가어를 이루기도 하는 것이다.

5.4.6. 연결어미 없는 연결어미 절

'연결어미 없는 연결어미 절'이란 모순적인 표현이다. 여기에서 연결어미를 갖지 않는다는 말은 표면적 형식으로서의 연결어미를 갖지 않는다는 것일 뿐이고, 통사적으로는 무형의 형태이나마, 연결어미에 대응되는 통사 범주를 가지는 구조를 문제 삼고 있는 것이다.

변형 규칙으로서의 '비우기(gapping)'와 관련되는 구조가 이 연구에서 '연결어미 없는 연결어미 절'이라고 지칭하는 현상의 대표적인 예이다. 그러나 이 현상을 지칭하는 용어로는 영어의 'gapping'이란 용어로부터 한국어의 '비우기', '공백화', '간격화'에 이르기까지 여러 용어가 쓰이고 있고, 그 가리키는 범위도 연구자에 따라 상당히 다르다. 단적인 예로, 김영희(1997)은 한국어 대등접속문에서의 성분 생략 현상에 대한 이제까지의 연구 중에서 가장 포괄적이고 체계적인 연구인데, 이 논문에서 사용하는 '비우기'라는 용어는 대등접속문에서의 주어 생략, 서술어 생략, 그리고 목적어를 비롯한 중간의 성분들이 생략되는 현상 모두를 지칭하는 것이다. 그러나 우리는 다음 (123), (124)과 같이, 문장 끝머리에서 동사(동사+굴절소+보문소)가 생략되는 현상만을 '비우기'라는 용어로 지

---

444) '믿음직 한 젊은이들', '큼직큼직 한 글자'와 같은 예도 들었지만, '*그 사람을 믿음직 하다'가 불가능한 것을 보면 타동사로서의 '믿-'의 용법이 아님을 알 수 있으며, 또 '큼직큼직'은 어간과 어미의 구분이 불가능하다. '믿음직', '큼직큼직'이 부사로 파생하여 다시 '하-'를 취해 상태성 동사로 바뀐 것으로 보는 것이 온당하다.

칭하고자 한다.[445) 서술어가 생략되는 것 외에, 구가 생략되는 현상은 모두 예사의 공범주가 실현되는 현상으로 간주할 수 있다.

  (123) 철수는 경애를, 영호는 순희를 좋아했다.
  (124) 처음에 철수가, 그리고 나중에 영호가 순희를 사랑했다.

  김영희(1997)에서는 첫머리 지우기, 가운데 지우기, 끝머리 지우기의 3가지 현상을 주변성 조건, 한 방향 조건, 필수 성분 조건, 유표격 조건, 평형성 조건, 병렬 접속문 조건의 6가지 조건에 대해서 하나하나 검토하여, 한국어 대등접속 문에서의 성분의 생략에 관한 온갖 통사적 조건들, 그리고 여러 규칙들의 상관 관계에 대해서 체계화할 수 있는 토대를 제공해주었다.

  김영희(1997)에서 검토한 조건 중 마지막 항목인 '병렬 접속문 조건'은 문제를 제기한다. 그는 대등접속문 중에서 '-고' 문장만이 끝머리 지우기가 적용된다고 설명하였다. 문제는, '-고'의 경우와 '-으며'의 경우를 통사적으로 구별할 아무런 방도가 없다는 것이다. 다음은 김영희(1988)에서 제시한 예인데, '-으며' 문장에 끝머리 지우기가 적용된 결과는 (125나)와 같이 비문으로 판정하고 있다.

  (125) 가. 남편은 채소를 팔며 아내는 생선을 판다.
       나.*남편은 채소를 ϕ, 아내는 생선을 판다. (김영희 1988)

  (125나)의 문법성 판단은 김영희(1988)에 의한 것이다. 그러나 '-으며' 문장의 경우와는 달리, '-고' 문장의 경우에는 똑같은 형식의 기호열을 문법적인 것으로 판단하고 있다.

  (126) 가. 남편은 채소를 팔고 아내는 생선을 판다.
       나. 남편은 채소를 ϕ, 아내는 생선을 판다. (김영희 1988)

  (125나)와 (126나)가 서로 다른 형식으로부터 도출되었다는 것을 분간할 방도

---

445) 김영희(1997)에서의 결론은 한 절에서의 생략되는 위치에 따라 '앞머리 지우기', '가운데 지우기', '끝머리 지우기'라는 세 가지 지우기(삭제) 변형 규칙이 적용될 수 있다는 것이다. 필자는 이 중 '끝머리 지우기'만을 '비우기'라 지칭하고자 하는 것이다.

는 없는 것이다. 심지어 '-고' 자리에 '-으면서', 또는 '-되'가 있었는지도 모른다. 생성문법 연구의 전통에서 복원가능성 원리를 내세우는 것은 이와 같은 실행을 방지하기 위한 것이라고 할 수 있다.446)

우리의 설명 방안은, 생략된 위치에 기저 생성된 공범주를 설정해야 한다는 것이다.

(126)' 나. 남편은 채소를 Φ_{VIC}, 아내는 생선을 판다.

이 같은 기저 생성된 공범주의 구조는 복원가능성의 문제를 피할 수 있다는 장점을 가진다. 이 설명 방안에 따르면 기저에서 생성된 V-I-C의 공범주들의 연속이 구문규칙을 유발한다는 것이므로, 사실상 특정 연결어미로서의 '-고'도, '-으며'도 이것과 무관하다.

뿐만 아니라, 이와 같은 공범주의 존재가 요구되는 다른 구문이 발견되기도 한다.

(127) 가. 이 곳을 중심으로 하여/해서/해가지고 사방 백리가 수색지역이다.
　　　나. 이 곳을 중심으로 Φ, 사방 백리가 수색지역이다.

이 연구에서는 (127나)와 같은 구문이 '하여/해서/해가지고'에 상응하는 공범주를 가지며, 이 때의 공범주는 (126나)'의 그것과 다름없는 것이라고 판단한다. 이는 '비우기' 현상이 대등접속에 국한되는 것이 아니라는 주장이 된다.

우리의 설명 방안을 조금 더 자세히 기술해보기로 한다. (123), (124)나 (127나)나, 모두 그 통사구조의 형성을 위해서는 맨 처음 단일한 공범주가 도입되는 단계가 실행되어야 한다. (127나)에는 주어 공범주인 pro가 도입되는 과정이 추가된다.

먼저, (123), (124)을 잠정적으로 '일반 비우기 구문'이라고 지칭하기로 하자. 다음 (128나)와 (126나)는 비워진 성분의 위치에 공범주가 실현된 것을 나타내고 있다.

(128) 가. 철수는 경애를, 영호는 순희를 좋아했다.

---

446) 앞의 3.2.2절에서 남기심(1973)이 간접인용문의 기저를 직접인용문으로 설정한 것을 비판하면서 복원가능성 원리의 위배를 문제 삼았던 것을 상기할만하다.

나. 철수는 경애를 ϕ_{VIC}, 영호는 순희를 좋아했다.

(129) 가. 처음에 철수가, 그리고 나중에 영호가 순희를 사랑했다.

　　　나. 처음에 철수가 ϕ_{VIC}, 그리고 나중에 영호가 순희를 사랑했다.

이 현상의 본질은 동사와 굴절소, 그리고 연결어미에 해당하는 보문소가 연달아 공범주로 되어있는 점이라고 판단된다. 그러나 이 공범주의 연속은 한 단위로 인식된다. 즉, 다음 (130)과 같은 어휘부 내적인 규칙이 복잡한 공범주의 결합체를 단일한 형식과 연관지어준다. 이 규칙의 오른쪽의 형식에 의거하여 작동되는 구문규칙이 설정되어야 한다. 이를 '비우기 구문규칙'이라 지칭하기로 하자. 이는 4.1.4절에서 도입한 '머리성분 이동 구문규칙'과 유사한 형식의 구문규칙이다. 이 규칙은 (97), (98)의 문장들이 그 보문소 위치에 공범주들의 연속을 가지는 구조를 가질 수 있도록 허가해준다.

(130) $[\phi_{VIC}]$ ↔ $[_C [_V \phi]_i [_I \phi]_j [_C \phi]_k]$

(131) 비우기 구문규칙:

　　　$[_{CP}[_{IP}[_{VP} \ldots t_i] \ldots t_{i,j}] [_C[_V \phi]_i[_I \phi]_j[_C \phi]_k]]$ 는

　　　다음 의미구조에 대응된다.

　　　$[[\quad]_k, [\quad]_j, [\quad]_i]$

구체적인 문장에서 이러한 규칙들이 적용되는 과정을 간략하게 보이면 다음과 같다. (133다)는 (132)의 절차가 이루어진 다음 목적어인 pro가 추가로 도입된 구조를 보인다.

(132) 가. 철수는 경애를, 영호는 순희를 좋아했다.

　　　나. 철수는 경애를 ϕ_{VIC}, 영호는 순희를 좋아했다.

　　　다. 철수는 경애를 $t_i \, t_{i,j} \, [\phi_{VIC}]_{i,j}$, 영호는 순희를 좋아했다.

(133) 가. 처음에 철수가, 그리고 나중에 영호가 순희를 사랑했다.

　　　나. 처음에 철수가 ϕ_{VIC}, 그리고 나중에 영호가 순희를 사랑했다.

　　　다. 처음에 철수가 pro $t_i \, t_{i,j} \, [\phi_{VIC}]_{i,j}$, 그리고 나중에 영호가 순희를 사랑했다.

일반 비우기 구문 외에도 비우기 구문으로 해석되어야 할, 위 (127나)와 같은 구문 현상이 한국어에 광범위하게 존재한다. 다음 예들에서는 'NP-를 NP-로' 형식이 한 단위를 이루어 부가어의 기능을 가진다.

(134) 가. 그 영화는 월남전을 배경으로 사랑과 모험을 그렸다.
　　　 나. 그 사건은 증거불충분을 이유로 기각되었다.
　　　　　(이상 두 문장은 유동석(1984나)에서)
　　　 다. 일가족 5명이 국가를 상대로 손해 배상 청구 소송을 냈다.
　　　 라. 그들은 전국을 무대로 장사를 시작했다.
　　　 마. 할아버지의 병세는 오늘을 고비로 호전되었다.
　　　 바. 외화 도피 액수를 국세청의 기초 조사를 근거로 알아 내었다.
　　　 사. 우리는 이 자료를 바탕으로 우리의 계획을 세웠다.
　　　 아. 나는 바쁜 것을 핑계로 그 모임에 빠졌다.
　　　　　(이상 6개 문장은 남기심(1993)에서)

　　남기심(1993)에서는 이들 문장에서 'NP-를 NP-로' 형식이 임의로 생략될 수 있다는 점, 한 단위로 자리옮김을 자유로이 할 수 있다는 점, 'NP-를'과 'NP-로' 사이에 부사가 삽입될 수 없다는 점, 명사구 'NP-를'이 관계관형절의 표제가 될 수 없다는 점, 'NP-를'이나 'NP-로'가 분열문의 초점 위치에 올 수 없다는 점 등을 자세히 보이고 있다. 이와 같은 특징은 'NP-를 NP-로'가 독립된 구성성분으로서 부가어라는 점을 증명하는 것이다.
　　이와 같은 형식의 통사적 지위를 어떻게 정하느냐 하는 문제에 대해서 두 가지 해결 방안이 더 생각될 수 있다. 첫째, 'NP-를 NP-로'가 기저에 'NP-를 NP-로 하여'로 설정되고, 여기에 '하-' 동사가 탈락되는 것으로 설명하는 방법이 있으나, 'NP-를 NP-로 하여'의 문장 형식은 가능하더라도 여기에서 '하여'가 생략된 형식이 비문이 되는 등, 이러한 설명에 반하는 증거가 나타난다.

(135) 가. 우리는 약속 시간을 4시로 *(하여) 만났다.
　　　 나. 철수가 교무실을 방향으로 *(하여) 갔다.

　　둘째, 남기심·조은(1993)에서는 'NP-를 NP-로'가 소절(small clause) 단위를 이룬다는 설명 방안을 제시하였다. 그러나 소절을 도입하는 것은 구 구조 이론 상 새로운 유형의 절 구조를 특례로 인정해야 한다는 점에서 근본 문제를 제기한다.447)
　　우리는 이러한 구문을 비우기 현상의 한 사례로 간주한다. 따라서 앞에서 보

---

447) '소절'을 설정하는 이론들이 가지는 문제점에 대해서는 양정석(2002가)의 5.3.2절 및 5.4.3절에서 구체적으로 논의한 바 있다.

인 통사적 해석 과정이 이 구문에도 그대로 적용된다. 의미적으로는, 조사 '-으로'를 취하는 동사 중의 대표적인 동사, 가령 '삼다', '만들다' 등이 가지는 포괄적인 의미와 연결어미 '-어'가 표현하는 '방편' 또는 '원인'의 의미가 통사구조에 도입된 공범주에 대응되는 의미로 주어질 것이다.

(136) 가. 이곳을 중심으로 사방 백리가 수색 지역이다.
　　　나. 이곳을 중심으로 φ$_{VIC}$, 사방 백리가 수색 지역이다.
　　　다. 이곳을 중심으로 t$_i$ t$_{i,j}$ [φ$_{VIC}$]$_{i,j}$, 사방 백리가 수색 지역이다.
　　　라. pro 이곳을 중심으로 t$_i$ t$_{i,j}$ [φ$_{VIC}$]$_{i,j}$, 사방 백리가 수색 지역이다.

비우기 현상에 대한 우리의 해석은 생성의미론적, 변형론적 관점에 대립되는 어휘론적, 해석의미론적 관점을 충실히 따르면서 접근해간 것이다. 이와 같은 해석 기제가 과거의 입장에서는 문제를 가진 것으로 비칠 수 있으나, 통사구조의 생성과 해석 과정을 문법의 전 조직 속에서 고려하는 안목으로 보면 이와 같은 방안이 요구됨을 알게 된다.

5.5. 마무리

한국어에서 어말어미들은 그 수효도 많고, 각기 행하는 통사적 기능도 다양하다. 어말어미들은 보문소로서, 보문소구인 절 구조를 형성하는 중추적 기능을 담당한다.

이 장에서는 내포문과 접속문들을 전통적인 어말어미의 분류에 따라 가르고, 각각의 내포절과 연결어미 절이 전체 문장의 구조 속에서 가지는 통사적 기능을 살펴 그 통사구조를 기술하는 작업을 수행하였다. 한국어 연구자들 간의 광범위한 의견의 일치는 한국어가 문법형태소 중심의 언어라는 것인바, 내포절과 연결어미 절들이 제각기 드러내 보이는 통사적 특성은 전성어미와 연결어미들 각각이 가지는 통사적 특성에 근원을 둔다고 볼 수 있다. 본 연구는 이와 같은 가정을 한국어 어말어미들의 전 범위에 걸쳐서 추구하였는데, 구체적인 기술의 방법은 한국어 어말어미들의 문장 구조에서의 지위를, 동심성, 범주교차성을 그 기본 특징으로 하는 핵계층 이론에 입각해서 고찰하는 것이다. 핵계층 구조와 같은 큰 범위의 원리를 보완하는 개별언어 차원의 규칙화 방법으로 구문규칙의 개념과 '어휘부 대응규칙'의 개념도 구체적인 구문 현상을 해석하는 데에 요긴하게 사용되었다.

명사절 내포문과 관형절 내포문, 인용절 내포문, 보조동사 구문, 그리고 연결어미 문장은 한국어 복합문의 전 범위를 이룬다. 어말어미를 중심으로 한 보문소 단위의 확인과 분류를 실행하였다. 관형절에 관한 논의에서는 관계관형절과 보문관형절 외에 단순한 수식 기능의 제삼의 관형절의 존재를 확인하였다. 인용절에서도 종래 알려진 간접인용절과 직접인용절 외에, 제삼의 직접인용절의 형식을 주목하였다. '보조동사'에 관한 종래의 논의를 이어, 보조동사 구문이 기본적으로 복합문 구조로 간주되어야 함을 주장하였으나, 특별한 종류의 복합동사로 기술해야 할 보조동사 구성을 포함하는 문장은 단순문 구조를 이룸을 보였다. 보조동사 구문의 논의에서 핵심적인 부분은, 복합문 구조를 이루나, 상·하위 구의 머리성분들 사이에 작용하는 '재구조화 원리'의 기제에 따라 해석해야 할 보조동사 구문의 한 부류가 존재함을 밝히는 일이었다.

6가지의 통사적 부류로 나뉘는 연결어미 절은 모두 연결어미를 머리성분으로 가지는 구(phrase)의 구조로 파악되었다. 통사구조 형성과 관련한 이들 연결어미의 고유한 역할은 어휘적 차원에서 명시될 수 있다. 그러나 부가어나 C'를 이루어 전체 접속문 안에서 그 기능을 하는 것은 대부분 핵계층 이론의 독립된 원리에 따라 설명할 수 있다고 보았다. 특히 C'의 머리성분이 되어 그 오른쪽의 명시어 절을 선택제약하는 일단의 연결어미들의 특징에 주목하였다('명시어 구조'). 또한, 종래의 대등접속, 종속접속의 구분이 통사적 증거에 의해 지지되지 않는다는 점을 집중적으로 논증하였다. 그 결과는 연결어미 절을 포함하는 연결어미 문장을 '명시어 구조', '부가어 구조', '보충어 구조'로 환원되는 6가지 구조적 유형으로 분석하는 것이었다.

연결어미 절은 이처럼 명시어 구조를 가지는 문장의 C' 성분이 되는 경우와 V', VP, I', IP의 부가어인 경우, 나아가 보충어인 경우 등으로 분류된다. 특히, 일부 '-으려고' 문장(일찍 일어나려고 시도했다), 일부 긴 사동문(철수가 가게 했다/만들었다) 등은 '연결어미'를 가지는 구문이지만, 이 연구에서는 이들이 보충어로서, 통상적인 접속문 구조는 물론, 부가어 구조를 이루는 것으로 볼 수도 없음을 밝혔다. 또한, 연결어미 '-고'는 연결어미이나 특이하게 '-는다' 등의 종결어미 뒤에 결합되어 재구조화에 의한 복합 단위를 이루고, 유형 판단 구문(철수를 착하다고 생각했다) 등의 특수 구문을 형성하는 데에 기여함을 밝혔다.

제6장 결론

이제까지 한국어의 문법 체계, 그 중에서도 통사구조의 형성에 관한 원리와 규칙의 체계를 수립하는 작업을 수행하였다. 한국어에 대한 전통문법적, 구조문법적, 생성문법적 연구에서 얻어진 성과를 비판적으로 계승하는 데에 노력을 기울이는 것이 이 연구의 기본 태도라고 할 수 있다. 이전의 연구에서 얻어진 바를 통합적으로 수용하기 위해서는 그에 대한 냉철한 비판적 검토가 선행되어야 한다.

먼저 전통·구조문법적 연구에서 성행했던 문법단위들의 분류론을 돌아보고, 이러한 연구를 통하여 형성된 종합적 체계, 분석적 체계, 준종합적 체계의 세 가지 전통을 정리하였다. 이러한 상이한 관점은 지금에 이르기까지 국어문법 연구의 흐름을 이루는 요인이 되어왔음을 보였다. 전통·구조문법적 연구의 분류론적 방법은 통사적 현상에 대한 완비된 이론을 구성하는 데에 불충분하다는 근본적인 한계를 가지고 있는데, 이를 벗어나기 위해서는 한국어의 모든 문장을 생성할 수 있는 규칙들의 체계를 명시적으로 제시함으로써 이 규칙 체계의 적합성을 평가하는 생성문법적 방법론의 도입이 요구된다고 보았다. 초기의 생성문법 이론으로부터 주어진 언어와 문법에 대한 관점, 문법 이론의 평가 척도들, 그리고 구절표지 이론들을 소개하고 이를 한국어 통사 현상의 기술을 위해 활용하였다.

문법단위에 대한 논의를 통하여 한국어 연구에서 중시되어온 형태소 중심의 분류론적 논의가 통사구조에서의 문법적 요소들의 지위에 대한 바른 인식을 바탕으로 새롭게 전환되어야 한다고 주장하였다. 이러한 논의 과정은 필연적으로 통사구조상의 가장 작은 단위인 '형성소'와 같은 문법단위의 필요성으로 귀결된다고 보았다. 형성소는 기호열(string: 연결체)을 이루는 가장 작은 문법단위로 규정된다. 이 개념이 형태소, 통사적 원자, 통사적 머리성분(통사적 핵), 형태론적 대상, 그리고 단어의 개념과 어떻게 다른지를 밝히고, 이들 개념과 독립되는 형성소의 개념이 문법단위의 기초 개념으로서 필요하다는 점을 논하였다.

통사론의 기본 문법단위로서 형성소를 정립하였지만, 재구조화에 의해 복합적 머리성분이 형성되는 예가 한국어에 광범위하게 존재함을 밝혔다. '재구조화'는 언어 보편의 통사적 절차로 상정되었는데, 개별언어에 특유한 어휘적 근거에 따라 이 언어 보편의 재구조화 절차가 작동한다고 설명하였다. 개별언어로서의 한국어에 특유한 어휘적 근거로서 어휘부 대응규칙이라는 등재소의 한 형식이 필요하다. 이는 준생산적·어휘개별적인 성격을 가지는 다수의 규칙들이다. 이들 중에는 종래 단어 형성 규칙의 일부로 다루어지던 것도 있고, 전혀 어휘부의 규칙으로 인정되지 않던 것도 있다.

형성소를 기초적 문법단위로 하고, 재구조화라는 단위들 간의 연계의 기제를 바탕으로 하여, 한국어 문장이 생성되는 원리와 규칙을 설명하는 것이 이 책에서의 한국어 통사구조론의 실행 과정이다. 이 책에서 그와 같은 설명 원리가 되는 문법의 원리와 규칙으로 상정한 것은 다음과 같은 것들이다. 괄호 안은 이에 대해 다룬 본문의 절 번호이다.

(1) 원리들:
   핵계층 도식(4.1.3), 논항 연결 원리(4.1.2), 격 표시 원리(4.1.3), 서술화 원리(4.1.4), 수식어 허가 원리(4.1.4), 공범주(t, O, PRO, pro) 원리(4.1.4), 재구조화 원리(3.4)
(2) 구문규칙들:
   가. 이차 서술어 포함 구문:
      묘사 서술어 구문규칙(4.1.4), 결과 구문규칙(4.1.4), 유형 판단 구문규칙(5.2.4), 판정 구문규칙(4.1.4), 외치 구문규칙(5.2.3), 동반 구문규칙(4.3)
   나. 기타 구문:
      능격동사 구문규칙(4.1.4), 연산자 이동 구문규칙(4.1.4), 머리성분 이동 구문규칙(4.1.4), 비우기 구문규칙(ϕ_{VIC})(5.4.6), '-고 있-' 구문규칙(5.3.3.2)

원리와 구문규칙은 통사적으로 상호작용한다. 또한 각 구문규칙은 고유의 구문적 의미를 산출한다. 묘사 서술어 구문규칙은 가장 일반적인 부가어 허가 규칙이다. 결과 구문규칙은 직접 논항과 이차 서술어의 연계 관계를 규정함으로써 '결과'의 상황과 대응되는 이차 서술어의 존재를 허가한다. 유형 판단 구문규칙은 종래 '예외적 격 표시 구문'으로, 또는 내포절 주어로부터 상위절 목적어로의 상승으로 설명해온 구문의 존재를 허가한다. 판정 구문은 직접 논항과 이차 서술어와 특정 동사에 의한 구문의 존재를 허가한다. 외치 구문규칙은 인용절 형식의 보문과 그 의미적 주어, 특정 동사의 연관에 의해 조건지어지는 구문의 존재를 허가한다. 동반 구문규칙은 'NP-와' 형식의 이차 서술어를 허가하는데, 그 주어(임자)가 행위자의 의미 특성을 가질 것을 요구한다.

이상의 구문규칙은 모두 이차 서술어를 허가하는 규칙들이다. 이차 서술어와는 무관한 부가어들도 한국어에는 다양한 형식으로 존재한다. 그 중 일반성이 큰 것들이 (2나)의 구문규칙들이다. 능격동사 구문규칙은 비행동성을 특성으로 하는 동사인 능격동사에 의해 형성되는, VP의 명시어에 흔적을 가지는 구문을 허가한다. 연산자 이동 구문규칙은 통사적으로는 공범주 연산자와 그 흔적으로 이루어지는 구조를 형성하여 연산자-흔적 간의 일반적 제약을 부과하며, 의미적으로는 주어 논항을 필요로 하는 의미구조를 형성한다. 머리성분 이동 구문규칙은 이동된 머리성분과 그 흔적으로 이루어진 통사구조와, 그에 대응되는 의미구조를 형성한다. 비우기 구문규칙은 특수한 공범주의 형태로 해석된 비우기 구문의 통사구조, 그리고 그에 대응되는 의미구조를 형성한다. '-고 있-' 구문규칙은 '비한계성'의 구문적 의미를 산출하는 것을 특징으로 한다.

앞에서 어휘부 대응규칙은 통사적 재구조화 원리의 작동을 위한 근거로서의 기능을 가진다고 설명하였지만, 둘 이상의 형성소들이 결합하여 구문규칙들과 다름없는 의미 산출의 기능을 아울러 가진다. 한 예로 보조동사 구문으로 알려져온 '-어 있-' 구문은 어휘부에 동사로 등재된 'V-어 있-' 단위가 '한계성'을 중심으로 하는 구문적 의미를 산출하는 것이다. 어휘부 대응규칙은 이처럼 생산적 성격을 가지는 예도 있지만, 수많은 예들은 그 실현 조건이 매우 제약적인, 어휘개별적인 것들이다.

그러면, 준생산적, 어휘개별적 성질을 가지는 어휘부 대응규칙을 우리의 문법에 포함하는 이유는 무엇인가? 첫째로, 이들을 포함하는 문법이 한국어는 물론 언어 일반의 현실이기 때문이라고 답할 수 있다. 우리의 연구는 심리적 실재로서의 언어를 기술하는 것이 궁극의 목적인데, 실험심리학적 연구를 통하여 현실의 언어가 준생산적, 어휘개별적 특성을 포함한다는 점이 밝혀지고 있으므로 과학으로서의 언어학적 기술은 이를 포용하지 않으면 안 될 것이다. 둘째로, 한국어 문법의 가장 간결하고 우아한 이론 모형을 발견하고 기술하기 위해서는 한국어의 모든 문법적 현상이 망라된 풍부한 자료적 기반을 확보하는 일이 필수적이라고 본다. 이러한 자료적 기반에서 추출된 어느 현상에 대해서도 체계적인 설명을 제공할 것을 문법 기술에 요구하는 일은 당연한 것인데, 우리의 문법 기술도 이 요구에서 예외가 되지는 않는 것이다.

우리는 이 책의 논의 과정에서 전통문법, 구조문법, 생성문법의 흐름에 따라 국어학 연구 전통의 의의를 평가하는 일에 부단한 관심을 기울였다. 조음소 '으'의 문제, 계사 '이-'의 문제에 대한 최현배(1935, 1937)의 천착은 이후의 국어학의 방법론적 성격을 확립하는 데에 기여하였다고 평가하였다. '으'에 관한 논증은 계사 '이-'의 성격을 분명히 하기 위한 기초가 되며, 한국어의 중요한 기능 범주들, 예컨대 '-는다', '-는데', '-는', '-으오/소', '-습니다', 나아가 '-으로' 등의 성격을 파악하는 데에도 뚜렷한 영향을 미친다는 것을 보였다. 서로 연관되는 이들 문제에 대한 정확한 이해가 한국어의 통사구조를 연구하는 데에도 기초가 되어야 한다고 보고, 이러한 관점의 중요성을 드러내기 위해 노력하였다.

재구조화 원리가 다른 원리와 상호작용하는 예를 검토하는 일은 본 연구의 한국어 구문 분석에 있어서 중심적인 작업이 되었으며, 실제 실행 과정에서 적지 않은 일반성을 드러내었다. 사실상 본 연구의 곳곳에서 재구조화 원리의 관련성을 찾을 수 있을 만큼 재구조화 원리는 본 연구에서 중요한 위치를 차지한다. 기초 문법단위의 확정 작업을 비롯해서, 서술성 명사 구문, 보조동사 구문 등이 이 원리와 깊이 관련된다는 것을 알게 되었는데, 이는 국어문법 연구의 난제로 알려져온 두 가지 문제, 격 중출 현상과 보조동사 구문 구조의 문제가 언어 보편적 기제로 존재하는 재구조화 원리로부터 그 해결의 실마리를 찾아야 함을 가리키는 것이라고 생각한다.

국어문법 연구의 흐름에서, 특히 생성문법적 연구는 국어학 연구 전통을 진지하게 계승하는 데에 소홀하였다. 생성문법의 이론은 주로 영어를 중심으로 하여 이론이 형성되고 그로부터 비롯된 쟁점들을 세계의 다른 언어들에 적용해가는 양상을 보여왔는바, 이러한 논의의 맥락에서는 한국어는 주변 언어로서의 대접만을 받아온 것이다. 한국어가 보편문법을 기저에 포함하면서도, 동시에 독립된 개별언어 체계로서 자체의 유기적 구조를 가진다는 사실은 현대 언어학의 일반적인 인식인 것이다.

우리는 이 연구에서 한국어 자체의 유기적 메커니즘을 이론으로 완전히 포착하기 위해서는 전통·구조문법적 연구로부터 이루어져온 확실한 논증의 선례들을 정리하는 일이 필수적임을 보이려고 노력하였다. 흔히들 한국어 문법이

형태론 중심의 문법이라고 한다. 국어문법 연구에서 형태소 분석의 문제는 통사구조를 분석하는 데에 결정적인 역할을 하여왔는바, 이 연구는 한국어 통사구조론의 논의에서 형태소 중심의 분석 태도가 가지는 허와 실을 가려내기 위해 노력하였다. 우리의 결론은 통사구조론을 철저히 형성소 단위에 기초하여 수립해야 한다는 것이었다.

참고문헌

강기진(1986). '-며' 구문의 통사적 특성, 국어학신연구 I, 탑출판사.

강명윤(1988/1992). 한국어 통사론의 제문제. 한신문화사.

강명윤(1995). 주격 보어에 관한 소고, 생성문법연구 5-2. 한국생성문법학회.

강영세(1986). Korean Syntax and Universal Grammar. Doctoral dissertation, Harvard University.

강창석(1982). 현대국어의 형태소분석과 음운 현상, 국어연구 50. 국어연구회.

강창석(1984). 국어의 음절 구조와 음운 현상, 국어학 13. 국어학회.

고광주(2000). 예외적 격 표시 구성에서의 격 교체, 시정곤 외(공저), 논항구조란 무엇인가. 도서출판 월인.

고석주(2001). 국어 격조사에 관한 연구-'이/가'와 '을/를'을 중심으로-. 박사학위논문, 연세대.

고영근(1965). 현대국어의 서법체계에 대한 연구, 국어연구 15.

고영근(1975). 현대국어의 어말어미에 대한 구조적 연구, 응용언어학 7-1. 서울대.

고영근(1983). 국어문법의 연구-그 어제와 오늘. 탑출판사.

고영근(1989). 국어형태론 연구. 서울대 출판부.

고영근(1990). 시제, 국어연구 어디까지 왔나. 동아출판사.

고영근(1993). 우리말의 총체 서술과 문법 체계. 일지사.

고영근(1995). 국어의 시제와 동작상, 단어·문장·텍스트. 한국문화사.

고영근(2004). 한국어의 시제 서법 동작상. 태학사.

고재설(1999). 주격중출문과 형용사의 내부 주어, 언어 24-4, 한국언어학회.

교육부(2002). 문법. 서울대학교 국어교육연구소.

국응도(1968). Embedding Transformations in Korean Syntax. Doctoral dissertation, University of Alberta.

권재일(1985). 국어의 복합문 구성 연구. 집문당.

권재일(1986). 의존동사의 문법적 성격, 한글 194. 한글학회.

김경학(1986). 국어의 통제 현상, 언어 11권 2호. 한국언어학회.

김경학(2000). 결과 구문의 분석과 의미해석에 대해, 언어 25-1, 한국언어학회.

김귀화(1988/1994). 국어의 격 연구. 한국문화사.

김기혁(1987). 국어 보조동사 연구. 박사학위논문, 연세대.

김기혁(1989). 국어 문법에서 격의 해석, 말 14. 연세대 언어연구교육원.

김기혁(1990). 관형 구성의 통어 현상과 의미 관계, 한글 209. 한글학회.

김기혁(1991). 형태·통어적 구성과 중간 범주, 동방학지 71·72. 연세대국학연구원.

김기혁(1995). 국어 문법 연구. 박이정출판사.

김남길(1982). Subject raising and the verb phrase constituency in Korean, 말 7. 연세대 한국어학당.

김남길(1986). Predication in Korean, Korean Linguistics 4. The International Circle of Korean Linguistics.

김남길(1988). A note on predication and scrambling in Korean, Korean Linguistics 5. The International Circle of Korean Linguistics.

김동식(1988). 선어말어미 '-느-'에 대하여, 언어 13-1. 한국언어학회.

김두봉(1916). 조선말본(역대한국문법대계 제1부 8책. 서울: 탑출판사, 1983).

김두봉(1924). 깁더조선말본(역대한국문법대계 제1부 8책. 서울: 탑출판사, 1983).

김문웅(1982). '-다가'류의 문법적 범주, 한글 176호. 한글학회.

김동식(1988). 선어말어미 '-느-'에 대하여, 언어 13-1. 한국언어학회.

김미령(2000). 국어의 예외적 격 표시 구문에 대한 연구, 시정곤 외(공저), 논항구조란 무엇인가. 도서출판 월인.

김민수(1960). 국어문법론연구, 통문관.

김석득(1967). 국어형태론-형태류어의 구성요소 분석-, 연세논총 4. 연세대.

김석득(1974). 한국어의 시간과 시상, 한불연구 1.

김석득(1981). 우리말의 시상, 애산학보 1집. 애산학회.

김석득(1983). 우리말연구사. 정음문화사.

김석득(1984). 도움풀이씨와 시상의 부담성, 한불연구 6. 한불문화연구회, 연세대.

김석득(1986). 도움풀이씨의 형태 통어론적 차원, 말 11. 연세대 한국어학당.

김석득(1992). 우리말형태론-말본론. 탑출판사.

김선희(1987). 현대국어의 시간어 연구. 박사학위 논문. 연세대.

김성화(1992가). 삽입모음 '으'의 기능, 국어학 22. 국어학회.

김성화(1992나). 국어의 상 연구. 한신문화사.

김승곤(1981). 한국어 이음씨끝의 의미 및 통어기능 연구(I). 한글 181호. 한글학회.

김승곤(1986). 이음씨끝 '-게'와 '-도록'의 의미와 통어적 기능, 국어학신연구 I. 탑출판사.

김영주(1990). The Syntax and Semantics of Korean Case: The Interaction between

Lexical and Syntactic Levels of Representation. Doctoral dissertation, Harvard University.

김영주(1995). Verb lexicalization patterns in Korean and some issues of language acquisition, 어학연구 31-3. 서울대 어학연구소.

김영희(1973). 한국어 격문법 연구. 석사학위논문, 연세대.

김영희(1974가). 대칭관계와 접속조사 '와', 한글 154호. 한글학회.

김영희(1974나). '와'의 양상, 국어국문학 65·66 합병호, 국어국문학회.

김영희(1974다). 한국어 조사류어의 연구, 문법연구 1. 문법연구회.

김영희(1975). '닥-아서'에서 '다가'까지, 연세어문학 6. 연세대 국어국문학과.

김영희(1976가). 한국어 수량화 구문의 분석, 언어 1-2. 한국언어학회.

김영희(1976나). 형용사의 부사화 구문, 어학연구 12-2. 서울대 어학연구소.

김영희(1978). 삽입절의 의미론과 통사론, 말 3집. 연세대 한국어학당.

김영희(1981). 간접 명사 보문법과 '하'의 의미 기능, 한글 173·174. 한글학회.

김영희(1984가). '하다'; 그 대동사설의 허실, 배달말 9. 배달말학회.

김영희(1984나). 한국어 셈숱화 구문의 통사론. 탑출판사.

김영희(1985). 주어 올리기. 국어학 14. 국어학회.

김영희(1986). 복합명사구, 복합동사구 그리고 겹목적어, 한글 193. 한글학회.

김영희(1987가). 목적성 목적어의 통사론, 국어학 16.

김영희(1987나). 국어의 접속문, 국어생활 11. 국립국어연구소.

김영희(1987다). 통사론, 노대규 외, 국어학서설. 정음사.

김영희(1988). 등위 접속문의 통사 특성, 한글 201·202. 한글학회.

김영희(1991가). 종속접속문의 통사적 양상, 들메 서재극박사 환갑기념논문집.

김영희(1991나). 무표격의 조건, 언어논총 9.

김영희(1993). 의존 동사 구문의 통사 표상, 국어학 23. 국어학회.

김영희(1997). 한국어의 비우기 현상, 국어학 29. 국어학회.

김영희(1998가). '-게 하-' 사동 구문의 세 유형, 한국어 통사론을 위한 논의. 한국문화사.

김영희(1998나). 목적어 올리기, 한국어 통사론을 위한 논의. 한국문화사.

김영희(1998다). 한국어 통사론을 위한 논의. 한국문화사.

김영희(1999가). 보족어와 격 표시, 한글 244. 한글학회.

김영희(1999나). 사격 표지와 후치사, 국어학 34. 국어학회.

김영희(2005). 한국어 통사 현상의 의의. 도서출판 역락.

김완진(1970). 사이부동 단상, 국어국문학 49·50 합집. 국어국문학회.

김완진(1970). 문접속의 '와'와 구접속의 '와', 어학연구 6-2. 서울대 어학연구소.

김완진(1972). 형태론적 현안의 음운론적 극복을 위하여, 동아문화 11. 서울대.

김용석(1983). 한국어 보조동사 연구. 배달말 8. 배달말학회.

김용하(1998). 한국어 격과 어순의 최소주의 문법. 박사학위논문, 계명대.

김윤경(1938). 조선문자급어학사. 조선기념도서출판관.

김윤경(1948). 나라말본. 동명사.

김정대(1993). 한국어 비교구문의 통사론. 박사학위논문, 계명대.

김정대(1997). 한국어 접속구의 구조, 한국어문학 논고. 태학사.

김정대(1999). 한국어 접속문에서의 시제구 구조, 언어학 24. 한국언어학회.

김정대(2005). 한국어 접속문의 구조, 국어국문학 138. 국어국문학회.

김정아(1998). 중세국어의 비교 구문 연구. 태학사.

김종록(1993). 국어 접속문의 통사론적 연구. 박사학위논문, 경북대.

김지은(1991). 국어에서 주어가 조사 없이 나타나는 환경에 대하여, 한글 212. 한글
    학회.

김지은(1996). 우리말 양태용언 구문에 대한 연구. 박사학위논문, 연세대.

김지은(1999). 조사 '-로'의 의미와 용법에 대한 연구, 국어학 31. 국어학회.

김지홍(1993). 국어 부사형 어미 구문과 논항구조에 대한 연구. 박사학위논문, 서강
    대.

김지홍(1994). 수량사를 가진 명사구와 논항구조. 배달말 19. 배달말학회.

김지홍(1998). 접속 구문의 형식화 연구, 배달말 23. 배달말학회.

김진수(1987). 국어 접속조사와 어미 연구. 탑출판사.

김차균(1980). 국어 시제 형태소의 의미-회상 형태소 「더」를 중심으로-, 한글 169. 한
    글학회.

김차균(1985). {았}과 {었}의 의미와 상, 한글 188. 한글학회.

김차균(1991). /느/의 분포와 형태론적 지위의 분석, 동방학지 71 · 72 합집. 연세대
    국학연구원.

김차균(1999). 우리말의 시제 구조와 상 인식. 태학사.

김창섭(1981). 현대국어의 복합동사 연구, 국어연구 47. 국어연구회.

김창섭(1996). 국어의 단어형성과 단어구조 연구. 태학사.

김혜성(1993). '-도록'의 의미에 관한 연구, 말 18. 연세대 한국어학당.

김흥범(1987). '-다면서', '-다고', '-다니'의 구조와 의미, 말 12. 연세대 한국어학당.

김흥수(1977). 계기의 '-고'에 대하여, 국어학 5. 국어학회.

김흥수(1978). 동시구문의 양상, 국어학 7. 국어학회.

김흥수(1989). 현대국어 심리동사 구문 연구. 탑출판사.

김흥수(1990). 내면 인용 구문의 해석, 주시경학보 6. 주시경연구소.

나진석(1971). 우리말의 때매김 연구. 과학사.

남기심(1969. 문형 'N1-이 N2-이다'의 변형분석적 연구, 계명논총 5. 계명대.

남기심(1972). 현대국어 시제에 관한 문제, 국어국문학 55-57 합병호. 국어국문학회.

남기심(1973). 국어 완형보문법 연구. 계명대 한국학연구소.

남기심(1975). 이른바 국어 시제의 기준시점 문제에 대하여, 한국학논집 3. 계명대한
국학연구소.

남기심(1976). 관계관형절의 상과 법, 한국어문논집. 한국어문학회.

남기심(1978가). 국어 연결어미의 화용론적 기능-나열형 '-고'를 중심으로, 연세논총
15. 연세대.

남기심(1978나). '-아서'의 화용론, 말 3집. 연세대 한국어학당.

남기심(1978다). 국어문법의 시제 문제에 관한 연구. 탑출판사.

남기심(1980). 연결어미 '-고'에 의한 접속문에 대하여, 제1회 한국학 국제 학술회의
논문집, 한국정신문화연구원.

남기심(1980). 국어 문법 연구사에서 본 우리말본, 동방학지 25. 연세대 국학연구원.

남기심(1982). 국어의 공시적 기술과 형태소의 분석, 배달말 7. 배달말학회.

남기심(1985). 접속어미와 부사형 어미, 말 10집. 연세대 한국어학당.

남기심(1986). 서술절의 설정은 타당한가?, 국어학신연구 I. 탑출판사.

남기심(1987). 국어문법에서 격(자리)는 어떻게 정의되어 왔는가, 애산학보 5. 애산
학회.

남기심(1990). 토씨 '와/과'의 쓰임에 대하여, 동방학지 66집. 연세대 국학연구원.

남기심(1991). 국어의 격과 격조사에 대하여, 겨레문화 5. 한국겨레문화연구원.

남기심(1993). 국어 조사의 용법. 서광학술자료사.

남기심(1994). 국어 연결어미의 쓰임. 서광학술자료사.

남기심(2001). 현대국어 통사론. 태학사.

남기심·고영근(1985). 표준국어문법론. 탑출판사.

남기심·루코프(1983). 논리적 형식으로서의 '-니까' 구문과 '-어서' 구문, 고영근·남
기심 공편(1983). 국어의 통사·의미론. 탑출판사.

남기심·이정민·이홍배(1977). 언어학개론. 탑출판사.

남기심·조은(1993). '제한 소절' 논항 구조에 대하여, 동방학지 81. 연세대 국학연구
원.

남승호(1985). 국어의 접속문 구성과 양상에 대하여. 석사학위논문, 서울대 대학원.

노대규(1978). 시시소와 시제 이론, 눈뫼허웅박사 환갑기념논문집. 과학사.

노대규(1979). 상황소와 한국어 시제, 문법연구 4. 문법연구회.

노대규(1981). 국어 접미사 '답'의 의미 연구, 한글 172. 한글학회.

노대규(1998). '-어다' 형태에 대하여, 한국어의미학 2. 한국어의미학회.

노대규 외(1987). 국어학서설. 정음사.

문교부(1985). 문법. 대한교과서주식회사.

민현식(1982). 현대국어의 격에 대한 연구-무표격의 정립을 위하여-, 국어연구 49. 서울대.

박갑영(1992). Light Verb Constructions in Korean and Japanese. Doctoral dissertation, University of North Carolina.

박병수(1974가). Complement structures in Korean. 광문사.

박병수(1974나). The Korean verb 'ha' and verb phrase complementation, 어학연구 10-1. 서울대 어학연구소.

박병수(1981). On the double object constructions in Korean, 언어 6-1.

박병수(1983). 문장 술어의 의미론, 말 8. 연세대 한국어학당.

박소영(2001). 결과 부사형 '-게'에 대한 연구, 한글 252. 한글학회.

박순함(1970). 격문법에 입각한 국어의 겹주어에 대한 고찰, 어학연구 6-2. 서울대어학연구소.

박승빈(1935). 조선어학(역대한국문법대계 제1부 20책. 서울: 탑출판사, 1985).

박양규(1975). 소유와 소재, 국어학 3. 국어학회.

박양규(1978). 사동과 피동, 국어학 7. 국어학회.

박양규(1985). 국어의 재귀동사에 대하여, 국어학 14. 국어학회.

박진호(1998). 보조용언, 서태룡 외 공편, 문법 연구와 자료. 태학사.

박창해(1962/1990). 한국어 구조론 연구. 탑출판사.

백봉자(1980). 연결어미 /느라고·느라니까·느라면/의 의미와 기능, 말 5집. 연세대 한국어학당.

서승현(1999). '명사-조사-용언' 긴밀 형식 구문에 관한 연구, 박사학위논문, 연세대.

서정목(1984). 의문사와 WH-의문 보문자의 호응, 국어학 13. 국어학회.

서정목(1985). 접속문의 의문사와 의문보문자, 국어학 14. 국어학회.

서정목(1993). 한국어의 구절구조와 엑스-바 이론, 언어 18-2. 한국언어학회.

서정수(1971). 국어의 용언어미 {-어(서)}, 한글학회 50돌 기념 논문집.

서정수(1973). 접속어미 '-{ㄴ,는}데'에 관하여, 국어국문학 61. 국어국문학회.

서정수(1975가). 국어 부사류어의 구문론적 연구, 남기심 고영근 이익섭(공편), 현대 국어문법. 계명대 출판부.

서정수(1975나). 동사 '하'의 문법. 서울: 형설출판사.

서정수(1976). 국어 시상 형태의 의미 분석 연구, 문법연구 3. 문법연구회.

서정수(1978). 국어의 보조동사(토론), 언어 3-2. 한국언어학회.

서정수(1978). '-ㄹ것'에 대하여, 국어학 6. 국어학회.

서정수(1982). 연결어미 {-고}와 {-어(서)}, 언어와 언어학 8집, 한국외국어대.

서정수(1984). 한국어와 일본어의 접속어미 비교연구, 문법연구 5집. 문법연구회.

서정수(1985). 국어의 접속어미 연구(I)-대등접속어미, 한글 189호. 한글학회.

서정수(1988). 어미 '게'와 '도록'의 대비 연구, 말 13. 연세대 한국어학당.

서정수(1989). 분석적 체계와 종합적 체계의 재검토. 주시경학보 4. 주시경연구소.

서정수(1991). 풀이말 '있/계시(다)'에 관하여, 국어의 이해와 인식(갈음 김석득교수 회갑기념논문집). 한국문화사.

서정수(1991). "하-"와 "되-"에 대하여, 어학연구 27-3. 서울대 어학연구소.

서정수(1994). 국어문법. 뿌리깊은나무.

서태룡(1979가). 국어 접속문에 대한 연구, 국어연구 40. 서울대 국어연구회.

서태룡(1979나). 내포와 접속, 국어학 8. 국어학회.

서태룡(1982). 국어의 의도·목적형에 대하여, 관악어문연구 7. 서울대 국문과.

서태룡(1988). 국어 활용어미의 형태와 의미. 탑출판사.

성광수(1978). 체언접속과 공격, 한글 162. 한글학회.

성광수(1979). 국어 조사의 연구. 형설출판사.

성기철(1972). 어미 '-고'와 '-어'에 대하여, 국어교육 18-20 합병호. 한국국어교육연구회.

성기철(1974). 경험의 형태 {-었-}에 대하여, 문법연구 1. 문법연구회.

성기철(1979). 경험과 추정, 문법연구 4. 문법연구회.

성기철(1993). 어미 '-어서'와 '-니까'의 변별적 특성, 주시경학보 11. 주시경연구소.

성낙수(1975). 한국어 회상문 연구, 문법연구 2. 문법연구회.

성낙수(1978가). 이유·원인을 나타내는 접속문 연구(I), 연세어문학 11. 연세대.

성낙수(1978나). 이유·원인을 나타내는 접속문 연구(II), 한글 162호. 한글학회.

손세모돌(1996). 국어 보조용언 연구. 한국문화사.

손호민(1973). Coherence in Korean 'auxiliary' verb constructions, 어학연구 9-2. 서울대 어학연구소.

손호민(1975). Retrospection in Korean, 어학연구 11-1. 서울대 어학연구소.

손호민(1976). Semantic of compound verbs in Korean, 언어 1-1. 한국언어학회.

손호민(1980). Theme-prominence in Korean, Korean Linguistics 2.

손호민(1981). Multiple Topic constructions in Korean, 한글 173 · 174. 한글학회.

손호민(1975/1986). Tense in Korean, Linguistic Expeditions. Hanshin Publishing Company.

송석중(1967). Some Transformational Rules in Korean. Doctoral dissertation, Indiana University.

송석중(1981). 한국말의 부정의 범위, 한글 173 · 174. 한글학회.

송석중(1993). 한국어 문법의 새 조명. 지식산업사.

시정곤(1997). 국어의 부정 극어 허가 조건, 언어 22-3. 한국언어학회.

시정곤(2000). 국어 수량사구의 통사구조, 언어 25-1. 한국언어학회.

신기철 · 신용철(편)(1974/1985). 새우리말큰사전. 삼성출판사.

신창순(1975). 국어의 '주어문제' 연구, 문법연구 2. 문법연구회.

안명철(1990). 보조동사, 서울대 국어연구회 편, 국어연구 어디까지 왔나?. 동아출판
　　사.

안명철(1992). 현대국어의 보문 연구. 박사학위논문, 서울대.

안명철(2001). 이중주어 구문과 구-동사, 국어학 38. 국어학회.

안병희(1966). 부정격의 정립을 위하여, 남기심 외(편)(1975). 현대국어문법, 계명대
　　출판부.

안병희(1968). 중세국어의 속격어미 '-ㅅ'에 대하여, 고영근·남기심(편), 국어의 통
　　사·의미론(서울: 탑출판사, 1983).

안성호(1990). Korean Quantification and Universal Grammar, PH.D. dissertation,
　　University of Connecticut.

안희돈(1988). Preliminary remarks on Korean NP, E.-J. Baek ed., Papers from the Sixth
　　International Conference on Korean Linguistics.

안희돈(1991). Light Verbs, VP-Movement, Negation and Clausal Architecture in Korean
　　and English, Doctoral dissertation, University of Wisconsin-Madison.

안희돈·윤항진(1989). Functional categories in Korean, S. Kuno et al. eds., Harvard
　　Studies in Korean Linguistics III.

양동휘(1975). Topicalization and Relativization in Korean. Pan Korea Book Corporation.

양동휘(1976). On complementizers in Korean, 언어 1-2. 한국언어학회.

양동휘(1978). 국어 관형절의 시제, 한글 162. 한글학회.

양동휘(1978). Pragmantax of conjunction in Korean, 국어학 6. 국어학회.

양동휘(1983). The extended binding theory of anaphora, 어학연구 19-2. 서울대 어학연
　　구소.

양동휘(1989). 지배-결속이론의 기초. 신아사.

양인석(1972가). Korean Syntax. 백합사.

양인석(1972나). 한국어의 접속화, 어학연구 7-2. 서울대 어학연구소.

양인석(1977). Progressive and Perfective Aspects in Korean, 언어 2-1. 한국언어학회.

양정석(1986). '이다'의 의미와 통사, 연세어문학 19, 연세대 국어국문학과.

양정석(1987). '이중주어문'과 '이중목적어문'에 대하여, 연세어문학 20. 연세대 국어
　　국문학과.

양정석(1991). 재구조화를 특징으로 하는 문장들, 동방학지 71·72, 연세대 국학연구
　　원.

양정석(1992). 한국어 동사의 어휘구조 연구. 박사학위 논문, 연세대.

양정석(1995/1997). 국어 동사의 의미 분석과 연결이론, 박이정.

양정석(1996가). 대칭구문과 상호구문의 의미 해석, 언어 21-1·2 합집.

양정석(1996나). '이다' 구문과 재구조화, 한글 232. 한글학회.

양정석(1996다). '이다' 구문의 의미 해석, 동방학지 91. 연세대 국학연구원.

양정석(1996라). '-와/과' 문장의 통사구조, 남기심 엮음, 국어문법의 탐구 III. 태학사.

양정석(1997가). 재구조화 재고, 국어국문학 118, 국어국문학회.

양정석(1997나). 이심적 의미구조: 동사의 논항 연결과 관련하여, 배달말 22. 배달말학회.

양정석(1997다). 어휘잉여규칙과 동사 어휘들의 조직, 유남신석환박사회갑기념논문집, 창원대출판부.

양정석(1998). 국어 '와/과' 문장의 통사론과 의미론-어휘주의적 분석과 프롤로그로의 구현-, 한국언어문학 40. 한국언어문학회.

양정석(2001). '이다'의 문법범주와 의미, 국어학 37. 국어학회.

양정석(2002가). 시상성과 논항 연결. 태학사.

양정석(2002나). 국어의 이차 서술어 구문 연구, 배달말 31. 배달말학회.

양정석(2003). '이-' 주격조사설에 대한 반론, 형태론 3-1. 형태론 편집위원회.

양정석(2004가). '-고 있-'과 '-어 있-'의 상보성 여부 검토와 구문규칙 기술, 한글 266. 한글학회.

양정석(2004나). 교호성과 '-와', 배달말 35. 배달말학회.

양정석(2007가). 보조동사 구문의 구조 기술 문제, 한국어학 35. 한국어학회.

양정석(2007나). 국어 연결어미 절의 통사론: 핵계층 이론적 분석과 프롤로그 구현, 배달말 40. 배달말학회.

양정석(2008가). 한국어 시간요소들의 형태통사론, 언어 33-4. 한국언어학회.

양정석(2008나). 무시제 가설 하에서의 시간 해석 방법, 배달말 43. 배달말학회.

양정석(2009). 연결이론과 한국어, 생성문법학회 특강 요지, 2009. 4. 25. 서강대학교.

엄정호(1990). 종결어미와 보조동사의 통합 구문에 대한 연구. 박사학위논문, 성균관대.

엄정호(1999). 동사구 보문의 범위와 범주, 국어학 33. 국어학회.

연세대 언어정보개발연구원(1998). 연세한국어사전. 두산동아.

연재훈(1989). 국어 중립동사 구문에 대한 연구, 한글 203. 한글학회.

연재훈(1993). The degree of transitivity in Korean: A functional-typological approach, 어학연구 29-1. 서울대 어학연구소.

연재훈(1996). 문법 관계 교체 구문의 연구-장소 보어 교체 구문과 소유주 인상 구문을 중심으로-, 한글 232.

연재훈(1998). 장소보어 교체 구문의 자동사문과 타동사문, 언어 23-1. 한국언어학회.

우순조(1995). 내포문과 평가구문, 국어학 26. 국어학회.

우순조(2001). '이다'의 '이'가 조사인 새로운 증거들, 형태론 3-2. 형태론편집위원회.

우형식(1996). 국어 타동구문 연구. 박이정출판사.

우형식(1998). 국어 동사 구문의 분석. 태학사.

우형식(2001). 한국어 분류사의 범주화 기능 연구. 도서출판 박이정.

유길준(1909). 대한문전(역대한국문법대계 제1부 06책, 서울: 탑출판사, 1985).

유동석(1984가). 양태조사의 통보기능에 대한 연구, 국어연구 60. 국어연구회.

유동석(1984나). {로}의 이질성 극복을 위하여, 국어학 13. 국어학회.

유동석(1990). 조사 생략, 국어연구 어디까지 왔나. 동아출판사.

유동석(1995). 국어의 매개변인 문법, 신구문화사.

유동석(1998). 국어의 격 중출 구성에 대하여, 국어학 31. 국어학회.

유동준(1980). 한국어의 접속화 연구, 연세어문학 13. 연세대 국어국문학과.

유목상(1985). 연결서술어미 연구. 집문당.

유현경(1986). 국어 접속문의 통사적 특질에 대하여, 한글 191호. 한글학회.

유현경(1994). 논항과 부가어, 우리말글연구 1. 우리말학회.

유현경(2002). 어미 '-다고'의 의미와 용법, 배달말 31. 배달말학회.

유현경·이선희(1996). 격조사 교체와 의미역, 남기심 엮음, 국어문법의 탐구 III. 태학사.

윤정미(1989). ECM and multiple subject constructions in Korean, S. Kuno et. al. eds., Harvard Studies in Korean Linguistics III. Seoul: Hanshin Publishing Co.

윤종열(1990). Korean Syntax and Generalized X-bar Theory. Doctoral dissertation, University of Texas, Austin.

윤종열(1992). Functional Categories in Korean clausal and nominal structures, 생성문법연구 2. 생성문법연구회.

윤평현(1988). '-게'와 '-도록'의 의미, 국어국문학 100. 국어국문학회.

윤평현(1989). 국어의 접속 어미 연구-의미론적 기능을 중심으로-. 한신문화사.

윤평현(1991). 국어의 시간 관계 접속 어미에 대한 연구, 언어 17-1. 한국언어학회.

윤항진(1993). Functional categories and ECM, 생성문법연구 3-1. 생성문법연구회.

이건수(1990). Biclausal analysis of the so-called double object construction in Korean, Korean Linguistics 6.

이건원(1983). 한국어 논리적 연결어 소고, 어학연구 19-1, 서울대 어학연구소.

이관규(1990). 국어 대등 구성 연구. 서광학술자료사.

이광호(1979). 접속어미 '-면'의 의미기능과 그 상관성, 언어 5-2. 한국언어학회.

이광호(1988). 국어 격조사 '을/를'의 연구. 탑출판사.

이기갑(1981). 15세기 국어의 상태지속상과 그 변천, 한글 173·174 어우름. 한글학회.

이기갑(1987). 의도 구문의 인칭 제약, 한글 196호. 한글학회.

이기동(1977가). 동사 '오다', '가다'의 의미 분석, 말 2. 연세대 한국어학당.

이기동(1977나). 대조·양보의 접속어미의 의미 연구, 어학연구 13-2. 서울대 어학연구소.

이기동(1978가). 연결어미 '-는데'의 화용상의 기능, 인문과학 40-41. 연세대 인문과학연구소.

이기동(1978나). 조동사 '지다'의 의미 연구, 한글 161. 한글학회.

이기동(1980가). The pragmatic function of the connective 'nuntey', 언어 5-1. 한국언어학회.

이기동(1980나). Toward an alternative analysis of the connective '-ko' in Korean, 인문과학 44. 연세대 인문과학연구소.

이기용(1976). Is there raising in Korean?, 전북대 교양과정부논문집 3.

이기용(1980). 몬테규 문법에 입각한 한국어 시제 분석, 언어 5-1. 한국언어학회.

이길록(1969). 체언의 용언적 기능에 대하여-'이다'의 형태론적 분석-, 국어교육 15호.

이남순(1981). 현대국어의 시제와 상에 대한 연구, 국어연구 46.

이남순(1983). '에'와 '로'의 통사와 의미, 언어 8-2. 한국언어학회.

이남순(1987). '에', '에서'와 '-어 있(다)', '-고 있(다)', 국어학 16. 국어학회.

이남순(1988). 국어의 부정격과 격표지 생략. 탑출판사.

이남순(1994). '었었' 고, 진단학보 78. 진단학회.

이남순(1998가). 시제·상·서법. 도서출판 월인.

이남순(1998나). 격과 격표지. 도서출판 월인.

이맹성(1968). Nominalization in Korean, 어학연구 4권 1호 별권. 서울대 어학연구소.

이병근(1979). 음운현상에 있어서의 제약. 탑출판사.

이상복(1974). 한국어의 인용문 연구, 언어문화 1. 연세대 한국어학당.

이상복(1978). 국어의 연결어미에 대하여, 말 3집. 연세대 한국어학당.

이상복(1981). 연결어미 '-아서, -니까, -느라고, -므로'에 대하여, 배달말 5. 배달말학회.

이상복(1983). 한국어의 인용문 연구, 고영근·남기심(공편), 국어의 통사·의미론. 탑출판사.

이상태(1977가). 이음말 {야}와 그 월의 구조, 한글 160호. 한글학회.

이상태(1977나). {-면}무리 이음월에 대하여, 배달말 2. 배달말학회.

이상태(1986). {-을수록}구문의 통사와 의미에 관하여, 국어학신연구I. 탑출판사.

이상태(1995). 국어 이음월의 통사 의미론적 연구. 형설출판사.

이선웅(1995). 현대국어의 보조용언 연구, 국어연구 133. 국어연구회, 서울대.

이선희(1999). Proto-role theory and the accusative case marker ul/lul in Korean, 언어와

정보 2-2. 한국언어정보학회.

이 숙(1985). 연결어미 '-느라고'의 의미적·통사적 분석, 말 10. 연세대 한국어학당.

이 숙(2003). The Interaction of Verb Semantics and Functional Features in Korean Syntax. Doctoral dissertation, Harvard University.

이숭녕(1956). 고등국어문법. 을유문화사.

이승재(1994). '-이-'의 삭제와 생략, 주시경학보 13. 주시경연구소.

이은경(1998). 접속어미의 통사, 서태룡 외, 문법 연구와 자료. 태학사.

이은경(1996/2000). 국어 연결어미 연구. 태학사.

이은정(1983). {-도록}의 기능과 의미유형 고찰, 한글 181.

이익섭(1965). 국어 복합 명사의 IC 분석, 국어국문학 30. 국어국문학회.

이익섭(1973). 국어 수량사구의 통사적 기능에 대하여. 어학연구 9-1. 서울대 어학연구소.

이익섭(1978). 상대 시제에 대하여, 관악어문연구 3. 서울대 국어국문학과.

이익섭(2003). 국어 부사절의 성립. 태학사.

이익섭·임홍빈(1983). 국어문법론. 학연사.

이익환(1987). 이중주어 구문에 대한 분석, 말 12. 연세대 한국어학당.

이정노(1969/1974). Topics in Korean Syntax with Notes to Japanese, Yonsei Univ. Press.

이정노(1975). A semantic analysis of (u)ni and (e)se, 어학연구 11-1. 서울대 어학연구소.

이정민(1973). Abstract Syntax and Korean with reference to English. Doctoral dissertation, Indiana University.

이정민(1980). 한국어 조건·원인 구문의 통사론과 의미론, 제1회 한국학 국제학술회의 논문집. 한국정신문화연구원.

이정민(1993). Frozen expressions and semantic representation, 어학연구 29-3. 서울대 어학연구소.

이정식(1992). Case Alternation in Korean: Case Minimality. Doctoral dissertation, University of Connecticut.

이정식(1995). The role of Case in Exceptional Case Marking, 생성문법연구 5-1. 생성문법연구회.

이정택(2001). '-지(디)-'의 통사적 변천에 관한 연구, 국어학 38. 국어학회.

이종희(1991). 부사형 어미 '-게'의 통어적 기능에 관한 연구. 석사학위논문, 연세대.

이지양(1982). 현대국어의 시상형태에 대한 연구-'-었-', '-고 있-', '-어 있-'을 중심으로-. 국어연구 51. 국어연구회.

이창용(1984). 연결어미 '-거든'의 의미적·통사적 분석, 국어교육 49-50 합병호. 한국국어교육연구회.

이필영(1993). 국어의 인용문 연구. 탑출판사.

이필영(1994). 대등절과 종속절에 관하여, 선청어문 22.

이현희(1990). 보문화, 서울대대학원국어연구회 편, 국어 연구 어디까지 왔나?, 동아출판사.

이현희(1994). 계사 '(-)이-'에 대한 통시적 고찰, 주시경학보 13. 주시경연구소.

이현희(1994). 중세국어 구문 연구. 신구문화사.

이호승(2003). 국어 복합서술어 연구: [명사+조사+동사] 구성의 경우, 박사학위논문, 서울대.

이홍배(1970). A Study of Korean Syntax. Pan Korea Publishing Co.

이홍배(1982). D-structure and S-structure in Korean syntax, 언어 7-2.

이효상(1995). 다각적 시각을 통한 국어 시상체계 분석, 언어 20-3. 한국언어학회.

이희승(1949). 초급국어문법. 서울: 박문출판사.

이희승(1956). 존재사 '있다'에 대하여, 서울대학교논문집 3.

임동훈(1991가). 현대국어 형식명사 연구, 국어연구 103. 서울대 국문과.

임동훈(1991나). 격조사는 핵인가?, 주시경학보 8. 탑출판사.

임동훈(1995). 통사론과 통사 단위, 어학연구 31-1. 서울대 어학연구소.

임영재(1984가). Case-Tropism: The Nature of Phrasal and Clausal Case. Doctoral dissertation, University of Washington.

임영재(1984나). Case assignment and insertion of delimiters in Korean. 언어와 언어학 10. 한국외국어대학교.

임영재(1985). Multiple Subject Constructions, S. Kuno et al.(eds.) Harvard Studies in Korean Linguistics I.

임홍빈(1972). NP-병렬의 {와/과}에 대하여, 서울대 교양과정부 논문집 4.

임홍빈(1972). 국어의 주제화 연구, 국어연구 28. 서울대 국어국문학과.

임홍빈(1974가). '로'와 선택의 양태화, 어학연구 10-2. 서울대 어학연구소.

임홍빈(1974나). 주격중출론을 찾아서, 문법연구 1. 문법연구회.

임홍빈(1975). 부정법 {어}와 상태 진술의 {고}, 국민대논문집 8집 1부.

임홍빈(1979). 용언의 어근 분리 현상에 대하여, 언어 4-2.

임홍빈(1980). {을/를}의 의미와 통사, 한국학논총 4. 국민대.

임홍빈(1984). 선어말 {-느-}와 실현성의 양상, 목천유창균박사 환갑기념논문집.

임홍빈(1987). 국어의 재귀사 연구. 신구문화사.

임홍빈(1991/1998). 국어 분류사의 성격에 대하여, 국어문법의 심층 3. 태학사.

임홍빈(1996). 양화 표현과 성분 주제, 이기문교수 정년퇴임기념논총. 신구문화사.

임홍빈(1997). 굴절의 원리적 성격과 재구조화, 관악어문연구 22. 서울대 국문과.

임홍빈(1999가). 국어의 여·대격 구성에 대하여, 이홍배 외 엮음, 오늘의 문법, 우리를 어디로, 한신문화사.

임홍빈(1999나). 국어 명사구와 조사구의 통사 구조에 대하여, 관악어문연구 24. 서울대 국문과.

임홍빈(2000). 가변 중간 투사론, 21세기 국어학의 과제. 도서출판 월인.

임홍빈·장소원(1995). 국어문법론 I. 한국방송통신대 출판부.

장경희(1985). 현대 국어의 양태 범주 연구. 탑출판사.

장경희(1995). 국어 접속 어미의 의미 구조, 한글 227. 한글학회.

장석진(1973). 시상의 양상: '계속', '완료'의 생성적 고찰, 어학연구 9-2. 서울대 어학연구소.

정렬모(1946). 신편고등국어문법. 한글문화사.

정인승(1956). 표준고등말본. 신구문화사.

정정덕(1986). 국어 접속어미의 의미 통사론적 연구-종속접속어미를 중심으로-. 박사학위논문, 한양대.

정주리(1995). 국어 보문동사의 통사·의미론적 연구. 박사학위논문, 고려대.

정태구(1994). '-어 있다'의 의미와 논항구조, 국어학 24. 국어학회.

정희정(1988). '에'를 중심으로 본 토씨의 의미, 국어학 17. 국어학회.

정희정(1997). 국어 명사의 연구. 박사학위논문, 연세대.

조미정(1986). 작은 움직씨마디(V')와 작은 그림씨마디(A'), 한글 193.

조미정(1987). 우리말 형용사의 특징과 문법동사 '하'의 관계, 국어국문학 97.

조민정(1996). 접속문에서의 생략 현상, 국어문법의 탐구 III. 태학사.

주시경(1910). 국어문법. 박문서관(역대한국문법대계 제1부4책, 탑출판사, 1985).

주시경(1914). 말의 소리(역대한국문법대계 제1부4책, 탑출판사, 1985).

조오연(1996). 국어의 이유 구문 연구. 한신문화사.

채 완(1976). 조사 '는'의 의미, 국어학 4. 국어학회.

채희락(1996). "하-"의 특성과 경술어구문, 어학연구 32-3. 서울대 어학연구소.

채희락(2005). 한국어의 소단위어: 동사류 소단위어를 중심으로. ms. 한국외국어대학교.

채희락·노용균(1998). A survey of morphological issues in Korean: Focusing on Syntactically relevant phenomena, Korean Linguistics 9. ICKL.

최경봉(1995). 의존성 단어의 구조 기술 재론, 언어 20-1. 한국언어학회.

최경봉(1996). 국어 명사의 의미 구조 연구. 박사학위논문, 고려대.

최광옥(1908). 대한문전(역대한국문법대계 제1부 05책. 서울: 탑출판사, 1985).

최규련(2005). 국어의 초점사 현상. 한국문화사.

최기용(1991). A Theory of X0-subcategorization, Doctoral dissertation, University of

Washington.

최기용(1993). On the so-called copular construction in Korean, 언어학 15. 한국언어학회.

최기용(1995). 한국어 특수조사 구성의 구조, 언어 21-1 · 2. 한국언어학회.

최기용(2000). Korean VP-focus construction: Another case of base adjunction of X0 to Y0, 생성문법연구 10-2. 한국생성문법학회.

최기용(2001). '-이다'의 '-이'는 주격조사이다. 형태론 3-1. 형태론편집위원회.

최기용(2002). 한국어의 용언 반복 구문, 생성문법연구 12-1. 한국생성문법학회.

최동주(1994). 국어 접속문에서의 시제 현상, 국어학 24. 국어학회.

최재웅(1995). '만'의 작용역 중의성, 언어 21-1 · 2 합집. 한국언어학회.

최재희(1985가). 국어 명사구 접속의 연구, 한글 188호.

최재희(1985나). '-고' 접속문의 양상, 국어국문학 94. 국어국문학회.

최재희(1991). 국어의 접속문 구성 연구. 탑출판사.

최재희(1997). 국어 종속접속의 통사적 지위, 한글 238. 한글학회.

최재희(1999). 국어의 격표지 비실현 현상과 의미 해석, 한글 245. 한글학회.

최재희(2000). '-고'에 이끌리는 내포 구문의 의미 해석, 한글 248. 한글학회.

최현배(1930). 조선어의 품사분류론, 연희전문학교 문과 논문집 1집.

최현배(1935). 풀이씨의 줄기 잡기에 관한 문제, 한글 3권 5호. 조선어학회.

최현배(1937/1971). 우리말본. 정음사.

최현배(1963). 잡음씨에 대하여, 연세논총 3. 연세대.

최현숙(1986). Syntactic Adjunction, A-Chain and the ECP-Multiple Identical Case Construction in Korean, NELS 17.

최현숙(1988가). Restructuring Parameters and Complex Predicates: A Transformational Approach-, Doctoral dissertation, MIT.

최현숙(1988나). 'Restructuring in Korean', 어학연구 24-4. 서울대.

최현숙(1991). 재구성과 굴절 현상, 영어영문학 7. 영남대.

한글학회(1992). 우리말큰사전. 어문각.

한 길(1991). 국어 종결어미 연구. 강원대 출판부.

한동완(1984). 현대국어 시제의 체계적 연구, 한국어연구 6. 서강대.

한동완(1996). 국어의 시제 연구. 태학사.

한재영(1996). 16세기 국어 구문의 연구. 신구문화사.

한정한(1999). Morphosyntactic Coding of Information Structure in Korean(Multi Case Marking, Light Verb Construction, Quantifier Float): A Role & Reference Grammar Account. Doctoral dissertation, SUNY, Buffalo.

한학성(1987). The Configurational Structure of the Korean Language. Doctoral dissertation,

University of Texas, Austin.

허 웅(1954). 존대법사, 성균학보 1. 성균관대학교.

허 웅(1955). 용비어천가. 정음사.

허 웅(1963). 중세국어 연구. 정음사.

허 웅(1975). 우리옛말본-형태론-. 샘문화사.

허 웅(1982). 한국말 때매김법이 걸어온 발자취, 한글 178. 한글학회.

허 웅(1983). 국어학. 샘문화사.

허 웅(1987). 국어 때매김법의 변천사. 샘문화사.

허 웅(1995). 20세기 우리말의 형태론. 샘문화사.

허 웅(1999). 20세기 우리말의 통어론. 샘문화사.

홍기문(1947). 조선문법연구, 서울신문사. [역대한국문법대계 제1부 제15책]

홍기선(1994). Subjecthood tests in Korean, 어학연구 30-1. 서울대 어학연구소.

홍기선(1995). 이동동사와 장소명사 표지, 어학연구 31-3. 서울대 어학연구소.

홍성심(1985). A and A' Binding in Korean and English: Government-Binding Parameters. Doctoral dissertation, University of Connecticut.

홍재성(1982). '-러' 연결어미문과 이동동사, 어학연구 18-2. 서울대 어학연구소.

홍재성(1983가). 이동동사와 행로의 보어, 말 8. 연세대 한국어학당.

홍재성(1983나). 이동동사와 여정의 보어, 한글학회 언어학발표회.

홍재성(1983다). 한국어와 불어의 이동동사, 연세논총 20. 연세대.

홍재성(1984). 타다 동사의 두 용법, 인문과학 51. 연세대 인문과학연구소.

홍재성(1984). -부터/-까지의 복합구성에 관한 별견(瞥見), 한불연구 6. 연세대 한불문화연구소.

홍재성(1985). 한국어 자동사적 대칭동사의 통사론적 정의, 인문과학 53. 연세대 인문과학연구소.

홍재성(1986). 현대 한국어 대칭구문 분석의 한 국면, 동방학지 50. 연세대국학연구원.

홍재성(1987가). 현대 한국어 동사구문의 연구. 탑출판사.

홍재성(1987나). 한국어 사전에서의 다의어 처리와 동형어 처리의 선택, 동방학지 54-56 합집. 연세대 국학연구원.

홍재성(1990). 견디다 구문의 기술을 위하여, 한글 208. 한글학회.

홍재성 외(1997). 현대 한국어 동사 구문 사전. 두산동아.

Abney, S.(1987). The English NP in its Sentential Aspects. Doctoral dissertation, MIT.

Aronoff, M.(1976). Word Formation in Generative Grammar. MIT.

Bloch, B. & Trager, G.(1942). Outline of Linguistic Analysis. Waverly Press.

Bloomfield, L.(1933). Language. London: Allen and Unwin.

Borkin, A.(1973). To be and not to be, CLS 9.

Bresnan, J. ed. (1982). The Mental Representation of Grammatical Relations. MIT.

Brody, M.(1995). Lexico-Loical Form: A Radically Minimalist Theory. MIT.

Burzio, L.(1986). Italian Syntax. Reidel.

Cardinaletti, A. & M. Guasti eds.(1995). Syntax & Semantics 28: Small Clauses. Academic Press.

Carrier, J. & J. Randall.(1992). The argument structure and syntactic structure of resultatives, Linguistic Inquiry 23-2. MIT.

Chomsky, N.(1955/1975). The Logical Structure of Linguistic Theory. Plenum.

Chomsky, N.(1957). Syntactic Structures. Mouton & Co.

Chomsky, N.(1964). Current Issues in Linguistic Theory. Mouton.

Chomsky, N.(1965a). Three models for the description of language, Luce, Bush, and Galanter(eds.), Readings in Mathematical Psychology, Vol. II.

Chomsky, N.(1965b). Aspects of the Theory of Syntax. MIT.

Chomsky, N.(1973). Conditions on transformations, Anderson, A. & P. Kiparsky (eds.), A Festschrift for Morris Halle. Holt, Rinehart and Winston.

Chomsky, N.(1977). Language and Responsibility. Pantheon Books.

Chomsky, N.(1981). Lectures on Government and Binding. Foris Publications.

Chomsky, N.(1982). Some Concepts and Consequences of the Thoery of Government and Binding. MIT.

Chomsky, N.(1986a). Knowledge of Language. Praeger.

Chomsky, N.(1986b). Barriers. MIT.

Chomsky, N.(1992). A minimalist program for linguistic theory, MIT Occasional Papers in Linguistics 1.

Chomsky, N.(1995). The Minimalist Program. MIT.

Culicover, P. & R. Jackendoff(1997). Semantic Subordination despite Syntactic Coordination, Linguistic Inquiry 28-2.

Culicover, P. & W. Wilkins(1984). Locality in Linguistic Theory. Academic Press.

Davis, L.(1986). Remarks on the Θ-criterion and Case, Linguistic Inquiry 17-3. MIT.

Dougherty, R.(1970a). A grammar of coordinate conjoined structures: I, Language 46-4.

Dougherty, R.(1970b). A grammar of coordinate conjoined structures: II, Language 47-2.

Dowty, D.(1979). Word Meaning and Montague Grammar. Dordrecht: Reidel.

Dowty, D.(1988). On the semantic content of the notion 'thematic role', G. Chierchia et. al. eds., Properties, Types, and Meaning: Vol. 2. Semantic Issues. Dordrecht: Kluwer.

Dowty, D.(1991). Thematic proto-roles and argument selection, Language 67-3.

Emonds, J.(1976). A Transformational Approach to English Syntax: Root, Structure-Preserving, and Local Transformations. Academic Press.

Enc, M.(1987). Anchoring Conditions for tense, Linguistic Inquiry 18.

Fillmore, C.(1968). The case for case, E. Bach and R. Harms eds., Universals in Linguistic Theory. Holt Rinehart and Winston.

Fillmore, C.(1971). Types of lexical information, D. Steinberg & L. Jakobovits eds., Semantics. Cambridge University Press.

Fukui, N. & M. Speas(1986). Specifiers and Projections, MIT Working Papers in Linguistics 8.

Gazdar, G.(1981). Unbounded dependencies and coordinate structure, Linguistic Inquiry 13.

Gazdar, G. et. al.(1982). Coordination and transformational grammar, Linguistic Inquiry 13-4.

Gleitman, L.(1965). Coordinating conjunctions in English, reprinted in Reibel & Schane eds.(1969). Modern Studies in English.

Goldberg, A.(1995). Constructions: A Construction Grammar Approach to Argument Structure. University of Chicago Press.

Goodall, G.(1985). Notes on reanalysis, MIT Working Papers in Linguistics 6.

Goodall, G.(1987). Parallel Structures in Syntax-Coordination, causatives, and restructuring. Cambridge University Press.

Grimshaw, J.(1990). Argument Structure. MIT.

Grospen, J., S. Pinker, M. Hollander & R. Goldberg(1991). Affectedness and direct objects: The role of lexical semantics in the acquisition of verb argument structure, Cognition 41.

Gruber, J.(1965). Studies in lexical relations. Doctoral dissertation, MIT.

Gruber, J.(1976). Lexical structures in Syntax and Semantics. North-Holland.

Hale, K. & J. Keyser.(1993). On argument structure and the lexical expression of syntactic relations, The View from Building 20. MIT.

Higginbotham, J.(1985). On Semantics, Linguistic Inquiry 16. MIT.

Hoekstra, T.(1988). Aspect and theta theory, I. Roca ed. Thematic Structure Its Role in Grammar.

Hornstein, N. & A. Weinberg(1981). Case theory and preposition stranding, Linguistic Inquiry 12-1.

Hornstein, N.(1990). As Time Goes By. MIT.

Iatridou, S.(1990). About Agr(P), Linguistic Inquiry 21-4. MIT.

Jackendoff, R.(1971). Gapping and related rules, Linguistic Inquiry 2-1.

Jackendoff, R.(1972). Semantic Interpretation in Generative Grammar. MIT.

Jackendoff, R.(1975). Morphological and semantic regularities in the lexicon, Language 51-3.

Jackendoff, R.(1976). Toward an explanatory semantic representation, Linguistic Inquiry 7-1. MIT.

Jackendoff, R.(1977). X' Syntax: A Theory of Phrase Structure. MIT.

Jackendoff, R.(1978). Grammmar as evidence for conceptual structure, M. Halle et al. (eds.), Linguistic Theory and Psychological Reality, MIT.

Jackendoff, R.(1983). Semantics and Cognition. MIT.

Jackendoff, R.(1987). Consciousness and the Computational Mind. MIT.

Jackendoff, R.(1990a). On Larson's Treat of the double object construction, Linguistic Inquiry 21-3. MIT.

Jackendoff, R.(1990b). Semantic Structures. MIT.

Jackendoff, R.(1992). Mme. Tussaud meets the binding theory, Natural Language and Linguistic Theory 10.

Jackendoff, R.(1997a). The Architecture of the Language Faculty. MIT.

Jackendoff, R.(1997b). Twistin' the night away, Language 73-3.

Jackendoff, R.(1999). The view from the periphery: The English comparative correlative, Linguistic Inquiry 30.

Jackendoff, R.(2002). Foundations of Language. Oxford University Press.

Jackendoff, R.(2003). The semantic basis of control in English, Language 79.

Katz, J. & J. Fodor(1963). The structure of a semantic theory, Language 39.

Kayne, R.(1984). Connectedness and Binary Branching. Foris.

Koster, J.(1978). Locality Principles in Syntax. Dordrecht, Foris Publications.

Krifka, M.(1992). Thematic relations as links between nominal reference and temporal constitution, Sag, I. & A. Szabolcsi, eds. Lexical Matters. CSLI Publications.

Kuno(1973). The Structure of the Japanese Language. MIT.

Kuno, S.(1976). Subject raising, M. Shibatani (ed.), Syntax and Semantics Vol. 5. Academic Press.

Lakoff, G. & S. Peters.(1966). Phrasal conjunction and symmetric predicates, reprinted in Reibel & Schane eds.(1969). Modern Studies in English.

Langacker, R.(1969). On pronominalization and the chain of command, Reibel, D. & S. Schane eds. Modern Studies in English. Prentice-Hall.

Larson, R.(1988). On the double object construction, Linguistic Inquiry 19-3.

Larson, R.(1990). Double objects revisited: reply to Jackendoff, Linguistic Inquiry 21-4. MIT.

Larson, R. & G. Segall(1995). Knowledge of Meaning. MIT.

Lasnik, H. & J. Kupin(1977). A restrictive theory of transformational grammar, Theoretical Linguistics 4-3.

Levin, B. & T. Rapoport(1988). Lexical subordination, CLS 24.

Levin, B. & M. Rappaport(1986). The formation of adjectival passives, Linguistic Inquiry 17-4. MIT.

Levin, B. & M. Rappaport Hovav(1995). Unaccusativity: At the Syntax-Lexical Semantics Interface. MIT.

Levin, B. & M. Rappaport Hovav(1996). From lexical semantics to argument realization. ms.

Lyons, J.(1968). Introduction to Theoretical Linguistics. Cambridge University Press.

Manzini, M.(1983). Restructuring and Reanalysis, Doctoral dissertation, MIT.

Marantz, A.(1984). On the Nature of Grammatical Relations. MIT.

Marantz, A.(1992). The way-construction and the semantics of direct arguments in English: A reply to Jackendoff, Syntax and Semantics 26. Academic Press.

Martin, S.(1954). Korean Morphophonemics. Baltimore: Linguistic Society of America.

May, R.(1985). Logical Form. MIT.

McCawley, J.(1971). Tense and time reference in English, C. Fillmore & Langendoen eds., Studies in Linguistic Semantics. Holt, Rinehart and Winston.

Miyagawa, S.(1989). Structure and Case Marking in Japanese. Syntax & Semantics 22. Academic Press.

Moltmann, F.(1992). Coordination and Comparatives. Doctoral dissertation, MIT.

Munn, A.(1993). Topics in the Syntax and Semantics of Coordinate Structures. Doctoral dissertation, University of Maryland.

Nikanne, U.(1990). Zones and Tiers: A Study of Thematic Structure. Helsinki: Suomalaisen Kirjallisuuden Seura.

Parsons, T.(1990). Events in the Semantics of English: A Study in Subatomic Semantics. MIT.

Partee, B.(1984). Nominal and temporal anaphora, Linguistics and Philosophy 7.

Partee, B. H., A. Ter Meulen, R. Wall(1990). Mathematical Methods in Linguistics. Kluwer Academic.

Pollock, J.-Y.(1989). Verb movement, Universal Grammar, and the structure of IP. Linguistic Inquiry 20. MIT.

Postal, P.(1974). On Raising. MIT.

Rappaport, M. & B. Levin.(1988). What to do with θ-roles, Syntax & Semantics 21. Academic Press.

Rappaport Hovav, M. & B. Levin.(1999). Building verb meanings, M. Butt & W. Geuder. eds., The Projection of Arguments: Lexical and Compositional Factors. Stanford: CSLI Publications.

Reichenbach, H.(1947). Elements of Symbolic Logic. New York: The Macmillan Company.

Reinhart, T.(1981). Definite NP anaphora and c-command domains, Linguistic Inquiry 12-3.

Riemsdijk, H. van.(1978). A Case Study in Syntactic Markedness, Foris.

Riemsdijk, H. van. & E. Williams(1986). Introduction to the Theory of Grammar, MIT.

Rizzi, L.(1978). A restructuring rule in Italian syntax, Keyser, S. ed., Recent Transformational Studies in European Languages, MIT.

Rizzi, L.(1982). Issues in Italian Syntax. Foris.

Rothstein, S.(1983). The Syntactic Forms of Predication. Doctoral dissertation, MIT.

Rothstein, S.(1991). Clasual licensing and subcategorisation, S. Rothstein ed., Syntax & Semantics 25. Academic Press.

Rothstein, S.(1995). Small clauses and copular constructions, A. Cardinaletti & T. Guasti eds., Syntax & Semantics 28. Academic Press.

Rothstein, S.(2001). Predicates and their Subjects. Kluwer Academic Publishers.

Rouveret, A. & J.-R. Vergnaud(1980). Specifying reference to the subject: French causatives and conditions on representations, Linguistic Inquiry 11.

Sag, I. et. al.(1985). Coordination and how to distinguish categories, Natural Language and Linguistic Theory 3.

Saussure, F. D.(1916). Cours de linguistique générale(최승언 옮김. 일반언어학강의. 서울: 민음사, 1990).

Schein, B.(1982/1995). Small clauses and predication, A. Cardinaletti & T. Guasti eds., Syntax & Semantics 28. Academic Press.

Shieber, S.(1986). An Introduction to Unification-Based Approaches to Grammar. CSLI, Stanford University.

Smith, C.(1981). Semantic and syntactic constraints on temporal interpretation, Syntax & Semantics 14. Academic Press.

Smith, C.(1991). The Parameter of Aspect. Kluwer Academic.

Stabler, E.(1992). The Logical Approach to Syntax. MIT.

Stowell, T.(1981). Origins of Phrase Structure. Doctoral dissertation, MIT.

Stowell, T.(1982). Conditions on reanalysis, MIT Working Papers in Linguistics 4.

Vergnaud, J.-R. & Zubizarreta, M. L.(1982), On virtual categories, MIT Working Papers in Linguistics 4.

Washio, R.(1997). Resultatives, compositionality and language variation, Journal of East Asian Linguistics 6.

Williams, E.(1975). Small clauses in English, J. Kimball ed., Syntax & Semantics Vol. 4.

Williams, E.(1978). Across-the-board rule application, Linguistic Inquiry 9.

Williams. E.(1980). Predication, Linguistic Inquiry 11-1. MIT.

Williams, E.(1981). Argument Structure and Morphology, The Linguistic Review 1.

Williams. E.(1983). Against small clauses, Linguistic Inquiry 14-2. MIT.

Williams. E.(1987). NP trace and theta-theory, Linguistics and Philosophy 10.

Williams, E.(1990). The ATB theory of Parasitic gaps. The Linguistic Review 6.

Zubizarreta, M. L.(1982). On the Relationship of the Lexicon to Syntax, Doctoral dissertation, MIT.

[부록] 현대 한국어 보문소('어말어미') 목록

	형성소	복합 보문소
문장종결 보문소	-는다/ㄴ다/다/라, -느니라/으니라/니라, -느니/으니1, -네1, -네2, -어/아/여1, -지1, -으이, -을지라, -을지니라, -을지어다, -으니까, -을래, -을란다/을랜다, -을거나, -을라, -을러라/을레라, -을레, -을세라, -으렷다, -거니1, -으려니, -는구나(는군)/구나/군/로구나/로군, -는구려(는구료)/구려/로구려, -는구면(는구만/는구면)/구면/로구면, -는도다/도다/로다, -어라/아라/거라/너라, -노라/로라, -는걸/은걸/ㄴ걸, -을걸, -을세/로세, -거든, -을시고, -데나, -누나, -누마, -로고(잡음씨에만), -드만, -으오/소/수, -습늰다/습넨다/습닌다/읍닌다, -습딘다, -습니다/읍니다/ㅂ니다, -습디다/읍디다/ㅂ디다, -습지요(습죠)/읍지요/ㅂ지요, -나이다, -올시다, -을러라, -을레, -을세라, -으려니, -으리라, -으리다, -더라, -더구나, -더군, -데, -디, -더구려, -더구면(더구면), -던걸, -던고, -던데1; -느냐/으냐/냐1, -냐2, -니, -느뇨/으뇨, -는가/은가/ㄴ가, -는고/은고/ㄴ고, -을까, -을꼬, -으리까, -는지, -을까, -을꺼나, -을쏘냐, -을쏜가, -는감/은감/ㄴ감, -나1/노/누, -으랴1, -으리, -을라고(을라구), -는담/ㄴ담/담/람, -습니까/습니까/ㅂ니까, -습디까/읍디까/ㅂ디까, -더냐, -던가, -더냐, -어라/아라/여라/거라/너라, -으라, -으라니/으라니까/으라니깐, -으렴/으려무나/으려마, -게1, -게나, -으렷다, -읍시오, -으소서, -읍소사/으십사/읍시사; -자1, -자꾸나, -으세, -으세나, -읍시다; -으마, -을게, -음세	-는단다/ㄴ단다/단다/란다, -는다네/다네/라네, -노라네, -는다니까/는다니까/는다니깐, -는다나/ㄴ다나/다나/라나, -는거야/은거야, -으라나, -는다고/ㄴ다고/다고/라고1, -더라고1, -다마다, -고말고, -는단말이야/ㄴ단말이야/단말이야/란말이야, -어야지/아야지/라야지, -는다니/ㄴ다니/다니/라니, -는데/은데3, -는지요/은지요, -는지고/은지고, -을데라니, -을데라구, -는다오/다오/라오, -는답니다/ㄴ답니다/답니다/랍니다, -는다네/다네/라네, -는단말이오/단말이오/란말이오, -네요, -어요/아요, -지요/죠, -데요, -으니까요/으니깐요, -는다니까요/ㄴ다니까요/다니까요/라니까요, -는다나요/ㄴ다나요/다나요/라나요, -는다고요/ㄴ다고요/다고요/라고요, -다마다요, -고말고요, -아야지요/어야지요/라야지요, -을래요, -는군요/군요/로군요, -는구면요/구면요/로구면요, -는다니요/ㄴ다니요/다니요/라니요, -는데요/은데요, -는걸요/은걸요/을걸요, -거든요, -는답니다/ㄴ답니다/답니다/랍니다, -는데도/은데도, -어야지/라야지, -으라고1, -더군요, -더냐고, -더니만, -는다고2, -더라고2, -으리라고, -겠다; -는다면서/는다며/ㄴ다며/다며/라며, -는다니/ㄴ다니/다니/라니, -는다니요/ㄴ다니요/다니요/라니요, -는다지/ㄴ다지/다지/라지, -는다지요/ㄴ다지요/다지요/라지요/는다죠, -느냐고/으냐고1, -느냐니까/으냐니까, -을깝쇼, -으라면서/으라며, -자니까(자니깐), -자며(자면서), -기는, -었음에랴, -으려나(을래나/을라나/으려남), -는가요, -을까요, -는지요, -을지요, -을는지요(을런지요), -나요, -을래요, -고서요(고요), -는데요, -는대도/ㄴ대도/대도/래도, -는대도요, -으려고

		요, -을라고요, -게요, -어야지요, -라야지요(잡음씨에만), -는다고요/ㄴ다고요/다고요/라고요, -는다면서요/ㄴ다면서요/다면서요/라면서요/는다며요, -느냐고요, -으라면서요, -자면서요, -기는요, -으라고1, -으라고2, -으라고요; -자고1, -자고2, -자고요, -으십시다, -자니까요/자니깐요, -느냐고2, -더냐고; -으마고, -을게요,
명사절 보문소	-기, -음, -느냐/으냐, -는가/은가, -을지1, -을는지1(을런지)	-는지/은지1
관형절 보문소	-는/은/ㄴ, -던	
연결 보문소	-으니까(으니까는/으니깐/으니), -사오니, -어서/아서, -어/아/여라, -은즉, -은즉슨, -길래, -기로, -는지라/은지라/ㄴ지라, -거늘, -으면, -으량이면, -거드면/거드면은, -거든(거들랑/걸랑), -을진대, -거든, -으려든, -으나 -고자(자), -으려고(으려), -자2, -으러, -건마는(건만), -으나1, -으나마, -기로서니(기로서/기로소니/기로니/기로/로서니/로니), -을지나, -지2, -거늘, -을망정, -을지2, -을는지2(을런지), -을지언정, -을지라도, -은들, -어야/아야, -되/로되, -으리니, -을러니, -거니와, -으려니와, -으려니, -건대(건대는), -거니1, -을세라, -거든, -을작시면, -거나1, -으나2, -고1, -사옵고, -요(잡음씨에만), -고서/고, -으며1, -사오며, -으면서, -을뿐더러, -다가1(다), -듯, -듯이, -게2, -게시리, -게끔, -도록, -을수록, -는답시고/ㄴ답시고/답시고/랍시고, -으나따나(으나다나), -음직, -으며2, -고3, -으랴2, -느니2/으니, -거니2, -거나2(건), -다가2(다), -든지, -든가, -든, -아/어/여('보조동사' 앞), -지3('보조동사' 앞), -든/들('보조동사' 앞), -고3('보조동사' 앞), -고는(곤), -고4, -느라고/느라, -느라니/노라니, -더니, -던데2, -던지, -더면, -다시피	-는데/은데1, -는데도/은데도, -는데/은데2, -는바/은바, -는지/은지2, -어야/아야/라야, -어서야/아서야, -어도/아도/라도, -으므로, -을것같으면, -을라치면, -는다면(는다며는)/ㄴ다면/다면/라면, -자면, -노라면/느라면, -는단들, -어야지/라야지, -으려고, -자고3, -느라고, -지마는(지만), -지요마는(지요만), -는다마는(는다만)/다마는, -네마는(네만), -오마는(오만), -습니다마는(습니다만), -더라마는(더라만), -습디다마는/ㅂ디다마는/습디다만, -습지요마는(습지요만)/ㅂ지요마는, -어도/아도/라도, -더라도, -기에, -기를(길), -더니마는(더니만), -노라니까(노라니), -으려니까(으려니), -자니까(자니), -자마자, -는다고2/ㄴ다고/다고/라고, -느니만큼(는만큼), -느니보다/으니보다, -었던들, -았더라면/었더라면, -았더라도/었더라도, -아보았자/어보았자, -을까말까

찾아보기